都市空間のガバナンスと法

都市空間のガバナンスと法

吉田克己　編
角松生史

総合叢書 15

信山社

はしがき

　これまでの日本の都市法は，基本的には高度成長対応型であった。ところが，21世紀に入る頃から，都市法の理念と都市法の構造は，大きく変容しつつある。

　第1に指摘すべきは，それまでの拡大型都市法から持続型都市法への理念の転換である。世紀の変わり目に前後する時期に公表された各種の審議会答申においては，たとえば「都市化社会」から「都市型社会」への移行や，「集約型都市構造」や「持続可能な都市構造」の実現を目指すという方向が提示されるようになっている。そして，「まちづくり3法」（1998年，2000年）や「新まちづくり3法」（2006年）など，これらの答申に基づく立法も実現するようになる。

　このような持続型都市法への理念の転換は，西欧の先進資本主義諸国にもほぼ共通して認められる特徴であって，日本だけの特徴というわけではない。しかし，日本においてはさらに，深刻な人口減少という新たな現実に直面しつつ，持続型都市法からさらにそれを超えて縮退型都市法への動向が認められるという点が特徴になっている。すでに，審議会答申においても，「スマートシュリンク」を説くものが現れている。このようにして，人口と経済の右肩上がりを前提とした拡大型の都市法は，大きなパラダイム転換と法構造の転換を迫られている。

　第2に指摘すべきは，日本都市法の顕著な特徴であった行政による上からの計画策定と事業実施というこれまでの都市法の構造が揺らいできていることである。まず，地方分権化という大きな流れの中で，国家主導型の都市法という日本的特徴は，すでに大きく揺らいでいる。もっとも，これだけであれば，行政による上からの計画策定と事業実施という性格に変化はない。しかし，近時は，これを超えて，都市法におけるアクターとしての市民の活性化，そして市民社会の前面化という現象が目立つようになっているのである。

　この背景には，ポスト高度成長期の国家と社会の関係の変容，そして社会構造の大きな変容がある。規制緩和と国家の相対化，企業等の社会的権力の役割の増大，それに並行したNPO等に見られる市民の役割の増大，価値観の多元化，人権意識の拡大と個人主義の発展などがそこでの特徴である。それは，先進資本主義諸国に共通に見られる動向であり，国家・行政が主導する縦型のピラミッド社会から，政策と法の形成において多元的主体間の調整が重要な意味を持つ水平型のネットワーク社会への移行と特徴づけることができる動向でも

v

はしがき

ある（たとえば François Ost, De la pyramide au réseau? 2002）。

　本書は，このような都市法の理念と構造の変容に関する認識を踏まえつつ，都市空間のガバナンスにおける新たな問題状況のあり方を明らかにし，将来に向けて新たな都市法の姿を探ることを課題とする。そのような問題意識に基づいて，本書の第1部には，人口減少社会への対応と持続可能社会の実現に向けて，都市法の新たな課題を探る論稿を収めた。日本の問題状況だけではなく，これまで日本都市法の特徴を析出する際にしばしば比較の対象としてきたフランスとドイツの問題状況を明らかにする論稿も収録している。第2部には，「ネットワーク化するガバナンス」とキーワードとしつつ，都市法の現代的諸相を解明する論稿を収めている。フランスおよびドイツを対象とする論稿をも収めている点は，第1部と同じである。

　本書が，自らに課した課題をどの程度達成できているかは，読者の方々の判断に委ねるほかない。社会の変容に対応しうる都市法の新たな姿を探ろうとする優れた先行業績も，少なくない数存在している。しかし，持続型の都市法からさらには縮退型都市法への変化を見据え，市民の活性化にも注目し，さらにはフランスとドイツとの比較法も取り入れた形で，都市法の今後のあり方を探ろうとする試みは，本書に独自のものと言ってよい。本書が，この領域における議論に多少なりとも寄与するものになっていることを願っている。

　本書に収録した論稿を生み出す研究活動の母体となったのは，科学研究費基盤(A)「ネットワーク社会における都市空間のガバナンス——新たな実定法パラダイムの構築」（2009年度－2014年度。課題番号：21243007。研究代表者：吉田克己）による共同研究である。本書に収録した論文の多くは，この科研の研究分担者によるものである。他方で，この科研の研究活動においては，研究分担者以外の都市法研究者を招聘した研究会や，ドイツおよびフランスから研究者を招聘しての研究会を多数オーガナイズした。これらの研究者の方々も，本書のために，優れた力作をお寄せくださった。また，科研分担者以外の少なくない方に，ドイツおよびフランスの研究者からの論稿の翻訳をお願いすることになった。これらの方々に，心から感謝する次第である。

　上記の科研の研究活動が終了してから本書の公刊に至るまでに，かなりの時間が経過してしまった。ひとえに編者の怠慢の故である。早くに脱稿してくださっていた方の中には，脱稿後の新たな状況に基づいて原稿を補正してくださったり，別に補足の原稿を書いてくださったりした方もおられる。余計なお

vi

はしがき

手数をおかけしたことをお詫びするとともに，厚く御礼申し上げたい。また，本書に結実した研究活動にフランスからご協力いただいたジャン＝フィリップ・ブルアン氏は，本書の完成を見ることなく 2014 年 6 月 12 日に急逝された。作業の遅延を改めてお詫びするとともに，心からご冥福をお祈りする。

　最後に，本書の編集作業を担当してくださったのは，信山社の稲葉文子氏である。稲葉氏は，私たちの遅々たる作業の進展を優しく見守りつつ，適切な時期に厳しい督促を欠かさなかった。稲葉氏なしには，本書の完成はありえなかったであろう。心から御礼申し上げたい。

　　2016 年 8 月

吉田　克己
角松　生史

目　次

はしがき

第1部　都市法の新たな課題
——人口減少社会への対応と持続的社会の発展に向けて——

1　人口減少社会と都市法の課題 ……………………〔吉田　克己〕…5

Ⅰ　人口減少社会の到来と持続型都市法・縮退型都市法……………5

　1　拡大型都市法から持続型都市法へ………………………………5

　2　縮退型都市法への動向…………………………………………6

　　　(1)　縮退型都市法の登場 (*6*)／(2)　縮退型都市法の背景——人口減少
　　　社会の到来 (*7*)

　3　持続型都市法と縮退型都市法…………………………………*10*

Ⅱ　都市法の理念の転換と計画論…………………………………*10*

　1　都市法の理念の転換とその実現………………………………*10*

　　　(1)　都市法の新たな理念 (*10*)／(2)　新たな理念を計画内容に反映さ
　　　せるための方法論 (*13*)

　2　参加論の新たな課題……………………………………………*15*

　　　(1)　市民参加・住民参加の進展 (*15*)／(2)　参加の必要性 (*16*)／
　　　(3)　参加の方法論 (*17*)

　3　市民によるまちづくりとその制度的支援……………………*19*

　　　(1)　市民の意思尊重型の都市計画 (*19*)／(2)　契約的手法によるまち
　　　づくり (*22*)

Ⅲ　財政難と地価低迷時代における都市基盤整備事業の
　　新たな課題………………………………………………………*27*

　1　不要になった事業廃止の可能性………………………………*28*

　　　(1)　長期未着手事業問題 (*28*)／(2)　事業計画見直しの確保と事業計
　　　画の変更・廃止の現実化 (*29*)

　2　新たな都市基盤整備事業の課題………………………………*32*

　　　(1)　地価低迷時代の都市基盤整備事業 (*32*)／(2)　今後の市街地整備
　　　制度に関するいくつかの構想 (*33*)

Ⅳ　土地利用コントロールの新たな課題と土地所有権論……………*37*

ix

目　次

1　土地の過剰利用のコントロール：必要最小限原則の克服 ………… *38*

(1)　「計画なければ開発なし」原則の導入（*38*）／(2)　必要最小限原則とその克服（*38*）／(3)　土地所有権の二元的規制体系（*40*）

2　土地の過少利用への対処：空き地・空き家問題……………………… *43*

(1)　空き地・空き家問題と土地所有権論（*44*）／(2)　供用義務論との比較（*46*）

2 現行都市計画制度の課題と改正試論 ………………〔中井　検裕〕… *49*

Ⅰ　は じ め に …………………………………………………………… *49*

Ⅱ　現行制度の課題 ………………………………………………………… *50*

1　都市計画の範囲 ………………………………………………………… *50*
2　分権と広域調整 ………………………………………………………… *53*
3　長期未着手施設 ………………………………………………………… *55*
4　開発と建築のコントロール ………………………………………… *56*

Ⅲ　新たな都市計画制度試論 …………………………………………… *57*

1　マスタープラン ………………………………………………………… *57*
2　都 市 施 設 ………………………………………………………………… *59*
3　土地利用規制 …………………………………………………………… *59*
4　事 業 制 度 ……………………………………………………………… *64*
5　都市計画契約 …………………………………………………………… *65*

Ⅳ　お わ り に ……………………………………………………………… *66*

『都市空間のガバナンスと法』所収にあたっての補論 ……………… *66*

3 これからの都市政策の課題と都市計画法の抜本改正

………………………………………………………〔石井　喜三郎〕… *71*

概　要（*71*）

Ⅰ　は じ め に ……………………………………………………………… *71*

Ⅱ　わが国の都市計画制度の変遷と社会的背景 …………………… *72*

東京市区改正条例（*72*）／旧都市計画法の制定（*72*）／新都市計画法の制定（*73*）／新都市計画法の評価（*73*）／現在までの主な改正（*74*）／参考：諸外国の都市計画制度（*75*）

Ⅲ　近年の経済社会情勢の変化 ………………………………………… *77*

目　次

はじめに（77）／人口減少・高齢化（77）／地方財政の逼迫（79）／世界的な都市間競争の激化（81）／地球環境問題への対応（84）／市町村の行政区域の拡大（86）／国民ニーズの多様化，高度化（87）

Ⅳ　都市計画制度見直しの論点………………………………………… 88

はじめに（88）／農地も含めた都市環境のコントロールに係る論点（89）／より質の高い市街地の創造にかかる論点（93）／透明性のある効率的な施設整備にかかる論点（98）／都市計画手続きと主体に係る論点（101）／制度設計にあたっての留意点（103）

Ⅴ　制度見直しのスケジュール……………………………………… 103

4　立地適正化計画の仕組みと特徴
——都市計画法的意味の解明という視点から………………〔亘理　格〕… 105

Ⅰ　は じ め に…………………………………………………………… 105

1　2014 年の都市再生特別措置法改正………………………………… 105

2　本稿の目的………………………………………………………… 107

Ⅱ　立地適正化計画…………………………………………………… 108

1　立地適正化計画の概要…………………………………………… 108

2　立地適正化計画策定の主体……………………………………… 109

3　区 域 指 定………………………………………………………… 110

4　立地適正化計画の内容——地方都市と大都市の違い………… 111

5　誘導区域外における規制的誘導手法…………………………… 112

6　誘導区域内における経済的誘導手法…………………………… 114

7　都市計画に関する他の諸計画との関係………………………… 115

Ⅲ　立地適正化計画導入のインパクト（その 1）
——都市計画概念との関係で……………………………………… 116

1　「広義の都市計画」……………………………………………… 116

2　「市町村マスタープランの高度化版」………………………… 118

Ⅳ　立地適正化計画導入のインパクト（その 2）
——具体的制度との関係で………………………………………… 119

1　新たな区域概念…………………………………………………… 119

2　都市的民間施設の立地誘導……………………………………… 122

3　誘導手法の特徴——誘導区域の内と外の差違………………… 124

xi

目　次

V　むすびに代えて……………………………………………………………… *125*
　1　誘導手法の複合的性格………………………………………………… *125*
　2　マスタープランの重要性……………………………………………… *125*

5　都市縮退と過少利用の時代における既存不適格制度
………………………………………………………………〔角松　生史〕… *127*

I　は じ め に…………………………………………………………………… *127*

II　建築行為等をトリガーとする手法…………………………………… *129*

III　「都市型社会」「都市縮退」の時代における課題……………………… *132*

IV　既存不適格保護の縮小と拡大………………………………………… *133*
　1　建基法自身による修正………………………………………………… *134*
　　⑴　既存不適格建築物に対する介入強化──建基法10条1・2項
　　（*134*）／⑵　増築等に際しての適合要求の緩和（*135*）
　2　個別法令・条例等による対応………………………………………… *137*
　　⑴　既存不適格建築物に対する介入強化──空き家対策条例・空家
　　法（*137*）／⑵　増築等に際しての適合要求の緩和（*139*）

V　若干の考察………………………………………………………………… *143*
　1　「法律不遡及原則」「遡及適用」との関係…………………………… *143*
　2　立法政策上の考慮要素………………………………………………… *145*

6　空き家問題と賃貸借法の課題
──定期借家および実践例の分析を手掛かりとして
………………………………………………………………〔秋山　靖浩〕… *149*

I　問題の所在………………………………………………………………… *149*
　1　空き家の増加とその特徴……………………………………………… *149*
　2　持ち家の賃貸住宅としての活用とその課題………………………… *150*
　3　本稿の検討対象………………………………………………………… *151*

II　空き家問題と定期借家………………………………………………… *153*
　1　存続期間満了時の建物返還の保障…………………………………… *153*
　2　存続期間満了時における所有者の意向に沿った対応の保障……… *154*
　3　信頼関係構築コストの軽減…………………………………………… *155*

Ⅲ　実践例の分析──持ち家を賃貸住宅として活用する実践例から………*156*

　1　高村論文による分析

　　　──地域コミュニティのつながりが強い地区の実践例から……………*156*

　　　⑴　分析の内容（*156*）／⑵　考察（*158*）

　2　和歌山県の「移住推進空き家活用事業」の分析……………………*158*

　　　⑴　取組みの内容（*158*）／⑵　考察（*161*）

　3　一般社団法人移住・住みかえ支援機構の「マイホーム借上げ
　　　制度」の分析……………………………………………………………*162*

　　　⑴　取組みの内容（*162*）／⑵　分析（*164*）

Ⅳ　むすびに代えて………………………………………………………………*166*

　1　定期借家有用論の意義…………………………………………………*166*

　2　実践例から抽出される観点……………………………………………*166*

　　　⑴　信頼関係構築の重要性（*166*）／⑵　存続期間満了時の建物返還
　　　の保障等をめぐって（*167*）／⑶　賃料収入の安定的な確保（*168*）

　3　残された課題……………………………………………………………*168*

7　SRU 法以降のフランス都市計画法をいかに性格づけるか

　──現代都市計画法の歴史的分析
　　　……………………………〔ノルベール・フルキエ／津田智成 訳〕…*169*

Ⅰ　フランス都市計画法の実体面における特徴………………………………*173*

　1　都　市　の　法………………………………………………………………*174*

　2　都市の拡張に関する法…………………………………………………*179*

Ⅱ　フランス都市計画法の形態面における特徴………………………………*181*

　1　国　家　的　法………………………………………………………………*182*

　2　民　主　的　法………………………………………………………………*184*

　3　将来展望的な法…………………………………………………………*186*

8　フランスは「持続可能な都市計画法」に向かっているのか？

　　　………………………〔ジャン-フィリップ・ブルアン／興津征雄 訳〕…*193*

Ⅰ　持続可能な発展という観念…………………………………………………*193*

　1　フランスの規範秩序への挿入…………………………………………*193*

　2　［持続可能な発展という］観念の都市計画法への統合………………*194*

xiii

目　次

　　Ⅱ　持続可能な発展の都市計画法へのインパクト …………………… *197*
　　　1　都市計画法の総合化［Globalisation du droit de l'urbanisme］…… *198*
　　　2　都市計画に関する選択を議論に付すことの強化……………… *199*
　　　3　国土利用の考慮 ………………………………………………… *201*

9　都市計画法における環境への配慮とフランス民法への
インパクト ………………………〔ユーグ・ペリネ‐マルケ／山城一真　訳〕… *205*

　　　1　都市計画法における環境への配慮と財の法へのインパクト……… *209*
　　　　⑴　財の価値に対するインパクト（*209*）／⑵　財の法的取扱いに対
　　　　するインパクト（*212*）
　　　2　都市計画法における環境への配慮と契約法へのインパクト……… *214*
　　　　⑴　契約の仕組みに対するインパクト（*214*）／⑵　契約の目的物お
　　　　よび契約に基づく債務に対するインパクト（*216*）
　　　3　都市計画法における環境への配慮と民事責任法へのインパクト… *218*
　　　　⑴　都市計画規則の遵守に関する建造業者の責任の原則（*218*）／
　　　　⑵　グルネルⅡ法に基づく責任の強化（*220*）

10　ドイツ都市建設法における持続的都市発展の制御について
の諸選択肢──法実践の視点から
　………………〔ヤン‐ヘンデリク・ディートリッヒ／山下竜一　訳〕… *225*

　Ⅰ　は じ め に ……………………………………………………… *225*

　Ⅱ　持続的都市発展というグローバルな課題 ……………………… *226*
　　　1　気候変動から見た都市発展 …………………………………… *226*
　　　2　都市の成長と人口統計の変化 ………………………………… *228*
　　　3　郊外化［Suburbanisierung］と土地の枯渇 ………………… *229*
　　　4　都市交通［Urbane Mobilität］とその影響………………… *229*
　　　5　社会的格差［soziale Segration］の常態化 ………………… *230*

　Ⅱ　ハンブルクにおける持続的都市発展の法的制御 ……………… *231*
　　　1　大都市ハンブルク──データと諸事実 ……………………… *231*
　　　2　都市発展政策のモデルにおける持続性 ……………………… *232*
　　　3　計画による持続的都市発展 …………………………………… *234*
　　　　⑴　広域的な全体計画［Überörtliche Gesamtplanung］（*234*）／

xiv

　　　　　　　　　　　　　　　　　　　　　　　　　目　　次

　　　⑵　地域的全体計画［Örtliche Gesamtplanung］（236）

　　4　ケーススタディ「ハーバーシティ・ハンブルク」………………238

　　　⑴　「ハーバーシティ・ハンブルク」プロジェクト（238）

　　5　ハーバーシティの計画における持続的都市発展の側面？…………240

　　　⑴　資源保護と気候変動保護（240）／⑵　都市の成長と土地利用

　　　（242）／⑶　都市交通とその影響（242）／⑷　社会連帯（243）

　Ⅳ　おわりに………………………………………………………………244

11　都市建設法の課題としての持続的都市発展

　　──ドイツにおける法的基本構造と発展傾向

　　　……………………………〔アルネ・ピルニオク／野田崇　訳〕…245

　Ⅰ　はじめに………………………………………………………………245

　Ⅱ　ドイツにおける都市発展および空間発展の基本的方向…………245

　Ⅲ　持続性と都市建設上の発展…………………………………………247

　　1　持続的都市発展とは何を意味しているのか？……………………247

　　2　法概念としての持続性は他と異なる意義を持つか？……………249

　Ⅳ　ドイツの都市建設法の基本構造……………………………………250

　　1　建設管理計画の体系…………………………………………………250

　　2　空間発展および都市発展の目標指針としての持続性……………252

　　3　建設管理計画における環境保護……………………………………253

　　　⑴　基本構造（253）／⑵　新たな発展傾向（254）

　　4　建設管理計画策定への公衆参加……………………………………257

　Ⅴ　持続的都市発展への寄与としての新たなアーバン・ガバナン

　　ス の 構 造………………………………………………………………259

　　1　地区発展のための私的イニシアチブ………………………………259

　　2　持続的都市発展のための道具としての用途転換…………………261

　　3　社会的都市……………………………………………………………262

　Ⅵ　総括：ドイツの都市建設法は持続的都市開発にどのように貢

　　献 し て い る か？………………………………………………………263

xv

目　次

第2部　都市法の現代的諸相
── ネットワーク化するガバナンス ──

12　「ネットワーク社会」における「都市コモンズ」について

……………………………………………〔尾崎　一郎〕… 267

1　都市の「集合的利益」あるいは「共同利益」………………… 267
2　都市コモンズ ……………………………………………………… 269

　　(1)　都市コモンズ論の意義（269）／(2)　現代「都市法」のコンテクスト（270）／(3)　コモンズにおける財と管理（272）／(4)　管理のインセンティブ（274）／(5)　コモンズの主体と受益者（276）／(6)　都市コモンズの多様性（277）

3　ネットワーク社会における都市 ………………………………… 278

　　(1)　高度資本主義と選択化する共同性（278）／(2)　人口減少社会における経済成長と都市再開発（279）

4　都市コモンズの陥穽 ……………………………………………… 281

13　計画の合理性と事業の公共性
── 《計画による公共性》論から見た土地収用法と都市計画法

……………………………………………〔興津　征雄〕… 287

Ⅰ　は じ め に ……………………………………………………… 287

1　二つの公共性 ……………………………………………………… 287
2　本稿の課題………………………………………………………… 290

Ⅱ　対　　　抗………………………………………………………… 292

1　事業認定──《収用法上の公益》思考 ………………………… 292

　　(1)　公益と私益の比較衡量（292）／(2)　利益の性質（294）／(3)　比較衡量の構造＝対立的公益観（295）

2　都市計画事業認可──《計画法上の公益》思考 ……………… 298

　　(1)　多種多様な利益の考慮・衡量（298）／(2)　侵害の程度・態様（298）／(3)　考慮・衡量の構造＝調整的公益観（299）

Ⅲ　分　　　節………………………………………………………… 301

1　接近と区別──裁量統制 ………………………………………… 302

　　(1)　《計画法上の公益》思考の不在？（302）／(2)　《収用法上の公益》思考への一元化？（302）／(3)　《計画法上の公益》と《収用法上の公

益》の二元論（*303*）

　　2　分離と接合——原告適格 ································· *304*

　　　(1)　起業者にとっての互換性，住民にとっての偶然性（*304*）／(2)
　　　事業認定における公益判断の再構成（*305*）／(3)　都市計画との整合
　　　性（*308*）

　Ⅳ　お わ り に ·· *308*

　　1　本稿のまとめ ··· *308*

　　2　残された課題——《計画による公共性》論の理論的射程 ··········· *309*

14　行政決定の技術性と政治性に関する試論 ········· 〔野田　崇〕··· *315*

　Ⅰ　は じ め に ·· *315*

　　1　選択と集中 ·· *315*

　　2　事業のメリット ·· *317*

　Ⅱ　事業によって得られる利益 ··· *319*

　　1　土地収用における「公共性」 ··· *319*

　　2　計画による公共性 ·· *321*

　Ⅲ　事業による公益の諸相 ··· *325*

　　1　収用裁判例 ·· *325*

　　2　公益の諸相 ·· *330*

　　3　構想実現の公益 ·· *333*

　Ⅳ　行政決定の政治的側面 ··· *335*

　　1　空間利用計画における政治性 ··· *335*

　　2　政治的正当性の調達 ··· *338*

　Ⅴ　お わ り に ·· *341*

15　フランスの首都圏整備計画に関する考察

　　——グラン・パリ構想の背景と展開 ·············· 〔鳥海　基樹〕··· *343*

　Ⅰ　研究の背景と意義及び方法論 ··· *343*

　Ⅱ　首都圏整備構想の背景 ··· *344*

xvii

目　次

Ⅲ　行政区画再編論議とパリ首都圏の都市計画の展開……………346
  1　各主体の動きと提案…………………………………………347
  2　合併方式の断念………………………………………………348
  3　パリ首都圏の都市計画………………………………………349
  4　グラン・パリ大都市圏共同体の創設へ……………………351

Ⅳ　国際諮問とグラン・パリ国際アトリエ（AIGP）の設置………352
  1　国 際 諮 問……………………………………………………352
  2　グラン・パリ国際アトリエ…………………………………353

Ⅴ　グラン・パリ法とその産物……………………………………354
  1　首都圏開発閣外大臣の創設…………………………………354
  2　グラン・パリ法………………………………………………355
  3　グラン・パリ法の産物………………………………………355

Ⅵ　グラン・パリ構想の副産物……………………………………365
  1　パリ・メトロポール…………………………………………365
  2　セーヌ・ゲートウェイ構想…………………………………366

Ⅶ　結　　論…………………………………………………………368

16　フランス都市法におけるソーシャル・ミックスと所有権
………………………………………………〔齋藤　哲志〕…377

Ⅰ　は じ め に………………………………………………………377

Ⅱ　ソーシャル・ミックス地役の制度……………………………380
  1　用 地 指 定……………………………………………………380
  2　委 付 権………………………………………………………385

Ⅲ　ソーシャル・ミックス地役と無補償原則……………………388
  1　委付権による間接補償………………………………………388
  2　原則への回帰…………………………………………………396

Ⅳ　補　　論…………………………………………………………400

Ⅴ　結　　び…………………………………………………………403

xviii

目　次

17　フランスにおける地方公共団体とグリーン成長
　　——エネルギー問題を例に
　　……………………〔ジャン－フィリップ・ブルアン／興津征雄　訳〕… *405*

　Ⅰ　は　じ　め　に ……………………………………………… *405*

　Ⅱ　地方公共団体の直接行動 ……………………………… *407*
　　1　再生可能エネルギーの発展 ……………………… *408*
　　2　エネルギーの節約〔sobriété énergétique〕 ……… *409*

　Ⅲ　地方公共団体の間接行動 ……………………………… *410*
　　1　誘導的手法 ………………………………………… *410*
　　2　強制的手法 ………………………………………… *412*

18　ドイツの都市計画契約
　　——公民連携時代の都市計画を考える ……………〔大村　謙二郎〕… *415*

　Ⅰ　は　じ　め　に ……………………………………………… *415*

　Ⅱ　都市計画契約の誕生背景 ……………………………… *416*

　Ⅲ　都市計画契約の対象と契約の 4 タイプ ……………… *417*

　Ⅳ　都市計画契約の性格と公民連携の形 ………………… *420*

　Ⅴ　自治体側のリスク管理 ………………………………… *421*

　Ⅵ　契約締結後の障害と契約の適正化 …………………… *422*

　Ⅶ　プロジェクト型 B プランと実施契約 ………………… *423*

　Ⅷ　ハンブルク・アルトナにおける都市計画契約の事例紹介 …… *426*

　Ⅸ　実施契約に基づく地区基盤整備の方法 ……………… *434*

　Ⅹ　都市計画契約を巡る 3 つの論点 ……………………… *435*

　Ⅺ　日本への示唆——まとめにかえて …………………… *436*

xix

目　次

19　価値ある都市景観の民事法による保護？
　　——個別的法益・集合的法益の保護について
　　　………〔アレクサンダー・ポイケルト／秋山靖浩＝野田崇 訳〕… *439*

　Ⅰ　は じ め に……………………………………………………………… *439*

　Ⅱ　隣人の土地所有権…………………………………………………… *441*
　　　1　土地所有権の内容………………………………………………… *441*
　　　2　相隣共同体関係…………………………………………………… *443*

　Ⅲ　不法行為法上の請求権……………………………………………… *447*
　　　1　ドイツの不法行為法の基本的特徴……………………………… *447*
　　　2　景観：ドイツ民法典823条1項にいう「その他の権利」に当たる
　　　　か？…………………………………………………………………… *448*
　　　3　ドイツ民法典823条2項による保護法規違反………………… *452*
　　　4　ドイツ民法典826条による故意の良俗違反の加害…………… *456*

　Ⅳ　私的な財貨秩序の多様性…………………………………………… *457*

　Ⅴ　価値ある都市景観の公法上の保護………………………………… *459*

　Ⅵ　概観：価値ある都市景観の個別的保護か，私的高権的
　　　［privat-hoheitlich］保護かの立法論……………………………… *462*
　　　1　私法の構造と正義………………………………………………… *462*
　　　2　競争法と環境法の違い…………………………………………… *463*
　　　3　都市景観に関する決定を行うための正当なフォーラムとしての
　　　　ゲマインデ…………………………………………………………… *465*

xx

■執筆者紹介■ (掲載順)

吉田　克己 (よしだ・かつみ)

1972(昭和47)年東京大学法学部卒業。東京大学博士（法学），パリ第13大学名誉博士。

現在，早稲田大学大学院法務研究科教授。

主要著作：『フランス住宅法の形成——住宅をめぐる国家・契約・所有権』（東京大学出版会，1997年），『現代市民社会と民法学』（日本評論社，1999年），『競争秩序と公私協働』（編著，北海道大学大学出版会，2011年），『環境秩序と公私協働』（編著，北海道大学大学出版会，2011年），『市場・人格と民法学』（北海道大学出版会，2012年），『講座　ジェンダーと法　第4巻　ジェンダー法学が切り拓く展望』（共編著，日本加除出版，2012年），『財の多様化と民法学』（共編著，商事法務，2014年），『環境と契約——日仏の視線の交錯』（共編著，成文堂，2014年）

中井　検裕 (なかい・のりひろ)

1986(昭和61)年東京工業大学大学院理工学研究科博士課程単位取得退学。東京工業大学博士（工学）。現在東京工業大学環境・社会理工学院教授。国土交通省社会資本整備審議会都市計画部会長。

主要著作：『英国都市計画とマスタープラン』（共著，学芸出版社，1997年），『都市計画の挑戦』（共著，学芸出版社，2000年），『都市の未来』（共著，日本経済新聞社，2003年），『都市のシステムと経営』（共著，岩波書店，2005年），『景観まちづくり』（共編著，丸善，2005年），『都市計画：根底から見なおし新たな挑戦へ』（共著，学芸出版社，2011年），『最新エリアマネジメント：街を運営する民間組織と活動財源』（共著，学芸出版社，2015年）など

石井　喜三郎 (いしい・きざぶろう)

1979年，東京大学を卒業。建設省に入省，オックスフォード大学留学後，建設本省，近畿地方整備局，岐阜県等で都市行政，道路行政，住宅行政，建設業の監督事務等に携わる。1998年金融再生委員会へ出向し金融機関の破たん処理を担当。復帰後，住宅政策課長として住宅ローンの証券化スキームを策定，都市計画課長として「景観法」を策定するとともに，まちづくり推進課長として縦割り補助金を打破した「まちづくり交付金」を担当。2006年10月から2009年3月まで東京大学公共政策大学院客員教授，国土計画局総務課長，総合政策局政策課長，大臣官房審議官（都市・地域整備局担当）を務め，2009年7月（独）都市再生機構住宅担当理事。2012年7月内閣審議官（TPP担当），2014年7月より国土交通省大臣官房審議官を経て，2015年7月退官。現在，在ルーマニア日本国大使。

亘理　格 (わたり・ただす)

1979(昭和54)年東北大学大学院法学研究科修士課程修了。東北大学博士（法学）。

現在，中央大学法学部教授，北海道大学名誉教授。

主要著作：『司法制度の現在と未来』（共編著）（信山社，2000年），『公益と行政裁量——行政訴訟の日仏比較』（弘文堂，2002年），『重要判例とともに読み解く個別行政法』（共編著，有斐閣，2013年），『現代行政法入門［第3版］』（共著，有斐閣，2015年），『転換期を迎えた土地法制度』（共編著，土地総合研究所，2015年），「フランス都市計画・国土整備法における『違法性の抗弁』論——『違法性の承継』論との関係で」行政法研究8号（2015年）

xxi

執筆者一覧

角松　生史（かどまつ・なるふみ）

1986 年東京大学法学部卒業，1992 年東京大学大学院法学政治学研究科博士課程単位取得退学。東京大学社会科学研究所助手，九州大学法学部助教授を経て，現在神戸大学大学院法学研究科教授。
主要著作：「『民間化』の法律学」国家学会雑誌 102 巻 11／12 号（1989 年），「『公私協働』の位相と行政法理論への示唆」公法研究 65 号（2003 年），「手続過程の公開と参加」磯部力他編『行政法の新構想 II』（有斐閣，2008 年），「『景観利益』概念の位相」新世代法政策学研究第 20 号（2013 年）

秋山　靖浩（あきやま・やすひろ）

2000（平成 12）年早稲田大学大学院法学研究科博士後期課程単位取得退学。
現在，早稲田大学大学院法務研究科教授。
主要著作：『不動産法入門』（日本評論社，2011 年），『物権法』（共著，日本評論社，2015 年），『3.11 大震災：暮らしの再生と法律家の仕事』（共編著，日本評論社，2012 年），『民法 II 物権』（共著，有斐閣，2010 年），「中古建物の『瑕疵』の判断に関する一考察」LAW AND PRACTICE 9 号（2015 年），「老朽化マンションをめぐる現代的問題」吉田克己＝片山直也編『財の多様化と民法学』（商事法務，2014 年）

ノルベール・フルキエ（Norbert Foulquier）

2001 年パリ第 1 大学において博士号（公法）を取得後，ルーアン大学講師（2002 年〜2004 年），エヴリ＝ヴァル・デソンヌ大学教授（2004 年〜2008 年）を経て，2008 年より現職。
現在，パリ第 1 大学教授，同大学ソルボンヌ環境法・国土整備法・都市計画法・観光法研究部門共同代表。
主要著書：*Les droits publics subjectifs des administrés. Émergence d'un concept en droit administratif français du XIXe au XXe siècle*, Paris, Dalloz, coll. La Nouvelle bibliothèque des thèses, 2003 – Manuel de droit administratif des biens, Paris, Nexislexis, 2011, 3e éd., 2015.

津田　智成（つだ・ともなり）

2016（平成 28）年北海道大学大学院法学研究科博士後期課程修了。北海道大学博士（法学）。
現在，北海道大学大学院法学研究科助教。
主要著作：「フランス国家賠償責任法の規範構造──『役務のフォート』理論を中心に──（一）（二）（三）（四）（五・完）」北大法学論集 64 巻 6 号，65 巻 2〜5 号（2014 年〜2015 年）

ジャン－フィリップ・ブルアン（Jean-Philippe Brouant）

1995 年パリ第 1 大学博士課程修了。本稿執筆当時，パリ第 1 大学講師，GRIDAUH（国土整備・都市計画・住居法制度研究グループ）副代表，パリ第 1 大学 CERDEAU（環境・国土整備・都市計画法研究センター）共同所長。2014 年 6 月 12 日逝去。

興津　征雄（おきつ・ゆきお）

2000（平成 12）年東京大学法学部卒業。2005（平成 17）年パリ第 2 大学 DEA 課程修了。
現在，神戸大学大学院法学研究科教授。
主要著作：『違法是正と判決効──行政訴訟の機能と構造』（弘文堂，2010 年），『ヨーロッパという秩序』（共編著，勁草書房，2013 年），『グローバル化と公法・私法関係の再編』（共著，弘文堂，2015 年）

執筆者一覧

ユーグ・ペリネ – マルケ（Hugues Périnet-Marquet）
　ポワティエ大学教授を経て，現在，パリ第 2 大学教授。
　主要著作：J.-B. AUBY, R.NOGUELLOU et H.PÉRINET-MARQUET, *Droit de la construction et de l'urbanisme*, LGDJ, coll. « Domat », 10ᵉ édition, 2015 のほか，H. PÉRINET-MARQUET (dir.), *Propositions de l'Association Henri Capitant pour une réforme du droit des biens*, LexisNexis, coll. « Carré droit », 2009.

山城　一真（やましろ・かずま）
　2011（平成 23）年早稲田大学大学院法学研究科博士後期課程修了。早稲田大学博士（法学）。
　現在，早稲田大学法学部准教授。
　主要著作：『契約締結過程における正当な信頼──契約形成論の研究』（有斐閣，2014 年）

ヤン – ヘンデリク・ディートリッヒ（Jan-Hendrik Dietrich）
　ハンブルク大学法学部で行政法・環境法を専攻，博士号取得後，同大学法学教育方法論センター助教，2011 年より連邦行政専門大学教授。日本における法曹養成制度改革の調査の為，2010 年に学習院大学に研究滞在。

山下　竜一（やました・りゅういち）
　1990（平成 2）年京都大学大学院法学研究科博士後期課程研究指導認定退学。
　現在，北海道大学大学院公共政策学連携研究部教授。
　主要著作：『ドイツ環境法における原因者負担原則』（大阪府立大学経済研究叢書，1995 年），「市民参画」高橋信隆・亘理格・北村喜宣編『環境保全の法と理論』（北海道大学出版会，2014 年），「持続可能な地域社会と国・自治体の法的責任」法の科学 45 号（2014 年），「権限不行使事例の構造と裁量審査のあり方」曽和俊文・野呂充・北村和生・前田雅子・深澤龍一郎編『行政法理論の探究』（有斐閣，2016 年）

アルネ・ピルニオク（Arne Pilniok）
　ハンブルク大学およびルーヴァン・カトリック大学で法律学と行政学を学ぶ。2005 年から 2010 年までドイツ研究振興協会（DFG）研究グループ「研究のガバナンス」助手。2011 年よりハンブルク大学准教授。公法，行政学および法学専門教育専攻。ガバナンス論，欧州の多層的法システムにおける行政法，政治過程の法，科学技術研究の規律構造，法学教育などを重点的に研究している。

野田　崇（のだ・たかし）
　2000（平成 12）年京都大学大学院法学研究科博士後期課程公法専攻単位取得認定退学。
　現在，関西学院大学法学部教授。
　主要論文：「私人による都市計画？」法と政治 57 巻 3・4 号（2006 年）1 頁，「都市計画における協議方式──事業者・所有者・住民」芝池義一他（編著）『まちづくり・環境行政の法的課題』（日本評論社，2007 年），「市民参加の『民主化機能』について」法と政治 60 巻 3 号（2009 年），「大規模施設設置手続と市民──シュツットガルト 21 を巡る議論(1)(2・完)」法と政治 65 巻 2 号（2014 年），同 65 巻 3 号 47 頁，「行政法における『民主的な意思』」曽和俊文他（編著）『行政法理論の探求』（有斐閣，2016 年）

xxiii

執筆者一覧

尾崎　一郎（おざき・いちろう）

1991（平成 3）年東京大学大学院法学政治学研究科修士課程修了。現在，北海道大学教授。
主要著作：「近隣騒音紛争の処理過程——法の拡大と限界をめぐって」（『国家学会雑誌』第
104 巻 9・10 号，1991 年），「都市の公共性と法——マンションにおける生活と管理(1)〜
(4・完)」（『法学協会雑誌』第 113 巻 9〜12 号，1996 年），「都市の公共性と法主体」（『北
大法学論集』第 56 巻 5 号，2006 年），「トートロジーとしての法(学)？——法のインテグリ
ティと多元分散型統御」（『新世代法政策学研究』Vol.3，2009 年），「司法への市民参加と
文化ギャップ——ベルギーと台湾の調査からの問い」広渡清吾先生古稀記念論文集『民主
主義法学と研究者の使命』（日本評論社，2015 年）

鳥海　基樹（とりうみ・もとき）

2001（平成 13）年フランス国立社会科学高等研究院（EHESS）博士課程修了，Docteur ès
études urbaines。現在，首都大学東京大学院建築学域准教授。
主要著作：『スカイスクレイパーズ——世界の高層建築の挑戦』（編著，鹿島出版会，2015
年），「オスマンのパリ改造と景観」（喜多崎親（編）『西洋近代の都市と芸術 2：パリ I——19
世紀の首都』竹林舎，2014 年），« Paysage fluvial : le cas de Paris aux XVIe et XVIIe
siècles »（GUILLERME André et al. (sous la direction de), *Edifice & artifice - Histoires
constructives*, Picard, 2010）

齋藤　哲志（さいとう・てつし）

2005（平成 17）年東京大学大学院法学政治学研究科修士課程修了，同助手。
現在，東京大学社会科学研究所准教授。
主要著作：『フランス法における返還請求の諸法理——原状回復と不当利得』（有斐閣，
2016 年），「用益権の法的性質——終身性と分肢権性」日仏法学 28 号（2015 年）

大村　謙二郎（おおむら・けんじろう）

1971（昭和 46）年東京大学工学部都市工学科卒業。東京大学工学博士。
現在，筑波大学名誉教授，GK 大村都市計画研究室主宰。
主要著作：『日本の都市法 I』（共著，東京大学出版会，2001 年），『現代都市法の新展開』
（共編著，東大社研，2004 年），『都市をつくった巨匠たち　シティプランナーの横顔』（共
著，ぎょうせい，2004 年），『60 プロジェクトによむ日本の都市づくり』（共著，日本都市
計画学会編，朝倉書店，2011 年）など

アレクサンダー・ポイケルト（Alexander Peukert）

2008 年（平成 20 年），ミュンヘン大学にて論文「Güterzuordnung als Rechtsprinzip」に
より教授資格を取得。現在，フランクフルト大学（ゲーテ大学フランクフルト・アム・マ
イン）教授。国際無体財産法に重点を置いた民法・経済法の講座を担当し，また，エクセ
レンス・クラスター「規範秩序の形成」拠点に採択。
主な著作として，『Güterzuordnung als Rechtsprinzip』（2008 年），『Gemeinfreiheit. Begriff,
Funktion, Dogmatik』（2012 年）など。日本での講演録として，「所有権と自由」（水津太
郎訳／慶應法学 19 号〔2011 年〕），「パブリック・ドメインの法理」（島並良・角松生史訳
／神戸法学雑誌 64 巻 3 = 4 号〔2015 年〕）などがある。

都市空間のガバナンスと法

◆ 第 1 部 ◆

都市法の新たな課題
── 人口減少社会への対応と持続的社会の発展に向けて ──

1 人口減少社会と都市法の課題

吉田　克己

I　人口減少社会の到来と持続型都市法・縮退型都市法

1　拡大型都市法から持続型都市法へ

　戦後日本の都市法の特徴は，第1に市街地拡大を前提としたスプロール防止型都市法であったこと，そして第2に都市基盤整備を中心とする上からの事業型都市法であったことに求められる[(1)]。しかし，1990年代に入る頃から都市法と都市政策転換の必要性が語られ始め（法制面でその先駆となったのは，1992年の都市計画法大改正である），その動向は，世紀の変わり目頃からより明確なものになってくる。新しい都市法のキーワードは，持続可能性である。

　このような転換を答申レベルで先駆的に語ったのは，1997年6月9日の都市計画中央審議会基本政策部会中間とりまとめ『今後の都市政策のあり方について』[(2)]であろう。この文書は，「都市化社会」から「都市型社会」への移行を語り[(3)]，中心市街地の空洞化問題に大きな関心を寄せている。そして，具体的な方向としては，市町村の役割増大を基本としつつ，「プロセスを重視した公民協働のまちづくり」（15頁）や地区計画の一層の充実（33頁）が提示された。ここで提示されているのは，拡大型都市法から持続型都市法への移行の必要性だとまとめることができよう[(4)]。そして，これを受けて，1998年と2000年には，いわゆる「まちづくり3法」（大規模小売店舗立地法，中心市街地における市

---

(1)　この後者の性格は，1888年の東京市区改正条例に始まる日本都市法を通貫する特徴である。たとえば，北原鉄也『現代日本の都市計画』（成文堂，1998年）11頁参照。そこでは，日本都市計画法の伝統的特質が，「都市計画事業あって都市計画なし」という点に求められている。

(2)　http://www.mlit.go.jp/crd/city/singikai/sn03.html. この文書からの引用頁は，以下，本文中に直接に記す。

(3)　「都市化社会」とは「都市が拡大する社会」であり，「都市型社会」とは「都市化が落ち着いて産業，文化等の活動が都市を共有の場として展開する成熟した社会」である。

(4)　「拡大型」「持続型」さらに後に出てくる「縮退型」という類型化は，内海麻利「拡大型・持続型・縮退型都市計画の機能と手法」公法研究74号（2012年）を参考にしたものである。

第1部　都市法の新たな課題

街地の整備改善及び商業等の活性化の一体的推進に関する法律および改正都市計画法）が制定されることになる。

　持続可能な都市という理念の強調は，2006年2月1日の社会資本整備審議会『新しい時代に対応した都市計画はいかにあるべきか（第一次答申）』[5]においてより明確になってくる。この答申は，「人口減少・超高齢社会の到来」という認識を基礎に，「集約型都市構造」「持続可能な都市構造」の実現を目指すという方向を打ち出すのである。都市計画の理念の転換に関しては，「『ストックの有効活用』を基本に，都市運営にかかる様々な社会的負担を『よく管理』していく観点に立って，機能性と持続性を重視した理念への転換が必要である」とされている（20頁）。そして，この答申に基づいて，選択と集中，「コンパクトで賑わいあふれるまちづくり」を打ち出した2006年の「まちづくり3法」の改正（「新まちづくり3法」ともいわれる）が実現する。

　また，その後の議論におけるキーワードの1つとなる「コンパクトシティ」論も，すでにこの頃には提示されている[6]。

　このような持続型都市法への理念の転換は，西欧における先進資本主義諸国にほぼ共通して認められる特徴になっている。その点は，ドイツおよびフランスの都市法の現況に関する本書に収録された諸論稿を参照すれば明らかである。その意味で，日本における拡大型都市法から持続型都市法への移行は，世界的な流れと軌を一にするものである。しかし，日本においてはさらに，人口減少という新たな現実に直面しつつ，持続型都市法を超えた縮退型都市法の登場もまた問題となっている。これは，日本の特徴といってよい[7]。

2　縮退型都市法への動向

(1)　縮退型都市法の登場

　縮退型都市法という問題意識は，萌芽的には，先に引いた社会資本整備審議

---

(5)　http://www.mlit.go.jp/singikai/infra/toushin/images/04/021.pdf.

(6)　海道清信『コンパクトシティ——持続可能な社会の都市像を求めて』（学芸出版社，2001年）が先駆的文献である。その後の文献としては，鈴木浩『日本版コンパクトシティ——地域循環型都市の構築』（学陽出版，2007年），海道清信『コンパクトシティの計画とデザイン』（学芸出版社，2007年），衣川恵『地方都市中心市街地の再生』（日本評論社，2011年）などがある。

(7)　西欧の先進資本主義国においても，過疎化とそれに伴う人口減少問題は存在し，その意味で「縮退型」が問題になることはある。しかし，人口減少の深刻度において日本は突出している。

6

会『新しい時代に対応した都市計画はいかにあるべきか（第一次答申）』におい
てすでに見出される。同答申は，人口に関する変化を重要視しつつ。「人口増
加を前提に都市の拡大・成長の時代につくられた都市計画の制度」を「今後の
マイナスサムの時代において的確な機能を果たせるものへと再構築を図ること
が求められる」と指摘するのである（1頁）。縮退型都市法への萌芽的な問題提
起である。縮退型都市法の中心理念の1つである「選択と集中」という考え方
も，この文書にすでに登場している（18頁）。しかし，この段階では，縮退型
の問題意識に対応する具体的方策は，必ずしも十分には展開されていなかった。

　人口減少に正面から向き合い，縮退型都市法の必要性を明確に打ち出したの
は，2009年6月26日の社会資本整備審議会 都市計画・歴史的風土分科会都
市計画部会『都市政策の基本的な課題と方向検討小委員会報告』である（以下，
『検討小委員会報告』と略称する）。この報告は，今後の都市政策の基本的方向を
「課題対応・問題抑制型」の都市政策から「ビジョン実現型」の都市政策への
転換に求める。その上で，都市の将来ビジョンに関する方針の第一として，
「エコ・コンパクトシティ」の実現が掲げられた。その方策の1つとして提示
された「スマートシュリンク」は，縮退型都市法をよく表現するものである。
次のように説かれる。「郊外部における新市街地整備をはじめとする都市開発
を抑制するとともに，虫食い状に発生した低未利用地を適切に利活用し，又は
管理する取組，農地への転換，再自然化を積極的に推進したり，地域の実情に
応じて計画的に集住を進めたりするなど，いわゆる賢い縮退（スマートシュリ
ンク）の具体的な方策についても，都市計画や市街地整備手法の活用のみなら
ず，公・民協働，経済的手法等の新たな視点からのまちづくりや都市活動の誘
導・推進手法も視野に，検討していくべきである」（17頁）。また，そこでは，
空き地・空き家問題が取り上げられている（11頁）点も注目される。これもま
た縮退型都市法が取り組むべき重要課題だからである。

(2)　縮退型都市法の背景——人口減少社会の到来

　縮退型の都市法が現実の課題になってくる背景には，改めていうまでもなく，
人口減少社会の到来がある。日本における少子高齢化現象は指摘されて久しい
が，近年では，総人口の減少が現実化している[8]。日本の総人口は，2005年
に初めて自然減を経験し，その後，多少の持ち直しもあったが，2010年の1

---

(8)　以下の人口の数値は，総務省統計局の公表に基づく。http://www.stat.go.jp/data/
　　jinsui/2.htm#annual

第1部　都市法の新たな課題

億2808万4千人をピークとして，その後は一貫した減少に転じている。2011年には1億2779万9千人となり，前年に比べて25万9千人（0.20%）の減少，2012年には1億2751万5千人となり，前年に比べて28万4千人（0.22%）の減少，さらに2013年には1億2729万8千人で，前年に比べ21万7千人（0.17%）の減少と，減少幅は縮小したものの，3年連続の大幅な減少となっている。

　このような人口減少の背景には，もちろん出生率の低下がある。人口の再生産を可能にする合計特殊出生率は2.1だといわれる。しかし，近時（2013年）の数値は，1.43であり，再生産を可能にする数値からはほど遠いものがある。たしかに，この数値は，2005年の1.26と比較すると，多少の改善を見ている。しかし，問題は，仮に出生率が多少改善したとしても——これ自体，現在の雇用条件の不安定性等の諸条件の下では困難な課題であるが——，出生率を計算する際の分母となる15歳から49歳までの女性の絶対数が減少しているために，出生の絶対数が増加するということにはならない可能性が大きいことである。現に，出生率が若干の改善を示した2013年の出生数は，102万9800人と過去最少であった。他方で，死亡数は，今後，高齢者人口の増加に伴って，大幅に増加していくことが予想される。したがって，出生率の多少の改善によっては，直ちに人口減少に歯止めがかかるということにはならない。

　このようにして，日本社会は，長期にわたって，人口減少という構造的問題に向き合わなければならなくなっている。22世紀が始まる2100年については，日本の総人口は，8447万人とも，4959万人とも推計されているのである[9]。後者の数値は，ほぼ明治期の人口である。そのようなことから，「明治回帰」も語られているようであるが，人口構成（人口ピラミッド）のあり方がまったく異なるので，単純に明治に回帰するということにはならない。

　人口減少社会到来の衝撃については，近年では，論壇においても深刻な形で問題にされるようになっている[10]。そのような中でもとりわけ日本社会に大

---

[9]　前者は日本の国立社会保障・人口問題研究所の推計，後者は国際連合による推計である。特集「人口減少の真実」週刊東洋経済2014年2月22日号44頁参照。

[10]　たとえば，藻谷浩介・取材チーム2040「30年後の日本『人口激減時代』の衝撃——2100万人の日本人が消滅する！大都市全体が老人ホーム化する！」文藝春秋2013年7月号94頁以下，特集「壊死する地方都市」（藻谷浩介・人口減少問題研究会「2040年，地方消滅。『極点社会』が到来する」ほか）中央公論2013年12月号18頁以下など参照。前者では，どちらかというと超高齢化が強調されているが，後者では，人口減少に焦点が当てられている。都市法論や自治体経営論の領域でも，人口減少を正面から見

1 人口減少社会と都市法の課題

きな衝撃を与えたのは，民間研究機関である「日本創成会議」が，2014 年 5 月 8 日に公表した「消滅可能性都市」のリストである。ここでは，出産可能年齢（20～39 歳）にある女性数の動向が人口の「再生産力」を規定するという観点から，自治体ごとにこの動向の試算が行われ，その結果，2040 年までにこの年齢層の女性が 5 割以上減少すると予想される自治体が全国で計 896 あるものとされた。そして，これらの自治体には消滅の危険があるとの警鐘が打ち鳴らされた[11]。すでに過疎地域については，限界集落消滅の危機が指摘されていた[12]。上記の試算は，このような危機が，過疎地に限定されず，日本全域について生じることを示した。そこには，東京 23 区の 1 つや県庁所在地すら含まれているのである。このような自治体消滅の危機という見方に対しては，当然のことながら異論もある[13]。人口減少が日本社会に与える影響については，今後，各方面から多角的に検討することが必要である。対応策のあり方に

据えて都市計画や自治体経営のあり方を論じる著作が現れている。大西隆編『人口減少時代の都市計画』（学芸出版社，2011 年），大庫直樹『人口減少時代の自治体経営改革』（時事通信社，2013 年），一條義治『これからの総合計画——人口減少時代での考え方・つくり方』（イマジン出版，2013 年）など。

(11)　2014 年 5 月 9 日付けの各新聞参照。なお，このリストは，『成長を続ける 21 世紀のために——ストップ少子化・地方元気戦略』と題する，人口減少社会への対処策を提言するレポート（代表者の名を冠して「増田レポート」と呼ばれる）とともに公表されたものである。http://www.policycouncil.jp/pdf/prop03/prop03.pdf. 同リストは，特集「消滅する市町村 523——壊死する地方都市」中央公論 2014 年 6 月号 32 頁以下に，「消滅可能性都市 896 全リストの衝撃——523 は人口 1 万人以下」としてまとめられている。また，関連企画として特集「すべての町は救えない——壊死する地方都市」中央公論 2014 年 7 月号 12 頁以下がある。増田レポートとこれらの特集に基づいてまとめられた著書が，増田寛也編著『地方消滅——東京一極集中が招く人口急減』（中央公論社，2014 年）である。

(12)　大野晃『山村環境社会学序説——現代山村の限界集落化と流域共同管理』（農文協，2005 年）。なお，この議論の初出は，1980 年代末である。山下・後掲注(13)『限界集落の真実』25 頁参照。

(13)　限界集落論に対する批判的視点を提示するものとしては，小田切徳美『農山村再生——「限界集落」問題を超えて』（岩波書店，2009 年），同『農山村は消滅しない』（岩波書店，2014 年），山下祐介『限界集落の真実——過疎の村は消えるか？』（筑摩書房，2012 年）などがある。日本創成会議の増田レポートに対する批判的検討としては，特集「生きつづけられる地方都市」世界 2014 年 10 月号，山下祐介『地方消滅の罠——「増田レポート」と人口減少社会の正体』（筑摩書房，2014 年）などがある。また，矢作弘『縮小都市の挑戦』（岩波書店，2014 年）も，「限界集落」にならって「限界都市」という切り口を提示するが（195 頁），全体としては，増田レポートの方向に対して批判的である。

9

第1部　都市法の新たな課題

ついても同様である。しかし，本格的な人口減少社会の到来という事実自体については，異論の余地はない。

3　持続型都市法と縮退型都市法

　以上，人口減少社会の到来を背景とした縮退型都市法の登場を語った。しかし，縮退型都市法は，持続型都市法に置き換わる性格のものと見るべきではではないであろう。それは，むしろ持続型都市法のなかの1つのバージョンと位置づけられるべきものである。今後の都市法は，拡大型都市法から持続型都市法への転換を基調とし，その上で，人口減少問題の矛盾が鋭く現れる場合には，それは縮退型の性格を呈するに至ると見るべきである。

　ともあれ，要約すると，人口と経済の右肩上がりを前提とした拡大型の都市法は，人口減少社会の到来に伴って，大きなパラダイム転換と法構造の転換を迫られている。このようにして，持続型都市法への転換は，不可避である。そして，さらには，問題状況によっては，縮退型都市法の手法の導入もまた課題となるのである。

　本稿は，そのような今後の都市法の課題を概括的に論じることを課題とする。問題領域は，大きくは2つに分けられる。計画論と事業論である。さらに，これらの根底には，土地所有権のあり方の問題がある。以下では，この3つの主題について順次検討を行うことにする。

II　都市法の理念の転換と計画論

1　都市法の理念の転換とその実現

(1)　都市法の新たな理念

(i)　集約型都市構造化および「選択と集中」

　先に，2009年の『検討小委員会報告』が，都市法の新たな理念として「エコ・コンパクトシティ」を打ち出したことを紹介した。この理念は，その後，行政用語としては，「集約型都市構造化」と言い換えられつつ，今後の都市法改正を主導すべき理念として位置づけられてくる。たとえば，「エコ・コンパクトシティ」の具体化のための都市計画法制総点検の場と位置づけられた社会資本整備審議会の都市計画制度小委員会は，『都市計画制度小委員会のこれまでの審議経過について（報告）』（以下，『審議経過』と略する）（2011年2月17

日）[14]において，都市法の新たな政策理念を次のようにまとめている。「都市計画及び関連する諸制度を，土地対策・供給対策としての性格が強かったこれまでの位置付けに替え，都市生活・活動・環境等が持続可能な集約型都市構造化のための政策に転換する」（6頁）。

『審議経過』の認識によれば，「（従来型の──引用者）拡散型の都市構造では，道路やライフライン，教育・医療福祉や廃棄物処理といったハード・ソフト両面の都市の公共サービスの効率が下がり，病院，商業施設，文化施設等の都市機能の分散により自動車に過度に依存せざるを得ない」（14頁）。しかし，「人口減少・超高齢化，地方に加え大都市郊外部での過疎化，財政制約に伴う都市経営コストの効率化の要請に応えるには，地域の特性を踏まえた選択に応じて一定程度集まって住み，そこに必要な都市機能と公共サービスを集中させ，良好な住環境や交流空間を効率的に実現する「集約型都市構造」を持つコンパクトシティを目指すべきである」（14頁）。

このように，集約型都市構造化は，一定の集住地域を選択し，都市機能の整備をそこへ集中するという方向を不可避的に伴う。それは，人口減少と地方自治体の財政難を踏まえた今後の都市経営としては，ある程度やむを得ない方向であろう。しかし，この方向は，選択と集中から漏れた地域の住民にとっては，痛みを伴うものになる。スマートシュリンクの対象になる地域住民にとっても同様である。もっとも，その意味は，選択と集中の対象となる地域のスケールをどの程度のものと想定するかで，大きく異なってくる。たとえば，選択と集中の対象を地方中核都市に置き，それ以外の都市を選択から外れたものと位置づけるならば，それは地方切り捨ての性格を色濃く帯びることになる[15]。これに対して，選択と集中の対象をより狭く，たとえば市町村レベルさらには集落レベルに取る場合には，そのような問題性は相当程度に減殺されることになろう。

残される課題は，そのようななお残る問題性と都市経営の効率性との比較衡量である。この判断のためには，関係住民を交えて，地域住民の将来の生活のあり方に関する議論を尽くすことが必要である。ここには，そのようなプロセ

---

(14) www.mlit.go.jp/common/000137240.pdf この文書からの引用頁は，以下，本文中に直接に記す。

(15) 増田レポートに対する山下・前掲注(13)『地方消滅の罠』の批判のポイントは，この点にある。その批判によれば，増田レポートが，東京一極集中（極点社会）の問題性を強く指摘しながら，他方で「地方中核都市」への集中は行うべきだとするのは，「やはりおかしな発想」である（159頁）。この批判は，的を射ているというべきである。

第1部　都市法の新たな課題

ス正統性と離れた実体的正当性は存在しないと考えられるからである。このようにして、「将来世代のための我慢や痛みに対する住民・関係者の納得」（13頁）をどのように調達していくかが、新たな理念に基づく都市法の重要な課題となる。

このようなプロセスを尽くしても、なお関係者の納得が得られない場合もありうる。その場合には、ある程度の集中は可能だとしても、最低限のライフラインに関する行政サービスの提供を停止することはできないであろう。住民の最低限の生活基盤を確保することは、地方自治体の責務だからである。

(ii)　集約型都市構造化と地方分権化

コンパクトシティや集約型都市構造化という考え方は、都市のあり方に関する実体的理念を表現している。ところで、近時の都市法においては、地方分権化の流れが明確である[16]。地方分権化は、これまでの日本都市法の伝統を貫く特徴であった中央集権という問題性の克服を目指すものであり、積極的に評価すべきものである。持続型都市法は、基本的には地方自治体によって担われるべきものなのである。しかし、同時に、地方分権化は、地方自治体の自己決定を尊重するというプロセス価値を表現する理念であり、それ自体、何らかの実体的価値を表現するものではないことに注意が必要である。したがって、地方分権化の下での決定が、コンパクトシティや集約型都市構造化という実体的価値の実現と衝突することがありうるということになる。たとえば、一定の地方自治体が、人口獲得や産業・商業活動の活性化を図って、コンパクトシティの理念には反する方向での開発政策を採用するなどである。昨今の自治体間競争の激化という状況を背景として、このような事態が現実に生じている。このような状況の下では、コンパクトシティなどの理念を尊重しようとする自治体が割を食うということにもなってしまう[17]。ここでは、実体的価値とプロセ

(16)　日本において都市計画権限は伝統的に国に属してきたが、1968年の新都市計画法は、国の権限を都道府県と市町村に再配分した。その後、1999年の地方分権改革によって、都市計画は基本的に自治事務にされ、それまで都道府県の権限とされていた事項の多くについて、権限が市町村に移されている。現在では、市町村の範囲を超える広域的・根幹的な都市計画を除いて、都市計画権限は基本的に市町村に属するものとなっている。

(17)　愛知県豊田市の事例が有名である。豊田市では、駅周辺の近隣商業地域に商業機能の集積を図り、かつ、後背の住宅地との環境の調和を図るために、特別用途地区によって、国道沿道（準工業地域）については、200㎡以上の劇場、映画館等、3,000㎡以上の店舗、飲食店、3,000㎡以上の工場等の立地を制限した。これは、コンパクトシティの理念に適合する方向での政策決定である。しかし、周辺の市町村では、そのような規制を行わなかった。そのため、これらの施設が規制のない周辺の市町村に立地し、その結果、

12

ス的価値との相剋が表面化するのである。

このような相剋にどのように対処するか，都市法の新たな理念をどのように現実化するかは，これからの都市法の大きな課題の1つである。新たな理念を計画内容に反映させておくということも，対処策の1つである。そのための方法論を次に見よう。

(2) 新たな理念を計画内容に反映させるための方法論

(i) 政策理念のスタンダード機能

地方分権化の理念の下で，現在では，都市計画権限は，基本的には自治事務とされ，それまで都道府県の権限とされていた事務の多くについて，権限が市町村に移されている。そのような状況の下で，「エコ・コンパクトシティ」なり「集約型都市構造化」などの新たな政策理念を現実化していくには，まず市町村がマスタープランを策定する際に，そこにこれらの新たな理念を織り込むことが望まれる。そのためにどうしたらよいのか。これが問題である。

前出の『審議経過』は，まず，「法令上，こうした方向性（集約型都市構造化の方向性──引用者）を明確にするとともに，現実の都市計画のあり方に反映され，具体の取組が推進されるようにする」ことを提言する（6頁）[18]。問題は，これをどのように追求するかである。この方向性を取り入れることを，自治体が策定する計画の狭義の要件とすることは，おそらく問題になりえない。これらの理念は明確性に欠け，仮に義務づけたとしても実効性を期待することはできないからである。また，そのような方向には，地方分権の観点からの問題もあるからである。よりソフトな形での誘導が求められる。

『審議経過』は，この点に関して，まず計画の定期的見直しの必要性を提示し，それを実効化するために，「定期的見直し検討着手と検討結果公表」を

　　豊田市の小売り販売総額が周辺市町村より低下するという状況が生じた。愛知県知事政策局『「地方分権の進展に即した広域調整のあり方」に関する調査研究報告書──地域空間管理（都市計画・土地利用規制）を中心として──』（2012年3月）14頁参照。http://www.pref.aichi.jp/kikaku/bunken/torikumi/pdf/kouiki(hombun).pdf. ここには，「典型的な囚人のジレンマ状況」が見出される。角松生史「縮小都市と法」新世代法政策学研究16号（2012年）250頁。なお，2006年の都市計画法改正によって広域調整手続きの充実が図られたのは，このような問題を踏まえてのことである。

(18)　これまで政策の基本的方向性が法文上明確に語られない傾向があることについて，大橋洋一『都市空間制御の法理論』（有斐閣，2008年）51-52頁参照。本文の提言は，このような傾向を打破しようとする意味を持っている。

第1部　都市法の新たな課題

ルール化するという考え方を提唱する。

その上で，計画への新たな政策理念の取り込みに関しては，「『集約型都市構造化』がスタンダードであるといい得る状態とする」ことを当面の課題として掲げる（7頁）。『審議経過』によれば，それは，「法令上の義務ではない」が，「具体の計画論・手法論」に関する「客観的指針や行為規範」であり，「する場合の留意点」にとどまらない，専門的見地からは「されてしかるべきこと」である（7頁）。

この表現でその内容を明確に捉えることは難しいが，他の説明なども合わせて考えると，この「スタンダード」は，現にある状態の評価基準として用いられる「物差し」とでもいうべきものと理解するのが適切なように思われる[19]。このスタンダードに照らして，ある○○市の現在の都市計画あるいは市町村マスタープランは望ましいものである，あるいはこのような点で問題がある，などの評価を行う。そのような参照規準として用いられることを想定していると考えるわけである。あるいは，具体的にそれらの内容を議論するさいの議論の準拠点として用いられると考えてもよい。この「物差し」は，既存の制度の評価についてだけではなく，ある制度の将来のあり方を議論する際の準拠点として用いることも，もちろん可能である。

　⒤　スタンダードの「規準としての力」

このような理解が正しいとすると，これは，フランスの法理論家カトリーヌ・ティビエルジェによって提唱され，この間フランスで影響力が増していると見られる「規準としての力」（force normative）という概念でうまく説明しうる事態のように思われる[20]。要するに，議論の準拠点あるいは行動の規準あるいは物差しとしての力を「エコ・コンパクトシティ」あるいは「集約型都市構造化」という言葉に与えようということである。規準あるいは物差しは，直接に法規範としての効力を持つわけではないが，それでも人々が行為する際の拠り所としての力を持つ。それは，ソフト・ローといってもよいが，それよりも広い概念である。ここには，伝統的な「規範」概念だけでは把握できない現

---

(19)　この点については，樺島徹（国交省・地域整備局都市計画課長）「都市計画制度の見直しに向けた検討の状況について」新都市65巻2号（2011年）31-32頁も参照。そこでは，「専門的知見の反映によって合理的結論を導くためのツール」，「判断の『ものさし』」などの言葉でこのスタンダードの意味が語られている。

(20)　Catherine THIBIERGE et alii, La force normative, Naissance d'un concept, L. G.D.J., 2009. なお，この理論については，吉田克己「現代法の総体的把握と国際的理論交流」法の科学42号（2011年）6-7頁で簡単な紹介を行っている。

代法現象の一端が現れているといってよい[21]。

スタンダードの立て方としては，以上のような理念をより具体的な形で区域マスタープランに反映させておいた上で，それと市町村マスタープランとの調整を図るという方向もある[22]。ここでは，区域マスタープランがスタンダードとして機能する。この場合における「規準としての力」は，先の抽象的理念にとどまる場合よりも強いことになろう。

もっとも，以上については，そもそも人口減少社会においてマスタープランに意味があるかという問題提起もある。人口減少の時代は，「プラス（開発）」がわずかで「マイナス（空き地・空き家化，企業撤退など）」が多い点が特徴的であるところ，「マイナス」は，ランダムに発生して，コントロールがほとんど効かない。そのために，ビジョンを描くことが困難だからである[23]。これは鋭い指摘であるが，そのような困難性は踏まえつつ，それでもなおかつ集約型都市構造化等のビジョンを描くことは必要であろう。ビジョンに基づいてコントロールするのではなく，そのビジョンの「規準としての力」の活用を図るのである。

2 参加論の新たな課題

(1) 市民参加・住民参加の進展

新たな都市法において強調される理念の1つは，計画策定における市民参加・住民参加である[24]。

まず，現実の参加制度の進展状況を確認すると，1980年代頃からこの観点

---

(21) 以上は，吉田克己「日本都市法の新たな展開と都市法のパラダイム転換」新世代法政策学研究16号（2012年）193-194頁ですでに論じたことである。

(22) 野田崇「市町村マスタープランは都市計画マスタープランによって調整され得るか」新世代法政策学研究16号（2012年）265頁以下，中井検裕「現行都市計画制度の課題と改正試論」新世代法政策学研究16号（2012年）342-343頁など参照。

(23) 姥浦道生「都市計画にマスタープランは必要ですか？」蓑原敬ほか『これからの日本に都市計画は必要ですか』（学芸出版社，2014年）118頁以下。

(24) 本稿では，「市民」と「住民」を特に区別することなく代替可能な言葉として使っているが，この2つの概念の整理は，今後の市民参加と住民参加の問題を考えていく上で重要である。さしあたり，示唆的な考え方として，「市民」を「公共的な視点を持ち理性的な思考で物事を捉えて議論の出来る」存在として捉え，「住民」を「特定の地域に根ざして暮らしており，日々の生活の観点から物事を考える」存在と把握する見方を紹介しておきたい。米野史健「都市計画を住民が主体的に "使う" 時代へ」住民主体のまちづくり研究ネットワーク編著『住民主体の都市計画』（学芸出版社，2009年）13頁。

第1部　都市法の新たな課題

からの初期の施策が講じられるようになる。具体的には，1980年に創設された地区計画制度が重要である。この制度においては，他の都市計画に関する制度よりも住民参加が追求され，計画案策定段階から住民の意見を反映することが求められていた。

この動向は，世紀が変わる頃から本格化する。重要な制度を列挙すると，1992年には，市町村マスタープランの制度が創設され，策定過程への住民参加の必要性が定められた。1999年の都市計画法改正においては，市町村都市計画審議会が法律上制度化され，「当該市町村の住民」も委員として任命しうるものとされた。さらに2000年の都市計画法改正においては，地区計画等の案の申し出制度が創設された。他方で，この頃から，市民・住民主体のまちづくり運動が活発化してくることも指摘しておくべきである。

(2)　参加の必要性

それでは，どのような事情によってこれらの参加が要請されるのであろうか。相互排斥的なものではないし，重複するところもあるが，3つのレベルの事情を指摘することができる。それらの事情を考えると，今後の都市法にとって，市民参加・住民参加は不可避の方向であるということができる。

第1は，都市計画の性格変容に伴う住民参加の必要性である。持続可能性の理念の下では，経済活動の基盤整備としての都市計画から住民の生活環境の枠組みを確保するものとしての都市計画へという都市計画の性格変容が見出される。この新たな都市計画においては，都市計画はまさに市民・住民の利害に直接に関わるものであって，市民・住民がその当事者となる。そうであれば，市民・住民が都市法のアクターとして積極的活動を要請されることは当然である。

別の視角からいうと，新たな都市計画が体現する公共性は，市民・住民を主体として，下からの利益調整の結果として形成されるボトムアップ型の公共性である。このような公共性の構造と市民参加・住民参加とは，理論的には不可分に結びついている。

第2は，持続的発展という新たな政策理念にとっての参加の意義である。参加は，この理念の実現のために，基本的には順接的に機能する。すなわち，これまでの住民参加は，内容的には都市環境擁護・生活主体のまちづくりを志向するものであったのである[25]。ここでは，参加というプロセス確保と持続的

---

(25)　林泰義編著『市民社会とまちづくり』（ぎょうせい，2000年）178頁以下参照（神戸市の事例）。また，住民主体のまちづくり研究ネットワーク編著・前掲注(24)に多く

発展という実体的価値確保との間に，相互依存関係が存在する。

　もっとも，この順接関係がすべての参加において確保されるわけではない。たとえば，市民参加の他に，企業主体型の都市整備がある。ここでは，都市整備に対して企業が「参加」する。これからも，都市整備事業の財政難のもとで民間活力の活用が標榜される中で，この方向が志向されることになる。ここでは，プロセスと実体的価値との緊張関係がある。このような都市整備事業については，単に民間の参加を確保するだけでなく，その内容のコントロールをどのように考えていくのかが課題となるであろう。

　第3は，縮退型都市法にとっての参加の意義である。縮退は，場合によって痛みを伴う。現在の生活環境に対する変化を要請することがありうるからである。このような措置の正統性を確保していくためには，住民参加とその同意がどうしても必要という論理が出てくる[26]。この点はすでに指摘したところである。

(3)　参加の方法論

　それでは，どのような形で参加を確保するか。いくつかのレベルの問題がある。

　（i）　まず，どこまで参加すべきか。この点に関しては，原科幸彦による参加の5段階理論が参考になる。すなわち，それによれば，参加は，①行政から市民に対する「情報提供」から始まり，②行政による市民の「意見聴取」の段階へと進み，③ついで「形だけの応答」から④「意味ある応答」（議論をする）へと進む。最後は，⑤「パートナーシップ」に至る。これらは，公的主体（行政）と市民との関係性で段階を定義するものである。①〜④においては，責任は行政にある。これに対して，⑤は，行政と公衆の協同を意味する[27]。

　公共事業では，⑤は適合せず，④まで進めるかが課題になる[28]。公共事業の実施は当然に予算を伴い，そのような財政負担について，公衆が行政と対等の責任を負うと考えるべきではないからである。これに対して，計画さらにはまちづくりでは事情は異なり，⑤まで進むことも考えられる。もっとも，その

　　の事例が紹介されている。
(26)　角松生史「都市計画の構造転換と市民参加」新世代法政策学研究15号（2012年）
　　17頁も参照。『検討小委員会報告』を素材として，本文の論理の存在を指摘する。
(27)　原科幸彦「公共計画における参加の課題」原科幸彦編著『市民参加と合意形成』（学
　　芸出版社，2005年）34-35頁。
(28)　原科・前掲注(27)35頁。

第1部　都市法の新たな課題

ためには，規模の問題もある。地区計画のように地域が限定される場合には，市民が行政と同様の責任を負うことも想定しうるが，より広域のマスタープラン等になると，それはやはり困難で，参加は④のレベルまででとどまるべきことになろう[29]。

なお，④の参加を実効的なものにするには，公共空間での議論が不可欠である。その議論に際して，公的主体には説明責任があるといわなければならない。また，十分な情報公開が議論のための必須の前提となる。

(ii)　次に，どの段階で参加すべきかが問題になる。一般的には，計画策定の早い段階での参加が確保されるほうが，参加の実効性が増すであろう。したがって，「素案の段階から市民参画で」というのが，一般的には望ましいあり方になる[30]。

また，決定の後の段階での参加もありうる。一旦策定した計画が固定化されるのであれば，計画決定後の参加にはさほどの意味はない。しかし，これからの都市法においては，計画の定期的な見直しが要請される。このように計画について時間管理という観点を入れる場合には，決定後の参加すなわち計画に対する市民・住民の意見表明と計画主体のそれへの応答が重要な意味を持ってくるであろう[31]。

(iii)　さらに，何に参加するのかも問題になる。以上の検討は，市町村マスタープランや地区計画等への参加を想定したものである。実際に，このような計画への参加が参加の差し当たりの中心的対象になるであろう。しかし，参加は，それにとどまるべきものではない。計画を基礎に置きつつも，それを超えた「まちづくり」への住民参加，そしてさらには市民主体の「まちづくり」が課題になる[32]。そして，このような参加そして市民によるまちづくりを推進

---

(29)　原科・前掲注(27)35頁。

(30)　大西由紀子「政治を取り戻す市民まちづくり」林・前掲注(25)300頁以下には，東京都調布市において，この「素案の段階から市民参画で」という標語の下で，マスタープランづくりの段階から市民と市との協働が図られた経験が紹介されている。

(31)　角松生史「決定・参加・協働――市民／住民参加の位置づけをめぐって」新世代法政策学研究4号（2009年）22頁以下参照。そこでは，決定後の参加について，政策サイクルの観点からは，説明責任の担保として重要性を増していることが指摘されている。具体的には，パブリック・コメントがその例を提供する。つまり，政策案およびその根拠を提示し，それに対する公衆からの多面的意見等に応答することによって，市民社会における多様な意見の布置におけるその提案の「立ち位置」を明確化する。そして，そのようにして，一定期間経過後の当該政策見直しの重要な判断基準になるのである。

(32)　後藤祐介「地域再生の鍵を握る『市民まちづくり』」林・前掲注(25)178頁以下に，

する主体は，多くの場合には，市民主体のNPOである。そうである以上，税制を含めてこれらのNPO活動を支援する諸方策の整備も必要になる[33]。

3　市民によるまちづくりとその制度的支援

　今後の持続型都市法においては，以上のように，市民参加と市民によるまちづくりが重要な課題となる。以下では，それを支える法制度とその今後の展開の方向性を整理しておこう。大きく分けると，市民の意思を重視する都市計画制度の展開と，契約的手法を活用した都市環境重視型のまちづくりの2つの問題領域がある[34]。

(1)　市民の意思尊重型の都市計画
(i)　地区計画制度
　ここでまず取り上げるべきは，地区計画制度である。市民の意思尊重型の都市計画として最も早く制度化され，今後も，そのような位置づけの制度として最も活用を期待されているものだからである。

　地区計画制度は，西ドイツのBプラン制度に着想を得て，1980年の都市計画法改正によって制度化されたものである。都市計画区域レベルの計画である都市計画および用途地域と，単体レベルの規制である建築基準法上の規制との中間に位置づけられる地区レベルの計画である。当初から，市民意思の反映を重要な理念とする制度として創設された。独自の利用規制を定めることによって，上位計画に定める規制の適用除外を可能にする。当初は，上位計画よりも規制を強化する規制強化型の運用が主流であったが，その後，規制緩和側の運用も可能なように，制度が変えられた。たとえば，再開発促進区の制度などである。全体としては，現在でも規制強化型が多いが，東京など大都市部では，規制緩和型の地区計画も少なくない。

　地区計画制度の意義と問題点を整理すると，次の点を指摘することができる。

　①　後に見る建築計画等の協定制度と異なり，地区計画においては，地権者の全員一致が要求されるわけではない。したがって，多少の反対者が存在して

神戸市を素材とした検討がある。
(33)　NPO支援の税制について，山内直人「NPO支援税制──『新しい公共』を育てるために」林・前掲注(25)68頁以下参照。
(34)　以下について詳しくは，吉田克己「都市環境と契約的手法」吉田克己＝マチルド・ブトネ編『環境と契約──日仏の視線の交錯』(成文堂，2014年) 17頁以下を参照。本文は，この記述に依拠しつつ，そのポイントを摘記したものである。

第1部　都市法の新たな課題

もその設定が可能であるので，ボトムアップ型の都市計画策定が現実に期待しうる制度となっている。しかし，実際には，運用において圧倒的多数の同意が要求されることが多く，策定のためのハードルは高い。しかし，他方で，これを緩くしすぎると，今度は市民の意思の反映という点での問題が生じてくる。この辺りのバランスの取り方は，難しいところである。現在多くの地区計画については，現実の運用において8割から9割程度の同意が求められている。この程度が，バランスという観点からは妥当なレベルといえようか。

②　地区計画のモデルとなったドイツのBプランの場合には，計画がなければ建築可能性がないという考え方を前提としているので（建築不自由の原則），Bプラン策定が建築可能性を認めることにつながる。このようにして，Bプラン策定への土地所有者等のインセンティブが存在する。これに対して，日本の一般型地区計画は，基本的には建築可能性を制限する規制強化型となるので，土地所有者にとってのインセンティブに乏しい。制度内容は似ていても，前提となる法制度の考え方が異なるのである。

この問題点は，しばしば指摘される。そして，この観点からは，日本においても建築不自由の原則を導入することが，地区計画制度が実効的に機能するための重要な前提となるであろう。しかし，他方で，そのような問題性が存在する割には，地区計画の策定数も対象面積も，それほど少なくはない。実際には，開発事業者が分譲の際に地区計画を策定することが一般的である。これは，日本においても，地区計画による良好な住環境の維持が，住宅商品という観点からもプラスの評価を得ることができるということを示している。

(ii)　都市計画提案制度

次に，市民が都市計画策定のイニシアティブを取る制度として，都市計画提案制度がある[35]。都市計画提案制度は，①2002年の都市再生法特別措置法および②同年の都市計画法改正によって創設された制度である。このように，都市計画提案制度には，2つのものがある。前者（①）は「都市再生事業を行おうとする者」による提案を認め，後者（②）は土地所有者等の地権者およびまちづくり活動を行うNPO等による提案を認める[36]。地区計画と同様に，規制強化型も規制緩和型もありうる。一般的にいえば，①は開発事業者主導の規制

─────────

(35)　都市計画提案制度以外に，類似の制度として景観計画提案制度があるが，本稿では触れることを避ける。この制度については，吉田・前掲注(34)32頁参照。

(36)　地権者に限定されず，NPOの提案が可能とされていることは，都市計画法上の都市計画提案制度の特徴といってよいであろう。

1 人口減少社会と都市法の課題

緩和型を想定しているといってよいであろう。しかし，地区計画と同様に，現実の適用においては，規制強化型が主流を占めている。

都市計画提案制度の下でも，都市計画の決定権者は，引き続き自治体である。事業者や市民は，あくまで提案をするにすぎない。しかし，現実には，「都市計画の素案」まで付した提案がなされるのであるから，提案に基づいて新たな都市計画の策定または既存の都市計画の変更が必要と判断される場合には，新たな都市計画の内容は，この「素案」に大きく規定されることになるはずである。その意味で，この制度は，事業者や市民の主導による都市計画の策定を可能にするものといってよい。このような点を踏まえるならば，とりわけ都市計画法上の都市計画提案制度については，「これまで専ら行政が行ってきた都市計画の案の作成を民間に開放するもの」であって，市民の意思を都市計画に反映させるという観点から，画期的な制度と評価することができる[37]。

地区計画の場合には，運用の実態は別として，法律上の建前は，自治体が責任をもって作成する地区計画の作成プロセスへの市民参加であり，計画案を策定する主体は，あくまで行政である。これに対して，都市計画提案制度においては，たしかに最終的な決定は行政に留保されるが，計画案自体が市民によって作成される。都市計画提案制度における市民の位置は，地区計画とはレベルを異にするものになっている。

ところで，都市計画は，単なる私益の表明ではなくて，公共性を体現するものである。そのような都市計画を事業者や市民等の私的主体の主導で策定するわけであるから，都市計画提案制度の下では，「『公共性』の私的管理」[38]とでも言うべき事態が出現していることになる。したがって，そこで示された計画内容の正当性と正統性をどのように確保するかが重要な課題となる。

都市計画提案制度が市民主導の下での規制強化型として実現される場合には，その内容的正当性についてもプロセス上の正統性についても，大きな問題はないといってよいであろう。規制強化型の計画は，都市環境の保全という現在の政策的に優先されるべき価値に適合しているし，私的利益とは衝突する可能性のある規制強化に対して3分の2以上の関係者の同意があることは，プロセス的な正統性も確保されているからである。

開発事業者主導の都市計画提案制度の場合には，問題は小さくない。規制緩

---

(37) 岡田光博「都市計画提案制度の活用手法に関する調査」JICE REPORT7号（2005年）30頁。

(38) 見上崇洋『地域空間をめぐる住民の利益と法』（有斐閣，2006年）171頁。

第1部　都市法の新たな課題

和型の内容の正当性は，今後の都市政策の理念に照らすならば，当然には保障されない。また，ここでも同じく3分の2の関係者の同意が必要とされるが，規制緩和が内容であることからすると，その同意の意味は，規制強化型とは異質である。ここでの手続は，あくまで開発事業者が主導することを忘れてはならない。事業者がまずもって追求するのは，私的利益の実現以外の何物でもない[39]。そこには，公共性の私的簒奪の危険が常につきまとうのである。このような事情を踏まえると，ここでは，公共性を確保するためのさらなる工夫が求められる。たとえば，市町村マスタープランを上位計画として位置づけてそれへの適合性を求めたり，当該区域の地権者ではない「第三者」の手続への参加を求めたりすることが考えられる[40]。このような工夫は，都市環境の確保という観点からも，重要な課題である。

(2)　契約的手法によるまちづくり

(i)　前提となる問題状況

　まず，前提となる問題状況を確認しておこう。従来の都市計画は，市街地の拡張をコントロールするという観点から，市街地周縁部を主たる対象としていた。人口減少社会といっても，その課題がなくなるわけではない。地域によっては，地価の安価な市街地周縁部での濫開発が存続する可能性があるからである。しかし，今後のまちづくりは，主要には既成市街地を対象にするようになる。従来の法制度は，そのための手法としては，限界があるといわなければならない。

　第1に，従来の法制度は，内容的に木目が粗く，市街地のあり方に関する大まかな方向性しか提示することができない。都市基盤整備の方針や土地利用計画を上から設定する場合には，そのようにならざるをえないであろう。しかし，きめ細かな形で地域・地区の将来のあり方を構想しようとすると，市民の発意によるほうが適合的である。

　第2に，従来の制度では，規制内容の厳しさに限界がある。土地利用計画等によって私人の権利制限を行うわけであるが，関係者の納得を得られない形で厳しい規制を設けることは，事実上困難だからである。利害関係者の発意によ

───────

(39)　これを強調する文献として，野田崇「都市計画における協議方式──事業者・所有者・住民」芝池義一＝見上崇洋＝曽和俊文編『まちづくり・環境行政の法的課題』（日本評論社，2007年）129頁参照。

(40)　これらについて，野田・前掲注(39)133頁以下参照。

1 人口減少社会と都市法の課題

る場合には，そのような限界を乗り越えることができる。

先に見た市民意思を重視した都市計画手法の形成は，そのような限界を乗り越えようとする努力の一例である。これをさらに徹底すると，市民間の合意すなわち協定によってまちづくりをコントロールしていこうという発想が出てくる。

(ii) 建築協定等の従来型協定制度

従来型の協定制度の代表的なものは，建築協定，緑地協定，景観協定の３つといってよい[41]。以下，これらのうち建築協定（建築基準法 69 条以下）を例に取ってその概要と特徴とを確認しておく[42]。

建築協定は，市町村が条例で定めた区域内において，住宅地としての環境を維持増進するために，建築物の敷地，位置，構造，用途，形態，意匠又は建築設備に関する基準を，土地所有者や借地権者等の地権者が締結するものである。このように，関係地権者全員の合意に基づく規制強化型の制度である[43]点に，建築協定制度の第 1 の特徴が認められる。

建築協定は，特定行政庁による公告が行われると，その後に土地所有者になった者に対してもその効力を及ぼす。この第三者効によって，建築協定は，私人のイニシアティブによる土地利用規制制度として実効性を獲得することになる。これが，建築協定制度の第 2 の特徴である。

以上の全員合意原則と第三者効は，建築協定に限定されず緑地協定と建艦協定にも存在するもので，従来型の協定制度に共通する特徴となっている。

全員合意は，建築協定が契約である以上当然の要件であるが，それによって決定コストは膨大なものとなる。この点に関しては，1976 年の改正によって一人協定も可能になり，建築協定締結の困難性が相当程度に緩和された。これによって，建築協定の認可数は，大きく伸びることになる。しかし，この制度は，一人の所有者，具体的には開発業者が分譲するケースにおいて利用可能になるもので，すでに所有者が分散している既成市街地では用いることができない。

これからの都市法は，前述のように，既成市街地に大きな関心を払う必要が

---

(41) これ以外には，避難経路協定（密集市街地における防災街区の整備の促進に関する法律）や都市再生整備歩行者経路協定（歩行者ネットワーク協定。都市再生特別措置法）がある。

(42) 緑地協定および景観協定については，吉田・前掲注(34)38-42 頁参照。

(43) 建築基準法の基準は最低限の基準であり，これを建築協定によって緩和することは認められていない。

23

第1部　都市法の新たな課題

ある。この観点からすると，既成市街地における活用のために，建築協定における全員合意原則の緩和という発想が出てくる。たとえば，土地区画整理組合や市街地再開発組合の設立における要件を参照して，土地所有者等の3分の2の同意で足りるようにしてはどうかという考え方が提示されている(44)。また，協定には有効期間が定められているが，期間満了後の更新についても全員の合意が要求されている。とすると，締結については一人協定で処理できたケースにおいても，更新の際には困難性が生じてくる。ここでもまた，合意原則の緩和が求められることになる。

　このように全員合意原則を緩和する方向を志向する場合に当然に問題になるのは，協定設定に反対する少数権利者の権利保護の必要性をどのように考えるかである。区分所有建物の建替えの場合には，建替計画に賛同しない少数権利者に，区分所有権等の売渡請求権が付与されている（建物区分所有法63条）。都市計画事業予定地内の土地所有者には，一定の要件充足を前提として，当該土地の買取請求の制度が存在する（都市計画法56条）。協定設定の場合の土地所有権に対する負担の程度とこれらの制度の場合のそれとを比較検討しながら，少数権利者の権利保護制度をどのように考えるべきかを検討する必要がある。

(iii)　新たな協定制度としての都市利便増進協定

　2011年の都市再生特別措置法改正に基づいて制度化された都市利便増進協定制度（同法74条以下）は，以上に概観した従来型の協定制度とは大きく趣を異にするものである。2002年に制定された都市再生特別措置法は，当初は，大都市部を想定した規制緩和・金融支援などの措置による大規模都市開発プロジェクトの誘導を目指すもので，経済活性化を強く意識した民間活力活用型の都市法であった。その後，2004年改正によって，大都市，地方都市を問わないでまちづくりに対する国からの交付金付与を主要な政策手段とする措置が追加されることによって，同法は，一般的な都市再生の基本法としての地位を獲得した。そして，2011年には，金融支援手法の抜本的再編や規制緩和メニューの追加がなされるとともに，全国の都市の魅力向上を図るために，まちづくりへの多様な民間主体の参画を誘導する制度拡充が行われた(45)。都市利便増進協定の創設は，そのような制度整備の一環である。

---

(44)　荒秀『建築基準法論(I)』（ぎょうせい，1976年）197頁，大橋・前掲注(18)126頁など参照。

(45)　以上については，栗田卓也＝堤洋介「都市の公共性と新たな協定制度」学習院法務研究5号（2012年）9-10頁参照。

1 人口減少社会と都市法の課題

　都市利便増進協定は，「地域のまちづくりのルールを地域住民が自主的に定めるための協定制度で，地域のエリアマネジメントを継続的に取り組む際に活用することが期待され」るものとされている[46]。協定内容として想定されているのは，「街の整備」（広場，街灯，並木等の都市利便増進施設の整備方法，・統一的な街並みのルール等），「街並みの維持・管理」（都市利便増進施設の維持管理方法，美化活動の実施方法等），「地域活動」（防犯パトロール，イベントの開催等）である[47]。これらの事項に関して関係地域住民が協定を締結し，それを市町村が認定することを通じて，都市の賑わい・交流の活性化を目指すことが，その基本的な狙いである。そのために，賑わい・交流の場（広場，緑地空間など）についての地域住民による自主的な管理を促進すべきものとされるのである。

　この協定制度の考え方，内容は，従来型の協定制度と大きく異なる。この制度には，従来型と比較した場合，次のような特徴が認められる[48]。

　第1に，協定の対象が広範であることを指摘することができる。そして，そのような性格を，あえて法律に協定の目的・対象を詳細に書き込まないことによって確保しようとしていることが注目される。この制度の目的は，前述のように，まちの賑わい・交流の活性化であるが，そのような目的は，法律に明示されていない。また，協定の対象である「都市利便増進施設」は，きわめて広範な事項をカバーしうる概念である。要するに，この協定をどのように定めるかについては，協定主体の自由な発想に委ねられる部分が大きいのである。

　第2に，都市利便増進協定の締結に際しては，全員合意原則が採用されていない。求められるのは，「土地所有者等の相当部分が都市利便増進協定に参加していること」にすぎない（都市再生特別措置法75条1号）。従来型の協定制度においては，共通して全員合意原則が採用されていた。その前提にあるのは，協定が関係地権者の土地利用権能などの権利制限をもたらすという事情である。当該権利者の同意なしにその権利制限を正当化することはできないと考えられているのである。これとの対比では，都市利便増進協定の場合には，必ずしも関係権利者の権利制限をもたらすわけではない。それは，たしかに，都市利便増進施設の管理等に関して関係権利者に一定の義務を課すことはあろうが，そ

----

(46)　制度創設の際に国土交通省が作成した説明文書より。http://www.mlit.go.jp/common/001039039.pdf
(47)　前掲注(46)の国交省文書。
(48)　栗田＝堤・前掲注(45)11-12頁を参考にした。

第1部　都市法の新たな課題

れを所有権制限等と同列に見る必要はない。そのように考えれば，都市利便増進協定において全員合意原則が採用されていないことは，十分に理解することができる。

　この協定における全員合意原則の緩和については，その対象の公共性の弱さに根拠を求める見方も提示されている。すなわち，道路や公園など都市計画で決定することを求められる施設は，きわめて公共性の程度が高く，そのゆえに，住民説明，都市計画審議会への付議などの法定の手続きを経ることで公的に承認されていく。これに対して，都市利便増進協定は，その対象にそこまでの高い公共性を見出そうとするものではなく，今ある施設をより有効に住民自治的に使いこなしていこうとする，いわば「身の回りをよくするための公共性」に関わるものであり，そのために合意要件も緩やかに設定することが適当と考えられたというのである[49]。

　しかし，この論理は十分に了解することができない。まず，道路の公共性を「身の回りをよくするための公共性」よりも当然に上位に置くことができるかについては問題があると考えられるが，この点については特に論じない。ここで問題にしたいのは，公共性と私人の同意との関係である。私人の権利は，公共性に基づいて制限されることがある。都市計画道路について計画決定の段階から一定の利用制限がかかり，事業決定がなされると，この利用制限がよりきついものとなることに加えて，場合によっては土地収用という私権制限もかかってくる。これらについて，権利者の同意は無関係である。事業の公共性の故に，私人の同意を必要としない権利制限が可能となるのである。これとの対比でいえば，都市利便増進施設についても，「身の回りをよくするための公共性」を認めることができるが故に，必ずしも利害関係人の同意を得ることなく，一定の義務を含む協定の成立を認めてよいという帰結が導かれると考えられる。公共性が弱いが故に全員合意原則が緩和されるのではなく，一定の公共性が認められるが故に全員合意原則が緩和されるのである。そして，全員合意原則緩和の根拠をこのような点に求めることができるとするならば，この論理を，都市利便増進協定に限定されず，建築協定等の従来型の協定にも及ぼしていくことも可能となろう[50]。

（49）　栗田＝堤・前掲注(45)14-15頁。

（50）　なお，全員合意原則緩和のもう1つの方向は，社団法理の導入である。区分所有関係における多数決原理は，基本的にはこれによって説明される。都市利便増進協定についてこの方向での正当化を示唆する文献として，樺島・前掲注(19)36頁がある。

第3に，都市利便増進協定には，第三者効が認められていない。従来型の協定における第三者効は，全員合意原則を前提とするという理解から，全員合意原則を緩和した都市利便増進協定については，第三者効が否定されたのである。この点に由来する弱点を補完するために，土地所有者に対して，所有権譲渡時に譲受人に対して協定内容を伝達することを約させることなどが提示されている[51]。

以上まとめるならば，都市利便増進協定は，公共性に基づく上からの強制と合意に基づく私人間の利害調整の中間において，ソフトで柔軟なマネジメントの手法を提供する制度である。その意味で，これは，持続型都市法の理念を示すシンボル的な制度の1つであると位置づけることが可能であろう。

(3) 市民によるまちづくりと行政

以上のような市民主体のまちづくりを志向する場合にも，行政の役割がなくなるわけではない。市民間の合意がそう簡単に調達できるわけではなく，そのためには，従来とは異なる，行政のさまざまなレベルでの援助が要請されるからである。

たとえば，1つのイメージとして，「行政が地域に問題を投げかけ，合意形成を促し，結果を都市計画に取り入れていく方式」「平時は見守ることに徹し介入しないが，トラブルが発生した際は中立の第三者・裁定者として関与」するといった新たな行政の関わり方が提示されている[52]。

III　財政難と地価低迷時代における都市基盤整備事業の新たな課題

日本の都市法は，前述のように，国家主導の事業法としての性格を色濃く持っていた。そこでの事業は，トップダウン型の公共事業であり，右肩上がりの経済を前提として，一旦決定されればその中止は一切想定されることがなかった。

しかし，人口減少社会における事業法は，そのようなパラダイムを維持することを許さない。すでに，事業計画は決定されながら，事業実施の展望が立っていない長期未着手事業問題が深刻な形で提起されている。また，1000兆円を超えるといわれる深刻な財政赤字の下で，新たな基盤整備事業をどのように

---

(51)　栗田＝堤・前掲注(45)13頁。
(52)　樺島・前掲注(19)36頁。

第1部 都市法の新たな課題

仕組むかが問われている。

以下，この2つの問題について，順次検討することにする。

1 不要になった事業廃止の可能性

(1) 長期未着手事業問題

(i) 長期未着手事業の現状

都市計画事業は，計画決定から実現までにかなりの時間がかかるのが通例である。したがって，事業実現が遅れていることだけでそれを問題視することはできない。しかし，そのような点を考慮してもなお，計画決定から過度に長期にわたって事業に着手されないまま経過している施設が多数存在する。やや古い数値であるが，2007年3月末の時点で，都市計画決定した全国の幹線街路（都市計画道路）約6万6000kmのうち，約4割に当たる2万5600kmが事業に未着手のままだという[53]。都市計画公園については多少ましではあるが，それでも未着手の都市計画公園は，箇所数にして約20%，面積ベースで約16%に上るという[54]。拡大型の都市法が維持できなくなり，自治体が財政難にあえぐ現時点において，これらの長期未着手事業の多くは，事業完成の展望を失っている。

(ii) 長期未着手事業の問題性

都市計画決定がなされると，将来の事業実施の障害となることを避けるために，建築制限がなされる（都市計画法53条以下）。かつては木造で2階建て以上の建築が禁止されていたが，2006年に若干の緩和が行われ，優先整備区域以外の区域については，木造・鉄骨造等の構造であれば3階建てを建築可能とした。しかし，それでも土地所有者にとっては重い負担である。

訴訟で，この建築制限について憲法29条3項を根拠とする損失補償が求められた事例もある（「盛岡訴訟」。最判平成17年11月1日判時1928号25頁）。この訴訟において，原告の請求は，結局認められなかった。原告の損失が受忍限度を超えて特別の犠牲を課せられたものということはいまだ困難だと判断されたのである。しかし，この判決には，一般論として損失補償を認める可能性がある旨を述べる補足意見が付され[55]，これが行政に相当の衝撃を与えた。長

---

(53) 国交省調査による数値。http://kenplatz.nikkeibp.co.jp/article/const/news/20090210/530340/

(54) 中井・前掲注(22) 339頁。

(55) 藤田宙靖裁判官が次のような補足意見を述べた。「公共の利益を理由としてそのよ

28

期未着手事業を漫然と放置することは許されない事態となったのである。

長期未着手事業問題は，先駆的には，2000年代初め頃から意識されるようになり，東京都による見直しが始まっていた[56]。しかし，そのような動きが本格化し，全国各地で長期未着手事業のチェックが始まるのは，この判決を契機としてである。国土交通省の「都市計画運用指針」も，2006年の第5版の頃から，見直しの必要性を説くようになっている[57]。

見直すといっても，先に述べたような事情から，これらの事業を早期に実施するという方向は，現実には困難である。そうである以上，ありうる方向は，事業の変更・廃止以外にはないであろう。

(2) 事業計画見直しの確保と事業計画の変更・廃止の現実化

(i) 事業計画見直しの確保

以上のように，長期未着手事業についてはチェックが始まっているが，不要な事業計画見直しの課題は，長期未着手事業のチェックに尽きるものではない。人口減少の下で将来の見通しが不確定な現代においては，事業計画一般について，定期的な見直しが求められる。

そのような理念を現実化するために，近時，PDCAサイクル（plan-do-check-act cycle）[58]の確立を目指すことが検討されている。一例を示すと，現在の都市法の総点検を目指した社会資本整備審議会の都市計画制度小委員会（前出）において，PDCAサイクルの具体的内容として，定期的な見直し検討

うな制限が損失補償を伴うことなく認められるのは，あくまでも，その制限が都市計画の実現を担保するために必要不可欠であり，かつ，権利者に無補償での制限を受忍させることに合理的な理由があることを前提とした上でのことというべきであるから，そのような前提を欠く事態となった場合には，都市計画制限であることを理由に補償を拒むことは許されないものというべきである」。この判断に際しては期間も重要な意味を持つ。事案では60年が経過しているので，破棄差戻しもありうるというのが，藤田裁判官の見解である。しかし，最終的には，事案における具体的事情（高度な土地利用が予定される地域ではない）を考慮して，なお特別の犠牲とはいえないとする法廷意見に賛同するものとされている。

(56) 須藤陽子「長期未着手の土地区画整理事業に関する地方自治体の法的責任」礒野弥生ほか編『現代行政訴訟の到達点と展望（宮崎良夫先生古稀記念論文集）』（日本評論社，2014年）317頁。

(57) 須藤・前掲注(56)319頁。

(58) 事業活動における生産管理や品質管理などの管理業務を円滑に進めるための手法である。計画・実行・評価・改善を繰り返すことによって，業務を継続的に改善することを目指すものとされる。

第 1 部 都市法の新たな課題

着手と検討結果公表をルール化するという考え方が提示されている[59]。もっとも、ルール化するのは、着手と結果の公表だけで、この結果に基づいて具体的にどのように対応するかは、決定権者に委ねられる。このようにして、国民との関係での情報提供と、決定権者の自主性尊重との両立が図られる。

PDCA サイクルは、もともとは企業の経営管理のための手法であり、それを都市計画の領域で応用しようというわけである。理屈からいけばうまくいくはずであるが、現実には、うまくいくことがあまりないと指摘されている。うまくいかない原因は、計画・実行プロセスにおける情報が確保されないところにある。都市基盤整備事業にこれを持ち込む場合にも、計画決定プロセスや事業実施過程における透明性を確保することが重要であり、これが確保されないと、PDCA サイクルは、うまく機能しないであろう。

(ii) 事業計画の変更・廃止の現実化

都市計画決定権者は、変更の必要が生じたときは、遅滞なく当該都市計画を変更しなければならないとされている（都市計画法 21 条）。しかし、ある事業の必要性がすでになくなっているとしても、決定権者がそのような事業計画を実際に廃止するインセンティブは、決して大きくはない。事業計画を廃止すると、その事業にはそもそも公益性がなかったことにもなりかねない。そうすると、計画決定から土地所有権の制限を被っていた所有者による損失補償請求、さらには国家賠償請求などの事態がありうる[60]。決定権者は、むしろ、このような事態をおそれることになる。また、かなりのコストをかけて実現した決定を見直すというのは、決定権者にとって一般的にいって気が進まないことである。事業計画の変更・廃止については、むしろディスインセンティブが大きいのである。このようにして、都市計画法における変更義務規定は、機能しないままになっている。そこで、事業計画の変更・廃止をどのように現実化するかが問われることになる。

1 つの方向としては、その必要が生じた場合には、決定権者に事業計画の変更・廃止を法律上義務づけるという措置が考えられる。しかし、これは、現実には実効的に機能しないであろう。一般的な義務づけであれば、前述のように、

(59) 2010 年 11 月 5 日第 8 回小委員会資料 9 頁。ただし、この考え方が、その後具体化されたということはないようである。

(60) もっとも、事業計画を変更・廃止する場合にそのような可能性が生じるということもあるが、そのまま放置する場合にも、同様の危険が生じる。須藤・前掲注(56)335-338 頁に、長期未着手を放置する場合についての国家賠償責任の検討がある。決定権者としては、前進も後退もままならないという立場に立たされるわけである。

現行の都市計画法の下でも存在する。しかし，そのような一般的な義務づけではうまく機能しないからこそ，事業計画の変更・廃止をどのように現実化するかという問題が提示されるのである。そこで，法律上の義務づけを考える場合には，一般的な義務づけではなく，明確な要件を定めるという方向を考えるべきことになる。しかし，「必要が生じた」という以上にここでの要件を明確化することは，きわめて困難といわざるをえない。必要性が生じるケースを事前に具体的・網羅的に想定しておくことは，不可能に近いからである。結局，法律上の義務づけは，定期的見直しの実施とその結果の公表という，先に紹介した手続きレベルの義務づけ以上には行かないであろう。

　そうだとすれば，あるべき方向は，決定権者の事業計画変更・廃止へのインセンティブを喚起することである。しかし，この方向もまた，実現が相当に難しい。先に引いた都市計画制度小委員会の提案においても，共通的課題として全国的体系的に取り組むことが提示されている程度である[61]。そうすることによって，上記のようなディスインセンティブがある程度緩和されるということであろうか。しかし，これにどの程度のインセンティブ喚起機能を期待しうるかは，不分明である。

　現状に合わない事業計画について変更・廃止のインセンティブを最も強く持っているのは，長期未着手事業において顕著であるが，関係する地権者である。そうであれば，不要な事業計画の変更・廃止を進めようとするならば，これらの住民のインセンティブを活用するのが最も実効的であろう。たとえば，先にあったように定期的見直しをルール化しつつ，その見直しにおける市民参加を強化するとか，損失補償や国家賠償を求める訴訟の活性化を積極的に評価するなどの方向が考えられる。訴訟活性化を事業計画変更・廃止のインセンティブとして機能させるためには，事業計画を放置する場合に責任を問われる可能性のほうが，それを変更・廃止する場合に責任を問われる可能性よりも大きいという考え方を確立しておく必要がある[62]。

---

(61)　前掲注(59)資料10頁。その際に，「存置する都市計画については，整備の目途を整備プログラムで明確にするよう努めつつ（施行責任の明確化），当面整備着手しないものについては，将来事業実施への支障が軽度であり，経済合理性を著しく損なわない範囲での建築制限の合理化等の措置を講じる」という考え方を明確に示すべきものとされている。これも，後者の措置が関係地権者の負担軽減になることはたしかであるとしても，計画の変更・廃止へのインセンティブとして機能しうるものであるかは，よく分からない。

(62)　前掲注(60)参照。

第1部　都市法の新たな課題

2　新たな都市基盤整備事業の課題

(1)　地価低迷時代の都市基盤整備事業

(i)　問題の所在

日本における都市基盤整備事業の代表的手法は，土地区画整理事業である。その特徴的な仕組みは，換地に伴う無償減歩に求めることができる。減歩によって，道路等の都市基盤を確保し，かつ，保留地を確保する。そして，保留地の売却によって事業費を調達するというのが，土地区画整理事業の核心にある考え方である。

無償減歩を支える大前提は，事業の結果として生じる地価上昇である。換地後の自己所有地の面積が減歩の結果として減少したとしても，地価レベルで自己所有地の価値が増大していれば，土地所有者に損失はないというのが，無償減歩を支える論理であった[63]。この論理はまた，都市再開発事業における権利変換手続きにおいても採用されている。日本の都市基盤整備事業は，事業に伴う地価上昇すなわち開発利益の発生を不可欠の前提として組み込んでいるのである。

ところが，人口減少社会はまた，地価低迷社会でもある。その結果，多くの地域で，都市基盤整備事業のこの前提条件が崩れきている。そこでは，事業によって開発利益を得ることはもはや期待することができない。事業の実施によって問題になるのは，正の開発利益の配分ではなく，むしろ事業費の負担（負の開発利益）をどのように分担するかである。人口減少社会においては，当該事業の必要性自体が鋭く問われるが，この問題をクリアしたとしても，開発利益なき事業をどのように仕組むかが大きな問題になってくるのである。

(ii)　負担のあり方

都市計画研究者の中井検裕は，事業に伴う負担をどのように分担するかに関して，次の3つの可能性を提示している[64]。

①　いまだ正の開発利益が上がる開発からそうでない事業に利益を移転させる。駅前開発で上がった利益を郊外の縮退に利用するというイメージである。駅前と郊外との両方での同時区画整理（いわゆるツイン区画整理）や，駅前の再開発と郊外の区画整理とを組み合わせるなどである。

②　緑地や農地の外部経済を取り込む。緑地や農地は，これまで都市的には

---

(63)　この論理については，吉田克己「土地区画整理と住民運動」渡邊洋三＝稲本洋之助編『現代土地法の研究(上)』（岩波書店，1982年）235頁以下で立ち入った検討を行った。

(64)　中井・前掲注(22)349-350頁。

32

あまり価値がないと考えられてきたが，環境面や防災面でのプラスの評価が可能であり，これは，今後ますます高まるはずである。そうだとすると，この外部経済を正しく評価することによって周辺の評価は上昇するはずであり，それをたとえば固定資産税等で回収し，負の開発利益（事業費負担）を補填する。

③　市民が総体として負の開発利益（事業費負担）を広く薄く平等に負担する。具体的には，トラストや基金という考え方である。

この3つの考え方を念頭に置きつつ，今後の市街地整備事業に関して提示されているいくつかの構想を眺めてみることにしよう。

(2)　今後の市街地整備制度に関するいくつかの構想

今後の市街地整備事業をどのように組み立てていくべきかに関しては，新たな問題状況を踏まえたいくつかの構想が提示されている。その中から2つを取り出して，若干の検討を行う。

(i)　具体例

(a)　最初に，「今後の市街地整備制度のあり方に関する検討会」によってまとめられた『今後の市街地整備の目指すべき方向──市街地整備手法・制度の充実に向けて──』(2008年6月)（以下，『目指すべき方向』と略称する）[65]を取り上げる。事業法のパラダイム転換が要請されるという明確な認識の下に[66]，今後の整備事業法のあり方が包括的に論じられているからである。

『目指すべき方向』の認識によれば，「開発利益」を牽引力として「公共施設の整備」を実現する従来型の市街地整備メカニズムは，その普遍性を失いつつある（5頁）。それでは，今後の市街地整備事業は，何を牽引力とすべきなのか。人口減少・少子高齢化の進展等に伴い，住民の「生活環境の悪化・資産価値の下落への危惧」や，行政の「都市経営の破綻への危惧」は急速に高まるものと想定される。そこで，今後は，こうした「危機意識」が原動力・動機として作用し，「良質な市街地ストックの形成」という公共性の実現に向けた市街地整備が促進する方向で，市街地整備のメカニズムが再構成されるべきである（5

---

(65)　国交省から公表されている。http://www.mlit.go.jp/common/000016712.pdf　この文書からの引用頁は，以下，本文中に直接に記す。

(66)　次のように述べている。「『旺盛な土地需要・床需要を背景とした開発利益』が原動力となって市街地整備が展開されてきた従来のメカニズムは，今後，我が国社会が本格的な人口減少・高齢化社会を迎える中で大きく崩れようとしており，今後，集約型都市構造の実現に向けたツールとして，そのコンセプトから，計画・管理制度，事業制度に至るまで，施策の再構成が求められております」(3頁)。

第1部　都市法の新たな課題

頁）というのが，『目指すべき方向』の基本的問題把握である。

　もっとも，「危機意識」だけで市街地整備事業が進展すると考えるのは，非現実的であろう。『目指すべき方向』も，その点は自覚している。そこで，住民と行政が具体的なビジョン・目標を共有し，「まちの使い手」である住民の積極的な参加を得て，行政と住民が連携，協働して市街地整備を推進する必要があるものとされる（5頁）。

　このような基本的理解の下で，①既成市街地，②郊外市街地，③両者の連携という3つの問題領域への整理が行われ，それぞれについて，次のような具体的戦略が提示される。

　①　重点的整備・改善地区など既成市街地における柔軟な市街地整備手法のあり方（16頁以下）。ここでは，虫食い状空地への対応策が重要であり，それを集約して市街地整備事業に活用する方向を追求すべきである。行政主体による実施だけでなく，民間主体による実施を追求する。事業を実施する民間主体に対して，行政による支援を組み立てる。たとえば，公的主体による虫食い状空地の取得から公募手続き等による当該空地の民間譲渡（安価に，ないし無償で）を図り，当該空地を活用した連鎖的市街地整備を実施する。その際に，当該民間事業者に対する無利子融資等の資金的支援を検討する。

　②　郊外市街地におけるスマートシュリンクに対応した市街地整備手法のあり方（23頁以下）。ここでは，すでに人口流出に伴って空き地・空き家が生じている現状がある。そして，今後は，「急速な低密度化とこれに伴う市街地の荒廃化が進む恐れ」があるというのが『目指すべき方向』の認識である。そのような認識を踏まえて，「一定程度の都市サービス機能は維持しつつ，樹林地等の『みどり』や，耕作地・市民農園等の『農地』に，あるいは二地域居住等に対応した新たな郊外住宅地等の『住まい』への土地利用転換を誘導していくなど，上手に縮退していく（スマートシュリンク）方策」を講じる必要があるものとされる。「スマートシュリンク」を実現する方策としては，税制その他の優遇措置による居住者等の集約拠点等への移転の誘導措置などのほか，区画整理の換地手法を活用した土地利用転換スキームを検討するものとされている。要するに，換地によって宅地を集約し，周辺部を緑地・農地に転換するというイメージである。

　③　集約拠点整備とスマートシュリンクとのツイン戦略のあり方（26頁以下）。ここでは，「集約拠点の整備」と「郊外市街地のスマートシュリンク」とを一連の施策の中で，一体的に取り組むことも有効であると主張される。つま

り，「ツイン戦略」「ツイン市街地整備」である。郊外市街地と集約拠点につい
て一体の市街地整備事業を実施し，「集約拠点における開発利益を郊外市街地
のスマートシュリンクに還元するなど，積極的に資金を外部調達」するという
のが，その基本的構想である[67]。

　(b)　以上に紹介した『目指すべき方向』においては，郊外市街地においてス
マートシュリンクを実現するために，土地区画整理を活用した土地利用転換の
可能性が追求されていた。この方向をさらに深めようとするのが，都市計画研
究者・大沢昌玄による「逆区画整理事業」構想である[68]。

　この構想のポイントは，スマートシュリンクのための手法として，減歩を行
わない区画整理事業（それゆえ「逆区画整理」と呼ばれる）を活用するという点
にある。事業の仕組みを概説すると，次のようである。①施行主体が一定の土
地の先行買収を行う（公団方式土地区画整理事業に倣う）。その対象地として空
き地・空き家を想定する。換地でこれらの土地を集約化し，保留地として売却
して事業費をまかなう。この土地調達について，場合によって新住宅市街地開
発事業の手法を取り入れる（収用の可能性）。②そのような集約化の手段として
の区画整理事業を用いる。つまり，換地制度を活用して土地の入れ替えを行う。
③地区内居住者については，減歩を行わない。希望者には増減歩（敷地面積の
拡大。増歩）を行う。

　要するに，開発利益を期待することができないことから，無償減歩という土
地区画整理事業の核心的手法を断念し，換地制度を活用した土地の集約化とい
う点でのみ土地区画整理事業を活用するというのが，この構想のポイントであ
る。

　(ii)　若干のコメント

　(a)　既成市街地における『目指すべき方向』の構想は，要するに，民間資本
の活用である。行政による直接の事業の実施は，財政問題等の理由で困難にな
るので，民間資本に必要な事業実施を期待し，行政はそれを支援するにとどめ
るというイメージが提示されている。

　問題は，事業実施を期待される民間資本に，どのようにして事業へのインセ

---

(67)　これは，先の中井整理による①のやり方である。注(64)に対応する本文を参照。な
　　お，この構想については，角松・前掲注(17)253頁にも若干の言及がある。
(68)　土地総合研究所「今後の土地問題を考える研究会地区レベル検討部会」（2013年6
　　月13日）配付資料より。そのポイントは，大沢昌玄「人口減少社会における郊外地分
　　散型市街地の政策的関与について事業論からアプローチする」土地総合研究23巻2号
　　（2015年）43頁にも記載されている。

第1部　都市法の新たな課題

ンティブを付与するかである。民間資本のインセンティブを確保するためには，民間資本の採算が取れる事業でなければならない。そのためには，多くの場合には，民間資本に対して財政援助を含めた種々の助成措置を講じる必要が生じてくるであろう。それによって，当然に公的主体に対して財政的負担がかかることになる。その負担がどの程度のものになるか。これが現実には重要な問題になる。また，理論的にはその正当性をどのように確保するのか。あるいは，公的援助を正当化する事業の公共性をどのように担保するのか。これも重要な問題である。もちろん，それは一般的には語ることができず，具体的事業内容との関連で検討すべきことになるが，ここには，これまでの都市基盤整備とは異なる新たな理論的問題が提示されることになる。

　他方，『目指すべき方向』は，「市街地整備の種地」として空き地・空き家を位置づけている。これを取得した上で，民間に安価または無償で民間に譲渡するものとされているのである。既成市街地における空き地・空き家の取得費用がどの程度になるのかが，事業の成否を決する重要なポイントとなるであろう。次の(b)で見る郊外市街地とは異なり，既成市街地における取得費用負担は，ある程度のレベルにはなるであろう。それを安価または無償で民間資本に譲渡する正当性をどのように担保するかが問題になることは，先に述べた公的援助一般についてと同じである。

　(b)　『目指すべき方向』は，郊外部におけるスマートシュリンクのために土地区画整理を活用するという方向を提示していた。大沢の逆区画整理構想も同様である。これらにおいては，区画整理事業の施行者としては，自治体等の公的団体が想定されているようである。そうすると，自治体等が土地の先行取得を行うべきことになる。おそらくこれがこの事業の成否を規定するポイントになろう。これらの費用をどのようにして調達するのかが問題である。なお，この対象地としては，空き地・空き家が想定される。郊外市街地においては，この先行取得費用を最低限に押さえることも可能かもしれない。異なるコンテクストにおいてであるが，市が空き地等の「寄付」を呼びかけ，これに応えるケースが出ている[69]。

　この区画整理事業においては，これまでの区画整理事業とは異なり，空き地を集約する（その反面で既利用地も集約する）というのが事業の基本的目的になる。そのような集約化の必要性と正当性をどの程度大きく評価するか。自治体

---

(69)　長崎市の事例である。清水陽子「長崎市『老朽危険空き家対策事業』——空き家の撤去がコミュニティ再生のきっかけに？」住宅会議86号（2012年）38頁。

によるある程度の財政負担の正当性は，そのような評価に依存することになろう。これは，事業毎に検討すべきであって，一般論は語りにくい。個別の検討においては，「コンパクトシティ」という理念を掲げることによって，その必要性と正当性とを肯定することができることもあろう。しかし，郊外市街地での事業であるから，「コンパクトシティ」の理念の下で，むしろ反対の評価となる場合もあろう。その地域の全体がスマートシュリンクの対象と位置づけられるような場合である。

　これに対して，コンパクトシティ構想を相対化しようとする見解もある[70]。すなわち，日本全国で見た場合には，低密・拡散都市のほうが主流であって，コンパクトシティ構想を適用しうる都市は限定されているというのである。そこで，この見解は，コンパクトシティ化だけではなく，「持続可能な低密度都市」を構想することによって問題に対処しようとする。この「持続可能な低密度都市」という理念は，郊外市街地における土地区画整理事業の多くを正当化することができるであろう。それは，言い換えると，コンパクトシティ論を前提とした「選択と集中」の対象地域を小さく取るということでもある。

Ⅳ　土地利用コントロールの新たな課題と土地所有権論

　以上に検討した拡大型都市法から持続型都市法へのパラダイム転換そしてさらには縮退型都市法の登場という事情は，土地所有権の考え方についても新たな考え方を要請するはずである。しかし，この点に関しては，これまでの政策文書においては，必ずしも明確な方向性が提示されていない。

　それでは，以上のような都市法理念の転換に伴う土地所有権論はどのようなものであるべきか。以下では，この問題に関する端緒的な作業を試みる。そこでは，持続型のみならず，縮退型の都市法という問題意識も前面に出すことにしたい。課題は，大きく2つに整理することができる。1つは土地の過剰利用のコントロールであり，他の1つは土地の過少利用への対処である。

---

(70)　土地総合研究所「今後の土地問題を考える研究会地区レベル検討部会」(2013年6月13日)における雨宮護の配付資料より。雨宮護「空閑地を活用した住環境の価値向上のための制度とプログラム──『カシニワ』と『ちょい農』」土地総合研究23巻2号(2015年)37頁も参照。

第 1 部　都市法の新たな課題

1　土地の過剰利用のコントロール：必要最小限原則の克服

(1)　「計画なければ開発なし」原則の導入

　拡大型都市法の大きな課題の 1 つは，無秩序な市街地拡大すなわちスプロール現象のコントロールであった。これは，土地の過剰利用に対するコントロールと性格づけることができる。右肩上がりの時代が過去のものとなった今日において，この課題の重要性は大きく減じた。しかし，都市中心部と郊外との地価格差が存在している以上，地価の安い郊外部での大規模施設の立地や宅地開発への動因は依然として存在する。スプロール現象のコントロールは，過去の課題ではないのである。さらに，このような無秩序な施設等の立地は，コンパクトシティの理念からすると，従前以上に問題が大きいと評価する必要がある。このようにして，持続型都市法や縮退型都市法にとっても，無秩序な開発抑制が重要な課題の 1 つとなる。

　このような観点からすると，「計画なければ開発なし」原則の導入を提示する日弁連意見書が注目される[71]。この意見書は，人口減少社会においては，「コンパクトで持続可能な，より質の高い都市（持続可能な都市）」の創造が課題になっているという認識に立って，全国土を規制対象としたうえで，市町村マスタープランに法的拘束力をもたせ，開発されていない場所では開発が認められないことを原則とし，その例外を認めるためには地区詳細計画の策定を要するものとするという提言を行っている（12 頁）。そのようにして，「計画なければ開発なし」原則と「建築調和の原則」の実現が図られるのである。

　これらの原則は，西欧諸国の都市法においては，拡大型都市法の時代にすでに採用されていたものである。しかし，日本においては，この原則の導入が学説等によって主張されることはあっても，それが実現されることはなかった。そこで，持続型都市法の時代になって，新たな基礎づけの下で，改めてこの原則の採用が問題となるのである。

(2)　必要最小限原則とその克服

(i)　必要最小限原則

　しかし，「計画なければ開発なし」原則の実現は，現実には容易ではない。日本においては，西欧諸国と比較しても特殊に強大な土地所有権観念が牢固と

---

(71)　日弁連『持続可能な都市の実現のために都市計画法と建築基準法（集団規定）の抜本的改正を求める意見書』（2010 年 8 月 19 日）。以下，この意見書の参照頁は，本文中に直接に記す。

して存在しており(72)，それがこの原則採用の阻害要因になっているのである。

日本における強大な土地所有権観念は，具体的には，必要最小限原則という形を採って，都市法をめぐる様々な問題領域に貫徹している(73)。必要最小限規制原則とは，土地所有権に対しては，公共の利益に対する目前の支障を除くために必要最小限の規制を行うことのみが許されるという考え方である。この考え方に基づいて，都市法の領域においては，規制対象の面でも，規制目的の面でも，必要最小限の規制しか制度化されることがなかった。都市計画法の適用対象は，都市計画区域に限定され，それ以外の界域については，別の立法による規制の可能性があるとはいえ，原則としては，規制が及ばない。また，都市計画区域内の規制も，必要最小限に限定される。他方，建築基準法は，土地所有者にはその土地の上に建築をする自由があることを大前提として認めて，公共の福祉の観点から必要な限りにおいて最小限の規制を行うことを目的とする立法と理解される。

もう1つだけ例を挙げると，「大深度地下の公共的使用に関する特別措置法」(2000年制定)の基となった審議会答申の検討過程で，大深度地下に対して広い意味での開発規制を導入する可能性が議論された。法制部会委員の見解は何らかの規定を導入すべきという方向にあったが，事務局（国土庁）の見解はこれに消極的であった。大深度地下の乱開発のおそれが現実のものになっていない以上，一般的な開発規制を行うのは行き過ぎだというのである(74)。

このような状況を踏まえれば，「計画なければ開発なし」原則を承認することがきわめて困難な課題であることは，容易に理解することができるであろう。

(ii) 必要最小限原則に対する批判

必要最小限原則に対しては，学説レベルでは多くの批判が提示されている。まず，憲法学からは，必要最小限規制原則は，基本的には憲法13条に関わり，個人の人格形成等にかかわる精神的活動の自由を保障する考え方であるところ，

---

(72)　吉田克己「日本型の土地所有権？——比較法的観点から見た特質と近時の展開」北大法学論集46巻5号（1996年）228頁以下，同「土地所有権の日本的特質」原田純孝編『日本の都市法I　構造と展開』（東京大学出版会，2001年）365頁以下参照。

(73)　藤田宙靖「必要最小限規制原則とそのもたらしたもの」藤田宙靖＝磯部力＝小林重敬編『土地利用規制立法に見られる公共性』（土地総合研究所，2002年）7頁以下。本文の以下の記述についても，同論文を参照。

(74)　藤田・前掲注(73)12-13頁参照。また，国土庁大深度地下利用研究会『大深度地下利用の課題と展望』（ぎょうせい，1998年）に収録されている答申（267-268頁）と事務局によるその解説（136-137頁）とのニュアンスの差を参照。

第 1 部　都市法の新たな課題

これを，憲法 29 条に関わる土地所有権論に適用することへの違和感が表明される。すなわち，土地所有権については，憲法上，「社会国家的な公共の福祉」による制限が当然に認められるのではないか，ということである[75]。

　先に引いた日弁連意見書は，このような憲法学における発想を承継しつつ，さらに積極的に，「計画なければ開発なし原則」や「建築調和の原則」の採用こそが憲法の趣旨に合致すると主張する（14 頁）。その根拠は必ずしも明らかではないが，快適で心豊かに住み続ける権利の具体化に資するという点が重視されているようである（16 頁）。

　他方，民法学からは，歴史的アプローチから必要最小限原則に対する批判が提示されている[76]。すなわち，民法 206 条（所有権の内容）の母法と目されるフランス民法典 544 条における「絶対的所有権」は，歴史的には何ら絶対的ではなかった。この条文自体，「法律および規則」による制限を許容しているし，現実にも，所有権に対する社会的制約が多く存在していたのである。フランス民法典 544 条における「絶対的……」の文言が含意するのは，革命によって創出された土地所有秩序すなわち農民の小土地所有を維持し尊重するというイデオロギーの宣明だと理解すべきであって[77]，そこに所有権行使の次元における絶対的な恣意的自由が含意されていたと理解すべきではない。そうであれば，この系譜を引く日本民法 206 条の下でも，土地所有者の恣意的自由をデフォルトとして想定する必要最小限原則は成り立たないということになるはずである。

(3)　土地所有権の二元的規制体系

(i)　フランス民法典 544 条と日本民法 206 条

　フランス民法典 544 条は，上で示したように，「法律」だけでなく「規則 règlement」による所有権規制の可能性を認めている。ここには，土地所有権

---

(75)　大石眞「憲法から見た必要最小限規制原則」藤田＝磯部＝小林編・前掲注(73) 20-21 頁参照。

(76)　吉田克己「フランス民法典第 544 条と『絶対的所有権』」乾昭三編『土地法の理論的展開』（法律文化社，1990 年）192 頁以下参照。また，同様の問題意識に立つ近時の研究として，高村学人「過少利用時代からの土地所有権史再読」立命館大学政策科学 21 巻 4 号（2014 年）81 頁以下がある。

(77)　このような見方は，フランスではかなり一般的なものである。日本でも，これを指摘する文献はつとに存在した。たとえば，高島平蔵『近代的物権制度の展開と構成』（成文堂，1969 年）6 頁，16 頁以下とくに 20 頁参照。他の文献も含めた詳細については，吉田・前掲注(76)214 頁注(12)頁参照。

40

に対する二元的規制体系が規定されているのである。ここでの「法律」の意義は自明であろうが，「規則」が何を想定しているかは，必ずしも自明ではない。そこで多少の点を述べておくと，フランス民法典の立法者が「規則」という文言で念頭に置いていたのは，「警察（ポリス）規則 règlement de police」であった。警察規則には，行政が発するもの（行政警察）ももちろんあった。しかし，同時に，ポリスは，地域の公共的なことがらに関する規律を広く指す言葉であり，市町村が権限を持つ事項も少なくなかった（市町村警察）。したがって，警察規則は，市町村によって発せられるものも想定していた。ところで，フランスの市町村（commune）は，その規模も小さく，住民共同体という性格を強く帯びている。したがって，市町村警察権限に基づく警察規則は，地域の公共事に関わる住民の自治法規という性格を色濃く帯びていた。フランス民法典は，このような住民の自治法規に基づく所有権規制の可能性を認めていたのである[78]。

　日本民法206条もまた，「法令」による所有権制限の可能性を認めている。ここでも，規定上は二元的規制体系が定められているのであるが，実際には，財産権保障を定める憲法29条を根拠として，戦後は，この「令」の部分が解釈上無視されるに至っている。つまり，法律による規制だけが認められるという一元的規制体系として運用されているのである。

　たしかに，民法206条の「令」は，戦前には天皇の大権としての独立命令（明治憲法9条）を想定していたから，上からの権威的性格を強く帯びていた。戦後は，そもそもそのような制度はなくなった。また，法律に根拠を持たない上からの「令」（政令等）には，民主的正統性が存在しない。そのような「令」による所有権規制の可能性を認めることには，私人の権利尊重の観点から警戒心を抱くことも当然である。したがって，その限りでは，一元的規制体系としての運用は，正当なものといってよい。

　しかし，フランスの「規則」が住民の自治法規をも包摂しうるものであったことを参考にしつつ，日本の「令」についても同様の方向を志向する場合には，どうであろうか。それは，民主的正統性の点においても，政策的正当性の点においても，法律による所有権規制に引けを取らないというべきではないであろうか。このような「令」の解釈が可能であるならば，フランス民法典と同様の二元的規制体系を日本においても志向することは，十分に考えられるように思

---

(78)　以上についての詳細は，吉田・前掲注(76)200-201頁参照。

第 1 部　都市法の新たな課題

われる。

(ii)　二元的規制体系の規制対象

そのような二元的規制体系を，法律と「令」という形式ではなく，その規制対象の実体という観点から整理すると，次のようになろう。

①　公共的利益実現を目的とする土地所有権制限。これは，土地の外部にある要請に基づく制限であり，いわば土地所有権の外在的制約である。公共的利益を実現する公共事業に必要な土地に関する土地収用が典型である。さらに，日本の実定法を素材として述べると，緑地保全のための緑地保全地域（都市緑地法 5 条以下）や特別緑地保全地区（同法 12 条以下）の制度を挙げることができる。良好な景観を確保するための「景観重要建造物の指定」（景観法 19 条）も同様の性格を持つ[79]。

これらの規制を行うためには，法律に基礎を置くことがどうしても必要であると考えられる。緑地保全や景観確保に関わるこれらの規制は，都市環境・都市景観保全という公共的性格を持つ利益の実現を目指すのであって，次に見る②におけるような，土地利用の外部性に基づく規制ではないからである。あるいは，ここでは，ある特定の土地利用の正の外部性が問題になっているといってもよい。②におけるような負の外部性が土地所有権の内在的制約を可能にするのに対して，正の外部性は，それ自体としては土地所有権の制約原理とはならず，その外側にその正当化原理を求める必要があるのである。

このような視角からは，この種の土地利用制限のためには，さらに，利害関係人の参加を含めた民主的手続きを確保し，社会的コンセンサスを得ることが必要だと考えられる。公共的利益の社会的有用性という実体的価値に基づく正当化に加えて，プロセス的正統化を図るということである。また，これらの規制については，②とは異なり，補償が必要だと考えられる。現に，緑地保全地区等の上に掲げた制度については，補償の可能性が定められている（都市緑地法 10 条 1 項，16 条，景観法 24 条，32 条 2 項）。

②　土地利用の外部的悪影響を阻止するための土地所有権規制。これは，土地利用には負の外部性があることに伴い，その外部性を制約するために認めら

---

(79)　以上の緑地や景観に関わる土地利用の規制については，その対象となる土地に「保全財」という呼称を与えつつ，所有権規制の正当化根拠や土地所有者の負担軽減措置の必要性とそのあり方などを論じたことがある。吉田克己「財の多様化と民法学の課題──鳥瞰的整理の試み」吉田克己＝片山直也編『財の多様化と民法学』（商事法務，2014 年）17-20 頁。本稿とはやや異なる視角からの整理であり，併せて参照していただけると幸いである。

42

れる規制である。たとえば容積率規制や建蔽率規制は，過剰な建築行為による土地利用によって，道路をはじめとする公共設備整備が過剰に必要となり，公財政の大きな負担となるという点に，その正当化根拠を見出す。また，日照確保のための斜線制限などは，建築物が隣地の日照を過度に妨げ隣地所有者の生活利益を侵害することを避けるという観点から，その正当性が根拠づけられる。これらは，土地所有権の内在的制約と性格づけることができる。何人にも，外部に悪影響を与え，他者の権利利益を不当に侵害する自由は認められないからである。

　このように，土地利用の外部的悪影響を阻止するための土地所有権規制には，相隣関係的規制（相隣者間の相互互換的利用制限）から狭い意味でのポリス規制（不特定多数を想定した規制）に至るまで，多様なものがある。この制約原理に基づく規制についても，法律で行うことがプロセス的正統性の観点からは望ましい。しかし，都市所有権の内在的制約というその性格を考慮すると，法律によることが不可欠とまで考える必要はないように思われる。その対象の多様性を考慮すると，むしろ，この問題領域における具体的な規制主体としては，地域住民の公共的利益の代表としての地方自治体を想定するほうが適切である。このようにして，条例等による土地所有権規制の原理的可能性が導かれる[80]。このような把握を行った上で，法律事項と地方自治体に委ねられる事項とのベストミックスを探るというのが，現実的には望ましい方向であろう。

2　土地の過少利用への対処：空き地・空き家問題

　右肩上がりの時代には土地の過剰利用が問題であったのに対して，右肩下がりと人口減少社会の下では，逆に，土地の過少利用の問題性が浮上する。近時論壇で取り上げられることが多い空き地・空き家問題は，そのような問題性を提示する典型的な問題領域だといえよう[81]。いずれにおいても負の外部性が

---

(80)　先に，日弁連意見書において市町村マスタープランに基づく土地所有権規制という構想が提示されていることを紹介した。この構想も，以上の文脈において位置づけることができるであろう。

(81)　すでに多くの文献が公表されている。そのうち若干のものを例示的に挙げておく。米山秀隆『空き家急増の真実』（日本経済新聞出版社，2012 年），三浦展『東京は郊外から消えていく！──首都圏高齢化・未婚化・空き家地図』（光文社，2012 年），長嶋修『「空き家」が蝕む日本』（ポプラ社，2014 年），牧野知弘『空き家問題──1000 万戸の衝撃』（祥伝社，2014 年），浅見泰司編著『都市の空閑地・空き家を考える』（プログレス，2014 年）。

第1部　都市法の新たな課題

問題になるが，その内容について，過剰利用の外部性から過少利用の外部性へと問題構造の転換が生じているわけである[82]。

空き地問題・空き家問題については，すでに多くの自治体において条例の形での対応策を講じている[83]。本稿においてこの状況に立ち入ることはできない。以下では，これらの問題が土地所有権論にどのようなインパクトを与えるかという観点に限定して，若干の点を述べておくことにしたい[84]。

(1)　空き地・空き家問題と土地所有権論

(i)　介入の正当化根拠

空き地・空き家といっても，その現実の存在形態は多様である。しかし，そのうちの一定のものについては，外部への悪影響すなわち負の外部性が生じていることには疑いの余地がない。それが公衆への危険をもたらしている場合には（たとえば空き家崩壊の危険），古典的なポリス法理に基づいて公権力が介入しうることに問題はないと考えるべきである。たとえば，崩壊危険のある空き家（木造賃貸アパート）について2014年6月に東京都大田区が強制撤去の代執行に踏み切ったが[85]，この措置は，古典的なポリス法理に基づいて正当化が可能である。

問題は，外部への影響がそれほど強くない場合である。たとえば，空き家状態に伴う建物外観の劣化が周囲の生活環境に悪影響を及ぼしているような場合である。理論的には，ポリス規制の法理による介入を公衆への危険ケースだけに限定する必要はないであろう。そのような志向は，土地所有権レベルでは外部不経済センシティブな土地所有権論を要請する。しかし，他方で，無限定な公的介入を認めるわけにはいかず，どこかで介入可能性の限界を引く必要もある。公衆への危険については，ある程度の客観的な判断が可能である。しかし，

---

(82)　なお，念のために指摘しておけば，「1　土地の過剰利用のコントロール」において論じたことから明らかなように，人口減少社会においても，土地の過剰利用の外部性の問題がなくなったわけではない。

(83)　全国最初のケースは，2010年7月の埼玉県所沢市のケース，都道府県では和歌山県のケース（2011年7月）が初めてといわれているが，2014年4月時点では，全国で300件を超えているという。http://machi-pot.org/modules/project/uploads/research/20140630.pdf

(84)　吉田克己「都市縮小時代の土地所有権」土地総合研究23巻2号（2015年）45頁以下でも，簡単に問題点を指摘している。

(85)　東京新聞2014年6月20日。

44

1 人口減少社会と都市法の課題

ここで問題となる生活環境への悪化等は，かなりの程度に主観的判断にならざるをえない。そうだとすれば，関係住民の意向のようなプロセス的要素を導入することによって，判断の客観化を図ることが望ましい。その観点からは，一定数の周辺住民の「要請」を規制権限発動の要件にする和歌山県の「景観上支障防止条例」[86]などが注目される。

また，このような土地所有権論を支えるものとして，土地所有権に内在するソフトな社会的義務を語ることもありうるであろう。つまり，古典的ポリス規制を支えるのは，他人と公衆の権利利益を害するような所有権行使は認められないという考え方であるが，ここでは，それよりもソフトな，他人と公衆に迷惑をかけるような所有権行使（あるいは不行使）は認められないという社会的義務を想定するわけである。

(ii) 多様な介入手法の構想

土地の過剰利用の外部不経済についての対策は，基本的には利用規制である。これに対して，土地の過少利用の外部不経済への対策は，基本的には利用促進である。利用促進には，利用規制とは異なる困難性がある。利用規制の場合には，一点特定型の積極的行為の抑制（たとえば，開発が企画された特定の時点でそれを禁止あるいは制限するという形で規制する）が問題になる。これに対して，利用促進の場合には，積極的行為の抑制という方向ではなく，積極的行為を求めることが必要になるのである。ここでは，時間軸を組み込んだ土地利用のマネジメントさらにエリア・マネジメントをどのように組み立てるかが課題となる。

まず，外部不経済のあり方が明確である場合には，それを取り除く行為を土地所有者に求めることが考えられる。これは，比較的単純な介入手法である。具体的には，空き地に関する「草刈り条例」などを想定することができる[87]。ここでは，公衆への危険が存するとまではいえない場合についても介入が要請されるので，先にも触れた外部不経済センシティブな土地所有権論が求められる。

しかし，それだけではなく，長期的な利用促進を図るためには，さまざまな

---

(86) http://www.pref.wakayama.lg.jp/prefg/080900/keikansisyou/gaiyou.html
(87) 福岡県大牟田市の「空き地等の雑草等の除去に関する条例（草刈条例）」が知られている。http://www.city.omuta.lg.jp/kouhou-web/12-03-01/tokusyu_10.htm この条例は，空き地などの所有者や管理者の責務を定めるとともに，管理状態が悪い場合の行政による指導を定めている。

45

第1部　都市法の新たな課題

ソフトな介入手法が要請される。契約的手法の活用等である。たとえば，土地
利用のマネジメントを支える手法としての都市計画契約の制度化などが考えられる[88]。空き家問題については，定期借家権の活用も考えられる。あるいは，修復型定期借家権等の制度的整備もありうるかもしれない。これら制度を現実に機能させるためには，一定の条件が整うことが前提になろうが，どのような前提が必要なのかを明らかにしていくことも，今後の重要な課題である。

　また，以上の契約的手法を媒介する点で公的主体の役割は小さくない。公的主体による市民間の利害のコーディネートと「安心」の調達などは，そのひとつである。この点に関しては，かつての農用地利用増進事業を念頭に置くとよいであろう。現在少なくない地方自治体で組織化されている空き家バンクも，まさにこの点において公的主体が重要な役割を果たすことを前提としている[89]。

(2)　供用義務論との比較
(i)　土地所有権論としての供用義務論

　1980年代のいわゆるバブル経済期に，供用義務論と呼ばれる土地所有権論が提示されたことがある。この議論によれば，「土地所有権は，本来，利用を保障することを主たる目的とするものであるから，単に土地所有者による土地の利用義務だけはなく，自分で利用できない場合には，他人の利用に供するという義務まで含めた『土地所有者の供用義務』という言葉を用いて，土地所有権の内在的制約を考えるべきである」[90]。

　供用義務はまた，直接供用と間接供用とに分けられる。「都市における土地

---

(88)　中井・前掲注(22)345頁，350-351頁を参照。

(89)　1つだけ他の例として，千葉県柏市の「カシニワ」制度における市の役割を挙げておく。この制度は，2010年11月15日から柏市全域を対象にして運用を開始した。「この制度は，柏市内で市民団体等のかたがたが手入れを行いながら主体的に利用しているオープンスペース（樹林地や空き地等）並びに一般公開可能な個人のお庭を「カシニワ＝かしわの庭・地域の庭」と位置付け，カシニワへの関りを通じて，みどりの保全・創出，人々の交流の増進，地域の魅力アップを図っていくことを目的としています。／（改行）具体的には二つの柱により構成されます。一つ目はみどりの保全や創出のために，土地を貸したい土地所有者，使いたい市民団体等，支援したい人の情報を集約し，市が仲介を行うカシニワ情報バンクであり，二つ目は一般公開可能な個人の庭，地域の庭を市に登録をして頂くカシニワ公開です。いずれも，市のホームページ等で情報の閲覧が可能です」。以上，柏市のHPより。http://www.city.kashiwa.lg.jp/soshiki/110600/p006771.html

(90)　国土庁土地局『明日の土地を考える』（ぎょうせい，1983年）12頁。

所有者は，集団的公共的な計画に従って自己の土地を都市的利用に供する基本的義務を負っている。この義務が，原則的には都市計画に適合した建物を自己の発意と計算において建造し，それを自己または第三者の利用に供することによって果たされる」[91]。ここでは，土地所有者自身の「直接供用」が問題になる。他方，「供用義務は，土地所有者が自己の発意および計算において建物を建造せず，したがって建物の利用に直接に関与しない場合には，一定の利用目的ないし事業計画を有する第三者にそれを委ねることによっても果たされる」[92]。これが「間接供用」である。間接供用義務は，当時立法化が課題となっていた定期借地権の理論的基礎としても用いられた。

供用義務論は，民活・規制緩和の潮流のなかで開発・再開発推進論者に好個の理論的基礎を提供し，また定期借地権創設の理論的基礎となり，土地基本法にも緩和された形ではあるが規定されるなど，1980年代の土地法制展開に通底する議論となった。

供用義務論については，多くの批判が提示された。批判的見解によれば，この議論の問題性は，それが語られる具体的コンテクストに求められる。供用義務論がその基礎とするのは，《土地所有権に内在する社会的・公共的制約》という命題である。この命題が語られるときに想定されていたのは，基本的には，その土地の直接的利用者やその周辺住民の利用利益（居住に関する利益や都市環境などの諸利益）の保護である。しかしながら，供用義務論は，当時の具体的コンテクストの下で，地価の論理の観点から見て不十分な利用と評価される市民の土地所有権の制約・否定原理として働く。批判論が問題にしたのは，供用義務論のこのような性格であった[93]。また，供用義務論は，その基礎にある歴史認識の点でも批判の対象になった[94]。

---

(91) 稲本洋之助『借地制度の再検討』（日本評論社，1986年。初出1984年）14頁。

(92) 稲本・前掲注(91)15頁。

(93) 吉田克己「土地基本法体制論——土地をめぐる企業・市民・国家」法の科学19号（1991年）59-60頁参照。これに先行する批判的見解として，原田純孝「不動産利用における所有権と利用権」ジュリスト875号（1987年），戒能通厚「『現代土地法論』への論争的アプローチ」乾昭三編『土地法の理論的展開』（法律文化社，1990年）を挙げておく。

(94) 高村・前掲注(76)101-102頁参照。高村によれば，稲本は，フランス革命期のシイエスによる所有権論を援用しつつ，供用義務論を基礎づける（稲本・前掲注(91)242頁など参照）。しかし，シイエスの所有権論は，自己労働に基づく所有権正当化理論が土地所有権正当化には適用されない旨を説くもので，ここから供用義務を導くのには，飛躍がある。

第1部　都市法の新たな課題

(ii)　利用促進を支える土地所有権論

　先に，土地の過少利用の外部性に対処するためには，利用促進を内容とする
土地所有権への介入が必要になる旨を述べた。そして，それを支える理念とし
て，利用促進へのソフトな社会的義務の存在を語った。これらは，その抽象度
を上げるならば，80年代の供用義務論を想起させる議論ともいえる。これに
ついては，次の2点を指摘しておきたい。

　第1に，供用義務論の基礎にある《土地所有権に内在する社会的・公共的制
約》という命題は，それ自体を抽象的に取り出せば，不当ということはできな
い。問題は，先にも強調したように，それが語られる具体的コンテクストであ
る。このような観点から見るならば，本稿で提示した利用促進論は，基本的に
は近隣住民の生活環境の確保に関わるものであって，その具体的コンテクスト
は，供用義務論とはまったく異なるものである。

　第2に，そうはいっても，土地所有者に一定の義務を課すことになる土地所
有権論については，その権利利益の侵害にならないような十分な配慮が求めら
れる。この点に関しては，そのような義務を設定する際のプロセスの透明化と
当事者の参加が重要な意味を持つであろう。さらに，設定される義務も，強制
に渡るものではなく，先にも指摘したソフトな形のものに止めることが望まし
い。ソフトな形での社会的義務を，これも先に示した議論の準拠点のスタン
ダードとして機能させるという方向も考慮に値するであろう。

2 現行都市計画制度の課題と改正試論

中井　検裕

I　はじめに

　ここ数年間，都市計画法の抜本改正に向けた議論が国の審議会で進められてきている[1]。その間，政権交代や東日本大震災などによって，当初のスケジュールからはかなりの変更があったが，現行の都市計画制度が制度疲労を起こしているという認識に変更はない。

　わが国で最初の都市計画法が制定された1919年には，総人口は約5500万人，65歳以上人口の占める割合はわずか5%強であり（いずれも内閣統計局推計），人口の趨勢は発展途上国に近いものであった。それから50年が経過し，戦後の高度成長期の真っただ中である1968年に，現行の都市計画法に全面改正されたわけだが，その時の総人口は1億人を突破して約1億100万人，高齢化率は7%弱であった。

　図1は，1900年から2100年までのわが国の総人口の趨勢（2010年までは実績値，以降は予測値）に，旧都市計画法および現都市計画法の期間を重ねたものである。日本の人口は，20世紀の100年間でだいたい3倍弱ぐらいに増加し，21世紀の100年間で3分の1強にまで減少すると予想されているが，図から明らかなように，現在はまさにその折り返し点，歴史的な転換期にあることがわかる。高齢化率については，旧都市計画法時代は10%以内の低水準を維持していたのに対して，現行法の期間には急激に上昇し，現時点では25%に近い水準になっている。都市計画制度は旧法，それを継いだ現行法ともに人口が急速に増加する時代に作られたが，総人口が減少に転じ，高齢化率も急速な上昇が続く時代を迎えて，抜本的な改正が必要なことは明らかだろう。

---

(1)　国土交通省社会資本整備審議会都市計画・歴史的風土分科会都市計画部会に設置された都市政策の基本的な課題と方向検討小委員会（2008年5月から2009年6月まで）および都市計画制度小委員会（2009年6月から現在継続中）。関連資料は，前者はhttp://www.mlit.go.jp/policy/shingikai/s202_tosikeikakunokihon01.html，後者はhttp://www.mlit.go.jp/policy/shingikai/s204_toshikeikakuseido01.htmlを参照されたい。

第1部　都市法の新たな課題

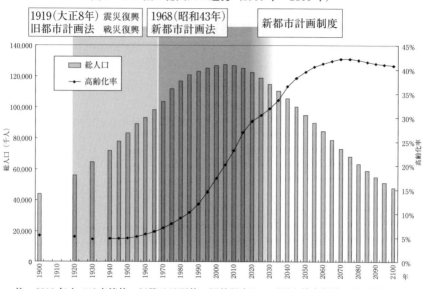

図1　わが国の総人口の趨勢（1900年〜2100年）

注：2010年までは実績値，以降は予測値。国勢調査および国立社会保障・人口問題研究所資料より作成

1つの都市計画制度の寿命が約50年とすると，現行法から新たな制度への改正は2018年が1つの区切りとなる。そこで本稿では，2018年を念頭に置き，必要とされる新たな都市計画制度についての試論を展開することとしたい。まずは，現行制度の課題から論じてみよう。

II　現行制度の課題

現行の都市計画制度には，小さなものも含めると相当の課題があるが，抜本的に現在の仕組みを再検討するとなると，これまで常に検討の「壁」となってきたような大きな課題を捉えることが重要である。そのような観点からは，(1)都市計画の範囲，(2)分権と広域調整，(3)長期未着手施設，(4)開発と建築のコントロール，の4点に整理されるように思う。以下，順に詳しく述べることとする。

1　都市計画の範囲

第1の課題は，都市計画法でカバーするべき空間領域が狭くなりすぎてし

まっているということである。

わが国の都市計画法は，基本的に1つの生活圏を1つの都市計画区域に設定し，その中で都市機能を充足できるような基盤施設と，土地利用の配置を決めていくということが主な内容となっている。しかし，都市計画区域という法の適用領域だけでは，もはや都市の制御ができなくなってきている。その大きな理由は言うまでもなく，郊外化とモータリゼーションの進展によって，日常生活圏が1つの都市計画区域を超えてはるかに拡大しているからである。

実例として，山梨県の甲府盆地をとりあげてみよう。

山梨県は，人口約88万人（2005年国調）の比較的小さな県で，既に国調ベースでは2000年に人口のピークを迎えた人口減少県である。地方県にもれず，モータリゼーションは大変進行しており，2007年3月末のデータによれば，人口1000人あたりの自動車保有台数は836台と群馬県，長野県に次いで全国第3位となっている。国土交通省の貨物旅客地域流動調査（2007年）によれば，旅客の輸送機関別分担率は自動車が97.6%と，圧倒的に自動車に移動を依存している地域である。

地形的には西は南アルプス，南は富士山，北と東は秩父・奥多摩・丹沢の山々に囲まれており，平地は県庁所在地である甲府市（人口20万人：2005年国調）を中心とする甲府盆地に限られている。盆地の総面積は約5万ヘクタールであり，2003年時点では盆地内に28の市町村があったが，市町村合併が進んだ結果，2010年4月現在では12の市町となっており，ここに，県の全人口のおよそ3／4にあたる66万人が生活している。

甲府盆地が過去100年間に，どのように市街化されてきたかを見たものが図2である。もともと盆地には，城下町甲府と周辺に集落が分散して存在しており，このパターンは1952年（昭和27年）ごろまではほとんど変わっていない。高度成長期の市街地の拡大は甲府の周辺にほぼ集中しており，同時に二次的な核としてJR中央線に沿って塩山，山梨，石和，韮崎などが成長した。現行法による都市計画区域が設定されたのはちょうどこの頃であり，盆地区域には連担する6つの都市計画区域が指定された（現在は7つとなっている）。

これが昭和47年から平成10年の間になると，市街化の様相はそれまでと一変し，駅が中心ではなく，点在する既存集落と既存集落の隙間を舐め尽くすような形態で市街化が進行している。その結果，2005年の国勢調査において，甲府盆地内のDID地区はあわせて面積約5,000ヘクタールで人口25万人である。これは盆地の総面積・総人口と比較すると面積はわずかに1割，人口は半

第 1 部　都市法の新たな課題

図 2　山梨県甲府盆地の市街化の状況

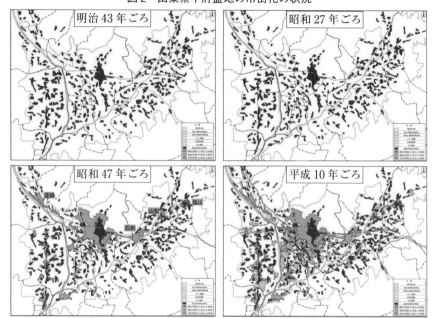

注：山梨県県土整備部都市計画課資料

分にも満たない。いかに低密度で盆地全体が市街化されてきているかが見て取れよう。

　このような市街地の拡散を促したのが，この間のモータリゼーションの進展であったことは疑うまでもないが，既存集落と既存集落の間の空間はもとはといえば多くは農地であり，現代の市街地の拡散が，いかに盆地内の農地を無秩序に侵食する形で進行しているかが容易に想像できよう。実際，山梨県の都市計画区域内の 1995 年からの 10 年間の農地転用面積は 4,000 ヘクタール近くにもおよび，うち 7 割は用途地域が指定されていない市街化調整区域や非線引き白地区域においてである。山梨の農業はぶどう，桃などの果樹が主体で，耕地 10 アールあたりの生産農業所得は，全国 1 位（2007 年）という生産性の高い農業である。にもかかわらず，優良な農地が市街地の拡散的拡大によって無秩序に失われつつあるのが実態である。

　このような市街化に伴い，生活圏，商圏ともに広域化と盆地内の一体化が進んできており，実際，今では甲府盆地は一体であり，事実上 1 つの都市と考え

ることが適切である。したがって，本来は7つの都市計画区域ではなく，1つの都市計画区域として考えるべきであることは明らかであろう。また，甲府の場合，盆地のほぼ全てが都市計画区域とされているため，地形的に都市計画区域外には開発が進行しにくいということはあるものの，それでも比較的地形が平坦な高原状の地域には，都市計画区域を超えて開発が進行している。

　こうした状況を，現行制度の範囲内で修正しようとすれば，複数の都市計画区域を統合して1つとし，それをさらに外側に向けて拡大していくしかない。しかし，連担する都市計画区域を1つにまとめるのは，線引き同士，非線引き同士ならまだしも，線引きと非線引きを1つにまとめるには，全てを線引きにするか，線引きを廃止するかのいずれかの選択となり，極めて困難である。また，都市計画区域を広げることは，一般的には新たな規制と認識されていることから，地域の反発が激しく，なかなか容易でないというのが実態である。

　都市計画の範囲拡大の必要性は，既に何度となく指摘されてきているが[2]，常にそれに立ちはだかってきた「壁」は，言うまでもなく，「都市行政」と「農村行政」等都市以外の土地利用に関わる行政の分離である。現行法体制は，都市側（都市計画区域内）においては都市計画の目標（都市計画区域の整備，開発および保全の方針）と実現手段（線引きと開発許可），農村側（農業振興地域内）においては農村計画の目標（農業振興地域整備基本方針）と実現手段（農用地区域と農地転用許可）というように，都市と農村の棲み分けという形をとっており，さらにこれら2つの計画制度を調整するものとして国土利用計画法による土地利用基本計画があるという構造になっている。しかしその調整システムは形骸化しており，全く機能していないといっても過言ではない。以上は「都市」と「農村」についてであるが，実際にはさらにこれに「森林」や「国立公園」も加わるので，事実上の都市の一体管理は，一層複雑で困難なものとなっている。

2　分権と広域調整

　第2の課題は，分権が進行している一方で，それに対応した広域調整の仕組みがないという点である[3]。

---

(2)　例えば，日本都市計画家協会編著『都市・農村の新しい土地利用戦略』（学芸出版社，2003年）。

(3)　広域都市計画の課題と調整の必要性については，中井検裕「分権下における広域計画」，蓑原敬編著『都市計画：根底から見なおし新たな挑戦へ』学芸出版社，2011に詳

第1部　都市法の新たな課題

　もともと 1968 年法制定時には，都市計画権限のおよそ 7 割から 8 割ぐらい
は都道府県が有しており，市町村には 2 割程度しか与えられていなかった。し
かし 2000 年の第一次地方分権一括法，さらには 2011 年の第二次一括法を経て，
今ではこれが完全に逆転し，ほとんどの都市計画は市町村が決定するように
なった。

　前節で見たように，モータリゼーションを主因に都市は巨大化し，もともと
独立していた都市も融合して一体化していく一方で，都市計画の意思決定を行
うべき単位はますます小さくなっていることになるが，個別バラバラに行われ
ている意思決定をうまく調整する機能が現行法では十分でない。その典型例は，
大規模商業施設の立地問題であろう。実際，まちづくり三法の改正時において
も，中心市街地の活性化が進まない大きな理由の 1 つとして，中心市街地を抱
える自治体が活性化を進めようとしても，郊外の自治体がそれとは無関係に，
あるいは場合にはよってはむしろ商業施設の立地に積極的な方針をとっている
場合，結果として，中心市街地の活性化が損なわれるという状況が指摘された。

　広域調整問題の究極の解決策は，1 つの都市圏を構成する市町村が合併し，
1 つの基礎自治体となることである。平成の大合併前には全国で 3,300 近かっ
た市町村数は，2010 年 3 月末時点で 1,727 まで減少し，合併による広域化が進
んだことは確かである。しかし，甲府盆地の例を見ても明らかなように，合併
は中途半端に終わったと言わざるを得ない。例外的な市町村を除いて，都市圏
計画を決定するには，市町村は小さすぎるし，相当の広域合併を果たした市町
村にあっても，例えば山形県鶴岡市（面積全国第 7 位）や富山県富山市（同じく
第 10 位）のように，同一都市圏に含まれると考えた方がよい酒田市や高岡市
との合併は果たしていない。

　合併によってだいぶ崩れてしまったとはいえ，もともと市町村というのは，
単なる行政サービス供給の単位というだけでなく，文化や歴史，伝統，生活慣
習や価値観の一まとまりの単位でもある。したがって，今日的な要請として，
いわば後から登場した広域調整の要請にあわせて市町村を合併することは本末
転倒とも考えられ，必ずしも好ましいとは思えない。

　いま 1 つの方法としては，都道府県の調整能力を高めることが考えられる。
しかし，以前は上位・下位と説明される垂直的関係であった都道府県と市町村
の関係は，現在は少なくとも理論上は同等の水平的関係という理解が進んでお

───────────

　しく論じている。

54

り，調整能力の実効性を強めようとすれば，都道府県の「干渉」として市町村のアレルギーを引き起こすことになろう。計画制度上の直接的な拘束ではなく，事業や補助金といった搦め手から拘束性を高める方法も考えられないでもないが，これはやはり邪道と言うべきである。結局のところ，都道府県の調整能力を高めることは，必然的に何らかの「逆」分権を伴う可能性が高く，分権の弊害是正としての逆分権に話を限定したとしても，その是非は議論が分かれるところだろう。

3　長期未着手施設

　大きな課題の第3は，長期未着手施設の問題である。都市計画はその実現に時間がかかるとはいえ，相当の長期にわたって計画決定はされたものの事業が未着手の施設が多数ある。

　国土交通省の資料によれば，平成20年度末で都市計画道路の整備率は約60%である。未着手のもののうち，決定から20年以上経過しているものが約85%であり，しかも5割以上が旧法時代の決定で，その総延長は13万2千キロにも及んでいる。都市計画公園は道路よりは多少ましで，未着手区域を含む都市計画公園は箇所数にして約20%，面積ベースで約16%である。未着手のうち計画決定から25年以上経過しているものは約3／4で，やはり旧法時代に決定されたものが約5割，総面積は1万ヘクタールを超えている状況である。

　一旦都市計画の決定がなされると，都市計画法53条の都市計画制限が働き，基本的には木造3階建て（もともとは2階建てまでであったが，平成18年の緩和により，地域によって現在は木造3階建てまでとなっている）までは建築が可能であるが，それ以上は一般的には許可されない。それだけ長期間にわたって，地権者としては制約を受け続けているという状況が続いており，訴訟になったケースでは，最高裁で原告が敗訴したものの，補足意見で都市計画制限の内容が「その土地における建築一般を禁止するものではなく，木造2階建て以下等の容易に撤去できるものに限って建築を認める，という程度のものであるとしても，これが60年をも超える長きにわたって課せられている場合に，この期間をおよそ考慮することなく，単に建築制限の程度が上記のようなものであるということから損失補償の必要は無いとする考え方には，大いに疑問がある」との意見も出ているところである[4]。

---

　(4)　最高裁（第三小法廷）平成17年11月1日判決，平成14年（行ツ）第187号，平成14年（行ヒ）第218号・市道区域決定処分取消等請求事件，藤田宙靖裁判官の補足意見。

第1部　都市法の新たな課題

必要なことが，定期的な都市計画の見直しであることは明らかである。そして，既にこのことは運用指針でも「適時適切な都市計画の見直し」として述べられているように[5]，実際にもそういう作業が行われるようになってきてはいるものの，それでも見直しによって都市計画を廃止した例はまだ少ない。多くは歴史的市街地の中心を計画道路が貫いているような場所でそれを迂回するような計画の見直しであり，小幅なものにとどまっている。その理由は，道路の計画はネットワークの形成こそが本質であるから，一部を変えると全体に影響が出てくるので非常に難しいということ，また公園の場合には，日本では公園が不足しており，その結果，住民1人当たり1平米という大目標が至上命題のように考えられていることから，それに逆行する廃止は行政の立場からは強い抵抗があるということがあげられよう。

4　開発と建築のコントロール

課題の最後は，開発と建築のコントロールに関してである。ここにはさらに2つの課題がある。1つは，都市計画と建築行政の分離という課題，いま1つは，裁量を許さない羈束行為であるという課題である。

わが国では，都市計画制度の誕生の時から，都市計画は都市計画法で，建築は建築基準法（かつては基準法の前身である市街地建築物法）でという線引きがなされており，たとえば，用途地域の種類は都市計画法で決めるが，それぞれの用途地域で具体的にどのような規制がされるかは建築基準法で決めるという構造をとっている。

そもそも土地利用のコントロールは，土地と建物を一体的に対象とすることが望ましいことは明らかであるが，このような都市計画と建築行政の分離は，土地利用の的確なコントロールを難しくさせている大きな理由の1つとなっている。それが最も端的に表れているのは，開発許可と建築確認の問題であろう。たとえば都市計画法の開発許可は，土地の「区画形質の変更」が対象であるのに対して，建築基準法はあくまでも建築物の新増改築等が対象であるから，区画形質の変更も伴わず，かといって建築物が新築されるわけでもないが，明らかに土地利用という観点からはコントロールの対象とすべき資材置き場や青空駐車場といった建築物を伴わない開発行為は規制の対象とはならない。本格的な人口減少を迎え，以前のような活発な建築活動が前提とならない時代には，

---

(5)　国土交通省『都市計画運用指針』（第6版），Ⅲ-2(6)，2012年2月。

建ペイ空間もさることながら，むしろ非建ペイ空間のコントロールが一層重要になると思われるが，ちょうどその部分が土地利用のコントロールの対象から欠落していることになる。

　また，既によく知られているように，確認というのは羈束行為であって，判断に裁量は許されていない。その背景には，建築規制は財産権をかなりの程度に規制することになるため，規制内容は事前明示・事前確定でなければならず，あとはそれを粛々と「確認」するだけでなければならないという，いささか古典的にも思われる論理がある。しかし建築確認の中でも集団規定は，まさに建築物の集団の観点から市街地環境を統制する部分であり，集団である以上，当然その最適解は立地や周囲の状況によって異なっていると考えるべきであり，特にわが国のように周辺状況の変化のスピードが欧米諸国と比較すると早い場合にはこのことがあてはまる。したがって，現場々々でのある一定の範囲での裁量判断が求められているにもかかわらず，現在の確認行為はそれを一切許さず，その結果，建築紛争や訴訟等が少なからず生じており，このことは社会的コストの増加にもつながっている。

Ⅲ　新たな都市計画制度試論

　以上のような課題に対応するものとして，本章では新たな都市計画制度の試論を述べてみたい。その際に，都市のあるべき目標であるマスタープランと，それを実現するための手段としての都市施設，土地利用規制，市街地開発事業という現行都市計画制度の基本的構造はそのまま踏襲するものとし，これらを順に論ずるとともに，実現手段への追加として都市計画契約について述べることとする。

1　マスタープラン

　分権が不可逆的な大きな潮流であることを考えると，今後ともますます都市計画の中心的主体は市町村ということになろう。したがって，一般に評判のかんばしくない現行の都市計画制度の中では比較的評判がよく，制度として定着していると思われる市町村の都市計画マスタープランは，現行のまま存続させるべきと考える。

　しかしその一方で，課題の2でも述べたように，日常の生活圏は，1つの市町村，さらには1つの都市計画区域を超えて大きく広がっており，広域的な調

第1部　都市法の新たな課題

図3　マスタープラン体系の試案

　整は不可欠である。また，今や世界的に見ても，個々の都市ではなくそれらが集まった都市圏という単位で考えなければ，持続可能な環境も実現できず，また国際・国内の地域間経済競争にも生き残れないということが各所で主張されており，環境，経済，社会といういわゆるトリプル・ボトム・ラインの観点から持続可能な都市を実現するには，広域のマスタープランは必須である。
　結果的にマスタープランの体系は広域，つまり都市圏レベルのマスタープランと，それから市町村のマスタープランの2段階構成のものとなる（図3）。
　さらに理想的には，この都市圏レベルのマスタープランの上位に，現行の国土形成計画の地方ブロック計画を多少強化したものがあれば一層望ましい。地方ブロックは，例えば九州などはだいたいヨーロッパ1国ぐらいの大きさで，同程度のGDPであることを考えると，それだけで基本的に自立圏となるだけのポテンシャルは有している。国土計画と都市計画は本来密接な関係であるべきであるが，実際にはそうはなっていない。これらを1つの体系の中でシームレスに繋げていくことも，制度改正の際には期待したいと考えている。
　都市圏レベルのマスタープランと市町村のマスタープランの関係については，さまざまなパターンが考えられる。具体的には，都市圏レベルでは枠組み（フレームワーク）を設定し，圏内の市町村は枠組みに緩く拘束されるような形式（枠組み型広域マスタープラン），広域も圏内市町村のマスタープランも一体的に作成する形式（統合型広域マスタープラン）などが考えられよう。いずれにせよ，広域マスタープランを策定する中心的主体としては，都道府県，市町村，関連するステークホルダーを含めた協議会を想定するのが妥当であろう。

2 都市施設

都市施設については，今後の人口減少を考えると，一部の既成市街地内で基盤未整備の密集市街地のようなところを除いて，これ以上積極的に道路や公園を整備する必要はなく，既決の都市計画で十分だろう。その上で，以下の3点を考えていく必要がある。

第1に，自律的な計画更新の仕組みとしてのいわゆるPDCA（Plan-Do-Check-Action）の導入である。例えば計画決定後，10年経過してなお事業未着手の場合には見直しを義務付け，変更・廃止を行わないということであれば，さらに10年後（すなわち計画決定から20年後）の再見直しでは，廃止，変更，もしくは事業化プログラムの策定のいずれかとするような方法が考えられよう。既存の長期未着手施設については，過去の清算ということで，これらを前倒しして義務付けることも考えるべきである。

第2に，整備済み施設も含めての内容の見直しである。特に既成市街地内の道路などは，環境への配慮からは自転車専用レーンの導入，あるいは高齢化社会を迎えて，自動車よりは歩行者優先に作り変えていく必要がある。駅前広場も，1970年代には主流の考え方であった歩車の立体分離は高齢者や障害者に優しい環境ではないことから，再検討が求められている。

そして第3には，既に整備された道路，公園，下水道などの膨大な社会資本ストックの維持管理への対応である。これについては，後述する都市計画契約なども有効な手法の1つとなると思われる。

3 土地利用規制

新たな土地利用規制制度については，まず，以下の4点を考慮すべき点として指摘しておきたい。

第1に，既に課題の1で述べたように，都市と農村はすでに事実上一体的なので，土地利用も一体的なコントロールが必要であり，対象地域を都市計画区域に限らず，国土全体に拡張すべきという点である。

第2に，分権が進み都市計画，建築行政も基本的には自治事務と整理された現在，土地利用規制は，アメリカのように基礎自治体が条例で内容を定めることとし，国の法律はいわゆる授権法にとどめるという方向が考えられる。しかしながら，現行制度との連続性を考えると，いきなり全面的な授権法型への移行には法律的にも実務的にもまだまだ議論が必要だろう。したがって，ここでは，将来的には全面的な授権法型への転換をにらみつつ，移行期の制度として，

第1部　都市法の新たな課題

既に市街地として出来上がっている地域（以下，既成市街地）と，森林や優良農地のように明らかに現在の土地利用を保全すべき地域については現行型の国の仕組みで対応し，残りの中間的な地域は，地域によって相当事情が異なるので基本的には自治体が条例でコントロールする仕組みを導入することを提案したい。

　第3に，現行土地利用規制は用途地域に代表されるゾーニングが基本となっているが，これに加えて，地区計画，さらには新たにイギリス型の計画許可制度を導入し，ゾーニングを徐々にこれらに置き換えていくことが望まれる。その理由としては，ゾーニングは建築行為が活発な時代にそれを効率的に処理するには有効であったが，これからの人口減少を考えると開発や建築行為自体の量や規模が小さくなり，ゾーニングのようないわば網の目の大きな投網型の規制では規制の精度が低く，ターゲットを的確に捕捉できないと考えられるからである。このことはとりわけ，もともと建築密度の低い都市のフリンジのような地域であてはまると思われる。

　第4は時間軸に沿った土地利用規制としてのマネジメントの導入である。現行の土地利用規制は都市が成長する段階を想定しているので，土地利用転換は非都市的土地利用から都市的土地利用への一方向のみで生じ，都市的土地利用は農地やあるいは雑木林が転換されることによって発生するということが前提となっている。したがって，その発生の瞬間という時間軸上の一断面を捉えて，その断面のみで規制すれば十分であるという考え方をとっている。しかし，人口減少が本格化し，さらには既にその萌芽的兆候が観察されつつある都市の縮退といったような現象が始まると，典型的には郊外住宅地の空き地，空き家や耕作放棄地の問題のように，時間軸上の一断面の規制では土地利用を適切にコントロールすることはできず，時間軸に沿って土地利用を管理していくマネジメントの仕組を導入していく必要がある。

　以上のうち，第4の土地利用のマネジメントは後述の都市計画契約に譲るとして，残りを考慮し，試論としてまとめたものが図4である。

　まず土地利用の目標として，市町村のマスタープランがあり，国土はこれによって全土がカバーされる。森林や優良農地のように明らかに現在の土地利用を保全すべき地域については，国の用意した保全型のゾーニングによって規制する。このゾーニングは，森林法，農地法・農振法，自然公園法などのうち，開発規制に係る部分を整理統合した上で強化する形が想定される。一方，既成市街地については，ほぼ従来の市街化区域内の土地利用規制を踏襲するものと

60

2 現行都市計画制度の課題と改正試論

図4 土地利用規制体系の試案

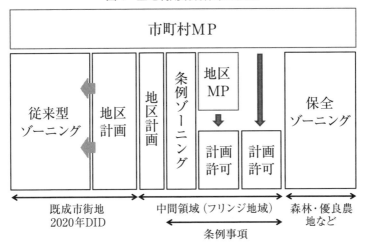

する。したがって、用途地域と地区計画が基本となるが、既に各地で努力されているように、地区計画の範囲を拡大し、徐々に用途地域を置き換えていくことをイメージしている（この意味で矢印がつけられている）。ただし、既成市街地の範囲については、従来の市街化区域は指定が広すぎるという問題があるので、例えば2020年時点のDID区域に限定するといった措置が必要であると考える。

既成市街地と保全地域の中間的な地域、すなわち都市のフリンジ地域については、各自治体が条例で土地利用規制の内容を決定するものとする。したがって、その内容は自治体により様々であるが、大きくは、従来の地区計画を用いる方法、条例でゾーニングを決めて規制する方法、新たに導入する計画許可制を用いる方法などが考えられよう。それぞれ順に、ドイツ型、アメリカ型、イギリス型といってもいいかもしれない。このうち、地区計画については市街化調整区域で適用された例、集落地域整備法による集落地区計画の例などがあるし、条例ゾーニングについては長野県旧穂高町（現安曇野市）の例など参考になる実例が既に各地にある。課題はやはり、新たに導入する計画許可制ということになろう。

イギリス型の計画許可制は、課題の4で述べた土地と建物を一体的に、しかも事前確定型でなく裁量をもってコントロールするという点からは理想とし得

61

第 1 部　都市法の新たな課題

る制度であることは確かである[6]。しかし，イギリスで計画許可制が成立している背景には，筆者の管見では以下の 5 つの条件が成立していることが大きいと考える。

　第 1 に，最終的判断の権限は行政ではなく議会にあるという点である。イギリスの地方自治では，議会は同時に行政でもあり，しかも議員は基本的にはアマチュア議員が多数を占めている。したがって，選挙で選ばれた地域の代表が民主的に決めているということが第 1 の成立条件である。

　第 2 は，不服申し立てのシステムが用意されているということである。イギリスでは計画許可が不許可（もしくは条件付き許可）となった場合には，国に対して不服申し立てを行うことができ，その場合，第三者として国の独立行政法人である計画審査庁（Planning Inspectorate）に所属する計画審査官（Planning Inspector）が再審査する仕組みとなっている。計画審査官は，ちょうど裁判官のように身分が保障された法定都市計画の専門家であり，その決定に対する信頼は一般的に高いと言ってよい。やや古い資料となるが，イングランド全体の 2002 年度の数値では，不許可となった計画許可のうち 23% が不服申し立てを行い，そのうちの 36% が不服申し立てで判断が逆転して許可となっている。このような不服申立の審査結果と，さらには裁判の判例が蓄積することによって，計画許可制度に内在する自治体の裁量の範囲に一定の暗黙の枠が形成され，自治体のいわば「暴走」を抑止しているのである。

　成立条件の第 3 は，建築開発産業の構造である。これはわが国と全く異なっており，イギリスではいわゆる個人による注文建築というシステムはそもそもないに等しい。住宅は housebuilder と呼ばれる専門業者による建て売りが原則で，不動産開発も個人ではなく専門の法人企業が手がけている。このことは，イギリスの計画許可制度は，社会的に確立された多様な職能資格制度を背景に，少なくとも日常的には専門家によって運営されており，一般市民はそれに対する監視・チェックという役割分担にとどまっているということを意味している。

　第 4 に，イギリスでは市街地の規範類型が比較的明確であり，都市の中心部，郊外，農村地域のそれぞれに，望ましいとされる土地利用のイメージが市民に共有されたものとして存在しているということがあげられる。計画許可の際の判断基準には，デベロップメントプランと呼ばれる法定文書が用いられるが，

---

(6)　イギリスの計画許可制度の概要については，渡辺俊一『比較都市計画序説』（三省堂，1985 年）や中井検裕「イギリス」，民間都市開発推進機構都市研究センター編『欧米のまちづくり・都市計画制度』（ぎょうせい，2004 年）などを参照されたい。

その内容は，特別な再開発を必要とするような地区を除いてかなり一般的な記述にとどまっており，それにもかかわらず大きな問題が生じないのは，まさにこの規範類型が社会的に共有されているからにほかならない。

そして最後の成立条件が，補償の問題である。イギリスでは仮に計画許可が不許可になったとしても補償の必要はない。この問題は，1947年法の制度導入時，開発権を一旦国有化したことによって解決済みなのである。

こうした成立条件を，わが国に照らして考察することによって，わが国への導入可能性とその課題も明確になる。

まず決定主体としての議会であるが，これについてはわが国では決定主体を自治体の首長とすることで大きな問題はなかろう。そもそも現行の都市計画決定においても議会は明示的には関与しておらず，この方式をそのまま敷衍すればよい。もっとも，審査の透明性をある程度確保する手段は必要と考えられる。

不服申し立てについては，わが国ではこれに近いものとして建築基準法の建築審査会制度がある。しかし現在の建築審査会は裁量の範囲が極めて小さく，計画許可制の導入にあたっては，これを大幅に見直すか，新たな不服申し立ての審査機関をつくるしかなかろう。いずれにせよ都道府県に1ずつ設置し，市町村の許可判断に異議がある場合は，そこで再審査するというようなことをイメージすればよいと思われる。

第3の建築開発産業の構造については，明らかに変えようがない。したがって当面は，例えば大規模開発のような専門家が中心となるような状況が成立しそうな案件に限って，計画許可制度を導入するというのが1つの方法であろう。

第4の市街地の規範類型については，わが国ではイギリスと異なり市街地の変化が流動的であり，一部の市街地を除いては明確になっていないところが多いと言っていいだろう。一方，そもそも地域のあるべき姿を都市計画の観点から明確にするのはマスタープランの役割であり，この意味では，マスタープランの内容を充実させることが，この条件の成立につながることになる。とはいっても，市町村内の全地域にそれだけの詳細内容を求めることは難しいことも考えられる。そのような場合，図4にも示したように，たとえばまちづくりの機運が高く，将来像の策定に向けて合意の進んだ一部の地域についてはその地区のマスタープランを作成し，その地域に限って計画許可制を導入するということも考えていくべきと思われる。

最後に補償の問題である。許可は法律上は禁止の解除と解釈されているので，これを文字通り適用すれば，計画許可を導入するには，そこでは開発は禁止さ

第1部　都市法の新たな課題

れているという原則の成立が必要である。もちろん，そのような原則はわが国では成立していないため，補償の問題はわが国ではやはり最大の課題となろう。当面これを回避し，擬似的に計画許可制を成立させる方法としては，全般的なダウン・ゾーニングを行った上で，計画許可による裁量の方向は緩和の方向のみ認めるといったことが考えられるが，結局のところこの問題は，どのような開発・建築行為が as of right として可能かという問題と表裏一体であり，むしろそういった議論を活性化させることに意義を見出すべきなのかもしれない。

4　事業制度

　土地区画整理事業や市街地開発事業のような開発事業制度は，都市計画としてはわが国に特有の仕組みであり，これまで良好な市街地の形成に相当程度に貢献してきたという実績がある。しかし事業制度は，今後人口が減少する中で，新たな宅地を整備するというよりは，公共施設の再編や，場合によっては拡散してしまった市街地を縮退させるためのものとして再考することが必要となっている。言い換えれば，市街地を「畳む」ための事業制度であり，イメージとしては，需要が減退し，空き地や空き家となった物件を対象に，それらを集約しながら自然に戻していくというものである。

　しかし，これまでの開発事業制度は土地区画整理事業にしろ市街地再開発事業にしろ，右肩上がりの成長の時代に作られた仕組みであり，したがって，事業によって正の開発利益が生ずることを前提に，それを事業者，地権者，行政などの関係者が分配することで，全主体が利益を享受することによって事業を成立させてきた。日本で開発事業制度にこれだけの実績があるのは，まさにこの点を理由としている。しかし，縮退のための事業制度では，当然であるが開発利益は正とならず，むしろ逆に負となる。したがって，今後の開発事業制度の当否は，負の開発利益を誰が負担するのかという問題に最終的には行き着くと思われるが，その答えとして筆者が現時点で考えうるのは，以下の3つの方法である。

　第1は，いまだに正の開発利益があがる開発から，そうでない事業に利益を移転させるという考え方である。例えば駅前で開発して，そこで得られた開発利益を郊外の縮退に利用するイメージであり，駅前と郊外の両方での同時区画整理（いわゆるツイン区画整理）や，駅前の再開発と郊外の区画整理といった組み合わせが考えられる。

　第2は，緑地や農地の外部経済を取り込む考え方である。緑地と農地は今ま

で都市的にはあまり価値がないと思われてきたが，環境面や防災面などのプラスの評価は今後ますます高まるはずである。だとすれば，こういった外部経済を正しく評価することによって周辺の評価は上昇するはずであり，それを例えば固定資産税で回収することによって，負の開発利益を補填する方法である。

そして第3は，市民が総体として，負の開発利益を広く薄く平等に負担するという考え方であり，トラストや基金という発想である。

これらは実はいずれも大規模な法改正は必要とせず，ほとんどが現行制度の範囲内で可能である。あとは，経済・社会的な観点からこういったことの実現可能性を検討する段階にきていると考えている。

5 都市計画契約

既に都市施設や土地利用の課題で述べたように，社会資本ストックの維持管理や都市の縮退の場面においてはマネジメントの仕組みが必要であり，これを担うのが都市計画契約である。

都市計画契約の1つのプロトタイプとして考えられるのは，イギリスの都市計画制度に規定されている106条計画義務である[7]。これは自治体と地権者，自治体と開発業者などの法定協定制度であり，もともとは開発に必要なアクセス道路の提供のようないわゆる開発者負担を担保するものとして発展してきたものであるが，今では社会的貢献や開発後の維持管理など様々な目的で使われている。法律上はカベナントの一種で，属地的な契約として承継効があり，違反した場合には裁判所による差し止めが可能である[8]。

わが国でも，これに近いものとして建築協定や緑化協定のような法律にもとづく協定があるが，これらは自治体ではなく住民間の協定であり，しかも法律で協定として定められる内容が限定されているということがある。ここでいう都市計画契約は，こういった既にある法定協定を，自治体も含めて締結者となることができるイギリスの106条計画義務のような形式に拡張することがまずはコアとなるものと考えられよう。

---

(7) 106条計画義務についてはその前身である計画協定について報告した中井検裕「イギリス：計画協定によるネゴシエーション型まちづくり」，小林重敬編『協議型まちづくり：公共・民間企業・市民のパートナーシップ＆ネゴシエーション』（学芸出版社，1994年）を参照されたい。

(8) 106条計画義務は原則として当事者双方の同意が必要であるが，たとえば自治体が許可をたてに過剰な要求を協定に盛り込もうとしているような場合，事業者が自治体の同意なしに一方的（unilateral）に締結することもできる。

第 1 部 都市法の新たな課題

　一方で，実際のまちづくりの現場においては，自治体のまちづくり条例や景観条例に規定され，主として協働のまちづくりを目的とした住民同士もしくは住民と自治体間の協定，あるいは実務において自治体が開発許可の際に事業者と締結している任意の開発協定など，既に様々なものがあり，たとえば前者のなかには，必ずしも全員同意を要件としないようなものもある。したがって，都市計画契約には，必ずしもイギリスの 106 条計画義務のようなサンクションを伴った固い協定だけでなく，協議会方式で紳士協定的に運用されるようなソフトなものも含めたいところである。都市計画制度では行政が民間行為を規制するハードな手法が中心となりがちであるが，時間軸に沿った管理といった必ずしも悪意によらない将来の不確定性が見込まれる場合には，このような緩やかな同意にもとづき社会資本や市街地環境を適切に維持管理することができる方法も，積極的に都市計画制度に位置付けていくことが望まれる。

Ⅳ　おわりに

　以上，本稿では都市計画制度の抜本改正にあたって，筆者の考える課題と改正の試論を述べてきた。しかし，主に本稿で論じてきたような制度技術的な観点もさることながら，抜本改正にあたって何よりも大事なことは，都市計画に対する国民の信頼を取り戻せるような抜本改正であることである。とりわけ現行の都市計画制度は，時々に生じた課題に対して対処的な改正を繰り返してきたことから極めて複雑でわかりにくい制度となっており，専門家にも全体を把握することが困難なものになっている。市民にわかりやすい制度とすることが信頼回復の出発点であり，したがって新たな制度においては，わかりやすさこそが何よりも肝要であると考えている。

　もとより筆者は法律の専門家ではない。したがって本稿の試論も，法律の専門家から見れば慎重な議論を要する点も多々あろう。しかし都市計画制度の改正には，筆者のような都市計画技術を専門とする者と，法律を専門とする者の協働作業が不可欠である。本稿がそのような協働の場を構築する上での一助となれば幸いである。

『都市空間のガバナンスと法』所収にあたっての補論

　上記の論説「現行都市計画制度の課題と改正試論」（以下，本論）は，新世代法政策学研究第 16 号（2012 年 6 月発行）に掲載された論説の転載であり，脱

稿時より現在までの間に行われた都市計画制度に関する議論や改正は，反映されていない。そこで，この間の進展や変化について，補論という形で以下に若干触れておきたい。

まず，この間の制度上の最も大きな改正として，2014年の都市再生特別措置法改正によって導入された立地適正化計画制度があげられる。

立地適正化計画とは，都市全体の観点から，公共交通の充実と同時に，居住機能や福祉・医療・商業等の都市機能の立地を描く包括的なマスタープランであり，都市のコンパクト化を見据えた土地利用計画をはじめて制度化したものである。計画においては，「都市機能誘導区域」と「居住誘導区域」を定めることとされており，都市機能誘導区域は，コンパクトシティにおける拠点として，福祉・医療・商業といった生活サービスを誘導すべき区域で，例えば鉄道駅を中心としたような区域が想定されている。もう一方の居住誘導区域は，居住を誘導し人口密度を維持すべき区域であって，市街化区域（もしくは非線引きの都市計画区域にあってはまずは用途地域が指定されている区域）の内側に設定することが想定されている区域である。言い換えれば，市街化が予定されている市街化区域の内側であっても，居住誘導区域の外側の区域は，少なくとも住宅に関してはこれ以上の宅地化を抑制すべき区域ということであり，このことから，立地適正化計画は「第2の線引き」とも呼ばれている。

立地適正化計画の策定主体は市町村であり，策定は任意であるが，国土交通省の最新の資料(9)によれば，全国で276の市町が作成について具体的な取組を行っており，2016年4月1日時点で，大阪府箕面市，熊本県熊本市，北海道札幌市の3市が既に策定済み，2016年度中に109都市が策定・公表予定とされている。

立地適正化計画は言うまでもなく，現行制度を抜本的に変えるものではなく，現行制度を追加的に修正しようとするものである。しかし，例えば，新たに設定される居住誘導区域は，本論の図4中の「既成市街地」と通ずるところがある。本論では，「既成市街地の範囲については，従来の市街化区域は指定が広すぎるという問題があるので，例えば2020年時点のDID区域に限定するといった措置が必要であると考える。」と書いたところであるが，2020年時点のDID区域は，立地適正化計画の「居住誘導区域」と読み替えてもよい。

立地適正化計画は，コンパクトシティの拠点である都市機能誘導区域への福

---

(9) http://www.mlit.go.jp/common/001130222.pdf

第1部　都市法の新たな課題

社・医療・商業等の生活サービス施設の立地を誘導することで，いわばこれらの施設をマグネットとして，居住誘導区域外から区域内への居住の誘導を目論んだものと解釈できる。これまでの土地利用計画にはなかった，現在の都市構造からのダイナミックな誘導を意図した計画制度であり，この点は評価できよう。

そのために，都市機能誘導区域に立地しようとする生活サービス機能を有する施設は様々な税財政・金融上の支援や建築基準法の緩和が受けられるようになっており，拠点におけるマグネット施設の充実には手厚い措置が用意されている。その一方で，居住が誘導される元の側である居住誘導区域外については，一定規模以上の住宅開発を行おうとする際に，規制措置ではなく，届出制度によって緩やかに抑制されるにとどまっている。

人口減少時代といっても，人口減少に対応して都市の外側から順に市街地が小さくなるわけではなく，不規則に多孔質化していくと考えるべきであろう。この多孔質化が急速に生じる地域こそが，利便性の低い市街地の縁辺部であり，こうした地域が多く含まれる居住誘導区域外（すなわち本論図4の「中間領域」）の土地利用規制をどう再考するか，さらにはこうした地域で都市的土地利用が撤退した後の土地利用をどう考えるかは，依然として残された大きな課題である。

本論脱稿後のもう1つの大きな変化は都市農業に関してであり，このことはまさに，直前に述べた「中間領域」の今後の土地利用のあり方とも密接に関連している。

国土交通省の社会資本整備審議会都市計画・歴史的風土分科会に設けられた都市計画制度小委員会は，2012年9月に「都市計画に関する諸制度の今後の展開について」をとりまとめ，その中で，目指すべき都市像として「集約型都市構造化」と「都市と緑・農の共生」の双方がともに実現された都市を掲げ，はじめて都市の農業を都市内における重要な土地利用と位置づけた。また，このことに呼応するように，2015年4月には都市農業振興基本法が公布され，都市農業の位置づけが基本法レベルで明確にされることとなった。

1968年都市計画法によって線引き制度が導入された当初は，都市内の農地，特に市街化区域内の農地は「あってはならない」宅地化すべきものとされたが，それが時代の変化とともに，まず「あってもよいもの」に変わり，そして「あるべきもの」へと昇華しつつあるといってもよい。時代の変化とは，1つには人口減少に転じたわが国の都市では，もはや以前のように農地を宅地の供給源

2 現行都市計画制度の課題と改正試論

とした新規宅地需要を想定することは難しいという消極的理由であるが，これに加えて，農地は単に食糧生産の場というだけでなく，都市にとっては低炭素に資する環境資源であり，災害時の避難場所にもなりうる空間資源であり，さらには都市住民が農業活動を身近に体験できる憩いの資源でもあるという，いわゆる農地の多面的意義が評価されるようになったという積極的理由も忘れてはならない。

都市農業振興基本法にもとづく国の基本計画である都市農業振興基本計画は，まもなく閣議決定されようとしているが，その中では「都市農業の振興に関し，政府が総合的かつ計画的に講ずべき施策」として「税制上の措置」などと並んで「的確な土地利用に関する計画の策定等」が掲げられ，(1)区域区分の運用，都市計画のマスタープランにおける都市農地の保全の位置付け，(2)生産緑地制度の活用，(3)新たな土地利用計画制度の方向性が述べられている。特に(3)においては，「都市計画上の意義が認められる農地のより確実な保全を図る観点から，都市計画制度の充実を検討する」とあり，注目されるところである⁽¹⁰⁾。

今般の都市農業を取り巻く議論は，これまで市街化区域内外での役割分担が明確であった国土交通省と農林水産省が共同して行ってきたものであり，都市農業振興基本計画も当然，そうした議論を反映したものである。既に本論でも述べたように，都市行政と農村行政が分離されてきたことは1968年法体制の大きな課題であり，都市農業の価値の再認識をきっかけにこの課題の解消に向けた取り組みが始まったことは，大きな前進として評価したい。

補論で述べてきたような立地適正化計画制度の創設や都市農地を取り巻く議論は，もちろん，都市計画制度の抜本的な改正という意味では次元が異なるレベルのものである。しかしこうした議論は，抜本改正を行おうとする際にはいずれにせよ必要となる議論であり，そうした観点からは，抜本改正のいわば助走段階として注視していきたいと考えている。

---

(10) 都市農業振興基本計画(案)，2016年4月8日開催の社会資本整備審議会都市計画・歴史的風土分科会第17回都市計画部会及び第11回新たな時代の都市マネジメント小委員会合同会議資料より，http://www.mlit.go.jp/common/001127401.pdf

3 これからの都市政策の課題と都市計画法の抜本改正*

石井　喜三郎

〔概　要〕

　都市におけるスプロールの抑制と都市基盤整備を目的とした現在の都市計画法が昭和 43(1968)年に制定されて約 40 年が経過した。近年では，人口の減少や高齢化，経済の国際化や情報化が進み，都市政策をめぐる状況は 40 年前とは様変わりをしている。現在，国土交通省では，「都市計画法制検討委員会」（座長：小早川光郎　東京大学法学部教授）において，北海道大学の吉田克己教授，亘理格教授にご参加いただいて，新たな時代における都市計画法制度を検討している。本稿では，本委員会での提出資料を基礎に，現在の都市計画制度の成立に至る背景，現行制度の特徴，近年の経済社会の変化，都市計画制度の見直しの論点とそのスケジュールについてご紹介している。今後の法制度の議論の参考にしていただければ，幸いである。

I　は じ め に

　都市計画法の見直しに当たって，法制検討小委員会を設けている趣旨について触れたいと思います。都市計画法，具体的には土地利用の規制とか開発許可でありますが，非常に強く財産権を全国土に渡って規制する法律であります。例えば，線引きという制度で道を一本隔てただけで，土地の評価も 10 倍も違えば，税金も 10 倍も違ったりします。このような制度を変えるとなると，いわば財産制度に変更をもたらすようなものです。もちろん，総てを補償して変更することは法的には可能ですが，財政的には不可能であります。そこで，どのような制限の範囲が財産権の内在的な制約の範囲になるのかといったことをある程度見通しを付ける意味があり，法制面での検討をお願いしています。一例を挙げれば，住宅地で 1 種住専であれば，絶対高さ 12 メートル以下，容積

＊ 本稿は，2009 年 2 月 10 日に開催された北海道大学大学院法学研究科グローバル COE プログラム『多元分散型統御を目指す新世代法政策学』GCOE 研究会において，筆者が行った報告のテープ起こし原稿に基づくものであるが，内容は報告当時のものであり，その後の事情の変化や所属等は反映していないことをお断りする。

第1部　都市法の新たな課題

率100％以下になると思います。一方で，東京駅の前の商業地域では高さ制限はなく，容積率も最高では1600％にもなります。これはおかしいといって補償する法改正では，実現不可能になります。

II　わが国の都市計画制度の変遷と社会的背景

〔東京市区改正条例〕

　わが国に都市計画という概念が入ってきたのは，世界的に見てそれほど遅れたわけではありません。東京という新首都に人口が大量に流入し，伝染病や大火が発生したため，また，先進国の首都として体裁を整えるために，東京市に限った形で，土地利用制限等を行った「東京市区改正条例」が明治21年には制定されています。

〔旧都市計画法の制定〕

　ところが，条例制定後も東京市の人口は増加を続け（明治22年138万人→大正9年217万人），大阪などの大都市も近代産業の発展で都市機能の強化と環境の整備が必要になりました。そこで，大正8年に「都市計画区域」（都市計

図-1　都市計画法の変遷

72

を決める範囲を決める），「地域地区制度」（用途地域，防火地区，美観地区等の用途・構造制限），「都市計画事業地区内の建築制限」そして「土地区画整理事業」の4つの柱からなる旧都市計画法が制定されました。当時は，都市計画は内務大臣決定で，当初は6大都市のみを対象としましたが，順次拡大されて昭和8年には全市および市に準じた町村にも適用が拡大されました。

初めて，全国的な土地利用規制のための地域地区が導入されましたが，あくまで道路などの施設整備を円滑に進めるための制度であったと考えられます。また，地域地区のなかの建築物の具体的な制限（用途・高さ・建ぺい率等）は，大正8年に同時制定された「市街地建築物法」によって都市計画と一体となって規制されており，当時は，大規模建築物は認可となっており，建築確認と異なる法的規制となっていました。

〔新都市計画法の制定〕

高度成長期，さらなる都市への人口流入（東京区部　昭和30年697万人から昭和40年889万人）により都市内の環境悪化や都市周辺のスプロール，更には土地の騰貴が深刻化し，大きな政治問題となりました。

そこで，①行政区域にとらわれない広域都市計画区域，②スプロール防止のための線引きと開発許可制度の導入，③住民参加手続きの拡充を柱とする新都市計画法が昭和43年に制定されました。

〔新都市計画法の評価〕

次ページの図－2は，役人が今の制度を改正し制度設計し直す時に，今の制度の当初の目的は何で，どんな対策がとられ，結果は？また，不十分な結果に終わった原因は何か，今，新たに突きつけられている課題は何かといった問題を整理するためのものです。

例えば，都市の広域化についていうと，DID（市街地）が東京都で昭和35年の574平方キロから昭和45年の808平方キロに拡大しています。これを都市計画の受け皿に収めるためには，都市単位では対応できないので，行政区域を越えた「広域都市計画区域」を創設し，その結果，都市計画区域は昭和44年の746万haから現在の1000万haへ拡大しています。

スプロールの防止という観点からは，「線引き」を導入したわけですが，数字的にみれば，線引き都市計画区域の人口増加の95％を市街化区域に封じこめてスプロールを一定程度防止し，都市基盤整備が進む（東京区部の下水道普及率昭和45年48％が平成18年概成）など，一定の成果を挙げたと評価できると

73

第1部　都市法の新たな課題

図-2　現行都市計画法が目指したもの

背　景（高度経済成長）	目　的	対　応・考え方	現　状
①実質上の都市の広域化【DID地区面積（東京都）S35 574km² → S45 808km²】	①実質上の都市を踏まえた都市計画	◎行政区域に捕らわれず実質上の都市を踏まえた都市計画区域の指定 ◎広域的見地から行う国や都道府県による調整	・都市計画区域面積推移 S45(764万ha)→ H18(999万ha)
② 急激な都市化と無秩序な市街地の拡大による諸弊害（スプロール問題）・インフラが未整備な住宅等の立地による都市環境の悪化・後追い的な公共施設整備による公共投資の非効率 ③都市への人口集中に伴う宅地開発需要の増加と、市街化区域内の良好な環境の形成・土地の有効利用の促進の要請【人口（東京区部）S30 697万人 → S40 889万人】【1世帯当たり住宅数（東京区部）S43 0.96】	②スプロールの防止 ③良好な都市環境の形成と土地の有効利用の促進	◎線引き制度と開発許可制度による、郊外での無秩序な開発の抑制と公共投資の効率化・重点化 ◎都市計画施設等内の建築制限と土地の先買い制度等の導入と、新住宅市街地開発法(S38)、都市再開発法(S44)の制定 ◎用途地域を細分化(4→8) ◎税制上の措置の規定（都市計画税等）◎農業政策、公共投資政策、税制等の諸政策との総合化を目指す。※小規模開発への不適用や開発除外規定により開発許可の目的達成に課題が残る。※市街化区域内農地の宅地並み課税が課題として残る。	・線引き都市計画区域の人口増の95%が市街化区域 ・市街化区域面積の推移 S45(103万ha)→ H18(144万ha) ・市街化区域人口密度の推移 S45(52.7人/ha)→ H18(59.9人/ha) ・都市計画区域の改良済道路延長に占める市街化区域（非線引き用途地域含む）同延長の割合 S51(85%)→H19(77%)
④都市基盤整備の必要性と財源問題【下水道普及率（東京区部）S40 35%】	④効率的・集中的な公共投資	◎市街化区域への公共投資の重点化(道路、公園、下水道の計画への記載)と、公共施設の整備義務づけを内容とする開発許可の基準の設定 ◎都市計画事業に係る受益者負担金 ◎税制上の措置の規定（都市計画税等）※受益者負担金制度は下水道事業のみで活用。	・下水道普及率の推移（東京区部）S45(48%)→H18(100%概成)・都市計画幹線道路の未着手率 38%(H19)
⑤都市化に伴う農業との調整の必要性	⑤農林漁業との健全な調和	◎線引きの導入と市街化区域における農地転用の届出制への変更 ◎線引きについては農林水産大臣協議	－
⑥地価の上昇【六大都市 S30 → S40 住宅地 10倍 商業地 7倍】（東京区部、横浜、名古屋、京都、大阪、神戸）	⑥地価の安定化	◎線引き、土地の先買い、市街地開発事業、市街化区域内の農地転用の届出等により、宅地供給源としての効果を期待。※市街化区域内農地の宅地並み課税、遊休地・空閑地に対する課税の適正化が課題として残る。	・公示価格変動率（東京区部：住宅地）【S46～H3はS50、64を除き上昇(S62は77%)、H4～H17は下落(H5は22%)、H18～20は上昇】
⑦地方自治の充実と民主的手続の要請	⑦地方への権限移譲などの制度の近代化	◎計画決定権限の地方への移譲 ◎住民参加手続の導入	－

思います。

　一方で，市街化区域の面積は，当初103万haが平成18年までに144万haへと1.5倍になりましたが，実は人口密度は52.7人／haから59.9人／haとそれほど増加していません。これは，当初の市街化区域は将来の増加を見越し，市場メカニズムの中で徐々に市街地を形成する目論見が，市街化区域もどんどん増やしたために，疎な市街地のままになってしまったとも考えられます。例えば，道路の市街化区域内比率はあまり上がっていません。このような結果が生じた理由の一つが，「市街化区域内農地の宅地並み課税」の実施が遅れたことです。都市計画と併せて市場メカニズムで，市街化区域内農地を計画的に宅地化してゆくことに失敗したので，逆に市街化区域を拡大しなければ，必要な宅地を確保できなかったとも解釈できます。

〔現在までの主な改正〕

　今までの，改正を大きくわけると①良好な居住環境の要請によるもの，②規制緩和やプロジェクトの要請によるもの，③都市構造の調整の要請によるもの

3 これからの都市政策の課題と都市計画法の抜本改正

の3つに大別できます。

① 良好な居住環境の要請によるものの代表選手は「地区計画制度」です。都市計画が用途を定めても，地区内の詳細な制限は，建築物の最低限の安全等の基準を確保することを目的とする「建築基準法」に合っているかの確認任せになっているので，いわば最低限のまちづくりになってしまいます。このため，昭和55年にドイツの「地区詳細計画」を参考に，都市計画法に地区計画を導入しました。平成19年度末で5,333地区，用途地域の7％を占めるまでになっています。

② 規制緩和やプロジェクトの要請によるものは，都市計画の制限を緩める形で導入された「再開発地区計画」（昭和63年），使わない容積率を移転できる「特例容積制度」（平成12年），そして極めつけは平成14年に導入された「都市再生特別地区」です。従来の用途・容積を白紙に戻して，事業者からの提案も受けながら，全く新しい都市計画を作っていくもので，小泉内閣の都市再生を大きく前進させた立役者で，平成18年度末現在，23地区56.8haが指定されています。

③ 都市構造の調整の要請では，大規模小売店舗等の郊外立地規制を導入した「まちづくり三法」の制定と改正が代表でしょう。従来のまとまった開発なら容認から，まちの構造を壊してしまうような開発を広域的に規制できるようになりました。

その他にも，「地方分権一括法」に基づく自治体の決定権限の大幅な拡充や，市町村マスタープランの導入，線引きの選択制などの改正が行われています。

〔参考：諸外国の都市計画制度〕

現在の日本の都市計画制度は，当時の外国の都市計画制度を参考に日本の実情に合わせてうまく接木をして作りあげた制度という感じがします。一方で，諸外国も社会情勢の変化の中で，制度の変更をしてきています。参考までにいくつかの国について，参考となる点を例示します。

① イギリス

イギリスの都市計画は「Town & Country Planning Act」（都市農村計画法）と呼ばれ，都市と農村を一体的に規制していることで知られています。その法律も2004年に「Planning and Compulsory Purchase Act」により計画体系が見直されています。

その特徴は，ⅰ）計画許可制度により，自治体は，個別の開発をコント

第 1 部　都市法の新たな課題

ロールする。ⅱ）計画許可制度は，ゾーニングではなく，国の政策方針である PPS（planning policy statement），広域のマスタープランの RSS（regional spatial strategy），詳細計画である LDF（local development framework）に基づく。ⅲ）国は，国家的な影響のある案件については，直接許可，不許可の権限を行使する「call in」の制度が取り入れられました。

② ドイツ

ドイツでは，1986 年制定の連邦建設法典に基づいて，自治体が州の上位計画に基づいて，マスタープランである F プランと地区単位の詳細計画 B プランを策定します。B プランは地区詳細計画とよばれ，建物の用途，高さ，容積率，道路からの後退が個別に定められています。

その特徴は，ⅰ）B プランが策定されていれば，これに適合してない建築は開発許可されない，ⅱ）B プランのないところでは，市街地なら従前または周辺と同じものしか許可されず，郊外では原則開発禁止となる厳しい規制です。

③ アメリカ

アメリカは都市計画の授権法を州が定めて，自治体がマスタープランとゾーニングによって開発をコントロールしています。

その特徴はⅰ）マスタープランは全域にわたるもので，都市整備や土地利用だけでなく，資源管理，環境，レクリエーション，安全など内容も多岐にわたっている，ⅱ）ゾーニングは日本の用途地域に似ているが，日本のような法律のメニューがあるわけでなく，自治体ごとにきわめて詳細に決められ（例えば住宅密度やサイン・広告など），原則全域を区分しています。

④ まとめ

最近の各国の制度をみてみると，共通する特徴があります。ⅰ）都市計画が周辺地域を含み，全国から都市への空間的なつながりを持った計画になってきていること，ⅱ）計画許可であれ，地区詳細計画であれ，ゾーニングであれ，都市計画で開発行為にたいする十分なコントロールをしていることなどです。いずれも，都市が産業と生活の中心となりその重要性を増していること，相隣関係規制といった消極的な対応から，都市環境の向上など積極的な対応に向かっていることが背景にあるのではないかと思います。

Ⅲ　近年の経済社会情勢の変化

〔はじめに〕

　旧都市計画法や現行都市計画法制定の背景で述べたように，人口が増加し人口・産業が都市に集中するということが，法律制定の原動力であり，度重なる改正の推進力でもありました。しかし，近代になって初めてといわれるように日本は「人口減少・高齢化社会」に突入し始めており，都市づくりの考え方を根本から見直す必要が出てきています。併せて，「地球環境問題への対応」，「経済社会の国際化や情報化」，「国民のニーズの変化」なども都市を大きく変えていく要因と考えています。以下，少し代表的な指標を紹介しつつ説明したいと思います。

〔人口減少・高齢化〕

　日本は，明治維新の4000万人弱の人口から現在の1億2000万人まで，ずっと人口を増やし続けてきており，しかもその大部分が都市地域に集中してきています。その人口が50年間で3800万人減少すると人口問題研究所では予測していますが，奇しくもちょうど50年前の人口に戻る勘定になります（図−3）。50年前というと私が生まれた時期です。都市人口がストレートに戻ることはないと思いますが，それにしても50年前の人口を前提した経済的・社会的に持続可能な都市をどう再構築していくのか？これが今回の都市計画制度改正の最大かつ唯一の論点といっても良いと思います。ただ，人口動態は地域差が大きく，30年後でも東京都や沖縄県は人口が増加しますが，例えば北海道は20％人口が減少します。全国では人口・産業の東京一極集中が起きていますが，北海道では札幌への道内一極集中が起きています。人口減少が既に始まっている北海道は日本の人口減少が地域に与えるストレスを考え，その対策を練ってゆく上でのテストケースになるかもしれません。この人口減少に高齢化による生産力の低下，医療・年金・介護費用の増大が追い討ちをかけることになります。

　従来の都市計画は，増え続ける人口を収容するために，都市域を拡大し（農地や林地を転用），宅地と必要な都市基盤を整備することが最大の使命であり，いわば拡大の志向です。今度は人口が減少し，高齢化していくので，都市域をコンパクト化，高齢者の世話もしやすく，低コストで管理できる都市にしてゆ

第1部　都市法の新たな課題

図-3　人口減少の進展（全国）

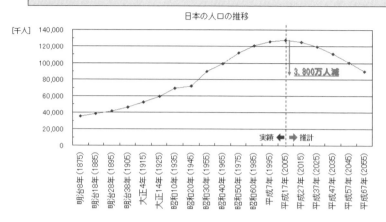

く必要があります。

　少し技術的になりますが，今まで市街化区域の面積は人口フレーム方式といって，将来人口がいくら増えるから，市街化区域を増やし農地を宅地にかえるという方式をとってきました。人口が減少するのですから，市街化区域の面積を減らせばよいということになりますが，これは言うは易く行うは困難なことです。また，いくら人口が減少しているからといって，産業開発のための開発をすべて止めるわけにもいきません。したがって，人口フレーム方式でない方法を考え出す必要があります。

　高齢化の問題も深刻です。50年後は高齢化率（65歳以上人口比率）が4割になります（図-4）。これは，平均値ですから，高いところは高齢化率が5割以上で，さらに深刻なのは，後期高齢率（75歳以上の比率）も極めて高くなることです。75歳以上は要介護の人が一気に多くなりますから，地方でも核家族化が進んでいる現状では，自動車交通に依拠した拡散型の居住形態が維持できなくなる可能性が高くなります。

3 これからの都市政策の課題と都市計画法の抜本改正

図-4 高齢化の進展

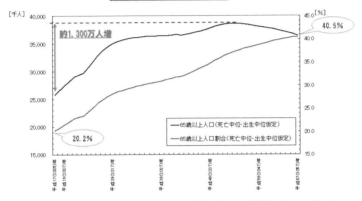

(国立社会保障・人口問題研究所データより作成)

〔地方財政の逼迫〕

　地方財政は急速に逼迫しています。地方財政借入金残高は昭和55（1980）年の40兆円から平成20（2008）年の200兆円へと大幅に増加し、経常収支比率（地方税と普通交付税等を合わせた一般財源に占める人件費、扶助費、公債費等の割合）はこの20年間で70％未満から90％超へと上昇して、ほとんど地方単独での投資的な仕事ができない状態に陥りつつあります。その結果、例えば人口減少の著しい青森県の投資的経費（道路等の建設、修繕、災害復旧などの経費）は平成15年からの5年間で4割削減されています。このような財政悪化の背景には、人口が減少し、産業が流出する中で、借入れに依存して景気対策を行い財政がますます悪化したという事情があります。米国の自治体は、均衡財政が原則義務付けられていますから、簡単に借金ができません。その結果、カルフォルニアで見るように、教員・警察・消防署の職員までリストラしたりします。また、日本ではほとんどない、自治体の破綻も起きます。逆に言うと、このような財政均衡主義なので、TIF（tax increment finance）のような一定地域の税収を担保にした債券発行がなされるわけです。

　また、深刻な問題として、財政が厳しい中でのインフラの維持・更新問題が

79

第1部　都市法の新たな課題

図-5　地方自治体の財政制約（地方財政借入金残高等の推移）

- 地方財政借入金残高は昭和55年の約40兆円から平成20年の約200兆円へと大幅に増加。
- 経常収支比率は平成元年から急上昇し、平成16年以降90％を超過している。

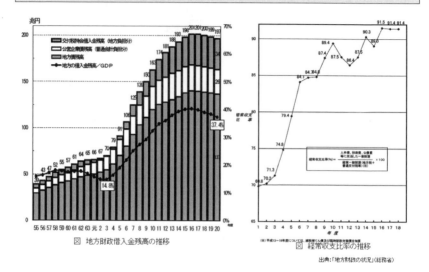

図　地方財政借入金残高の推移　　　　図　経常収支比率の推移

出典：「地方財政の状況」（総務省）

図-6　地方公共団体の財政制約（投資的経費の削減）

- 国・地方の財政状況の逼迫等により、インフラ整備・維持管理費用が減少している。
- 維持管理費が増加し、将来的に持続可能な都市経営に支障をきたすことが想定。

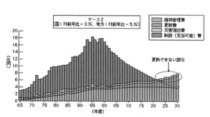

維持管理・更新投資の見通し

2005年度以降の投資可能総額の伸びを、国が管理主体の社会資本は対前年比マイナス3％、地方はマイナス5％としたケースでは、投資可能総額が不足し、2022年度以降、社会資本が更新できなくなる。

（平成17年度　国土交通白書）

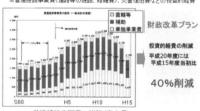

普通建設事業費の推移（青森県）
（青森県橋梁長寿命化修繕計画10箇年計画 H20.4）

【地方公共団体の歳入】
H8：101兆3,500億円→H18：91兆5,200億円（△10％）
【地方公共団体の歳出】
H8：99兆200億円→H18：89兆2,100億円（△10％）
歳出の内、投資的経費は大幅に減少。
【普通建設事業費の構成比】
H8：30.2％　　　→H18：16.0％

（平成20年版「地方財政の状況」）

あります。高度成長期，市街地の拡大に伴って建設されたインフラが老朽化し，修繕や更新を必要としています。工場は売り上げが減ったら，古い工場を閉めて生産の集約化をします。しかし，国土の管理はそうはうまくいきません。橋は，ペンキを塗らないで放って置くと，いつか錆びて落ちてしまうかもしれません。今の投資的経費の伸びをみてゆくと，2020年ぐらいにはインフラの更新が難しくなるところが出てくると思います。このような，事態に追い込まれていった代表例が「夕張」かもしれません。夕張を別の仕事で拝見して，なるほどと思うことがありました。夕張は炭鉱の町で，最盛期は10数万人居住していたそうです。集落も炭鉱の鉱脈に沿うように作られました。人口が数万人に減少して，活性化のための施設も本来なら集約化して作るべきところを，それぞれの集落に公平に配置しました。その結果として，活性化には不十分な施設が，分散配置され，借金だけが残りました。

　何か，日本の陥ってはいけないシナリオを見せられているように思いました。都市計画は，都市の活動をどう誘導し，活動に必要な設備をどこに作るかの青写真です。工場の集約化の場合でも，従業員のリストラなど大変な問題を抱えますが，都市の場合は，従業員イコール株主ということでもっと政治的には難しい選択をしなければなりません。

〔世界的な都市間競争の激化〕

　日本は，島国のせいか，国や企業単位での競争の概念はありますが，今まで，外国の都市と競争するという視野で物事を考えることは少なかったように思います。世界経済がグローバル化し，人，物，金，情報の国際移動が簡単になったせいか，統合されたEUを中心に，都市が国際的に競争する状況になってきていると思います。私が，参加したMIPIM（世界不動産専門家市場。毎年3月に仏のカンヌで開催。参加者は2万人近く）では，世界からシティセールスをする行政関係者と都市開発プロジェクトの売買をする関係者が集まります。そこでは，「ロンドンやバルセロナに比べ，パリの都市開発プロジェクトはここが優れている」というように，常に目は世界を向いているといって過言ではありません。これは，100万都市に限ったことではなく，数十万の都市でも日常茶飯事の話題であり，都市開発にあたっても，国内資本のみならず，海外資本を念頭に置くのも当たり前になっています。

　翻って，日本の都市を考えてみると，海外の都市を意識していることは少ないように思います。一方で，北京，ソウル，上海，香港，シンガポールといっ

第1部　都市法の新たな課題

たアジアの国際都市に行ってみると，アジアの中でどのようなビジネス拠点になれるか，都市政策の担当者の念頭にあるような感じがします。また，観光誘致においても，世界を視野にいれて，最初から計画を立てています。日本の都市は，アメリカの自動車産業と同じで，溢れんばかりの国内需要を背景に，国内でのパイの奪いあいで事が足りていましたが，人口減少，産業成熟期に入り，世界の都市間競争に出遅れている感は否めません。

　例えば，日本の空港は，羽田は近くても時間がかかる，成田は遠くて時間とお金がかかる，かつ，手続きの時間もかかる。これでは，他の国際都市に負けてしまいます。

　都市はなんといっても，その国の人口・産業の中心です。そこで，付加価値を生み出さなければ，国力も増加しません。都市という付加価値生産の場の作り方，すなわち都市計画も世界を視野に入れたまちづくりが求められる時代になってきました。

　一例をロンドンにとってみます。ロンドンはインベストメント・バンクを中心に世界の金融の中心地でしたが，アメリカの巨大証券会社に負けてその地位が低下を続けてきました。イギリスがとったのは，いわゆる「ウィンブルドン方式」で，世界のどの銀行でも良い，ロンドンが世界一金融活動がしやすい環

図-7　世界的な都市間競争の激化

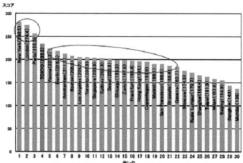

3 これからの都市政策の課題と都市計画法の抜本改正

図-8 世界的な都市間競争の激化（都心・空港間の距離と鉄道移動時間）

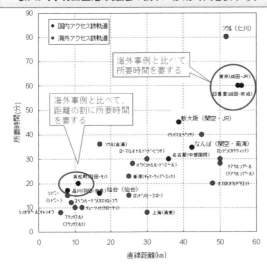

●海外の都市の主要空港と比べると、成田空港は都心からの距離が遠く移動時間もかかり、羽田空港は距離の割に移動時間を要する。

図-9 世界的な都市間競争の激化

ロンドンの開発の状況

・ドックランズ

イギリスのロンドン東部、テムズ川沿岸にあるウォーターフロント再開発地域は、主に商業と住居が混在した地域として再開発されており、現在でも多くの計画が進行している。

・ヒースロー空港

ロンドンの西部にあるイギリス最大の空港であるヒースロー空港では、2008年に第5ターミナルが開業し、他ターミナルの再開発が進められている。

資料：ウィキペディア

上海の開発の状況

2010年の万博に向けた第11次5カ年計画（2006～2010年）期の上海の発展

- 市内大規模快速交通体系の形成 （2010年までに11の路線が建設）
- 中枢型、機能型のインフラ建設 （虹橋空港、浦東空港、洋山深水港の整備）
- 都市間の交通の立体化・多元化 （北京～上海の高速鉄道、上海～杭州のリニアモーター）

富山大学極東地域研究センターシンポジウム
上海市総合経済研究所 朱金海教授資料より作成

第1部　都市法の新たな課題

境をハード，ソフトで作るというものでした。産業革命の国が，製造業での立国から金融立国へ舵を切ったわけです。そのハードの中心が，ドックランドであり，今では世界の主要な金融機関がすべて進出しています。また，国際交通を強化し，ヒースロー，ガトウィック，シティーエアポートにTGVと整備がなされました。その結果，今は惨憺たる状況ですが，デリバティブでは，ニューヨークを抜いています。サブプライム問題後の厳しい状況でありますが，第二のカナリーワーフとして，テームズゲートの開発は中断しないと英国政府は明言しています。

〔地球環境問題への対応〕

ご承知のように，地球環境問題は，世界規模で取り組む課題です。京都議定書の目標達成計画が，昨年の3月に改定され，「低炭素型の都市・地域のデザイン」として，i）集約型・低炭素型都市構造の実現，ii）街区・地区レベルにおける対策，iii）エネルギーの面的利用，iv）緑化等ヒートアイランド対策，v）住宅の長寿命化など5つの都市構造に関する記述が盛り込まれました。これは，セクター別のアプローチではどうしても達成できない部分が生じて，都市で受け止めざるを得ない状況にあるということです。現在の排出削減シナリオでは，全体の3割程度が都市に関する内容になっています。

具体的に，都市対策ではどの程度CO_2は削減できるものでしょうか？いくつかの実証研究があるのでご紹介したいと思います。仙台都市圏を対象に土地利用の集約化や公共交通の整備で都心の人口密度を78から120人／haへ　拠点を50から80人／haに上げると，現況と比較して都市圏全体で24％の削減になります。また，丸の内エリアの再開発で地域冷暖房の導入や廃熱などの未利用エネルギーの活用，屋上緑化等のヒートアイランド対策で対策しない場合と比べて40％の削減になります。また，森林整備等の吸収源対策を着実に実行すれば，現在の吸収量の3倍になります。このように，都市整備や都市開発の方向をうまくコントロールすれば，本来やるべき都市開発の中で，CO_2をうまく削減してゆくことができます。このためには，都市計画で都市の発展の方向付けを着実に行ってゆくことが大切です。

3 これからの都市政策の課題と都市計画法の抜本改正

図-10 地球環境問題への対応

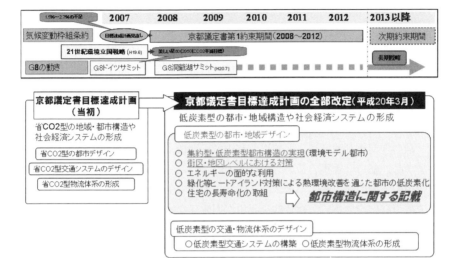

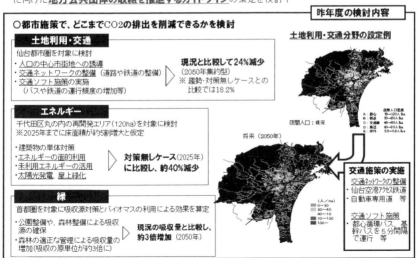

第1部　都市法の新たな課題

〔市町村の行政区域の拡大〕

　少し，専門的になりますが，昭和43（1968）年の現行の都市計画法では，「広域都市計画区域」の制度が導入されました。都市は，行政区域を越えて連担していることがあることから，都市計画区域は行政区域を越えて設定できるとした制度です。ところが，今回の平成の市町村合併で，富山市が日本海から北アルプスにまで渡るような巨大市になったように，1市町村の中に逆に複数の都市計画区域が存在するケースが平成11（1999）年の17市町村から平成19（2007）年の221市町村に急増しました。都市計画区域の土地利用の規制強度は，線引き都市計画区域，非線引き都市計画区域，都市計画区域外で大きく違いますし，都市計画税の扱いも違います。このため，自治体が違えば納得していた規制強度の違いが，不公平として住民の間で受け止められたり，自治体として都市計画の一体的・総合的な運用が困難になったりして問題化してきています。この問題は，ちょうど合併で従業員の待遇が旧の会社ごとに違ったままだと，社員間で不公平感が生まれるし，仕事もやりにくく，協力関係が築けないのと似ています。実は，今回の市町村合併が，最後の段階で都市計画の問題で頓挫した自治体の例があります。

図‐11　市町村の行政区域の拡大（行政区域と都市計画区域のズレ）

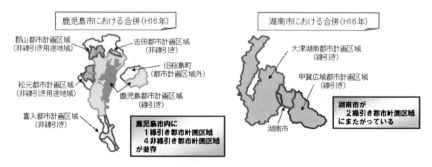

3 これからの都市政策の課題と都市計画法の抜本改正

〔国民ニーズの多様化，高度化〕

　最初に申し上げたように，現在の都市計画の当初の使命は，なんといっても急激な都市化の中で，スプロールを防止し，不足する都市施設を整備し，国民に住宅地を提供することでした。そんな都市計画では，最低限の規制で，できるだけ手間のかからないやり方が求められました。しかし，当然のように，効率性が優先されて，美しいとかゆとりとかが軽視されてしまいます。例えば，下水道整備率7割，水洗化率8割に代表されるように，最低限の施設は普及しつつあります。また，空家率が1割を超えて，数だけ見ると先進諸国では一番住宅が余っています。このような状況で，国民は美しい町，魅力ある町に住みたい，働きたいという欲求になるのは当然です。例えば，地区計画という普通の都市計画よりもきめ細かな規制をかけて地域の環境を守る制度は，平成19年で5333地区，市街化区域全体の7％に及んでいます。また，景観法による景観計画を策定して，都市計画では規制されない壁の色や屋根の傾斜などを規制して行きたいという自治体は500市町村に上っています。

　また，従来都市計画は，お上が作るものでしたが，団塊の世代がリタイアして本格的に地域に根付き始めると，夜しか自分の町に帰らなかったお父さんが

図-12　国民ニーズの多様化・高度化（地区計画策定数）

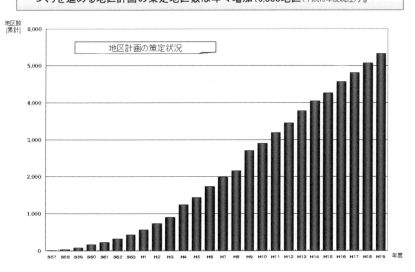

第1部　都市法の新たな課題

図-13　国民ニーズの多様化・高度化（地域活動への関心）

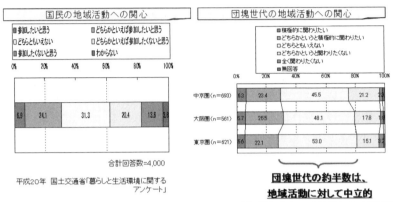

昼間散歩して町を見るようになります。そうすると，もう少し何とかならないか，文句を言いたくなって，ついには地域運動や先ほどの地区計画や景観計画などのまちづくりに参加するようになってきます。特に，団塊の世代は，まだ元気で，かつ組織人でしたから，潜在的なパワーは相当あると思います。

Ⅳ　都市計画制度見直しの論点

〔はじめに〕

　具体的な制度の論点に入る前に，今までの議論を整理してみます。今，日本は戦後の成長型の社会から，人口減少・高齢化，経済の低成長と財政制約，国民ニーズの多様化・高度化，経済のグローバル化や環境問題といった，大きな転換点を迎えています。現在の都市計画のような，成長型経済に追いつく「量的充足型」，「個別問題対応型」の制度は限界がきています。一方で，社会経済のトレンドの変化に対応するには，大転換が必要ですから，今回は，土地利用だけ，施設整備だけといった，部分的な手直しではなく，都市計画の目的，守備範囲，手続，決定主体，場，土地利用，施設，争訟といった，全体にわたる見直しを視野に総点検しています。そして，都市計画が日本の大切な土地の

3 これからの都市政策の課題と都市計画法の抜本改正

使い方，共通の投資を決めてゆくとの思いから「将来世代にきちんと引き継げる，持続可能性のある都市」の実現を目指してゆきます。

ここでは，過去2年間の勉強で，論点となっているところについて，ご紹介します。制度提案については，あくまでも私見が入っていることをご了解ください。

〔農地も含めた都市環境のコントロールに係る論点〕

論点に入る前に，都市計画区域の全体の状況をマクロ的に掴んでおきたいと思います。というのも，これから紹介する様々な事象が，どれほどのウェイトと力をもっているかで，果たして制度を触るべきか否かに大きく関わってくるからです。たとえ大問題が起きていても，それが本当に少数ならば，制度改正以外の対応が望ましい場合も多いのです。都市計画がほとんど全ての人の経済活動の基礎になっていますから，その取扱いには慎重を期す必要があります。

都市計画区域は約1000万haで国土の約25%，そこに人口の93%に当たる1億1857万人が住んでいます。日本は，山国で7割が山といわれますから，平地は相当程度都市計画区域で覆われ，そこに，大部分の人が住んでいることがわかります。線引きされた都市計画区域は51.7%で，非線引きは48.3%で

図-14 都市計画区域の概要

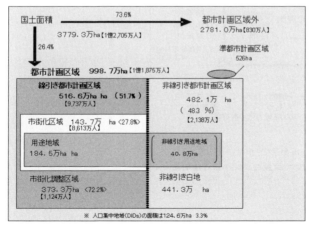

第1部　都市法の新たな課題

大体半々になっています。線引きに9737万人，非線引きに2138万人が住んでいて，都市計画区域外と比べて，非線引き都市計画区域には居住人口も多く，大きな政策領域であることがわかります。線引きの都市計画区域を見てみると，面積ベースでは市街化区域3割，調整区域7割ですが，人口は8613万人対1124万人で圧倒的に市街化区域に居住しています。市街地のあり方が，大きな重心を占めることがわかります。非線引きの都市計画区域のほうは，実は用途地域を設定して土地利用のコントロールをしているところは，40万haしかなくて，9割はいわゆる白地で規制が緩いままになっています。ここに，大部分の人が住んでいると思われます。

　この土地利用をざっくりと整理すれば，国土の4％弱の市街化区域に9700万人の人がいて，そのスプロールを食い止めるために，周辺に国土の10％の市街化調整区域というバンドで締めて規制している。しかし，その外には，非線引きの都市計画区域（国土の13％）と都市計画区域外という極めて規制が緩いか，コントロールのまったく効かない土地が広がっているということができます。

　ここでの課題は，人口の減少局面に入っているにもかかわらず，農道を含む道路整備や自動車の普及，合併浄化槽などにより，水は低きに流れる，人は安い土地を求めるという経済原則に従って，調整区域の脱法的な開発や調整区域を飛び越えて非線引きや都市計画区域外に開発がグラスホッパーして，開発の拡散が進行していることです。

　また，モータリゼーションの進展で開発の拡散が進むと，市街化調整区域の土地所有者の不満だけでなく，市街化区域も空洞化してゆくため，自治体は耐えかねて，線引きが選択制に移行したこともあり，線引きを廃止して，更なる拡散を招くという事態に陥っています。香川県は地形が平坦で，ある意味どこでも住める土地の

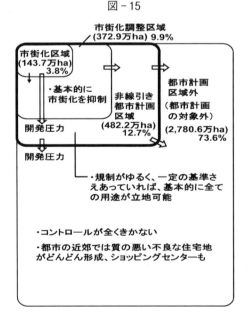

図-15

3 これからの都市政策の課題と都市計画法の抜本改正

ため、従来から拡散圧力が強かったところです。人口が市街化調整区域を飛び越えて非線引きの都市計画区域へ移行するため、地元の要請で平成16年に線引きを廃止しました。期待された中心市街地への人口回帰よりも拡散がいっそう進み、優良農地が蚕食される事態になっており、憂慮される状況と聞いています。

加えて、先ほど事例をご紹介したように、広域の市町村合併で誕生した都市から農村・中山間地域まで広がる広大な行政区域を行政として一元的にコントロールできる仕組みがないので、自治体に困惑が広がっている状況にあります。

参考までに、線引き、非線引き、

図-16 居住地及び都市機能の拡散・郊外化

● 中心都市への通勤交通が都市計画区域を越えて広域化している。(仙台都市圏)

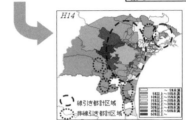

図-17 線引きを廃止した都市計画区域の例（香川県高松市）

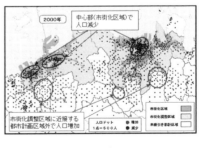

第1部　都市法の新たな課題

図-18　市街化区域，市街化調整区域，非線引き白地地域等の土地利用規制の相違

	建築規制	開発許可
市街化区域	用途、容積率、建ぺい率、前面道路斜線制限等の用途地域に連動した規制＋安全・衛生上の構造等の制限	1000㎡(三大都市圏の既成市街地等は500㎡)以上の開発行為には許可必要 →技術基準(道路等の公共施設の確保、防災措置等の良質な宅地水準を確保するための基準)に適合すれば可
市街化調整区域	容積率(大部分は200%)、建ぺい率、前面道路斜線制限等の用途地域と同様の規制(用途規制を除く)＋安全・衛生上の構造等の制限	原則すべての開発行為に許可必要 →技術基準＋<u>立地基準(許可できる開発行為の類型を限定)</u>
非線引き用途地域	用途、容積率、建ぺい率、前面道路斜線制限等の用途地域に連動した規制＋安全・衛生上の構造等の制限	3000㎡以上(条例で300㎡まで引き下げ可)の開発許可 →技術基準に適合すれば可
非線引き白地	<u>用途(大規模集客施設のみ)</u>、容積率(大部分は200%)、建ぺい率、前面道路斜線制限等の用途地域と同様の規制＋安全・衛生上の構造等の制限	3000㎡以上(条例で300㎡まで引き下げ可)の開発行為 →技術基準に適合すれば可
都市計画区域外	用途地域と同様の規制はかからず、安全・衛生上の構造等の制限のみ	<u>1ha以上の開発行為には許可必要</u> →技術基準に適合すれば可

※立地基準の例：周辺住民に必要な日常生活物資の販売店、農林水産物の処理・貯蔵・加工施設、市街化区域に近隣接する50戸以上連たんする地域のうち 一定の用途に非該当など

　都市計画区域外で建築規制と開発許可の規制強度がどれくらい違うかを比べてみると，非線引き白地では建築規制は大規模建築物の用途規制のみ，開発許可は3000㎡以上で立地規制はなく技術基準適合のみ，区域外では建築規制は安全・衛生上の単体規制のみ，開発許可は1ha以上で技術基準のみです。

　一方で，都市基盤のコストと地価や税金をみてみると，市街化区域で整備する下水道は6500万円／kmの整備費，合併浄化槽は80万円／軒，調整区域内の宅地の価格は東京や神奈川の郊外で半分，水は低きに流れるのもうなずける高低差です。

　今後の土地利用の方向としては，人口増加時代の終焉を迎えて，「市街化」のコントロールを大命題とした仕組みから脱して，その土地・地域ごとにふさわしい「土地利用を実現する」という仕組に転換させることを検討したいと思います。その際，まちづくりは市町村が主体的に担うという原則に沿って，広域合併市町村でも行政区域内の多様な土地利用を一体としてコントロールできる仕組みにしてゆく必要があります。

　具体的には，都市計画区域の内外，線引き，非線引きの規制強度差を縮小し，大都市でも，地方都市でも郊外へゆく程，農地の保全や環境保全がしっかりと

3 これからの都市政策の課題と都市計画法の抜本改正

図-19 都市基盤整備に係るコスト

● 下水道が整備されていない郊外部においても、安価な合併浄化槽の設置により開発が可能。

下水道
6,500万円／km：面整備管
効率的な汚水処理施設整備のための都道府県構想策定マニュアル（案）（国土交通省）

合併浄化槽
83.7万円／基：5人槽
効率的な汚水処理施設整備のための都道府県構想策定マニュアル（案）（国土交通省）

働くようななだらかな規制のカーブとし，郊外でも農地や自然地と共生を図る開発，環境保全が確保できる規制を考えてゆきたいです。

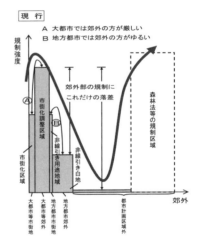

併せて，今後人口が減少してゆく局面では，特に郊外部の人口の減少が進む局面が想定されます。宅地から人口が消えて空家や放棄地が広がることは，郊外の崩壊になります。都市計画では，開発規制・建築規制はできても，空地のコントロールはできない。都市内空地の利用という面では，農業が最右翼となるが，農政が市街化区域から退却して久しくなります。生産緑地も残念ながら完璧な制度とまでは言えません。今後，都市計画における都市農地の位置づけを再検討してゆく必要があります。

〔より質の高い市街地の創造にかかる論点〕

現在の用途地域は，最低限の土地利用のコンフリクトを避ける，既存の土地利用を不適合にしないという原則のもとで，作られてきているので，ベースの規制が極めて緩いのが実情です。越澤先生の論考で紹介されていますが，現在準工業地域と呼ばれるところは，無指定と規定されていたところです。ちなみ

第1部　都市法の新たな課題

図 - 20　商業地域と準工業地域における建築規制の概要

●商業地域や準工業地域の容積率等の建築規制は、住居系地域に比べて緩やか。		

	商業地域	準工業地域
用途規制	建築できない建築物を限定列挙 （危険性や環境を悪化させるおそれがやや多い又は大きい等の工場以外は建築可）	建築できない建築物を限定列挙 （危険性や環境を悪化させるおそれが大きい工場以外等は建築可）
容積率規制	200〜1300％（100刻み）のうち都市計画で決定	100、150、200〜500％（100刻み）のうち都市計画で決定
建ぺい率規制	80％	50、60、80％のうち都市計画で決定
斜線制限	・前面道路幅員（斜線勾配1.5、容積率に応じ20〜50mの適用距離） ・隣地斜線制限（立ち上げ31m＋斜線制限2.5）	・前面道路幅員（斜線勾配1.5、容積率に応じ20〜35mの適用距離） ・隣地斜線制限（立ち上げ31m＋斜線勾配2.5）
日影規制	適用なし	適用あり

に，商業地域と準工業地域の建築規制をみてみると，用途は危険・環境悪化の工場以外は建築可，容積率も上限1300と500と緩いので，いわば名前は商業・準工業地域でも本当に目指す市街地像はそこからは浮かび上がってこないのが実情です。また，実際の容積率の設定も緩くて，東京都の区部でも指定容積率の充足率は56％にしかなりません。

　このように，明確な市街地像がなく緩い土地利用規制なので，予期せぬ土地利用，最近であれば，低層戸建住宅地が多い住居系用途地域に大型マンションが出現（文字通り出現，建築確認を自治体も知らないこともある），住宅地にスーパー銭湯やセレモニーホール，ペット霊園などが出現し，環境を乱したり，多くの車が出入りして危険になったりします。この結果，土地利用をめぐる紛争が急増しています。

　都市計画を受けて実際の建築規制をする法律は，建築基準法といって，建築物の最低限の安全を担保することを目的としており，建築を許可するのではなく，法規に合っているのを確認するという制度で，裁量性のない行為とされています。細部にわたって建築物を確定できないため，都市像や将来の土地利用への誘導という面では，今の硬い制度では十分に対応できていないのが現状で

3 これからの都市政策の課題と都市計画法の抜本改正

図-21 周辺環境とのアンバランス

- 禁止する土地利用を法令で決め、かつ、必要が生じた場合に計画を定めるため、規制が後追い的になり、周辺環境とのバランスが崩れるケースが発生。
- 準工業地域・工業地域における工場と住宅の混在や、日影規制が適用されない商業地域での高層マンションの林立など、用途地域によるコントロールのみでは十分といえない事例も生じている。

工場群の中に建設された集合住宅
（双方にとっての環境を阻害）

駅前商業地域におけるドミノマンション
（日影規制が適用されない）

工場と三戸建て住宅の混在

幹線道路沿道のスーパー銭湯
（想定外の交通負荷が発生）

す。例えば、商業地域で商店街が連続しているところで、マンションができると商店街の人の流れが分断されてしまいます。

実は、このような用途地域と建築確認のセットによる硬直的な制度の欠陥を埋める工夫は講じられてきました。例えば、高度地区の設定による建物の高さ制限、用途や建物の形態をきめ細かく制限できる「地区計画」の導入などです。地区計画は、既に5000地区市街化区域の7％を覆うまでになっています。欠点は、今の用途地域と建築確認のセットは土地所有権を建築自由の原則で強く保護しているので、いずれも、それを制限するには土地所有者の意見を十分に聞いて決める必要があるので、時間がかかることです。船橋のマンション紛争における高度地区指定は6年間、東大阪の地区計画は4年間かかっています。

これでは、変化の激しい経済・社会、それに伴う土地利用の変遷についていけないことは明らかです。例えば、高層マンション（16階以上）でとると、新築住宅の着工戸数はそれほど変わっていませんが、平成10年と19年で比べると三倍になっています。単純にいえば、現在の制度は社会の変化に柔軟についていけないということです。このような、いわば法の限界を埋める形で、自治

第1部　都市法の新たな課題

図 – 22　地域地区等の指定に要する期間の長期化例

- 問題事象の発生を契機に、高度地区や地区計画を指定し、以後の問題事象の発生抑制を図る例が多く見られる。
- 一方、こうした計画策定にかかる関係者の合意形成には長期間を要し、機動的な問題への対応や対策策の実現性に課題が存在している。

○船橋市における高度地区指定の例

- 高度地区指定前の駆け込みマンション計画をめぐり、周辺住民と事業者間で高さをめぐる紛争に。
- 市は当初1年後の施行を目指していたが、合意形成が不十分として、2回の目標時期の延期の後、地区指定までに2年を要した。

平成15年9月	市議会で絶対高さ制限の導入に関する質問
平成19年3月	市が「高度地区変更の方針」を公表（絶対高さ導入）
	↓パブリックコメント、住民説明会等
平成19年11月	延期
平成20年11月	延期
平成21年2月	告示
平成21年4月	施行

○東大阪市における地区計画検討の例

- 高井田地区では、住工共存に向けたまちづくりのルールについて、行政・自治会で議論。
- 話し合いの開始から協議会の設立を経て、4年かけて地域ルールの素案を策定。
- 今後、条例化等に向けた検討を予定。

平成16年度	自治会・行政の話し合い、企業アンケート　冊子配布
平成17年度	まちづくりニュースの発行、まちづくり協議会準備会設立
平成18年度	事前周知ルールの作成、まちづくり報告会の開催
平成19年度	まちづくり協議会設立、まちづくり構想作成・地域への提案・アンケート実施
平成20年度	地域のルール（素案）とりまとめ、行政協議、地元合意形成活動

体は条例や要綱で対応してきています。ただし，開発者から訴えられたときに勝てるかといえば，法律的には難しい面も大きく，逆に損害賠償義務を負うこともあります。これは，ちょうど景観行政について，国が景観法の枠組みをもたなかったときに，法律に基づかない条例を手続き面でかませて，何とかコントロールしようとしたのに似ています。

　このような問題の淵源は，やはり①市街化コントロール，都市施設整備，住宅供給を主目的として制度化された都市計画の仕組み，②加えて，ただでさえ都市計画上不十分なまちづくりのビジョンを単体の建築物の安全性を担保するための建築確認の制度で受けたところにあるように思います。それでも，自治体は建築確認にかこつけて，自主条例などでなんとか開発を行政に引き寄せて対応してきたのですが，確認業務の民間開放で，確認事務は効率化されたのですが，場合によっては，着工届けが出されるまで自治体はどんな建築物が建つのかわからないといった極端な状況も出現しました。都市計画は，現場の建築コントロールを確認部隊に頼ってきて，足腰がありませんし，その足腰も確認事務の民間開放と行政の縮小で弱ってきています。

　イギリスの都市計画では，ゾーニングはなく土地利用の方針とそれに基づく裁量性のある計画許可（planning permission）そして争訟制度，アメリカは細部にわたるゾーニングだけど日本のように緩くない，ドイツは地区計画で計画

96

3 これからの都市政策の課題と都市計画法の抜本改正

図-23 市街地の土地利用に関する問題に対する市町村の対応状況
（条例・要綱アンケート結果より）

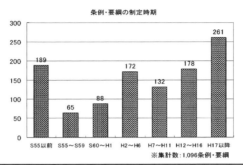

なければ開発なし（認められるのは従前用途まで）です。日本もそろそろ後追い的な都市計画の対応から抜け出して、経済・社会の変化に迅速に対応して望ましくない土地利用を未然に防止する仕組みをつくる必要がありそうです。

　5年前に導入した景観法では、用途地域と建築確認という硬直的な仕組みを脱して、自治体が条例で法律根拠なくやってきた裁量行政を「景観計画」、「認定」という仕掛けで実現しました。この仕組みも10年で500ぐらい成立しそうな勢いです。歴史的経緯があり難しい仕事ですが、現在のはっきりしない用途地域に連動した仕組みをもう少し地区のビジョンももったものへと進化させ、その上、建築物単体向けの固い確認業務からまちづくりを切り離して、自治体がある程度の裁量で地区のビジョンに沿ってリードできる仕組みが作れるとよいと思っています。この問題に対する都市計画関係者からの期待は、大変大きなものがありますが、何せ、都市行政から建築業務が警察規制として離れていった長い歴史的経緯と部局が異なることから、大変難しい課題だと思っています。ただ、今のままのまちづくりでは、せっかくの民間投資が良いまちづくりにつながらなくて、耐震・断熱などの建築物単体の技術レベルは上がっても、作っては壊し作っては壊しになるのではないかと懸念されます。最後に、もし、裁量性がある柔軟なまちづくりが認められれば、自治体の責任は大きくなりますから、もっと見識が求められますし、開発者や住民から争訟面でのチェック

第1部　都市法の新たな課題

を受けることになることを付言します。

　あまり，改正に問題ないとは思いますが，現在の開発許可は，「区画形質の変更のない開発行為や建築物の建築を目的としない土地利用の変更」は対象にしていません。その結果，農地の中の駐車場や資材置き場はコントロール外ですし，いったん駐車場として区画形質の変更をした上で，住宅を立てるという脱法的な行為も許すこととなっています。これらについても，網をかけてゆく必要があります。

〔透明性のある効率的な施設整備にかかる論点〕

　前に述べましたように，旧の都市計画法の最大の目的は，不足する都市施設，特に道路をいかに整備するかというところに重点がおかれていました。そのための大変うまい仕掛けが現行の都市計画法にも組み込まれています。俗に53条制限と呼ばれるものです。都市計画を決めると，土地の所有者は木造2階までは建ててよい。ただし，事業計画が認可されると建築は禁止になり，買取請求ができる。都市計画は，決定の段階で，公告・縦覧・公聴会などの市民参加の手続きを了しているので，収用の事業認定と同じ効果を与える。一定の土地利用を認めることで，都市計画を決めやすくするとともに，いざ収用のときは収用法の手続きを不要とする仕組みです。

　戦前・戦後，都市は永遠に成長するように思え，この仕組みで多くの都市計画が決定されました。しかし，中には過大であったり，都市の成長が早すぎて事業が追いつかず，土地の値段が高くなりすぎたり，時代に合わなくなっている都市計画もたくさんでてきました。一方で，近年まで，都市計画は青写真論といって，個人の権利を直接的に制約するものでないから，訴訟の対象にならないということで，時代に合わなくなった都市計画もそのままになってきたきらいがあります。

　特に，近年では人口が減少する都市の非成長トレンドの中で，都市の拡大を前提とした施設計画の必要性に疑問が出はじめ，また，自治体も財政難で新規の事業がストップする事態になってきています。

　現在，都市計画道路の整備率は6割程度，事業に未着手のものは38％，25,000キロにも及びます。そのうち，なんと5割強の路線が旧法（40年以上前）のもとで決定されたものです。すなわち，40年以上前に計画され，事業に着手さえされていないものです。このような路線は明らかに，当時と周辺の経済状況等は大きく変わっていると思われます。

98

3 これからの都市政策の課題と都市計画法の抜本改正

図-24 長期未着手都市計画施設の状況（道路）

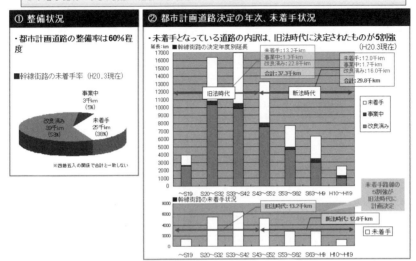

　そのような状況の中で，従来は都市計画の処分性が裁判では否定されていたのですが，平成17年の盛岡の裁判では，道路予定地を60年にわたって塩漬けにしてきたことに対し，原告敗訴となったものの，補足意見で60年にわたる建築制限に対し，損失補償不要とする考え方は大いに疑問だが，その地域が第1種住居地域で高度な土地利用は行われていなかったことから補償は不要とされました。また，平成19年の伊東の裁判では，決定の根拠である交通量推計に合理性を欠くことから都市計画にもとづく建築不許可処分は違法とされ，初めて都市計画の具体的な中身について司法の判断が入りました。

　一方で，現在，事業が始まった東京の環状2号線，俗称マッカーサー道路は戦後すぐに計画がされたものがやっと事業化されています。この道路は最後の東京の環状線で，この道路の実現で新橋から虎ノ門へかけて都市開発が大きく進むと期待されています。この道路の実現は，やはり，東京という世界一地価の高い高度集積の地区で，木造2階建て制限がかけてあったからであり，立体道路制度が導入されたとはいえ，53条制限がなければ実現しなかったであろうことは間違いありません。

　このような状況の中で，都市計画道路の見直し手続きは，20都道府県，67

第1部 都市法の新たな課題

図-25 長期未着手都市計画施設に関する裁判・報道

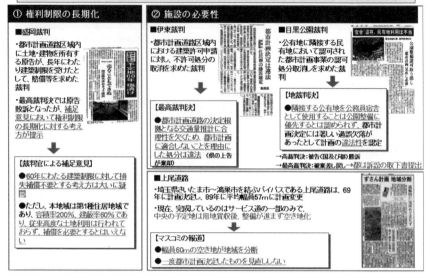

市町村で実施されていますが，見直しが行われたのは342路線，総延長400キロに過ぎません。その内容をみると，路線の廃止が延長ベースで9割でした。その理由を聞けば，既存の道路のネットワークで対応が可能とするものが9割です。今後は，自治体の財政制約や都市の非成長トレンドの中で，土地利用が硬直的な用途地域と建築確認の仕組みから経済社会情勢に柔軟に対応できるような仕組みとするとともに，争訟により権利の保護を目指すことを考えるように，施設整備についても，柔軟な仕組みが求められます。具体的には，施設の計画決定のプロセスをPDCAサイクルにのせて，①都市計画基礎調査により計画を評価，②マスタープランで事業の目指す機能を明示，③計画にさきだって複数案を検討，④個別の都市計画の段階で訴訟の対象にしつつ，計画の早期確定，⑤定期的な都市計画の評価（場合によっては変更，廃止）を定期的に回すことが考えられます。

ただ，現時点で長期未着手の街路が24000キロ，40％ある現状では，政策の棚卸しという側面から，早期の総点検が必要であるし，自治体の総点検に対し，国として支援するとともに，法的な整理が必要になるかもしれません。裁判の

3 これからの都市政策の課題と都市計画法の抜本改正

動向を勘案すれば，一刻も早い対応が必要であるし，遅れれば損失補償の必要性も高まると考えるのが普通でしょう。

〔都市計画手続きと主体に係る論点〕

前に述べたように，都市計画は当初，国家の威信をかけた首都東京を整備する手段として導入され，それが大都市に拡大され，戦後県を中心とした自治体主導の都市計画に住民参加手続きが大きく加わりました。現在では，都市計画の決定権限については，「都市計画はまちづくりの現場にもっとも近い市町村が主体であるべき」との基本認識のもと，約8割が市町村決定になっています。一方で，都道府県道や国道，線引きなど市町村の区域を越える広域・根幹の都市計画については県が決定することとしており，その割合が2割です。現在国が直接行う都市計画はありません。都市計画の調整である協議・合意については，市町村決定の約9割について県との調整を義務付け，県決定の約35％について国との調整を義務付けています。これらは，広域的な調整，県の都市計画との整合性の担保，そして国との利害調整です。

現在，地方分権推進委員会の1次勧告では，決定権限については，三大都市圏か否かにかかわらず，広域的なもの，国・県の所管にかかるもの，特に大規

図-26 都市計画の決定主体と調整

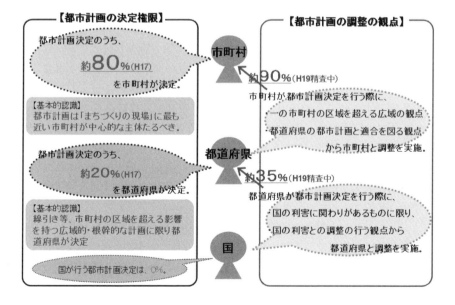

第1部　都市法の新たな課題

模な市街地開発事業を除き，「市」の決定に（町村は県が決定），また協議・同意については線引きと国の所管施設・区域以外は国との同意は不要，市から県への同意は不要との提言をしています。

　これを受けて，分権推進本部の要綱では，都市計画の権限はその内容にかかわることであるし，現在都市計画の見直しを検討しているので，「都市計画制度の抜本見直しの中で，国の利害や都道府県による広域の見地からの調整に留意しつつ，地域の実情に通じた基礎自治体が自らの責任と判断で都市計画決定を行うとの観点から，三大都市圏等の都市計画に関する都道府県の国への協議・同意をはじめとする各種国への協議・同意の廃止・縮小，都道府県から市町村への権限委譲等を進める方向で検討を行い，平成21年度を目途に実施する」とされています。

　ここで，心配なことがひとつあります。それは市町村の執行体制です。これには，相当に地域間で隔たりがあり，実は近年の行政縮小の中で，福祉等に比べて，まちづくりの体制は十分でないところが多い。実は専任の職員がいないところも少なくありません。ここが，英国等と大きく違うところです。

　基本的には，まちづくりはまちに近いところ，市町村で行うべきです。ただ，先年のまちづくり三法の改正にあったように，市町村が一生懸命に中心市街地の活性化を進めていても，あるいは田園景観を守ろうとしても，自分の町へ雇用がくればということで，郊外に県土の半分ぐらいの商圏をもつスーパーの開発許可がおりれば，すべての努力が水泡に帰します。このため，まちづくり三法では，県の広域調整権限を強化しました。今では，開発行政，建築行政について，市町村どころか県よりも，開発業者の能力が勝ることさえあります。実態を踏まえた対応が必要になります。ただ，いつまでも箸の上げ下ろしまで見ていては，まちづくりの能力は育ちません。そこで参考になるのが，英国のコールインの制度です。英国では，国の大きなまちづくりの指針，地域の空間計画に基づいて，原則，都市も郊外もその計画は自治体が行います。ただし，国は事前の調整はしないが，計画が発表されるとそれが効力を発揮する前に，それは国の大きな方針や地域の空間計画と整合的でないということで事後の是正要求，必要に応じて直接是正もすることができます。これは，国の方針に基づくこともあるし，個人の権利救済が目的の場合もあります。自治体はそれに不満のときは，第三者の専門委員会の場で司法的に争うこともできます。オープンな形の事後是正といえましょう。確かに都市計画は大変大きな権限なので，濫用の危険があるし，さりとて事前の手続きをあまり重くすると柔軟性に欠

3 これからの都市政策の課題と都市計画法の抜本改正

けます。そのバランスが難しい。併せて，今後の国際的な都市間競争を考えると，都市を越えた大きな再編（空港，港湾，金融拠点開発）など地区や都市を越えた，迅速かつ果敢な対応が求められます。その意味では，都市再生特別地区にみられるような，国主導，提案型の新たな都市計画も必要かもしれません。

〔制度設計にあたっての留意点〕

一つは，抜本的な制度の見直しの危険です。耐震偽装に端を発し，建築基準法が改正されましたが，一説ではGDPにも影響が出たというほど社会的な影響が大きかったものです。都市計画は，建築基準法同様，社会の隅々へ影響しているので，見直しのショックができるだけでないように，現行制度とのすりつけ，周知など万全の措置が必要になります。特に，リーマンショック後の景気低迷下において注意が必要です。一方で，だから制度の抜本的な見直しはしないとの議論には与することはできません。大げさに言えば，明治以来続いてきた，都市の拡大とその対応に終始した制度では，人口減少・高齢化，国際化，国民の志向の変化へは対応できないし，国力の源の都市は良くなりません。

二つ目は，都市計画制度だけでは，都市問題は解決できません。現行の都市計画が十分に力を発揮できなかったのも，ひとつは宅地並み課税の導入の遅れで都市農地の宅地化が円滑に進まなかったこと，もうひとつは，建築確認と開発許可制度とが別々の制度となったことではないかと思います。これからは，税制・金融など経済政策や都市農業政策，福祉政策など政策領域を広げて制度を構築してゆく必要があります。

三つ目は，総合的な土地利用との関係です。世界では都市計画から空間計画へと流れが変わっており，都市から農村，自然地まで，国レベルから都市レベルまでシームレスに土地利用を考えるようになってきています。ある段階で国土利用計画や土地利用基本計画についても検討が求められましょう。

最後に，一番大切なのは現場で制度を運用できるかです。地方分権の流れで地方が主力で制度を運用することになりますが，土地利用のチェック，景観対策，都市農地対策など，行政縮小の中でどのように対応できるかです。どんな立派な制度も運用できる人がいなければ無意味になります。

V　制度見直しのスケジュール

実は，現在の都市計画法は，昭和38年から宅地審議会で検討をはじめ，制

第1部　都市法の新たな課題

度の成案を得たのが昭和42年です。昭和42年第55回国会に提出されたものの継続審議になり，58回国会でやっと成立しています。翌年施行されましたが，実際の線引きが実施されたのは昭和45年3月です。当時の状況は詳しく承知していませんが，相当の紆余曲折があったものと思います。

今回，制度の検討は3年目にはいっています。社会資本整備審議会の小委員会で都市計画制度の前提となる都市ビジョンを1年かけて検討し，夏前頃には公表の予定です。並行的に都市計画の法制的な論点の検討を内部でしてきたので，ビジョンと法制面での検討をあわせて，夏以降，本格的な検討を進める予定です。

様々な論点があり，先にのべたように制度改変の摩擦を抑えるためにも，来年度の地方分権一括法と出発点を同じにして数年かけて改正していきたいと考えています。この過程では，今年（2009年），農地法が改正され農地の流動化が進むことになり，また23年度（2011年）には温暖化対策推進法，翌年以降，都市再生特別措置法の大臣認定期限やまちづくり三法の見直し規定もあります。今後は，時々の論点を，できれば公表しながら，具体的制度設計の前に，自治体の人々や産業界の人々からの意見を伺いながら，時には社会実験もしながら制度設計ができるとよいと思っています。

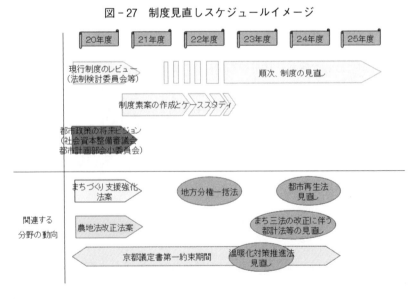

図-27　制度見直しスケジュールイメージ

4 立地適正化計画の仕組みと特徴

──都市計画法的意味の解明という視点から──

亘　理　格

I　はじめに

1　2014 年の都市再生特別措置法改正

　2014 年法律第 39 号（2014 年 5 月 21 日公布）による都市再生特別措置法等の改正（以下，「2014 年改正法」と呼ぶことにする）は，「多極ネットワーク型コンパクトシティ」の構築を掲げて，立地適正化計画を新たに導入した。本稿は，この立地適正化計画が，都市計画法に基づく従来の都市計画といかなる関係にあり，またいかなる点でそれと異なるかについて検討するとともに，この新たな計画制度の導入が，今後の都市計画法の理論や基本概念に何らかの変容をもたらし得るかを考察しようとするものである。

　2014 年改正法は，都市再生特別措置法のほか都市計画法と建築基準法の一部改正を内容とする。そのうち，都市再生特別措置法の一部改正は，市町村都市再生協議会に関する規定（117 条）の新設や従前の都市再生整備推進法人から都市再生推進法人への名称変更と所管業務の拡充に関する規定（118 条）等を含むが，立地適正化計画の導入を主要かつ中心的な目的としたものである。また，都市計画法の一部改正は，立地適正化計画の一部である居住調整地域及び特定用途誘導地区を，地域地区の一環として都市計画に定めることを可能とするための改正であり，建築基準法の一部改正も，主に，特定用途誘導地区における建築物の用途及び容積率・高さの最高限度に関する特例を認めるための改正である。したがって，2014 年改正法は，立地適正化計画の導入とそれに伴う関係法規定の整備を中心的な目的とするものであったと述べて良い。

　立地適正化計画の詳細については後に分析するが，その仕組みを要約すれば，基本的には都市計画区域に一致する形で立地適正化計画の区域を指定し，その内部を，居住や都市機能増進施設の立地を誘導すべき 2 種類の区域（以下で当該 2 種類の区域を総称する場合，「誘導区域」と呼ぶことにする）とそのような立地を排除すべき区域とに切り分け，財政・金融・税制上の優遇措置や鉄道その他の公共交通網とのアクセス確保等により，誘導の実効性を担保しようとする

第1部　都市法の新たな課題

ものである。

　また，立地適正化計画導入に先行する行政内部の動きを見るならば，立地適正化計画の導入は，今世紀に入り間もない頃から，今後の都市政策及び都市計画制度のあり方等に関して国土交通省・社会資本整備審議会とその内部委員会等の審議の結果として公表してきた報告書等の内容を，少なくとも部分的に反映したものである。中でも直近のものとしては，社会資本整備審議会の都市計画・歴史的風土分科会都市計画部会内に 2008 年に設置された小委員会が 2009 年6月に公表した報告書[1]が，今後の都市政策及び都市計画が進むべき方向として打ち出した「エコ・コンパクトシティ」構想が，その直接的なルーツになっていると考えられる[2]。

　立地適正化計画との関係に限定して当該報告書の特徴を挙げると，以下の3点が特に重要である[3]。

　第1に，エコ・コンパクトシティの意味について，同報告書は，「コンパクトで効率的な集約型都市構造を持つ都市は，低炭素型でエコロジカルな都市である」とした上で，集約型の都市構造の中身について，更に敷衍して次のように述べていた。

　「典型的なエコ・コンパクトシティの構造としては，都市内の中心市街地，主要な交通結節点周辺等から，都市機能の集積を促進する拠点（集約拠点）を地域特性を踏まえて選択して位置付け，複数の集約拠点と都市内のその他の地域とを公共交通を基本に有機的に連携させる拠点ネットワーク型の『集約型都市構造』を想定している。各拠点は，都市全体として必要な日常生活を支える都市機能（行政，教育，医療福祉，商業等）や高度な都市機能（高度な教育・医

---

(1)　社会資本整備審議会都市計画・歴史的風土分科会都市計画部会「都市政策の基本的な課題と方向検討小委員会報告」（2009 年6月 26 日）。

　　なお，ほぼ3年後に別の小委員会が公表した報告書として，社会資本整備審議会都市計画・歴史的風土分科会都市計画部会都市計画制度小委員会「中間とりまとめ」（2012 年9月3日）も参照されたい。後者は，集約的都市構造を実現するための方法として，都市の目指すべき将来像を明確化した上で，土地利用計画に民間の活動・投資を誘導するためのインセンティヴをリンクさせる仕組みの導入，及びそのための財政上・税制上の誘導措置の活用を特に強調している点で，特徴的である。

(2)　省庁再編改革前における都市計画中央審議会及び同改革後における社会資本整備審議会とその内部委員会における一連の審議及び報告書等の特徴については，内海麻利「土地利用規制の基本構造と検討課題──公共性・全体性・時間性の視点から」論究ジュリスト 15 号（2015 年）11〜12 頁に簡潔に整理されている。

(3)　本文で挙げる3点は，いずれも報告書（注(1)）の第4章 2(1)で論じられている。

療福祉・業務・産業，非日常的な文化・芸術・商業等）を分担して提供していくことになる。」

第2に，同報告書は，集約型都市構造を計画的に構築していくための方法論として，「選択と集中」を明確に打ち出し，「拠点的市街地の再構築とともに，それを支える都市基盤の整備や連携させる都市交通システムの構築に優先的に取り組むことが重要である」としていた。

また，第3の特徴として，「選択と集中」という方法論のもう一つの側面に関わるが，同報告書は，郊外部等における「賢い縮退（スマートシュリンク）」の必要性にも言及し，郊外部における新市街地整備等の抑制，虫食い状に発生した低未利用地の利活用や農地への転換・再自然化等を視野に入れた検討が必要であるとしていた。

立地適正化計画の導入は，以上のような同報告書が示した方向性に沿ったものである。また，立地適正化計画の導入は，その意味で，近時の国の都市政策の主旋律を，少なくとも部分的に反映した立法に外ならないと思われる。

2 本稿の目的

立地適正化計画が導入された背景，従ってまた集約的都市構造への転換やコンパクトシティ構築の必要性が唱えられる背景には，さまざまな要因が考えられる。一つには，特に地方の中小都市における，都市市街地が拡散する一方で中心市街地が空洞化するという事態がある[4]。また，通勤や買い物等の市民の日常生活に伴う移動の遠距離化の進行が，自動車排気ガスその他による地球温暖化を深刻化させるという認識が広まってきたともある。さらに，国及び地方公共団体における財源の逼迫が，広範囲に拡散した道路や上下水道網等の公共施設の維持改修を妨げることとなる一方，高度成長期以降大量に整備された公共施設がほぼ同時に改修期を迎えることとなるという事態も，拡散的な都市構造を今後とも維持することの困難性を象徴的に示す事態であると言えよう。そのほか，大都市における都心居住への回帰，都市生活の快適性や良好な都市景観への関心の高まり等，都市に対する市民意識の変化も，集約型都市構造やコンパクトシティへの人々の嗜好を高めているという点も，無視し難い。

---

(4) わが国の地方都市において，中心市街地の空洞化と都市郊外における市街地の無秩序な拡散とが連動するという事実及びその都市計画制度上の原因を簡潔に論ずるものとして，鈴木浩『日本版コンパクトシティ――地域循環型都市の構築』（学陽書房，2007年）42～46頁参照。

第1部　都市法の新たな課題

　制度導入の成否にとって最重要なのは，立地適正化計画が，こうした多様な背景や期待に整合的な仕組みを具えたものなのか，また，整合的な仕組みを具えたものであるとした場合において，実際にも制度の趣旨に適合的な運用がなされることとなるか，という問題である。

　私もこの問題には大いに関心を持っているが，現時点でそれを判断するのは，客観的に見て時期尚早と思われるし，また，私の能力をはるかに超えてもいる。したがって本稿が検討しようとするのは，第1に，立地適正化計画が，都市計画法に基づく従来の都市計画といかなる関係にあり，またそれといかなる点で異なるかという問題である。また第2に，立地適正化計画が従来の都市計画とは相当異なったものだという場合，その導入は，従来の都市計画の制度や概念に多少とも変容を迫る等，何らかのインパクトを与えるものなのか，という問題についても検討したい。

　以下では，まず，立地適正化計画の仕組みを詳細に跡づけ，次に，それが従来の都市計画の理論と概念といかなる関係にあるかについて，検討することとする。なお，以下の検討に際しては，関係法令（都市計画法と都市再生特別措置法及びこれら関係法律の施行令や施行規則）を参照するほか，国土交通省内における都市計画法運用の指針を定めた通達である「都市計画運用指針」[5]を参照し，必要な範囲でその内容にも言及することにする。

II　立地適正化計画

1　立地適正化計画の概要

　上述のように，改正法が立地適正化計画制度の導入により達しようとするのは，「多極ネットワーク型コンパクトシティ」の構築である。

　立法関係者が執筆したと推測される解説書によれば，多極ネットワーク型コンパクトシティとは，「医療・福祉施設，商業施設や住居等が徒歩等で動ける範囲にまとまって立地する生活拠点が市町村等の単位に複数存在し，各地とこれらの拠点が公共交通のネットワークで結ばれ，高齢者をはじめとする住民がこれらの施設等に容易にアクセスできることにより，医療・福祉・子育て，商業等の日常生活に必要なサービスを住民が身近に享受できるまちの姿」である

---

(5)　2014年8月1日国土交通省都市局長通知（国都計第68号）による改正後の2000年12月28日建設省都市局長通知（建設省都計発第92号）。

4 立地適正化計画の仕組みと特徴

と説明されている(6)。

この目的を達成するため、改正法は、市町村が、「都市計画区域内の区域について、都市再生基本方針に基づき」、立地適正化計画を「作成することができる」と定めた（改正後の都市再生特別措置法81条1項）。立地適正化計画とは、住宅及び都市機能増進施設の「立地の適正化を図るための計画」であり、都市機能増進施設とは、「医療施設、福祉施設、商業施設その他の都市の居住者の共同の福祉又は利便のため必要な施設であって、都市機能の増進に著しく寄与するもの」である（同項括弧書き）。

立地適正化計画では、当該計画の区域が指定されるとともに、当該区域内において居住誘導区域及び都市機能誘導区域が指定される。居住誘導区域は、「都市の居住者の居住を誘導すべき区域」であり、都市機能誘導区域は、「都市機能増進施設の立地を誘導すべき区域」である。立地適正化計画には、以上の区域指定のほか、「住宅及び都市機能増進施設の立地の適正化に関する基本的な方針」、「当該居住誘導区域に都市の居住者の居住を誘導するために市町村が講ずべき施策」、それぞれの都市機能誘導区域において立地を誘導すべき都市機能増進施設（「誘導施設」という）とそのために必要な「土地の確保、費用の補助その他の当該都市機能誘導区域に当該誘導施設の立地を誘導するために市町村が講ずべき施策」を記載するものとされている。また、都市機能誘導区域に誘導施設の立地を図るために必要と認められるものであれば、当該誘導施設や関連して必要となる「公共公益施設」の整備事業、区画整理事業その他の事業等をも併せて記載するものとされている（同法81条2項）。

立地適正化計画の概要は以上の通りであるが、以下では、当該計画の作成主体や当該計画で定めるべき区域や内容、計画実現のために講ぜられる様々な措置、都市計画に関する諸計画との関係等について、立ち入った検討を加えることにしよう。

2　立地適正化計画策定の主体

立地適正化計画の策定主体は市町村であり（81条1項）、東京都の場合は特別区が策定主体となる（地方自治法281条、281条の2第2項）。都市計画運用指針によれば、「一つの将来像として、おおむね20年後の都市の姿を展望することが考えられるが、あわせてその先の将来も考慮することが必要である」とさ

---

(6) 都市計画法制研究会編『コンパクトシティ実現のための都市計画制度——平成26年改正都市再生法・都市計画法の解説——』（ぎょうせい、2014年）11〜12頁。

第1部　都市法の新たな課題

れている。また，おおむね5年ごとに行われる評価を通して，必要に応じて見直すことも望ましいとされている（84条1項）。

3　区域指定

　立地適正化計画の区域（以下，単に「計画区域」というときは，立地適正化計画の区域を意味することする）は，都市計画区域内に指定されなければならない（81条1項）が，法律上，それ以上詳細な規定は置かれていない。しかし，都市計画運用指針によれば，「都市計画区域全体を立地適正化計画の区域とすることが基本となる」とされており，また，複数の都市計画区域を有する市町村の場合，「全ての都市計画区域を対象として立地適正化計画を作成することが基本となる」とされている（都市計画運用指針Ⅳ-1-3の3(1)）。

　計画区域内には，居住誘導区域と都市機能誘導区域を「おおむね……記載するものとする」とされている（81条2項柱書き及び2号・3号）ので，この2つの区域の指定が基本型となる。居住誘導区域は，立地適正化区域における人口・土地利用・交通それぞれの現状と将来的見通しを勘案して，良好な居住環境や効率的な公共投資等が確保されるように指定すべきとされ（81条11項），また都市機能誘導区域及び誘導施設も，同様の現状と将来的見通しを勘案して指定される（12項）。

　法律の規定上明確ではないが，都市計画運用指針によれば，都市機能誘導区域は「居住誘導区域内において設定されるもの」であるとされている。したがって，都市計画区域内に，基本的には都市計画区域全体を対象とする立地適正化計画の区域が指定され，その区域内で，人口・土地利用・交通の現状及び将来的見通しを勘案して居住誘導区域が指定され，さらにその区域内に，同様の現状と将来的見通しを勘案して都市機能誘導区域が指定される。また，居住誘導区域内に都市機能誘導区域を指定する際には，「医療・福祉・商業等の都市機能を都市の中心拠点や生活拠点に誘導し集約することにより，これらの各種サービスの効率的な提供が図られるように」指定すべきだ（都市計画運用指針Ⅳ-1-3の3(4)）とされる。以上により，原則としては都市計画区域の全域をカバーする計画区域の中に，居住誘導区域に指定されない区域（以下では，「誘導区域外の区域」と呼ぶことにする），居住誘導区域，居住誘導区域内で特に都市機能増進施設の立地を誘導するため指定される区域（都市機能誘導区域）という，三層で構成される区域指定が行われる。この形が，立地適正化計画における区域指定の基本型ということになる。

4 立地適正化計画の仕組みと特徴

　このほか，都市機能誘導区域内には，歩行者の移動上の利便性と安全性を図るため，駐車場配置適正化区域を記載するとともに，路外駐車場の配置と規模に関する基準や集約駐車施設の位置と規模に関する事項を記載することができるとされている（法81条5項）。さらに，都市機能誘導区域内で工業専用地域を除く用途地域が指定された区域内では，特定の種類の誘導施設の立地を誘導するため，都市計画で，特定用途誘導地区を指定することができる（109条）。特定用途誘導地区の場合，特に民間の病院や社会福祉施設等，当該地区内への立地誘導を図るべきとされた誘導施設を定めた上で，用途地域について定められた建築物等の用途や容積率（一般に「基準容積率」と呼ばれている）や高さとは異なる（多くの場合は緩和された）用途や容積率・高さの最高限度を定めることが可能となる。

　他方，計画区域のうち誘導区域外の区域については，居住並びに都市機能増進施設の立地誘導の対象外となる。なかでも「住宅地化を抑制すべき区域」については，都市計画で「居住調整地域」を定めることができる（法89条。また，都市計画法8条1項4号の2参照）。また，「住宅が相当数存在」する一方，跡地面積が「現に増加しつつある区域」を対象に，「良好な生活環境の確保及び美観風致の維持のため」の跡地及び跡地内の樹木（跡地と跡地内の樹木を併せて「跡地等」という）の適正な管理を目的とした区域として，「跡地等管理区域」を指定することができる（81条8項）。跡地等管理区域については，立地適正化計画に，跡地等の適正な管理のための「跡地等管理指針」を定める（同項）一方，市町村，景観整備機構，都市再生推進法人等が所有者等との間で締結する跡地等管理協定を通して跡地の適正管理を図るということも，可能となる（111条）。

4　立地適正化計画の内容──地方都市と大都市の違い

　都市計画運用指針によれば，新たに立地適正化計画を導入した背景には，地方都市と大都市にそれぞれ特有の事情がある。

　すなわち，まず多くの地方都市では，郊外開発により市街地が拡散する一方，今後は急速な人口減少による居住密度の低下が見込まれ，「一定の人口密度に支えられてきた医療・福祉・子育て支援・商業等の生活サービスの提供が将来困難になりかねない状況にある」とされる。他方，大都市については，急速な高齢化に伴い医療・介護の需要が急増し，「医療・福祉サービスの提供や地域の活力維持が満足にできなくなることが懸念される」との認識が示される。ま

第1部　都市法の新たな課題

た，地方都市と大都市とを問わず，厳しい財政制約の下で社会資本の急速な老朽化への対応を迫られるとの認識も示される。以上のような状況の中で高齢者や子育て世代にも配慮し，財政面・経済面で持続可能な都市経営を可能とし，低炭素型の都市構造を実現し，さらに災害に強いまちづくりの推進をも図ろうとするには，「都市全体の構造を見直し，コンパクトなまちづくりとこれと連携した公共交通のネットワークを形成することが重要である」とされる。以上により，公共交通のネットワークと連携したコンパクトシティの構築が，都市全体の構造的見直しに向けた基本方向として提示されるのである。

　さらに，見直しの具体的中身は，以下のように，地方都市と大都市とで異なったものとして提示される。すなわち，「人口が減少する地方都市」においては，医療・福祉・子育て支援・商業等の都市機能の都市の中心拠点や生活拠点への集約化，中心拠点や生活拠点の周辺や公共交通沿線への居住の誘導や一定エリアにおける人口密度維持のための施策，拠点へのアクセス及び拠点間のアクセスを確保する等「公共交通等の充実」のための施策を一体的に実施することを通して，「多極ネットワーク型のコンパクトシティを推進する」必要があるとされる。

　これに対し，「高齢者が急増する大都市」においては，「既存ストックを活用しながら医療・福祉を住まいの身近に配置し，高齢化に対応した都市づくりを推進する」必要があるとされる。

　以上のように，立地適正化計画の実際の運用に際しては，地方都市と大都市とでは異なった内容と方法が必要だとされているのであり，とりわけ，法改正のスローガンとして掲げられた「多極ネットワーク型のコンパクトシティ」という理念，及びその実現のため都市計画に公共交通ネットワークの形成を組み込もうという考え方は，主として地方都市を想定したものであったと見ることができよう。

5　誘導区域外における規制的誘導手法

　誘導区域外の区域において条例所定の住宅等建築のための開発行為や建築行為を行おうとする者，及び，都市機能誘導区域外の区域において計画所定の誘導施設設置等のための開発行為や建築行為を行おうとする者には，当該行為に着手する日の30日前までに，市町村長へ届け出ることが義務付けられる（88条1項，108条1項）。

　また，誘導区域外の区域においては，住宅地化を抑制するため，都市計画で

4 立地適正化計画の仕組みと特徴

居住調整地域を定める（89条）ことにより，市街化調整区域内における開発行為や建築行為に対する許可基準と同様の制限を，課すことが可能となる（90条）。ひとくちに誘導区域外の区域と言っても，より仔細に見ると，市街化区域と市街化調整区域の区域区分が行われている場合，当該区域区分が行われていない場合，準都市計画区域に指定されている場合という，三つの場合があり得るが，その中の区域区分が行われている場合の市街化区域，区域区分が行われていない都市計画区域内の区域（以下，「未線引き都市計画区域内の区域」という）及び準都市計画区域内の区域については，都市計画法の規定により，本来，政令で定められた規模未満の小規模開発行為については，開発許可を要しないとされている（都市計画法29条1項1号）。しかし，こうした区域内でも居住調整地域に指定されれば，当該適用除外規定の適用は除外され，住宅等の建築を目的とした一定規模以上の開発行為（3戸以上又は1,000㎡以上の住宅建築を目的とした開発行為や，老人ホーム・寄宿舎等の建築を目的とした開発行為。以下，「特定開発行為」という）や一定戸数以上の住宅等の新築や改築等を目的とする建築行為（開発行為を伴わない3戸以上の住宅又は老人ホーム・寄宿舎等の新・改築や用途変更。以下，「特定建築行為」という）を行うには，許可を得なければならないこととなる（90条及び都市再生特別措置法施行令27条）。さらに，その場合の特定開発行為に対する許可・不許可の判断には，「居住調整地域を市街化調整区域とみなして」，市街化調整区域内における開発行為の許可基準が適用され，また，開発行為を伴わずに行われる特定建築行為の許可・不許可の判断にも，ほぼ同様の許可基準が適用されることとなる（90条。また，都市計画法34条及び43条参照）。この結果，居住調整地域内における特定開発行為及び特定建築行為については，「都市計画法33条の技術基準に加えて，同法34条の立地基準に適合する場合」でなければ，許可されないこととなるのである[7]。

　誘導区域外の区域又は都市機能誘導区域外の区域においてそれぞれ適用される届出制は，言うまでもなく人の権利自由に対する制限を伴う規制的な手法である。また，居住調整地域内において計画される開発行為に対する制限の強化は，市街化区域内における開発行為に対する制限を抑制している都市計画法の規定を，市街化調整区域並みに再強化するものである。以上のような誘導区域外における規制の強化は，次に検討する誘導区域内における財政・金融・税制的手段を用いた優遇措置と相まって，誘導区域内に居住及び都市機能増進施設

---

(7)　都市計画法制研究会編前掲注(6)書59～60頁。

113

第1部　都市法の新たな課題

の立地を効果的に誘導するという目的に仕えることが意図されている。その意味で，居住及び都市機能増進施設の立地の誘導という一つのコインの一面として，広く拡散した郊外市街地における「賢い縮退（スマートシュリンク）」を意識した施策であると言えよう[8]。

6　誘導区域内における経済的誘導手法

　居住誘導区域及び都市機能誘導区域の内側では，その外側とは全く逆の対応がとられる。すなわち，立地適正化計画に基づき指定された区域内において実施されるべき様々な措置や施策については，財政・金融・税制等の誘導目的の施策が特に重視されるという点で特徴的である。都市計画運用指針中における以下の解説文は，以上のような経済的な誘導手法の活用を優先させようとする考え方を端的に示すものである。

　「これまでの都市づくりにおいては，都市計画法に基づく都市計画を活用し，道路・下水道等の都市施設を行政自らが計画・整備するとともに，民間の強い開発需要をコントロールするために土地利用規制を措置してきた。しかし，都市インフラの整備が進み，上記のとおり医療・福祉・商業・住宅といった民間施設の立地に焦点が当てられ，また，人口が減少に転じ民間の投資意欲が弱くなる中では，将来の都市像を明示し，財政・金融・税制等の経済的インセンティヴにより，計画的な時間軸の中で，コンパクトシティに向けて誘導を図ることが重要となっている。立地適正化計画は，計画制度と財政・金融・税制等による支援措置とを結びつける役割を果たすものであり，このような観点から，都市計画法に基づく都市計画に加えて，いわば広義の都市計画である立地適正化計画を活用することが重要である」（都市計画運用指針IV-1-3の1。なお，傍点は筆者による）。

　とりわけ都市機能誘導区域における誘導手法について，都市計画運用指針は，「都市機能誘導区域に都市機能の集約化を推進するに当たっては，インセンティブを講じて時間をかけながら誘導を図ることが重要となる」とした上で，そのための具体例として，次の3つの施策を挙げる（都市計画運用指針IV-2-4のA-1の1）。

　①　都市機能誘導区域外における誘導施設整備の実施について届出を受けた市町村長は，当該届出者に対して，「都市機能誘導区域内での支援措置を

---

(8)　内海麻利氏は，立地適正化計画導入の主たる意味は郊外市街地の賢い縮退（スマートリュリンク）にある，と指摘されている。内海前掲注(2)論文12頁。

紹介したり，当該区域内に存在する公的不動産の提供を行ったりすること
により，誘導を図ることが考えられる」。

② 都市機能誘導区域内における誘導施設の整備について国土交通大臣の認
定を受けた場合の支援措置として，民間都市開発推進機構による金融支援
や税制上の特例措置等法定された支援措置に加えて，「当該区域内におけ
る誘導施設整備や公共交通の利用環境整備への国による財政上の支援制
度」の「活用」や市町村独自の支援措置が考えられる。

③ 都市計画決定で特定用途誘導地域を指定することにより，「市町村が誘
導したい用途に限定して，容積率の緩和や用途規制の緩和を行う」ことが
可能となる。

7 都市計画に関する他の諸計画との関係

先に引用した都市計画運用指針中の一節は，その最後尾において，立地適正
化計画を指して「いわば広義の都市計画である」と性格付けている点が印象的
である。この性格付けは，土地利用の計画的コントロールと都市施設や市街地
開発事業等を目的とした都市計画事業を主たる対象としてきた都市計画法に，
公共交通のネットワークとの連携，及び財政・金融・税制等の誘導手法の活用
という点で，新たな視点と方法を組み込むという立地適正化計画の性格を端的
に物語るものであると言えよう。

他方，立地適正化計画の内容は，「議会の議決を経て定められた市町村の建
設に関する基本構想」及び都市計画法6条の2所定の「都市計画区域の整備，
開発及び保全の方針」（すなわち，一般に「都市計画区域マスタープラン」と呼ば
れるもの）に「即する」とともに，「市町村の都市計画に関する基本的な方
針」（すなわち，一般に「市町村マスタープラン」と呼ばれるもの）との「調和が
保たれたもの」でなければならない（都市特別措置再生法81条9項）。特に市町
村マスタープランとの関係については，立地適正化計画の中で「住宅及び都市
機能増進施設の立地の適正化に関する基本的な方針」（同条2項1号）として記
載された事項は，市町村マスタープランの「一部」と見なされる（82条）。以
上のような規定を踏まえて，「いわば，立地適正化計画は，市町村マスタープ
ランの高度化版」である，と性格付けられることとなる[9]ことにも注目しなけ
ればならない。

---

(9) 都市計画法制研究会編前掲注(6)書15頁。

第1部　都市法の新たな課題

　立地適正化計画の法的仕組みは以上の通りだが，では，従来の都市計画の制度及び基本的考え方に対する関係で，立地適正化計画の導入は何らかの変革をもたらすことになるだろうか。また仮にそうだとしたら，いかなる点で新たな要素をもたらすことになるだろうか。そのような視点から立地適正化計画の制度的仕組みを見るならば，この計画制度の特色について，「いわば広義の都市計画」とする性格付け，また「市町村マスタープランの高度化版」とする性格づけからは，この計画制度が従来の都市計画制度には含まれていない新たな要素をもたらすものであることが窺える。そこで，第2節では，立地適正化計画の導入が従来の都市計画の概念にいかなる変革をもたらすか，という問題に焦点を絞り，「いわば広義の都市計画」とはいかなることを意味するか，また「市町村マスタープランの高度化版」とはいかなることを意味するかについて検討することにする。その上でⅣでは，立地適正化への誘導という当該計画の目的を達成するために採用された具体的な仕組みについて，従来の都市計画に対する関係でいかなる点で新たな要素を含むか，について検討する。

Ⅲ　立地適正化計画導入のインパクト（その1）
——都市計画概念との関係で

1　「広義の都市計画」

　立地適正化計画において定められる諸事項の中には，住宅及び都市機能増進施設の立地適正化に関する「基本的な方針」のように，市町村マスタープランの一部と見なされる（82条）ものが含まれるし，また，居住調整地域や特定用途誘導地区のように，都市計画法上の地域地区の一種として，都市計画で定めることのできる（89条，109条1項）ものも含まれる。しかし，立地適正化計画自体は，都道府県又は市町村が都市計画法15条1項に基づき定めるべき都市計画には該当しない。この意味で，立地適正化計画が狭義の都市計画に該当しないことは，自明である。

　ところが，立地適正化計画は「いわば広義の都市計画」であるということは，狭義の都市計画には該当しないが，他方，それと近い関係にある隣接制度である，ということを意味するものと思われる。それでは，なぜ，立地適正化計画は，狭義の都市計画と一体化することのできないものとされ，また，それにもかかわらず，「広義の都市計画」の一環を占めるものとして狭義の都市計画との連携が必要だとされるのか，その両面の理由について検討する必要がある。

　まず，狭義の都市計画には該当しないという側面について。立地適正化計画

4 立地適正化計画の仕組みと特徴

には、居住誘導区域と都市機能誘導区域という2つの区域指定に公共交通計画を組み合わせるという点で特徴的な構造を有する。この点について、都市計画運用指針は、「多極ネットワーク型のコンパクトシティを推進するためには、居住誘導区域及び都市機能誘導区域の設定、居住誘導区域内に居住する人々の都市機能への交通アクセスを確保する必要がある」としている。そして、「このため、交通事業者等の関係者と連携のもと、公共交通、徒歩、自転車に関する交通施設の整備等について総合的に検討し、居住の誘導のために講ずべき公共交通の確保等の施策を立地適正化計画に記載することが望ましい」と述べている（Ⅳ-1-3の3(8)）。また、その際に留意すべき事項として、居住誘導区域から都市機能誘導区域内の都市機能へのアクセスを確保するための具体的施策の検討、異なる交通モードの乗換場所となる交通結節点に関する具体的施策の検討、「地域公共交通の活性化及び再生に関する法律」（平成19年法律59号）の枠組みの活用に言及している。

　以上のように、区域指定を前提に、居住及び都市機能への誘導のための施策として公共交通や交通計画との連携を前面に出すという視点は、従来の都市計画法上の都市計画には存在しなかった考え方である。この意味で、立地適正化計画は、確かに、狭義の都市計画の対象から外れた事項をその対象に組み込むものである。換言すると、従来の法制度は、都市計画と交通計画をそれぞれの分野に固有の制度として分離した上で、実際の政策運営上の措置として両者間の連携を模索してきたというに止まる。これに対し、立地適正化計画は、この2つの制度の連携を立地適正化計画という一個の法的計画の中に制度化しようとするものであると言えよう。

　さらに、居住誘導区域への居住立地及び都市機能誘導区域への都市機能増進施設建設の立地をそれぞれ誘導するために、財政・金融・税制を活用するということも、従前は事実上の配慮措置として実務においては普通に行われてきたと思われるが、それはあくまでも実務上実際には行われてきたが、法制度としては別々の施策として行われてきたに止まる。立地適正化計画は、こうした別々の制度を一個の計画制度の中に組み込み、居住や都市機能の誘導の実効化のための手段として制度化したものと言えるであろう。

　他方、公共交通計画は、都市計画と密接不可分の関係にあり、良好な都市計画を円滑に運用しようとする際に無視することのできない、きわめて重要な隣接制度である。また、財政・金融・税制は都市計画の実務にとってきわめて重要な隣接制度であり、都市計画制度と密接不可分の関係にある。このことは、

第1部　都市法の新たな課題

2つの制度を法的には分離してきた従前の法制度の下でも，常に強く意識されてきた。立地適正化計画は，そのような法的には異なる複数の制度を今後とも別々の法制度として維持したまま，両者を関連づけるための新たな受け皿を用意することによって，より周到な両者間の連携を図ろうとする仕組みであると言えよう。

　では，なぜ，そのような異なった制度間の緊密な連携を図るために，独自の制度を導入しなければならなかったのだろうか。それは，急激な人口減少や高齢化によって既に生じ，今後は更に激化することが予測される都市問題に対して，従来のような単なる事実上の連携に止まっていたのでは対処し得ないことが明らかだから，にほかならない。都市の拡散した市街地周縁部で生ずる人口減少と高齢化，及び中心市街地で生ずる空洞化は，それだけ深刻度を増していることを物語るものでもあると言えよう。

2 「市町村マスタープランの高度化版」

　次に，立地適正化計画は「市町村マスタープランの高度化版」である，という点について。この点の検討に先立って，そもそも市町村マスタープランとはどのようなものであるかを，まずは確認しておく必要がある。

　一般に「市町村マスタープラン」と呼ばれているのは，「当該市町村の都市計画に関する基本的な方針」のことであり，「議会の議決を経て定められた当該市町村の建設に関する基本構想」及び都道府県が定めた都市計画区域マスタープラン（6条の2第1項，15条1項1号）に「即し」て定められるものである。手続的には，公聴会を開催する等，住民の意見を反映させるための措置を講ずべきであり，市町村マスタープランを定めたときは，公表及び都道府県知事への通知が義務付けられる。

　市町村マスタープランの対象事項は，「当該市町村の都市計画」であるから，都市計画法15条1項各号に該当するもの以外の計画事項をすべてカバーする。具体的には，用途地域及びその他の地域地区の中で，市町村の区域を超えた広域的見地から定めるべき一部の地域地区を除いたもの，都市施設の中で市町村の区域を超えた広域的見地から決定すべきものや根幹的都市施設を除いたもの，市街地開発事業の中で大規模なものを除いたもの等に関する都市計画が，市町村マスタープランの対象となる。その点で，市町村マスタープランという制度の射程範囲に限度があることは否定できない。ただこの点を除けば，市町村の都市計画決定権が及ぶ都市計画の範囲はかなり広く，その範囲内にある複数の

都市計画を総合的に束ね，相互間の調整を図り整合的に運用するための指針を示すことができるならば，都市計画区域内における良好なまちづくりに寄与することが可能である。

　他方でしかし，市町村マスタープランの対象は，都市計画法が規律する事項の範囲に限定される。特に，医療や社会福祉関係の施設や公共交通施設も，都市計画法上の「都市施設」として都市計画決定の対象にすることは可能だが，都市計画で定めることを義務付けられるわけではない。現実にも，多くの病院や福祉施設の設置は都市計画決定の対象外とされ，用途地域規制等に違反しない限り，都市計画との緊密な連携を図ることなく立地される。公共交通施設の場合，鉄道建設事業等は，都市計画決定に先行して設置が決められ，後追い的に都市計画の決定や変更が行われるというのが実態であろう。したがって，これらの公共的公益的施設の多くのものの立地は，都市の土地利用における居住や都市的機能を誘導するための計画との事前の整合性を図ることなく，行われてきたのが実情であると思われる。

　以上のように，医療や福祉及び公共交通施設等の公共的公益的な諸施設の立地を誘導するという目的を，立地適正化計画の導入を通して実現することが意図されている。そのような意味で，立地適正化計画は，従来の市町村マスタープランには含まれていなかった機能を果たすことを期待して導入された。そして上述のように，規定上も，立地適正化計画の中の「住宅及び都市機能増進施設の立地の適正化に関する基本的な方針」（81 条 2 項 1 号）は，市町村マスタープランの「一部」と見なされる（82 条）。これにより，市町村マスタープランの「高度化」を制度的にも担保しようとするものであると解される。

　さらに，立地適正化計画の導入には，公共交通計画との組み合わせ及び財政・金融・税制との連携を通して，都市における現実の町並み形成を実効的に誘導することが期待されていると言えるだろう。この意味で，立地適正化計画の導入は，従来の市町村マスタープランには欠けていた実効化のための手段を，備え付けさせようとするものであると言えよう。

IV　立地適正化計画導入のインパクト（その 2）
──具体的制度との関係で

1　新たな区域概念
　立地適正化計画の導入は，既存の都市計画区域の中に，居住と都市的機能の立地誘導という目的に特化された新種の区域指定を組み込むことを可能にする

第1部　都市法の新たな課題

とともに，都市機能増進施設及び誘導施設という，都市施設とは区別された新種の都市的施設概念を採り入れた。立地適正化計画の導入は，また，居住誘導区域と都市機能誘導区域という誘導区域それぞれの内側と外側とで異なった手段を用いることにより，立地誘導の実効化を図ろうとしているように見える。立地適正化計画は，以上の3点にわたって，従来の都市計画法には見られない特色を有する。

　以下ではまず，都市計画区域の中に新たな区域指定を設けることを通して立地誘導を図ろうとする点について，その理論的な意味を検討する。

　上述のように，立地適正化計画の区域は基本的に都市計画区域全体をカバーする形で区域指定されるが，そのような立地適正化計画が決定されると，都市計画区域内の区域は，居住誘導区域外の区域（誘導区域外の区域），居住誘導区域，居住誘導区域内で都市機能誘導区域に指定された区域という三つの層に区分されることとなる。

　このうち居住誘導区域内の区域及び都市機能誘導区域内の区域では，それぞれの指定目的に沿った立地誘導を図るため，もっぱら財政・金融・税制上の緩和や優遇措置が講ぜられる。市街化区域や区域区分のない都市計画区域の内側にあるにもかかわらず，誘導区域の内と外でこうした経済的誘導手法の適用に差を設けるという手法は，従来の都市計画における一般的手法としては存在しなかった。

　また，誘導区域外の区域では，住宅等の建築行為や用途変更及び住宅等の建築を目的とした開発行為には，事前の届出が義務づけられ，市町村長への届出を起点とした立地の適正性確保のための勧告等に服することとなる。また，市街化区域内，未線引き都市計画区域内又は準都市計画区域内にある土地における開発行為や建築行為であっても，政令で定めた規模未満の小規模行為については，開発許可を要しないとする適用除外規定があるが，居住誘導区域外で更に居住調整地域に指定された場合，当該開発行為に関する適用除外規定の適用は排除され，またさらに，市街化調整区域内における開発行為の許可制と同様の許可基準が，適用されることとなる。以上のように，誘導区域外の区域における土地利用に限って言えば，ひとたび立地適正化計画制度が適用されると，新たな建築行為及び開発行為を抑制する方向への規制が働くこととなる。

　都市計画法及び建築基準法に基づく従来の用途地域制では，住居専用的性格の強い一部の住居系地域（第一種・第二種の低層住居専用地域及び第一種中高層住居専用地域）を除いて，建築可能な建築物の用途を積極的に限定するという定

120

4 立地適正化計画の仕組みと特徴

め方はされず，単に建築できない建築物の用途を定めるという規定の仕方しか
されていない（建築基準法別表第2）ため，一定区域内における建築物の用途を，
都市機能増進施設のような特定の用途に集中させるという効果をほとんど発揮
させることが出来なかった[10]。これに対し，立地適正化計画における誘導区
域の指定は，都市の縮退という事態を背景にそのような特定機能への立地誘導
を図ろうとするものであり，「選択と集中」という方法論の具体化にほかなら
ないと言えよう。

　もっとも，実際の制度運用に当たっては，市街化区域内の区域で居住誘導区
域に指定されないという事態は，ごく稀なことになる可能性がある。また，誘
導区域外の区域で居住調整地域に指定されるというのも，実際にはほとんど行
われない可能性がある。そうなれば，都市計画区域内における開発行為や建築
行為に対する規制面での強化は，実際にはほとんどなく，立地適正化計画の導
入による変化は，もっぱら，居住誘導区域内及び都市機能誘導区域内における
財政・金融・税制上の支援措置を通しての誘導面においてのみ生じる，という
ことになる可能性がある。しかし，立地適正化計画制度の適用による居住と都
市的機能の誘導という政策目的を効率的に達成するためには，誘導区域外の区
域における住宅地化を目的とした開発行為や建築行為を制限する必要がある。
このように誘導区域の内側と外側でメリハリを効かせた施策を講ずることを通
して，居住と都市的機能の誘導区域内への実効的な誘導を成し遂げようとする
のが，立地適正化計画という制度の根幹をなすロジックであると思われる。そ
のようなロジックから外れた運用が一般化すれば，当該制度導入の効果や意味
が失われるのではないか，と思われる[11]。

　もっとも，立地適正化計画の導入は，かりにそれが制度本来の趣旨から外れ

---

(10)　建築物に対する用途規制の緩やかさは，容積率や建ぺい率その他建築物の規模や形
　　態に関する規制の緩やかさや建築確認制度の限界等とともに，わが国の都市計画法・建
　　築基準法における「必要最小限規制」の難点として，従来から論じられてきた。近時の
　　批判論として，生田長人＝周藤利一「縮減の時代における都市計画制度に関する研究」
　　国土交通政策研究 102 号（2012 年）37 頁以下（周藤執筆），57 頁（生田執筆）。また，
　　安本典夫『都市法概説〔第 2 版〕』（法律文化社，2013 年）62 頁，生田長人『都市法入
　　門講義』（信山社，2010 年）64～65 頁参照。

(11)　2014 年改正法による立地適正化計画の導入には，誘導区域内における施策ばかりが
　　先行し，誘導区域外における「撤退市街地」に関するビジョンが不明確であるとして，
　　そのビジョンを明確化し「区域外を引き払うための支援措置」を積極的に講ずる必要性
　　を論ずるものとして，横張真「改正都市再生特別措置法と立地適正化計画について」土
　　地総合研究 23 巻 2 号（2015 年）33～34 頁参照。

121

第 1 部　都市法の新たな課題

た形で運用され，その結果，当該制度導入の立法政策的な意味が失われること
があったとしても，少なくとも理論的には，狭義の都市計画における区域区分
や未線引き都市計画区域の概念に，一つの風穴を空けるものであるということ
は否定し得ない。そのような理論面での影響が，都市計画法制の基本骨格の修
正を迫る方向へ拡がるこことなるのかに，今後とも注目しなければならない。

2　都市的民間施設の立地誘導

　次に，立地適正化計画の導入がもたらした第 2 の理論的な意味として，都市
機能増進施設及び誘導施設という新たな都市的施設の概念を，都市再生特別措
置法という隣接法の改正を通してではあれ導入した，という点が重要である。
　上述のように，都市機能増進施設とは，「医療施設，福祉施設，商業施設そ
の他の都市の居住者の共同の福祉又は利便のため必要な施設であって，都市機
能の増進に著しく寄与するもの」であり（81 条 1 項括弧書き），それ以上法令に
よる限定はない。したがって，当該規定上の定性的な定義に合致する限り，医
療・福祉・商業施設以外の種々の施設もこの施設概念に該当することになる。
このように都市機能増進施設という概念の網を広く張り渡した上で，各市町村
が定める立地適正化計画において，都市機能誘導区域に指定された各区域の特
性に応じて「その立地を誘導すべき」都市機能増進施設を，誘導施設として指
定するという仕組みが採用された（81 条 2 項 3 号）。
　都市機能誘導施設には，医療施設や福祉施設が含まれる点で，都市計画法上
の都市施設の概念（都市計画法 11 条 1 項各号及び同法施行令 5 条）と重なり得る
が，商業施設のように都市施設には該当しない施設も含まれる[(12)]。また逆に，
医療施設や福祉施設は，設置すべき都市施設として都市計画に定めることもで
きるが，都市計画で定めることなく設置することも可能であり，実際にもほと
んどの病院や福祉施設は，都市計画決定とは無関係に設置されている[(13)]。こ

---

(12)　生田長人氏は，大規模小売店舗のように，現行法上の都市施設には該当しない施設
　　であっても，それが果たしている都市的機能の維持という視点から都市計画上重要性を
　　有する都市基盤施設として位置付けるべきである，と提案する。縮退の時代において，
　　従来の都市施設概念とは異なった機能的視点からする新たな都市的施設概念の提唱とし
　　て，注目すべきである。生田＝周藤・前掲注(10)論文 57 頁。
(13)　法律上，都市施設の中でも，市街化区域及び区域区分が定められていない都市計画
　　区域内では，少なくとも道路，公園及び下水道が都市計画で「定めるものと」され，ま
　　た住居系の用途地域では，義務教育施設も「定めるものと」されている（都市計画法
　　13 条 1 項 11 号第 2 文）。しかし，これらの施設以外の都市施設は，必要に応じて都市

4 立地適正化計画の仕組みと特徴

のように実際の都市計画決定の対象外とされる医療施設や福祉施設についても，都市機能誘導区域内におけるその立地を誘導するために，立地適正化計画において誘導施設として定めることが可能なのである。

　以上のように見ると，立地適正化計画の導入は，都市再生特別措置法という隣接法の改正を通してではあるが，都市施設と部分的には重なるが同一ではない新たな都市的施設の概念を，都市機能増進施設及び誘導施設という名の下に都市計画の世界に出現させたと言えよう。換言すると，都市施設という狭義の都市計画法における都市的施設概念とは別に，広義の都市計画法における新種の都市的施設の概念が創出されたと言うべきだろう。

　もっとも，前項の新たな区域概念の場合と同様，都市機能増進施設及び誘導施設の概念が今後定着するか否かは，今後の都市計画実務における居住誘導区域及び都市機能誘導区域の指定状況及びその実効的な運用いかんによる。また，医療施設や福祉施設といった都市計画法上の都市施設と重なるもの以外に，いかなる種類の都市機能増進施設が，実際に誘導施設として指定され，都心部や周辺の生活拠点等における活性化と利便性の向上に寄与することとなるかという点も，この施設概念が果たし得る役割を測る上で重視すべき課題である。たとえば商業施設を都市機能増進施設として捉え立地誘導の対象にしようとする場合，百貨店や大型ショッピングセンター等のほか，町中における中小小売店舗を誘導施設として指定し，その存続を確保するための種々の措置を講ずべきか，また，郊外住宅地の生活拠点地域において，身近な買い物施設の維持のために誘導施設の指定を行うべきか，等々の問題が論じられてしかるべきであろう。

　以上のように，都市機能増進施設及び誘導施設が新たな都市的施設の概念として現実の機能を果たし得るかは未知数である。しかし，これも上述の区域概念の場合と同様に，都市施設とは相対的に区別された新たな施設概念として都市機能増進施設及び誘導施設の概念が法律で採用されたこと自体には，都市計

計画に定められるに止まる。このように都市計画に定めるか否かが任意である都市施設について，生田長人氏は，都市施設について都市計画決定を行うことのメリットは，現行法上，①計画区域内における都市施設整備の支障となる土地利用が許可制により制限され，また，②都市計画事業の決定又は承認により土地収用が可能になる，という2点に限られるとした上で，従って，そのようなメリットを享受する必要がある場合でない限り，実際に，都市施設が都市計画で定められることはないと指摘されている。生田＝周藤・前掲注(10)論文55頁以下，特に57〜58頁。また，安本・前掲注(10)書174頁及び生田・前掲注(10)書127頁参照。

第1部　都市法の新たな課題

画の世界における新たな施設概念の出現[14]を意味するものとして，少なくと
も都市計画法の理論面において重要な意味が認められる。

3　誘導手法の特徴——誘導区域の内と外の差違

　上述のように，立地適正化計画の実施手段として特に重視されるのは，財
政・金融・税制上の措置である。これらの措置による経済的な優遇又は緩和措
置をインセンティヴとして，居住と都市機能の立地誘導を実現する，という考
え方がとられている。また，土地区画整理事業の特例を認めたり（105条），市
町村が所有する土地や建築物の有効活用を促す（81条13項）等の措置も，以
上のような立地誘導を促進するための支援措置ということになる。

　また，同時に，規制的手法も定められているが，それは，第1には，居住誘
導区域外における住宅地開発や都市機能誘導区域外における都市機能増進施設
の設置という，法目的に反する区域外における行為を抑制することに限定され
た規制で，しかも届出に限定された規制に止まる。また，第2に，元々市街化
区域，区域区分がなされていない都市計画区域又は準都市計画区域の区域内で
あっても，居住誘導区域外において住宅地化を抑制するため居住調整地域に指
定された区域内では，小規模な開発行為も開発許可制の適用対象とされ，また
市街化調整区域内と同様の許可基準が適用される。以上のように，立地適正化
計画の導入に付随して定められた規制的手法は，適用対象が主に誘導区域外の
区域における開発行為や建築行為に限定されたものであること，また当該規制
は，もっぱら誘導区域内への居住及び都市機能の立地誘導を効果的に進めるた
めの補助的手段として設けられたものであることに，注目する必要がある。

　以上のように誘導目的で指定される区域の内側と外側において，経済的手法
と規制的手法をメリハリを効かせて使い分けるという誘導手法は，今後の都市
計画法制において広く用いられる可能性を秘めている[15]。

---

(14)　生田長人氏は，都市における管理行為概念の必要性という視点からも，従来の都市
　　施設概念によっては捉まえることのできない新たな都市的施設の概念が必要であるとし
　　て，「都市環境重要都市施設」概念を提唱し，協議を通しての維持管理の必要性を唱え
　　ている。生田・周藤・前掲注(10)論文68〜69頁。
(15)　安本典夫氏は，従来の都市計画法制は，工業専用地域及び低層住居専用地域を除け
　　ば住宅立地に制限を及ぼしてこなかったのに対し，立地適正化計画に定めた誘導区域外
　　における立地の抑制は，「住居用建築物に焦点をあてて新規立地を抑制する」ものであ
　　ること，また，こうした手法は，「一定の方向を明確にした上で，自発的意思を引き出
　　しながら時間をかけて進めるべきもの」であるとした上で，「『誘導』にとどまるとして

124

V　むすびに代えて

1　誘導手法の複合的性格

　コンパクトシティや集約型都市構造の実現に向かって土地利用を誘導するための手法には，多様な方法がある。立地適正化計画について言えば，誘導のための新たな区域指定，誘導区域内への居住や都市機能増進施設の立地を誘導するための財政・金融・税制上の緩和や優遇措置，誘導区域外におけるこうした立地を排除するための規制の導入や強化措置等，多様な性格を有する手法を整合的に関連づけることが，立地適正化計画の制度の趣旨でもあるし，またそれが期待通りの効果を発揮するために運用上特に配慮すべき要諦でもあることに，留意すべきである。

　このように，特定の目的の実現に向かって私的活動を誘導するための手法は，多様なのであり，また多様な性格を持った手段が複合的に関連づけられたものでなければならない。立地適正化計画の制度設計を通して，以上の点をあらためて確認すべきであろう。

2　マスタープランの重要性

　都市の縮減の時代を迎えた今日，人口減少と市街地の人口密度の低下という中で，民間施設も含む公共的公益的施設を適正に維持するには，医療施設，福祉施設や商業施設などの都市的な諸施設の適正な配置を確保しつつ，既成の市街地から計画的な撤退を行う必要性が増大する。また，今後急速に高齢化する住宅地においては，こうした民間のものも含む都市的諸施設を居住地から身近な場所に配置するか，又は公共交通施設により容易にアクセスできるように配置する必要性が増大する。以上のような事態の下では，公共交通施設との連携や民間施設も含む都市的諸施設の適正配置をも包摂した都市計画への変容を図る必要性が増大するのではないかと思われる。そのような事態の下では，これら元々都市計画の隣接分野であった事項が，今や都市計画にとって必要不可欠

　も，かなりの実効性は期待できると思われる」と評価している。他方，以上のような「立地の抑制」ではなく，「立地の促進」や「住宅等の一定の管理」が課題となる場合，我が国の実定法上「強制的なものとはされていない」ことを確認した上で，この種の作用は，「非権力的な，誘導手法によることとなる」とされている。安本典夫『『都市再生』法制における行政手法の展開」大阪学院大学法学研究 42 巻 1 号（2015 年）27〜28頁。立地適正化計画における誘導手法の特徴を的確に捉まえた指摘であると言えよう。

第1部　都市法の新たな課題

の，コアな構成要素へと変容することとなるのである。

　また，都市計画がこのように多様な隣接分野をも包摂するようになり，また，多様な誘導区域や誘導手法を用いるようになるに従い，多様化する構成要素を統一的視点から包摂し，有意味な方向へ方向付けるために，市町村マスタープランが果たすことを期待される役割はますます増大することが予想される。そのような事態に適切に対応するため，立地適正化計画を含む新たな市町村マスタープランの質と指針性を高め[16]，その実効化を図る必要性も増大する。そのような意味で，立地適正化計画の導入は，市町村マスタープランの重要性を再認識させるものである。

---

(16)　安本典夫氏は，「時間をかけて形成すべき地域の将来像」について地域の合意形成を図ることに，合意形成の諸段階におけるマスタープランの主要な役割を見出されており，その上で，個別法上の規制が及ばない場面でも，土地の取引や利用変更等の際に事前の届出を義務づけ，届出内容がマスタープランに適合しない場合には勧告や措置命令の対象とする，という制度設計を提案されている。安本・前掲注(15)論文19〜20頁。勧告等の実施判断の基準を提供するという意味で，ある種の規範的拘束性をマスタープランに認める方向を志向されているようである。

5 都市縮退と過少利用の時代における既存不適格制度

角松　生史

I　はじめに

　建築基準法（以下「建基法」）3条2項は，「この法律又はこれに基づく命令若しくは条例の規定の施行又は適用の際現に存する建築物若しくはその敷地又は現に建築，修繕若しくは模様替の工事中の建築物若しくはその敷地がこれらの規定に適合せず，又はこれらの規定に適合しない部分を有する場合においては，当該建築物，建築物の敷地又は建築物若しくはその敷地の部分に対しては，当該規定は，適用しない」と定める。いわゆる既存不適格建築物[(1)]に関する規

---

(1)　「既存不適格」は建基法3条2項自身が用いる用語ではないが，同法に関する限り，この概念の使用は完全に確立している。法令上の用例としては，建基法施行規則1条の3第1項表2第(63)項に，同法86条の7（後述）の適用を受ける際に提出すべき図書として，「既存不適格図書」があげられている（法令データ提供システム上では，これが唯一の例である）。裁判例上の用例としては，国立市マンション紛争に関する東京高判2002年6月7日判時1815号75頁（行政訴訟控訴審）が，立法の沿革と解釈について述べる箇所で，「既存不適格」という語を用いている。また，同紛争に関する民事訴訟最高裁判決（最判2006年3月30日民集60巻3号948頁）は，問題となったマンションの敷地に以前存在した建築物について，「既存不適格建築物」という表現を用いる。他方，同概念の外延については，不明確な点が残る。消防法17条の2の5第1項は，新規定の適用の際に「現に存する(第17)条第1項の防火対象物における消防設備等……または現に新築，増築，改築，移転，修繕若しくは模様替えの工事中の同条同項の防火対象物に係る消防用設備等がこれらの規定に適合しないときは，当該消防用設備等については，当該規定は，適用しない」という建基法3条2項と同様の定めを置いている。この規定も「既存不適格」として建基法と並べて考察する文献（安本典夫「防災まちづくりと既存不適格建築物の扱い」法律時報67巻9号（1995年）41頁（42頁））もある（なお，同法同条第2項第4号は，百貨店・旅館・病院等の「特定防火対象物」については，同法同条第1項のルールは適用されないとしている。1974年改正で挿入されたこの規定の契機の一つとなった大洋デパート火災事故刑事一審判決（熊本地判1983年1月31日判例時報1069号31頁も，「既存不適格建物」という表現を用いる）。また，風俗営業適正化法28条3項は，店舗型性風俗特殊営業の禁止区域規定について，「これらの規定の施行又は適用の際現に第27条第1項の届出書を提出して店舗型性風俗特殊営業を営んでいる者の当該店舗型性風俗特殊営業については，適用しない」としているが，物的設備ではなく事業者とその営業に着目するこの規定についても「既存不適

第 1 部　都市法の新たな課題

定である。同法の注釈書は，この規定の意義を，都市計画における建ぺい率が強化された場合を例にとって，「なんらの経過措置も規定されないとしたら，この建築物は，改築，修繕などの工事を一切しない場合でも違反建築物となってしまい，法的安定性を害することとなる。……本稿は，このような不合理を救うための規定であ（る）」と説明する[2]。

　本稿の目的は，都市縮退が政策的課題となり土地・建物の「過少利用」が問題になる状況においてこの既存不適格制度が直面している課題について，不十分ながら考察を試みることにある。

　1968 年都市計画法と 1970 年建基法改正で形作られた日本の都市・建築法制の基軸は，「都市型社会」における都市の一方向的拡大圧力を基本的に前提として，それを客観的・数値的基準で制御しようというものであった。しかし，1990 年代末から 2000 年代前半にかけて，「都市化が落ち着いて産業，文化等の活動が都市を共有の場として展開する成熟した『都市型社会』への移行」[3]に対応すべき都市政策の必要性が説かれる。そして 2000 年代後半に至り，人口減少を背景として，都市を政策的に縮退する必要性が強く認識され，「エコ・コンパクトシティ」，「賢い撤退」（スマート・シュリンク）などといった政策的な都市の縮退に関わる理念が提示される[4]。

　しかし，都市・建築法制における基本的な制度と手法が，「都市化社会」における「拡大型」の都市計画[5]におけるそれであることは変わらない。自然型土地利用から都市的土地利用への転換を計画的に制御し，土地・建物の「過剰利用」を防止すべく，基本的な制度と手法が組み立てられている。空き地・空き家・耕作放棄地などを典型とする，都市縮退の時代において発生している土

　　格」に含める文献もある（齋藤健一郎『法，時間，既得権――法の時間的効力の基礎理論的研究』筑波大学博士（法学）学位請求論文（2015 年）28 頁（http://hdl.handle.net/2241/00128694））。
(2)　逐条解説建築基準法編集委員会編著『逐条解説　建築基準法』（ぎょうせい，2012 年）（以下『逐条解説』）28 頁。
(3)　都市計画中央審議会基本政策部会中間とりまとめ「今後の都市政策のあり方について」（1997 年 6 月 9 日）。
(4)　参照，角松「都市空間の法的ガバナンスと司法の役割」角松／山本顕治／小田中直樹編『現代国家と市民社会の構造転換と法――学際的アプローチ』（日本評論社，2016 年）21-44 頁（31-39 頁），内海麻利「拡大型・持続型・縮退型都市計画の機能と手法――都市計画の意義の視点から」公法研究 74 号（2012 年）173-185 頁。
(5)　内海・前掲注(4)174-175 頁。

地・建物の「過少利用」[6]の問題に対する有効な対処には困難を抱えているのである[7]。

Ⅱ　建築行為等をトリガーとする手法

現状の都市・建築法制の「拡大型」としての基本的性格を示す特徴の一つとして，それが建築行為等をトリガーとしてルールを遵守させる手法に大きく依存していることがあげられる。

建基法6条1項は，(1)一定の用途・構造を備える建築物（1号－3号）及び(2)原則全ての都市計画区域・準都市計画区域・準景観地区及び都道府県が指定した区域における全ての建築物（4号）について，その建築（「建築物を新築し，増築し，改築し，又は移転すること」（建基法2条13号））・大規模修繕・大規模模様替（以下これらを「建築行為等」という）をしようとする場合，建築主事（建基法6条1項）又は指定確認検査機関（建基法6条の2第1項）による建築確認を受けなければならないとしている。建築行為等におけるこのような事前チェックと工事完了後の完了検査（建基法7条）が，対象建築物の建築基準関係規定[8]への適合性を担保する上で，もっとも中心的な手法となる。

建築確認において問題になるのは，当然ながら，建築行為等の時点を基準とした建築基準関係規定（以下これを「建築行為時のルール」という）への適合性である。その上で，既存建築物について，(1)建築行為時のルールへの適合性を継続的に確保する仕組みと，(2)建築行為後に建築基準関係規定が改正された場合，改正後のルール（以下これを「新ルール」という）が求める水準の実現とい

---

(6)　高村学人は，「過少利用」を二つの観点から分類する。第1に，「全体論的過少利用＝相隣に迷惑をかけていないが不動産の有効利用が立地に照らして十分になされていない状態」と「相隣侵害的過少利用＝管理不全のため負の外部性が大きくなり相隣に侵害を及ぼしている状態」との区別，第2に，所有者にとってのみ所有物が現時点で重荷となっている「主観的負財」と引き受け手となるものが積極的に現れそうもないないし引き渡し時にはマイナス価格がつく「客観的負財」との区別である。高村「過少利用時代における所有権論・再考」法社会学81号（2015年）64-75頁（67頁）。

(7)　吉田克己「都市縮小時代の土地所有権」土地総合研究23巻2号（2015年）45-48頁（47頁）。

(8)　建築基準関係規定とは，「この法律（注：建基法）並びにこれに基づく命令及び条例の規定（以下「建築基準法令の規定」という。）その他建築物の敷地，構造又は建築設備に関する法律並びにこれに基づく命令及び条例の規定で政令で定めるもの」と定義される（建基法6条1項）。

第1部　都市法の新たな課題

う2点が課題となる。

　(1)について言えば，建築物を「適法な状態に維持する」努力義務（建基法8条）が所有者等に課されている。また，建築基準法令の規定又はこの法律の規定に基づく許可に付した条件に違反した建築物やその敷地については，特定行政庁は是正措置命令権限（建基法9条1項）を有し，また，特定行政庁や建築主事には，建築物に関わる一定の情報について報告や物件の提出を求めたり立入検査や質問等を行ったりする権限が認められている（建基法12条5項−7項）。建基法6条1項1号に掲げる建築物[9]で安全上，防火上又は衛生上特に重要であるものとして政令で定めるもの等については，定期報告義務も定められている（建基法12条1項）。しかしながら，投入可能なリソースの限界に鑑みれば，建築確認による事前チェックの仕組みに比べて，これらの手法の実効性が十分ではないことが容易に予想されるだろう。

　(2)について妥当するのが，前述の建基法3条2項である。既存建築物について求められるのは，原則として建築行為時のルールであって新ルールは適用されないが，新たな建築行為等の発生をトリガーとして，原則として建築物全体について，新ルールへの適合が求められる（建基法3条3項3号・4号）。「既存不適格建築物について増改築等を行わない場合は，法令の規定に不適合のまま存在することを許容する一方で，増改築等を行う場合は，即時に建築物全体に不適合である規定の遡及適用を行う」ことが制度の基本となっているのである[10]。

　ただし，建基法3条2項による適用除外には元々重要な例外が認められている。建基法10条3項[11]は，同法3条2項により同法第2章（単体規定）の適用を受けない既存不適格建築物に対して，建築物の敷地・構造・建築設備が「著しく保安上危険であり，又は著しく衛生上有害であると認める場合」においては，特定行政庁が是正措置命令をできることを定めている。その際，同法

---

(9)　劇場，病院，学校，百貨店等，「建基法別表第一（い）欄に掲げる用途に供する特殊建築物で，その用途に供する部分の床面積の合計が100㎡を超えるもの」とされている。

(10)　「既存建築物の改善と有効活用のための建築行政のあり方に関する答申」（2004年2月2日，社会資本整備審議会）11頁（http://www.mlit.go.jp/jutakukentiku/build/information/20040203b.pdf）。ただし後述（V1）のように，遡及適用」の概念の適否には議論の余地がある。

(11)　建基法10条1項・2項は後述するように2004年建築基準法改正で挿入された規定であるため，ここでは3項・4項についてのみ述べる（ただし便宜上，時点を問わず，条番号は現行法に従い言及する）。

9条が定める手続が準用されている（建基法10条4項）。しかし，新ルールに違反するからといって直ちに「著しく保安上危険であり，又は著しく衛生上有害である」と認められることにはならない。また，同規定については，「この命令は，本法の規定の適用を受けない建築物又は敷地を対象とするもので，これらの建築物又は敷地は，本来的に財産上の権利としてその所有者，管理者又は占有者が自由に処分管理してよいものを行政機関が公益上の必要性を理由にこの権利をはく奪し，制限するものであるから，その判断は相当厳密なものでなければならない。また，保安上の危険又は衛生上の害についても相当高度な客観性が要求されているものと解される」(12)という理解が示され，運用は相当程度抑制されていた。

　また，建基法3条2項により，同法第3章（集団規定）の適用を受けない建築物の敷地・構造・建築設備又は用途に関しても，「公益上著しく支障があると認める場合」においては，建築物の除却・移転等を命ずることが認められている（建基法11条）。しかしこの制度は，「公益上の必要に基いて財産権に制限を加えるもの」(13)と理解され，市町村の損失補償義務が定められている。

　さて，以上のように，建築行為等をトリガーとしてルールの実効性を担保する仕組み(14)は，(1)建築行為時のルールへの継続的適合性を確保する上でも，(2)新ルールへの適応を求めていく上でも，必ずしも十全なものではなかった。しかし，「都市化社会」において，そのことが重大な問題となることは比較的少なかったと思われる。建物が現実に利用されている限り，例えば防火避難関係の規定について建築行為時のルールが遵守されないことはしばしば見られるであろうが，建築物の基幹的な構造自体が損なわれたままになっていることは多くないだろう。利用目的に即した最低限の構造や性能は，利用に伴う維持管理によって担保されていたと考えられる。また，敷地が市場性を有する限り，いずれは建替等によって建築物が更新され，単体規定についても集団規定についても，新ルールが想定している水準が長期的には実現されることが期待されていたのである。

---

(12)　『逐条解説』128頁，参照，後掲注(34)。

(13)　『逐条解説』132頁。

(14)　建基法87条3項・4項は建築行為等を伴わない既存不適格建築物の用途変更について，一定の適用除外を解除することを定める。この限りにおいて，用途変更もトリガーとして機能することになる。

第1部　都市法の新たな課題

Ⅲ　「都市型社会」「都市縮退」の時代における課題

しかし，「都市型社会」さらには「都市縮退」の時代に至ると，既存不適格に関する上記の基本的な仕組みは，構造的な問題を招来することになる。

第1に，都市の急速な拡大の終焉に伴い，建替等による建築物の更新の頻度が低下する。増改築等の改修についても，それによる所有者への便益と，建築物全体を新ルールに適合させるための費用とを勘案して後者が上回る場合，建築主等はそれを行うインセンティブを有しない。社会資本整備審議会による2004年の答申は「たとえ安全・衛生の性能の向上を図るための改修を行う場合であっても，当該改修を断念あるいは先送りする，いわば著しい『凍結効果』」[15]が生じることを指摘する。この「凍結効果」により，新ルールが想定する水準の実現が期待されないのみならず，従前と比較して「よりまし」（＝相対的改善）となる改修も阻害されることになる。さらに，建替や改修ができないことで建築物の利用等が放棄されることになれば，日常的な維持管理すら行われず，建築行為時のルールの担保についても悪影響を及ぼすことになりかねないのである。

第2に，既存不適格に関する上記の基本的な仕組みは，「不適格建築はその寿命とともに順次消滅することが期待されている法の建前」を前提とする[16]。スクラップ・アンド・ビルドが想定されているのである。しかし，前述の「都市化が落ち着いて産業，文化等の活動が都市を共有の場として展開する成熟した『都市型社会』への移行」と既成市街地の再構築が重視されるようになる中で，「地域固有の歴史・文化」が重視されるようになる[17]。2003年の景観法制定に象徴される景観保全への意識の高まりは，このような動向を象徴するものである。また，都市縮退が課題となる段階では，都市政策の課題が物理的基盤整備（「舞台」の拡張整備）から様々な取り組みのコーディネートなど（都市の「演出」）へ移ってきていることが指摘される[18]。

---

(15)　「既存建築物の改善と有効活用のための建築行政のあり方に関する答申」（前掲注(10)）11頁。

(16)　柳沢厚「集団規定と既存不適格建築物」日本建築学会編『建築ストック社会と建築法制度』（技報堂出版，2009年）以下同書を『ストック社会』という）161頁。

(17)　前掲注(3)答申「今後の都市政策のあり方について」。

(18)　社会資本整備審議会都市計画・歴史的風土分科会「都市政策の基本的な課題と方向検討小委員会報告」（2009年6月26日）http://www.mlit.go.jp/common/000043480.pdf

５　都市縮退と過少利用の時代における既存不適格制度

　このような動きは，既存不適格制度に対して，相反する二つのベクトルにおける影響をもたらす。一方では，景観等の住環境に関連する価値の重要性が高まる中で，例えば周辺の景観に悪影響を及ぼす既存不適格建築物を，トリガーとしての建築行為等が発生するまでそのまま残存させておいて良いのかという問題意識である。他方で，「地域固有の歴史・文化」を重視する上で，文化財的価値を有する建築についてはもちろん，既存のストックについても良好なものについては，都市の風土や個性を形作り，「記憶装置」として機能する建築物の性質に鑑み，使い捨て」にするのではなく，それらを地域文化のシンボルとして維持保全していくべきではないかという問題意識も生じることになる[19]。

　第３に，地球環境保全や人口縮小社会への対応の観点から，わが国の経済構造全体としても，建築フローを中心としたスクラップ・アンド・ビルド型から，ストック重視型への転換が求められてくる[20]。「空き家が増加する現在でも年間80万戸ほどの住宅が新築されており……820万戸の空き家が存在する一方，新築住宅が作られ続ける」[21]という空き家問題に象徴される状況を歪なものととらえ，その改善を目指すべきだという問題意識は正当なものだろう。

Ⅳ　既存不適格保護の縮小と拡大

　Ⅱで述べた既存不適格制度に関する基本原則をここで再整理すると，以下のようになる。(1)建築行為等を行う際は，当該時点の建築基準関係規定（建築行為時のルール）に適合しなければならない(2)建築行為時に建築基準関係規定に適合していた既存建築物[22]については，新たに建築行為等を行わない限り，現在の建築基準関係規定（新ルール）に不適合のまま存在することが許容され

---

(19)　参照，岡崎行師「建築の保存と活用の法学的考察」第20回環境法政策学会（2016年6月10日）予稿集（著者の承諾を得て引用。本稿全体にわたり，岡崎氏との議論から多くの示唆を得た）。なお，一定の文化財的建築物については，建基法３条１項が同法の適用除外を定めている。

(20)　松本光平「ストック社会の建築活動と諸課題」『ストック社会』10-19頁（10-12頁）。

(21)　北村喜宣／米山秀隆／岡田博史編『空き家対策の実務』（有斐閣，2016年）174-175頁（米山秀隆）。

(22)　「現に建築，修繕若しくは模様替の工事中の建築物」（建基法３条２項）についても同様である。この点については，金子正史「既存不適格論」金子『まちづくり行政訴訟』（第一法規，2008年）108-154頁，角松「建築基準法３条２項の解釈をめぐって──国立市マンション建設差止仮処分事件（東京高決2000年12月22日）を素材にして」法政研究68巻１号（2001年）97-125頁。

第1部　都市法の新たな課題

ている(3)建築行為等を行う場合は，即時に建築物全体について，現在の建築基
準関係規定への適合が求められる。

Ⅲで見た，「都市型社会」，そして「都市縮退」の時代が既存不適格制度に突
きつけている課題は，上記の基本原則に対してどのような修正をもたらすこと
になるだろうか。以下ではこの点を，いわば「本体」としての建基法自身によ
る修正（Ⅳ1）と，個別の法令・条例等による修正（Ⅳ2）とに分けて検討する。
なお，前者の中には，「都市型社会」到来以前から制度内在的に柔軟性を確保
するために用意されていた修正も含まれるが，便宜上これらも併せて考察する。

1　建基法自身による修正

既に触れた2004年の社会資本整備審議会答申は，

　　「一層の少子高齢化の進展や2010年代半ばに総世帯数が減少に転ずるなど
　の世帯構造の変化に伴う住宅の新規需要の低下，地球環境問題への対策の必
　要性の高まりを背景とした，建築物をなるべく除却せず廃棄物を減らして長
　寿命化を図るべきとの要請，後世に承継されるべき建築文化を創出するため
　の良質な建築物や街並みの保全・整備への期待，経済社会の成熟化等，我が
　国の経済・社会情勢の変化を踏まえると，建築物はフローの時代からストッ
　クの時代への転換期にあるといえる。」[23]

という認識を踏まえた上で，前述の「凍結効果」の存在を指摘し，既存不適
格建築物の取り扱いに関する具体的施策を提言した。同答申を受けて成立した
建基法改正（2004年）及び建基法施行令改正（2005年）により，既存不適格制
度が大きく修正されることとなった。

(1)　既存不適格建築物に対する介入強化──建基法10条1・2項

2004年建基法改正は，「著しく保安上危険となり又は著しく衛生上有害とな
る」と認められる建築物の敷地・構造・建築設備に対する前述の措置命令の規
定（10条3項）に加えて，6条1項1号に掲げる特殊建築物等について，著し
く保安上危険・著しく衛生上有害となる「おそれがある」と認められる場合に
おいても，勧告（1項）および勧告に従わなかったときの措置命令（2項）を可

---

(23)　前掲注(10)，1頁。

能とする規定を挿入した。

この改正にあわせて国土交通省は，2005年6月に「既存不適格建築物に係る勧告・是正命令制度に関するガイドライン」[24]を定めた。そこでは例えば，（耐震改修促進法（後述）上の）「Is値等の基準（Is値が0.3を下回った場合を勧告の対象とすることが考えられる。）を定め，基準値を下回った建築物について勧告する」ことが例としてあげられている。

(2) 増築等に際しての適合要求の緩和

建基法86条の7は，既存不適格建築物について，政令で定める範囲内において増築・改築・大規模修繕・大規模模様替（以下「増築等」という）をする場合には，同法の多くの規定について適用除外を可能にしている。上述の基本原則(3)について，「政令（建基法施行令）で定める範囲内」における例外が認められているわけである。

同法のこの規定自体は1959年に設けられた[25]ものであり，その趣旨は「わずかばかり手を加えるだけで建築物全体を適法にしなければならないということは，実際問題として厳しすぎ，また，経済的にも不合理」[26]と説明される。つまり建基法86条の7の仕組みそれ自体は，必ずしも「都市型社会」「都市縮退」の課題を反映するものではなく，柔軟性を確保するために制度内在的に設けられていた例外だと考えられる。

しかし，2004年建基法改正により適用除外の対象となりうる条文の範囲が拡大され，また，翌年の建基法施行令改正により，適用除外が認められうる「増築等」の範囲もまた拡大されることになった。代表的な緩和点を見ると以下の通りである。

（ⅰ）（集団規定に関する緩和）2004年法改正／2005年施行令改正以前においては，集団規定については用途制限以外についてはほとんど適用除外が認めら

---

(24) http://www.mlit.go.jp/jutakukentiku/build/kensetu.files/line01.pdf.

(25) 当時の条番号は86条の2である。なお，建基法の前身である市街地建築物法（1919年）においては，1924年改正後は猶予期間の規定が認められてきたが，建基法制定（1950年）において猶予期間規定が廃止され，1959年に至り現行86条の7のような緩和規定の形に落ち着いたようである。柳沢「集団規定と既存不適格建築物」（前掲注(16)）165頁，山島哲夫「既存不適格建築物問題とその周辺」柳沢厚／山島編『まちづくりのための建築基準法集団規定の運用と解釈』（学芸出版社，2005年）129-154頁（139-141頁）。

(26) 『逐条解説』1080-1081頁。

第1部 都市法の新たな課題

れていなかった[27]が，改正により接道義務（43条）および道路内建築制限（44条）を除くほとんどの集団規定について適用除外が認められるようになった[28]。

(ii) （「独立部分」に関する構造耐力規定の緩和）2004年法改正（86条の7の改正）／2005年施行令改正（137条の14の追加）により，構造耐力規定に関して，「エキスパンションジョイントその他の相互に応力を伝えない構造方法のみで接している部分」等を「独立部分」とし，一の建築物に独立部分が二以上ある場合についての増築等に際しては，当該増築等をする独立部分以外の独立部分に関する適用除外が認められた。

(iii) （全体計画制度）2004年建基法改正により挿入された86条の8は，段階的な改修を円滑化するために，特定行政庁による全体計画認定制度を導入した。1の建築物の増築等を含む工事を2以上の工事に分けて行うことがやむを得ないものである（86条の8第1項1号），全体計画に係るすべての工事の完了後において不適合が解消される（同条同項2号）などの基準を充たして認定された場合，最後の工事に着手するまでは既存不適格が継続することになる。小学校・中学校が毎年夏休みに工事を行う場合などが典型例としてあげられる[29]。

また，2012年には建基法施行令137条の2が改正された。構造耐力規定に関する不適合を容認する特例措置について，従来，増改築部分の床面積が延べ面積の1／2を超えない場合に限定されていたが，同改正は，「建築物の増改築部分について現行基準に適合させ，既存部分についてもこれに準ずる基準に適合させるなど，より高い安全性が確保されていれば」[30]1／2を超える場合にも特例の適用を可能としたものである。

---

(27)　山島・前掲注(25)144頁は，2004年建基法改正以前の状況について，「集団規定に関しては用途規制だけが既存不適格の例外的なものであり，それ以外は原則適用となっていたと考えた方がわかりやすい。用途規制と形態規制で扱いが異なっていた理由として，財産権に対する制約として用途に関する制限は，規模や形態に対する制限より大きいと解釈されていた，と考えられる」と論じている。

(28)　柳沢「集団規定と既存不適格建築物」・前掲注(16)）165頁，山島・前掲注(25)143頁。

(29)　参照，春原匡利「既存不適格建築物の耐震化に関する法制度の概要」『ストック社会』50-65頁（55頁）。

(30)　建築基準法研究会編『建築基準法質疑応答集』（第一法規，加除式。最終加除：2015.10.10）（以下，『質疑応答集』）6925頁。

136

2 個別法令・条例等による対応

(1) 既存不適格建築物に対する介入強化──空き家対策条例・空家法[31]

2010年代に入り，空き家問題は，人口減少社会を象徴するものとして急速に社会的関心を集めることになったが，所沢市「空き家等の適正管理に関する条例」（2010年）をきっかけとして，各地の自治体が続々と空き家対策条例を制定した[32]。2014年には，議員立法により「空家[33]等対策の推進に関する特別措置法」（以下「空家法」）が成立した。

多くの地方公共団体が自主条例を制定した背景の一つに，前述した建基法10条3項の「著しく保安上危険となり又は著しく衛生上有害となる」と認められる建築物の敷地・構造・建築設備に対する措置命令が，「近年においては適用例がほとんどなく，制度が有効に機能していない状況にあった」[34]ことがある。

もっとも，既に述べたように，完成当時適法であった建築物が朽廃などによって事後的に建築基準法令違反の状態に至っている場合は，建基法9条の是正措置命令を発することができるが，その違反状態をどのように発見・確定するかという問題がある[35]。また，建基法9条・10条の権限は特定行政庁（2条

---

(31) 以下の記述は，角松「空き家条例と空家法──『空き家問題』という定義と近隣外部性への焦点化をめぐって」都市政策164号（2016年）13-21頁と一部重複する。

(32) 2014年10月の時点で，401の地方公共団体が空き家対策条例を制定していたとされる。自由民主党空き家対策推進議員連盟編著『空家等対策特別措置法の解説』（大成出版社，2015年）3頁。

(33) 「空家」という表記について参照，北村喜宣「空家等対策の推進に関する特別措置法」法学教室419号（2015年）55-64頁（55頁注(1)）。

(34) 『質疑応答集』1080頁。同書は，「第9条命令が法で定める基準に違反することを明確な根拠としているのに比べ，（本規定は──引用者注）対象が既存不適格建築物であるからその『著しく危険』等の程度は相当高いレベルにあることを想定して」いるとする（同上）。平成17年度から平成25年度までの適用実績も，全国で16件に留まっている。国土交通省「既存不適格建築物に係る是正命令制度に関するガイドライン」1頁（http://www.mlit.go.jp/common/001093989.pdf. なお，このガイドラインを含む内容が「既存不適格建築物に係る是正命令制度について」（技術的助言）として，各都道府県知事等に通知されている（2015年5月26日国住指第792号））。

(35) 前掲注(34)「既存不適格建築物に係る是正命令制度に関するガイドライン」は，是正命令が可能な場合の具体例として，「主要なはりの中央部付近の下側に構造耐力上支障のある欠込みが生じている場合」「避難階段の一部が欠損している場合」「排水のための配管設備が破損し，配管設備の末端が公共下水道等に有効に連結されていない場合」をあげるが，それが発見される契機は「外観からの目視等によって」とされている（4頁）。

第1部　都市法の新たな課題

35号）に与えられているものであるから，建築主事を置かない地方公共団体は
これらの権限を行使することができない。

そこで多くの地方公共団体が制定した空き家対策条例は，(1)建築行政の基幹
としての建基法から切り離され，あくまで「空き家」に限定された条例である
こと(36)(2)近隣にもたらす負の外部性に焦点を当てたものであることといった
特徴を備えていた。

このような特徴は，自主条例によってとりうる措置の限界に対応して議員立
法により成立した空家法にも引き継がれる。「空家」＝「居住その他の使用が
なされていないことが常態」（空家法2条1項）に該当する場合に限って，既存
不適格の場合を含めて，建基法が予定している以上の介入が可能になるのであ
る(37)。

具体的に見てみよう。市町村長の措置（空家法14条）の対象となりうる「特
定空家等」（同法2条2項）は，(1)そのまま放置すれば倒壊等著しく保安上危険
となるおそれのある状態又は(2)そのまま放置すれば著しく衛生上有害となるお
それのある状態(3)適切な管理が行われていないことにより著しく景観を損なっ
ている状態(4)その他周辺の生活環境の保全を図るために放置することが不適切
である状態（付番は引用者）のいずれかにあると認められる空家等を指すもの
とされ，外部不経済に着目して定義されている。これを建基法10条3項と比
較すれば，(1)(2)が，「著しく保安上危険」「著しく衛生上有害」について，「お
それ」の段階での介入を認めたものであり(38)，さらに(3)景観(4)生活環境の保
全の目的が付加されていることが注目に値する。

---

(36)　ただし，足立区「老朽家屋等の適正管理に関する条例」（2011年）のように居住の
　　　有無を問わず「危険な状態」にのみ着目した条例もあった。また，神戸市「建築物の安
　　　全性の確保等に関する条例」の老朽危険家屋等に対する措置に関する規定（2013年改
　　　正）は，条例に基づく対処と建基法に基づく対処を並行して行うことが前提とされてい
　　　る。

(37)　「空家」該当性は「建築物」単位で判断されるので，共同住宅・長屋住宅の一部の
　　　住戸が使用されていない場合――今後深刻な問題になってくると予想される「空きマン
　　　ション」問題など――は該当しない。また，「居住その他の使用がなされていないこと
　　　が常態」が要件であるから，居住者が物品を堆積させて近隣とトラブルになるいわゆる
　　　「ごみ屋敷」は含まれない。また，「物置として利用されている場合」等も「使用」に該
　　　当するというのが行政解釈であるが，少なくともおよそ経済的その他の合理性が認めら
　　　れないような「使用」については，空家法にいう「使用」にあたらないという解釈論も
　　　可能だと思われる（角松・前掲注(31)17頁）。

(38)　つまり，特殊建築物等に関する10条1項・2項と同じ段階での介入が認められたこ
　　　とになる。

5 都市縮退と過少利用の時代における既存不適格制度

(3)(4)に該当する特定空家等については，集団規定に適合しない既存不適格建築物に対する建基法11条の措置[39]との比較が可能である。後者によれば，特定行政庁が公益上著しく支障があると認める場合，市町村議会の同意を前提とした上で，既存不適格建築物に対する除却等の措置命令をとることができるが，その場合には損失補償が必要とされる。これに対して空家法は，損失補償を予定しない一方で，(3)(4)の特定空家については，14条1項に掲げる必要な措置のうち，除却については命ずることができない——「修繕」や「一部分の除却」は可能——としている[40][41]。

(2) 増築等に際しての適合要求の緩和

(i) 耐震改修促進法

前述の基本原則(3)「建築行為等を行う場合は，即時に建築物全体について，現在の建築基準関係規定への適合が求められる」を，特定の公益目的のために緩和するものとして，阪神淡路大震災を受けて成立した耐震改修促進法（1995年）[42]があげられる。同法によれば，建築物の耐震改修をしようとする者の申請があった場合，所管行政庁は，耐震関係規定等への適合性その他同法17条3項に定める基準に該当するときは，耐震改修計画を認定することができる。その際，建基法上の既存不適格建築物についても，(1)当該工事が地震に対する安全性の向上を図るため必要と認められ，かつ，当該工事後も既存不適格状態が継続することがやむを得ないと認められる(2)工事の計画に係る建築物及び建築物の敷地について，交通上の支障の度，安全上，防火上及び避難上の危険の度並びに衛生上及び市街地の環境の保全上の有害の度が高くならないという要件（同法17条3項3号）を共に充たした場合は，認定の対象となる。所管行政

---

(39) 前述本稿131頁。

(40) このことは，(3)(4)の状態については「建築物の全部除却によらなければ周辺の生活環境への悪影響を除却するという目的を達成することができない場合が想定しがたい」からだと説明される。なお，鳥取県景観形成条例（2007年），和歌山県建築物等の外観の維持保全及び景観支障状態の制限に関する条例（2011年）など，景観支障に着目して除去措置を定めている条例もある。

(41) 和歌山県「津波からの円滑な避難に係る避難路沿いの建築物の制限等に関する条例（2012年）は，津波からの円滑な避難のために特に重要と認められるものとして知事が指定した「特定避難路」沿いの建築物について，耐震改修等の措置を勧告・命令する措置を設けているが，これも条例による既存不適格建築物に対する介入強化と位置づけられる。同条例について参照，「条例ナビ」判例地方自治358号（2012年）89-91頁。

(42) 建築物の耐震改修の促進に関する法律（1995年10月27日法律第123号）。

139

第 1 部　都市法の新たな課題

庁が計画の認定をした場合，建基法 3 条 3 項 3 号・4 号の規定にかかわらず，既存不適格状態の継続が認められることになる（同法 17 条 6 項）。

　同法のこの仕組みは，建築物の地震に対する安全性の向上（同法 1 条）の公益上の緊急性に鑑みて，他の建築基準関係規定への適合を後回しにしても，耐震関係規定等の定める基準の早期実現を優先したものと言える[43]。

(ii)　まちづくり誘導手法

　接道要件や形態規定に不適合な既存不適格の建築物が多い密集市街地において，建替等を進めるため，様々な「まちづくり誘導手法」が各地で試みられている[44]。「密集市街地の居住環境の改善は，防災上問題のある個々の建築物が建替わって，建物の基本的な安全性や居住性が高まることが必須」だという考え方[45]を前提とし，建基法が用意する各種手法を活用し，「全国一律の基準を地域のまちづくりルールに置き換える」[46]試みである。

　4m 道路あるいはそれ以上への拡幅を前提とし，場合によっては壁面後退などを組み合わせてより広い空間を確保する一方で，斜線制限や容積率を緩和して，3 階建てへの建替を可能にする手法としての街並み誘導型地区計画や防災街区整備地区計画などがあげられる。敷地面積が減少するが，建物の延床面積が確保されることをインセンティブとするものである[47]。

　また，ソフト的・ハード的な防災性向上の工夫と引き替えに，4m 道路への将来的拡幅を予定せず，場合によっては他の規制緩和とも組み合わせて建替を可能とする手法もある。特定行政庁が建築審査会の同意を得て幅員 2.7m 以上 4m 未満の道路を指定（水平距離指定）するいわゆる 3 項道路（建基法 42 条 3 項），既存の建物を含む複数の敷地を一つの敷地とみなした上で，接道義務，容積率，斜線制限等を適用する連担建築物設計制度（建基法 86 条 2 項），省令の基準に適合する建築物で交通上，安全上，防火上及び衛生上支障がないものについて特定行政庁が建築審査会の同意を得て接道条件を緩和する 43 条

---

(43)　参照，角松「演習行政法」法学教室 250 号（2001 年）126 頁。
(44)　国土技術政策総合研究所『密集市街地整備のための集団規定の運用ガイドブック ——まちづくり誘導手法を用いた建替え促進のために——』（国総研資料 368 号，2007 年）（以下『ガイドブック』）〈http://www.nilim.go.jp/lab/bcg/siryou/tnn/tnn0368.htm〉。参照，角松「都市計画の構造転換と市民参加」新世代法政策学研究第 15 号（2012 年）1-29 頁（21-24 頁）。
(45)　『ガイドブック』1-1 頁。
(46)　『ガイドブック』1-4 頁。
(47)　『ガイドブック』2-2 頁。

5 都市縮退と過少利用の時代における既存不適格制度

但書許可などである[48]。京都の祇園南や大阪の法善寺横町などの歴史的文化的な価値がある路地空間などでしばしば用いられて手法であるが，神戸市近隣住環境計画制度[49]では，通常の住宅地である密集市街地の路地空間の保全のためにも利用されている。地域住民の提案を受けて，地域の特性に応じたまちづくりのルールを市の計画として定めることで，水平距離指定（3項道路）や壁面線指定による（建基法53条4項）規制緩和を柔軟に運用するものである。

このような場合において地域が迫られている選択を単純化すれば，建基法の基本原則である4m道路への拡幅をあくまで目指すか，それを断念して代替措置をとりつつ接道要件を緩和するかということになろう。前者の選択肢は，長期的には建築基準関係規定が目標とする安全水準を達成することが可能となる。しかし，建替が現実的に不可能であることから，当該地域から居住者が流出していく可能性が高い。少なくとも拡幅が実現されるまでの経過期間においては，空き家の増大とそれに伴う外部不経済の増大も予想される。

これに対して，4mへの拡幅を断念した場合，結局目標水準の安全性は達成されないことになるが，「住み続けられる街」が実現することで，より早期に建替・改修が可能になるかもしれない。目標水準には至らないが，建替による一定の安全性向上が期待できる。また，コミュニティの維持により，ソフト的な防災性を維持できる可能性も高まる。

そこで，上記の二つの選択肢のいずれを選ぶのか，誰がそれを決めるのかという問題が浮上するわけであるが，より抽象化すればそれは，「長期間を要するが，しかし一定の安全水準が最終的に達成できる」選択肢と「より早期に安全性が部分的に向上する」選択肢との間における選択ということになるだろう[50]。

(iii) 既存不適格建築物建替特例

近年，建築紛争の予防や景観・住環境保全等を目的として，高度地区による絶対高さ制限を設定する一方で，既存不適格建築物への建替に関する救済措置

---

(48) 『ガイドブック』3-1以下，小泉秀樹「路地を活かしたまちづくりに向けて――制度活用の最新動向」西村幸夫編『路地からのまちづくり』（学芸出版社，2006年）198-215頁。

(49) 参照，狩野裕行「神戸市近隣住環境計画制度の活用状況――建築基準法の弾力的運用をめざして」柳沢厚／野口和雄／日置雅晴編『自治体都市計画の最前線』（学芸出版社，2007年）186-193頁。

(50) 参照，角松「防災と財産権のコントロール――空き家問題と密集市街地改善手法に即して」村松幹二／永松伸吾／榊素寛／瀬下博之／角松「パネルディスカッション『防災と財産権のコントロール』」法と経済学研究8巻1号（2013年）44-48頁（46-48頁）。

第1部 都市法の新たな課題

を設ける地方公共団体が増加している[51]。絶対高さ制限を設定することで既存不適格となる建物について，従前と同程度までの建替を認める特例措置である。たとえば，神戸市の高度地区においては，但し書きによる特例許可の制度を設け，既存不適格により高度地区計画書の規定の適用を受けない建築物等について，基準時（既存不適格となった時点又は阪神淡路大震災による被災のために特例許可を受けた時点）以降，基準時と同規模・同用途の建替を一度だけ認める運用がとられている[52]。

既存不適格建築物に係るこのような救済措置は，高度地区設定に対する政治的合意を獲得しやすくする効果があることは言うまでもない。特に分譲マンションでは，高さ制限により従前の床面積の確保が困難となり建替の合意形成が図れない場合があり[53]，救済措置なしでは住民合意が困難となることもあるだろう。高さ制限高度地区設定にとどまらず容積率自体をダウンゾーニングする場合においても，救済措置を設けることが有効な手法たりうる[54]。そもそも既存不適格制度自体，法制定に当たり「既存の建築物の現況」が絶対的な妨げとならないようにするための工夫の一つとも考えられるが[55]，そのよう

---

(51) 大澤昭彦／中井検裕／中西正彦「高度地区における既存不適格建築物の建替え救済措置の実態に関する研究」日本建築学会計画系論文集76巻668号（2011年）1911-1918頁（1911頁）。同論文によれば，2009年3月31日時点で絶対高さ型高度地区を指定している127都市中46都市が救済措置を定めている（大澤他・前掲1912頁。なお，青木伊知郎『高度地区による建築物の高さ規制と緩和規定の適用の効果に関する研究』（東京大学博士学位請求論文，2013年，http://hdl.handle.net/2261/58475）は，カウントの方法が異なるためか，絶対高さ制限を導入している都市の数を126としている（26頁，38頁注(9)）。また，広域的指定でかつ2000年以降に絶対高さ型高度地区を導入した自治体の82.1%が救済措置を設けているとされる（大澤他・前掲1912-1913頁）。ただし，「新景観政策」の一環として高度地区を大幅に強化した（2007年）のように，大量の既存不適格建築物の発生が予想されるにもかかわらず，おそらく意識的に，既存不適格建替救済措置を設けなかった（その代わりに「景観誘導型許可制度」が設けられている）例もある（大澤昭彦「京都市における高度地区を用いた絶対高さ制限の変遷——1970年当初決定から2007年新景観政策による高さ規制の再構築まで」土地総合研究18巻3号（2010年）181-210頁（205-206頁）。

(52) http://www.city.kobe.lg.jp/business/regulation/urban/building/procedure/research/img/koudochiku_kanwa.pdf

(53) 大澤他・前掲注(51)1911頁。

(54) 福岡県春日市で採用された高度地区許可制度の経緯を詳細に分析するものとして，米野史健「ダウンゾーニングで生じた既存不適格マンションへの対応に関する考察——福岡県春日市における事例の検討」都市計画論文集36号（2001年）457-462頁。

(55) 「仮に制定前のものにも適用するものとされていた場合には，建築物の敷地・構造等に関する基準を改正しようとした場合に，法の実効性確保の要請から既存の建築物の

な側面をさらに一歩推し進めた手法だとも言える。しかし他方で，既存不適格建築物の建替を許容することは，結局スポットゾーニングと同じ状況になり，不公平や周辺権利者への不利益のおそれがある[56][57]という批判も十分可能である。

V　若干の考察

1　「法律不遡及原則」「遡及適用」との関係

既存不適格建築物への適用除外制度の趣旨を「法律不遡及の原則」に由来するものと説明する見解が見られる。例えば荒秀は，(1)継続した事実に対する新法適用の場合であっても国民の既得権的な地位は無視しえない場合もありうるため，法律不遡及の原則が適用されることもあり得る(2)法律不遡及の原則の例外として遡及効を認めるかどうかは，憲法上禁止されている刑事法の場合を除いて，立法政策に委ねられているという認識[58]を前提として，建基法3条2項は，「法律不遡及の原則により，既存の適法な建築物が法令の改廃や都市計画の決定や変更で違反建築物となる不合理を防ぎ，国民の法的・経済的生活の安定性を図ろうとした」ものだとする[59]。法律不遡及原則に言及しなくとも，既存不適格建築物に対して新ルールが適用されることを「遡及適用」と呼ぶ例もしばしば見られる[60]。

　現況がブレーキとなって十分に建築物の安全性を確保できない内容にとどまらざるを得なかったり，いつまでも望ましい都市づくりができない結果にならざるを得ないことにもなりかねず，知見の蓄積等による建築物の安全性の確保を図りにくい」（『質疑応答集』365頁）。

(56)　柳沢「集団規定と既存不適格建築物」（前掲注(16)）168頁。柳沢は，スポットゾーニングは用途地域や形態制限の「これらの制限は一定の広がりの区域内の地権者に平等に及ぶものであり，かつ，その制限を守ることで得られる環境上の恩恵は制限を受ける者自身に戻ってくる（結局自分のためでもある）」という論理に反するとする（前掲論文167-168頁）。

(57)　青木・前掲注(51)35頁は，既存不適格建築物の同一規模の建替を認める場合，「建築基準法では，同一敷地内に新築される建築物を誰が使用するかによって区別することは困難であり，『同一敷地』『用途が同一』のみが要件となる可能性が高い。そうすると，例えば既存不適格マンションが除却された土地は，高度地区の制限が除外される土地として高値で取引されるというような事態も起こりかねない」と指摘する。

(58)　これに対して，法治国原理の観点から不利益的な効果をもつ法律の遡及適用は許されないものとする見解も有力である（塩野宏『行政法Ⅰ（第6版）』（有斐閣，2015年）72頁）。

(59)　荒秀／関哲夫／矢吹茂郎『改訂建築基準法』（第一法規，1990年）64-65頁（荒）。

(60)　例えば春原・前掲注(29)59頁。

第1部　都市法の新たな課題

　これに対して，既存不適格の問題は，「新たな法律の適用上，既得の利益を考慮する必要があるが法律の遡及適用と概念上区別される」[61]とする見解もある。この点は法律の時間的効力をめぐる理論的な難問[62]であり本格的検討は他日を期したいが，さしあたり現行建基法の既存不適格制度の基本原則に関して言えば，建築行為等に対する新ルールの「遡及適用」の可否の問題ととらえるのは適切ではないだろう。既存不適格制度は，過去に行われた建築行為等の「結果たる建築物」[63]の存続ないしその「状態」が，現在求められている水準に照らして望ましくないと評価される場合において，現在のルールを適用することになんらかの制約があるかという問題である。「行為」に対する責任ではなく「状態」に対する責任の問題としてとらえた上で[64]，行為の結果及びその後の時間の経過によって作出された公益違反の状態（＝建築物の現状）について，それを解消すべき責任を建築物の所有者等に負わせることは，法律不遡及原則によって直ちに禁止されるものではないと考えられる[65]。

　なお，現行建基法の解釈論としては，既存不適格の問題は建築確認の法効果とは無関係のものとして整理されていると考えられる。「建築確認は，それを受けなければ右工事（建基法6条1項の建築物の建築等の工事——引用者注）をすることができないという法的効果を付与されているにすぎないものというべき」という最高裁の理解[66]によれば，建築工事の完了後は建築確認の法効果は消滅したことになるからである[67]。この理解を前提とする限り，既存不適格建築物への適用除外を「かつて一度は許容された建築確認の法的効果の一部」[68]として説明することは困難である。

----

(61)　塩野・前掲注(58)73頁注(2)。阿部泰隆『行政の法システム（下）（新版）』（有斐閣，1997年）744頁は建基法の既存不適格を「既得権尊重の立法例」に分類する。

(62)　齋藤・前掲注(1)は，この論点も含めて，既得権概念と法の時間的効力論に関する重厚な考察を展開するものである。

(63)　安本・前掲注(1)43頁。

(64)　安本・前掲注(1)43頁。なお，齋藤健一郎「フランス法における既得権の理論——法律の時間的適用範囲に関する古典的理論をめぐって」行政法研究15号33-145頁（109頁），齋藤・前掲注(1)247頁は，既存建築物に対する新法適用を「毎日繰り返されて毎日新たな危害をもたらしている事物の状態」に対する適用として正当化した1864年のフランス破棄院の判決を分析する。

(65)　参照，角松・前掲注(22)103-104頁（記述を若干改めた），齋藤・前掲注(1)29頁。

(66)　最判1984年10月26日民集38巻10号1169頁。

(67)　また，建築確認の取得の有無と建基法3条2項に言う「現に建築工事中」とは，切り離すべきだとする学説が有力である（参照，角松・前掲注(1)112頁）。

(68)　石川健治「空間と財産——対照報告」公法研究59号305-312頁（306頁）及び「討

2 立法政策上の考慮要素

既存不適格建築物にどの程度までの保護を及ぼすべきかは，基本的には立法裁量の問題だと考えられるが，立法者の制度設計にあたり，法律不遡及原則の実質的根拠とされる法的安定性や信頼保護[69]は，やはり考慮されなければならない。以下の視点が必要になろう。第1に，現時点における建築物の利用の保護の要請である[70]。第2に，新たな規制に適合させるための建築物の改修費用又はその除却による損失という，現時点における社会的費用である。第3に，建築行為時点（第一次的には）における予測可能性も考慮しなければならない。建築物完成後に新たな規制により利用が不可能になることがありうるとすると，利用可能年数の見込みが立たず，建築行為やその前提としての土地投資・取引を妨げることになる[71]。

第3の視点について付言すれば，ここで問題になる予測可能性は，建築行為時点のみならずその後においても，また建築主のみならず様々なステークホルダーについて，問題になる余地がある。完成後の建築物の取引関係者は，その当時の既存不適格ルールに基づく一定の利用可能年数を期待するだろう。他方で，集団規定に適合しない既存不適格建築物の周辺住民も，一定の期間経過後における不適合状態の解消を期待するかもしれない（当該建築物が既存不適格であることを周辺住民が認識できるかという問題はあるが）。建築主その他のステークホルダーによる合理的期待をどこまで保護すべきかが問題になるのである。

既存建築物に新ルールを適用することには上記の視点のような問題がある一方で，いつまでたっても建基法の目的が達成されないという事態を招くわけにはいかない。そのために建基法が設定したのが，既存不適格に関する上記の基本原則[72]であった。建替はもちろんとして，増築等についても，「適合しないままに自由に修繕等をさせて耐用年数を増大させ，効用を増大させることは，

論要旨」318頁。この点，例えば営業許可（期限ないし更新制度の有無によっても異なるが）とは問題の現れ方が異なってくる。参照，塩野宏「既存不適格」塩野／原田尚彦『行政法散歩』（有斐閣，1985年）299-311頁（304-305頁）。

(69) 塩野・前掲注(58)72頁。

(70) これは，状況によっては憲法29条1項の現存保障の対象ともなりうる。特に「実際に生活が営まれている個別具体の財産権」としての建築物の「現状」（石川・前掲注(68)，306頁）については，財産権の生存保障的機能も考え合わせれば，より強い保障が及ぶと考えられる。

(71) 角松・前掲注(22)104頁（記述を若干改めた）。

(72) 前述，本稿133頁。

第1部　都市法の新たな課題

いつまでたっても建築基準法の目的とする建築物の安全性の確保なり都市環境の保全は図れないことになる」[73]という観点から，その場合には即時に建築物全体について，現在の建築基準関係規定への適合を求めることにしたのである。

このような制度設計は「都市化社会」においては合理性を有していた。しかし都市拡大の終焉に伴い建築物の更新の頻度が低下したことで，「凍結効果」の弊害が顕著になってくる。日常的な維持管理がなされないことにより建築物がもたらす負の外部性に注目が集まったことで，建基法10条1・2項の挿入（Ⅳ1(1)）や空き家条例・空家法（Ⅳ2(1)）などにより既存不適格建築物に対する介入強化の試みがなされたのである。

他方で，既存不適格に対する保護を強化する動きもまた生じる。建築物のスクラップ・アンド・ビルドよりもストックとしての価値に注目する視点から，建築物を除却することに伴う社会的費用（上記第3の視点）を避けるために，増築等の際の適合要求を緩和する法改正が行われた（Ⅳ1(2)）。既存不適格の制度趣旨である「建築物の現在の利用の保護」（上記第1の視点）からも，このような緩和が要請される側面があったと言える。加えて，都市拡大の終焉との直接の関連は薄いが，耐震性向上という，より早期に達成しなければならない公益目的を実現するためにも，同様の緩和が必要になった（Ⅳ2(2)(i)）。

そして，上記第1の視点から，スクラップ・アンド・ビルドではない形で「住み続けられる街」を実現するために試みられているのが「まちづくり誘導手法」（Ⅳ2(2)(ii)）である。ここでは，安全性に直接かかわることから増築等の場合において基本的に緩和の対象外とされていた接道義務についても，場合によっては，地域のローカル・ルールを設定することで緩和される場合がある。「都市縮退」の時代に至り，居住の継続がもたらす正の外部性や社会関係資本への影響が重視されることがその背景にある。

さらに，既存不適格建築物建替特例（Ⅳ2(2)(iii)）は，建築物の存続自体を終期とすることを当然の前提とする既存不適格制度の枠を超えて，上記第1の視点を重視するものである。またそれは，「都市型社会」における良好な住環境の実現や「都市縮退」のために必要とされる高さ制限やダウンゾーニングを政治的に可能にするものとして，重要な政策的意義も有する。しかし他方で，不公平や周辺住民の期待を侵害するおそれも否定できない。また，上記の第3の視点から言えば，建築主の予測可能性を，想定すべき利用可能年数の見込を超

---

(73)　『質疑応答集』362頁。

5 都市縮退と過少利用の時代における既存不適格制度

えて保障することになり，建築ルール変更のリスクに関する本来の負担配分を歪め，現時点の建築行為等にも影響をもたらすおそれ[74]があることにも注意を要するだろう。

＊本稿は，JSPS 科研費 JP21243007 の成果である。また，取りまとめ段階で，JSPS 科研費 JP15H03290，JP26301008 の助成を受けた。

---

(74) 既存不適格ルールの下での想定利用可能年数を無視し，「結局は救済措置がとられるだろう」という発想に基づいて建築したり居住を開始したりするモラル・ハザードが考えられる。

6 空き家問題と賃貸借法の課題
―― 定期借家および実践例の分析を手掛かりとして ――

秋山　靖浩

I　問題の所在

1　空き家の増加とその特徴

平成 25 年住宅・土地統計調査によれば[(1)]，2013 年 10 月 1 日現在，総住宅数約 6063 万戸のうち，約 820 万戸が空き家であり，空き家率は 13.5％に及んでいる。5 年前と比較すると，空き家数は 62.8 万戸の増加，空き家率は 0.4％上昇しており，いずれも過去最高になっている[(2)]。

5 年前から増加した空き家の特徴を見ると，この間に増加した 62.8 万戸の空き家のうちの約 8 割（49.6 万戸）が一戸建であり，この 49.6 万戸のほとんどが，空き家のなかの「その他の住宅」に分類される。「その他の住宅」とは，空き家のうち，「賃貸用の住宅」「売却用の住宅」「二次的住宅」以外の住宅のことであり，例えば，転勤・入院などのために居住世帯が長期に渡って不在の住宅，建替えなどのために取り壊すことになっている住宅，空き家の区分の判断が困難な住宅などが含まれる[(3)]。

空き家のうち「その他の住宅」が増加することは，次のような問題を引き越す可能性があると懸念される[(4)]。

---

(1)　以下については，総務省「統計からみた我が国の住宅（平成 25 年住宅・土地統計調査（確報集計）の結果から）」（2015 年 2 月 26 日）2 頁以下。

(2)　新設住宅戸数と純滅失戸数が現状と変わらないとすると，2028 年の空き家率は 23.7％になるとの試算もある（米山秀隆「空き家率の将来展望と空き家対策」富士通総研経済研究所・研究レポート 392 号（2012 年）13 頁）。

(3)　総務省統計局「平成 25 年住宅・土地統計調査／用語の解説」（http://www.stat.go.jp/data/jyutaku/2013/1.htm〔2016 年 5 月 10 日最終確認〕）。なお，「賃貸用の住宅」とは賃貸のために空き家になっている住宅を，「売却用の住宅」とは売却のために空き家になっている住宅を，「二次的住宅」とは普段は人が住んでいない住宅（別荘など），および，たまに寝泊まりしている人がいる住宅（残業で遅くなったときに宿泊する住宅など）を，それぞれ意味する。

(4)　北村喜宣「空き家対策の自治体政策法務(1)」自治研究 88 巻 7 号（2012 年）22 頁以下，米山・前掲注(2)2 頁以下，個人住宅の賃貸流通の促進に関する検討会「報告書」

第1部　都市法の新たな課題

ここでいう「その他の住宅」とは，賃貸用の物件でも売却用の物件でもない，いわゆる持ち家が多くを占めていると考えられる[5]。仮に持ち家の所有者が長期間不在にしていても，持ち家が適切に管理されているならば，さほどの問題は生じないであろう。しかし，例えば，親から相続した住宅を所有しているが，遠隔地にあるために居住することができず，かといって，家財道具や仏壇等が残っていたり愛着があるなどの理由で売却や賃貸することもできず，管理不十分の状態で放置されるケースも想定される。このようなケースでは，空き家となった住宅の管理が不十分であることに起因して，防災性や防犯性の低下，ゴミの不法投棄，衛生の悪化，悪臭の発生，風景・景観の悪化などの問題が引き起こされる。そして，空き家となった住宅が売却も賃貸もされないままになると，管理がますますおろそかになり，住宅の状態も悪化することにより，売却や賃貸が一層難しくなっていくという負のスパイラルに陥ることになる。

現状では，総住宅数のうち「その他の住宅」の割合が高く，また，空き家全体に占める「その他の住宅」の割合も高いのは地方圏に限られているが，今後，人口減少や高齢化の進展等とともに，都市圏においても，「その他の住宅」に分類される空き家の率・数が増加して上述のような問題が生ずることが予想される[6]。

2　持ち家の賃貸住宅としての活用とその課題

空き家の増加に伴う上述のような深刻な問題の解消に向けて，大きく二つの方向性での対策が講じられている。一つは，外部不経済をもたらす空き家の撤去を促進するという方向性，もう一つは，活用可能な空き家の利活用を促すという方向性である[7]。

このうち，後者の空き家の利活用の一つとして，「その他の住宅」に分類される空き家を，その所有者の下で空き家のまま放置するのではなく，賃貸住宅

（2014年3月）29頁等を参照。

(5)　さらに，賃貸用の物件でも，老朽化等の理由で賃借人の募集を取り止めたものは「その他の住宅」に分類される。したがって，賃貸用の物件であっても，賃借人が見つからないなどの理由で管理が不十分になり，賃借人の募集をあきらめることによって「その他の住宅」に分類され，本文に述べたような問題を引き起こすことも想定される。

(6)　米山秀隆「大都市における空き家問題——木密，賃貸住宅，分譲マンションを中心として——」富士通総研経済研究所・研究レポート421号（2015年）2頁以下。

(7)　米山・前掲注(2)15頁以下参照。

6 空き家問題と賃貸借法の課題

として積極的に活用することが提唱されている[8]（これには，Ⅲで紹介するように，空き家問題の解消に加えて，人口の減少している地域に地域外からの移住者を呼び込むという側面が結び付いていることもある）。

　もっとも，個人が所有する持ち家を賃貸住宅として流通させることについては，様々な阻害要因が存在することが既に指摘されている。所有者が持ち家を空き家のまま放置せず，賃貸住宅として提供しようとしなければ，賃貸住宅としての活用も進まないと考えられることから，ここでは，所有者（貸し手）側の阻害要因を見ることにしよう。

　個人住宅の賃貸流通の促進に関する検討会がまとめた報告書[9]によれば，空き家となっている持ち家の所有者に対するアンケート調査等を分析したところ，所有者（貸し手側）の阻害要因として，①一度賃貸すると自宅が戻ってこないのではないかとの不安，②賃貸した場合に，賃借人と近隣との関係がうまくいくか，自分の家を雑に扱われないかとの不安，③十分な管理を行っていないために，賃貸するにはリフォームや修繕等の費用がかかるのではないかとの不安，などが挙げられている。

3　本稿の検討対象

　以上の問題状況を踏まえて，本稿では，空き家となっている持ち家を賃貸住宅として活用することを促進するための手段として，定期借家の制度が有用であるとの理解[10]に着目する。

---

(8)　米山秀隆「空き家対策の最新事例と残された課題」富士通総研経済研究所・研究レポート 416 号（2014 年）11 頁以下，長末亮「定期借家制度の活用と課題」レファレンス平成 23 年 4 月号（2011 年）72 頁以下，個人住宅の賃貸流通の促進に関する検討会・前掲注(4)1 頁以下等を参照。

(9)　以下については，個人住宅の賃貸流通の促進に関する検討会・前掲注(4)29 頁以下および別添資料集 44 頁・53 頁・54 頁・62〜66 頁・105 頁に依拠している。

(10)　空き家問題を念頭に置きつつ，持ち家を賃貸住宅として流通させるために定期借家の制度が有用であることを指摘するものとして，米山・前掲注(2)18 頁・21 頁以下，長末・前掲注(8)72 頁以下，個人住宅の賃貸流通の促進に関する検討会・前掲注(4)39 頁等。かねてより，定期借家の制度が導入されると，例えば次のような場面において，持ち家の借家への転換が促進され，空き家問題の解決にも資することが指摘されていた。すなわち，高齢者が，自己の所有する住宅が大きすぎてかえって不便であるときに，その住宅を賃貸住宅として貸し出した上で，家賃収入の一部を原資に，自分たちに合った賃貸マンションに転居したり高齢者用施設等に入居するといった場面，あるいは，地方の住宅が空き家となったときに，その住宅を都市住民のためのセカンドハウスとして貸し出すといった場面などである（八田達夫「定期借家権はなぜ必要か」阿部泰隆＝野村

第1部　都市法の新たな課題

　定期借家（定期建物賃貸借）とは，契約当事者の約定した存続期間が満了すれば，賃貸借契約が更新されずに確定的に終了する類型の建物賃貸借である（借地借家法 38 条）。通常の建物賃貸借では，正当事由制度に基づく存続保障が適用されることから，存続期間が満了したからといって（存続期間の定めのある建物賃貸借の場合），あるいは，解約申入れをしたからといって（存続期間の定めのない建物賃貸借の場合），賃貸借契約が必ず終了するとは限らず，契約が更新されることもある（同法 26 条〜28 条）。これに対して，定期借家は，一定の存続期間を確保しつつも，その期間の満了によって賃貸借契約が当然に終了する。したがって，所有者（賃貸人）は，契約の終了を理由として，賃借人から必ず建物の返還を受けられる点に大きな特徴がある[11]。

　持ち家の所有者としては，自己の持ち家を他人に賃貸する際に，通常の建物賃貸借か定期借家のいずれかを選んで，賃借人と賃貸借契約を結ぶことができる。その際，定期借家を選択すると，通常の建物賃貸借と比べて，上記 2 で述べた不安の解消に資すると考えられる。すなわち，定期借家の場合には，存続期間が満了すれば持ち家は必ず所有者の下に返還されるから，①の不安（一度賃貸すると自宅が戻ってこないのではないかとの不安）は解消される。また，持ち家を賃貸した後に，仮に賃借人が何らかの問題を起こしたとしても，存続期間の満了時にはその賃借人を確実に退去させることができるから，②の不安（賃借人と近隣との関係がうまくいくか，自分の家を雑に扱われないかとの不安）もある程度は軽減されるであろう（詳しくはⅡで検討する）[12]。

　そうすると，《定期借家の制度が，空き家となっている持ち家を賃貸住宅として活用する際の所有者側の阻害要因を軽減し，空き家問題の解決に資する》という理解は，確かに成り立つように思われる。そこで，本稿では，この理解（以下では「定期借家有用論」とも呼ぶ）が具体的にどのような観点に基づくも

　好弘＝福井秀夫編『定期借家権』（信山社，1998 年）62 頁以下）。

(11)　他方で，所有者（賃貸人）がこれまでの賃借人と改めて賃貸借契約を結ぶこと——再契約をすること——は自由である。したがって，所有者としては，存続期間の満了時に，契約の終了を理由として賃借人に対して建物の返還を請求するか，あるいは，賃借人と再契約をするかを選択することができる。この点について，Ⅱ 2 参照。

(12)　これに対して，上記 2 の③の不安（十分な管理を行っていないために，賃貸するにはリフォームや修繕等の費用がかかるのではないかとの不安）の解消については，別途の考察が必要になると考えられることから，本稿では取り上げない。この点に関する問題の所在について，個人住宅の賃貸流通の促進に関する検討会・前掲注(4)38 頁以下を参照。

のであるかを確認した上で（Ⅱ），いくつかの実践例を眺めると，持ち家を賃貸住宅として活用するに当たり，定期借家有用論とは異なる観点も見出され（Ⅲ），それゆえに，複眼的な観点をもってこの問題に対処する必要があることを指摘する（Ⅳ）。

Ⅱ　空き家問題と定期借家

定期借家の法的性質から見ると，定期借家有用論，すなわち，《定期借家の制度が，空き家となっている持ち家を賃貸住宅として活用する際の所有者側の阻害要因を軽減し，空き家問題の解決に資する》という理解は，次のような観点に基づいていると分析することができる。

1　存続期間満了時の建物返還の保障

第一に，所有者は，賃貸借契約の存続期間が満了すれば，賃借人から持ち家の返還を確実に受けられるという観点である。

存続保障が適用される通常の建物賃貸借の場合には，存続期間満了の1年前から6か月前までの間に所有者が賃借人に対して更新拒絶の通知をすれば，賃貸借契約の更新を阻止することができるものの，この通知は正当事由があると認められる場合でなければすることができない。仮に正当事由なしと判断されれば，更新拒絶は認められず，従前の契約と同一の条件で契約が更新されたものとみなされる（以上について，借地借家法26条1項・28条）。したがって，存続期間が満了したからといって，必ずしも，契約が終了して所有者が賃借人から持ち家の返還を受けられるわけではない。このような規律が，持ち家の所有者における「一度貸したら帰ってこない」との不安につながる。

これに対して，定期借家の場合には，約定の存続期間が満了すると契約が確定的に終了する——更新は認められない——から，所有者から返還請求を受ければ，賃借人は建物を返還しなければならない。したがって，他人に一度貸しても，存続期間が満了すれば自分のもとに必ず帰ってくるから，「一度貸したら返ってこない」という問題は生じない。その結果，持ち家の所有者としては，持ち家を空き家にするぐらいなら，一定期間は別の人に賃貸しようと考えやすくなり，持ち家の賃貸住宅化を促すことになる[13]。

---

(13)　個人住宅の賃貸流通の促進に関する検討会・前掲注(4)別添資料集64頁は，空き家所有者に対するアンケート調査の結果によると，定期借家の制度の認知度が高いほど，

第1部　都市法の新たな課題

2　存続期間満了時における所有者の意向に沿った対応の保障

　第二に，持ち家の所有者は，賃貸借契約の存続期間の満了時に，自己の意向に沿った対応をとることができるという観点である。

　定期借家においては，第一で述べたように，存続期間の満了を契機として，所有者は賃借人から建物の返還を受けることができる。他方で，所有者としては，存続期間満了時に，これまでの賃借人との間で新たな賃貸借契約を結ぶこと（再契約）も可能である[14]。したがって，例えば，存続期間満了時に，所有者が持ち家を使用する計画（自分で住む，子に住まわせる，売却するなど）があるならば，賃借人に対して建物の返還を求めればよい。また，所有者に特に使用する計画がなく，賃借人との関係も特に問題がないのであれば，返還を求めずに，賃借人と再契約をして持ち家をそのまま賃借人に貸し続けてもよい。さらに，所有者に持ち家を使用する計画がなくても，賃借人に問題があるならば，再契約をせずに，賃借人に対して建物の返還を求めることもできる[15]。

　このようにして，定期借家であれば，賃貸借契約の存続期間の満了時に，自己の意向に沿った対応をとれることが持ち家の所有者に保障されている。

　これに対して，通常の建物賃貸借においては，所有者が持ち家を使用する計画がある場合や賃借人に問題がある場合に，賃借人に対して建物の返還を求める局面において，定期借家とは法的状況が異なっている。

　所有者が持ち家を使用する計画や必要性があるといった事情は，賃貸人からの賃貸借契約の更新拒絶に正当事由があるか否かの判断（借地借家法28条）において，「賃貸人……が建物の使用を必要とする事情」として考慮されうる。また，賃借人に何らかの問題がある場合も，「建物の賃貸借に関する従前の経過」などに関わる事情として考慮される余地がある。しかし，正当事由の有無の判断はその他の諸事情との総合判断によることから，以上の事情のみで正当

　　空き家所有者のうち「一度貸し出すと，返してもらうのが大変なのではないか」という不安を持つ人の割合が低くなることを指摘している。

(14)　定期借家（定期建物賃貸借）では，存続期間満了時における更新は排除されているが，当事者間で再契約をすることは認められることについて，前掲注(11)も参照。

(15)　本文に指摘した点との関連でいえば，定期借家制度は，持ち家の所有者にとって，賃借人が問題のある人物でないかどうかを定期的に——すなわち存続期間満了時ごとに——チェックできるという意味を持つことになる。この点に関して，長末・前掲注(8)70頁以下は，公営住宅において定期借家を導入することが，入居者の入居資格を定期的にチェックする機能（さらに，入居基準を満たさない入居者に対して住み替えを促す機能）を果たしうることを指摘する。

154

6 空き家問題と賃貸借法の課題

事由が肯定されるとは限らない。結局，これらの事情が存在しているとしても，所有者による更新拒絶が認められて賃借人から持ち家の返還を受けられるかどうかは不確定である。したがって，定期借家の場合のように，持ち家の所有者の意向に沿った対応が保障されているとはいえない。

3 信頼関係構築コストの軽減

第三に，持ち家の所有者にとって，賃貸借契約締結のために信頼関係を構築するコストが軽減されるという観点である[16]。

通常の建物賃貸借では，第一でも触れたように，存続期間が満了したからといって契約が必ず終了するわけではない。したがって，仮に契約期間中に所有者（賃貸人）と賃借人との間で何らかのトラブルが生じた場合に，存続期間の満了を契機として，所有者が賃借人を建物から退去させようとしても，それが奏功するとは限らない[17]。そうすると，持ち家の所有者は，賃貸借契約を結ぶに先立って，入居希望者（賃借人）がどのような人物か，契約期間中にトラブルを起こさないかなどを慎重に調査し，入居希望者との信頼関係を構築しておく必要があり，そのためのコストがかかることになる。

これに対して，定期借家では，賃貸借契約締結後に賃借人との間で何らかのトラブルが生じたとしても，存続期間が満了すれば契約が確定的に終了するから，所有者は存続期間の満了を契機として賃借人を建物から退去させることができる。したがって，所有者としては，契約締結に先立ち，契約締結後のトラブルを想定して，入居希望者が問題を起こすような人物でないかどうかなどを

---

(16) この観点については，高村学人「人口減少時代における不動産契約法理論の試論——沖縄県・波照間島と奈良県・今井町での空き家問題のフィールド調査から」社会科学研究 61 巻 3=4 号（2010 年）102 頁・105 頁の分析に依拠している。

(17) もちろん，賃貸人からの更新拒絶の通知あるいは解約申入れに正当事由があるか否かを判断する際には，「建物の賃貸借に関する従前の経過」（借地借家法 28 条）として，賃借人の義務違反の有無なども考慮される。もっとも，上記 2 でも述べたように，正当事由の有無はその他の諸事情も考慮しての総合判断であるから，上記の事情が存在するからといって，必ずしも正当事由ありと判断されるわけではない。他方で，存続期間満了前であっても，賃借人の債務不履行を理由として賃貸人が契約を解除し，契約を終了させることは可能であるが（民法 541 条），判例では，賃貸人に対する信頼関係が破壊されていないことを理由として解除を制限する理論が確立していることから（最判昭和 39・7・28 民集 6 巻 4 号 451 頁等），解除が認められない可能性も残る。結局，所有者（賃貸人）にとっては，トラブルを起こす賃借人を退去させられるかどうかは不透明である。

第1部　都市法の新たな課題

調査する必要は必ずしもない。そうすると，持ち家の所有者は，賃貸借契約締結前に上述のようなコストをあまりかける必要がなくなるから，入居希望者（賃借人）と契約を結びやすくなり，持ち家の賃貸住宅化が進むようになるというわけである。

Ⅲ　実践例の分析——持ち家を賃貸住宅として活用する実践例から

Ⅱで指摘した三つの観点によると，定期借家有用論，すなわち，《定期借家の制度が，空き家となっている持ち家を賃貸住宅として活用する際の所有者側の阻害要因を軽減し，空き家問題の解決に資する》という理解は確かに成り立ちうる。そこで，持ち家の賃貸住宅化という形で空き家問題を解決するためには，定期借家の制度の積極的な活用が決め手になるとの主張が導かれそうである。

ところが，持ち家を賃貸住宅として活用している実践例を見てみると，直ちにこのような主張につながるわけではないように思われる。すなわち，定期借家の制度には確かに，持ち家を賃貸住宅として流通させる際の阻害要因を軽減する側面があるとしても，それだけでは不十分であり，むしろ，Ⅱとは異なる観点も，持ち家の賃貸住宅化を促進するための重要な手がかりになっていると考えられる。本章では，いくつかの実践例を通して，この点を分析する。

1　高村論文による分析
——地域コミュニティのつながりが強い地区の実践例から

(1)　分析の内容

高村教授は，空き家となっている住宅を活用するために定期借家の制度を導入すべきであるとの主張は，確かに，賃貸借契約締結のために信頼関係を構築するコストを軽減するという側面（Ⅱ3）があるものの，地域コミュニティの存在が十分に考慮されていないことを問題点として指摘する[18]。すなわち，地域コミュニティの担い手となるような借り手であれば，空き家を貸してもよいと考える空き家所有者もいるだろうし，また，自らの期待する良好な地域コミュニティ関係が送れるならば，多少の不便は厭わずに空き家を借りたいと考える借り手もいる。そうすると，現実の空き家の賃貸借をめぐるプロセスでは，

---

(18)　高村・前掲注(16)111頁以下。

6 空き家問題と賃貸借法の課題

貸し手と借り手に加えて，地域コミュニティの存在が影響を与えているのではないか。そこで，「真にワークする空き家活用の実践的制度を構想するには，貸し手がどのような心理的障壁を持っているのか，借り手がどのような契約プロセスが望ましいと考えているのか，貸し手・借り手の契約プロセスに地域コミュニティがどのような形で影響を与えているのか，どのような形で第三者が関与すれば貸し手——地域コミュニティ——借り手の不安が解消されて三面的関係における信頼関係が上手く醸成されるのか」などの点を経験的調査から明らかにする必要があるとする。

以上の問題意識に基づき，2つの地域（歴史があり地域コミュニティのつながりが強い地区）での事例調査から，次のような実態が明らかになるという[19]。

契約当事者は，存続期間が満了すると契約が確定的に終了することを必ずしも重視しているわけではない。むしろ，中長期の居住を前提としていることから，賃貸借契約を締結する前に，貸し手・地域コミュニティ・借り手間の信頼関係を醸成することを求めている。そのためには，貸し手側の不安と借り手側の不安の双方を解消してくれる，地域コミュニティに基盤を持つコーディネーターの役割こそが重要であり，空き家の活用を促すための必要な条件になっている。具体的には，非営利組織が，取引相手についての情報探索，契約手続の交渉，契約の後のモニタリングなど，契約の円滑な締結と遵守に必要とされるオーソドックスな取引コストの負担を担うだけでなく，借り手に対して，地域コミュニティで上手く歓迎されるための行為規範を教えたり，居住開始後も地域コミュニティに溶け込めるように様々な機会をプロデュースするなどの形で，借り手が地域コミュニティの重要な担い手と将来なってくれるような包摂的教育を行いつつ，所有者と借り手とのマッチングをしているという[20]。

このことから，歴史があり地域コミュニティのつながりが強い地区において，空き家につき賃貸借契約が締結されるプロセスは，地域コミュニティの存在も含めた貸し手・地域コミュニティ・借り手の三面的関係においてその動態を捉える必要があるとする。そして，今後の方向性として，「契約締結過程を地域コミュニティが支援する仕組みを法理論的に構築していく必要性」，「空き家活

---

(19)　高村・前掲注(16)135頁以下。

(20)　そのようなマッチングが成立した場合に，賃貸借契約は，定期借家契約ではなく，通常の賃貸借契約（存続期間を2年として更新がなされる）で行われる。また，賃貸借契約書の条項には，地域コミュニティの行事に参加することが書き込まれているという（高村・前掲注(16)132頁。なお，下記2で紹介する和歌山の「移住推進空き家活用事業」での取組みも参照）。

第1部　都市法の新たな課題

用のための不動産契約の締結の前提となる信頼関係の醸成に地域コミュニティ
が参与している事実に注目し，私法関係の構築を支援する中間組織の役割を法
理論の中に取り込」むことの必要性が指摘される[21]。

(2) 考　　察

高村教授による分析からは，歴史ある地域コミュニティのつながりが強い地
区において，持ち家の賃貸住宅化を促進するに当たっての重要な観点として，
次の点を抽出することができる。

第一に，持ち家の賃貸借契約を締結するまでに，所有者（賃貸人）・地域コ
ミュニティ・賃借人の信頼関係を醸成しておく必要があるという観点が挙げら
れる。ここでは，契約締結までに信頼関係を醸成する必要があること，および，
所有者・賃借人の間だけではなく，地域コミュニティも加わった三面関係での
信頼関係であることが特徴的だといえる。その反面，定期借家有用論に見られ
た，定期借家を用いれば賃貸借契約を締結するまでに信頼関係構築のためのコ
ストを払わなくて済む——賃借人との間で何らかのトラブルが生じても存続期
間満了時に退去させればよい——という観点（Ⅱ3）は，重要視されていない[22]。

第二に，第一に述べた信頼関係の構築を非営利組織等の団体がサポートする
という観点である。持ち家を賃貸住宅化する際には，所有者は賃貸借契約締結
に先立って信頼関係構築のためのコストを負担する必要があるところ，このよ
うなサポートは，そのコスト（の少なくとも一部）を非営利組織等の団体が負
担しているものと捉えることができる。

2　和歌山県の「移住推進空き家活用事業」の分析

(1) 取組みの内容

和歌山県では，過疎化の進む農山村への移住を進めるために，県，市町村，
地元の受入協議会，宅地建物取引の専門家が協力して，空き家を活用する事業
（「移住推進空き家活用事業」）を実施している[23]。具体的には，(a)空き家の所有

---

(21)　高村・前掲注(16)138頁。

(22)　高村・前掲注(16)111頁注53は，持ち家所有者が不在期間，その持ち家を有効活用
　　するために定期借家が一定の役割を果たすこと自体は認めつつも，「中長期の居住が前
　　提となる場合，契約締結前に信頼関係を醸成することが実際には必要とされており，そ
　　この取引コストを削減する形で事後に追い出すことのできる可能性を定期借家契約にお
　　いて留保しておけば問題ないという考え方は実態調査からは支持されない」と指摘する。

(23)　以下については，田舎暮らし応援県わかやま推進会議住宅部会「移住推進空き家活

158

■図表1：和歌山県の「移住推進空き家活用事業」の概要（わかやま空き家バンクのウェブページ〔http://www.wakayamagurashi.jp/akiya/contents/about/index.php〕より）

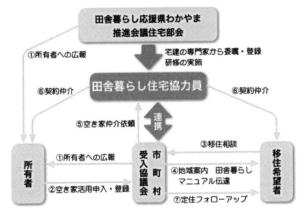

者に対する啓発・広報，(b)市町村役場への空き家データの登録，(c)市町村によって委嘱された「田舎暮らし住宅協力員」（一定の要件を満たした宅地建物取引業者もしくは宅地建物取引士）の設置，(d)空き家について結ばれる賃貸借や売買の契約の支援，(e)空き家再生等推進補助金，(f)定住のフォローアップなどから構成されている（図表1参照）。

　本事業は，空き家となった住宅について，移住希望者との間に賃貸借や売買などの契約が締結されることを目指しているものの，移住希望者にいきなり空き家を紹介することはしないとされている。すなわち，地域の事情をよく理解した上で移住することが田舎暮らしの成功につながるとの理由から，移住希望者は，まずは市町村に相談し，現地見学，おためし滞在，先輩移住者の体験談を聞くなど，田舎暮らしへのステップを経た上で，住まいとなる空き家が見つかった段階で，その地域を担当する田舎暮らし住宅協力員（上記(c)）の仲介により，当該空き家の賃貸借や売買の契約を行うという。

　本稿との関係で注目されるのは，上記(d)の賃貸借契約締結の支援である。空き家は本来，賃貸用の住宅ではないから，その所有者に賃貸用物件として

用事業ハンドブック」（2015年6月）の他，長末・前掲注(8)73頁以下，土地総合研究所「リサーチ・メモ／和歌山県の移住推進空き家活用事業について」（2014年10月31日）（http://www.lij.jp/news/research_memo/20141031_5.pdf〔2016年5月10日最終確認〕）2頁以下等を参照。

第1部　都市法の新たな課題

活用しようとする意図を持ってもらわなければ流通しない。その際には，一度
貸すと返してもらえないのではないか，賃借人が隣近所とうまくやってくれる
かなど，知らない人に住宅を貸すことに伴う所有者の不安を払拭する必要があ
る⁽²⁴⁾。そこで，本事業は，定期借家の制度を活用しつつ，これに田舎暮らし
に対応する契約条項を付加することによって，空き家の所有者（賃貸人）と移
住者（賃借人）の双方のニーズを満たす契約を追求しようとしている。具体的
には，定期賃貸住宅標準契約書（国土交通省作成）⁽²⁵⁾に次の(i)(ii)のような契約
条項⁽²⁶⁾を付加した「定期賃貸借田舎暮らし住宅標準契約書」を作成しており，
田舎暮らし住宅協力員が賃貸借契約の仲介をする際にはこれが使用されている。

(i)　田舎暮らしでは，共益費に代わって，「区費などの集落の一員として負
　　担すべき費用」が存在する。そこで，「本物件の位置する集落のために住
　　民が負担すべき金銭（区費等）」や「集落の一員として拠出を求められる
　　積立金・負担金など」は，賃借人が負担する旨を明記している（定期賃貸
　　借田舎暮らし住宅標準契約書5条1号・5号）。

(ii)　「『借主には隣近所とうまくやってもらいたい』との貸主の思いを契約に
　　反映し，また，借主に『田舎暮らしは，集落の一員として生活すること』
　　であると理解してもらう」必要があることから，これに対応した契約の解
　　除原因を規定している。

　　　第一に，賃借人が上記(i)の「費用負担義務に違反し」，その違反が賃貸
　　人（所有者）・賃借人間の「信頼関係を損なうと認められるとき」には，
　　賃貸人は，相当の期間を定めて履行の催告をした上で，それでも履行がな
　　されなければ賃貸借契約を解除することができる（定期賃貸借田舎暮らし
　　住宅標準契約書13条1項2号）。

　　　第二に，賃借人が「環境及び集落生活の秩序・平穏等を阻害する行為を

---

(24)　さらに，空き家が修繕を要する状態の場合にこれをどのように克服するかも，課題
　　として掲げられている。

(25)　http://www.mlit.go.jp/jutakukentiku/house/torikumi/teishaku/tc-index.html（2016
　　年5月10日最終確認）で提供されている。

(26)　その他に，物件は現状で貸すこととし，物件を使用するために修繕が必要であると
　　しても，賃借人はこれを自らの負担で行わなければならないとする条項，これに伴い，
　　賃貸人の承諾を得て行った物件の増築・改築等について賃借人が原状回復義務を負わな
　　いとするとともに，賃借人が物件に付加した物について造作買取請求権を放棄する旨の
　　条項などが付加されている。これらの条項は，空き家の修繕費用に関わる手当てを規定
　　するものであるが（前掲注(24)も参照），本稿では取り上げない。

6 空き家問題と賃貸借法の課題

反復し」，あるいは，「本物件を別荘またはセカンドハウスとして利用することにより本物件の管理がおろそかになり」，これによって賃貸人・賃借人間の「信頼関係を損なうと認められるとき」には，賃貸人は直ちに賃貸借契約を解除することができる（定期賃貸借田舎暮らし住宅標準契約書13条2項3号・6号）。

(2) 考　　察

和歌山の移住推進空き家活用事業も，一度貸すと返してもらえないのではないかなどの不安を解消するために，空き家の賃貸借において定期借家の制度を用いている。この点では，定期借家有用論が依拠する観点と共通している。

もっとも，同事業が過疎化の進む農山村への中長期的な移住を促進することを目的としていることから，空き家の賃貸住宅化を図るに当たっては，移住者（賃借人）が地域の生活に溶け込み，地域住民との間で信頼関係を構築するという観点も併せて重視されている。

まず，空き家の賃貸借契約を締結する段階では，いきなり賃貸借契約を結ぶのではなく，移住がスムーズに進むようにするために，契約締結に至るまでに相談や体験等の過程が組み込まれ，これを市町村や受入協議会等がサポートしている。また，賃貸借契約を結ぶ際にも，移住推進空き家活用事業の趣旨をよく理解した宅地建物取引の専門家（田舎暮らし住宅協力員）が，その仲介をしている。ここでは，契約当事者以外の団体や協力者等が，契約の締結に至るまでに，移住希望者が地域の生活に溶け込めるよう様々な配慮をし，移住希望者もそれを十分に理解することが求められている。

次に，空き家の賃貸借契約の内容（定期賃貸借田舎暮らし住宅標準契約書）を見ても，賃借人が集落の一員として負担すべき義務が明文化され，また，その義務に違反した場合や集落での生活上の秩序・平穏等を害する行為をした場合に，賃貸人が（一定の要件の下で）賃貸借契約を解除できることが明記されている。このような契約条項を盛り込むことで，契約内容の側面からも，賃借人が集落の一員として生活し，地域の住民との信頼関係を構築することを担保しようとしている[27]。

---

(27) 田舎暮らし応援県わかやま推進会議住宅部会・前掲注(23)8頁では，集落の一員として生活することを賃借人に理解してもらうためにこれらの条項を設けたと説明されている。この説明によれば，これらの条項が発動される（賃借人が義務違反等をして賃貸人が契約を解除する）ことを想定しているというよりも，むしろ，条項の存在を踏まえ

第 1 部　都市法の新たな課題

　以上のことを空き家所有者の側から捉えれば，空き家となった持ち家が賃貸
住宅として提供されるためには，一定期間経てば持ち家が必ず手元に帰ってく
るという観点だけでなく，移住者（賃借人）が地域の住民に迷惑をかけずに生
活してくれるという観点も不可欠であることが示唆されているといえよう。

　このように見ると，同事業では，定期借家の制度が活用されてはいるものの，
これを活用すれば空き家所有者と移住希望者との間で賃貸借契約が容易に結ば
れ，空き家の解消につながるという単純な話にはなっていない。むしろ，移住
者（賃借人）が地域の生活に溶け込み，地域住民との間で信頼関係を構築でき
るようにするために，各種の団体・協力者によるサポートや賃貸借契約の内容
の工夫にも重要な位置づけが与えられている。

3　一般社団法人移住・住みかえ支援機構の「マイホーム借上げ制度」の分析

　続いて，より汎用性の高い形で持ち家を賃貸住宅として流通させるための取
組みとして，一般社団法人移住・住みかえ支援機構（以下「JTI」という）の
「マイホーム借上げ制度」を取り上げる[28]。

(1)　取組みの内容

　JTI の「マイホーム借上げ制度」は，主に 50 歳以上の持ち家所有者から
JTI が終身でその持ち家を賃借し，所有者に賃料を支払いつつ，その持ち家を
入居希望者（子育て世帯等）に転貸する取組みである（図表 2 参照）。良質なマ
イホームを所有するシニア層が，自宅を売却することなしに，住み替えや老後
の資金を得ることができ，他方で，シニア層の居住には必ずしも適さなくなっ
たマイホームを子育て世帯等に使ってもらうことを目的としている。

　具体的に見ると，持ち家所有者と JTI との間では，所有者と共同生活者[29]

　　て，賃借人が地域に溶け込み，地域住民との間で信頼関係を構築できるように行動する
　　ことが期待されているといえよう。
(28)　以下については，大垣尚司「長寿化社会における定期借家制度の新たな位置づけ
　　──公的定額借上げ制度を活用したマイホームリースの可能性──」立命館法学 355 号
　　（2014 年）124 頁以下のほか，JTI のウェブページ（https://www.jt-i.jp/index.html
　　〔2016 年 5 月 10 日最終確認〕）を参照した。
(29)　持ち家所有者の配偶者や内縁関係の者など，契約時に特定同居人として指定した者
　　をいう。

6 空き家問題と賃貸借法の課題

■図表2：一般社団法人移住・住みかえ支援機構の「マイホーム借上げ制度」の概要
（同機構のウェブページ〔http://www.jt-i.jp/lease/index.html〕より）

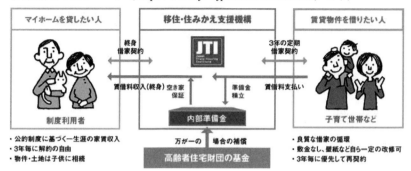

の両方が死亡するまでの間，持ち家をJTIが賃借する旨の契約が結ばれる[30]。JTIは，後述の転貸借契約に基づいて入居者（転借人）より得られた賃料から，諸経費等を控除した残額を所有者に支払うものとされている。それと同時に，転借人が退去して当該持ち家が空室になり，次の入居者（転借人）が見つからない間も，JTIは所有者に対して一定額の賃料（空室時保証賃料）を支払うことを保証している[31]。これにより，所有者は終身にわたり，安定した賃料収入を得られることになる。

また，所有者とJTIとの賃貸借契約において，所有者は，後述の転貸借契約の期間満了時に，JTIとの賃貸借契約を中途解約することができるとされている。したがって，所有者は，契約期間中でも，貸し出していた持ち家を手元に戻すことも可能である。これは，自分が望まない限りは契約を終了させないが，必要なときには持ち家を明け渡してもらえる契約を望む所有者側のニーズに応えたものであるという。

他方で，JTIは，所有者から賃借した持ち家を，子育て世帯等の入居希望者（転借人）に転貸する。ここで結ばれる転貸借契約は，存続期間3年の定期借家契約とされている。したがって，存続期間が満了すると転貸借は終了し，上

---

(30) 本文に述べた契約は終身型と呼ばれる。その他に，あらかじめ所有者が指定した期間，当該持ち家をJTIが賃借する旨の契約もある（期間指定型）。両者の違いは，期間指定型では存続期間中の解約が認められないのに対し，終身型では，後述の転貸借契約の期間満了時に，所有者がJTIとの賃貸借契約を解約することができる点にある。

(31) 査定賃料下限額の85パーセントが目安とされている。その際，JTIが所有者に支払う賃料については，一般財団法人高齢者住宅財団に設定された国の基金を通じて債務保証が行われている。

163

第1部　都市法の新たな課題

述のように，この時点で持ち家所有者は JTI との賃貸借契約を解約することができる。持ち家所有者が解約をしない場合には，転借人は JTI との間で再契約をすることが可能である。

(2)　分　　析

JTI の「マイホーム借上げ制度」は，持ち家一般を対象として，賃貸住宅としての流通を図るものである[32]。この点では，地方の農山村の持ち家——その地域への移住とセットになっている——を対象とする和歌山の「移住推進空き家活用事業」とは異なり，射程の広い取組みであるといえる。

そして，同制度の仕組みからは，持ち家の賃貸住宅化を図るに当たり，次のような観点が重視されていると見ることができる。

第一に，JTI が，持ち家所有者からその持ち家を賃借し，責任を持って入居希望者（転借人）に転貸するという法的形式を採用することによって，入居中に転借人が何らかのトラブルを起こしたとしても，もっぱら JTI がその解決に当たるとされている。つまり，転借人と直接関わり合いを持たなくてよい点に，所有者にとってのメリットがある。

これを II 3 で見た信頼関係構築コストとの関係でいえば，所有者は，JTI が信頼できる団体であることさえ確認すれば同制度を利用することができ，実際の入居希望者（転借人）が問題を起こすような人物でないかどうかなどを事前に調査する必要はないことを意味する。つまり，持ち家を賃貸住宅として入居希望者（転借人）に提供する際に必要とされる信頼関係構築のためのコストを，

---

(32)　さらに，JTI は，一定の耐久・耐震基準を満たし，長期に渡るメンテナンス体制を備えた住宅を「移住・住みかえ支援適合住宅」に認定する取組みを始めている。この認定を受けた持ち家については，所有者が 50 歳未満でも，本文に述べる「マイホーム借上げ制度」を利用することができる。これにより，50 歳未満の所有者が転勤やライフプランの変化等で持ち家に住まなくなる場合にも，JTI を介して当該持ち家を転貸することができ，賃料収入（転借人がいない期間も一定額の賃料の支払が保証される）を得られる。

　他方で，空き家対策の一環として，使わなくなった 1 戸建ての住宅を JTI が 10 年以上の定期借家契約で賃借し（後述の転借人が退去しても一定額の賃料の支払を保証する），所有者に代わって修繕工事等を行った上で，これを入居希望者（転借人）に転貸し，転借人は自分の希望に沿ったリフォーム等を当該住宅に施すことが許されるという仕組み（「おまかせ借上げ制度」）も導入している。持ち家を売却したくはないが，修繕費用等をあまりかけずに誰かに貸したいという所有者のニーズに応えるとともに，入居者にとっては，借家であるにもかかわらず自分仕様のリフォームを行い，持ち家感覚で長く居住することができるというメリットがあるとされる。

6 空き家問題と賃貸借法の課題

所有者が負うのではなく，実質的にJTI（賃借人＝転貸人）に負わせるという観点が重要視されている。

　第二に，転貸の形式を採用することによって，たとえ入居者（転借人）がいなくなったとしても，所有者と賃借人＝転貸人であるJTIとの間には賃貸借契約が結ばれている以上，JTIは所有者に対して賃料を支払わなければならず，しかも，一定額の賃料の支払を保証している。この仕組みの結果，所有者は，持ち家が空室になったとしても安定した賃料を得られるから，空室になるおそれを心配せずに，持ち家を賃貸住宅として提供しやすくなる。ここには，持ち家を賃貸住宅化することには，空室になって賃料を得られないリスクが伴うところ，賃借人＝転貸人が介在して一定額の賃料の支払を保証することによって，そのリスクを回避しうるという観点が見出される。

　第三に，持ち家所有者が，必要なときにはJTIとの賃貸借契約を解約し，持ち家の返還を受けられることを保障するために，JTIと入居者との転貸借契約は存続期間3年の定期借家契約とされている。これにより，持ち家所有者としては，転貸借の存続期間が満了する時期ごとにJTIとの賃貸借契約を解約しうる——つまり最長3年待てば持ち家の返還を受けられる——ことから，「一度貸したら返ってこない」という不安を持つことなく，持ち家を賃貸しやすくなる。以上からは，持ち家の賃貸住宅化に当たり転貸の形式を用いる際に，転貸借に定期借家を用いることで，所有者が入居者（転借人）から持ち家の返還を確実に受けられるという観点が抽出される[33]。

---

(33)　大垣・前掲注(28)137頁は，「マイホーム借上げ制度」について，所有者側の解約ニーズを保障するために借主側のニーズを制約した結果，賃貸専用物件に比べて広めで質感も高いシニア層の持ち家を，比較的安価な家賃で借家として提供してもらうための工夫として相応の機能を果たしていると評している。もっとも，既存住宅を世代循環させ，現役・子育て世代のために広くて優良な住宅を長期間安定して提供するという理想からすれば，「マイホーム借上げ制度」にはまだ欠陥が多いとの問題意識から，持ち家でも借家でもない，第三の選択肢を示す必要があるとして，マイホームリースの構想を提案する。これは，所有者が住宅の構造躯体を長期の定期借家契約で入居者に賃貸し，入居者は自己の投資で内装・設備を自らの希望する仕様で整え，そこに居住した後，内装・設備の償却期間が終了したところで退去する，という形態を基本に据えている（詳しくは，大垣・前掲注(28)145頁以下参照）。

第1部　都市法の新たな課題

IV　むすびに代えて

1　定期借家有用論の意義

　定期借家有用論は，存続期間満了時の建物返還の保障，存続期間満了時における所有者の意向に沿った対応の保障，および，信頼関係構築コストの軽減，という三つの観点に支えられている（II）。そして，持ち家を賃貸住宅として流通させるに当たっては，持ち家の所有者側に阻害要因が存在するところ（I 2），以上の三つの観点は，阻害要因のうち，一度賃貸すると自宅が戻ってこないのではないかとの不安，および，賃借人と近隣あるいは賃貸人との関係がうまく行かないのではないかとの不安を解消することに資するものだといえる。

2　実践例から抽出される観点

　もっとも，以上の意味で定期借家の制度は有用であるものの，いくつかの実践例を眺める限り，定期借家の制度の利用のみで，持ち家の賃貸住宅化が直ちに促進されるという単純な関係にはなっていない。むしろ，定期借家有用論とは異なる観点にも目を向ける，複眼的な考察態度が求められているように思われる。

(1)　信頼関係構築の重要性

　第一に，定期借家有用論が依拠する，賃貸借契約締結のために信頼関係を構築するコストの軽減（II 3）については，次のように分析することができる。

　地域コミュニティのつながりが強い地区の実践例によれば，このような地区においては，賃借人が地域に溶け込み，地域コミュニティとの間で信頼関係を構築することが極めて重要視されている。そのために，賃貸借契約締結に向けて，非営利組織等の団体や協力員によるサポートが提供され，また，賃貸借契約の内容の面でも，そのような信頼関係に配慮した契約条項が設けられている。その反面，定期借家有用論が依拠する，定期借家を活用すれば契約締結前に信頼関係構築のコストが不要になるという観点は，さほど重視されていないといえる（III 1および2）。

　他方で，持ち家一般を対象とするJTIの「マイホーム借上げ制度」では，賃貸借契約を締結するための信頼関係の問題は次のように解決されている。すなわち，同制度の下でも信頼関係の構築をどうするかが意識されているところ，

166

6 空き家問題と賃貸借法の課題

同制度は，JTI を賃借人＝転貸人とする転貸借の法形式を採用し，所有者と入居者（転借人）との直接の関わり合いを遮断することによって，実質的には JTI にこのコストを引き受けさせたといえる（Ⅲ3）。したがって，ここでも，定期借家の制度を用いればこのコストが不要になるという観点に単純に依拠しているわけではない。

以上によると，地域コミュニティのつながりの強い地区かどうかにかかわらず，賃貸借契約締結のために信頼関係を構築することは重要な課題になっているところ，持ち家を賃貸住宅化するに当たり，定期借家の制度を用いれば信頼関係構築のコストが軽減される（ないしは不要になる）という観点のみでは，この課題を十分に解決することは難しいと考えられる。むしろ，本稿で取り上げた実践例からは，所有者のこのようなコストを軽減するために，（特に地域コミュニティのつながりの強い地区においては）信頼関係の構築に向けてどのようなサポートを提供するべきかを検討し，あるいは，（より一般的な方法としては）このようなコスト自体を別の団体等が引き受けるという仕組みを導入する必要があることが示唆される。

(2) 存続期間満了時の建物返還の保障等をめぐって

第二に，定期借家有用論が依拠する，存続期間満了時の建物返還の保障および存続期間満了時における所有者の意向に沿った対応の保障という観点（Ⅱ1および2）については，次のような評価が可能である。

これらの観点は，一般的には，持ち家を賃貸住宅として活用することを促進する方向に作用している。JTI の「マイホーム借上げ制度」では，持ち家の所有者が，一定期間ごとに，自宅を賃貸し続けるか返還を受けるかを選択することが可能とされているが，これは転貸借契約において定期借家を用いているからである（Ⅲ3）。所有者にとっては，一定期間が経過したところで自宅の返還を受けられる——しかも第三に述べるように一定額の賃料保証もなされうる——のであれば，その間は他人に貸そうというインセンティブとして働くと考えられる。

もっとも，持ち家を賃貸住宅として活用することが，中長期に渡ってその地区に移住することとセットになっている場面では，以上とは異なる分析が当てはまるように思われる。

高村論文の取り上げる実践例では，賃貸借契約締結までの所有者・地域コミュニティ・賃借人間の信頼関係の構築が重視されていることから，所有者と

第1部　都市法の新たな課題

賃借人との間で結ばれる賃貸借契約は，通常の賃貸借契約となっている（Ⅲ1）。ここでは，存続期間満了時の建物返還の保障および存続期間満了時における所有者の意向に沿った対応の保障という観点は，さほど重視されていないように見える。これに対し，和歌山県の「移住推進空き家活用事業」では，信頼関係の構築を重視しつつ，空き家を賃貸住宅として移住者に提供する際には定期借家契約を用いることも強調されており（Ⅲ2），これらの観点にもそれなりのウエイトを置いているようである。おそらくは，持ち家所有者の賃貸意向の強弱，信頼関係構築のサポートの程度などに応じて，これらの観点をどこまで重視するかが変わってくるのではないかと考えられる。

(3) 賃料収入の安定的な確保

　第三に，JTI の「マイホーム借上げ制度」は，仮に入居者（転借人）の退去により持ち家が空室になったとしても，JTI が一定額の賃料の支払を所有者に保証している点に大きな特徴がある（Ⅲ3）。ここには，《持ち家を賃貸住宅として提供した場合における賃料収入の安定的な確保》という新たな観点を見出すことができる。これは，持ち家を賃貸住宅化しても，空室になって賃料を得られないというリスクを回避する仕組みであり，定期借家有用論とは異なる観点として注目される[34]。

3　残された課題

　以上の分析によると，持ち家を賃貸住宅として活用することを促進するに当たっては，定期借家有用論を支える三つの観点の意義と限界を確認した上で，これらの観点とその他の観点とを適宜に組み合わせながら対応していくことが求められるといえよう。本稿から得られた知見を民法上の理論や論点の土俵に乗せて，さらに議論を深めていくことを今後の課題としたい。

---

(34)　持ち家の所有者に対するアンケート調査によれば，自宅を貸し出す意向を有している者は，「間取りを変えたりシェアハウスにするなどの大規模な改築や修繕を行うこと」や「家の一部を賃貸の対象から外す（家財置場のための納戸や仏間は除外するなど），いわゆる部分貸しで住宅を賃貸すること」よりも，「自らが直接貸主にならずに不動産会社に実際の賃料よりも若干低い賃料を保証してもらうサブリース（転貸）で住宅を賃貸すること」の方により強い関心を抱いている（個人住宅の賃貸流通の促進に関する検討会・前掲注(4)別添資料集55頁）。また，以上とは異なる調査の結果でも，条件次第では貸したいと考える場合の条件として，調査対象者の70パーセント超が「安定した賃料収入が見込める場合」を挙げている（同・前掲注(4)別添資料集45頁）。

7 SRU法以降のフランス都市計画法をいかに性格づけるか——現代都市計画法の歴史的分析[i][ii]

ノルベール・フルキエ[iii]

津田　智成（訳）

　イヴ・ジェグゾ［Yves Jégouzo］教授が，2001年に《都市計画法の性質に対する SRU 法のインパクト》[1]と題された論文において既に述べていたように，SRU 法，すなわち都市の連帯と刷新に関する 2000 年 12 月 13 日の法律［loi du 13 décembre 2000 relative à la solidarité et au renouvellement urbains］は，《おそらく，1967 年の法律や 1983 年の法律，すなわち，現代都市計画法の全体的な構成図を描いた，土地利用の方向付けに関する 1967 年 12 月 30 日の法律や，都市計画権限の行使を地方に分権化した，1983 年 1 月 7 日の法律と同様に，都市計画に関する偉大な諸法律の中にその位置を》占めることとなってしかるべきでありましたし，現にそのようになりました。

　この SRU 法は，社会党の議員，エコロジスト派の議員及び共産党の議員で構成された当時の国会によって採択された法律ですが，都市計画に関する諸行為の決定手続の側面においても，フランス都市計画法のまさにその実体に関する側面においても，この法律がさまざまな革新性を有するものであるということは明らかでありました[2]。

　SRU 法がさまざまな革新性を有するものであるということのおそらく最も明白な証拠は，1983 年当時の都市計画法典・法律篇 121-10 条が都市計画文書

【原注】

(1)　Y. Jégouzo, « L'impact de la loi SRU sur la nature du droit de l'Urbanisme », *Bulletin de jurisprudence de droit de l'urbanisme* (B.J.D.U.) 2001, n° 4, p. 226.

(2)　この法律に関する注釈はいくつかあるが，その中でも，P. Hocreitère, « La loi SRU, la hiérarchie et la substance des normes d'urbanisme », *Droit administratif* (D.A.) 2001, n° 2, p. 4 ; V. Le Coq, « La loi SRU et les documents d'urbanisme », *D.A.* 2001, n° 2, p. 6 ; P. Le Louarn, « La loi SRU et le patrimoine environnemental », *D.A.* 2001, n° 2, p. 13 ; C. Lepage, « Modification de la politique des transports urbains à l'issue de la loi S.R.U », *Gazette du Palais* 2001, n° 19, p. 24. を参照。また，この法律に関して特集された諸論文については，*les « Annales des loyers »* 2001, n° 1 – *le Bulletin Mensuel Lamy Droit immobilier* 2001, n° 76 – *B.J.D.U.* 2000, n° 6 – *l'Actualité juridique-Droit administratif* (A.J.D.A.) 2001, n° 3. を参照。

第1部　都市法の新たな課題

について定めていた内容と SRU 法以降のこの条文の改正版が都市計画文書について定めた内容との比較から出てきます。1983 年当時の都市計画法典・法律篇 121-10 条は，もっぱら以下のような規定となっていました。すなわち，《都市計画文書は，一方では，空間の利用を制限し，農業活動を保全し，森林空間，景勝地及び景観を保護することを，他方では，経済活動及び一般利益に関する諸活動のために割り当てられた区域並びに住居に関する現在と将来の需要の充足のために建築可能な空間を十分に確保することを，それぞれ可能ならしめるような諸条件を定める》。しかし，この規定の条文番号は，2000 年に改正されることとなりました。すなわち，この規定は，都市計画法典・法律篇 121-1 条となったのです。この規定は，1983 年当時は一つの章の中に埋もれてしまっていましたが，SRU 法が制定された 2000 年以降は現在に至るまで，都市計画文書に関する章の冒頭に位置し，それ以降の規定を先導するような規定となっています。この条文番号の変更は，同時に，非常に重要な内容の変更をも伴うものでありました。この点は，とりわけ重要な点であったといえます。というのは，それ以降，都市計画法典・法律篇 121-1 条が以下のような規定となったからです。すなわち，《広域整合スキーム［SCOT：schémas de cohérence territoriale］[iv]，地域都市計画プラン［PLU：plans locaux d'urbanisme］[v]，及びコミューン土地利用図［CC：cartes communales］[vi]は，以下のことを可能ならしめるような諸条件を定める。

1)　持続可能な開発の諸目標を尊重しつつ，一方での都市再生，制御された都市開発及び農村空間の開発と，他方での農業活動及び林業活動に割り当てられた空間の保全並びに自然空間及び景観の保護との間の均衡を確保すること

2)　雇用と住居の均衡並びに交通手段及び上下水道の管理に特段の考慮を払いつつ，住居，経済活動，とりわけ商業的活動，スポーツ又は文化的活動，及び一般利益，並びに公共施設に関する現在と将来の需要を差別なく充足するために十分といえるような建設能力及び再活性化の能力を予測することにより，都市及び農村の住居における都市機能の多様性と社会的混住を確保すること

3)　自然，都市，都市周辺，農村それぞれの地域空間の節約的かつ均衡のとれた利用，公共輸送及び自動車交通の需要の制御，大気・水・土壌・地下の質，生態系，緑地空間，自然又は都市の環境・景勝地・景観の保全，騒音公害の軽減，特に優れた都市市街地及び建築遺産の保全，並びに予測可能な自然的リスク，科学技術的リスク，環境汚染，その他ありとあらゆる性質の生活環境侵害

170

［nuisances de toute nature］の防止をそれぞれ確保すること》

　都市計画法の内容〔＝対象事項〕は，著しく拡充され，変貌したとすらいえます。1983年当時，都市計画法は，とりわけ土地の利用をその対象としていました。確かに，SRU法制定以降においても，こうした土地の利用に対する関心が失われたというわけではありませんでした。なぜなら，とりわけ住宅供給のような，1960-70年代，1980年代には既に定められていた諸目標が今日でも存在するからであります。しかしながら，都市計画法は，この新たな法律をもって，《都市の法［droit de la ville］》となったのであり，《都市なるものの法［droit de l'urbain］》⁽³⁾になったとすらいえるのであります。立法府によって用いられている文言がこのことを裏付けています。というのも，今日もなお，都市的な考慮が前面に置かれているのです。例えば，都市計画法典・法律篇121-1条によれば，探求すべき均衡の諸要素の中で最初に出てくる文言は，《都市再生と制御された都市開発》となっています。農村に関する考慮や田園地域及び自然空間の保全は，その２番目以降にしか出てきません。それらは，市街地化の限界及び制限として現れるのです。

　SRU法は，都市計画法を都市の法にしただけでなく，より正確には，この法をグローバルなものとして把握される都市の法［droit d'une ville comprise dans sa globalité］にしました。もはや，単に所有権者が有する建築に関する権利を規制することのみが問題となるわけではありません。SRU法制定以降，都市計画文書は，都市を半ば有機的な総合体として把握するように導く，都市の成長と機能についての都市開発プランを包含しなければならなくなったのです。ここでいうグローバルなものとしての都市［globalité de la ville］とは，都市計画法には多元的な目的ないし目標が認められるということを含意しています。都市計画プランは新たな重要性を獲得したのであり，そのことは，とりわけ，都市のPLU及び都市圏のSCOTの中枢として提示される文書，すなわち整備及び持続可能な開発計画［PADD：projet d'aménagement et de développement durable］⁽ⁱⁱ⁾についていえます。このPADDの中では，もはや，もっぱら建物の建設についてのみが問題となるわけではなく，都市の発展，成長，機能，──つまりは，都市の《生命［la vie］》──に関する将来的な展望も

---

(3)　H. Charles, « De l'urbanisme au renouvellement urbain, le droit des sols dans la tourmente », dans *Mouvement du droit public, Du droit administratif au droit constitutionnel, Du droit français aux autres droits : Mélanges en l'honneur de Franck Moderne*, Paris, Dalloz, 2004, p. 69.

第 1 部　都市法の新たな課題

また問題となるのです。国民の生活の質や社会的な一体性を向上させうるような都市基盤施設の整備計画が重要な意味を持ってきているということは，以上のことにより説明されるのであります。

　したがって，この SRU 法によってフランス都市計画法の内容が変質したと断言したとしても，それは大げさではありません。確かに，フランス都市計画法は，今日においても依然として，これらの特徴[4]を維持していますが，2000年以来，いくつもの法改正が採択されることとなりました[5]。経済的，社会的な状況が変容し，公権力が立ち向かうべき困難は，経済的な側面においても[6]，社会的な側面においても[7]，環境的な側面においても[8]，深刻化しました。かくして，フランス都市計画法は，相反する複数の目的ないし目標の間で引き裂かれたような状態にあり，今日，自己を見失った法［droit qui se cherche］，つまり，その指導的原則がもはや全く明らかではない法として現れているので

---

(4)　やや観点は異なるが，Y. Jégouzo, « Les principes du droit de l'urbanisme », dans *Bien public, bien commun : mélanges en l'honneur d'Étienne Fatôme*, Paris, Dalloz, 2011, p. 180. を比較参照。

(5)　loi n° 2003-590 du 2 juillet 2003 urbanisme et habitat.

(6)　経済的な問題を克服するための対策立法として，以下のような不動産事業を支援することにより経済を再復興させることを目的とした法律が挙げられる：loi n° 2009-179 du 17 février 2009 pour l'accélération des programmes de construction et d'investissement publics et privés.

(7)　社会的な問題を克服するための対策立法として，以下のような住宅の窮乏危機に対応するための諸法律を挙げることができる：loi n° 2013-61 du 18 janvier 2013 relative à la mobilisation du foncier public en faveur du logement et au renforcement des obligations de production de logement social − loi n° 2012-955 du 6 août 2012 visant à abroger la loi n° 2012-376 du 20 mars 2012 relative à la majoration des droits à construire − loi n° 2012-376 du 20 mars 2012 relative à la majoration des droits à construire − loi n° 2011-665 du 15 juin 2011 visant à faciliter la mise en chantier des projets des collectivités locales d'Île-de-France − loi n° 2009-323 du 25 mars 2009 de mobilisation pour le logement et la lutte contre l'exclusion − loi n° 2007-290 du 5 mars 2007 instituant le droit au logement opposable et portant diverses mesures en faveur de la cohésion sociale − loi n° 2006-872 du 13 juillet 2006 portant engagement national pour le logement.

(8)　環境問題を克服するための対策立法の中でも，とりわけ重要な法律として以下の法律を参照：loi n° 2010-788 du 12 juillet 2010 portant engagement national pour l'environnement（いわゆるグルネル第 2 法），また，パリの公共輸送の改善を目的とした法律として以下の諸法律を参照：loi n° 2010-597 du 3 juin 2010 relative au Grand Paris − loi n° 2006-436 du 14 avril 2006 relative aux parcs nationaux, aux parcs naturels marins et aux parcs naturels régionaux.

す。以上のことは，フランス都市計画法の実体面における特徴及び形態面における特徴を通して明らかになります。

I　フランス都市計画法の実体面における特徴

　まず，フランス都市計画法の実体面における特徴を検討することによって，この法の内容〔＝対象事項〕を明らかにする必要があります。

　SRU法制定以来，都市計画法典・法律篇121-1条〔現・同101-2条〕の内容は，繰り返し変更されました。この規定の文言は，段階を追って変化していったのです[9]。立法府は，2000年当時に定められていた多くの都市計画文書の諸目標に，エネルギー効率をはじめ，雇用，住居，商業及びサービスの間の地理的に均衡のとれた配分，電気通信施設の整備，移動コストの軽減，温室効果ガスの削減，再生可能な資源によるエネルギー生産，並びに生態系の連続性の良好な状態の保全と再生といった項目を付け加えました。確かに，環境のための国の責任引き受けに関する2010年7月12日の法律第2010-788号（いわゆるグルネル第2法）が採択された際には，都市計画法典・法律篇121-1条〔第3号〕から特に優れた都市市街地及び建築遺産の保全という項目が削除さ

---

(9)　《広域整合スキーム，地域都市計画プラン，及びコミューン土地利用図は，持続可能な開発の諸目標を尊重しつつ，以下のことを可能ならしめるような諸条件を定める。
　　1°　以下のa)，b)，c)間の均衡を確保すること
　　a)　都市再生，制御された都市開発，市街地化された空間の再開発，都市及び農村の中心の再活性化
　　b)　自然空間の節約的利用，農業活動及び林業活動に割り当てられた空間の保全，自然の景勝地・環境・景観の保全
　　c)　特に優れた都市市街地及び建築遺産の保全
　　1° -2 都市，建造物及び都市の入口の景観それぞれの質を確保すること
　　2°　雇用，住居，商業及びサービスの間の地理的に均衡のとれた配分，エネルギー効率の向上，電気通信施設の整備，移動コストの軽減，並びに公共輸送施設の開発に関する諸目標に特段の考慮を払いつつ，住居，経済活動，観光活動，スポーツ，文化振興活動，及び一般利益，並びに公共施設や商業施設に関する現在と将来の需要を差別なく充足するために十分といえるような建設能力及び再活性化の能力を予測することにより，住居における都市機能及び農村機能の多様性と社会的混住を確保すること
　　3°　温室効果ガスの排出削減，エネルギーの制御及び再生可能な資源によるエネルギー生産，大気・水・土壌・地下の質，自然資源，生物多様性，生態系及び緑地空間の保全，生態系の連続性の良好な状態の保全と再生，並びに予測可能な自然的リスク，科学技術的リスク，環境汚染，その他ありとあらゆる性質の生活環境侵害の防止をそれぞれ確保すること》〔＝2013年当時の都市計画法典・法律篇121-1条〕

第1部　都市法の新たな課題

れました。しかしながら，この改正は，国会が実際に考えたものというよりはむしろ特定の議員らの圧力に応じた改正であるといえます。事実，この改正は，建築的・都市的・景観的遺産保護地区［ZPPAUP：zones de protection du patrimoine architectural, urbanistique et paysager］に対する非難の延長線上に現れたものであります[10]。当該議員らによれば，このZPPAUPは，コミューンの歴史的街区における都市計画に関する許可の交付を過度に困難にするという欠点を有していたといいます。

　このような後退があったにもかかわらず，都市計画法の内容は，2000年当時の状態に立ち返るだけではなく，今や土地の利用と全く関係のない諸要素により複雑になっています。このことを証明するのは，WIFIにより，もはや土地の利用を媒介とすることすらしない電気通信の発達です。この革新性は，今日，インターネットと電話が都市整備に必要不可欠な要素として考えられているという事実によって説明されます。

　以上のことから，グルネル第2法制定以来，環境的な関心事が重要性を持ってきているにもかかわらず，都市計画法は，今日もなお都市の法のままであるといえるでしょう。そこでは，SRU法が採択された際に期待された意に反して，《拡張志向の［en extension］》都市の法が問題となっているのです。

1　都 市 の 法

　フランス都市計画法を性格づけようとするならば，この法は，今日もなお都市の法のままであるといえるでしょう。もっとも，以下の(1)において述べるように，この法の内容ないし対象は，ますます流動化しあいまいになっています。さらに，以下の(2)において述べるように，SRU法は所有権に社会的機能［fonction sociale］を付与したのですが，このような所有権に社会的機能を付与するという考え方は，〔近年の判例において見られる〕私的所有権の復権という流れとは矛盾するものであるといえます。この私的所有権の復権という流れは，都市の公共政策の実施を困難にする性質を有しています。

---

(10)　このZPPAUPは，AVAP (aires de mise en valeur de l'architecture et du patrimoine)，すなわち建築・景観活用区域に取って代わられることとなった。この点については，X. Couton, « Régime des travaux dans les AVAP », *Construction-Urbanisme* 2012, n° 7, p. 19 – P. Planchet, « De la ZPPAUP à l'AVAP », *A.J.D.A.* 2011, p. 1538. を参照。

7 SRU法以降のフランス都市計画法をいかに性格づけるか

　⑴　2000年当時と同じように，2013年現在においても，都市計画法典・法律篇121-1条には都市に関する目標以外の目標も明示されてはいますが，それらの目標よりも都市に関する目標が優越した地位にあり続けているということは否定しがたい事実であります。つまり，都市計画法は，依然として，まず何よりも都市や都市圏のためのものとして考えられたままなのです。相対的にではありますが，都市計画法典は，田園地域やわずかにしか市街地化されていない土地に関しては多くを語りません。PLUは，議員が市街地の拡張について積極的な姿勢をとっているコミューンのみが関心を持ちうるような性質のものなのです。演繹的に言えば，農村の小さなコミューンにとっては，PLUは主たる関心事ではないのです。なぜなら，このようなコミューンにとっては，PLUを策定するコストがあまりにも大きいからであります。現に，これらのコミューンは，都市計画全国基準［RNU：règlement national d'urbanisme］^(viii)により認められた土地整備事業のみを可能ならしめるコミューン土地利用図で満足するしかありません。この都市計画全国基準は，その原則によれば既に市街地化された区域の延長線上にしか建築を行うことができないとされる，制限的な建築可能性の原則［principe de la constructibilité limitée］を後ろ盾にしたものであります。

　立法府による改正は2000年以来増加しましたが，それが，この点に関してフランス都市計画法を変容させるということはありませんでした。つまり，フランス都市計画法は，依然として，グローバルなものとして把握される都市の法のままなのです。しかしながら，今日，フランス都市計画法は，自身の過度の膨張に苦しんでいるように見えます。より正確に言えば，立法府が都市計画法を大多数の新たな公共政策（環境保護，失業対策，零細商店救済政策，電気通信施設の整備等）の集積所とする傾向にあることから，都市計画法の内容ないし対象は，ますます流動化しあいまいになっているのです。したがって，都市計画法が都市の法であると語るだけでは，もはや都市計画法がいかなるものであるのかということを説明するのに十分ではありません。

　都市計画法が有する多数の目的ないし目標は，時折，相互に対立します。それは，とりわけ，都市においては地価が極めて高いという状況において，それにもかかわらず，低価格の社会住宅を建設する必要性と環境保護の願望に促され都市の区域内での建設を優先しようとする意思とが対立するような場合です。その上，これらのさまざまな目的ないし目標の結合は，行政に非常に広範な裁量権を付与します。この裁量権は，時に，建築主体の法的安定性の要請に照ら

第1部　都市法の新たな課題

すと過度に広範にすぎる場合があります。結局のところ，都市計画法の内容そ
れ自体や行政が都市計画プランを実現するために保持している特権の輪郭を明
確にすることが困難になっているのです。その例として，2012年7月27日に
コンセイユ・デタの部会で下されたフランク・ホフマン対カリアン市
［Franck Hoffmann contre Commune de Callian］判決[11]を挙げることができ
ます。この判決で問題となった事案において，カリアン市は，自然区域におけ
る市街地の密度を抑制するために，画地分譲における建築のための土地の分割
を禁止する決定を行いました。この区域は，未だに多数の居住者を受け入れる
ために十分な公共施設の整備こそなされていませんでしたが，既に市街地化が
始まっている区域でありました。同市は，市街地化が必然的に要求する公共施
設に関する投資を抑制することを望んでいたのでしょう。本判決において，コ
ンセイユ・デタは，違法性の抗弁によって［par voie d'exception］，土地占用
プラン［POS：plan d'occupation des sols］[ix]を違法であると宣言しました。
コンセイユ・デタは，同時に，この解決がPLUにも適用されることを明らか
にしました。学説は，コンセイユ・デタが本判決において結局のところ適切に
も私的所有権を保護し，また画地分譲［lotissement］という文言に正確な定
義を付与したと解することにより，本判決を称賛しました。このような分析に
ついては賛同するとしても，本判決は同時に，《都市計画上の理由［motif
d'urbanisme］》[12]及び《土地利用に関する地役［servitude d'utilisation du
sol］》[x]の概念自体に極めて重大な曖昧さが存在しているということの徴表と
しても読むべきものなのであります。事実，都市計画文書において定められる
あらゆる所有権行使の制限は，《都市計画上の理由》を追求したものでなけれ
ばならず，もしそれをしない場合には違法であるとの評価を受けることとなり
ます[xi]。ところが，カリアン市が未だに全面的な市街地化によって完全に変
容していなかった自然区域の市街地化を制限しようと考えたために追求した理
由も，まさにこの《都市計画上の理由》であったということができます。そし
てまた，コンセイユ・デタが，この数年来，都市計画法の専門家達の間で盛ん
に行われていた議論〔＝土地の分割を禁止することの可否についての議論〕に

---

(11)　Conseil d'État (C.E.) Sect. 27 juillet 2012, *Franck Hoffmann contre Commune de
Callian*, *Revue de droit immobilier* (R.D.I.) 2012, p. 523, note P. Soler-Couteaux ; *A.
J.D.A.* 2012, p. 1851, chron. X. Domino et A. Bretonneau.

(12)　この観点において，Y. Jégouzo, édito dans le complément d'Opérations
d'aménagement, décembre 2012, éditions du Moniteur. も参照。

7 SRU法以降のフランス都市計画法をいかに性格づけるか

決着をつけることに成功したのは，もっぱら，土地を分割することの禁止が
（土地の分割が建築の前提条件となっているにもかかわらず）土地の利用の問題で
はなく自身の財産を処分する自由の問題である，という主張を前面に押し出す
ことによってなのであります。

　(2)　フランク・ホフマン対カリアン市判決がそれを示唆しているように，都
市計画法は，とりわけ，一般利益を根拠として，自身の不動産である土地を利
用する所有者の権利を制限する諸規範を内包しています。それゆえ，都市計画
法は，所有権の行使を制限する特別行政警察の仕組みと共通点を有していると
いえます。しかしながら，都市計画法を特別行政警察と同一視するということ
は，この法の特殊性を無視するということであります。現に，SRU法は，都
市計画法の目的ないし目標を増加させることにより，私人の所有権を侵害する
結果をもたらしました。つまり，SRU法は，都市計画法を《社会化し
［socialisé］》たのです。SRU法は，個人の権利に社会的機能を付け加えました。
ワイマール憲法の定式を借りて言うならば，都市計画法においては，《所有権
は義務を伴う［propriété oblige］》こととなります。事実，所有権者は，
PADDにおいて定められた方針やそれを法規命令化したものに自身の事業計
画が適合する場合には，それだけいっそう建築許可の取得についてより大きな
期待を持つようになるでしょう。2000年当時はPADDの内容が建築許可の申
請に対して法的拘束力を有していただけに，以上のことは，より一層明白で
あったように思われます。確かに，この法的拘束力は2003年に廃止されたの
ですが，それでもなお都市計画法によってもたらされる所有権の社会的側面が
消滅するということはありませんでした。例えば，PLUは，《社会的混住の目
標を尊重しつつ，それ〔＝PLU〕が定める住宅プログラムを実施するための
用地を指定〔＝確保〕する》（都市計画法典・法律篇123-2条〔現・同151-41
条〕）ことができます。したがって，所有権者は，自身が所有する土地がこの
種の建築のために指定〔＝確保〕された区域内にある場合，その土地に住宅を
建築することについて大きな関心を寄せることとなります[13]。行政警察の仕
組みとは異なり，都市計画法は，禁止事項を定めるだけではありません。すな

---

(13)　もっとも，この可能性は論争を引き起こしている。というのも，所轄省庁は，住宅
　　用地として指定された土地と，建築許可を得る可能性を所有権者から奪う伝統的な用地，
　　つまり公共施設等の用地として指定された土地とを同一のものとして扱っているからで
　　ある。

第1部 都市法の新たな課題

わち，都市計画法は，それと同時に，公共団体に貢献するために行動する義務をもその内容としているのであり，この義務に反した場合には過度に個人主義的な所有権者であるということで収用の憂き目にあうこととなるのです。

しかしながら，都市計画法における所有権の社会的側面は，ここ数年の内に限界点に達することになるやもしれません。というのは，判例が，都市計画に関する公共政策の実施を困難にする所有権の個人主義的な側面を回復させているように思われるからであります。憲法院がこのような向きの判決を下しました。例えば，憲法院は，都市計画法典・法律篇332-6-1条の規定が憲法に違反すると宣言しました[14]。この規定は，申請者が所有する土地の区画の譲渡と引き換えに行政が建築許可を付与することを認めるという規定でありました。この判断〔＝憲法院の判断〕は，こうした《交換［échange]》の仕組みを詳細に定める権限が行政立法権ではなく立法府に帰属するものであるということに根拠を置くものではありますが，この判例は，所有権を保護することに対する裁判官の配慮を明らかにするものであるといえます。それ以来，憲法院は，他にも同趣旨の判決をいくつか下しました[15]。1998年にコンセイユ・デタによって下されたビトゥゼ［Bitouzet］判決は，既に，こうした流れの中に組み込まれていたといえるでしょう[16]。なぜなら，この判決は，都市計画地役の無補償の原則［principe de non-indemnisation des servitudes d'urbanisme][xii]に相対的な価値しか認めないと判示していたからであります。この判決以来，コンセイユ・デタは，この相対化をさらに押し進めているように見えます[17]。ところが，都市計画地役の無補償の原則を見直すということは，公的機関による整備及び持続可能な開発計画の実施を財政的に妨げるということであります。そして，フランク・ホフマン対カリアン市判決について言うならば，当該行政決定を行った行政庁が所有権者から彼らの権利の全面的な利用を奪う権限を立

---

(14) Conseil constitutionnel, 22 novembre 2010, décision numéro 2010-33-QPC, *Société Esso SAF*, *A.J.D.A.* 2010, p. 2384, note F. Rolin ; *Recueil Dalloz* 2011, p. 136, note E. Carpentier.

(15) GRIDAUH, *La question prioritaire de constitutionnalité et l'aménagement du territoire*, Paris, Les cahiers du Gridauh, n° 22, 2011.

(16) C.E. 3 juillet 1998, *Monsieur Bitouzet, Revue française de droit administratif* 1998, p. 1243, concl. R. Abraham.

(17) C.E. 16 juillet 2010, n° 339342, *Société civile agricole du Château l'Arc et société civile immobilière des Hameaux de Château l'Arc, Revue juridique de l'économie publique* 2011, n° 682, p. 28, concl. J. Boucher.

法府によって授権されていない場合には，いかなる行政決定との関係において
も所有権の保護を優先すべきであるという呼びかけが，この判決に存在しない
とはいえないでしょう。しかも，このことは，当該行政決定が政治的に正当で
ある場合でさえそうなのであります。

　この《所有権保護主義的な[propriétariste]》判例が今後ますます拡張せず
には置かないとするならば，SRU法制定以降の都市計画法の心臓部に位置す
る所有権の社会的機能，すなわち都市の法に仕えるべき所有権の社会的機能が，
まさに危殆に瀕することになるでしょう。

2　都市の拡張に関する法

　SRU法制定時に国会が掲げた諸目標に反して，フランス都市計画法は，依
然として都市の拡張に関する法のままであるといえます。

　⑴　SRU法の確固とした理念の一つは，都市の上に都市を再構築すること
[reconstruction de la ville sur la ville]を促すことでありました。二重の関心
事が国会を突き動かしたのです。一方の関心事は，荒廃した街区，時にゲッ
トー化さえしつつある街区を再生することであります。もう一方の関心事は，
環境を保護することです。いくつかの空間が既に人工化され，電気設備，下水
設備，上水道，ガスといったさまざまな公共サービスのネットワークが既に供
給されているにもかかわらず，なぜ自然空間に建築を行う必要があるのでしょ
うか。この既に人工化されている空間に再び良好な条件の下で住宅を必要とす
る人々を受け入れるべく，当該空間を再生すれば十分なのであります。

　この点において SRU 法を説明するのは，以下のような社会的・経済的な背
景です。2000 年当時は，住宅の建設が一貫して続けられていました。毎年建
設される住宅の数はもはや栄光の 30 年 [les 30 Glorieuses](xiii)ほどではありま
せんでしたが，1 年当たりに建設される住宅の数は多いままであったといえま
す。したがって，住宅問題は，今日ほど深刻ではありませんでした。また，エ
コロジストは，彼らの専売特許 [fonds de commerce]である環境が都市計画
法典の改正の犠牲にならないという条件の下で，この改革を支持しました。以
上のことは，さまざまな規定によって表明されました。例えば，SRU 法は，
PLU が最低敷地面積 [surfaces minimales de terrains à construire]を定める
ことを禁止しました。この最低敷地面積は多くの土地占用プランの中で見られ
るものでありますが，これは，それを策定したコミューンに居住する貧しい

第1部　都市法の新たな課題

人々やあまり裕福ではない人々を排除することを目的としたものであるといえます。この措置は，社会的混住の妨げになると同時に，環境保護の妨げにもなっていました。つまり，この措置は，農地及び自然地域の《人工的改変［l'artificialisation］》を加速させたのであります。SRU法は，ここでもまた環境を保護するために，PLUを備えないコミューンを対象として既成市街化区域の延長線上において制限的な建築可能性の原則を維持しただけでなく，同時に，コミューンがSCOTを備えていなかった場合にはPLUにより自然区域や農業区域を市街地化しえないことを定めたのです。さらに，PLUは，強制的に公共交通機関の近くに最低建築密度［densité minimale de constructions］が課せられる区域を定めることができます。これらの公共交通機関のおかげで，人々は，自家用車を利用することなく，したがって大気を汚染することなく移動することが可能になったのです。以上のことにより，公共サービスのネットワークの更なる拡張が回避されることとなりました。つまり，こうした都市区域の高密度化は，未だに自然のままの区域や都市施設が整備されていない区域を保全するという結果をもたらしたのであります。

　(2)　SRU法がその貢献としてもたらした新たな法制度の主要部分は，時代の流れに抗って存続しています。また，グルネル第2法は，広域整合スキームが《空間の節約的消費及び都市の拡散に対する防止策に関する数値目標》（都市計画法典・法律篇122-1-5条〔現・同141-6条〕）を設定することまでをも規定しました。しかしながら，それ以来採択された法律の内のいくつかは，都市の上に都市を再構築するという〔SRU法の〕目的と真っ向から矛盾するものであり，フランス都市計画法を再び都市の拡張に関する法としてしまうものであったのです。

　これらの法改正のいくつかは，政治的な原因によって説明されます。2003年，新たな保守派の与党は，PLUによる最低敷地面積の設定を禁じた規定を廃止しました。かくして，都市計画法典・法律篇121-1条が今日もなお都市の再構築を優先すべきであると規定しているにもかかわらず，自然空間が市街地化によってむやみに浸食されるおそれが再び生じているのであります。

　戸建ての住居を持つことを望むフランス国民の増加，片親の家族の増加，及び高齢者の増加に伴う社会的要請や経済的要請もまた，SRU法が掲げた諸目標の実現を困難にしました。こうした要請は，とりわけ農村において特有の問題を生ぜしめるのですが，これらの問題は，依然として都市計画法によって十

180

分に考慮されていませんでした。以上の問題に，2008 年以来の経済危機に起因する多数の国民の貧困化という問題を付け加えなければなりません。しかし，こうした多数の国民の貧困化にもかかわらず，地価は 1995 年以来一貫して高騰しており，多数の住宅，とりわけ社会住宅を建設する必要性が生じています。ところが，こうした新たな住宅は，社会的組織［organismes sociaux］[xiv] によっては都市の中心部から離れた郊外にしか建築されえません。さらに，SRU法は，コミューンに対して管轄地域における全住宅戸数の 20% を社会住宅にすることを義務づけていましたが[18]，2013 年 1 月，立法府は，需要が極めて大きいコミューンについては，この水準を 25% に引き上げました[19]。かくして，住宅需要に対する圧力は，環境に対する圧力へと形を変えて展開したのであります。

　以上のことから，フランス都市計画法は，一種の統合失調症に冒された状態に陥っているといえます。立法府はフランス都市計画法に《責任あるエコロジスト［écologique responsable］》たることを期待していたのですが，諸々の社会的な必要に迫られ，この法は都市の拡張を止めることができずにいます。都市計画法は，せいぜい都市の拡張を枠づけるものでしかなく，そうすることで都市の拡張をほとんど正当化してしまっているのです。つまり，都市計画法は，その実体面において，自己のアイデンティティーを見失った状態にあるのです。

II　フランス都市計画法の形態面における特徴

　以上に述べたことと同様のこと，つまり都市計画法がその指導的な理念を見失っているということは，都市計画法という公法のこの一分野の形態面における特徴を分析する場合にもいえることであります。SRU 法制定以降のフランス都市計画法は，国家的法であると同時に，民主的法であり，また将来展望的な法であり，さらには不可避的に複雑な法であるということができます。この

---

(18)　この点については，例えば，P. Derrez, « Quelle application de l'article 55 de la loi SRU ? », *revue Opérations immobilières* 2011, n° 11, p. 36 – J. P. Brouant, « Caractère prescriptif et opposabilité du SCOT en matière d'équilibre social de l'habitat : l'ombre (constitutionnelle) d'un doute », *A.J.D.A.* 2012, p. 391. を参照。

(19)　Loi n° 2013-61 du 18 janvier 2013, relative à la mobilisation du foncier public en faveur du logement et au renforcement des obligations de production de logement social：この法律については，N. Foulquier et J.-P. Brouant, « La mobilisation du foncier public en faveur du logement », *A.J.D.A.* 2013, p. 616. を参照。

第1部　都市法の新たな課題

内，フランス都市計画法が有する複雑性について言えば，これは，実務家にとっては不利益なものでしかないのですが，決して見直されることはありませんでした。これに対して，その他の性質については，2000年以来，それらを体系的に説明することが困難になるほどの変化を経験しました。

1　国 家 的 法

　SCOTやPLUのような地域的都市計画文書が有する重要性を考慮するならば，都市計画法が国家的法であると主張することは驚くべきことであります。もっとも，国が都市計画法に対する支配権を繰り返し自らの手に回復しているとしても，国は，もはや自己の意志を実現するための実質的な諸手段を有しているわけではありません。

　(1)　ここで，都市計画法が国家的法であるというのは，地方が策定する都市計画文書の重要性を過小評価することを意味するものではありません。1983年に行われた都市計画に関する地方分権化は，今日まで決して公然と見直されることはありませんでした。立法府は，コミューンに対して，PLUを策定するように，そしてまたSCOTを策定するためにコミューン間協力公施設法人［EPCI：établissements publics de coopération intercommunale］を創設するように強く促しています。そのために，立法府はコミューンに補助金を与えています。というのは，これらの文書の策定には大きなコストがかかるからです。こうした誘因措置は，同時に管轄権限の面においても現れます。すなわち，PLUを備えたコミューンのみが，当該コミューンの管轄地域がSCOTによってカバーされているという条件の下で，将来市街地化区域［zones à urbaniser］での市街地化を行うことができるのです。

　(2)　しかしながら，1983年の地方分権化に眩惑されてはなりません。なぜなら，国は，少なくとも理論上は都市計画に関して広範な特権を保持し続けているからです。まず，地方長官［préfet］は，地域的都市計画文書に対して強度の監督権を行使します。地方長官は，コミューンがSCOTを備えていない場合には，PLUに対する拒否権までをも有しているのです。さらに言えば，地方長官は，コミューンにSCOTを策定させること（都市計画法典・法律篇122-5-1条〔現・同143-7条〕）やその効力の発生を停止させること（都市計画法

182

典・法律篇 122-11-1 条〔現・同 143-24 条, 143-25 条等〕）もできます[20]。その上,
PLU が備えられていない場合であっても, いかなるフランス国土における区
画も都市計画に関する諸規範を免れることはありません。なぜなら, この場合
においても, コミューンは, 政府がその内容を一方的に定める都市計画全国基
準（RNU）に服することとなるからです。地方長官はまた, 国があるコミュー
ンの管轄地域において《国益事業［opération d'intérêt général]》を実施しよ
うとする場合には, 当該コミューンに対して PLU の改定を命じることができ
ます。他方, 壊れやすいとされている特定の国土については特別法が定められ
ています。すなわち, 立法府は, 地方議会の議員が有する〔当該国土の市街地
化という〕野望から当該国土を保護しようと考えたのであります。例えば, 海
岸地域の整備, 保全及び活用に関する 1986 年 1 月 3 日の法律第 86-2 号（いわ
ゆる海岸法）によれば, コミューンが PLU を策定しているか否かにかかわら
ず, まだ市街地化されていない区域においては, 当該土地が海に近ければ近い
ほど, その土地での建築が不可能になるとされています。同様に, 山岳地域の
開発と保全に関する 1985 年 1 月 9 日の法律第 85-30 号もまた, 環境保護とい
う同一の目的を追求しています。それは, 1983 年に都市計画についての政策
が委任されたコミューンの市街地拡張事業に対抗する形でなされているのです。
これらの二つの法律の射程は非常に広範です。なぜなら, フランスにおいては,
海岸や山岳地帯が国土の広い範囲を占めているからであります。これらの諸法
律に, コミューンの自由を制限する国の文書が加わります。その例として, イ
ル・ドゥ・フランス地方圏指導スキーム［SDRIF：Schéma de Développement
Régional de l'Île-de-France][xv]や, かつての国土整備指針［DTA：directives
territoriales d'aménagement］を挙げることができます。この後者の国土整備
指針（DTA）は, 〔2010 年に制定された〕グルネル第 2 法によって, 持続可能
な国土整備及び開発指針［DTADD：directives territoriales d'aménagement
et de développement durable］に改められました。

しかし, この DTA から DTADD への移行の背後には, ある事実が隠され
ています。それは, 国が特定の地方議会の議員に対抗して DTA を採択する政
策的な能力を有していないという事実であります。この移行以来, DTADD
は, 建築許可の申請に対する法的拘束力を失いました[xvi]。したがって, この
ことは, やはり国が都市計画に関して常に自らの意思を押し通すような力を有

---

(20) J. P. Strebler, « Grenelle 2 et SCOT : des ambitions renforcées et une présence
plus forte de l'État », *R.D.I.* 2011, p. 78.

第1部　都市法の新たな課題

していないということの表れの一つといえるでしょう。また，災害予防プラン
［PPR：plans de prévention des risques］（自然災害，産業災害又は科学技術災害
に関する予防プラン）に関しても同じことがいえます。環境法典に規定された
これらの文書は国の管轄に帰属します。コミューンがこれらの文書を尊重する
義務を負っていることから，多くの観察者は，環境法を，国が国土整備に関す
る支配権を回復するための手段として見ています。とはいえ，このことは，
もっぱら理論上の真実にすぎません。実際，地方長官庁がコミューンにこの
PPR の内容を尊重するよう強制するための人的及び政治的な諸手段を有して
いない，ということは稀ではありません。2010 年に暴風雨シンシア
［Xynthia］によってフランス西海岸に生じた被害が，そのことをよく物語っ
ています[21]。まさに以上に述べたことが，国の思惑とその政策の実態との間
にずれが生じている例なのです。

2　民主的法

　都市計画法は，それが規律する諸規範の策定に当たって公衆参加手続を予定
していることから，この法を民主的と形容することができます。もっとも，都
市計画法が以前からこのように民主的であったというわけではありません。長
い間，都市計画法は，国の技術者の法［droit des ingénieurs de l'État］であ
りました。1983 年の都市計画に関する地方分権化がそれに終わりを告げまし
た。というのは，この地方分権化が都市計画文書を策定する場面において所轄
行政庁と国民とを接近させたからであります。

　もっとも，〔この地方分権化に係る改正により〕POS が公開意見聴取手続の
後でしか策定することができなくなったにもかかわらず，この民主化は，十分
なものとしては評価されませんでした。そこで，立法府は，1985 年に，あら
ゆる整備事業に先立って事前協議の席を設けることを行政に義務づけました[22]。
SRU 法は事前協議手続を PLU 及び SCOT の策定過程にまで拡張したのです
が，この SRU 法やそれ以降の諸法令が当該手続を改廃するということはあり
ませんでした。それどころか，2005 年に採択された環境憲章や 1998 年に採択

---

(21)　P. Le Louarn, « La tempête Xynthia révélateur des insuffisances du droit », *J.C.P.*
　　G. (Semaine juridique, édition générale) 2011, n° 19, p. 940 – R. Léost, « Loi littoral :
　　tirer les conséquences de la tempête Xynthia », *Droit et tourisme* 2010, n° 121, p. 14.

(22)　loi n° 85-729 du 18 juillet 1985 relative à la définition et à la mise en œuvre des
　　principes d'aménagement.

されたオーフス条約は，都市計画に関する諸決定が環境に対して確実に何らかの影響を及ぼすものであることを理由に，当該決定の策定過程における公衆参加手続の義務をさらに増大させることすらしたのであります。ただし，国民に拒否権が付与されるというわけではありません。他方，こうした動きにはデメリットも存在します。というのも，こうした動きというのは，公権力に対して国民が有する不信感を白日の下にさらすだけでなく，やや自由主義的にすぎる信念によって行政の正統性を否定する立場に特有の考え方でもあるからです[23]。以上のことは，行政が都市計画に関する活動能力を有しているのか，という問題を提起するのです。

　また，都市計画法は，裁判官の前で国民に発言する機会を保障しているという点においても民主的法であるといえます。法廷は，多くの点で第二の政策論争の場になっています。これは，以下のような選択に対抗する国民のための手段であるといえます。すなわち，その選択とは，国民にとって都市計画法典・法律篇110条〔現・同101-1条，101-2条〕及び121-1条によって定められた都市計画法の基本的な諸原則に反し，不合理で根拠を欠くように見える選択です。

　しかし，確かに行政訴訟は自由主義的なものとして考えられているのですが，近年，この特徴は都市計画法において薄弱になっています。立法府は，1994年に，原告が違法性の抗弁により都市計画文書の形式的な瑕疵を援用する機会を時間的に限定することによって国民の訴訟提起の権利を制限しました（都市計画法典・法律篇600-1条）。ところが，その形式が実体を担保するもの〔la garantie du fond〕であるにもかかわらず，SRU法も判例もこの立法を見直すことをしませんでした。立法府はまた，依然として，法的安定性を考慮し，許可に対する訴訟が提起されたということを行政と許可の名宛人に通知することを義務づけています。さらに，より重大なことに，2006年，立法府は，民間の非営利団体が建築許可の申請の公示の後で設立された場合には，この団体によって提起された越権訴訟を受理不可能なものとする旨を定めた都市計画法典・法律篇600-1-1条を創設したのであります。

　以上に述べたような訴訟提起の権利の制限は，概して都市計画法が有する複雑性に対応するものであるともいえます。この複雑性は，否定しがたいものであり，その程度はというと都市計画規範の概念そのものが論争の対象になった

---

(23)　この点については，Y. Jégouzo, « Principe et idéologie de la participation », dans *Pour un droit commun de l'environnement : mélanges en l'honneur de Michel Prieur*, Paris, Dalloz, 2007, p. 577. を参照。

第1部　都市法の新たな課題

ほどであります[24]。いかなる法律も，法の簡素化と銘打った法ですらも——そういった近年の法のほとんどがそうなのではありますが——，この複雑性を改善することはありませんでした。この複雑性は都市計画文書に記載される目的ないし目標の多様性によって説明されるのですが，それは同時に諸規範の間の相関関係によっても説明されます。両立性の関係［rapport de compatibilité］，及び時に適合性の関係［rapport de conformité］に，考慮事項の関係［rapports de prise en compte］を付け加えなければなりません[25]。この考慮事項の関係は，上位規範の詳細性に依存することから最も取扱いがデリケートなものであるといえます。〔この考慮事項の関係が要求される場合には，〕当然，建築主体の法的安定性という利益を得るものの，その分，環境保全，都市計画法の民主的性格及び行政による法の尊重が失われることとなります。

　都市計画に関する契約関係の発展が事態を改善することはありませんでした。契約手法は，近年，都市計画法の複雑性を解決する手段として，また公的活動の透明性を保障するものとして提示されています。このことから，国土開発に関して契約手法が導入されたのです[26]。しかしながら，都市計画に関する契約手法の発展は，PADD が PLU から分解・離脱［dislocation］してしまうリスクを生ぜしめます。さらに，都市計画に関して契約手法を好む傾向が，ある事実に結び付けられるということを明らかにする必要があります。すなわち，その事実とは，契約裁判官の前での訴訟が結局一方的行為に関するそれよりも困難であるという事実です。かくして，契約手法はむしろ都市計画法の民主的側面を縮小する手段として現れているということができます。

3　将来展望的な法

　最後に，都市計画法は，将来展望的な法であると考えられます。SRU 法がそれを強調しているように，都市計画法は，単なる土地利用の規制に関する法ではなく都市の法であります。つまり，都市が現在どのようにあるかではなく，将来どうあるべきか，ということに関する法なのです。都市計画法が，一定程

---

(24)　GRIDAUH, « La règle locale d'urbanisme en question », *B.J.D.U.* 2012, n° 1, p. 12.

(25)　Ph. Baffert et O. Bonneau, « La « prise en compte » par les SCOT et les PLU des documents de programmation indépendants du droit de l'urbanisme : de la nécessité de bien s'entendre sur les mots... », *B.J.D.U.* 2012, n° 4, p. 260.

(26)　O. Ortega, « Sécuriser un projet face aux tiers », *revue Opérations immobilières* 2012, n° 48, p. 29 – J.-Ph. Brouant, « Grand Paris et urbanisme : révolution copernicienne ? », *revue Opérations immobilières* 2012, n° 44, p. 18.

度幻想的な，さらにはある種の希望観測的な色合いを帯びているということを否定することはできません。SRU 法が PLU 及び SCOT の一部を成す PADD を前面に押し出したことは，この観点からみれば意義深いように思われます。その点で，都市計画法は，伝統的な行政法とは距離を置くものであるといえます。コンセイユ・デタが，長い間，警察規則のような禁止事項というよりはむしろ行動指針，方針及び誘因を内容とする都市計画法のあらゆる独自性を把握するのに苦労したということは，以上のことにより説明されるのです。

　しかしながら，現在の都市計画法は，もはや SRU 法採択当時の都市計画法ではありません。既に指摘したように，SRU 法は，PLU の一部を成す PADD が建築許可の申請に対して法的拘束力を有すると規定していました。したがって，コミューンは，申請者の事業計画が当該コミューンの PLU により定められた規則を尊重していないことを理由として，また当該事業計画が PADD において定められた都市計画に関する方針に反した場合には，建築許可の交付を拒むことができたのです。この法的拘束力は 2003 年に再び法的安定性の名の下に消滅したのですが，その消滅は都市計画法から将来展望的な側面の一部を奪ったといえます。同様に，PLU 及び SCOT がそれと両立可能でなければならないとされる災害予防プランのような将来展望的な性格を有しない文書の増加もまた，都市計画法からこの将来展望的な側面の一部を削ぎ落とします。環境法は，都市計画法を硬直化させます。グルネル第 2 法もまた，都市計画法のこの側面を縮減するように作用します。実際，SCOT は，2010 年までは，都市計画，住宅，交通機関などに関する政策の諸目標（都市計画法典・法律篇 122-1-3 条〔現・同 141-4 条〕）を定めるものであり，本来的には PLU がそれと両立可能でなければならない方向づけに関する文書であったのですが，それ以後の SCOT は，都市計画の許可申請に対して法的拘束力を有する命令的な措置を含むことができるようになりました。SCOT は，とりわけ自然的，農業的空間及び区域等の場所を指定し，さらには公共交通機関が整備されていることを条件に新たな市街地化を可能ならしめるような区域を指定することができるようになっています。特に，《(SCOT の一部を成す）方針及び目標提起書［document d'orientation et d'objectifs］は，地区ごとに適用可能な都市，建造物及び景観の質に関する諸規範を規定することができます》[27]。〔ただし，〕これは，《地域都市計画プラン（PLU）又はそれに準ずる都市計画文書が

---

(27)　M. David, « Le caractère prescriptif des SCOT », *A.J.D.A.* 2011, p. 483.

第1部　都市法の新たな課題

存しない》（都市計画法典・法律篇122-1-6条〔現・同141-18条〕）場合にしか認められていません。もっとも，以上のことは，さまざまな都市計画文書の間の役割分担がもはや SRU 法制定当時のような明確性を有していないということの徴表でもあります。このことはまた同時に，都市計画文書がどのような地域レベルに適用可能なものとして解するのが適切かを判断するに当たって立法府が衝突する障害〔＝困難〕の徴表でもあります。コミューンの領域が効果的な都市計画を可能ならしめるためにはあまりにも狭すぎることや，義務として複数のコミューン間で策定することとなる PLU 及び地域圏の都市計画文書の策定に多くの者が賛成していることについては，誰もが同意するところではありますが，立法府は，自身の権限を守ろうとする地方議会の議員の抵抗にあっています。立法府は，SCOT というものを変容させ，かつ変質化させることを余儀なくされているのであり，PLU についても同様のことがいえるのです。というのも，PLU は，SCOT において定められたさまざまな方針を転記するだけのものになってしまっているともいえるからです。

　以上のことから，今日のフランス都市計画法の特徴を要約すると，我々は，この法が全面的に理解可能でかつ実効的な構造と明確な指導的原則を欠いた状態にあるということができるでしょう。新たな経済的及び社会的な要請に因って，この法は，再構築の局面を迎えているのです。

【訳　注】

(i)　凡例 《○○》：原文ママ，（○○）：原文ママ，［○○］：原語併記，〔○○〕：訳語の補充，〔＝○○〕：訳語の言い換え

(ii)　本稿では，SRU 法制定前後におけるフランス都市計画法の法的性格の変化を明確にするために，［droit de l'urbanisme］に伝統的な訳語である「都市計画法」という訳語をあてた。ただし，SRU 法制定以降のフランス都市計画法においては，交通政策，経済政策，文化政策，環境政策などのさまざまな政策が都市計画の中に位置づけられ，それらが有機的に関連づけられるようになっている。したがって，現在のフランス都市計画法は，伝統的な都市計画法，すなわち都市における土地利用の計画的制御を目的とした狭い意味での都市計画法の枠組みを超えたものになっていることから，「都市計画法」というよりはむしろ「都市法」と呼ぶべきものとなっていることに留意が必要である。

(iii)　パリ第1（パンテオン＝ソルボンヌ）大学教授——同大学ソルボンヌ環境法・国土整備法・都市計画法・観光法研究部門共同代表

(iv)　「広域整合スキーム（SCOT）」とは，SRU 法によって導入された主要な都市

188

計画文書の一つである。この文書は，関係市町村の集合体である「コミューン間協力公施設法人（EPCI）」によって策定される，当該地域の将来的な展望を定める文書である。具体的に言えば，EPCI は，まず，その適用対象となる地域について事前の診断を行い，次に，持続可能な整備開発事業計画を定め，その上で，かかる事業計画の実施のための諸条件を定める（ジャン・フランソワ・ストゥルイユ／亘理格(訳)「フランスにおける戦略的都市計画の変容：広域整合スキーム（SCOT）の場合」新世代法政策学研究 14 号（2012 年）185 頁以下，原田純孝「フランス都市法の新展開── 連帯と参加のある持続可能な都市再生──」原田純孝＝大村謙二郎編『現代都市法の新展開──持続可能な都市発展と住民参加──ドイツ・フランス』（東京大学社会科学研究所・2004 年）109 頁以下参照）。

(v) 「地域都市計画プラン（PLU）」もまた，広域整合スキーム（SCOT）と同様，SRU 法によって導入された主要な都市計画文書の一つである。この文書は，原則としてコミューンによって策定され，当該地域の全域について土地占用の用途にかかる区域区分を行った上で，開発行為や建築規制その他の土地利用の一般的規則と地役負担を詳細に規定する。ただし，PLU の内容は，SCOT やその他の上位規則及び計画と両立可能なものでなければならない（原田・前掲 113 頁以下，亘理格＝ジャン・フランソワ・ストゥルイユ「講演録 フランスの土地法及び都市計画法に関する研究講演会」土地総合研究 20 巻 2 号（2012 年）138 頁以下参照）。

(vi) 現在のフランスにおいては，多数のコミューンが PLU を策定しているが，コミューンの中には，人的，物的及び財政的能力等を欠くがゆえに PLU を策定していないコミューンも存在する。そこで，こうしたコミューンにおける建築行為や開発行為などの土地利用を規制すべく定められているのが，「都市計画全国基準（RNU）」である。この RNU は，PLU を策定していない地域に適用される補充的な基準に加え，PLU を策定しているか否かにかかわらず，あらゆる地域において一律に適用される強行法規的な基準をも併せ持っている（詳しくは，原田純孝［ほか］編『現代の都市法──ドイツ・フランス・イギリス・アメリカ』（東京大学出版会・1993 年）189 頁〔吉田克己執筆担当部分〕，亘理格「計画的土地利用原則確立の意味と展望」稲葉馨＝亘理格編『行政法の思考様式──藤田宙靖博士東北大学退職記念』所収（青林書院・2008 年）624 頁以下参照）。そして，この RNU が適用される地域においては原則として制限的な建築可能性の原則により既成市街地以外での市街地化が禁止されることから，当該コミューンがこれを可能ならしめるためには，独自の都市計画文書が必要となる。その際，技術的・財政的な制約を有する小規模のコミューンが複雑な策定

第1部　都市法の新たな課題

手続を要する PLU に代えて策定することができる都市計画文書が，「コミューン土地利用図（CC）」である。この CC は，PLU と比較して相対的に簡潔化された都市計画文書であり，策定機関であるコミューンは，この文書において上位の規則及び計画の範囲内で建築可能地域や不可能地域などを定めることとなる（Voir, Y. Jégouzo, article « CARTE COMMUNALE », dans *Droit de l'urbanisme. Dictionnaire pratique*, Sous la direction scientifique d'Yves Jégouzo, 2ᵉ éd., Paris, Le Moniteur, 2013, pp. 134-140. – J.-B. Auby, H. Périnet-Marquet et R. Noguellou, *Droit de l'urbanisme et de la construction*, Paris, Montchrestien, 9ᵉ éd., 2012, nᵒ 579 et s.)。

(vii)　「整備及び持続可能な開発計画（PADD）」とは，SCOT 及び PLU を構成する主要な都市計画文書の一つであり，都市計画政策をはじめ，住宅政策，輸送及び交通政策，観光政策，環境保護政策などのさまざまな分野における公共政策の目標ないし一般指針を設定するための文書である（ジャン・フランソワ・ストゥルイユ／亘理格（訳）・前掲 198 頁，亘理格＝ジャン・フランソワ・ストゥルイユ・前掲 139 頁）。

(viii)　訳注vi参照。

(ix)　「土地占用プラン（POS）」とは，PLU の前身にあたる都市計画文書であり，SRU 法の制定により PLU に取って代わられることとなった（詳しくは，原田純孝「フランスの都市計画制度と地方分権化(下)」社会科学研究 45 巻 2 号（1993 年）168 頁以下，久保茂樹「フランスの土地占用計画（POS）の法構造──市町村による内容形成の自由度──」青山法学論集 43 巻 1 号（2001 年）9 頁以下参照）。

(x)　「土地利用に関する地役［servitude d'utilisation du sol］」あるいは「都市計画上の地役［servitude d'urbanisme］」とは，簡潔に言えば，それぞれの土地の位置づけに応じて土地利用に関する制約を課すことを目的とした概念であり（J.-F. Inserguet, article « SERVITUDE D'URBANISME », dans *Droit de l'urbanisme. Dictionnaire pratique*, Sous la direction scientifique d'Yves Jégouzo, 2ᵉ éd., Paris, Le Moniteur, 2013, pp. 981-983），我が国で言うところの「都市計画制限」に相当する概念である。

(xi)　例えば，人口移動の統御［contrôle du peuplement］や競争政策上の調整［régulation de la concurrence］といったものは，この「都市計画上の理由」としては認められないという（Y. Jégouzo, «Les principes du droit de l'urbanisme », dans *Bien public, bien commun : mélanges en l'honneur d'Étienne Fatôme*, Paris, Dalloz, 2011, p. 187)。

(xii)　「都市計画地役の無補償の原則」とは，文字通り，都市計画により地役が課

せられる土地の所有者は原則として補償を受けることができないとするもので
ある（この原則の成立過程等については，見上崇洋『行政計画の法的統制』（信
山社・1996 年）188 頁以下参照）。

（xiii）「栄光の 30 年」とは，フランスにおける戦後高度経済成長期を指す表現で
ある。

（xiv）　フルキエ教授によると，「公施設法人［établissement public］」や「混合経
済会社［société d'économie mixte］」（官民出資の第三セクター）といった組織
が，ここでいう「社会的組織」に当たるという。なお，フランスの住宅法制に
ついては，吉田克己『フランス住宅法の形成：住宅をめぐる国家・契約・所有
権』（東京大学出版会・1997 年）参照。

（xv）　イル・ドゥ・フランス地方圏は，パリを中心としたフランスの首都圏であ
り，この「イル・ドゥ・フランス地方圏指導スキーム（SDRIF）」とは，その首
都圏における都市計画の一般指針を定める文書である。この SDRIF は，SCOT
や PLU の上位に位置づけられる都市計画文書であることから，SCOT や PLU
の内容は，これと両立可能なものでなければならない（J.-P. Brouant, article «
SCHÉMA DIRECTEUR DE LA RÉGION ÎLE-DE-FRANCE », dans *Droit de
l'urbanisme. Dictionnaire pratique,* Sous la direction scientifique d'Yves
Jégouzo, 2e éd., Paris, Le Moniteur, 2013, pp. 968-971)。

（xvi）「国土整備指針（DTA）」と「持続可能な国土整備及び開発指針
（DTADD）」との主な違いは，これらの文書の法的効果にあるとされている。す
なわち，DTA が下位の都市計画文書や場合によっては都市計画に関する許可に
対して直接的な法的拘束力を有していたのに対して，DTADD はそのような法
的拘束力を有しないのである。国は，この DTADD において，都市計画をはじ
め，住宅，交通，環境保全といったさまざまな政策に関する国の目標ないし一般
指針を定めることができる（都市計画法典・法律篇 113-1 条〔現・同 102-4 条〕）
（P. Planchet, article « DIRECTIVES TERRITORIALES D'AMÉNAGEMENT
ET DE DÉVELOPPEMENT DURABLES », dans *Droit de l'urbanisme.
Dictionnaire pratique,* Sous la direction scientifique d'Yves Jégouzo, 2e éd.,
Paris, Le Moniteur, 2013, pp. 310-312)。

【訳者後記】本稿は，ノルベール・フルキエ教授（パリ第 1 大学）が 2013 年 3 月 5
日に北海道大学で開催された研究会において行った報告の原稿を訳出したものであ
る。訳者は，既に本稿を北大法学論集 64 巻 3 号（2013 年）924 頁に公表しているが，
本書の出版にあたり，これに若干の加筆・修正を加えた。なお，本稿において参照
ないし引用されている都市計画法典の規定は基本的に上記報告当時の規定であり，

第 1 部　都市法の新たな課題

その中には，当該報告以降になされた法改正によって現在（2016 年 5 月）は条文番号や内容が変わっている規定も多数ある。そこで，かかる規定については「〔現・同○○○条〕」という形で改正後の規定の条文番号を付すこととした。

　上記研究会は，科学研究費助成事業基盤研究 A「ネットワーク社会における都市空間のガバナンス」（研究課題番号：21243007／研究代表者：吉田克己）と北海道大学公法研究会との共催により開かれたものである。今回，訳者に翻訳の機会を与えて下さった吉田克己先生（早稲田大学教授），報告の前後を通じて多大な御助力を下さった高橋信行先生（國學院大学教授），興津征雄先生（神戸大学教授），小野寺倫子先生（秋田大学准教授），翻訳に当たって拙訳を補訂し多くの御助言を下さった亘理格先生（中央大学教授）に，この場を借りて心より御礼を申し上げる。また，フルキエ教授には，原稿の翻訳や訳注の作成に当たって報告後も私信を通じて多くの御教示を賜った。改めて深謝申し上げたい。

　なお，フルキエ教授は，この報告のほか，同月 8 日に慶應義塾大学で開催されたフランス行政法研究会・第 139 回研究会において「フランス行政法における公権論」と題する報告をなされている。その内容は，興津征雄先生の御翻訳により，民商法雑誌 147 巻 6 号（2013 年）492 頁に公表されている。

8 フランスは「持続可能な都市計画法」に
向かっているのか？

ジャン - フィリップ・ブルアン

興津　征雄（訳）

持続可能な発展［développement durable］という観念は，フランスの一定数
の法律家にとって，疑い，不信，さらには皮肉をももたらしうるものであった。
「法的ルアー（擬餌）」[leurre juridique]⁽¹⁾と形容されることもある持続可能な
発展は，《キャッチ・オール [attrape-tout]》的な変幻自在の観念であり，それ
が政策的あるいは商業的な目的の国土整備事業を「ラベリング [labelliser]」
するために用いられるときは，一つ一つはまったく異なる現実を［一つの概念
で］覆い尽くすことができてしまうのである。［本稿では，］まず，すでに憲法
に採り込まれたこのフランス法上の観念を精確に輪郭づけるために，これを明
確化することに努めなければならない。この作業を経たうえで，次に，この観
念の都市計画法に対する影響を検討することが必要である。

I　持続可能な発展という観念

まず，フランスの実定法においてこの概念がどのように出現したのかを確か
め，次に，それが都市計画法にどのように組み込まれたのかを見る。

1　フランスの規範秩序への挿入

フランス法において，持続可能な発展という観念は，単なる準拠枠組み
[une simple référence] として導入された（環境法典 L110-1 条）。その導入は，
議会による法改正，すなわち，［環境保護の強化に関する］1995 年 2 月 2 日の法
律第 95-101 号（バルニエ [Barnier] 法），次いで，国土の整備および持続可能
な発展に関する 1999 年 6 月 25 日の法律第 99-533 号（ヴォワネ [Voynet] 法）
によってなされた。

この観念は，2004 年の環境憲章により，憲法に採り込まれた。すなわち，

---

(1)　Chantal Cans, Le développement durable en droit interne : apparence du droit et
droit des apparences, AJDA 2003 p. 210.

第1部　都市法の新たな課題

環境憲章 6 条は，公共政策は「持続可能な発展を促進」しなければならないと定める。このことは，次の 3 つの柱の調和によりなされる。すなわち，「環境の保護と利用，経済的発展および社会的進歩(2)」。他方で，環境憲章前文第 7 段は，持続可能な発展を目標 [objectif] の一つとして定めるとともに，現在の需要に応ずるための選択が，将来世代および「他の人民 [autres peuples]」の需要を危うくするものであってはならないと述べている。

　発展の持続可能性をコントロールする方法は，立法者によって採り入れられなかった。したがって，この目標が尊重されたかどうかを具体的に判断する基準は存在しない。しかし，憲法院は，環境憲章 6 条から「諸利益の調和 [conciliation des intérêts]」原則を導き出し，この原則を尺度として，立法者が採択した措置の適切性を判断している（Cons. const. 28 avr. 2005, n° 2005-514 DC）。また，国務院（コンセイユ・デタ）の判例には，自動車道の建設計画の影響を限定する「ために採られた予防策に鑑みれば」，当該事業から生じる現実的な不都合は，事業のもたらす利益に比して過剰であると見ることはできない，と判断したものがある。こうした［費用便益］衡量の手法を用いることにより，国務院は，「それゆえに，係争の［公益認定］デクレが，環境憲章 6 条の要求するように，環境の保護と利用，経済的開発および社会的発展を調和させていないという主張は，採用できない」と判示した（CE, sect. 17 mars 2010, Alsace nature, req. n° 314114）。

2 ［持続可能な発展という］観念の都市計画法への統合

　都市計画の持続可能な発展への附合 [adhésion] が「公認」されたのは，2000 年 12 月 13 日の都市連帯・再生法においてであった。しかし，この附合は，密やかに行われたということを指摘できる。

　第一に，持続可能な発展は，地域都市計画文書 [documents locaux d'urbanisme] の図書一式に新たに含まれることになった書面——これは計画による都市規律 [planification] の現代化アプローチの例とみなされている——の名称の一部として用いられている。つまり，広域一貫計画 [schéma de cohérence

---

(2)　この呼称に，「統合原則 [principe d'intégration]」，すなわち，あらゆる決定において環境を考慮に入れなければならないというヨーロッパレベルで存在する原則の表明を見る論者もいる。しかし，フランス法では，環境は他の柱との調和のプロセスにおいてのみ考慮に入れられるにとどまる。仮に統合原則が存在するとすれば，それは持続可能な発展の原則であり，独り環境のみに関わる原則ではない。

territoriale］および地域都市計画プラン［plan local d'urbanisme］における，空間整備・持続的発展基本指針［projet d'aménagement et de développement durable］である。

第二に，同法は，都市計画文書が尊重しなければならない諸原則のリストの中に，持続可能な発展を挙げている。より厳密に言えば，都市計画法典L121-1条は，とりわけ，都市計画文書によって定められる整備と保全の均衡が「持続可能な発展に関する諸目標［les objectifs du développement durable］」を尊重しなければならない旨を規定する。これについては，次のことを指摘することができるだろう。すなわち，同法は，持続可能な発展を固有の意味での目標として掲げるのではなく，計画による都市規律の指導原理となる均衡の原則［principe d'équilibre］の構成要素の中に，付随的な形で，持続可能な発展を登場させている。そして，この目的の定義を与えることをせず，1995年2月2日の法律が環境について採用したリオ条約の定義を参照することも——この方向での議会修正［amendement parlementaire］があったにもかかわらず——していない。

2009年8月3日のグルネルⅠ法が［都市計画法典］L110条についてしたように，環境のための国家の約束に関する法律（いわゆるグルネルⅡ法）は，都市計画文書とりわけ地域都市計画プラン（PLU）（改正L123-1条）が土地占用の条件を定める際に追求すべき目標を定めるL121-1条を次のように補足し，明確化している。

まず，同法は，持続可能な発展という目標を「均衡原則」の単なる一要素とするのではなく，条文の冒頭に位置づけている。これにより，持続可能な発展という目的は他のすべての目的の源泉となり，都市計画文書に割り当てられた諸目標の全体を超え出るものとなる。

次に，今やPLUを策定するにあたっては，以前からあった目標に加えて，気候温暖化対策および温室効果ガスの削減，生態系の継続性の完全な回復，エネルギーおよび再生可能資源からのエネルギー産出の制御，電気通信の開発にも配慮しなければならない。また，都市の膨張［étalement urbain］に対する防止策や，空間および資源の節約化［aménagement économe］の追求にも，いっそう大きな注意を払わなければならない。これらは，都市計画政策における持続可能な発展の特徴的な側面の一つであり，その一部は［2000年の］都市連帯・再生法により着手されていたものであった。都市計画文書においては，今

第1部　都市法の新たな課題

や一定の発展を制御することのみならず，空間の消費[3]，移動を余儀なくされること［obligations de déplacement］，さらに温室効果ガスの排出を削減することが重要となっている。この「削減」という目標がどのように具体化されているかに注目してみたい。

この新たな義務の射程は，以前から存在した諸義務と同様に，強化されたように思われる。なぜなら，グルネルⅡ法により改正された［都市計画法典］L123-1条は，「地域都市計画プランはL110条およびL121-1条に列挙された原則を尊重するものとする」と定めるからである。しかし，こうした立法的主意主義［volontarisme législatif］は，次のような憲法院判例と衝突するおそれが非常に強い。憲法院は，L121-1条に列挙された諸目的が不明確であるため，同条の規定は「都市計画文書の策定者に対し，同条が掲げる諸目的［を実現するという結果を義務づけているのではなく，そ］の実現に関わる措置を記載することのみを義務づけていると解釈されなくてはならない。したがって，行政裁判官は，［当該都市計画文書に定められた規範とL121-1条の規定とが］整合するかどうかについてのみ審査することができる」と判示している（Cons. const. 7 déc. 2000, n° 2000-436 DC, D. 2001. SC. 184, obs. L. Favoreu）。

しかしながら，同法は，知事が適法性コントロールの名において，とりわけ都市計画文書が，持続可能な発展という目的がその一部をなすところの都市計画法典「L110条およびL121-1条に列挙された原則を甚だしく危殆にさらす」［都市計画法典L122-11条，L123-12条］ときに，当該都市計画文書の発効に対して異議を述べることができる場合を拡大している。

最後に，都市計画法典の多くの規定が，しばしばそこに「持続可能な整備［aménagement durable］」（DTADD，「持続可能［durable］」という形容詞は複数形で与えられている［DTADDとは，持続可能な国土整備および開発指針（directive territoriale d'aménagement et de développement durables）の略。最後のdurablesが複数形で置かれているため，この形容詞が，直前のdéveloppementのみならずaménagementにも係ることが明らかとなる］）と結びつけて，持続可能な発展に言及しているとしても（48ヶ条がそれに該当する），現在のところ，持続可能な発展という目標を尊重しなかったことを理由とする争訟は都市計画の領域ではほとんど存在しないことを認めなければならない。われわれが言及す

---

(3) この目的は新しいものではない。1977年にすでに，「設備省［ministère de l'Equipement］」は「スプロール現象に注意［Attention mitage］」と題する小冊子を刊行し，膨張型都市とコンパクト型都市の2つの対照的な構図を提示していた。

ることのできる希少な例の一つは，商業的都市計画に関するものである。つまり，フランス法は，ショッピングセンターを建設するために，県商業整備委員会［commission départementale d'aménagement commercial］の発する商業開発許可［autorisation d'exploitation commerciale］の取得を義務づけている。2008年8月4日の法律に由来する商事法典 L752-1 条は，同委員会に対し，持続可能な発展を含むいくつかの目標を尊重することを義務づけている。そして，この規定の意義は，［同委員会により］審査される建設計画によりこの目標が尊重されているかどうかの「評価基準」を，立法者自身が定めたというところにある。ここでは，二つの基準が採用されている。建設計画の環境品質［qualité environnementale］と，集団的交通網への組込みである。

　指摘しておきたいのは，持続可能な発展という目標が受容されてきた伝統的な形，すなわち「諸利益の調和」原則は，ここでは用いられていないということである。持続可能な発展という目標は，商業的都市計画の領域において，一見したところ明らかに詳細になった様々な基準に細分化されている。いずれにせよ，裁判官は，これらの基準が尊重されているかどうかを評価するにあたって，かなり厳格な態度を示している。2011 年 6 月 27 日の判決（CE 27 juin 2011, GIE Centre commercial des longs champs, req. nº 336234）において，国務院は，2 万 1000㎡のショッピングセンターの建設計画が，次の理由で環境品質の基準に適合しないと判示した。すなわち，当該ショッピングセンターが位置づけられる景観および周囲の自然状況［milieu naturel］に対する侵害があり，その侵害は，エネルギーの節約およびゴミ処理のために採られる諸措置によっては代償されることができない，というのである。したがって，ショッピングセンターは景観にうまく溶け込めるように留意しなければならなくなったのである。

Ⅱ　持続可能な発展の都市計画法へのインパクト

　われわれは，持続可能な発展という目標——すでに見たように，フランスの規範システムにおけるその法的な射程は限定されたものである——に，著しいインパクトや効果を帰することはできない。しかも，都市計画法上の一つの特殊な目標［にすぎない持続可能な発展］——立法者がリストの冒頭に置いたものであったとしても——を，他の一連の目標から切り離すことも差し控えなければならないだろう。とはいえ，この目標は，その性質自体によって，次の3種

第1部　都市法の新たな課題

の波及効果を持ちうる。一つは，経済的，社会的および環境的目標の調和を義務づけることで，持続可能な発展が都市計画法の総合的な役割［vocation globalisante］を確たるものとし，各法制度の独立［indépendance des législations］というドグマに疑問を投げかけることである。二つ目は，調和の要請は現に存する諸利益とありうる調和の態様とを――公の――議論に付すことを帰結として伴う。ゆえに，持続可能な発展という目標は，都市計画をめぐる選択の透明性と民主化を強化する効果を持つ。第三に，調和という目的は国土利用の態様に対する波及をも伴う。

　もちろん，これらのインパクトは，相互に緊張を呼び起こさないわけではない。

1　都市計画法の総合化［Globalisation du droit de l'urbanisme］

　都市計画法は，当初は公の秩序という古典的目的――治安，衛生，保健，さらには美観――を追求する特別の警察作用として構想されたが，徐々にその追求する目的の正統性が拡大しつつある。都市計画法規の適用は，徐々に経済的，社会的および環境的考慮を組み込んだ動機によって正当化されるようになっている。

　都市計画法の主たる任務は，国土のありうる経済的利用のうち様々なもの――農業，工業，商業，などなど――を調整することであり，ゾーニングは何よりもまず国土の経済的発展を特殊化させるものであった。そして，70年代以降に商業的都市計画における特別の警察作用が発展した一方で，裁判官は，伝統的な都市計画法規により例えば市街地で500㎡以上の小売店舗の建設を禁止する可能性を認めた（CE 7 mai 1986 Soc. Guyenne et Gascogne, AJDA 1986 p. 523）。同様に，都市計画上の考慮と同時に自治体の経済的発展と結びついた考慮に端を発するプロジェクトの配置を可能にするための都市計画文書の改定が，適法と判示された（CE 23 décembre 1994, Gallese, req. n° 118564）。

　1976年以降，都市計画法はその目標の中に環境，文化財および景観の保全を組み入れるようになる。そして，この新しい役割は，この領域における数多くの専門化された警察作用の存在にもかかわらず，必要不可欠なものとなっていく。

　社会政策的配慮は，これまでにも都市計画文書の策定者の関心事の中に欠けているものでは決してなかった――例えば，不衛生な住居の撲滅など――が，立法者は徐々にこの目標を地方公共団体の機関に課すようになった。1991年

の都市に関する方向づけ法律は，都市の地域格差［ségrégation urbaine］への対抗策を都市計画文書に規定したし，2000 年 12 月 13 日の都市連帯・再生法は都市計画文書が追求すべき目標として「社会的混合［mixité sociale］」を挙げた。

　もし持続可能な発展の 3 つの「柱」が都市計画法の中にまさに存在するとしたら，「持続可能な発展」［という観念］を援用することにより，いかなる寄与ないし付加価値とがもたらされるのだろうか？もちろん，こうした様々な目的を調和するという考え方は，すでに背後には存在していた。都市計画文書の策定者は，法律を無視することなしに，あれやこれやの目標を犠牲にすることはできなかった。しかし，持続可能な発展という目標は，より体系的な調和を義務づける。つまり，立法者が設定した項目にとどまらず，より幅広く，設定されたそれぞれのルールについて，持続可能な発展という目標の観点から，その適切性や実効性を問うことを帰結するものである。

　この調和原則は，異なる複数の法制度に属する諸目標を考慮に入れ，それらを都市計画法規の内部で関連づけることを義務づける。こうした発展は，ルールの極端な精緻化を伴うため，事業者が「単純化された」法を求めている状況では問題もある。2010 年 7 月 12 日の法律は，公的審査［enquête publique］のような一定の制度について，統一化と単純化を目的として定めたが，同法の制定後に単純化が大いに進んだかどうかは疑問である。同法が織りなす新たな規範と手続の網は，それほどまでに濃密だからである。このことはとりわけ，持続可能な発展に関連する計画とプログラムについて妥当する。なぜなら，現在の手続に加えて，5 つか 6 つの新たな文書のカテゴリーが付け加えられることになるからである。

　とりわけ，こうした発展は，各法制度の独立という，ヨーロッパ法においてはすでに覆された重要な原則を再考するものである[4]。

2　都市計画に関する選択を議論に付すことの強化

　都市計画法は，長い間，技術者の法であるとか，さらには「テクノクラート的な」法であるとか考えられてきたが，過去 30 年の間に，民主化と透明性の

---

(4)　EU 裁判所は，事業計画の認可を決定する前に環境に対する波及効果の評価を実行することを義務づける指令（85/337/CEE）は，権限を有する機関が複数存在する場合は［それら相互の］調整義務を課すものであると判示した。CJUE 3 mars 2011, Commission c/Irlande, aff. C-50/09.

第1部　都市法の新たな課題

真のプロセスを経験するようになった。もちろん，持続可能な発展という目標
は「よき統治」と結びつけられた側面を無視しえない。

　特に，2009 年と 2010 年の重要な改革立法に行き着いた「環境グルネル」の
プロセスは，いわゆる「五者統治［gouvernance à cinq］」の原則に従って行わ
れた。というのは，あらゆる議論が 5 つの集団の代表により行われたのである。
国，労使双方，労働および経営団体，民事組合の連合体ならびに地方公共団体
のそれぞれの代表である。さらに，法律は，この参加形態を都市計画の様々な
手続に転用している。2010 年 7 月 12 日のグルネル II 法によって，行政機関が
公的審査に先立って 5 団体の代表を集めた委員会とともに協議を実施すること
を要求できるようになった（環境法典 L121-16 条 II 段）。それと同じ考え方に
よって，公的議論国家委員会［Commission nationale de débat public］の構成員
が，労働組合および他の経済主体の代表にも拡大された。

　こうした参加民主主義の強化は，2 種類の困難を惹起しうる。

　第一に，協議の主体がそれぞれ特殊利益を代表していることからすると，
「利益相反（conflits d'intérêts）」が生じないかどうかが懸念される。EU 裁判所
（CJUE）は，近時，商業的都市計画についてスペインで適用される立法に関し，
こうした疑問の具体例を示している。裁判所は，大規模な商業施設の開設を許
可制とすること自体は適法と判示しつつ，許可権限を有する委員会の構成を違
法と断じた。つまり，裁判所は，法律の目的が国土の整備および消費者の保護
であるのに，当該委員会で代表される唯一の部門利益［intérêt sectoriel］が既
存の地域商業界の利益のみであることを明らかにしている。したがって，当該
委員会の構成は目的を実現する手段として適切ではない（CJUE 24 mars 2011,
Commission c/Espagne, aff. C-400/08）。フランス法においては，2008 年 8 月 4
日の法律以来，この領域において権限を有する委員会は，地方議員および「消
費，持続可能な発展および国土整備に関して識見を有する 3 名の者」により構
成される。そして，商事法典は，委員会のいかなる構成員も，自らが個人的利
益を有する案件について，もしくは，自らが当事者を現在代表しまたはかつて
代表していた場合には，審議に加わらないことを定めている。

　第二に，諮問プロセスの増加は，行政手続に要する時間を長期化させ，訴訟
で争われた場合に法的決定が不安定なものとなるという効果をもたらす。とい
うのは，裁判官は，環境憲章 7 条で認められた情報および参加の憲法原則に十
全な効果を与え始めているからである。さらに，結社の動きが活況を呈してい
ることは──民主主義にとってはいかに幸福なことだとはいえ──都市計画上

200

の許認可等の法的安定性について深刻な問題を提起する。環境のための国家の約束に関する 2006 年 7 月 13 日の法律により，立法者が都市計画上の許認可等に対する不服について団体の出訴可能性を限定したのは，「訴訟テロ [terrorisme contentieux]」と呼ぶ人もいる事態を抑えるためであった。今では，都市計画法典 L600-1-1 条は，出訴団体に対して，市役所における建築許可申請の掲示より前に法的に存在していなければならないという要件を課すことで，出訴可能性を制限している。この規定は，都市計画の案の作成に対抗するために創設された団体の出訴を妨げる効果を持つ。憲法院は，この点について判断を求められたところ，立法者の意図が法的不安定のリスクの抑制にあったことを指摘して，都市計画法典 L600-1-1 条は実効的な裁判を受ける権利を無視するものでも，結社の自由や裁判の前の平等原則を侵害するものでもないと判示した（Cons. const. 17 juin 2011, Assoc. Vivraviry, n° 2011-138 QPC）。

3 国土利用の考慮

　持続可能な発展という目標の実現を通じて目指されるのは，主として建築物の建築と利用という観点からの一定の行動である。例えば，社会住宅を収入の少ない人に配分することをどのように確保するか？一定の商業的混合を維持し建物の商業用途の発展を部分的にコントロールするために行政機関はどのような手段を利用できるか？

　後者の疑問については，フランス法の状況はかなりの展開を見せている。PLU によって規律されうる建築の様々な用途の中には，一般的な「商業」という用途が設けられているのみである（都市計画法典 R.123-9 条）。商業活動の変化をコントロールできるようにするために，下位カテゴリーを規定したりこの区分を細かくしたりするのは認められていない。例えば，裁判官は，パリ市の PLU の行政立法によって，地図上に示されたいくつかの通りに沿って商業用途のあらゆる変更を禁止しようとした試みを，「所有権に対するきわめて強度の侵害」であり，なおかつ法的根拠も欠いているとして，断罪した（Tribunal administratif de Paris, 2 août 2007, Préfet de Paris, req. n° 070096 2）。2008 年 8 月 4 日の経済現代化法は，PLU により「とりわけ近隣小売商店を通じて商業の多様性が保全され発展されるべき街区 [quartier]，区画 [îlot]，通り [voie] を特定しその範囲を確定し，かつ，場合によりこの目的を確実に実現しうるための規定を定めること」を認め，都市計画文書の決定権者を一部安心させた。とはいえ，学説は正当にも [PLU に定められる] こうした規定の性

第1部　都市法の新たな課題

質や，都市計画のルールによって商業用途をコントロールすることができるか
どうか——そんなことをすれば，営業の自由や所有権に対する重大な侵害とな
りかねない——について，問題にしている。

　同じ目的のために，2005年8月2日の法律は，市町村に対し，手工業財産
[fonds artisanaux]，営業財産 [fonds de commerce]，商事賃貸借および商業整
備計画の対象となっている土地について，特別の先買権を認めた。当該市町村
は，あらかじめ，「近隣商業および手工業 [artisanat] の保護区域を画定」して
おかなければならない（都市計画法典 L214-1 条）。当該市町村は，公募により
選ばれた商人または職人 [artisan] に当該財産または賃借権を 1 年以内に再譲
渡しなければならない。当該商人または職人は，市町村により承認された条件
明細書 [cahier des charges] を遵守する義務を負い，違反すれば譲渡契約が解
除される。この［条件明細書の］規定は，それゆえに先買権の行使後直ちに
［当該商人または職人の］活動をコントロールすることを可能にするが，当該商
人［または職人］が当該財産を新たに［別の人に］譲渡してしまった場合など，
将来にわたる保証を何ら含むものではない。

　ここに，建築主が引き受けた責任の存続という困難が存する。所有権が次々
と移転されていくにつれて，持続可能な発展という目標が尊重されることをど
うやって保証するのか？このような配慮は，これまでになく，都市計画法が一
方的決定と契約的手法とを組み合わせるべき必要を示している。この点につい
て，フランスの都市計画法は非常に遅れており，警察作用に属する領域におけ
る契約化という考え方そのものが批判にさらされているほどである。ヨーロッ
パ法は，かなり確実に物事を前進させる可能性がある。というのは，ヨーロッ
パ人権裁判所は，最近，私人に対する契約上の債務を履行しなかったことにつ
いて，フランス国家を譴責したからである。国は，住居用の土地の上に建築物
を建築できることを売買契約で所有権者に約束して私人の土地を取得した場合，
後から当該建築を禁止するために都市計画文書を対抗することができない，と
裁判所は判示した（CEDH 18 nov. 2010 n° 18990/07）。

　ここには，持続可能な発展という目標を考慮し続けることを「持続可能」に
するための，法学にとっての重要な作業現場がある。

　結論としては，フランスにおいて「持続可能な都市計画法」が存在すると判
断するのは，まだ尚早であるように思われる。加えて，「古典的な」都市計画
法とは切り離され区別されるに値するような，都市計画法の特殊分枝が存在す
ると考えることもできない。持続可能な発展という目標によって，またそれを

202

超えて，現代の都市が受けている試練［défis urbains contemporains］の総体が問うているのは，まさしく都市計画法の総体なのである。

とはいえ，こうした問題に答えるために最も適切な足がかりがどこにあるかを示しておくことは必要であろう。この面では，グルネルⅡ法は，とりわけ自治体間協力を促進する方向で決着をつけたわけではない[5]。しかし，地方公共団体の改革に関する 2010 年 12 月 16 日の法律は，2014 年には全国土を自治体間連合により覆い尽くすことを定めており，これが持続可能な発展のガヴァナンスに対し長期的な効果をもたらすであろうことは，ほぼ確実である。

【訳注】
　※本文中［　］で括った部分は，訳者による補足・挿入または原語の付記である。また，脚注は原注を訳出したものである。

---

(5)　2010 年 7 月 12 日の法律は都市計画法典新 L123-6 条において複数自治体による PLU の存在を認めたが，それを義務的なものとはしていない。他方で，広域一貫計画は，義務的に複数の自治体によらなければならないが，その射程および使命は強化されている。

9 都市計画法における環境への配慮と フランス民法へのインパクト

ユーグ・ペリネ－マルケ

山城　一真（訳）

　フランス法は，近時，環境の重要性と，これを都市計画法において顧慮する必要性とを自覚するようになった。環境憲章[1]の憲法[2]への編入は，その最も

---

(1)　環境憲章の全文は，次のとおりである（訳は，高橋和之編『新版 世界憲法集』（岩波文庫，2007 年）322 頁以下による）。
　フランス人民は，以下のこと，すなわち，
　　自然の資源と均衡が人類出現の条件であったこと
　　人類の将来および存在そのものが，その自然環境と切り離しえないものであること
　　環境は人間の共有財産であること
　　人は,生活の諸条件およびその固有の進化に対し益々大きな影響を及ぼしていること
　　生物の多様性,人格の開花および人類社会の進歩は,一定の消費もしくは生産様式および自然資源の過度の利用による影響を受けること
　　環境の保全は,国の他の重要な利益に関してと同様に,追求されねばならないこと
　　永続的発展を保障するために,現在の必要に応ずるための選択は,将来の世代および他の国民が彼ら自身の必要を満たす能力を損ねてはならないこと
を考慮して，次のように宣言する。
第1条　各人は，健康を尊重する均衡のとれた環境の中で生きる権利を有する。
第2条　何人も，環境の保全と改良に参加する義務を有する。
第3条　何人も，法律の定める条件に従い，自己が環境にもたらしうる損害を予防し，あるいは，それができないなら，その結果を小さくしなければならない。
第4条　何人も，法律の定める条件に従い，自己が環境に与える損害の修復に貢献しなければならない。
第5条　被害の発生が，科学的知識の現状では不確かであっても，発生すれば重大かつ不可逆的に環境に影響を与える可能性のある場合には，公的機関は，被害の発生に備えるために，自己の権限の範囲内で事前防止原則を適用して，危険評価の手続の実施および比例原則に従った暫定措置の採択を配慮する。
第6条　公の諸政策は持続可能な発展を促進するものでなければならない。この目的のため，その諸政策は，環境の保護と開発，経済的発展と社会の進歩を両立させる。
第7条　何人も，法律の定める条件と制限内で，公的機関が保持する環境に関する情報を入手する権利，および，環境に影響を与える公的決定の策定に参加する権利を有する。
第8条　環境に関する教育と訓練は，本憲章の定める権利と義務の行使に寄与しなければならない。
第9条　研究と革新は，環境の保全と活用に協同しなければならない。
第10条　本憲章，フランス国家のヨーロッパおよび国際社会における行動の精神的基礎をなす。
(2)　ヴェルサイユの両院合同会議で 2005 年 2 月 28 日に行われた国会の投票による。

第1部　都市法の新たな課題

歴然たる徴である。また，グルネルⅡ法[3]は，その最も明確な具体的表現である。

　フランス都市計画法が環境に関心を抱くようになったのは，最近のことにすぎない。とはいえ，実をいえば，都市計画は，その本来の使命に反することもあるかも知れないが，必然的に環境との結びつきを有するものである。都市計画は，環境を無視することはできず，これを保護しなければならない。だからこそ，都市計画法は，都市計画法典が存在しなかった時においてさえ，常に何らかのかたちで環境を考慮に入れてきたのである。1911 年 7 月 13 日の法律118 条は，都市計画法典 R. 112-21 条の原型をなす規定であるが，そこにおいては既に，建物建築行為は，記念碑的景観および景勝地を保存するという要請を尊重すべきものとされていた[4]。その後，フランス法においては，歴史的記念物に関する 1913 年の法律，景勝地に関する 1930 年の法律，そして沿岸地方[5]および山岳地域[6]を規制する諸々のルールが，環境保護に対して非常に大きな役割を果たしてきた。このように，20 世紀初頭以降，そして同世紀全体を通して，フランス法は景観の保護を考慮してきたのである。

　しかも，こうした取組みは，全体として成功を収めてきた。様々な圧力が絶えず存在していたにもかかわらず，きわめて壊れやすいものである景勝地は保護されてきたし，観光価値に富む地区は，たしかに顕著な都市化を経験したけれども，他国を襲ったような成行き任せの事態がもたらされることはなかった。フランスの地中海岸は，都市計画のもたらす無秩序を免れてはいないが，その美しさとその保護は，アドリア海岸やスペインの地中海岸とは比ぶべくもない。また，自然空間のみならず，文化的空間についても，過ちは避けられてきた。都市計画法によって，フランスにおいては都心が保護されてきた。そのことは，フランスの大都市と諸外国の同等の大都市とを比べてみればわかるだろう。なおも改善の余地があることは明らかであるが，相次ぐ政府のすべてが，そして，大多数の地方議員が，良質な環境を提供することに努力を重ねてきたのである。

　とはいえ，環境という観念は，時々刻々と展開している。それは，今日では，生物と人間活動とに影響を及ぼす可能性のある自然的・文化的条件のすべてを

---

(3)　2010 年 7 月 12 日の法律。

(4)　そして，このことが，著名なゴメル判決の契機となった（CE 4 avril 1914, leb p 488）。

(5)　1986 年 1 月 3 日の法律第 86-2 号。

(6)　1977 年 12 月 22 日の指令および 1985 年 1 月 9 日の法律第 85-30 号。

カバーしている。このような，従前とは異質の環境のコンセプトは，20世紀末以降に立法化された新たな条文のなかに表明されている。その力点は，気候温暖化との闘いという点に置かれており，われわれに身近な環境を直接に保全しようということは，もはや強調されていない。オゾン層や気候のリスクに関わる諸論点をめぐる闘いの重要性に，ここで立ち返る必要はないだろう。いまだそれほどの進展はみられないと考えている者はいるけれども，京都議定書は，この問題が各国政府によって真剣に受け止められてきたことの証左である。

　こうした考慮に促されて，フランス政府は，「環境グルネル」という名称を与えられたワーキング・グループに，関連の代表者をすべて招集した。「グルネル」というこの名称は，1968年のストライキの終結を画したグルネル協定にちなんだものである。しかし，この名称を使用したことの意義は，結局のところ，相当にあやふやである。その出発点からして，グルネル協定の前提をなしていた当事者間の利害対立はなかったし，また，環境グルネルがもたらしたものは，当事者間で拘束力をもつ合意ではなく，むしろ，政府が思いどおりにすることのできる結論の一覧表にすぎなかったのである。具体的にいえば，2009年と2010年に，二つの法律が日の目を見ている。

　最初のものは，いわゆる「グルネルⅠ法」[7]であり，環境政策上の様々な目的を定めている。しかし，その条文の大半は規範的効力を有せず，結局はただのまじないのようなものである[8]。そこで，国会は，より実効性のあるルールの策定へと乗り出し，それが2010年7月12日の法律第2010-788号となった。本法において，立法者は，とりわけ，建物のエネルギー消費の削減を諸々の規定によって義務的なものとした。それら諸規定は，デクレによって補完されるべきものとされているが，その一部はいまだに公布されていない。立法者の狙いは，環境保護が要請されるのに伴って必要になることとして，質の良い建築資材と水準の高い建築技術を用いるよう奨励する点にあった。しかし，フランスの抱える問題の一つは，住民の個人主義にある。個人主義のゆえに，住民は，できる限り，区分所有不動産ではなく戸建住宅に住むことを優先する。そのため，公共の交通手段へのアクセスが悪い分譲地が著しく増加し，一つの家族で

---

(7)　2009年8月3日の法律第2009-967号。

(8)　加えて，近時，国務院は，グルネルⅠ法1条および49条につき，優先的憲法問題（question prioritaire de constitutionnalité）を提出することを認めなかった。その理由は，まさに，これらの条文が規範的効力を欠いているということにあった（CE 8 juillet 2011, Fédération nationale des Chasseurs, nᵒ 340512, Recueil Lebon 2012 p 368）。

第1部　都市法の新たな課題

複数台の自動車を使うことを余儀なくされる。これに伴って，特に炭酸ガスの排出という点で著しい環境コストが生じるのである。こうしてみると，フランス政府は，建物に対してエネルギーに関する新しい基準を課するため，そして，従前の地区における建設の増加をよりよく統制するために，あたかも建築法のように都市計画法を活用し，全体でのエネルギー効率を向上させようとしてきたのだとみられよう。

　もっとも，今日では，環境グルネルは，副次的ではあるがきわめて重要な展開を伴っている。この展開は，2010 年，「プロジェクト型都市計画（urbanisme de projet）」というかたちで始まった。この名称のもとに，政府はいくつかの円卓会議を招集した。その目的は，都市計画法に関する改正案の検討を委ねることにあり，これを受けた円卓会議は，70 もの改正案を作成した。それらの改正案のうち相当数のものは，とりわけ，2011 年末までには発出されるはずのオルドナンスによって，具体的な法文に取り込まれることとなっている。ところで，これらのオルドナンス，つまり，このプロジェクト型都市計画は，ある見方からすれば，環境グルネルを真に深化させたものというよりは，むしろ，それを阻害する要因といった様相を呈している。環境グルネルの作成にあたったワーキング・グループの多数は，自らの活動をさらに展開しようと望む建築事業者によって構成されていたのであり，このようなメンバー構成のために，環境グルネルは，建築の質を高めることではなく，建築の量を増やすことを重要な目的とする方策といった性格を帯びることとなったのである。この点をみると，プロジェクト型都市計画は，環境グルネルの明白な変更をなしているといえよう。いずれにしても，以上のことは，フランスの都市計画法が，環境という面においてはなおも建設途上にあることを示している。

　以上のような立法の沸騰の結果，この 10 年来，都市計画法は，専門家でさえ自らの居場所を知るのに苦心を強いられるような絶えざる混沌のなかにある。しかも，都市計画法は，公権力だけに関わるものではない。それは，事業者にも，そして市民や消費者にも適用されるのである。この点からみれば，都市計画法は，私法，とりわけ広い意味での（民法上の建築法を含めた）民法に対しても影響を与える。すなわち，都市計画法が環境への配慮を示すことによって，民法には三重の影響が生じることとなろう。すなわち，財の法（droit des biens）に対する影響，契約法に対する影響，そして，民事責任法に対する影響である。

1 都市計画法における環境への配慮と財の法へのインパクト

都市計画法による環境の尊重が財の法にもたらす影響は，二重のものである。それは，財の価値に関わるとともに，財の法的取扱いに関わるからである。

(1) 財の価値に対するインパクト

興味深いことに，財の価値に対する影響についてみると，価値を増大させる方向に作用するものと，減少させる方向に作用するものとがある。

——価値を減少させる方向に作用するインパクト

伝統的に，都市計画法が環境保護にとって必要なことを考慮するときには，ある種の土地が建築不能とされることとなる。術語を用いていえば，都市計画規制によって様々な建築禁止地役（servitudes *non aedificandi*）がもたらされるのであり，それは，とりわけ，沿岸地方，山岳地域，さらには，広い意味での脆弱な自然空間すべてに関わる。そのため，これに関係する土地所有者は，明らかに土地の価値を失うこととなる。隣接する二つの土地のうち，一方が環境保護区域に含まれているのに，他方が建築可能とされている場合には，両者の間に顕著な価値の相違がみられることとなるから，不利益を被る所有者の失望は，きわめて大きなものとなろう。

実際，フランス法においては，久しい以前から，都市計画上の地役に関してはきわめて厳格な無補償原則が課されてきた。この原則は，今日では，都市計画法典 L. 160-5 条に姿を現している。同条 1 項は，次のように規定する。「道路，衛生および美観に関して，または，とりわけ土地利用，建築物の高度，それぞれの所有地における建築面積と非建築面積の比率，一定の区域内および一定の道路沿い地における建築禁止，さまざまな区域への不動産の配分に関する他の目的のために，本法典の適用によって生じる地役は，いかなる補償金への権利も生じさせない」。これらすべての場合において，都市計画規制によって所有権に建築禁止の制限が課されるにもかかわらず，所有者は最小限の補償も得られない。法は，公的負担については不平等の存在を認めないのである。

もっとも，補償の可能性がまったくないわけではない。けれども，それはきわめて限定的である。都市計画法典 L. 160-5 条 2 項は，二つの場合にしか例外を認めていない。すなわち，既得権を侵害する場合と，従前の土地の状態を変更させ，直接的かつ確定的な物的損害を生じさせる場合とである。現状の変更は，裁判所においてはほとんど認められない。また，既得権の侵害は，所有

第1部　都市法の新たな課題

者が既に建築許可あるいは画地分割の許可を受けていること，つまり，都市計画法との関係で，許可によって既に状況が具体化されていたことを前提とする。しかし，判例はここでも謙抑的である[9]。さらに，こうした厳格さの現れは，環境の分野においても確認される。画地分割業者の既得権に対する侵害が自然災害危険計画に基づくものである場合には，そうした環境地役については，都市計画法典に規定されていなければ，既得権侵害に基づく補償はなされないからである[10]。

　しかし，ヨーロッパ法の圧力のもとで，国務院は，補償がなされる第三の場合を新たに加えた[11]。それは，損害が過大であり，かつ，その規定の指針となった一般利益上の理由との均衡を失しているという例外的な場合である。けれども，子細にみると，この新たな補償の事由が行政裁判所によって適用されたことはいまだにない。たとえば，行政裁判所は，環境の尊重を目的とするデクレが，100メートルの沿岸帯について建設禁止を設定した事案においても，その適用を否定したのである[12]。

　代償を伴うことなく価値が侵害されるという以上の事態には，考慮に値する例外はほとんどないに等しい。しかも，それは，先買権や収用についても適用されるだけに，いっそう厳しいものとなっている。裁判官は，建築用地を評価する際には，土地の使用に影響を与える地役と，とりわけ，建築権の行政的な制限を含む公益上の地役（servitude d'utilité publique）をも考慮しなければならないのである。ただし，設定が収用者の詐害的意思に基づくものである場合は，例外とされている。この例外に当たるのは，収用者が，ある所有者の土地を将来取得するであろうことを知りつつ，支払うべき補償額をできる限り少なくするために，あえてその土地を建築禁止区域としたような場合である。もっとも，収用について判断を下す裁判官によって詐害的意思が認定されることも

(9)　Cf. CE 4 mars 1977, Ministère de l'Equipement c/ SA Construction SIMOTTEL AJDA 1977 p 313 conclusions Labetoulle ; D 1977 p 673 note Le Mire ; 27 juin 2007 M. MIELLE ; RD Imm 2007 p 449 obs Soler-Couteaux.

(10)　CE 29 décembre 2004, Société d'Aménagement des Côteaux de St Blaine Recueil n° 257-604, BJDU 3/2005 p 180 conclusions F. Cenerf, note J. Trémeaux.

(11)　CE 3 juillet 1998, [M. BIYOUZET. -Req. n° 158592], AJDA 1998 p 639 (cf D. de BECHILLON, le Conseil d'Etat et la Convention Européenne des Droits de l'Homme et l'indemnisation des servitudes d'urbanisme, RFDA 1999 p 841 ; J.F. Striou, La non-indemnisation des servitudes d'urbanisme et Convention Européenne des Droits de l'Homme : le principe est maintenu, Droit de l'Environnement n° 66 p 14.

(12)　CE 27 juin 2007, Recueil n° 280-693, MIELLE ; Jurisdata 2007 072086.

210

9 都市計画法における環境への配慮とフランス民法へのインパクト

ないわけではないが，そのような例はやはりごく稀である⁽¹³⁾。

たしかに，フランスの立法者は，近時，ここでもヨーロッパ人権裁判所の圧力を受けて，土地委付権を拡張させてきた。すなわち，都市計画上の地役が新たに設定されたときには，当該土地の所有者は，地方公共団体に対し，土地を買い取るように直ちに申し出ることができる。しかし，土地の評価に関して都市計画法典 L. 230-3 条に定められている基準日があまり有利なものではないため，この手続はほとんど用いられていない。したがって，それによって導入された手続もまた，あくまで理論上のものにとどまっている。

こうした法状況のもとでは，フランス法において，建築権はだれに帰属するのかという問題が提起されるのも，もっともなことである。諸原則の宣言や学説上の種々の議論はあるにせよ，行政によって補償なくして剥奪され得るのだから，この建築権は，主として地方公共団体の権限に属するというのが実際のところであろう。

——価値を増加させる方向に作用するインパクト

国家や地方公共団体は，常に土地の価値を低下させる行動をとるわけではない。近時，環境への配慮は，それとは真逆の方向へと展開している。グルネルⅡ法が，都市計画法典 L. 128-1 条を追加したからである。同条は，2011 年の初めに修正されており，次のように規定している。「都市区域または都市化区域においては，市町村参事会または地域都市計画プランについて権限を有する市町村間協力公施設法人の議決機関は，その決定により，高いエネルギー効率指標を満たす建築物または再生もしくは回収可能なエネルギーの生産について高い性能を有する設備によって〔エネルギー〕供給を受ける建築物について，30 パーセントの限度において，かつ，都市計画文書が規定する他の規則を遵守する限りにおいて，地域都市計画プランまたはそれに代わる都市計画文書に基づいて定められた，建築物レイアウトおよび土地占用密度に関する規則の超過を許容することができる。」⁽¹⁴⁾

---

(13)　一例として，Cass 3e civ 9 juil 2003 Bull III n° 154 を参照。もっとも，破毀院判決の大多数は，詐害的意思の認定を斥けている。最近のものとして，1 juillet 2008 N° de pourvoi: 07-14351.

(14)　本条は，さらに次のように付け加える。「超過は，保全地区，資産法典（code du patrimoine）L. 642-1 条の適用によって創設される建築学的都市景観資産保護区域，同法典 L. 621-30-1 条によって定義される歴史的記念物として登録分類される不動産の保護界域，環境法典 L. 341-1 条および L. 341-2 条によって登録分類される景勝地において，

第1部　都市法の新たな課題

　あまり細かな専門的事項には立ち入らないが，この条文は，次のことを目的
としている。すなわち，建物の建築にあたってエネルギー効率指標が用いられ
ていることを条件として，特定の地区において，一定の土地について都市計画
規則よりも建築可能性を増大させることを，地方公共団体が許可し得るものと
することである。具体的にいえば，土地占用係数（coefficient d'occupation des
sols；COS）が2である1000平方メートルの土地においては，通常ならば床面
積2000平方メートルの建築しか認められないが，エネルギー効率の良い建物
であれば2600平方メートルの建築が可能となる。市町村は，このようにして，
都市計画法典L. 128-1条の適用を選択することによって，特定の土地に600
平方メートルの追加的な建築可能性を与えることができるのである。それゆえ，
1平方メートルあたりの価格(15)を考えると，土地の所有者は，無視し得ないほ
どの利益を受けられることになろう。たしかに，エコロジー建築（construction
écologique）にはより多くの費用がかかるだろうが，必ずしも高くつくという
わけではなさそうである。というのは，L. 128-1条の適用条文によれば，同条
の要件が遵守されていると判断されるためには，エネルギー効率に関する通常
のルールが守られてさえいればよいからである。したがって，本条の適用は，
土地からの利益を享受する者に対して直ちに増価をもたらす。もっとも，この
増価は，多くの場合，国による課税の対象とされることとなろう(16)。

　以上のとおり，環境という名目で，公法人は所有権の価値を増加させたり減
少させたりすることができる。このことのもつ意味は，たとえば相続のような
民法の一定の領域においては，非常に大きなものである。

(2)　財の法的取扱いに対するインパクト

　環境グルネルに基づく環境基準を遵守するためには，区分所有不動産の内部
においても様々な工事が必要となるが，それは，共用部分と専有部分の双方に
及んでいなければ実効性をもち得ない。ところで，フランス法の考え方によれ
ば，アパルトマンの所有者というのは，実際には区分所有建物の区画（lot）の

　　　または，同法典L. 331-2条によって境界を画された国立公園の中心の内部においては，
　　　20パーセントを超えることができない。歴史的記念物として登録分類される不動産も
　　　しくは分類される不動産を背にする不動産に関する工事，または，本法典L. 123-1条第
　　　7号によって保護される不動産に関する工事についても同様である。ただし，L. 126-1
　　　条に定める公益上の地役の適用を除外することはできない。」
(15)　小都市では2000ユーロ，パリでは10000ユーロ以上である。
(16)　ただし，これは主たる住居には適用されない。

9 都市計画法における環境への配慮とフランス民法へのインパクト

所有者である。この区画は，専有部分，つまりアパルトマンの内部と，土地，廊下，階段，エレベーターのような共用部分の共有持分とによって構成される[17]。したがって，区分所有者は，数少ない例外を除き，専有部分に対しては絶対的な支配を有するのである。そうすると，不動産のエネルギー効率を向上させようとするにあたり，管理組合が，窓をはじめとして，専有部分の内部まで工事することを各区分所有者に強制し得るようにするためには，区分所有権の考え方を変更しなければならないこととなろう。ところが，これらの工事が各区分所有者の支出によってなされるものであるにもかかわらず，区分所有者総会は，区分所有者の一部に対して，もっぱら区分所有者の経済的負担によって専有部分に工事を加えるよう強制することができるものとされる。このような強制は，フランス法においては初めてのものである[18]。

　また，環境グルネルは，財の法に対してもう一つ別の帰結をももたらす。環境グルネルの――実をいえば――間接的な効果の一つとして，いわゆる「プロジェクト型都市計画」という新しい理論がもたらされたのである。それが環境保護との関係で有する概念的な結びつきは，結局のところかなり脆弱なものではあるけれども，グルネルⅡ法所定のオルドナンスは，この理論を導入することとなろう。ところで，このプロジェクト型都市計画の理念の一つに，一定の地区においては，都市計画規則はプロジェクトに先行せず，逆にプロジェクトが規則に先行するというものがある。また，その地区においては，建築関係の諸規則，あるいは特に地役権を中心とする民法の諸規則の適用につき，プロジェクトを実現する事業者が国家と交渉し得るものとすることが検討されている。こうした新規性は，最終的に政府によって支持されるところとなったが，きわめて革新的なものだといえよう。というのは，こうである。財の法に関するルールが当事者間の約定によって修正され得るのに対して，建築関係のルールは公序に属する。ところが，プロジェクト型都市計画において念頭に置かれているのは，財の法にみられるような約定ではなく，不動産事業者と国家との

---

(17)　1965 年 7 月 10 日の法律 2 条および 3 条を参照。

(18)　1965 年 7 月 10 日の法律の新 25g 条は，次のように定める。「24 条に定める多数決に属しない限りにおいて，エネルギー節約（économies d'énergie）工事または温室効果ガスの削減に関する工事。これらの工事には，専有部分に対して，当該区画の所有者の費用で実施される集団的利益に基づく工事を包含することができる。ただし，当該区画の所有者が 10 年以内に同等の工事をしたことを証明することのできる場合にはその限りではない。専有部分について実施された集団的利益に基づく工事につき，管理組合は，工事を受領するまで注文者としての権限を行使する。」

213

第1部　都市法の新たな課題

交渉なのである。それまでには，一般利益に関わるものである法律が交渉の対象とされたことはなかった。革新的であるとともに危険なものでもあるようにみえるこの新規性について正確な見通しをもつためには，今後，これらの条文がどのように起草されるかをみなければならないだろう。

2　都市計画法における環境への配慮と契約法へのインパクト

契約法に対する影響は，契約の仕組みそのものに及ぶとともに，契約の目的（objet）および契約に基づく債務の内容にも及んでいる。

(1)　契約の仕組みに対するインパクト

まず，都市計画法による環境法の尊重は，既に古くから契約法に対して影響を及ぼしてきた。それは，特殊な先買権の創設によって現れた。この先買権は，特性保全界域について 1976 年 12 月 31 日の法律によって創設されたものであり，今日では，都市計画法典 L. 142-3 条に規定されている。この先買権は，原則として県が行使し，先買権が創設された区域においては沿岸域保全整備機構が行使することができる。これによって，地方自治体は，保護すべき区域に所在する地所を低廉な価格で取得することができ，また，それらの土地が過剰な投機の対象とされるのを防ぐことができる。こうして，契約関係の通常の作用が妨げられているのである。売却に付された財を購入するための地方自治体の財源が必然的に限られているだけに，この技術は実効性を発揮している。先述のとおり，ある土地が先買権行使区域に含められると，その所有者は委付権を享受することとなる。ただ，この委付権がなお理論上のものにとどまっていることも，先に述べたとおりである。もっとも，先買権は，環境保護よりもかなり広い目的をもって行使されており，時には明白に濫用的に行使されることもある。現在，その改正が議会で審議されているが[19]，それが通れば，この制度には抜本的な手直しが加えられるはずである。

都市計画法典は，L. 130-1 条以下において，樹林空間の保護をも対象としている。樹林空間が環境にとって重要であることは，周知のとおりである。そのため，都市計画法典は，樹林空間においては一切の建築を禁止し，かつ，樹木を保全し，必要があれば新たに栽植することを所有者に義務づけているのである。こうした保護は，契約に対して二重の影響をもたらす。まず，都市計画法

---

(19)　〔本稿執筆時点においては，〕この改正は，2011 年 6 月 29 日に元老院の第一読会によって採択された段階にある。

214

典 L. 130-2 条は，契約的交換事業という独自の仕組みを定めている。所有者
が，樹林空間保全区域とされた樹林地の全体を地方公共団体に対して無償で譲
渡することに同意したときは，地方公共団体は，その代償として，建築可能な
土地を提供することができる。また，所有者が，その地所の過半部分を譲渡す
ることを承諾した場合には，地方公共団体は，残りの部分への建築を認めるこ
とができる。これら二つのいずれの場合においても，価値の均衡が確保されな
ければならない。すなわち，建築可能性または建築可能な土地のもつ価値は，
地方公共団体の取得する植林地部分の価額を超えてはならないのである。もっ
とも，本条は，地方公共団体にとっては権能にすぎず，義務的なものではな
い[20]。しかも，この事業を行うことについて事前の約束がなされていても，
そのことに変わりはない[21]。このように，L. 130-2 条に規定される契約の仕
組みは，地方公共団体のみが決定権限を行使し得る点で，民法上の原則からは
まったく逸脱したものなのである。同様に，地方公共団体は，都市計画法典
L. 130-5 条により，樹林空間の所有者との間で，その樹林を公衆に開放するこ
とを目的とする協定を締結することもできる。この協定によって，整備，保全
または修復のために必要な費用の全部または一部を地方公共団体が負担するこ
と，および，公用に供されたことに対する報酬を所有者に支払うことができる
ようになる。こうした可能性は興味深いものではあるが，マージナルなもので
ある。

　最後に，環境法を背景に有する都市計画上の問題として，画地分割事業に触
れないわけにはいかない。画地分割事業を規制する目的は，環境を変質させる
戸建住宅の集団が際限なく蔓延することを防ぐ点にある。しかし，その目的は，
個別の画地取得者に対して良質の環境を保障するという点にも及んでおり，そ
れは，とりわけ効率の良い各種の道路とネットワークの存在によって実現され
る。ところで，画地分割事業を規制する法制度は，当初から私法上の諸規則と
強く関連づけられてきた。私法的性格を有する負担目録に加えて，次の二つの
事柄が禁じられていることも，画地分割に関する規制の遵守を保障するための
最も実効的な規範の一つをなしている。すなわち，第一は，画地分割許可が下
される前には一切の売買予約が禁じられていること。第二は，工事の履行が保
証されている場合を除き，工事の完成以前には一切の売買が禁じられているこ
と，である。これらの要件は，1976 年以降に導入され，その後も一貫して存

----

(20)　CE 17 mars 1995, Requête n° 122-386, Laugier.

(21)　CAA Marseille 27 mars 2008, Requête n° 05-MA 00672 PIC.

第1部　都市法の新たな課題

続させられてきたが，今日では，柔軟性を求める画地分割業者からの厳しい批判に晒されている。それゆえ，「プロジェクト型都市計画」に関する法案が採択されることになれば，これらの要件は撤廃されるかも知れない。

(2)　契約の目的物および契約に基づく債務に対するインパクト

　既に述べたとおり，財の利用可能性，つまり財の価値は，多くの点で，既建築または未建築の土地に課される都市計画上の拘束に依存している。そうである以上，都市計画規則は，私法の見地からすれば，契約の内容に取り込まれる要素となる。

　まず，都市計画規則は，新たな契約上の債務を作り出す。たとえば，売主は，買主に対して，その土地に課される都市計画上の拘束についての情報提供義務を負う。そこには，当該拘束が環境保護に関する規定に基づくものである場合も含まれる。こうした義務は，実務慣行のなかにすっかり定着しており，公証人は，売買に際して，都市計画証明書の作成と添付を必ず求めている。これを怠れば，公証人は，その責任を追及されることになろう。もっとも，売主の情報提供義務は，さらなる内容をも含んでいる。売主は，買主に対し，自らが知っている限り，実定法上はいまだ義務づけられていないようなものまで含めて，その財の潜在的な不都合をすべて告げなければならないのである。具体的にいえば，それは，その土地における建築可能性を減じるような新しい地域都市計画プランの存在を知っていたならば，売主はそれを告知しなければならない，ということを意味する。また，2011年からは，この情報提供義務は，建物のエネルギー効率を告知する義務をも含むようになった[22]。エネルギー効率に関する情報提供義務は，売買契約，賃貸借契約にとどまらず，不動産に関するあらゆる情報提供行為にまで及ぶ。それによって，不動産販売業者は，売却に付される物件の説明文において，その不動産がエネルギー効率のカテゴリーのどこに位置するかを告知するよう義務づけられるのである[23]。以上のことを通じて，国としては，建物のエネルギー効率が合意の重要な要素となることを企図している。そうである以上，この情報提供義務を遵守しないことに対する直接のサンクションは存しないとしても，この情報提供の要請から，売主や公証人の責任とまったく同じように，不動産販売業者の民事責任が生じ得ることになろう。それによって，情報提供が実際に行われることとなるのであ

(22)　建築法典 L. 143-3 条。
(23)　2010 年 7 月 12 日のグルネルⅡ法に基づく建築法典 L. 134-4-3 条。

216

9 都市計画法における環境への配慮とフランス民法へのインパクト

る。

　これらの契約上の債務は，買主が契約の目的物を完全に理解し得るようにすることを目的とする。しかし，これらの債務は，目的物の最終的な適合性を絶対的に保証するものではない。たとえば，買主が建築用地を買ったものの，当事者の意思とは無関係に建築可能性が消滅してしまうといったことも起こり得る。このような事態は，一般に，当該土地を建築可能とした地域都市計画プランが裁判所によって取り消されることによって生じるが，取消しの理由は，そのプランが環境を十分に尊重していないという点にあることが多い。そして，取消しがなされると，支払われた代金とその財について最終的に行うことのできる使用とが釣り合わないものとなるから，まさに契約が事後的に等価性を失ったと考えることができる。問題は，その場合の訴えの法的根拠である。破毀院は，1110条に規定される錯誤の適用については，躊躇を示している。というのは，錯誤の存否は，合意の時点について判断されるのであるが，都市計画文書の無効に遡及効があるとはいっても，合意の時点においては，当該土地はまさに建築可能なものだったからである[24]。同様に，レジオンも排除されている[25]。フランス法では，この事案においては隠れた瑕疵があると考えられており[26]，ごく最近の判例によれば追奪担保責任の適用も認められている[27]。

　他方で，この問題は，公共団体による先買権行使の決定の取消しの問題に引き寄せて考えてみることもできる。つまり，こうである。先買権行使の決定の取消しは，遡及効を有するから，先買権行使の決定は，当初からなされなかったものとみなされる。それゆえ，取得者は，売買契約の締結を求めることがで

---

(24)　錯誤の適用に反対するものとして，Cass 3ème Civ, 23 mai 2007 n° 06-11889 Bull III n° 91, Contr Cons 2007 232 note Leveneur がある。他方，これを認めたものとして，Cass 3e civ 28 jan 2009 n° 07-20729, JCP 2009 I 138 obs Serinet がある。「しかし，取得者は，売買契約について合意するにあたってはシュヴァリエ・モーリス社の建築許可取消申請によって明らかになった2004年4月30日のアレテから生じる現実の危険を知らなかったとし，建築可能性およびその環境に関する当該物のこれらの特徴が購入の意思決定にとって決定的であったこと，および，その結果として，取得者の意思表示につき，建築をなす地所の本質的性質に関する錯誤が存することをその専権に基づいて認定した〔原判決には，所論の指摘する違法はない〕」。

(25)　Cass 3ème Civ, 16 janvier 2009, n° 08-15055.

(26)　Cass 3ème Civ, 1er octobre 1997, Bull III n° 181 ; 15 mars 2000, Bull III n° 61 ; 17 novembre 2004, Bull III n° 206. しかし，この隠れた瑕疵に基づく責任には，事業者間において締結された契約条項によって排除されてしまうという不都合がある（Cass 3ème Civ, 26 avril 2006, n° 04-19107）。

(27)　Cass 3ème Civ, 7 juillet 2010, n° pourvoi 09-12055.

第 1 部　都市法の新たな課題

きることとなる。もっとも，売買予約の有効性には期限があるから，先買権行
使の決定が取り消された時点では既に失効してしまっていることがきわめて多
い。この場合にも，売主は，予約の失効を主張して売買契約の締結を拒絶する
ことができるのだろうか。破毀院は，次のように考えている。すなわち，先買
権行使の決定が取り消されたことにより，公共団体による先買権の不行使とい
う停止条件が成就したときであっても，買主が予約期間中に選択権を行使しな
ければ，売買契約は完結しない(28)。したがって，破毀院の示すところによれ
ば，公共団体による先買権行使の事案において，公共団体の権利が無効と判断
されたときであっても，買主は予約期間内に予約完結権を行使することをなお
要求されることとなる。こうした事例は，決して現実離れしたものではない
(29)。

3　都市計画法における環境への配慮と民事責任法へのインパクト

　一見する限りでは，建築法と民法は，都市計画法からは区別されている。し
かし，この区別も，私法上の契約当事者—— 一方で建築家，他方で建築業者の
グループ——が，都市計画規則を遵守しなかった場合に，民事責任を問われる
可能性を排除するものではない。のみならず，環境グルネルに関する諸々の規
定は，このような動向に拍車をかけている。

(1)　都市計画規則の遵守に関する建造業者の責任の原則

　都市計画規則の不遵守に対しては，実体規範，建築許可のいずれに関するも
のについても，都市計画法典 L. 480-1 条以下による刑事制裁が課される。
もっとも，自由刑または罰金刑といったかたちで厳格な刑罰が科されることは，
稀である。とはいえ，これに対して，最も怖れられている取壊しまたは適合化
措置は，必要的に言い渡される。このように，環境に関する規則その他の都市
計画規則を遵守しない建築は取り壊されるおそれがあるのだが，これによって
建築主に損害が生じることは明らかである。そうである以上，都市計画規則の
不遵守は，建築業者の責任を発生させる原因となり得るのである。
　破毀院においては，伝統的に，都市計画規則の遵守は，建築家または施工業

---

(28)　Cass 3e civ 22 septembre 2010 nº pourvoi 09-14817.
(29)　実際，統計によれば，異議申立てを受けた先買権のうち，40 パーセントが取り消さ
　　れている。

218

者の責任とされてきた[30]。これらの者は，注文者に対し，その土地に適用される都市計画規則について助言するとともに，都市計画規則に反せず，建築許可を受けることができる計画を提案しなければならない[31]。これを怠り，建築物が変更や取壊しを余儀なくされたときには，建築家または施工業者は契約責任を負い，注文者に対し，支出した費用の全額を賠償しなければならない。なお，報酬請求権が発生しないことはもちろんである。

建築許可が得られたからといって，あらゆる責任を免れさせるのに足りる事情とはならない。また，建築家は，公的機関が都市計画規則を看過して建築許可を下した場合には，許可取消のリスクを予め見越していなければならない[32]。このように，判例は，この領域においては，建築家に対してきわめて厳しい態度をとっている。なお，建築家がいない事案では，都市計画規則を遵守する義務およびそこから生じる責任は，請負人に課される。

以上のとおり，判例は，契約の記載内容いかんにかかわらず，建築業者による都市計画規則の遵守を契約内容に取り込んできた。環境グルネルに基づく改正がこうした傾向に拍車をかけるものであることは，明らかである。

---

(30) Cass. 3ᵉ civ., 10 nov. 1998, *Bull*. III, nᵒ 213, p. 142, *JCP*, 1999, II, 10, 007, obs. Liet-Veaux, *Constr. Urb.*, 1999, nᵒ 4, obs. Cornille ; 8 juillet 1998, *RD imm.*, 1998, 640, obs. Boubli.

(31) 不動産が歴史的記念物に指定されていたことを告知しなかったことにつき，Cass. 3ᵉ civ., 8 janv. 1997, *RD imm.*, 1997, 234, obs. Boubli ; 9 juin 1999, *Constr. Urb.*, 1999, nᵒ 266, obs. Cornille, *Resp. civ. et ass.*, 1999, 295 ; 9 déc. 1992, *Bull*. III, nᵒ 318, p. 196, *JCP*, 1993, IV, nᵒ 458, p. 52, *Gaz. Pal.*, 1993, 2, pan, 146, *RD imm.*, 1993, 223 et 226, obs. Malinvaud et Boublipour を参照。工事には建築許可は不要であり，単に工事の届出があればよいと信じていたことにつき，12 mai 1993, *Mon. TP*, 2 juillet 1993, p. 37 を参照。画地分割に関する規制につき，Cass. 3ᵉ civ., 17 mars 1982, *JCP*, 1982, IV, 195 ; 28 févr. 2007, *Constr. Urb.*, 2007, 97, obs. Rousseau ; CA Caen, 4 juin 1992, *JCP*, 1993, IV, nᵒ 1122, p. 129 ; CA Chambéry, 26 mars 2002, *JCP*, 2002, IV, 2638 を参照。建築家または施工業者の助言義務は，注文者に対し，事後に生じ得る規制上の難点について警告するよう強制する。したがって，土地占用プラン（POS）に対する違反を理由として建築許可が承認されないリスクを建築許可までに告知しなければならず，（CA Paris, 22 mars 2000, *AJDI*, 2000, 560），また，火災に関する完全性の要請についても注意を向けなければならない（Cass. 3ᵉ civ., 6 nov. 2002, *RD imm.*, 2003, 59, *Constr. Urb.*, 2003, obs. Cornille）。

(32) Cass. 3ᵉ civ., 2 déc. 2002, *RD imm.*, 2003, 59, obs. Boubli.

第1部　都市法の新たな課題

(2)　グルネルⅡ法に基づく責任の強化

　グルネルⅡ法は，建物の熱効率に関する規則（いわゆる建物の熱規制または RT 2012）をさらに強化している。同法によって，建築業者，そして特に建築家は，新たな義務を課されている。それらの義務は，当然のことながら，新たな契約責任を生み出すこととなろう。

　こうした新しい債務の第一のものは，都市計画規則の適用に関するコントロールの一種の民営化から生じる。建築法典 L. 111-9 条は，建築許可申請につき，注文者が次の二点を証明することが条件として付加される旨を明示している。すなわち，エネルギー供給に関する実行可能性の検査と，建築許可申請書類が提出された時点における熱規制の遵守とである。とりわけ，都市計画法典 L. 128-1 条には，先に述べたとおり，低消費建物につき，土地占用密度の割増しという特例的な都市計画規則が設けられている。こうした利益の享受を可能にする建築許可が申請されるときには，エネルギーに関する強化された規則が遵守されていることは，いっそう重要な意義をもつ。同様に，工事の後には，建築許可を下した機関に対し，施工業者が——施工業者がいないときには注文者が——熱規制を然るべく遵守したことを証明する書面を提出しなければならない[33]。

　このように，エネルギー効率は，環境保護の新たなコンセプトにとってきわめて重要であり，都市計画法典 R. 431-16 条所定の建築許可申請，および，同法典 R. 462-4-1 条所定の工事の届出の一要素とされている。そうである以上，建築許可申請や竣工の届出において誤った届出をした場合の事業者の民事責任がどのようになるかを明らかにしておく必要があろう。この問題は，いまだ明確な決着をみていない。建築許可の有効性には影響を及ぼさないことを望む者もいるだろう。しかし，そのように，都市計画法のレベルでは何らの影響も与えないとすると，熱規制の遵守を許可の要素とすることに何の意味があるのだろうか。しかも，そもそも都市計画規則の適用それ自体が建物のエネルギー性能にかからしめられ得ることを考えると，エネルギー効率の不遵守が建築許可の不遵守を招来し得ること，そして，その当然の結果として，取壊しまたは適合化措置が行われることは，明らかである。したがって，証明は正確でなければならず，また，公的機関によって審査されなければならないといえよう。

　しかし，こうした観点からみると，真に独立した事業者によって証明がなさ

────────────

(33)　建築法典 L. 111-9-1 条。この証明の態様は，2011 年 5 月 18 日のデクレ第 2011-544 号に基づく建築法典 R. 111-20-1 および R. 111-20-2 において規定されている。

220

れることを強制していないという点で，フランス法はあまり積極的な考え方を採用してはいない。建築法典 R. 111-20-4 条によってエネルギー効率を審査し得るものと認められている建築家の範囲は，きわめて広い。そのため，事業を実行した建築家がその事業について審査者となることもあり，実際にもそれは稀なことではないのである。さて，そうすると，この建築家はきわめてデリケートな状況に立ち至るおそれがある。建築家が，工事を指揮した後にエネルギー規制の不遵守を確認したにもかかわらず，そのことを届出に記載しなければ，虚偽申告を犯すことになる。これに対し，建築物がエネルギー効率に適合しないことを証明すれば，この率直さが命取りになる。すなわち，当の建築家は，刑事責任を負うこととなろう。というのは，建築法典 L. 152-1 条 2 項によれば，エネルギー規制に対する違反は，委託を受けた官吏が，とりわけ当該建築家によって作成された証書に徴して検証するものとされているからである。のみならず，注文者，つまり彼の顧客も，規制の遵守を内容とする契約上の債務を履行しなかったことを理由に，その民事責任を追及することであろう。

　以上のように，都市計画法が環境法を新たに考慮し始めたことによって，民事責任法の領域に様々な帰結がもたらされていることは明らかである。こうした結果は，フランスの立法者によっては正しく予期されなかったものであり，それが様々な問題を提起するであろうことは目に見えている。

　建築業者が建築許可の際に遵守すべきものとされるエネルギー基準上の性能を満たしていない場合に，建築業者にいかなる責任が生じるかという問題についても，同じくらい著しい不明確さがみられる。

　ここでの問題は，都市計画規則を遵守しなかった場合にどのようなサンクションが課されるかという点にはもはやない。むしろ，建築許可によって新たな環境基準の遵守が義務づけられている場合において，建築業者がその環境基準に適合する建物を買主または注文者に提供しなかったときに，建築業者がいかなる契約責任を引き受けることになるかが問題である。エネルギー基準の遵守と建物の低熱消費が明らかに契約の重要な要素になっていることを考えると，一見したところ，契約不適合が認められ，建築業者は当然に責任を負う，と考えることができそうである。しかし，契約不適合によるサンクションが適用されると確言することはできない。というのは，フランス法においては，建物の耐久性と用途を害するような欠陥は，時効期間 10 年の責任に服し，それによって他の責任はすべて排除されるからである。判例によってきわめて拡張的な解釈がなされてきたことによって，民法典 1792 条は，この趣旨を定めたも

第1部　都市法の新たな課題

のだと解されているのである。なお，建物に欠陥が生じた原因は，重要ではない[34]。その結果のみが参酌されるのである。

　かくして，ここでの問題は，熱規制の不遵守を1792条の意味における用途不適合と解することができるか否かという点にかかっているといえる。この問題は難しいものであり，各種業界と学界において様々な議論を喚起してきた。とはいえ，原則については，事は比較的に単純であるように思われる。現在の判例は，非常に多くの事案につき，規則の不遵守は用途不適合と解することができるから，建築業者の10年の責任が適用され，その結果，建築保険の適用も可能になると判示している[35]。以上のように考えるならば，1792条以下が適用されるべきこととなろう。

　しかし，責任が10年存続するということが問題を生じさせる。というのは，この10年という期間は，RT 2012の熱規制の不遵守が受領の時点で明らかになった場合のみならず，10年が経過するまでの間に明らかになった場合にも，民事責任が適用され得るということを意味するからである。この期間があるために，建築業者は，断熱性が10年間持続するような建築をしなければならないのである。ところで，事業者としては，注文者が建物を不適切に扱うのではないか，約定の想定消費量を遵守する状態を時間の経過に耐えて保持し続けることは至難ではないか，といったことを懸念している。それゆえ，この問題については，10年の責任を除外しようと試みる者が多い。こうした議論がどのような決着をみるかについて判断を下すには，なお時期尚早である。その決着は，エネルギー効率に関する建築業者の責任を明示的に免除する法律によってもたらされるかも知れない（もっとも，そうなれば，環境保護にとっては不吉な徴候となろう）。あるいは，破毀院の判決によってもたらされるかも知れない。ただ，その判決の内容を予見することができないのは，もちろんである。

　さて，以上を総括すると，都市計画法による環境への配慮，とりわけ環境グ

---

(34)　Cf. Cass. 3ᵉ civ., 13 avril 1988, *Bull.* III, nᵒ 67, p. 39 ; *JCP*, 1989, 21315, note Martin ; 25 janv. 1989, *Bull.* III, nᵒ 20, p. 11 ; *RD imm.*, 1989, p. 217, obs. Malinvaud et Boubli ; 4 oct. 1989, *Bull.* III, nᵒ 179, p. 98, *RD imm.*, 1990, p. 63 ; 25 oct. 1989, *Mon. TP*, 20 avril 1990, p. 72 ; 30 janvier 1991, *RGAT*, 1991, 398, obs. d'Hauteville ; 28 févr. 2001, *RD imm.*, 2001, 170, obs. Malinvaud.

(35)　たとえば，耐震規制の領域においては，Cass 3ᵉ civ 11 mai 2011 Nᵒ 10-11713 を参照。「工作物が当該家屋の存する地域における義務的な耐震規制に適合しないことによる損害は，地震による滅失のリスクの確実な要因であり，工作物の耐久性を損ない，用途に適しないものとする。」

9 都市計画法における環境への配慮とフランス民法へのインパクト

ルネルとプロジェクト型都市計画というその近時の展開は，フランス法において，問題を解決したというよりも，むしろ多くの問題を提起しているのである。最後にもう一点，憂慮すべきことを付け加えなければならない。最後だからといって，小さな問題ではない。すなわち，2012年の熱規制の遵守，より一般的には，グルネルに基づく環境保護の措置の遵守が，無視し得ないコストを生み出すことは明らかである。場合によっては，10パーセントから15パーセントの建築コストの増加が見込まれている。また，既存の建物に対する適用においても，事情は同じである。そこでは，平均的なコストは，1戸あたり2万ユーロに上るだろうと予想されている。こうした新たな支出は，この場合，建築業者，リノベーター，不動産診断士（diagnostiqueurs）にとっては幸いなことである。というのは，建築が低迷している情勢にあって，そこに新たな活動源を見出すことができるからである。もっとも，フランス法においていわれてきたように，環境保護措置の遵守の奨励は，まぎれもなく，租税上の措置，つまり「税の減免」によってもたらされてきた。しかるに，環境グルネルが立法に結実したのは，2008年の危機以降ではあったけれども，2011年夏の重大な経済不安よりは以前だったのだから，自らの負債に対処しなければならない国家の能力も，いまよりはましだったのである。そうであるからには，財源を節約し，増税を行うという国家の責務を考慮すれば，環境グルネルが今後も優先事項たり得るかは確実ではない。こうしてみると，この深刻な経済不安に見舞われている時局においては，本報告において提起された諸問題も，将来的にはまったく異なった仕方で問われることとなるかも知れないのである。

【訳　注】

　訳文中，圏点を付した部分は，原文においてイタリック体で表記されていた部分である。また，〔　〕内の日本語，[　]内のフランス語は，訳者による補足である。

　本稿における叙述は，もととなったシンポジウム講演（2011年9月23日）当時の状況に基づくものである。改訳時の状況に適合させるための追加調査を行うことは，訳者の能力をもってしては果たし得ないため，当時未公刊であった判例の出典を明らかにする等の形式的な補足を行ったほかには，講演原稿の内容に変更を加えないこととした。ご寛恕を乞う次第である。

　本翻訳における都市計画法典の条文訳にあたっては，稲本洋之助ほか『フランスの都市計画法典』（財団法人日本不動産研究所，第3版，1987年）を参照した。また，都市計画法上の専門用語については，同所巻末所収の訳語対照一覧のほか，鳥海基樹「フランスの都市計画の広域化と地方分権——機能不全，策定組織，補完

第1部　都市法の新たな課題

措置を軸に」新世代法政策学研究7号（2010年）287頁以下（本書所収372頁）
の略号一覧をも参照させていただいた。

10 ドイツ都市建設法における持続的都市発展の制御についての諸選択肢——法実践の視点から

ヤン‐ヘンデリク・ディートリッヒ[1]

山下　竜一（訳）

I　は じ め に

　持続的都市発展［nachhaltige urbane Entwicklung］について検討する者が必ず出会うのが，黒川紀章の綱領的論文である。共生という考え方についての彼の文章は，今日まで持続的都市建設のマグナカルタのような存在で[2]，彼が世界各地で取り組んだ建設プロジェクトは将来を指し示す最も実践的な例である[3]。持続的都市発展に関する黒川の考えは次の文章から読み取れる。「21世紀には，地球環境に大きな影響を与える可能性のある都市は，人間活動の集中のため，持続的なものにすべきである。」黒川は，このように，後続の世代に明確な課題を示している。

　以下の検討は，この課題をどのように具体化しうるかに焦点を当てている。その際，制御資源としての法が持続的都市発展にどのように寄与しうるかという問題が中心となる。そのためにまず，マクロ的な視点から，持続的都市発展が世界的にどのような事実上の課題に直面しているかを明らかにする（II）。これにミクロレベルを対置させる（III）。ドイツの大都市ハンブルクを例に，持続的都市発展がどのように現地で政治的に決定され，規範的に保障されているかを検討する。ヨーロッパ最大の再開発計画「ハーバーシティ・ハンブルク」についてのケーススタディは，法実践を実例で示し，規範的準則が実際にどのような制御力を示しているかについての情報を提供する。

---

(1)　ディートリッヒ教授は，連邦行政専門大学（Fachhochschule des Bundes für öffentliche Verwaltung,Brühl/München）教授。本稿は，2011年9月に北海道大学で開催されたシンポジウム「持続的発展と都市法」での報告に基づいている。

(2)　Siehe etwa *K. Kurokawa*, Das Kurokawa-Manifest, Berlin 2005. In japanischer Sprache erschien zuletzt *ders.*, Toshi no kakumei (Die Revolution der Stadt), Tokyo 2006.

(3)　Dazu *I. Flagge/P. Cachola Schmal/J. Visscher* (Hrsg.), Kisho Kurokawa: Metabolismus und Symbiosis: Metabolism and Recent Work, Berlin 2006.

第1部　都市法の新たな課題

II　持続的都市発展というグローバルな課題

法学は，法のリアルな作用条件との絶えざるフィードバックなしには考えられない[4]。法的規律が生じる源であり，かつ，それが作用する場である事実上の文脈を知る者だけが，個々の規定の制御力について判断することができる[5]。そのように理解された法事実の研究［Rechtstatsachenforschung］[6] という意味で，まず，持続的都市発展というリアルな課題を明らかにする。

当時のアナン国連事務総長はあるとき今の時代を「都市の世紀」と表現した[7]。この発言は決して誇張ではないように思われる。グローバルな都市発展に関する国連人間居住計画［United Nations Human Settlements Programme］の最新の報告書によると，現在，世界人口の半分が都市で暮らしており，2050年には3分の2以上になるとされる[8]。国際比較すると都市化の進行は場所により異なるとしても，一般的に発展傾向にあることや世界的に都市計画により克服しなければならない問題があることは明らかである。以下では，そのいくつかを取り上げることにする。

1　気候変動から見た都市発展

将来の都市発展にとっての最大の課題として，国連人間居住計画はグローバルな気候変動の影響をあげる。その報告書「都市と気候変動」[9] が明らかにし

---

(4)　Dazu *D. Strempel*, in: Broda/Deutsch/Schreiber/Vogel, FS für Wassermann, S. 223 ff.; *C. Möllers*, Theorie, Praxis und Interdisziplinarität in der Verwaltungsrechtswissenschaft, VerwArch 93 (2002), S. 22 (42).

(5)　Vgl. *A. Voßkuhle*, Verwaltungsdogamatik und Rechtstatsachenforschung, VerwArch 85 (1994), S. 567 (569 ff.).

(6)　Zur Rechtstatsachenforschung siehe *A. Nußbaum*, Die Rechtstatsachenforschung, in: M. Rehbinder (Hrsg.), Die Rechtstatsachenforschung, Berlin 1968, S. 57 (67); siehe auch *K. F. Röhl*, Das Dilemma der Rechtstatsachenforschung, Tübingen 1974; zuletzt *A. Voßkuhle*, (o. Fn. 5), S. 567 (569 ff.).

(7)　Vgl. *K. Annan*, zitiert bei: J. Uehlecke, Die Stadt der Zukunft, DIE ZEIT vom 19.05.2009.

(8)　Vgl. *United Nations Human Settlements Programme* (UN HABITAT), State of the World's Cities 2010/2011, Bridging the Urban Divide, London/Sterling 2008, S. VIII (Overview and Key Findings).

(9)　*United Nations Human Settlements Programme* (UN HABITAT), Cities and Climate Change, Global Report on Human Settlements 2011, London/Washington 2011.

10 ドイツ都市建設法における持続的都市発展の制御についての諸選択肢

ているのは，人類に関わる気候変動が，政治的社会的経済的技術的な点で将来の都市発展を規定するということである。異常気象の増加や海面の上昇により特に住民保護のための多くの努力が必要となる。例えば，大阪，神戸，ハンブルク周辺の地域は，奥まった場所にあるため，特に津波に弱い[10]。ここでは，有効な津波防止措置を緊急にとる必要がある[11]。気候変動はまた，再生エネルギーの利用拡大をもたらす。この発展は，国際法上，京都議定書で計画されている[12]。ここでは，気候変動による悪影響を減らすため，化石エネルギーの燃焼による CO_2 の排出を減らすという国際的合意が表現されている。しかし，再生可能エネルギーの利用拡大には反対の側面もある。保障国家 [Gewährleistungsstaat] の考え方[13]によると，少なくとも国の側で，莫大な都市のエネルギー需要が今後も確実にカバーされるよう保障しなければならない[14]。ニューヨークのような都市では，一人あたりの年間エネルギー需要は，ほぼ 63.596KWh である[15]。2050 年までに需要は 15%上昇するだろう[16]。この場合，天気に左右される風力や太陽光エネルギーの利用だけでは都市への供給は確保できない。バイオガスの利用はそのエコロジー会計 [Ökobilanz] に基づき意見が対立している[17]。地熱の利用は経済性，安全性の観点から見て

---

(10)　*United Nations Human Settlements Programme*（UN HABITAT），(o. Fn. 9), S. 68 und 71.

(11)　Hierzu siehe ausführlich die Beiträge in *M. Kloepfer* (Hrsg.), Hochwasserschutz, Baden-Baden 2009.

(12)　Protokoll von Kyoto zum Rahmenübereinkommen der Vereinten Nationen über Klimaänderungen vom 11.12.1997, BGBl. II 2002, S. 966（Fundstelle im Bundesgesetzblatt).

(13)　Zur Reichweite des Gewährleistungsstaates siehe *C. Franzius*, Gewährleistung im Recht, Tübingen 2009, S. 24, 549; *J.-C. Pielow*, Grundstrukturen öffentlicher Versorgung, Tübingen 2001, S. 26 ff., 566 ff. sowie des Texte in *G.F. Schuppert* (Hrsg.), Der Gewährleistungsstaat - ein Leitbild auf dem Prüfstand, Baden-Baden 2005.

(14)　Hierzu *C. Kahle*, Die Elektrizitätsversorgung zwischen Versorgungssicherheit und Umweltverträglichkeit, Baden-Baden 2009, S.

(15)　Vgl. *U.S. Department of Energy*, New York Energy Summary, http://apps1.eere. energy.gov/states/energy_summary.cfm/state=NY (Stand: 12.08.2011).

(16)　So die Prognose in *United Nations Human Settlements Programme*（UN HABITAT), (o. Fn. 9), S. 72.

(17)　Vgl. *Sachverständigenrat für Umweltfragen*, Klimaschutz durch Biomasse, Sondergutachten 2007, Berlin 2007, Tz. 46 ff.

第1部　都市法の新たな課題

なおリスクが大きい[18]。都市エネルギー供給計画の技術革新のためには，これら欠点を考慮し，都市部特有の解決を見つけなければならない。

2　都市の成長と人口統計の変化

世界的な都市成長は止まらないように思われる。例えば，キンシャサでは，2010年から2020年の間に人口がほぼ400万人増加すると予測されている[19]。これに対し，西側世界では，社会の人口統計によると，少なくない都市が収縮傾向にある[20]。例えば，ドイツでは，毎年明らかな増加傾向を示しているのは，ベルリンとハンブルクだけである[21]。他の地域では都市の成長は停滞している。ゲルゼンキルヘン，ハレ，ライプツィヒのように多くの都市では人口が減少している（縮小する都市［Schrinking Cities]）。この場合，都市部全体が休止することが多い[22]。大きな商工業地域が停止するからである[23]。「縮小する都市」の現象は，持続的都市計画にとっての一つの課題である。

---

(18)　Siehe dazu etwa den Bericht von *J. Lubbadeh*, Eine Stadt zerreißt, DER SPIEGEL vom 15 11.2008.

(19)　*United Nations Human Settlements Programme* (UN HABITAT), The State of African Cities 2010, Nairobi 2010, S. 200.

(20)　Dazu siehe *H.-J. Bucher*, Demographische Trends und Herausforderungen: nationale, regionale und lokale Aspekte in Deutschland, in: Deutsch-Französisches Institut (Hrsg.), Demographie und Stadtentwicklung, Ludwigsburg 2006, S. 55 (63 ff.);

(21)　Die *Bertelsmann Stiftung* prognostiziert für Hamburg ein Bevölkerungswachstum von 3,9 % (68.443 Einwohner) zwischen den Jahren 2006 und 2025. Vgl. *Bertelsmann Stiftung*, Wer, wo, wie viele? - Bevölkerung in Deutschland 2025, Praxiswissen für Kommunen, Gütersloh 2009, S. 19.

(22)　Dazu *P. Steuer*, Chancen einer nachhaltigen Stadtentwicklung und eines ökologischen Stadtumbaus in einer „Schrumpfenden Stadt" am Beispiel Leipzigs, in: S. Bauriedl/D. Schindler/M. Winkler (Hrsg.), Stadtzukünfte denken, München 2008, S. 70 ff.

(23)　Zu den Auswirkungen einer „schrumpfenden Stadt" siehe *Europäische Kommission*, Generaldirektion Regionalpolitik, Förderung der nachhaltigen Stadtentwicklung in Europa, Brüssel 2009, S. 9; *E. Merk*, Schrumpfende Städte? Stadtentwicklungsstrategien am Beispiel Halle /Saale, in: Deutsch-Französisches Institut (Hrsg.), Demographie und Stadtentwicklung, Ludwigsburg 2006, S. 178 (178 f.); siehe auch *J. Sulzer*, Werteverschiebung: Von shrinking cities zu waiting cities, in: ders., Revitalisierender Städtebau, Dresden 2007, S. 23 (23 ff.).

228

3 郊外化［Suburbanisierung］と土地の枯渇

都市化は地域的に拡大する。それが住宅問題とともに生じることは西側世界だけではない。都市はその周辺地域にも拡がり，しばしば行政区画を越える。都市の中心は仕事場を提供し，周辺地域は安い住宅を提供する[24]。大橋洋一は，Winfried Brohm 記念論文集で，日本の住宅問題［Zersiedelungsproblem］に言及した[25]。サラリーマンは，東京周辺地域のベッドタウンから平均1時間以上かけて通勤する[26]。郊外化のマイナス効果は，資源浪費的な住宅構造の固定化である。その一つが特に，住宅や通勤のための土地利用の増加である[27]。例えばドイツでは，2010年には，住宅や通勤のための土地利用は，1日あたり80万m^{2}をこえた[28]。自然生態系［Naturkreislauf］からしばしば継続的に手つかずの土地が奪われていく。ハンブルクでは，通勤と住宅のための土地の割合が都市全体のほぼ57%であり，ベルリンでは69%以上となる[29]。

4 都市交通［Urbane Mobilität］とその影響

郊外化の拡大は，住民の足の需要を生み出す。とりわけ，自動車による道路交通は，世界的に見て，ダイナミックに増加している[30]。その影響は大きい。多くの場所で住民が，重大な騒音・有害物質被害を受けている[31]。ドイツ連邦政府の環境問題専門家委員会は2005年に包括的な鑑定書を提出した。そこ

---

(24) Anschaulich dazu in Bezug auf Hamburg, *M. Wickel*, Probleme der Raumordnung im Stadtstaat am Beispiel Hamburgs, NordÖR 2003, 229 (230).

(25) Vgl. *Y. Ohashi*, Neue Entwicklungstendenzen im japanischen Städtebaurecht, in: C.-E. Eberle/M. Ibler/D. Lorenz, Der Wandel des Staates vor den Herausforderungen der Gegenwart, München 2002, S. 485 (488).

(26) Vgl. *S. Vogt*, Neue Wege der Stadtplanung in Japan, München 2001, S. 252.

(27) Grundlegend dazu *A. Wieneke*, Nachhaltigkeit als Ressourcennutzungskonzept für die Bauleitplanung, Baden-Baden 2005, S. 22 ff.

(28) Vgl. *Gesellschaft für Wirtschaftliche Strukturforschung*, in: Bundesministerium für Verkehr, Bau und Stadtentwicklung (Hrsg.), 30-ha-Ziel realisiert, Forschungen, Heft 148 (2011), S. 6.

(29) Vgl. *A. Wieneke*, (o. Fn. 27), S. 25.

(30) Vgl. dazu *H.-J. Koch/C. Ziehm*, Hohe Mobilität - umweltgerechter Verkehr, ZUR 2005, 406 (406 m.w.N.).

(31) Dazu siehe *A. Friedrich*, Die verkehrsbedingten Gesundheits- und Umweltschäden und die volkswirtschaftlichen Folgekosten, in: H.-J. Koch (Hrsg.), Rechtliche Instrumente einer dauerhaft umweltgerechten Verkehrspolitik, Baden-Baden 2000, S. 39 ff.

第1部　都市法の新たな課題

でとりわけ明らかになったのは，ドイツのトラック交通によるCO_2排出が1990年から2002年の間に52%増加したということである[32]。交通量の急増による都市の騒音の拡大も示されている。ドイツの人口の16%以上が夜間，心臓循環器系疾病のリスクを非常に高める55dBレベル以上の騒音に晒されている[33]。このような発展には特に，予防的な広域的国土整備計画が地域的な全体計画や交通網計画に対して交通縮減的な構造を示すことによって対処すべきである[34]。

5　社会的格差［soziale Segration］の常態化

郊外化の過程の中で，都市の社会的格差の拡大が認められる。発展途上国では，持つ者と持たざる者との地域的分断が明らかである。裕福な上流階級は社会設備が整い，公園があり，買い物に便利で，文化的に豊かな都市部に住み，貧困層は郊外のスラムに住む。国連人間居住計画は，2020年には8億8900万人以上がスラムに住むことになると予測する[35]。しかし，分断傾向は，先進国の多くの都市でも見られる。イギリスの暴動がこのことをはっきりと示したのは言うまでもない[36]。貧困，失業その他の社会問題で苦しんでいる―しばしば十分な教育を受けていない住民の多くは，一方的に福祉住宅を割り当てられるか，市場原理に従い一定の都市部に追いやられる。このような社会的排除者が住む地区では，犯罪，特に公共空間での暴力が日常的に行われ，社会契約を麻痺させる[37]。Hartmut Häußermannは，この状況を「否定的要因が互い

(32) *Sachverständigenrat für Umweltfragen*, Sondergutachten Umwelt und Straßenverkehr, Baden-Baden 2005, Tabelle 2 bis 4. Näher dazu *H.-J. Koch/C. Ziehm*, Hohe Mobilität - umweltgerechter Verkehr, ZUR 2005, 406 (407).

(33) *Sachverständigenrat für Umweltfragen*, Sondergutachten Umwelt und Straßenverkehr, Baden-Baden 2005, Tz. 22 ff., 70.

(34) So *H.-J. Koch/C. Ziehm*, Hohe Mobilität - umweltgerechter Verkehr, ZUR 2005, 406 (411). Siehe auch *W. Erbguth*, Verkehrsvermeidung in der Raumordnung, Landes- und Regionalplanung, in: H.-J. Koch (Hrsg.), Rechtliche Instrumente einer dauerhaft umweltgerechten Verkehrspolitik, Baden-Baden 2000, S. 55 (59 ff.).

(35) *United Nations Human Settlements Programme* (UN HABITAT), (o. Fn. 8), S. XII (Overview and Key Findings).

(36) Dazu siehe den Bericht von JAPANTODAY vom 16.08.2011 unter http://www.japantoday.com/category/world/view/cameron-riot-hit-uk-must-reverse-moral-collapse (Stand: 30.08.2011).

(37) Zur Notwendigkeit eines „Corporate Citizenship" siehe *R. Pitschas*, Stadtpolitik in Deutschland: Umbauen und Intergrieren - oder mehr? Und wie?, in: ders.,

に強化され，不利な環境に至る致命的蓄積」と述べる[38]。

以上で，将来の都市発展に対するグローバルな課題の法事実的検討をまずは終えることにする。マクロ的視点から明らかになったことは，都市は世界的に見て大きな課題に直面しているということである。諸課題は，多様で複雑なため，短期的一方的な措置では克服できない。むしろ，経済的安定性，エコロジー的許容量，社会的正義の間での長期的な調整を追求する必要がある。その点で，持続的都市発展は，ベルリン，東京，ロンドン，パリのいずれを考察するかに関係なく，世界中で必要とされている。

II ハンブルクにおける持続的都市発展の法的制御

以下の検討では，ミクロ的視点から北ドイツの大都市が上述の課題をどう克服しているかを述べることにする。北ドイツの大都市ハンブルクを例にして(1)，そこで持続的都市発展がどの程度，政策的に決定され(2)，規範的に保障され(3)，法実践に移されているか(4)を検討する。

1 大都市ハンブルク──データと諸事実

ハンブルクはドイツで第2の都市である。ドイツの国家組織構造では，ハンブルクは州に位置づけられている[39]。ほぼ755平方kmの面積に約180万人が住む中核都市で，ほぼ札幌に等しい[40]。ハンブルクという過密地域は，シュレスヴィッヒホルスタイン州とニーダーザクセン州と隣り合っている。この地域にはほぼ400万人が住んでいる[41]。経済・住宅地域として，この都市は比較的人口密度の少ない隣接地がある。周辺地域は郊外化のプロセスにある。港

Dezentralisierung im Vergleich - Kommunale Selbstverwaltung in Deutschland und Südostasien am Beginn des 21. Jahrhunderts, Berlin 2008, S. 255 (260).

(38)　*H. Häußermann*, Armut und Reichtum in der Stadt, in: D. Sauberzweig/W. Laitenberger, Stadt der Zukunft - Zukunft der Stadt, Baden-Baden 1998, S. 91 (109).

(39)　Die Freie und Hansestadt Hamburg ist im föderalen Kontext ein sog. Stadtstaat. Näher dazu *U. Karpen*, Verfassungsrecht, in: W. Hoffmann-Riem/H.-J. Koch, Hamburgisches Staats- und Verwaltungsrecht, 3. Auflage, Baden-Baden 2006, 25 (32 ff.).

(40)　Zu den Daten siehe die Aufstellungen des *Statistikamts Nord* unter http://www.statistik-nord.de (Stand: 30.08.2011).

(41)　Vgl. *S. Bauriedl*, Spielräume nachhaltiger Entwicklung, Die Macht stadtentwicklungspolitischer Diskurse, München 2007, S. 60.

第1部　都市法の新たな課題

湾都市ハンブルクはこの十数年で，ドイツ造船所の危機に始まり，物流・サービス・メディア基地としてのハンブルクの復活で終わる根本的な構造転換を経験した。

2　都市発展政策のモデルにおける持続性

Arne Pilniok は，「持続的都市発展」概念の理念史的背景を指摘した[42]。持続性をめぐる世界的議論の文脈では，ハンブルクでも，国際政治的基準を具体化したり，地域政治的な指導理念を定式化したりする様々なアプローチがとられた。その前提は，1996 年のいわゆるオールボー憲章［Aalborg-Charta］の批准である[43]。そこで，ヨーロッパの各都市は「持続的都市発展」が義務付けられた。オールボー憲章の重要な準則は，特に，リオデジャネイロの「環境と開発のための国連会議」の際に参加締約国がすでに決定したように，地域的な持続性行動計画である「ローカルアジェンダ 21」の作成であった[44]。

ドイツの他の大都市と異なりハンブルクでは，今日まで，「ローカルアジェンダ 21」をハンブルクの持続性戦略として展開する政治力を見いだせない。その大きな理由は，特にハンブルク州議会[45]が「持続的都市発展」という横断的任務を各部局に配分できないことに見られる[46]。主にハンブルクの環境局が政治的イニシャティブをとり，計画を示すよう期待されていたが，他の部局，特に経済局との議論の中でこのような取り組みは効果を現さなかった[47]。ハンブルク政府は 2002 年，「ローカルアジェンダ 21」の代わりに，象徴的な都市発展政策モデル「大都市ハンブルク——成長する都市」をまとめた[48]。

---

(42)　*A. Pilniok* 報告を参照。

(43)　Vgl. Bürgerschaft der Freien und Hansestadt Hamburg, Drs. 15/4746 vom 16.01.1996.

(44)　Vgl. *S. Mitschang*, Der Planungsansatz der Nachhaltigkeit, DÖV 2000, S. 14 (14 f.).

(45)　Die Landesregierung wird in Hamburg als „Senat" bezeichnet. Regierungschef ist der „Erste Bürgermeister", die Landesminister heißen „Senatoren". Das Landesparlament trägt die Bezeichnung „Hamburger Bürgerschaft". Vgl. *U. Karpen*, (o. Fn. 39), 25 (41 ff.).

(46)　Von *Jochen Menzel* mit Recht als Paradoxon kritisiert. Vgl. *J. Menzel*, Macht und Ohnmacht zivilgesellschaftlicher Akteure in der Hamburger Nachhaltigkeitspolitik, in: S. Bauriedel/D. Schindler/M. Winkler (Hrsg.), Stadtzukünfte denken, München 2008, S. 158 (161).

(47)　Vgl. *S. Bauriedl*, (o. Fn. 41), S. 77 ff.

(48)　Dazu ausführlich und kritisch Vgl. *J. Menzel*, (o. Fn. 46), S. 158 (169); *S. Bauriedl*, (o. Fn. 41), S. 81 ff.; *H.-J. Koch*, Recht der Landesplanung und des Städtebaus, in: W.

10 ドイツ都市建設法における持続的都市発展の制御についての諸選択肢

「持続性」はこの文脈では専ら経済的に解釈され、「持続的都市発展」は利益を最大化する土地政策として理解された[49]。これは当時の都市発展大臣であるMario Mattbach が都市発展政策の議論の中での発言からうかがえる。彼は「小さいがすばらしいというモットーは、ハンブルクのような大都市の持続的将来計画には当てはまらない。」と述べた[50]。その結果、特定の経済分野（例えば、メディア、航空、港）の推進やハンブルク・ハーバーシティのような巨大再開発プロジェクトが政治的焦点となった。都市の社会・環境状態の改善は、経済成長のトリクルダウン効果としてしか見られなかった[51]。

「成長する都市」というモデルは、2010 年になるまでハンブルク都市発展政策を特徴づけた。環境保護政党「緑のオルタナティブリスト」がハンブルク議会に進出したため、政治的な路線修正がはっきりと行われた。それから、少なくとも文言上は「持続性」を上位の行動原理とする「将来的展望を持った成長」が新しい都市発展政策のモデルとなった[52]。しかし、市民運動や利益団体は、引き続き、計画の経済重視を批判している[53]。

まとめると以下のことが確認できる。ハンブルク都市発展政策は、これまで主に経済政策的思考が支配的であった。それは、第1 にそして短期的に国民総生産に向いた量的な成長パラダイムを志向した。2010 年の「将来的展望を持った成長」という新しいモデルの確立によって初めてハンブルク都市発展政策は持続性の道に踏み出した。

Hoffmann-Riem/ders., Hamburgisches Staats- und Verwaltungsrecht, 3. Auflage, Baden-Baden 2006, S. 229 f.

(49) So nachvollziehbar *S. Bauriedl*, (o. Fn. 41), S. 81 ff.

(50) *M. Mettbach*, Hamburg - Wachsende Stadt, in: Behörde für Bau und Verkehr (Hrsg.), Stadtdialog Hamburg 14, S. 6 (6).

(51) *S. Bauriedl*, (o. Fn. 41), S. 81 ff.

(52) Vgl. Bürgerschaft der Freien und Hansestadt Hamburg, Mitteilung des Senats an die Bürgerschaft, Leitbild Hamburg: Wachsen mit Weitsicht, Drs. 19/5474 vom 23.02.2010.

(53) Siehe dazu etwa die Kritik das Naturschutzbundes Deutschland (NABU), Wachsen ohne ökologische Weitsicht, Download unter http://www.nabu-hamburg.de (Stand: 30.08.2011) sowie die Studie des *Wuppertal Instituts für Klima, Umwelt, Energie*, Zukunftsfähiges Hamburg - Zeit zum Handeln, Hamburg/München 2010, S. 216 ff.

第1部　都市法の新たな課題

3　計画による持続的都市発展

　経済的安定性，エコロジー的許容量，社会的正義の間の長期的な調整を目指す「持続的都市発展」は，政策的コンセプトとして今までハンブルクではほとんど顧みられなかった。ここで，持続性という考え方が州法の規定に反映したかどうか，どの程度反映したかを検討する。

　法システム的に考えると，「持続的都市発展」は横断的なテーマである。ハンブルクでの持続的都市発展には，例えば，大学法，環境法，経済行政法の州法の規定が寄与しうる。より詳しく見ると，とりわけ，州計画や建設管理計画の法が，特に適切な実現手段であることがわかる。なぜなら，それらは，部分的な不安定性を背景にして，様々な―互いに対立する―利益を先見的合理的に調整することを目指しているからである[54]。ハンブルクの広域的及び地域的全体計画はそのため以下の考察の中心となる。

(1)　広域的な全体計画［Überörtliche Gesamtplanung］

　ドイツでは，広域的全体計画の任務を果たすのは，とりわけ州計画と地域計画である[55]。州計画は州全体（例えば，ハンブルク）に関わり，地域計画は，州内の地域的に独自に発展し，そのためそれに合った計画が必要な中心地域に関わる。二つの計画には，連邦の国土整備法［ROG］が適用される。そのため州計画や地域計画では，「持続的空間発展」を国土整備の指導理念とする同法1条2項が考慮される。「持続的空間発展」はその地域での社会的経済的諸要求をその環境機能と調整し，部分空間における等価値の生活関係を伴った持続的で広域的な調和のとれた秩序を形成する[56]。

　この意味での持続的空間発展を推進しうるような正式の広域的全体計画は，ハンブルクには今まで存在しない。正式の地域計画も正式の州計画もない[57]。ハンブルクはその代わり，隣接州・地域とのインフォーマルな計画手段や調整

---

(54)　Zum Steuerungsinstrument der Planung vgl. *U. Ramsauer*, § 3 Allgemeines Umweltverwaltungsrecht, in: H.-J. Koch (Hrsg.), Umweltrecht, 3. Auflage, München 2010, Rn. 48.

(55)　Zum System der Raumplanung siehe ausführlich *H.-J. Koch/R. Hendler*, Baurecht, Raumordnungs- und Landesplanungsrecht, 5. Auflage 2009, § 1 Rn. 1 ff.

(56)　Vgl. dazu *P. Runkel*, § 1 ROG, in W. Spannowsky/ders./K. Goppel, Raumordnungsgesetz, 1. Auflage, München 2010, Rn. 94.

(57)　Vgl. *M. Wickel*, (o. Fn. 24), S. 229 (231 f.).

10 ドイツ都市建設法における持続的都市発展の制御についての諸選択肢

に依っている[58]。

その一つの例[59]が，1996年にハンブルク州政府が決定した「都市発展計画－指導理念，基準の枠組，空間的重点（STEK）」である。これは長年，他の都市発展政策に関するプログラムや計画に対する戦略的基盤として機能した。これは今まで改正されなかった。その現実的意義は明らかでない[60]。STEKは15の指導目標を示し，その追求は発展計画への様々な要求を互いに調和させるものである。例えば，指導目標1によると，都市発展計画は，ハンブルクを国際的な物流・配送基地として強化するための諸条件を整備しなければならない。これは，とりわけ，土地政策と技術革新推進措置と結合すること（指導目標4）そして将来的発展の選択肢のため空き地を残しておくこと（指導理念14）によって行いうる。環境保護も都市発展の重要テーマとして扱われている。「持続的都市発展」に対するSTEKの寄与度について問うなら，STEKの調整的アプローチは確かに持続性という意味で空間的矛盾状態の克服に役だったことは認めなければならないであろう[61]。しかし，オールボー憲章やアジェンダ21とのつながりを欠いていることは，いずれにせよSTEKがもともと「持続的都市発展」の手段とは考えられていなかったことを示している。その上，持続性という継続的な要求を法的拘束力のないインフォーマルな計画により実現しようとすることは全く矛盾しているように思われる。確かに「持続的都市発展」は，競合する諸利益を調整する際，一定の柔軟性を必要とする。しかし，これが法的規律制度の外で行われる限り，諸利益の調整が政治的な日常業務の裁量にゆだねられる危険性がある[62]。それは，世代間正義を実現しようとす

---

(58) Kritisch dazu *H.-J. Koch*, (o. Fn. 48), S. 211 (231).

(59) Neben dem STEK ist insbesondere noch das „Regionale Entwicklungskonzept für die Metropolregion Hamburg (REK)" zu nennen, das von den Bundesländern Hamburg, Schleswig-Holstein und Niedersachsen im Jahr 1996 beschlossen und im Jahr 2000 fortgeschrieben wurde, vgl. Bürgerschaft der Freien und Hansestadt Hamburg, Anlage zur Drs. 16/5217 vom 07.11.2000. Die kritischen Erwägungen dieses Beitrags bzgl. des STEK lassen sich auf das REK weitgehend übertragen. Siehe dazu auch *A. Thaler*, Wege zur nachhaltigen Siedlungsentwicklung, Beispiele aus der Metropolregion Hamburg, in: S. Bauriedl/D. Schindler/M. Winkler, Stadtzukünfte denken, München 2008, S. 146 (155) sowie *H.-J. Koch*, (o. Fn. 48), S. 211 (223).

(60) So bereits *H.-J. Koch*, (o. Fn. 48), S. 211 (224).

(61) So *S. Bauriedl*, (o. Fn. 41), S. 92 ff. m.w.N.

(62) *Martin Wickel* weist darauf hin, dass eine raumordnende Entscheidung im Rahmen informeller Planung durch einen Zwang zu einem breiten politischen Konsens verwässert werden kann. Vgl. *M. Wickel*, (o. Fn. 24), S. 229 (232).

235

第1部　都市法の新たな課題

る持続性論の将来関連性[63]と明らかに矛盾する。

　ここでは次のことが確認できる。ハンブルクでは現在，将来の課題を見通しよく継続的に法的安定性をもって克服するのに役立ちうるであろう拘束力を持った広域的全体計画がないということである[64]。

⑵　地域的全体計画［Örtliche Gesamtplanung］

　ドイツでは，地域的全体計画はいわゆる建設管理計画により扱われている。その機能は，ドイツ建設法典（BauGB）1条1項によると，市町村の土地の建設その他の利用を準備し指導するものである。準備・指導の中心は，一定の土地に適した利用の確定であると考えられる。実際の私的利用はこの枠内でのみなし得る[65]。Arne Pilniok は，すでに建設管理計画が通常2つの段階で行われると述べた[66]。市町村全体に関わる「土地利用計画［Flächennutzungsplan］」は，まず土地機能に関する一般的な決定を行う。それには原則として行政外部的な法的拘束力は生じない。第二段階で，市町村の個々の地区に関する適切な利用が詳細かつ法的拘束力をもって「建築詳細計画［Bebauungsplan］」によって定められる。土地利用計画の準則はこの段階で具体化される。

　「持続的都市発展」の推進は，BauGB により，建設管理計画にとって所与のものである。BauGB1条7項では，適切な衡量の原則が示されている。それにより建設管理計画を策定する場合，公益と私益が相互に適切に衡量されなければならない。持続性原則が経済的社会的エコロジー的側面の「調和」をめざすものである限り，それは衡量原則が求めるものを例示的に要約したものに過ぎない[67]。持続性原則はしかし，単なる合理的な利害調整の実現以上のものをめざす。それは，将来世代に対する責任を負うよう求めている。このような理由から BauGB1条5項は明示的に「建設管理計画は持続的都市発展を保障しなければならない。」と規定する[68]。これによって世代間の衡量がめざされる[69]。

---

(63)　Dazu *A. Wieneke*, (o. Fn. 27), S. 47.

(64)　Vgl. *H.-J. Koch*, (o.Fn. 48), S. 211 (223 f., 231).

(65)　Vgl. *H.-J. Koch/R. Hendler*, (o. Fn. 55), § 11 Rn. 1.

(66)　*A. Pilniok* 報告を参照。

(67)　So *M. Krautzberger*, Nachhaltige Entwicklung und Städtebaurechtsordnung, UPR 2001, S. 130 (132).

(68)　Zur „nachhaltigen städtebaulichen Entwicklung" als Rechtsbegriff siehe *A. Wieneke*, (o. Fn. 27), S. 157 ff. m.w.N.

(69)　Zum Verhältnis von Abwägungsgebot und Nachhaltigkeitsprinzip siehe *S.*

10 ドイツ都市建設法における持続的都市発展の制御についての諸選択肢

　Stephan Mitschang によると，持続的都市発展という上位目標は，土地利用計画の段階でしかうまく具体化できない。なぜなら，建築詳細計画は，BauGB8条2項により土地利用計画の記述から展開されるからである[70]。土地利用計画は，集約と結合により社会的エコロジー的経済的利益を統合的に考慮する基本的空間利用決定を行う。

　以上のことを前提にしてハンブルクの地域的全体計画を見てすぐわかることは，都市がこのような文脈においても他の道を歩んでいるということである。ハンブルクの現行の土地利用計画[71]は1997年に遡る。それ以降全部で119回改正された[72]。それには拘束力のある建築詳細計画に対する十分な指導的機能がない。なぜなら，二万分の一という縮尺では，さらに相当具体化する必要があるからである[73]。そのため，十数年前からハンブルクではいわゆる BauGB1条6項11号の意味での部分地区発展計画［teilräumlich Entwicklungsplanung］が策定されている。それは土地利用計画と建築詳細計画の中間段階として機能し，法的拘束力なしに土地利用計画の指導理念・目的を具体化し，狭い空間の建築詳細計画に対する政策的コンセプトを具体化するものである[74]。この関係でもハンブルクはインフォーマルな手段に依っている。

　このことは，ハンブルクでの「持続的都市発展」に関して次のことを意味する。つまり，土地利用計画には，BauGB によりそれに与えられている制御・調整機能が事実上限定的にしか認められないということである[75]。持続性原則は，このように適切には具体化されていない。Mitschang が正しく指摘するように，このような場合には BauGB1条3項から土地利用計画を新たに策定

Mitschang, (o. Fn. 44), S. 14 (16); *A. Wieneke*, (o. Fn. 27), S. 168; *M. Krautzberger*, (o. Fn. 67), S. 130 (132).

(70)　Vgl. *S. Mitschang*, (o. Fn. 44), S. 14 (19).

(71)　Beschluss über die Einhundertfünfte Änderung des Flächennutzungsplans für die Freie und Hansestadt Hamburg vom 28.05.1997, GVBl. 1997, S. 157; Beschluss über die Einhundertsechste bis Vierhundertachtzigste Änderung des Flächennutzungsplans für die Freie und Hansestadt Hamburg vom 28.05.1997, GVBl. 1997, S. 158.

(72)　Zuletzt durch die Einhundertneunzehnte Änderung des Flächennutzungsplans des Freien und Hansestadt Hamburg vom 15.02.2011, GVBl. 2011, S. 83.

(73)　Vgl. *H.-J. Koch*, (o. Fn. 48), S. 211 (232).

(74)　Dazu näher *H.-J. Koch*, (o. Fn. 48), S. 211 (232 f.).

(75)　Dies entspricht der Situation in den fast allen Teilen Deutschlands. Dazu ausführlich *S. Mitschang*, (o. Fn. 44), S. 14 (19 ff.).

第1部 都市法の新たな課題

する義務が生じうる[76]。確かに土地利用計画の策定を裁判所に請求することはできない。部分地区発展計画が持続性の視点の下で土地利用計画の機能を肩代わりできるかどうかは，そのインフォーマルな性格や個別事例関連性により，疑問に思われる。

4　ケーススタディ「ハーバーシティ・ハンブルク」

　形式法学的な検討の結果，ハンブルクの広域的及び地域的全体計画が持続性の考え方を十分に考慮しているかは相当疑わしい。今やこのような検討結果を具体的な観察対象において再審査する必要がある。ヨーロッパ最大の再開発プロジェクト「ハーバーシティ・ハンブルク」に関するケーススタディは，持続的都市発展の考え方が法実践においてどの程度役割を果たしているかを実例で示すことになる。

(1)　「ハーバーシティ・ハンブルク」プロジェクト

　「ハーバーシティ・ハンブルク」プロジェクトは，ハンブルク港の土地の再開発に端を発する[77]。1990年代初頭明らかになったことは，都心近くの広大な港湾地域がもはや港湾経済によっては利用されないということであった。1997年5月当時のハンブルク市長 Henning Voscherau はその土地を住宅・労働目的のために再開発することを宣言した。彼はハーバーシティをハンブルクの新都心として計画した。つまり，都心はハーバーシティによってハンブルク中心を流れているエルベ川に戻ってくるだろう（「岸辺で暮らし働く」という標語）[78]。2000年1月にはハンブルク州政府は，「ハーバーシティ・マスタープラン」[79]を策定した。それは，以前の港湾地域を住宅，商業，レジャーのための混合利用という特徴を持った都心部に再開発するという計画である。その法的性格から，マスタープランは，BauGB1条6項11号の意味でのインフォーマルな部分地区発展計画と位置づけられる。計画地域の広さは155ヘクタールである。新都心には12000人が住む約5500戸の住宅が生まれる[80]。ハーバー

---

(76)　*S. Mitschang*, (o. Fn. 44), S. 14 (20).

(77)　Die Entstehungsgeschichte der HafenCity ist ausführlich nachzulesen bei *S. Bauriedl*, (o. Fn. 41), S. 166 ff.

(78)　*Henning Voscherau* zitiert nach *S. Bauriedl*, (o. Fn. 41), S. 167.

(79)　*HafenCity Hamburg GmbH*, Hafencity Hamburg - Der Masterplan, 2. Auflage, Hamburg 2006.

(80)　Vgl. *HafenCity Hamburg GmbH*, Der Masterplan, (o. Fn. 79), S. 15, 23.

シティは，45000 を超える新しい職場を生み出す[81]。プロジェクトが完成する
とハンブルク都心は 40％以上拡大する。ハーバーシティはハンブルク中央駅
から 1.1km，ハンブルク市庁舎からは 800 メートルしか離れていない。ハー
バーシティはハンブルク都心の成長構造を引き継ぐものである。

　計画は，ハーバーシティを 16 ブロックに分け 25 年をかけて段階的に
BauGB の意味での狭い空間の都市建築詳細計画に基づき進められる。マス
タープランの準則はこのように具体化される。都市部のすべての地区が独自の
相異なる特徴を示すことになる。つまり，計画では，Brooktorkai 地区は大企
業地区，Elbtor 地区は学術センター，Overhafen 地区は文化施設の場所とな
る[82]。プロジェクトは西から東へ，北から南へ進められる。現在建設中，そ
して，建設済みの地域は 11 ヘクタールを超える。地域の西の先端には，ハン
ブルクで議論のあった威信をかけたプロジェクト「エルベフィルハーモニー」
の建設途中の建物が見られる[83]。東には SPIEGEL 出版社の新社屋がある。マ
スタープランに基づく建物の半分以上がすでに建設されたか，建設中か，土地
買収が終わり建設義務の段階にある。ハーバーシティの東部は改訂版のマス
タープランに基づき再開発されることになる。ハンブルク政府から計画や建設
プロジェクトの調整・指示を委託されたハーバーシティ・ハンブルク会社の報
告によると，ハーバーシティで新しく生まれた地区には現在 1500 人の住民が
おり，約 7200 人がそこで職場を見つけた[84]。今後の重要な開発の目玉は，ハ
ンブルク地下鉄網へのハーバーシティの接続（2012 年予定），エルベフィル
ハーモニーの完成（2013 年予定），ハーバーシティ大学の完成（2013 年予定）で

---

(81)　Im Masterplan waren nur 20.000 Arbeitsplätze in Aussicht gestellt worden, vgl.
　　HafenCity Hamburg GmbH, Der Masterplan, (o. Fn. 79), S. 23. Inzwischen geht die
　　mit der Entwicklung der HafenCity betraute HafenCity Hamburg GmbH davon aus,
　　dass durch die Bereiche Einzelhandel, Gastronomie und Hotel möglicherweise sogar
　　45.000 Arbeitsplätze geschaffen werden können, vgl. *HafenCity Hamburg GmbH*,
　　Projekte - Einblicke in aktuelle Entwicklungen, Hamburg 2011, S. 4, 56.

(82)　Siehe zu den Quartieren ausführlich *HafenCity Hamburg GmbH*, Projekte, (o. Fn.
　　81), S. 10 ff.

(83)　Die Errichtung des neuen Hamburger Konzerthauses „Elbphilharmonie" hat sich
　　als außerordentlich kostspielig erwiesen. Bei Baubeginn waren noch Kosten in Höhe
　　von 50 Millionen € veranschlagt worden; inzwischen wird mit Kosten in Höhe von
　　461 Millionen € gerechnet. Vgl. den Artikel von *A. Dey* im Hamburger Abendblatt
　　vom 25.08.2011, S. 9.

(84)　Vgl. *HafenCity Hamburg GmbH*, Projekte, (o. Fn. 81), S. 6, 11.

第1部　都市法の新たな課題

あろう[85]。

5　ハーバーシティの計画における持続的都市発展の側面？

　ハーバーシティ・ハンブルク会社は，ハーバーシティを世間に向け，持続的都市発展の最良の実践例として演出している。市場発表では，ハーバーシティが21世紀の都市発展の「未来を指し示す基準」となると指摘することを忘れない[86]。このような背景の下で，ハーバーシティの計画実践を一度詳しく眺め，それが実際に持続性の考え方をどの程度実現しているかを検討する必要がある。持続性の指標として役に立つのは―はじめに示したグローバルな課題に対応する―資源保護，気候変動保護，土地利用，都市流動性，社会連帯である[87]。

(1)　資源保護と気候変動保護

　資源保護と気候変動保護に関し，ハーバーシティのマスタープランは次のように述べる。「気候変動保護やエネルギーの節約のため，ハーバーシティでは，環境に優しく持続的な建物・住居，エネルギーを節約するエネルギー供給の可能性が追求されなければならない[88]。」この準則は3つの観点から具体化される。

　ハーバーシティの都市建築詳細計画が重要な具体化を行う。ハーバーシティ建築詳細計画1[89]における文言上の規定として，例えば2条17号1項1文は次のように規定される。「集中給湯システムのある建物は，再生可能エネルギーの施設を通じて供給され，同施設は予想される年間温水需要の30％以上をカバーする。」これは，気候保護や一次エネルギー使用の縮減のため，給湯における再生可能エネルギーの割合を高めることをめざしている。同建築詳細

---

(85)　Vgl. *HafenCity Hamburg GmbH*, Projekte, (o. Fn. 81), S. 1.

(86)　So *HafenCity Hamburg GmbH*, Projekte, (o. Fn. 81), S. 48 ff.

(87)　Der „Rat für nachhaltige Entwicklung", der im Jahr 2001 von der deutschen Bundesregierung einberufen wurde, hat 21 Indikatoren als Gradmesser der Nachhaltigkeit entwickelt. In Hamburg übernimmt der „Zukunftsrat Hamburg" die Aufgabe, nachhaltige Entwicklung messbar zu machen und bedient sich dazu 32 Indikatoren. Siehe dazu *J. Menzel*, (o. Fn. 46), S. 158 (160 ff.). Eine derart umfassende Analyse kann hier nicht geleistet werden.

(88)　Vgl. *HafenCity Hamburg GmbH*, Der Masterplan, (o. Fn. 79), S. 22.

(89)　Verordnung über den Bebauungsplan Hamburg-Altstadt 32/ Hafencity 1 vom 03.11.2004, GVBl. 2004, S. 397.

240

計画の2条18号は次のような規定を置く。「暖房や他の暖房需要の準備のために，新しい建築は，給湯専用の電池燃料所が設置されない限り，発電と暖房が結合した暖房網とつながらなければならない。」他の規定は，例えば，土地の緑化，駐車スペース，植林といった小さな気候保護に関わる[90]。ハーバーシティに建物を建てたい事業主体は，（外部拘束力のある）建築詳細計画の準則を遵守しなければならない。そうでないと，彼には所管の建設官庁から建設許可がもらえない。マスタープランの準則を具体化するもう一つの方法は，公的な委託発注の際，厳しい環境基準を置くことである。西ハーバーシティの暖房供給に関するヨーロッパレベルでなされた発注手続で，入札参加者の公募では，CO_2の排出が175g/kWhの限界値を超えないことが求められた。東ハーバーシティの公募では，この限界値がその上さらに125g/kWhに強化された[91]。落札したエネルギー供給業者は，建物ごとの暖房のためのガス供給の代わりに遠隔暖房と隣接暖房を組み合わせることで，この限界値をクリアした。このようにして西ハーバーシティはうまく遠隔暖房網とつながった。それと共に，新しいガス暖房発電所，パイロット施設としての電池燃料所，二つのコジェネレーション暖房発電所，広さ1800平方メートルの太陽光発電所が操業している[92]。最後に，マスタープランの意味での気候保護や資源保護を推進するため，インセンティブ制御の手段が用いられている。ハーバーシティでは2007年以降（連邦レベルでは2009年以降），持続的な建物に環境証明書［Umweltzertifikat］が発行されている。一次エネルギー需要の削減に対して報奨金が，住宅・事務所の広さに応じ支払われる[93]。ハーバーシティ・ハンブルク会社の情報では，この間，中央及び東ハーバーシティの建物の約30%が「ゴールド」ランクの証明書を得ている[94]。将来的には，公募の際，「ゴールド」の証明書が基準と

---

(90) Vgl. z.B. § 2 Nr. 23 des Bebauungsplans HafenCity 1: „Auf ebenerdigen Stellplatzanlagen ist für je fünf Stellplätze ein Baum zu pflanzen".

(91) Zu den Ausschreibungen siehe *HafenCity GmbH*, Saubere Wärmeenergie für einen neuen Stadtteil, http://www.hafencity.com/de/konzepte/saubere-waermeenergie-fuer- einen-neuen-stadtteil.html (Stand: 30.08.2011).

(92) Dazu *J. Menzel*, Wie nachhaltig ist die Hafencity?, Kurzstudie, Hamburg 2010, S. 25.

(93) Zum Zertifizierungsverfahren siehe *HafenCity GmbH*, Nachhaltiges Bauen in der HafenCity, Hamburg 2010.

(94) Vgl. *HafenCity Hamburg GmbH*, Ausgezeichnete Hochbauten - Das Umweltzeichen HafenCity, http://www.hafencity.com/de/konzepte/ausgezeichnete-hochbauten-das-umweltzeichen-hafencity.html (Stand: 30.08.2011).

第1部　都市法の新たな課題

されるべきである。

　以上の点から確認できることは，ハーバーシティは資源保護や気候変動保護
に関し明らかに効果を出しているということである。様々な措置が広く有効に
補完しあっている。

(2)　都市の成長と土地利用

　新都心の開発のために転用地を再活用すること（汚染地の開発［Brownfield
Development］）で，都市の周辺の新しく，自然が残った土地を開発しないです
むことができる。ハーバーシティ・プロジェクトは，このような理由から特に
持続的である。それに加え，緊密な都市建築構造が計画で示されており，これ
によって土地利用の節約が可能となる。ハーバーシティ・マスタープランは，
「計画地区内では，容積率250％の緊密な建築構造により，土地の節約的利用
に資する土地の保留をすすめるべきである。」と定める[95]。建築詳細計画は，
このような建物の緊密化を個々に具体化する。ハーバーシティ・ハンブルク会
社の報告によると，容積率は多くの地区で520％となる[96]。連邦レベルで比較
すると，この建築密度は非常に高く，効率的な土地利用に役立つ[97]。駐車場
や緑地といった空き地の数が比較的少ないことはマイナス評価である。

(3)　都市交通とその影響

　ハーバーシティ・マスタープランを見てわかることは，ハーバーシティの交
通計画が，なお大きく，自動車による個別交通のパラダイムによっていること
である。プロジェクトが完了した段階では，1日あたり約90000台の自動車交
通量が予測されている[98]。このような予測をしたため，マスタープランは網
の目のような道路網を予定している。ハーバーシティの公共交通は，地下鉄と
バスにより展開されることになっている。そのために現在の地下鉄網は，ハー
バーシティの計画地区で2駅分延長される。バス交通には排気ガスの少ない電
気バスが使用される[99]。

　Jochen Menzel は，ハーバーシティの交通計画が早くから自動車による個別

---

(95)　Vgl. *HafenCity Hamburg GmbH*, Der Masterplan, (o. Fn. 79), S. 18.

(96)　Vgl. *HafenCity Hamburg GmbH*, Projekte, (o. Fn. 81), S. 48.

(97)　So auch *J. Menzel*, Wie nachhaltig ist die Hafencity?, (o. Fn. 92), S. 17 f.

(98)　Vgl. *HafenCity Hamburg GmbH*, Der Masterplan, (o. Fn. 79), S. 35.

(99)　Vgl. *HafenCity Hamburg GmbH*, Projekte, (o. Fn. 81), S. 48 f.

242

10 ドイツ都市建設法における持続的都市発展の制御についての諸選択肢

交通を志向したため「持続的流動性の大きなチャンス」を失ったことを認めざるを得なかった[100]。すでに現在ハーバーシティの多くの道路で一定の時間帯に交通渋滞が起きる。これにより住民にはさらなる騒音公害が生じる。ハーバーシティは，いずれにせよ公害の少ない都心ではない。道路交通と並んで港湾作業もひどいスモッグの原因となる。ハーバーシティ建築詳細計画1は，そのため騒音防護措置に関する多くの規定をおいている。その際，連邦イミシオン防止法の準則は，建設発展のための計画的裁量［Gestaltungsspielraum］を維持するため，住民にとり不利に変更されている。他の地域では通常，屋外の騒音レベルが基準となるのに，消極的な騒音防護（例えば，防音窓）によって対応できるよう屋内の騒音レベルが適用されている。例えば，建設騒音防護は，寝室や子供部屋ではドレー・キップ窓の場合，屋内レベルで30dBを超えないように，保障されなければならない[101]。

以上から確認できることは，ハーバーシティの交通コンセプトは非常に古いということである。地下鉄やバスは，いずれにせよ，自動車に対する持続的な代替策ではない。なぜなら，地下鉄鉄道網の延長が2駅分に限られ，電気バス［Brennstoffzellenbusse］のための水素の製造には相当多くのエネルギーを使用するからである[102]。さらにハーバーシティは，交通騒音と事業騒音が重なって相当うるさい都心であることがはっきりした。

(4) 社 会 連 帯

ハーバーシティ・マスタープランは，ハーバーシティをハンブルク都心の発展と宣伝している[103]。ハーバーシティ・ハンブルク会社の文書では，都市部には「多様性のある社会環境」についての魅力が示されている。これは今までの住民構成に反映しているとする。ハーバーシティの様々な実証分析を見ると，このような説明に驚く。特に印象的なのは住宅状況に関するデータである[104]。分譲住宅については2010年の初めでも，ハンブルクの最高価格を付けた（1㎡当り5234ユーロ）。住民一人あたりの平均床面積は，ハーバーシティでは76.8㎡となった。これはハンブルク市民の平均の2倍以上である。北統計局の人

---

(100) Dazu *J. Menzel*, Wie nachhaltig ist die Hafencity?, (o. Fn. 92), S. 22.

(101) Siehe ausführlich *J. Menzel*, Wie nachhaltig ist die Hafencity?, (o. Fn. 92), S. 40 ff.

(102) Siehe *J. Menzel*, (o. Fn 46), S. 174.

(103) Vgl. *HafenCity Hamburg GmbH*, Der Masterplan, (o. Fn. 79), S. 18 ff.

(104) Dazu siehe m.w.N. *J. Menzel*, Wie nachhaltig ist die Hafencity?, (o. Fn. 92), S. 34.

第1部　都市法の新たな課題

口統計もこのような評価を支える。例えば，子供がいる家庭は12%に過ぎない。ハンブルク全体では25%を超えている[105]。ハーバーシティはむしろ金持ちの地区である。家族，子供，高齢者に優しく，異なる社会階層の人々をまとめるような都市ではまだない。

Ⅳ　おわりに

　マクロ的視点によるこれまでの考察から明らかになったことは，持続的都市発展が世界的に見て喫緊の課題であることである。ハンブルクでの都市発展のミクロ的分析から明らかになったことは，そこでは持続性の考え方がなお十分に配慮されていないことである。長い間，持続性原則を地方のレベルで十分に洗練させる政策的コンセプトが欠けていた。そのため，ハンブルクでの広域的及び地域的全体計画が実際にはROG1条2項による「持続的空間発展」の準則もBauGB1条5項1文の「持続的都市建設発展」もほとんど実現していないことは不思議ではない。最後に，ハーバーシティについてのケーススタディにより次の点が明らかになった。つまり，法実践では確かに持続的都市発展のアプローチが存在しうるが，これは，威信をかけたプロジェクトというこのケースの性格やその空間的な狭さを見ると，持続性という広域的なアプローチとは矛盾するということである。ハンブルクが黒川の意味での「持続可能な都市」になるのはまだずっと先の話である。

---

(105)　Vgl. Statistikamt Nord unter http://www.statistik-nord.de/uploads/tx_standocuments/SI _SPEZIAL_III_2010.01.pdf（Stand: 30.08.2011）

244

11 都市建設法の課題としての持続的都市発展
── ドイツにおける法的基本構造と発展傾向

アルネ・ピルニオク*

野田　崇（訳）

I　はじめに

　持続性［Nachhaltigkeit］は，社会の発展の指導的パラダイムの一つとなった。このことは，社会の形成を課題とする法にも必然的に反映されている。持続性概念は不明確なものではあるが，21世紀における都市の意義に鑑みると，この概念が将来的に発展して行くべきことは争われ得ない。本稿は，ドイツの都市建設法を，持続的都市発展への寄与の観点から分析する。都市建設法は，都市発展から現に生じている，社会の社会福祉的［sozial］，エコロジー的および経済的変化全体に起因する挑戦をも常に反映している[1]。それゆえ第一に必要なのは，ドイツにおける近年の実際の発展傾向に目を向けることである。それらの傾向は，都市建設法の近年の改革を，持続性という指導概念［Nachhaltigkeitsleitbild］を背景として理解させるものである（II）。以上を背景として，持続性と都市発展との関連に着目する（III）。この指導的主題を下敷きにしてドイツの都市建設法の基本構造が提示され，指導的問いを背景として現実の発展傾向が示され得る（IV）。それに続けて，持続的都市発展に貢献するような新たなガバナンス構造の創設を目指しているドイツの都市建設法の幾つかの革新的分野が取り上げられる（V）。最後に，ドイツの都市建設法が持続的都市発展という関心事をどの程度まで実現できたのかを，簡単に総括する。

II　ドイツにおける都市発展および空間発展の基本的方向

ドイツには都市が多いため，人口は分散している[2]。人口の半分近くが，国

＊筆者は，ハンブルク大学准教授。公法，行政学および法学専門教育専攻。

(1)　Vgl. auch *Krautzberger/Stüer*, BauGB 2007: Stärkung der Innenentwicklung, in: DVBl. 2007, S. 160 (160).

(2)　Bundesamt für Bauwesen und Raumordnung, Herausforderungen deutscher

第1部　都市法の新たな課題

土の十分の一を占めているに過ぎないそれら中心的空間で生活している⁽³⁾。

　目下のところ，ドイツにおける都市発展および空間発展については幾つかの基本的傾向が確認されうる。第一に，定住構造［Siedlungsentwicklung］全体に関しても，都市の内部に関しても，都市の成長プロセスと縮退プロセスの同時進行が見られる⁽⁴⁾。縮退都市は，主としてドイツ東部に見られる⁽⁵⁾。それに対して，中心部および中間部［Zentral- und Zwischenräume］では人口増加が記録されており⁽⁶⁾，土地需要が持続的に増大している。これらについてはとりわけ二つの原因が目立つ。経済構造の転換は，とりわけ都市部において雇用場所を流動化［Arbeitsplatzdynamik］させており⁽⁷⁾，その結果として移住の動きが生じた。加えて，人口統計学的変化が人口構造の変化をもたらした。人口の年齢構成の変化だけではなく，人口減少と，外国からの移住を通じた人口の国際化も，このプロセスに特徴的である⁽⁸⁾。

　都市圏では，成長と縮退の同時性は，長年にわたり，周辺部の成長と都心部の縮退とによって特徴づけられてきた。その間に逆方向の傾向が見られることがあるとしても⁽⁹⁾，このような郊外化は依然として支配的展開とされる⁽¹⁰⁾。それに対応して，住宅用地と交通用地は持続的に増大してきた。そのため，2008年の土地消費は，1日当たり104ヘクタールに達した⁽¹¹⁾。それと並行して，特に通勤圏［Pendlerverflechtungsräume］が拡大した⁽¹²⁾。居住地と就労

　　　Städte und Stadtregionen, Bonn 2006, S. 3 は19の大都市中心［Metropolkerne］と，
　　　61の大都市［Großstädte］，および868の中都市［Mittelstädte］を挙げている。

(3)　Bundesamt für Bauwesen und Raumordnung (Hrsg.), Raumordnungsbericht 2005,
　　　Bonn 2005, S. 19. 通行圏を含めた都市と理解される都市圏［Stadtregionen］を考えると，
　　　人口の4分の3が都市部に住んでいることになる。

(4)　Raumordnungsbericht 2005 (Fn.3), S. 32, 85.

(5)　Bundesamt für Bauwesen und Raumordnung (Fn.2), S. 5. もっとも，ドイツ西部の
　　　諸地域も，都市の外部ではますます人口減少に対処しなければならなくなった。Siehe
　　　den Raumordnungsbericht 2005 (Fn.3), S. 32.

(6)　Raumordnungsbericht 2005 (Fn.3), S. 21.

(7)　Bundesamt für Bauwesen und Raumordnung (Fn. 2 エラー！ブックマークが定義さ
　　　れていません。), S. 7.

(8)　Raumordnungsbericht 2005 (Fn. 3), S. 29.

(9)　Bundesamt für Bauwesen und Raumordnung (Fn. 2), S. 25; ebenso *Häußermann/
　　　Läpple/Siebel*, Stadtpolitik, Frankfurt/Main 2008, S. 366 ff.

(10)　Raumordnungsbericht 2005 (Fn. 3), S. 30, 36.

(11)　Statistisches Bundesamt, Nachhaltige Entwicklung in Deutschland, Wiesbaden
　　　2010, S. 14.

(12)　Bundesamt für Bauwesen und Raumordnung (Fn. 2), S. 20.

地がますますばらばらになり，互いの距離が長くなった[13]。その結果，土地の使用とその帰結である交通とが，ドイツにおける持続的発展にとって主要な障害であることが確認される[14]。以上を背景として，持続的都市発展のための法的枠組みは，区々の，しかし相互に結び付いている諸問題に適切に対応しなければならない。

Ⅲ　持続性と都市建設上の発展

以上でドイツにおける現実面での進展を総括したが，次に，視線は構想レベルへ向けられる。第一に，持続的都市発展の構想の輪郭を描くことが試みられる（1.）。持続性概念がドイツ法と法学にどのように受容されたのか，という問いがそれに続く（2.）。

1　持続的都市発展とは何を意味しているのか？

持続性概念の特徴の一つは，その不明瞭性である。持続性概念を具体化するにあたって主要な参照先とされるのは，今もって，1980年代に展開されたブルントラント報告[15]における概念理解である。それによれば，持続性は，経済的，社会的およびエコロジー的観点を調和させるような発展と理解される[16]。その際に中心的な役割を果たすのは，世代間の公平である。すなわち，現在の世代の必要［Bedürfnisse］は，将来世代の発展可能性が損なわれないような形で満足されるべきである。持続性という構想は，その点で，将来関連性［Zukunftsbezogenheit］によって特徴づけられている[17]。もっともこのこ

---

(13)　Bundesamt für Bauwesen und Raumordnung (Fn. 2), S. 9. 被用者（社会保障義務のある被用者）の半数以上が職場へ通勤している。Siehe Raumordnungsbericht 2005 (Fn. 3), S. 78.

(14)　Raumordnungsbericht 2005 (Fn. 3), S. 86 f.

(15)　Dazu *Appel*, Staatliche Zukunfts- und Entwicklungsvorsorge, Tübingen 2005, S. 248 ff.

(16)　Vgl. Report of the World Commission on Environment and Developement, S. 54 ff.

(17)　これについて詳細は，*Gehne*, Nachhaltige Entwicklung als Rechtsprinzip, Tübingen 2011, S. 163 ff. *Hoppe*, Zum „Mehrwert" bei der Prüfung der Nachhaltigkeit im Planungsrecht, in: Battis/Söfker/Stüer (Hrsg.), Nachhaltige Stadt- und Raumentwicklung: Festschrift für Michael Krautzberger zum 65. Geburtstag, München 2008, S. 262 ff. では，持続性の核心的要素として強調されている。

第1部　都市法の新たな課題

とは，特に法適用において持続性概念が抱える問題の核心を示している[18]。すなわち，知識問題 [Wissensproblem] である。将来の発展は予想されなければならず，それは不可避的に，予測の著しい不確実性と結び付いているのである。

ブルントラント報告以来，国際レベル，欧州レベルおよび個別国家レベルで，持続性原則を都市発展の観点から具体化しようとする多くの試みが見られる。大きな影響力を持った出発点となったのは，1996年の国連会議（HabitatⅡ）であった[19]。欧州の持続的都市に関するライプチッヒ憲章によって，欧州連合の加盟各国は共通の目標設定に合意した[20]。欧州委員会は，四つの試み，すなわち，持続的建築，持続的都市交通，持続的都市形成，持続的都市政策を，持続的都市発展のための試みとして示す具体的構想[21]を発展させた。このことは，三つの次元を同等に考慮した持続的都市発展および空間発展を測定するためにドイツにおいて開発された[22]指標にも同じように表現されている。持続的都市発展を測定するために，五つのグループに分類された指標が提案された。五つのグループとは，節約的な土地マネジメント，都市に適合した交通手段の制御 [Mobilitätssteuerung]，事前配慮的環境保護，社会的責任に適った [sozialverantwortlich] 住宅供給，および企業立地を確保するような経済振興である。加えて，包括的な参加政策 [Partizipationspolitik] が持続的都市発展の要素として挙げられている[23]。

その際通例は，全政策分野を考慮することの不可欠性が強調される[24]。そ

---

(18)　Siehe auch *Lendi*, Nachhaltigkeit in der Bürgergesellschaft, in: Umwelt- und Planungsrecht 2001, S. 321 ff.; *Lepsius*, Nachhaltigkeit und Parlament, in Kahl (Hrsg.), Nachhaltigkeit als Verbundbegriff, Tübingen 2008, S. 326 (335 f.).

(19)　Siehe *Krautzberger*, Nachhaltige Entwicklung und Städtebaurechtsordnung, in: UPR 2001, S. 130 (131).

(20)　Abrufbar unter http://www.eu2007.de/de/News/download_docs/Mai/0524-AN/075DokumentLeipzigCharta.pdf (letzter Zugriff am 16. August 2011).

(21)　Siehe die Mitteilung der Kommission, Entwicklung einer thematischen Strategie für die städtische Umwelt, KOM (2004) 60 endg.

(22)　Siehe Bundesamt für Bauwesen und Raumordnung, Kompass für den Weg zur Stadt der Zukunft: Indikatorengestützte Erfolgskontrolle nachhaltiger Stadtentwicklung, Bonn 2004.

(23)　*Mitschang*, Nachhaltige städtebauliche Entwicklung als Oberziel der Bauleitplanung, in Spannowsky/Mitschang (Hrsg.), Nachhaltige städtebauliche Entwicklung, Köln 2000, S. 17 (25).

(24)　*Appel* (Fn. 15), S. 379 では，「多元的行政における高度に相互依存的な構想 [Konzept]

のような，すべての政策分野を包括し，したがって三つの次元を調和させるような統合的端緒［integrativer Ansatz］は，もちろん，それによって生じる複雑さのゆえに，著しい調整の必要性に直面する(25)。複雑なガバナンス・プロセスと，それに対応するアーバン・ガナバンス構造が問題となっていることは明らかである(26)。ドイツ法で発展したそのような端緒には後で触れる。上で挙げた全ての領域について，都市建設法は他の要素とともに規定的である［mitentscheidend］(27)。しかしこの意味では，都市建設法の貢献を問うことは，持続的都市発展のための制御要素，制御手段を問うことの一部であるにすぎない。

2　法概念としての持続性は他と異なる意義を持つか？

　ドイツの法学における議論は，持続性がいかにして法概念として構想され得るかという問いに刻印されている(28)。一方では，持続性は，国際的展開と一致して，社会的，経済的およびエコロジー的観点を相互に結び付ける「三つの柱モデル」と理解されている(29)。他方で，このような広い理解は法的に操作

としての持続性」とされている。Siehe beispielsweise Mitteilung der Kommission, Nachhaltige Stadtentwicklung in der Europäischen Union: ein Aktionsrahmen, KOM (1998) 605 endg., S. 25 ff.

(25)　Siehe *Mitschang*（Fn. 23），S. 17（23）. 統合されるべき多様な観点の実際の事例を提供している構想として，„Nachhaltige Stadtentwicklung Rheinberg 2030+" der Stadt Rheinberg in Nordrhein-Westfalen, abrufbar unter http://www.rheinberg.de/c12571b100359048/files/stadtentwicklungharnack.pdf/$file/stadtentwicklungharnack.pdf（letzter Abruf 12. August 2011）.

(26)　Siehe Europäische Kommission, Förderung der nachhaltigen Stadtentwicklung in Europa: Erfolge und Chancen, Luxemburg 2009, S. 21 ff.; grundsätzlich *Holtkamp*, Local governance, in: Benz/Lütz/Schimank/Simonis（Hrsg.），Handbuch Governance, Wiesbaden 2007, S. 366 ff.

(27)　In diesem Sinne auch *Koch/Hendler*, Baurecht, Raumordnungs- und Landesplanungsrecht, 5. Auflage Stuttgart u. a. 2009, § 11 Rn. 7.

(28)　以下について詳しくは，*Kahl*, Nachhaltigkeit als Verbundbegriff, in: ders.（Hrsg.），Nachhaltigkeit als Rechtsbegriff, Tübingen 2008, S. 1（6 ff., 16 ff.）; *ders.*, Der Nachhaltigkeitsgrundsatz im System der Prinzipien des Umweltrechts, in: Bauer/Czybulka/Kahl/Voßkuhle（Hrsg.），Umwelt, Wirtschaft und Recht, Tübingen 2002, S. 113（122 ff.）; この問題に関する基礎的分析として，*Gehne*（FN. 17），S. 179 ff.; この議論の描写としてさらに，*Tomerius/Magsig*, Taugt „Nachhaltige Entwicklung" als Leitbild oder Rechtsprinzip?, in: Zeitschrift für Umweltpolitik und Umweltrecht 2007, S. 431（437 ff.）.

(29)　*Tomerius/Magsig*（Fn. 28），S. 431（438）; kritisch *Appel*（Fn. 15），S. 339 ff.

第1部　都市法の新たな課題

不能であると捉えられている。そして，狭義の持続性は，エコロジーの観点に限定して用いられ，資源利用が中心に据えられる[30]。持続性の観念のこのような狭い理解に反対するものとして，特に，ドイツの連邦立法者の決定を挙げることができる。立法者は目標としての持続的発展を，空間利用の整序に関する区々の計画段階へ定位した[31]。たとえば国土整備法1条2項は，持続的空間発展のイメージ［Leitvorstellung］を，空間に対する社会的および経済的諸要求をその空間のエコロジー的機能に一致させるような発展，と定式化している。建設法典1条5項1文においても，都市建設上の持続的発展が同様に理解されている[32]。以上から，立法者は広義の持続性概念の採用を決定した，ということを前提にすることができる。エコロジーの観点にまで狭められた持続性概念は，ほとんど余剰価値［Mehrwert］をもたらさない。なぜなら，そのような持続性概念は事実上，環境利益に対する流行りの同義語であるにとどまるが，環境利益は，私が以下で個別に論じるように，どっちみち長年にわたりドイツの都市建設法において重要な役割を演じているのである。

Ⅳ　ドイツの都市建設法の基本構造

　以上を背景として，私は以下で，建設管理計画の体系を簡単に説明した上で（1.），建設管理計画の目標指針［Zielvorgabe］としての持続性原則の意義を詳細に論じることとする（2.）。さらに，環境保護（3.）と公衆参加（4.）を手掛かりとして，持続的な建設管理計画［Bauleitplan］（訳注：以下「BLプラン」という。）の重要な具体化が示される。

1　建設管理計画の体系

　建設計画法の核心は，連邦により制定された建設法典である。建設計画法の機能は，ゲマインデにおける建設的およびその他の土地利用を準備し，誘導す

---

(30)　Etwa bei *Wienecke*, Nachhaltigkeit als Ressourcennutzungskonzept für die Bauleitplanung, Baden-Baden 2006, S. 74 f.; in diesem Sinne auch *Köck*, Nachhaltigkeit im Verwaltungsrecht, in: Die Verwaltung 40 (2007), S. 422 ff.

(31)　詳しくは，Appel (Fn. 15), S. 421 ff.

(32)　連邦議会は建設法典改正の審議において，明示的に，もう一つの持続性概念が用いられている Habitat Ⅱ の最終文書に言及している，vgl. *Krautzberger* (Fn. 19), S. 130 (131).

11 都市建設法の課題としての持続的都市発展

ることである⁽³³⁾。計画対象である土地について，適法な利用が定義される。
BL プランの策定について管轄権を有しているのは，自治体である。BL プラ
ン策定は，基本法上の地方自治保障により保護された地域共同体の事務と解さ
れている。ラントが管轄している建設秩序法は，建設計画法からは区別される。
各ラントの建設規制法［Landesbauordnungen］はとりわけ，建設計画の具体
的許容性を BL プランに基づいて個別的に決定する建設許可手続を規律してい
る。

　建設法典は二段階の計画策定手続を予定している。すなわち，土地利用計画
［Flächennutzungsplan］（訳注：以下「F プラン」という。）は都市全域を計画区
域とし⁽³⁴⁾，土地の基本的機能を整序する［die Funktion der Flächen glundlegend
ordnen］。F プランは準備的な建設計画である⁽³⁵⁾。F プランから展開されるべ
き，拘束力を有する建設詳細計画［Bebauungsplan］（訳注：以下「B プラン」
という。）は，都市の区域の一部について，許容される利用を定め，建築物の
形成について詳細な定めを行う⁽³⁶⁾。BL プランは以前から，都市の計画化の
区々の観点を統合した総合的計画［Gesamtplanung］であると捉えられてき
た。その点で，持続的都市発展の統合的端緒との類似性が示される。計画決
定の核心は，関連する全ての公的および私的利害の衡量であり，これが関連
諸利益を調整する。建設法典に基づいて制定された建設利用令
［Baunutzungsverordnung］⁽³⁷⁾が，利用形態を類型化し制限することにより，
詳細な計画規律を行っている。建築利用令はそれによって，「理性的な B プラ
ンの範型」⁽³⁸⁾を作り出している。このように，建設利用令は都市とゲマインデ
の計画化可能性を相当程度刻印しているのである⁽³⁹⁾。

---

(33)　§ 1 Abs. 1 BauGB.

(34)　場合によっては部分的に都市を含む広域圏［Region］全体にまで及ぶ。

(35)　§ 1 Abs. 2 BauGB.

(36)　建設法典 9 条 1 項を見よ。本条は，26 項目の各号において，可能な指定を細分化し
　　　ている。

(37)　Verordnung über die bauliche Nutzung der Grundstücke
　　　(Baunutzungsverordnung) in der Fassung der Bekanntmachung vom 23. Januar 1990
　　　(BGBl. I S. 132), die durch Artikel 3 des Gesetzes vom 22. April 1993 (BGBl. I S. 466)
　　　geändert worden ist.

(38)　*Koch/Hendler* (Fn. 27), § 14 Rn. 20.

(39)　上述した現実の展開と問題を背景とすると，この定めは，持続的都市発展にとって
　　　もレレバントである。すなわち，様々な用途の分離ないし混合は，交通量にも大きな影
　　　響を与える。Siehe *Koch/Hendler* (Fn. 27), § 11 Rn. 28.

251

第1部　都市法の新たな課題

　Bプランは建設法典において依然として都市建設の計画化のための通例の類型ではあるが，建設管理計画化のための手段は，ますます分化している。計画化のための古典的手段たるBプランと並んで，事業関連Bプランが登場した[40]。このBプランは，それが具体的に計画された事業との関連で策定されることを特徴とする。投資家との契約による合意は，自治体が計画化コストを投資家に大幅に転嫁することを可能にする。その点で，計画化という任務が都市と私人の協力［Zusammenwirken］において遂行されるという意味での協働的都市建設法が語られ得る[41]。もちろん，自治体の人的および財政的リソースの負担軽減には，考慮されるべき他の諸利害に不利益となる形で建築主が計画に影響を及ぼすという危険が対峙している。

2　空間発展および都市発展の目標指針としての持続性

　持続性は規範的に，まずは都市建設上の計画化にあって重要な役割を演じている。建設法典1条5項1文は次のように定式化している。すなわち，BLプランは，社会的，経済的および環境保護上の諸要求を将来世代に対する責任の点からも相互に調和させるような，都市建設上の持続的発展を保障するものとする，と。立法者が定立したこの目標は，FプランにもBプランにも同じように妥当する。このことは，原理的に対等である諸利害が，衡量において丁寧に調整されなければならないことを明らかにしている[42]。法学において議論されているのは，持続性を取り入れることが，どっちみち既に考慮されている利害に再び言及することになるに過ぎない場合に，計画決定における衡量においてどのような余剰価値を有するのか，ということである[43]。持続性にはその点ではシンボリックな意義が与えられるのみであるとする見解もあれば，持続性の次元の利害に明示的に言及することを通じて透明性が高められるとする見解もある。その点で更に進歩的であると思われるのは，持続性概念に，将来へ開かれた発展の可能性——現時点で存在する利害のみならず——に関する考慮を視野に入れるという任務を割り当てることである。

---

(40)　§ 12 BauGB.

(41)　Siehe beispielsweise *Koch/Hendler* (Fn. 27), § 15 Rn. 11; *Kahl*, Das Kooperationsprinzip im Städtebaurecht, in: Die Öffentliche Verwaltung 2000, S. 793 ff.

(42)　Dirnberger, in: Spannowsky/Uechtritz, BauGB, § 1 Rn. 74.

(43)　Siehe zum Folgenden Kersten, Nachhaltigkeit und Städtebau, in: Kahl (Hrsg.), Nachhaltigkeit als Verbundbegriff, Tübingen 2008, S. 396 (412 ff.).

11 都市建設法の課題としての持続的都市発展

Fプランには展開機能があるので，Fプランは，持続性の三つの次元を既に
この段階で調整する重要な出発点を提供している[44]。もっとも，経験的研究
によれば，Fプランは法律の体系が与えているこの機能を十分には果たしてい
ない。Fプランの策定は，まさに大都市にとって，時間とリソースを非常に費
やすものとなっている。このことの帰結として，Fプランは非常に長期にわた
り効力を持ち続けるのであるが，都市の計画化は高度に動態的であるため，し
ばしば修正され追加されることとなる[45]。加えて，個々の投資計画に方向づ
けられた事業関連Bプランのような都市建設法の新たな諸手段は，短期的で
個別事例志向的な計画化を益するものである[46]。その限りで，的確に次のよ
うに言いうるかもしれない。すなわち，Fプランが個々の事業から展開される
のであってその逆ではない，と。

3 建設管理計画における環境保護

(1) 基本構造

近年，特にエコロジー的持続性にかかる利害が——とりわけ欧州環境法の影
響下で[47]——，BLプランに関する法律上の規律に現れている[48]。建設法典1
条6項7号は，Bプランに関する決定での衡量において考慮されるべき環境利
害の全てを包括するリストを含んでいる。インミッション防止，自然保護，水
域保護［Gewässerschutz］およびストック汚染［Altlasten］の処理は，計画
を策定する都市によって，Bプラン中の定めを通じて促進され得る。そのため
に必要となる知識的基礎［Wissensgrundlage］を作り出すために，BLプラン
は原則として環境審査［Umweltprüfung］を受けなければならない[49]。環境

---

(44) *Mitschang*, Der Planungsgrundsatz der Nachhaltigkeit, in: Die Öffentliche Verwaltung 2000, S. 14 (18 f.).

(45) Siehe die empirischen Ergebnisse der Studie von *Bunzel*, Die Flächennutzungsplanung: Bestandsaufnahme und Perspektiven für die kommunale Praxis, 1996 の経験的研究の結論を見よ。状況は過去10年多くは変化していないだろう；eindringlich *Mitschang* (Fn. 44), S. 14 (18 f.);「土地利用計画のある種の周辺化」を語るのは，*Krautzberger*, Von der Angebotsplanung zur Projektplanung? Tendenzen der jüngeren Städtebaugesetzgebung, in: RaumPlanung 152 (2010), S. 11.

(46) *Krautzberger* (Fn. 45), S. 11.

(47) Siehe etwa die Beiträge in *Mitschang* (Hrsg.), Städtebaurecht unter EU-Einfluss, Frankfurt/Main 2011.

(48) Ausführlich *Koch/Hendler* (Fn. 27), § 14 Rn. 32 ff.

(49) § 2 Abs. 4 BauGB; im Einzelnen zur Umweltprüfung *Koch/Hendler* (Fn.27), § 15

253

第 1 部　都市法の新たな課題

審査の課題［Aufgabe］は，計画から予想される重大な［erheblich］環境影響を調査し，記述し，評価することである。この審査の結果は，計画理由書の一部をなす環境報告書中で公表されなければならない。計画実現後に生じる影響をも再点検する［überprüfen］ために，いわゆる環境モニタリングを行うことが求められている。都市は，発生した著しい環境影響を観察し，既に環境報告書中に定められている監視措置を執らなければならない。このモニタリングはとりわけ，環境審査の段階では予想されていなかった環境影響を調査，整理するためのものである。この手続装置［Verfahrensarrangement］は，上述した知識問題を，プロセスを通じて少なくとも部分的に解決するものである。

(2)　新たな発展傾向

近年の建設法典の諸改正は，一方では土地の使用［Flächenverbrauch］の縮減(a)，他方で温暖化防止［Klimaschutz］(b)を意図している。

a)　市街地内開発［Innenentwicklung］を通じた土地使用の縮減

住宅用地および交通用地のための土地使用の縮減は，持続的エコロジー的都市発展の諸目標の一つに数えられる。国家持続性戦略においては，ドイツにおける住宅用地および交通用地のための土地使用を一日当たり 30 ヘクタールにまで減らすという目標が定められている[50]。それゆえ，外部領域［Außenbereich］での，特に住宅および小売業による使用を通じた強度の土地需要に対抗するために，中心市街地［Innenstädte］の形成がますます注目されるようになった[51]。それによって，土地の使用は，交通量と同様に減少することになる。立法者は，土地使用の減少という目標を都市の計画自由の制限を通じては達成しないことに決めた。むしろ立法者は，自治体と私的投資家へのインセンティブ［Anreize］に賭けている。その際，都市建設上の諸手段のうち最も重要なものの一つが，中心部開発［Innenentwicklung］に特化したB プラン[52]である。中心部開発のためのB プランが利用され得るのは，土地

Rn. 40 ff.

(50)　Bundesregierung, Nationale Nachhaltigkeitsstrategie 2002, S. 99.

(51)　Paradigmatisch jetzt das Bundesministerium für Verkehr, Bau und Stadtentwicklung, Weißbuch Innenstadt, Berlin/Bonn 2011.

(52)　2007 年建設法典改正により導入された。これについて詳しくは，*Battis/ Krautzberger/Löhr*, Gesetz zur Erleichterung von Planungsvorhaben für die Innenentwicklung der Städte („BauGB 2007"), in: Neue Zeitschrift für Verwaltungsrecht 2007, S. 121 ff.; *Götze/Müller*, Das Gesetz zur Erleichterung von

11 都市建設法の課題としての持続的都市発展

の新規利用や密度向上 [Nachverdichtung] ——既に存在している市街地 [Siedlungsbereich] における建築利用密度 [Bebauungsdichte] の向上⁽⁵³⁾ ——が対象となっており，かつ，計画されている建築利用の建築面積 [Grundfläche] が一定の限界値を超えない場合である⁽⁵⁴⁾。このBプランは，計画策定手続を迅速化し自治体に発生する計画策定費用を低下させるために，通常のBプランと比較して様々な点で優遇されている。第一に，環境審査と環境影響モニタリングをしなくて済む。第二に，公衆参加を限定することが可能となっている。第三に，中心部開発のためのBプランはFプランから展開する必要が無い。むしろ，このBプランはFプランを「修正」する。この点で，Fプランの役割はますます，外部領域の開発へと移ってゆく。第四に，自然保護法上の補償メカニズムが限定されている⁽⁵⁵⁾。

一方で土地使用が縮減されつつ，しかし他方で計画化の環境影響が体系的には調査されないという場合に，持続性がどの程度改善されるのかは，なお答えられていない問い [offene Frage] である⁽⁵⁶⁾。また批判的に考慮されるべきは，行動の変容をもたらすために充分なインセンティブが投入されたか否かである⁽⁵⁷⁾。計画策定の決定や投資の決定は多様な要素に依存しており，BLプラン策定にかかる時間はそのうちの一つであるに過ぎない。まさに小売業分野における事業投資は通例は，計画策定費用の節約というインセンティブ以上に自治

Planungsvorhaben für die Innenentwicklung der Städte („BauGB 2007") - Zu „Risiken und Nebenwirkungen" eines Planungserleichterungsgesetzes, in: Zeitschrift für Umweltrecht 2008, S. 8 ff.; *Krautzberger/Stüer*, BauGB 2007: Stärkung der Innenentwicklung (Fn. 1); *Uechtritz*, Die Änderungen des BauGB durch das Gesetz zur Erleichterung von Planungsvorhaben für die Innenentwicklung der Städte – „BauGB 2007", in: Baurecht 2007, S. 476 ff.; *Tomerius*, Auswirkungen der Baugesetzbuch-Novelle 2007 - Impulse für mehr Innenentwicklung und Flächensparen in den Gemeinden?, in: Zeitschrift für Umweltrecht 2008, S. 1 ff. sowie die Beiträge in *Mitschang* (Hrsg.), Innenentwicklung – Fach- und Rechtsfragen, Frankfurt/Main 2008.

(53) *Tomerius* (Fn. 52), S. 1 (3).

(54) § 13a Abs. 1 S. 2 BauGB: 2万m² 以下であれば他の要件はない。2万m² 以上7万m² 以下であれば，概括的審査の結果著しい環境影響が予想されないとされた場合。

(55) § 13a Abs. 2 Nr. 4 BauGB. この規定により，自然保護法上の侵害に対する補償義務がなくなる。Siehe näher *Jaeger*, in: Spannowsky/Uechtritz, BauGB, § 13a Rn. 24 f.; *Tomerius* (Fn. 52), S. 1 (5).

(56) 批判と，欧州環境保護法との一致可能性の問題についての詳細は，*Götze/Müller* (Fn. 52), S. 8 (9 ff.).

(57) 例えば，達成し得る迅速化は，手続の状況によっては一部では僅かに数カ月である。Siehe *Bunzel*, BauGB-Novelle 2006 im Praxistest, Berlin 2006, S. 19 ff.

第1部　都市法の新たな課題

体を郊外部での開発へと誘導する可能性のある経済的重みを持っている。以上
を背景として，ドイツでは現在，経済的インセンティブを通じて土地使用がよ
り強く縮減され得るか否かが議論されている[58]。

b）　温暖化防止法としての都市建設法[59]

人間の活動によって引き起こされている気候変動は，エコロジー上の重要な
挑戦の一つである。入手可能な予測によれば地球温暖化によって迫ってきてい
るとされる帰結を視野に入れると，それによって将来世代の発展可能性が著し
く制限されること，したがって持続性の中心的観点が問題となることに疑問は
ないだろう。都市建設法は二酸化炭素排出削減のために二つの次元で手掛か
りを与える。すなわち，BL プラン策定の次元と，都市建設上のストック形成
［Entwicklung des städtebaulichen Bestands］の次元である。最近行われた建
設法典改正はこの第一の段階を視野に入れたものである[60]。この改正は，温
暖化防止に適った［klimagerecht］都市発展という範型を BL プランに導入
した[61]。もっともこのことは，この範型が持続的都市発展とどのような関係
にあるのか，という問いを提起する。この法律は，再生可能エネルギーの生産
およびその輸送のための施設の計画策定を容易にするものである。それと並ん
で自治体は将来的に，F プラン策定の際に，気候変動に対抗し，または気候変
動への適応に資する施設およびその他の措置[62]を考慮することとされている。
エネルギー使用に占める建築物の割合が高いこと，既存の建築物と比較して新

---

(58)　Siehe beispielsweise *Zollinger/Seidl*, Flächenzertifikate für eine nachhaltige
Raumentwicklung?, in: Informationen zur Raumentwicklung 2005, S. 273 ff. この点での
範型は，市場メカニズムを通じて二酸化炭素の排出を削減するインセンティブを与えよ
うとした排出権取引である。

(59)　Siehe auch *Krautzberger*, Städtebauliche Verträge zur Umsetzung
klimaschützender und energieeinsparender Zielsetzungen, in: Deutsches
Verwaltungsblatt 2008, S. 737 ff.「気候保護法」という法領域の成立については，siehe
Koch, Klimaschutzrecht, in: NVwZ 2011, S. 641 ff. sowie *Sailer*, Klimaschutzrecht und
Umweltenergierecht, in: NVwZ 2011, S. 718 ff. しかしいずれの著者にあっても，都市建
設法への明示的な言及は見られない。

(60)　Gesetz zur Stärkung der klimagerechten Entwicklung in den Städten und
Gemeinden, Bundesgesetzblatt 2011, S. 1509; 最初に公表された概観として，*Battis/
Krautzberger/Mitschang/Reidt/Stüer*, Gesetz zur Förderung des Klimaschutzes bei
der Entwicklung in den Städten und Gemeinden in Kraft getreten, in: Neue Zeitschrift
für Verwaltungsrecht 2011, S. 897 ff.

(61)　§ 1 Abs. 5 S. 2 und § 1a Abs. 5 des Gesetzes.

(62)　Siehe *Battis/Krautzberger/Mitschang/Reidt/Stüer* (Fn. 60).

256

築件数が少ないことに鑑みると，既存の建築物におけるエネルギー面での更新［energetische Sanierung］が格別の意義を獲得する。それゆえ，このあとすぐに論じる都市更新のような都市建設上の手段は，ますます温暖化防止へ方向づけられるべきである[63]。

4 建設管理計画策定への公衆参加

市民と市民社会的主体［zivilgesellschaftliche Akteure］の包括的参加［umfassende Partizipation］は，しばしば持続的都市発展の本質的要素であると考えられている[64]。建設法典はBLプラン策定手続への二段階の公衆参加を予定しいている。第一に，早期市民参加が予定されている。これは，計画策定の一般的目標，代替的形成可能性とそれらの帰結に関して公衆に情報を提供し，公衆の議論可能性を開くものである[65]。第二に，BLプラン案が完成したら，正式の市民参加手続が実施される。計画案は一カ月にわたり縦覧に付されなければならない。この期間中，異議が提出され得る[66]。通例は，討議期日も開かれる。しかし経験的研究は次のように指摘している。すなわち，一方でBLプラン策定のための手段の分化が参加の解体をもたらしており，他方で，建設法典において規律された正式の参加形式と並んで，インフォーマルな計画形式が大きな役割を演じている，と[67]。

公衆参加を支える根拠として，いくつかの観点がある。第一に，伝統的思考においては，市民の参加は，計画を策定する行政のために情報を調達することによって，行政の情報産出の要素として働く[68]。関連する公的および私的諸

---

(63) 行為可能性と諸手段に関するより詳細な説明として，*Battis/Kersten/Mitschang*, Klimaschützende Stadterneuerung, in: Zeitschrift für Gesetzgebung 2010, S. 246.

(64) Siehe beispielsweise KOM (1998) 605 endg., S. 26.

(65) § 3 Abs. 1 S. 1 BauGB.

(66) § 3 Abs. 2 BauGB.

(67) *Dröge/Magnin*, Integration durch Partizipation? Zum Verhältnis von formeller und informeller Bürgerbeteiligung am Beispiel der Stadtplanung, in: Zeitschrift für Rechtssoziologie 31 (2010), S. 103 ff. この研究は，専門家へのインタビューに依拠している。しかし残念ながら，詳細な方法論的説明がなされていない。そのため，この論文の記述が納得のゆくものであるとしても，経験的証拠が存在しているか否かは明らかでない。

(68) *Gärditz*, Angemessene Öffentlichkeitsbeteiligung bei Infrastrukturplanungen als Herausforderung an das Verwaltungsrecht im demokratischen Rechtsstaat, in: Gewerbearchiv 2011, S. 273 (275); *Durner*, Materieller Konflikt, Informationsgewinnung und informationelle Kooperation in der Raumplanung, in:

第1部　都市法の新たな課題

利害の衡量が計画案に関する決定の核心をなすのだとしたら，このことは，それら諸利害を可能な限り完全に衡量に取り込むことを前提としており，公衆の取り入れはそれに寄与する。第二に，正式参加手続は，連邦行政裁判所が定式化したように，「前倒しの権利保護」[69]として働く。正式参加手続はBLプランの裁判的統制についての形式的排除要件として働く[70]。第三に，――そして他の諸機能と常に一致しうるものではないが――公衆参加は基本法に定位された民主政原理の表現として理解され得る[71]。BLプランのような行政決定への参加が民主政的正統化の構成要素となり得るか否かは争われており，基礎となる民主政理解に決定的に左右される[72]。第四に，参加は受容の創出をも目指している[73]。

計画策定への市民参加は，ドイツにおいて過去数カ月に大いに議論された[74]。長年にわたり，市民参加は時間のかかる手続要素であるとの見方が優勢であったが，今や，包括的市民参加の不可欠性が強調され，現在法律で規律されている形での公衆参加の問題点が探られるようになった[75]。そこでは，一連の欠陥が確認された。挙げられたのは，たとえば，計画が高度に複雑であること，

Spiecker gen. Döhmann/Collin (Hrsg.), Generierung und Transfer staatlichen Wissens im Bereich des Verwaltungsrechts, S. 219 (229 ff.).

(69)　BVerwG NVwZ 1997, 489 (490) mit weiteren Nachweisen aus der Rechtsprechung; hervorgehoben als Funktion der Öffentlichkeitsbeteiligung von *Gärditz* (Fn. 68), S. 273 (275).

(70)　§ 47 Abs. 2a Verwaltungsgerichtsordnung. 建設法典3条2項2文によれば，このことが言及されなければならない。この規律について詳しくは，*Kersten*, in: Spannowsky/Uechtritz, BauGB, § 3 Rn. 98 f.

(71)　*Groß*, Stuttgart 21: Folgerungen für Demokratie und Verwaltungsverfahren, Die Öffentliche Verwaltung 2011, S. 510 (511). もっともこの論文は，法律学の文献においてはこのような理解がほとんどなされないことを指摘している。

(72)　一方で *Fisahn*, Demokratie und Öffentlichkeitsbeteiligung, S. 335 ff., 他方で公衆参加の民主化機能を強く否定する *Gärditz*, Gewerbearchiv 2011, S. 273 (274 f.) を見よ。民主政と参加 [Beteiligung bzw. Partizipation] の関係，およびドイツの国法学における議論の展開についての有益な説明として，*Rossen-Stadtfeld*, in: Hoffmann-Riem/Schmidt-Aßmann/Voßkuhle (Hrsg.), Grundlagen des Verwaltungsrechts, Bd. II, München 2008, § 29 Rn. 65 ff.

(73)　*Würtenberger*, Akzeptanz von Verwaltungsentscheidungen, S. 98 ff.

(74)　この議論を惹起したのは，以前から計画されていたシュツットガルトの鉄道駅建設開始に対する大規模な反対運動であった。

(75)　正当にもこの点を想起させるものとして，*Wulfhorst*, Konsequenzen aus „Stuttgart 21": Vorschläge zur Verbesserung der Bürgerbeteiligung, in: Die Öffentliche Verwaltung 2011, S. 581.

11 都市建設法の課題としての持続的都市発展

市民にとって手続の透明性が欠けていること，市民に対する情報提供が不十分であること，および計画策定と計画実現の間に長期間かかることである[76]。市民参加はしばしば，様々な結論に開かれたものではもはやなく，――行政自身の利益のゆえに――部分的な修正のみが可能であるにすぎない[77]。それゆえ，新たな参加形式が都市建設法にとって重要な挑戦の一つとなるのである。

V 持続的都市発展への寄与としての新たな アーバン・ガバナンスの構造

以下では，ドイツの都市建設法における近年の発展傾向を持続的都市発展の観点から示すような幾つかの分野を，例示的に提示したい。都市更新［Stadterneuerung］における私人のイニシアチブ（1.），都市における土地の用途転換［Stadtumbau］（2.）および社会的都市［soziale Stadt］（3.）といった事例は，幾つかの共通点を示している。その共通点は，新しいアーバン・ガバナンス構造が生み出されたことである。この構造を特徴づけているのは，それが地区と市区の発展を目標としており，全ての関係主体を活性化し，取り込んでいることである。その際，国家の役割は，調整任務や，区々の私的および公的主体の諸活動をまとめ上げるネットワーク・マネジメントへと移る。都市建設法は，構造制御と呼ばれ得る規律構造の一部分であるに過ぎない[78]。

1 地区発展のための私的イニシアチブ

経済発展は通例，持続的都市発展の要素に数えられる[79]。経済発展は典型的には，都市建設法が私的イニシアチブのための計画的前提を作り出すことによってのみ貢献し得るような分野である。その点，都市発展への私人のイニシアチブに関するドイツの建設法典の規律は，既に存在している地区の私的な自

---

(76) Siehe auch *Wulfhorst* (Fn. 75), DÖV 2011, S. 581 (582 f.) zu einem punktuellen Reformvorschlag in Bezug auf das förmliche Beteiligungsverfahren im Rahmen der Bauleitplanung ebd., S. 587.

(77) In diesem Sinne auch *Wulfhorst* (Fn. 75), S. 581 ff.; *Groß* (Fn. 71), S. 510 (512).

(78) ガバナンスの観点の要素としての構造制御の概念については，*Schuppert*, Was ist und wozu Governance?, in: Die Verwaltung 40 (2007), S. 463 (S. 485); *Trute/ Kühlers/ Pilniok*, Governance als verwaltugsrechtliches Analysenkonzept, in: Schuppert/ Zürn (Hrsg.), Governance in einer sich wandelnden Welt, Wiesbaden 2008, S. 173 (174 ff.).

(79) Siehe oben III.1.

第1部　都市法の新たな課題

己組織化を法的に枠付けることを目指しているが，これはドイツ法における重要な改革である。建設法典 171f 条は，ラント法の定めに従い，私的責任において立地関連的措置が実施される地区が定められ得ることを予定している。そのための前提となるのは，ゲマインデの都市建設上の目標と調和した構想である。建設法典 171f 条の適用範囲は，経済発展には限定されない。ハンブルクでは，連邦で初めての「住宅向上地区」が設立された[80]。それと並んで，「気候向上地区」も議論された[81]。しかしドイツの実務においては今までのところ，主に「ビジネス向上地区」が設立されてきた[82]。ここでの問題は通例は，中心市街地とそこに立地する中小企業的商店［mittelständisch struktuierter Einzelhandel］を，「郊外の空き地［grüne Wiese］」での——つまり都市の外部領域での——大規模小売業立地よりも魅力的なものとして維持することである。このことはまた，節約的な土地利用［Flächenbewirtschaftung］と交通量の縮減に資する。この手段の主要な意図は，地区措置のための共同的資金調達である。全ての所有者，営業者に対して資金協力を法的に義務付けることによって，措置によって利益を受けるが自らはそのための負担を負わないという「フリーライダー」の発生を回避することができる。ハンブルクではこの制度は次のように機能している[83]。すなわち，ある地区の土地所有者および営業者の一定数が結集し，地区の価値向上構想を作り上げ，私法形式の事業主体［Aufgabenträger］を設立する。市は法規命令によっていわゆるイノベーション地区を指定し，負担金［Abgabe］を定める。この負担金は，他の公租公課と同様に，国家によって徴収されるが，事業主体に引き渡される。事業主体はその資金でもって，価値向上構想を実現するのであり，事業主体は都市と締結する公法上の契約においてその義務を負う。

---

(80)　Gesetz zur Stärkung von Wohnquartieren durch private Initiativen vom 20. November 2007, HmbGVBl. 2007, S. 393, zuletzt geändert durch Gesetz vom 15. Februar 2011, HmbGVBl 2011, S. 76. Steilshoop 住宅向上地区については，http://www.hamburg.de/contentblob/2641682/data/steilshoop-projektblatt.pdf（letzter Abruf 16. August 2011.

(81)　Vgl. *Ingold*, Climate Improvement Districts (CID), in: UPR 2009, S. 431 ff.

(82)　Siehe umfassend *Hecker*, Business improvement districts in Deutschland, Berlin 2010.

(83)　Gesetz zur Stärkung der Einzelhandels-, Dienstleistungs- und Gewerbezentren vom 28. Dezember 2004, Gesetz- und Verordnungsblatt 2004, S. 525; zuletzt geändert durch Gesetz vom 15. Februar 2011, Gesetz- und Verordnungsblatt 2011, S. 76 ff.

2 持続的都市発展のための道具としての用途転換

用途転換措置は，建設法典の理解によれば，都市建設上の著しい機能喪失に見舞われた地区において，持続的な都市構造を作り出すために地区を適合させる措置である[84]。したがって，既に法律の文言によれば，用途転換は持続的都市発展の要素と理解される。ここでは，社会的観点と並んで，気候保護，省エネルギーおよび土地使用の縮減にも，その機能が発揮される。したがって，用途転換の不可欠性は，ある地区の有する機能が，BL プランで予定された機能から永続的に逸脱していることによって定まる[85]。これはとりわけ，上述した人口減少や人口移動のゆえに広範に空き家が生じている大規模住宅地に関わる。この用途転換措置によって，持続的な都市構造の具体化と解され得る複数の目標が追求されることになる。すなわち，定住構造［Siedlungsstruktur］が人口と経済の動向に適合され，住宅事情および雇用事情，および環境状態が改善され，市街地中心地区が強化される[86]。そのため，建築施設は新たな利用に供されるか，あるいは解体される[87]。解体される場合には，市街地中心部の古い建築物が保存される[88]。その点で，都市の解体は外側から内側に向かっておこなわれる。市は決定をもって，当該地区に関する目標と重要な措置を定めた都市建設上の発展構想に基づいて，用途転換地区を定める[89]。用途転換構想の策定と実施にあっては，利害関係人が参加させられなければならない[90]。構想の実現は，協働的かつ合意に基づいて行われる。構想実現の手段として，建設法典は，都市と関係土地所有者間での合意により締結された用途転換契約を予定している[91]。都市は補充的に，用途転換条例を制定することにより，私人の行動を，許可留保を通じて制御することができる[92]。用途転換は，自治体に対する財政的支援プログラムによって大きな影響を受ける。連

---

(84)　§ 171a Abs. 2 S. 1 BauGB.

(85)　*Mitschang*, in: Spannowsky/Uechtritz, BauGB, München 2009, § 171a Rn. 10f.

(86)　§ 171a Abs. 3 S. 2 Nrn. 1-3 BauGB.

(87)　§ 171a Abs. 3 S. 2 Nrn. 4-5 BauGB.

(88)　§ 171a Abs. 3 S. 2 Nrn. 7 BauGB.

(89)　§ 171b Abs. 1 und 2 BauGB. これについて詳しくは，*Spangenberger*, Städtebauliche Entwicklungskonzepte nach § 171b BauGB im Rahmen des Stadtumbaus West, in: Umwelt- und Planungsrecht 2007, S. 211 ff.

(90)　§ 171b Abs. 3 i. V. m. § 137 BauGB.

(91)　§ 171c BauGB.

(92)　§ 171d BauGB.

第1部　都市法の新たな課題

邦による財政支援[93]があって初めて，多くの自治体が——ドイツ東部においても西部においても同様に[94]——，この分野で積極的になることができる。この財政手段を得るための条件を通じて，広範に影響力が行使される[95]。

3　社会的都市

社会的統合は，持続的都市発展の一構成要素と解される。社会的都市の構想は，これを目指している。建設法典171e条はこの構想のために法的枠組みを描き，持続的都市発展のための選択肢を自治体に対して開いたが，それを義務付けてはいない。都市建設法上の規律が，地区の社会的空間［Sozialräume］の改善に向けられた総合的行為プログラムに埋め込まれている[96]。前提となるのは，地区が社会的弊害［soziale Missstände］によって損なわれていることである[97]が，法律の文言は，当該地区に居住している人々の構成と経済状態に結び付いている[98]。これは典型的に，市街地中心地区や高密度の住宅地区，混合地区にあってみとめられ得る。社会的弊害は通例，相互に因果関係にあるような多くの要素から生じる。ある都市ないし地区についてそのような特別の発展必要性が存在する場合，社会的都市の措置のために，発展構想［Entwicklungskonzept］が利害関係人の参加の下で策定されなければならない。発展構想は，区々の措置をもって弊害に対処するような統合的活動構想を

---

(93)　Siehe Art. 6 ff. der Verwaltungsvereinbarung „Städtebauförderung 2011" über die Gewährung von Finanzhilfen des Bundes an die Länder nach Artikel 104b des Grundgesetzes zur Förderung städtebaulicher Maßnahmen vom 16.12.2010/18.03.2011.

(94)　Siehe Bundesministerium für Verkehr, Bau und Stadtentwicklung, 4. Statusbericht: Stadtumbau vor neuen Herausfordeungen, 2010 zum Stadtumbau Ost einerseits und Stadtumbau West – eine Zwischenbilanz, Berlin 2010 andererseits.

(95)　このことは，都市や地域がますます，連邦や欧州連合によって実施される資金獲得競争の影響を受けるようになっているという一般的所見の表現である。自治体の財政逼迫によって生じる資金獲得競争への参加インセンティブに鑑みると，それらはその立法管轄権を超えて，影響行使可能性を得ることになる。欧州連合による構造政策の枠内で行われる持続的都市発展への助成に関する事例は以下に見出される，Europäische Kommission, Förderung der nachhaltigen Stadtentwicklung in Europa: Erfolge und Chancen, 2009. ガバナンスの観点からの資金獲得競争一般については以下をも参照。*Trute/Kühlers/Pilniok*, Governance als verwaltungsrechtswissenschaftliche Analyseperspektive, in: Schuppert/ Zürn (Hrsg.), Governance in einer sich wandelnden Welt, Wiesbaden 2008, S. 173 ff.

(96)　*Kersten*, in: Spannowsky/Uechtritz, BauGB, § 171e Rn. 16.

(97)　§ 171e Abs. 2 S. 1 BauGB.

(98)　§ 171e Abs. 2 S. 2 BauGB.

予定するものとされている。自治体が地区を正式に指定した後に，大きな影響力を与える形で参加人を取り込みつつ，構想が実施され得る。この点で，主体間の調整とネットワーク・マネジメントが決定的な公的課題となる。加えて，法律は重要な実現手段として都市建設契約を定めることにより，合意形式を予定している。

Ⅵ　総括：ドイツの都市建設法は持続的都市開発にどのように貢献しているか？

　総括すると，様々な観点が確認され得る。すなわち，持続的都市発展は相互に依存する多様な観点を包括しているのであって，都市建設法は（法一般がそうであるように），他の要素とともにそれらの観点を制御し［mitsteuern］得るに過ぎない。持続性はドイツ法において，空間計画にとっても建設管理計画にとっても法律上の範型である。ドイツの都市建設法で現在行われている改革は，とりわけ持続的でエコロジー的な都市発展の観点を具体化している。土地使用の縮減と気候保護の改善は，法改正の重要な目標である。それと並んで，都市建設法は様々な新しいガバナンス形式を位置付けている。これらの形式はとりわけ，私人の積極的かつ同権的［gleichberechtigt］な参画［Mitwirkung］に賭け，都市発展における都市の役割を変えるものである。

◆ 第 2 部 ◆

都市法の現代的諸相

──ネットワーク化するガバナンス──

12 「ネットワーク社会」における「都市コモンズ」について

尾崎　一郎

1　都市の「集合的利益」あるいは「共同利益」

　都市という空間の物理的ないし社会的特性に応じた秩序維持や資源配分を統御する実体的・手続的規準を用意する都市法においては，公益と私益，公法と私法，個人の自己決定と集合的的決定などが，複雑に交錯する。とりわけ，環境や景観や治安や活気やアメニティといった都市内の部分単位が享受している価値の保護については，仮にそれを一定範囲の居住者や地権者に関わる「集合的利益」ないし「共同利益（共通利益）」として捉えるにしても，個々人の私権（土地所有権などの財産権や私法上の人格権）に立脚した司法的≒私法的救済と，公益としての環境，景観，治安の公法的≒立法／行政的規制との狭間で，その法的位置付けが難しいことが知られている。

　問題は錯綜しているが，以下のような相互に関連する基本的論点がネックになっているようである。

　第1に，「地域空間の特性に由来する，その地域における各主体相互に影響しあう法的利益……すなわち地域空間に関わる関係者の共通利益」[1]と整理されるような集合的／共同利益を，個々人の個別的利益の集積と捉えるか，あるいは，ある範囲の集団に関わるひとまとまりの（不可分の）利益と捉えるか，という違いである[2]。後者の場合，その法的根拠はなにかも問われ得る。

　第2に，当該利益は都市の空間的特性によって第三者が客観的に同定／評価

---

(1)　見上崇洋『地域空間をめぐる住民の利益と法』（有斐閣，2006 年）2 頁。同書は，「空間に関わる共通利益があるとして，それを中心に据えて，それに対する法的規制の在り方と，各アクターの関与の手法および地域的な利益水準の設定，という課題」についての検討と整理であるとされる（10 頁）。

(2)　シンポジウムの記録である「特集　公法と私法における集団的・集合的利益論の可能性」（『民商法雑誌』第 148 巻 6 号（2013 年）492-671 頁）において，前者すなわち私益性から論理構成する吉田克己「保護法益としての利益と民法学――個別的利益・集合的利益・公共的利益――」（572-605 頁）と後者すなわち不可分利益性，公益性から論理構成する仲野武志「不可分利益の保護に関する行政法・民事法の比較分析」（551-571 頁）の鋭い対立は，「地域空間の特性」に由来する事実上の共同利益を法学的に構成することが意外と困難であることを示している。

第2部　都市法の現代的諸相

できるものなのか（その評価基準はどのようなものか），受益者の主観的利益にすぎないのか，である。部分単位の共同利益が公益と矛盾する場合どちらがなぜ優先されるべきか，という問題が関連する。

　第3に，当該法益を司法の場で主張する適格を有しているのは誰か，訴えの利益を認められるのはどの範囲の人か，という問題である[3]。当該主張（に基づく法的救済）には民主的正統性があるか，という問題が関連する。

　実践的には，これらの問題は（民主的な）立法によって解決が図られる面もあろう。例えば，区分所有法のように，都市の一定範囲の空間の秩序に関わるが基本的には私的共有財産の問題として構成して「所有権者」集団の内部統制の手続と規準を定めるというようなやり方である[4]。不動産等に関する財産権（所有権）や私法上の人格権など，既存の権利のカタログに繋留して，当該法益を立法的に構成する（あるいはそもそも否定する）ことは，原理的には必ずしも困難なことではないと思われる。そうした手当をせずに私法上の法益として司法上の救済（損害賠償や差止）を与えることが許されるかどうかについては，議論の対立が当然考え得る[5]。他方で，私的な個人や集団にそうした資格を与えず，あくまでひとまとまりの公益に関わる問題として行政法規を整備することも論理的には一貫した態度ではある。

―――――――――――

(3)　紛争管理権説その他の考え方について，山本和彦「集団的利益の訴訟における保護」（特集前掲注(2)606-639頁）参照。

(4)　私法（法令・判例）上例外的に認められた「不可分利益」の例として仲野前掲論文（注(2)）は，7つのものを列挙する（561-565頁）。共同利益論の主唱者である亘理教授も利益の認識と権利としての認知を分けることを認める（亘理格「共同利益論と「権利」認定の方法」特集前掲注(2)513-550頁）。こうした例外的な事例を除き，公益でも私益でもない共的領域というものは必ずしも現行国家法体系にとって親和的なものではないということがここから示唆される。石川健治「空間と財産――対照報告――」（『公法研究』第59号（1997年）305-312頁）も社会学的に観察された「利益」から出発せず，都市空間高権が所有権者に管理委託されているという構成の可能性を指摘する。この構成なら，昨今問題の空き家問題，アンチ・コモンズ，過少利用問題も，所有権者の権利の濫用ではなく，受託者の義務違反として構成できるかもしれないが，具体的な法令との整合性は別途考える必要があろう。

(5)　既存のカタログにないからといっておよそ原理的に許されないと言えるかどうか，プラグマティックな私法的判断の介在する余地は本当にないのか，は一個の問題である（特集前掲注2における「討論」参照。特に中川丈久教授の問題提起と，他のパネリストによる仲野教授への批判）。ちなみに，見上教授は，法的救済の対象となるべき「権利・利益」の範囲に関しては，「関係者の協議による水準の設定ないし確認という手法」による「地域紛争の解決」という手続的志向を示されている（見上・前掲書（注(1)）13頁）。

こうした，言わば共同利益の法的構成をめぐる難問について教義学的な解答を与えることは筆者のなし得るところではない[6]。以下では，このような問題への法社会学的（あるいは「社会学的法律学」的）かつ実践的回答の試みとも見なしうる，いわゆる都市コモンズ論を参照しながら，都市の「共同体」ないし「共同利益」を考える上で見落とすべきではない問題を指摘することにしたい。「ネットワーク社会」における都市という本書の共同研究プロジェクトの出発点となった問題関心を背景に，集合利益や共同利益をめぐる法教義学的な論争では後景に退いている現代都市のアクチュアリティを再確認するのが狙いである。

2 都市コモンズ

(1) 都市コモンズ論の意義

法社会学者の高村学人教授は近著[7]において，「コモンズとは，ある資源から恩恵を受ける人々がルールを守ってその利用を行い，必要な維持管理を行うならば，皆，大きな恩恵を受け続けることができるが，各人が自らの短期的利益のみを追求し，ルールを守らず，維持管理に貢献しないならば，容易に破壊され，皆に悲劇が生じてしまうような性質をもつ資源のことを意味する。」（i頁）としたうえで，コモンズとしての都市空間の良好な管理をもたらす条件を実証的に分析している。そこでは環境社会学等でのコモンズ論における所有類型論の不在（利用実態の調査への傾斜）とそれに対する批判（36-37頁）をふまえ，法（慣習法も含めて）の役割に注目する。すなわち，管理にコミットする人々のアソシエーション（249頁）がコモンズ管理に重要であることを念頭に，「権利義務関係の法」に加えて，コモンズ管理を促進するような「インセンティブ・ルール」（政策的法）と「組織内の法」の概念が（50頁，249頁），相互に関係し合うものとして提示される。調査と分析の対象になっているのは児童公園管理，里山保存，まちなかマンション居住，古都の景観規制などである。地権者や管理責任者などを定める「権利義務関係の法」とは別に当該コモンズに関わる幅広いアクターが一定の内部的ルール（「組織内の法」）に立脚した管

---

(6) 例えば，吉田・前掲論文（注(2)）は，利益を「個別的利益」「集合的利益」「公共的利益」に分類したうえで，それぞれについての法的救済の可能性と相互関係を分析する精緻な教義学的構成を示す。

(7) 高村学人『コモンズからの都市再生——地域共同管理と法の新たな役割——』（ミネルヴァ書房，2012年）。

第2部 都市法の現代的諸相

理を実践していること，またそのように行政等が「政策的法」（例えば条例）を整備することで導くこと，の実例が示されている。

このような議論の意義は次のように整理できる。

第1に，私でも公でもない，市場でも国家でもない，中間的部分領域，すなわち「共」的領域が都市空間に存在することを正面から認め，その法的位置付けの基盤となる社会学的知見が提示される。

第2に，コモンズなる財の管理をめぐって誰にその権利／権限と責任があるかを，「権利義務関係の法」によって一義的に決定せず，むしろ，コモンズに関わる多様なアクターのアソシエーショナルな協働の基盤となる自治的ルールも広義の法として捉え，さらに，そうした協働を促す政策的法の役割にも目配りする。

第3に，私法的救済か行政的規制かといった二元論を排し，インフォーマルで内部的な統制も含めた多様な管理メカニズムの可能性に注目する。

「コモンズ」という一見新しい概念で語られているが，法社会学の分野では，古くは共同体の「入会」，新しくは都市コミュニティの「まちづくり」といった形で注目されてきた営為の延長上にあることは明らかである[8]。つまり教条的で形式合理的な法解釈とは一線を画し，現実の社会の構成員が行っていることに注目する法社会学的で実践的な議論ということになる。

言い方を変えると，市場，国家双方の機能不全や副作用を乗りこえるため市場か国家かという二元論におさまらない「共」的領域における自治の可能性が模索され，個人化／商品化した社会における公共性の復活，と同時に国家による公共性の独占に対する抵抗，による統治における主権の再獲得が，「コモンズ」概念には託されており，高村教授の研究ではこの概念の都市における応用可能性が模索されているのである。

(2) 現代「都市法」のコンテクスト

すなわち，コモンズ論は，都市（行政）法学に端を発する共同利益論に対する実践的／社会学的応答と読むことができる。こうした新しい議論が必要となる現代型「都市法学」のコンテクストをここで確認しておきたい。筆者の理解するところ，本書の共同研究プロジェクトにおいて意識されていたのは以下のような潮流である。

---

(8) 同じような視点からの，建築家による近時の議論として，山本理顕『権力の空間／空間の権力——個人と国家の〈あいだ〉を設計せよ——』（講談社，2015年）。

12 「ネットワーク社会」における「都市コモンズ」について

　第1に，「私的所有権と規制緩和による成長」（市場）の行政による「公共的・計画的コントロール」（法）というこれまでの垂直的な統治構造が機能不全をもたらしていることをふまえ，国家，市民団体，企業，個人といった公私多様なアクターの協働による水平的ガバナンスを通じての高品質都市計画の実現が模索されている。アメニティ／エコ・コンパクト・シティ／高密度化／縮小都市／集約的都市構造／スマート・シュリンク／選択と集中などがキー・ワードとして挙げられる。

　第2に，多様なアクターの中でも，とりわけ非国家的規制主体／客体としての中間団体や地域共同体の再評価の機運が高まっている。まちづくり条例や地域通貨，各種協定など，単なる統治客体から統治主体としての市民の潜在能力を引き出す制度的な仕組みがしばしば検討される。先述したように，共同利益論やコモンズ論はまさにこのコンテクストにおいて注目されているわけである。国家や市場の専横に対する市民による抵抗が含意されていることも少なくない。

　第3に，以上2点をも包摂する形での，都市計画法制の根本的な再編である。右肩上がりの成長経済は終焉を迎え，むしろ安定成長から（人口減少に伴う）縮小再生産をも視野に入れた新しい都市ガバナンスの方途をめぐって多様な論点が検討されている。筆者の手元の資料では，本プロジェクトの共同研究の過程で，以下のような論点が議論された。

・複雑で分散的な都市基盤整備 〈①都道府県：「都市計画区域／準都市計画区域」（5条，5条の2）「都市計画区域マスター・プラン（区域マス）」（6条の2）都市計画区域についての「市街化区域／市街化調整区域」区分（7条）「地域・地区・街区」区分（用途地域など）（8条）「地区計画」（12条の4）「都市計画基準」（13条）「開発許可」（29条）＋②市町村：「都市計画事業」（59条）〉 から有機的で包括的な「マスター・プラン／ゾーニング／計画許可」「分権と広域調整」へ。

・国土利用計画，土地利用計画基本計画などの「戦略的広域計画」，建築規制，農地規制等との連動。

・建築・開発自由の原則から建築・開発不自由の原則へ。

・開発事業（土地区画整理事業，市街地開発事業，宅地開発事業）中心から「縮退」のための事業へ。

・収用法の再構成。また計画策定／執行／争訟過程の再検討など。

・私法と公法の交錯：空き家／廃墟マンションへの公的介入，被災地の土地利用制限。

第2部　都市法の現代的諸相

・景観維持における不法行為（差し止め）訴訟。

・時間的次元における硬直性から柔軟性・可塑性へ。

・投機的不動産投資の抑制，債務担保証券規制。

(3)　コモンズにおける財と管理

　しかし以上3点に要約される「コンテクスト」は，それ自体一種の理念論であることは否定しがたい。現実の都市環境においてあえてコモンズを語ることの射程と限界を理解するためには，都市コモンズとは（あるいは共同利益とは）いかなる存在でありその価値はどのように維持され集団に帰属しているかということを把握しておく必要がある。都市の空間そのものが自然にコモン財であるわけではない[9]。いかなるモノもそれだけでは価値ある財となるわけではないのと同じである。それでは，あえて如上のコンテクストにおいて，コモン財として都市空間を把握することができるのはなぜなのだろうか。

　高村教授も依拠するオストロムのコモンズ研究について，David Harvey は，「無数の事例からオストロムが示すのは，人々は，個々人及び集団の利益にかなう形で共有資源を管理する実に巧妙で優れて実用的な方法を見つけ出すことができるし，しばしば実際にそうしてきたことである。」[10]と指摘する。ハーヴェイによれば，コモンとは，「不安定で可変的な一つの社会関係として解釈されるべき」であり，この関係においては，「自己規定する特定の社会的諸集団」が，「社会的・物的環境のうちその集団の生存と生計にとって重要だとみなされている諸側面」につき「コモン化する（commoning）という社会的一実践が存在するということである。」（132頁）。

　同様に，宇沢弘文教授は，「コモンズというときには，特定の場所が確定され，対象となる資源が限定され，さらに，それを利用する人々の集団ないしコミュニティが確定され，その利用にかんする規制が特定されているような一つの制度を意味する。」とし，そこでは，「コモンズを構成する人々の集団ないしコミュニティからフィデュシャリー（fiduciary: 信託）のかたちで，コモンズの

(9)　そもそも，高村・前掲書注(7)8頁も引く，オストロムの有名な私的財／クラブ財／コモンプール財／公共財という分類は，対象物が本質的かつ自然に有している性質に基づく分類とみるべきではない。例えば「河川」や「大気」は本質的に公共財なのではない。それらをクラブ財にする手法ないし制度はいくらでも考え得る。それらが公共財なのは，それらを公共財とする人々の営為があるからにすぎない。

(10)　デヴィッド・ハーヴェイ（森田成也他訳）『反乱する都市──資本のアーバナイゼーションと都市の再創造──』（作品社，2013（2012）年）124頁。

12 「ネットワーク社会」における「都市コモンズ」について

管理が信託されているのが，コモンズを特徴付ける重要な性格である。」と述べる[11]。

彼らの議論が共通して指摘するのは，コモンズがコモンズとして現れるのは，空間や資源が本来そのような性質を帯びているからではなく，それを「コモン化」する特定の人々の営みがあるからだということである。そのような営みをさしあたりここで「管理」と呼ぶなら，都市コモンズの本質は共有「財」，共有「地」ではなく，共同「管理」にあるということができる[12]。都市ガバナンスにおける共同体規制のフォーカル・ポイントを，「所有」や「財」（の性質）ではなくて，共同「管理」という実践に転化すべきであること，土地利用規制，景観規制等個々の都市計画のレジティマシーもその観点から統一的に理解するのが有用であること，が，都市コモンズ論の本来示唆するはずのところなのである。そして，既存の無数のコモンズ研究をふまえるなら，そのような「管理」の核となるメカニズムは，規範，すなわち（明文化されているかどうかを問わず）内部的ルールの共有と遵守，および，互酬的共同性に根差した集合的自己認識，と言ってよいと思われる。かの国立マンション訴訟（民事）の第一審判決（東京地裁 2002 年 12 月 18 日）がいう，「地権者相互の十分な理解と結束及び自己犠牲を伴う長期間の継続的な努力」とはまさにそれを言う[13]。後

---

(11)　宇沢弘文『社会的共通資本』（岩波書店，2000 年）84-85 頁。

(12)　従って，ハーディンの Tragedy of Commons とは Commons が私有でないがゆえの悲劇ではなくて管理が存在しないがゆえの悲劇ということになり，定義の問題だが，「共有地の悲劇」ではなく，「コモンズ」の悲劇ですらないということになる。むしろ，無管理財の悲劇である。

(13)　本段落の記述に関しては，本プロジェクトの研究会（2013 年 2 月 3 日）で行われた景観訴訟に関する根本尚徳教授による研究報告および，角松生史『「景観利益」概念の位相」（『新世代法政策学研究』第 20 号（2013 年）273-306 頁）から示唆を受けている。すなわち，景観や環境に関し，「管理」的継続的努力，コスト投入に一定の保護を与えるという基本発想である。これは「権利」（の要保護性）の問題ではなく投入したコストに対する保護として考えることを示唆する。この点，管理へのコミットメントの程度により，補償されるべきコスト（あるいは差し止めを請求できる権限）に差を付与すべきだろうか。例えば，能動的コミットメントと，「尊重し，あえて変更しない」という受動的コミットメントと，尊重すらしないが内部規範に従い（フリーライドに関する）機会費用を払ってきた弱いコミットメント，とには法的救済を請求する資格において一定の差があると見るべきだろうか。あるいはやはり一括して「共同利益」として扱うべきだろうか。他方で，角松論文も扱っている鞆の浦の港湾風景のように多分に自然景観的なものであっても歴史的・文化的要素，長年の生活の蓄積という要素に一定のコミットメントを見出すことも可能かもしれない。そこにも地域の一定の内部規範（生ける法）が作動していたとみることもできるからである。なお，原理的には，コストを払っ

第2部　都市法の現代的諸相

述するように，現代の都市のコンテクストでは，このようなコモンズ的営為の実践者と地権者や受益者がしばしばずれ，時に利害対立ももたらす。そのことを理解するためにも，そもそもなぜ都市においてコモンズ的実践があえてなされているのかを理解しなければならない。

(4)　管理のインセンティブ

コモンズをコモン財たらしめる管理，すなわちアソシエーショナルな協働と，それを媒介とする共同性の自覚，規範の遵守，逸脱行動の抑止といった営みを促すインセンティブはなんであろうか。まちづくりや都市コモンズをめぐる既存の議論はしばしばこの点が不明瞭であるか，意義を強調することに話をすり替えてしまっていることが多い。論じるまでもなく善きこととして位置付けられてさえいるように読めることも多い。しかし，伝統的農村における入会関係などと現代の都市住民の協働の最大の違いは，この点にある。必然的，運命的に組み込まれた共同性の中で宿命として協働に参画するのではない，まさにアソシエーショナルな協働を促す十分なインセンティブが必要であることを認識する必要がある。もちろん，高村教授が，コモンズ管理を促進するような「インセンティブ・ルール」（政策的法）に注目するように，都市コモンズ的営為を活性化させるような政策（例えば補助金の支出や税制上の優遇など）を国家や地方公共団体が実行するというようなことは考え得る。ここでは，それとは別に，都市における共同性という観点から，もうすこし原理的な問題を考えてみたい。

都市の住民はなぜそのようなコミットメントをするのだろうか。おそらくこれには大別すれば価値合理的な側面，すなわち愛郷心に代表されるように，自らが帰属する（と観念している）場や共同体への愛着や義務感と，目的合理的な側面，すなわち協働的コミットメントによって維持される良好な環境などの便益とが，あるだろう。いずれにしても一定の価値を当該協働に見出しているということである。このような価値創造（ないし維持）へのインセンティブは生み出される価値によって再強化されるという循環を指摘することもできよう。自らコスト投入（金銭的コストに限らず逸脱行動の自制，規範の遵守，共同体構

て共同で維持してきたがゆえに保護に値する環境や景観が客観的に「良好」なものである必要はない。あえて（ある視点から見て）劣悪な環境を例えば芸術的行為として行っている場合，あるいはアーミッシュや厳格正統主義ユダヤ教徒のように非文明的環境を構築している場合でも，保護は一考に値する。

12 「ネットワーク社会」における「都市コモンズ」 について

成員としての自意識を伴う心理的負担感などを含む）し作り上げたものだからこそ愛着がわき管理への意欲が維持されるということであり，ひいてはそのような協働を介した他者とのつながり（アソシエーション）へのコミットメントが維持される。それがまた次なる管理活動へのコスト投入を生み出す，という循環である。

このようなインセンティブに導かれる都市のローカル・コモンズは従って，内部者と外部者の区別，識別という側面を自ずと持つ。なぜなら，都市的社会においては，対象となる財に関わる価値合理的ないし目的合理的コミットメントを共有しないものが周囲に多数いるからである。彼らは単にアソシエーショナルな協働に参画しないだけでなく，時にコストを払わず便益だけ享受する者，すなわちフリーライダーとして立ち現れる。ゲートや柵によってそれらの者を物理的に排除することも場合によっては可能であるが，アソシエーショナルな協働に参画しないものは決して物理的な意味での外部者に限られない。空間の一部を所有ないし占有しながら環境維持，管理へのコミットメントを十分に持たない者，すなわち，協働という価値を共有せずコストを十分に負担しないが便益はそれなりに享受する者は，都市においては決して少なくない[14]。都市

----

(14) これが最もよく現れている都市空間がいわゆるマンションである。マンション管理においては大多数の住民が最低限のコストを（管理会社を通じて）「管理費」として金銭的に負担するのみで，一部の管理組合役員の努力に実質的にフリーライドしているというのが常態である。しばしば区分所有者ないし住民のマンション共同体への関心は希薄で，流動性も高い。背景には，「共同体」からの離脱への集団的制約がなく，いわば個人財産の売買，賃貸借という形で自由に離脱できる仕組みがあり，とりわけ経済的強者であるほど，管理の劣悪化が始まった共同体から離脱する可能性が高いので，離脱できない者がますます手薄な管理によって劣悪な状況に取り残されるという悪循環が発生する。いわゆる多数の空き家によりスラム化したマンションである（拙稿「マンションにおける秩序と時間」『ジュリスト』第 1402 号（2010 年）51-57 頁参照）。都市コモンズの一例としてマンション管理を取り上げている高村・前掲書（注(7)）も，そこでは非コモンズ的とも言える，住民の個人主義や非コミットメントがあることを明らかにしており，コモンズの実現については，制度設計を中心にまさに条件さえ整えば実現される可能性として期待を表明しているにとどまっている（第 7 章）。この意味では，意匠が「コモンズ」と新しくなっただけで，これまでの住民自治，まちづくり研究等と大差ない。問題はむしろそのような条件を本当に現代社会において満たせるかどうかなのであり，無論その規定要因は制度設計にとどまらない。高村教授は，同書の結論部分で，「住民自治組織というコミュニティに依拠しながらも，そこからはやや独立して形成される，コモンズ管理活動に熱心な人々のグループであるアソシエーションにこそ，本書は，［コモンズ管理活動における］労務供給問題の解決の可能性を探ったのである」（249頁：傍点引用者）としているが，これは逆にマンションのような場において持続的コ

第 2 部　都市法の現代的諸相

では彼らを共同体が「村八分」にすることもできない。

　内部的フリーライダーないし無関心層は中心的なコミットメント層にとってはアンビバレントな存在である。一方でそのような人々と自らを区別することで協働的営為を介した一体感や使命感，達成感は強固なものとなるであろう。しかし他方でそれは，本来良好な共同体秩序を維持するために包摂し動員しなければならないかもしれない人々，すなわち無関心層，を比喩的な意味で排除すること（つまりは外部者視すること）と紙一重である。そのような視線を感じ取る無関心層がコミットメント層に対して反発したり一層興味を失ったりしたとしても不思議なことではない[15]。やがては土地や住戸を外部の資本に売却したり賃貸したり環境と調和しない建築にふみきったりすることにもつながりかねない。一種の「コミュニティ」実践をコモンズとしてアソシエーショナルに行うことの逆説がここに現れている。入退出の自由に制約があり共同体秩序への関与も個々人の意思に拘わらず半ば強制される伝統的共同体と現代の都市の違いでもある。

(5)　コモンズの主体と受益者

　以上述べたことは，都市におけるコモンズという共同体（ないしコモン財をめぐる協働的営為）に関し，その主体と受益者の複雑な関係をも示唆する。農村／入会のように，所有権・支配権者と受益者がほぼ一致し，また異論や逸脱を抑制する内部的統制も（善し悪しは別として）行き届いている場と都市のコモンズは根本的に異なる。

　すなわち，第 1 に，内部的多様性の問題がある。前掲注(13)で述べたように，所有権は持たないが占有者として環境維持に努力してきた人と，地権者だが協力しなかった人，消極的に規範を遵守してきた人，もっぱら消費者として（フリーライダー的に）関わってきた人，それぞれの「利益」はそれぞれどの程度，またなぜ，保護されるべきなのかという問いが存在する。加えて，単争点に関する利害が対立しているだけでなく，人により重視する問題自体が異なっている。市場的価値や営利，環境，個人の自由，治安，教育等々，論点は無数にある。利益のみならず論点自体が輻輳し優先順位を競い合っている。

　第 2 に，外部者の関与がある。居住者でも所有権者でもないが当該空間の

　　ミットメントが脆弱な基盤しか持たないことを示唆している。

(15)　拙稿「生き甲斐としてのコミュニティ」『法社会学』第 55 号（2001 年）56-70 頁参照。

価値創造に一定の貢献をした人の発言権（あるいは投下したコストに対する保護，救済）をどう位置付けるのか。景観における非居住者（運動家）であれ文化財における非所有者（学者）であれ，その価値の維持のために貢献しコストを投入してきた人であれば，十分ステークホルダーとしての資格は認められる余地がある。外部コンサルや有識者の「貢献」はどう評価されるべきか？管理のために寄付をしてきた外部者や補助金を投じた公共団体などもステークホルダーとしての地位を認められるべきか？ コモンズの管理に強くコミットしてはいるが，そもそも当該地区に参入したのが最近の住民はどう評価されるだろうか（移住してきた運動家，支援者，一坪地主など）。

第3に，内外の多様なアクターのネットワーク形成がある。都市の問題については，当該地域の内部者の一部が，共感する外部者と結託し協働（共闘）することが普通である。他方で外部のみならず内部にも無関心派が少なからずいる。「ネットワーク社会」における「ネットワーク」は単にある地域共同体が他の共同体と協働するのではなくて，共同体内の一部メンバーが，ある論点をめぐって同調する外部者と協働するという形で形成される。反対派も同様のネットワークを形成する。そのような複数の「協働」が当該地域を舞台にして交錯しているわけである。例えば，ある地域の開発利益を志向するネットワークと景観利益を志向するネットワークの交錯である。それを内外の無関心派が取り巻き，時に激化する対立を傍観している。そしてある問題の傍観者は他の問題については熱心な運動者でもあり得る。

見上教授が言う都市空間における「多様な利益の輻輳」[16]とは以上のような状況であり，「関係者」の「参加」と「協議」と言っても一筋縄ではいかないことは明らかである。

(6) 都市コモンズの多様性

誰がどの程度「管理」するか，それ以外の人々との関係はどうなるかに注目すると，「都市コモンズ」なる営為が実に多様な姿を取り得ることが見て取れる。

例えば，所有者と管理者がほぼ一致し，一部占有者も含まれるコモンズがある。外部者は管理からも受益からも排除される。具体的には，区分所有共同体（マンション）や私有地入会，ゲイテッド・コミュニティのようなものである。

---

(16) 見上・前掲書（注(1)）6頁。

第2部　都市法の現代的諸相

公開空地・マンション内公園のように受益を外部者に開放するパターンもある。

　他方で，管理者と占有者・受益者がほぼ一致し，所有者は別にいるコモンズがある。外部者は管理からも受益からも排除される。公有地入会がそれである（ただし，都市よりは農山村部に多いと思われる）。

　さらに，管理者が所有者と異なり，受益者には管理者以外に外部者も含まれ，フリーライダー問題が発生しやすいコモンズがある。高村・前掲書（注(7)）も扱っている（第3章）児童公園（の町内会による管理）のようなパターンである。後述するようにそこでの「管理」には，単に備品の整備などにとどまらず，ホームレス等の「不審者」「外部者」の排除が暗黙に含まれていることが多い。

　所有者を中心に占有者も含めて管理者が形成され，受益者もほぼ重なるが，外部者による管理や受益も排除されないコモンズもある。逆に所有者（所有権者）が外部者と位置付けられることもある。国立マンション訴訟で問題になったような都市景観がそれである。ツーリストや見物人などによる受益は排除されない。

　こうした多様な営みのどの部分をどのように保護するかがやはり問題となる。複雑性を縮減するため，あえて法的「権利」（例えば土地所有権）によって要保護性を正当化すると，国立のケースにおけるような土地の所有「権」者による領有，搾取を原理的には排除できなくなる（行政規制などを別途探るしかない）。保護すべき（と少なくとも一部住民に信じられている）価値の破壊者，領有者としての「権利」者というアポリアが存在する。

3　ネットワーク社会における都市

　視野を拡大して，現代の都市が置かれているマクロな背景についても確認しておこう。

(1)　高度資本主義と選択化する共同性

　先述したように共同利益なりコモンズなりが社会学的に認知可能だとしても，それが外部との多様な関係の中で存立していることが「ネットワーク社会」のアクチュアリティである。基調をなすのは次の2つの側面であり，それらは相乗的にネットワーク的都市空間を成立させている。

　第1に，ネットワーク社会とは高度資本主義社会であり汎市場社会である。資本主義／商品経済の論理が深部まで浸透した社会においては，不動産は無論のこと空間そのもの，環境，景観などが金銭的評価にさらされ，交換や投資の

対象となる。金銭評価に一元化されることで，（経済力を持つ）外部者の参入が容易になるので，流動化が促進される。本来地域に関係のなかった人々も対価を支払うことで参入できるからである。それだけ多様なステークホルダーが地域に関わるようになる。かつて問題になった開発資本による入会林野の侵食のようなことが都鄙を問わず全地球規模で進行している。

第2に，それだけにいっそう都市的空間の共同性は，多様なアクターによる，個人的で選択的／自省的／人為的な，コミットメント（規範の構築／遵守と互酬的共同性意識と管理コストの投入）によって支えられざるを得なくなる。言うなれば，都市の共同性は，個々の個人の選択によって，私に対しても公に対しても，対自的に，構築され維持される「共」としての性質を帯びることになる。共同性は最初からあるものではなく，自覚的に選び取りコミットすることでかろうじて維持できるものなのである。すでに述べたように，自覚的なぶん強固だが，コミットしない多様なアクターがいること，退出もまた選択可能であること，持続的なコスト負担を伴うこと，といった点においては脆弱な共同性である。

(2) 人口減少社会における経済成長と都市再開発

現代日本の都市がおかれた経済的状況も無視できない。

この点でさしあたり確認しておくべきことは，第1に，経済成長の鈍化，安定化と人口減少社会への移行による，都市のインフラストラクチャーと居住形態の変化である。資源と環境に負荷をかけ続ける無限成長的近代化が終焉したこと[17]，端的に人口が減り始めたことは，高度経済成長期に押し進められた都市のインフラ整備（公共事業）と郊外開発による都市拡大を不可能にし，多数の空き家を生むとともに低所得の非正規雇用者を多数含む都市の独居世帯の増加[18]を生んでいることはよく知られている。製造業中心から情報産業・金融業中心の経済に移行したこともあって，都市居住者のいわゆる生活スタイルにも大きな変化が生じようとしているのである。とりわけ重要なのは，非正規雇用者の都市居住が不安定であり，定住性が低い（流動性が高い）ということ

---

(17) 見田宗介『現代社会の理論——情報化・消費化社会の現在と未来——』（岩波書店，1996年）参照。

(18) 三浦展『日本人はこれから何を買うのか——「超おひとりさま社会」の消費と行動——』（光文社，2013年）第1章も紹介するように，日本においてはいまや独居が居住の主形態となろうとしている。

第2部　都市法の現代的諸相

である。関連して，運輸・通信条件の変化も影響している。すなわち郊外への拡大から反転して現在は「コンパクト・シティ」の理念が唱導されており，エコロジー的観点からの「スマート・シティ」化なども取り沙汰されている。これらの理念と社会の流動性の上昇，貧富の差の拡大，独居世帯の増加とをどう調停するか，都市計画上避けて通れない問題になっている。

　第2に，住民の居住とは独立に，グローバル化する資本の投資があらためて都市（とりわけ大都市圏）に向かっているということである。資本は，商業地区の再開発や荒廃地区，港湾地区の再開発（ジェントリフィケーション）という形で都市の姿を変えつつある。飽和に飽和を重ねるかのような（短命が予測可能な）新規商業施設が（東京で言えば）新宿，渋谷，六本木のような地区に次々と建設され（六本木ヒルズ，代官山ヒルズ，赤坂サカス，渋谷ヒカリエ……の急速な陳腐化と同質化），内外の富裕層をあてこんだと思しき超高層マンションがブームとなっている。過剰資本を産出し吸収し続けるためのアーバナイゼーションが大都市圏において集約的に躍動しつつある。そこでは，投資を呼び込むための都市間競争が激化しており[19]，競争はグローバル化していて国内で完結していない。そのため国家もまた投資呼び込みのための規制緩和など，一プレーヤーとしての行動を余儀なくされている。

　要するに，労働空間・経済活動（投資）空間としての都市の肥大と，居住空間としての都市の非定住化／流動化が進んでいるのである[20]。「資本主義の構

---

[19]　統治主体でなく競争プレーヤーとして公共団体，国家を位置付けることが現代公法学の課題となっていることを指摘するものとして，藤谷武史「市場のグローバル化と国家の制御能力──公法学の課題──」（『新世代法政策学研究』第18号（2012年）267-291頁）。

[20]　都市を舞台としたグローバル資本の跳梁跋扈については David Harvey による批判的考察（前掲書（注(10)））から示唆を受けている。彼に依れば，第1に，都市空間形成においては，そもそも「建造環境に対する投資のほとんどが長期にわたる労働期間と回転時間［回転期間］を有し，長期の耐用期間を有している」うえに「地理的特殊性」を帯び「空間の資産と空間的独占が蓄積のダイナミズムの中に統合されている」ので，金融資本と国家関与が要請されると共に，長期的には投機的なものとなり，過剰投資，恐慌を呼びやすい（84頁）（建造物循環）。第2に，「都市空間の形成（アーバナイゼーション）は，過剰資本の吸収において決定的な役割を果たしてきたし，その際，地理的規模（スケール）は絶えず拡大してきたが，その代償として「創造的破壊」の過程が進行し，都市大衆は，いかなるものであれ「都市への権利」を剥奪されてきた。（54頁）。その結果，第3に，「……ますます富裕になっていく少数者のための超近代主義的な都市空間の形成（アーバナイゼーション）や消費主義と並んで，周辺化された住民がますます集中されるようになっている。」（高層アパート区画，ゲイテッド・コミュニティ，

造と動態は，都市空間に表現される」[21]。

4 都市コモンズの陥穽

　こうした状況において，都市コモンズはいくつかの難問を抱え込んでいるということができる。

　第1に，ハーヴェイが指摘するように，コモンズ自体が，投資の対象となりうる。コモンズ的手法により環境や景観が維持・再生された場合，たちまち観光・開発資本による領有（appropriation）の餌食になるという皮肉な事態も発生しているのである。「コモンは，それを囲い込むことができない場合でさえ──むしろその場合とくにそうなのだが──市場で取引することは常に可能である。たとえそれ自体は商品ではないとしてもだ。たとえば，ある都市の雰囲気や魅力は，そこに住む市民の集団的産物なのだが，観光業者は，このコモンを商業的に利用して独占レントを引きだそうとする。個々人や社会集団は，それぞれの日常的な活動や闘争を通じて，都市という社会的世界を創出し，そうすることで，万人が居住することのできる一つの枠組みとしてのコモン（共同的なもの）をつくりだす。この文化的に創出されたコモンは，使用されても破壊されることはないが，過度に濫用されることによって質が低下し，陳腐化しうる。」[22] コモンズ的営み自体が，営利目的で行われている場合もあるという指

金持ち向けゴルフコース，リッチな顧客向けのショッピングモールなどと低所得地区，スラムの対比）（116頁）。

(21)　橋本健二『階級都市──格差が街を侵食する──』（筑摩書房，2011年）43頁。

(22)　ハーヴェイ前掲書（注(10)）133頁。こうしたことの結果，持たざる者が生活の基盤を剥奪されていくわけである。ハーヴェイはそれを繰り返し指摘している。曰く，「都市的文脈の中でコモンが私的に領有される第一の手段は，言うまでもなく，土地と不動産に対するレント［地代や家賃］を搾り取ることである。……地域社会において刺激的で興味深い日常生活を創出している当の人々が，都市のあらゆる社会的な想像力を失くしてしまった不動産業者や投資家や上流階級消費者らの略奪的実践によって，その生活を奪われてしまう。」（同138-139頁：例示としてザンクト・パウリ地区，NYCのウィリアムズバーグ，ダンボ，コペンハーゲンのクリスチャニアなど）。曰く，「真の問題は，所有権の私的性格であり，かかる権利が，労働を領有する権力のみならず，他者の集団的生産物をも領有する権力を与えているということである。別の言い方をすれば問題はコモンそのものではなく，さまざまな規模でコモンを生産ないし獲得する者と，それを私的利得のために領有する者との関係なのである。」（同140頁）。曰く，「アーバナイゼーションとは，都市コモンズ（あるいはその影の形態である公共空間や公共財）を永続的に生産しつつ，それを私的利害集団が絶え間なく領有し破壊する過程なのである。そして，資本蓄積が複利的成長率（たいていその適切な水準は最低三％であるとされる）で進行するのに伴って，環境（「自然」環境と建造環境の両方）と労働者に対する

第2部　都市法の現代的諸相

摘もある[23]。そこまででなくても，管理にコミットするインセンティブとして，不動産の資産評価が引き合いに出されることはまちづくりなどでもある。

　第2に，その結果，「分極化と都市空間の変化」の「同時進行」による「階級都市」化[24]に寄与する可能性がある。それは，セグリゲーションやジェントリフィケーションによってもたらされる不平等化である。日本版ゲイテッド・コミュニティとも言える，オートロックで護られた富裕者向け高層住宅（例えば六本木ヒルズ）は1つの象徴である[25]。この点重要なのは，エスニシティ／階層／階級による棲み分けに繋がるような排除をもたらすのは，もっぱら開発資本の論理に起因するわけではないということである。むしろ，一見開発資本に抵抗するかのようにも見える都市コモンズにおいても，先述したようなインセンティブに基づくコミットメントがそれをもたらし得ることがここでは重要である[26]。例えば，「聞いた話。3.11のとき，本郷の小学校に近隣の会社の人や学生が一時避難したら，『ここは町会の避難所なので，町会以外の人はいれない』と追い出されたとか。ひどい話だ。『町会単位の避難所』という考え方は町会加入率が少ない今，崩壊している。災害の時は町会も何もない。いざという時，小権力をふりまわすことの好きな人々が，『町会員じゃなければ乾パンは配らない，水も飲ませない，毛布も分けない』なんてことにならな

　　この二重の脅威は時間とともにその規模と程度をエスカレートさせている。」（同142頁）。いずれも傾聴に値する指摘であると思われる。

(23)　「……新たなタイプの都市コモンズを創出する試みは実に易々と金儲けに利用されうる。それどころか，最初からそのことを念頭に置いて計画される場合もある。」（ハーヴェイ・前掲書（注(10)）133頁）。他方で，商品化・市場化を逆用して，「コムビニ」，すなわち，独居世帯の増加を前提とした「コミュニティ」の商品化によって，医療福祉関係のサービスを充実させようという目新しい提案も，マーケッターからなされている。住宅地内にある「コムビニ」ストアが，人間の交流も含むコミュニティの諸機能をサービスとして集約的に提供するというアイディアである。（三浦・前掲書（注(18)）168-169頁）。

(24)　橋本・前掲書（注(21)）41頁。

(25)　本プロジェクトのメンバーにより2012年3月14日，15日に行ったハンブルク市の調査において見出せたのは，1つには荒廃化が進んでいた港湾地区の再開発（ハーフェン・シティ）によるジェントリフィケーションであり，もう1つには，かつての労働者地区で現在は文化的まちづくりに成功し一定の地位を築きつつあるアルトナ地区に早くも入り込んで来ていた高級コンドミニアムであった。

(26)　つまり，管理という労力の投資がもたらす価値の〈私的独占〉ないし排外意識である。自らの労働の成果は自らのものであるという（労働価値説），ロックの所有論のアナロジーがここでは働いているかもしれない（ハーヴェイ・前掲書（注(10)）135頁）。

12 「ネットワーク社会」における「都市コモンズ」について

いか。今から心配。」[27]という指摘があるが，これは，「小権力」の問題と言うよりも，町会からすれば日常の活動に人的・金銭的協力も無しに非常時だけ頼ってくる「フリーライダー」への対応の問題であるように思われる。あるいは，「われわれの大事な聖域」に「土足」で「踏み込んで」くるデベロッパー（＝よそもの）の拒絶という，国立マンション原告団リーダーの意識[28]もまた，コモンズへのコミットメントの一端を示している。おそらく景観維持に協力する支援団体や学者は「土足で踏み込んでくる」外部者と観念されていない。コモンズによる価値創造（まちづくり活動，すなわち治安維持，環境維持，景観維持などに関するアソシエーショナルな協働）と，当該価値創造にコミットしない「外部者」「フリーライダー」（それは無責任な観光客であったり開発資本だったりするわけだが[29]）排除の意識（あるいは価値の独占の意識）とは，同根である[30]。

社会の最弱者はとりわけ排除の対象となりやすい。その象徴は地域における究極の外部者としてのホームレスである。コモンズ的営みにおいて価値創造に貢献できないどころか，むしろ阻害要因と見なされかねない人々である。公園や公開空地や里山の「良好な管理」にとってそこに居座ろうとするホームレスは排除されねばならない対象である[31]。いわゆる squatter movement が衝撃的なのは，この欺瞞を暴くからである。squatter が告発するのはいわゆる大資本，大企業だけではない。ささやかな共同性によって究極の外部者を排除する都市の空間秩序そのものである。

第3に，流動化するネットワーク社会における都市コモンズへのコミットメントが個々人の選択対象でもあるということが相俟って，階層化（セグリゲー

---

(27)　森まゆみ『震災日録』（岩波書店，2013年）148頁。

(28)　角松・前掲論文（注(13)）299頁。

(29)　地域内の所有権者や居住者でもあっても「よそもの」と観念されることは大いにあり得る（投資用マンションの区分所有者，ワンルームマンション居住者，一時滞在者，非協力的観察者など）。空き家の放置者もまた，地域の管理に貢献しない（むしろ阻害する）「よそもの」か？景観規制の執行・受容過程における中間団体の自主規制・協調行動（「パトロール活動」を含む）（高村・前掲書（注(7)）第6章）が持ちうる，守る我々と守らないやつらという内外区分にも注意が必要かもしれない。

(30)　もちろんだからといって，デベロッパーが所有権を振りかざして好き勝手な開発をしてよいということではない。

(31)　この点で示唆に富むのは，逆に，生活保護受給者を公園管理などのボランティア労働などに参加させて，地区「管理」のインサイダーにしようとするいわゆる釧路方式（自立支援プログラム）の発想である（本田良一『ルポ　生活保護──貧困をなくす新たな取り組み──』（中央公論新社，2010年）参照）。

第 2 部 都市法の現代的諸相

ションとジェントリフィケーション）は多層的に再生産されていくおそれがある。いかなる地域社会を形成し得ているかを評価し選択するのは地域に入退出する住民自身だからである。2013/06/14 の朝日新聞朝刊のインタビューで上野千鶴子教授は，「私は富山県出身ですが，今は全国でも福祉先進地の東京都武蔵野市に住んでいます。医療資源も介護資源もある。交通も便利で文化や自然にも恵まれている。これからは福祉サービスで自治体を選ぶ時代でしょう。」（傍点引用者）と述べている。「おひとりさまの老後」についての鋭い分析でも知られる上野教授のこのような発言に象徴される，選んで移住する（ことができる経済強者の老後）という想定は，当然移住できない（「選べない」）経済弱者の，悪条件の地域への残留を同時に含意する。

米国では，医療，介護だけでなく，教育についても同様の問題が発生していることは良く知られている。例えば，Martha Minow, *In Brown's Wake: Legacies of America's Educational Landmark*, Oxford University Press, 2010 は，学校を選ぶ，という風潮の高まりを指摘する（p.100）。private school を選ぶだけでなく，望ましい教育を行っている公立学校の学区に引っ越すことが行われているのである。一方で，property tax の税収と good administration と学校教育の質とが良循環を形成している強者の共同体があり，他方で，そこからはじき出される，あるいは参加できない弱者の共同体（貧困地区）がまともな教育の機会さえ失いつつあるという現状がそこにはある[32]。

そして，このような個々人の選択は，Urban Entrepreneurialism とハーヴェイが呼ぶ，多層的に連動する競争構造[33]のなかで行われるのである。そ

---

(32) ハーヴェイ・前掲書（注(10)）145-149 頁は次のような指摘もしている。すなわち，コモンズの「多極的秩序」，すなわち，「多岐にわたる諸要素は，それぞれ他の要素から独立して活動しつつも，互いに調整しあうことで，一般的な規則体系の内部で相互の関係性を秩序づけることができる」（から，ハイアラーキカルで垂直的な統制は不要）というヴィンセント・オストロム流の発想は，「足による投票［移動による意思表示］」というティボー仮説そのものであり，多極的統治（ガバナンス）を通じて階級的特権と階級権力の再生産が結果としてもたらされる。これは，社会的再生産をめぐる新自由主義的な階級戦略と見事に一致する。分権化と自治は，新自由主義化による不平等をいっそう拡大する主要な手段である。

(33) すなわち，「公的権力（ローカル，大都市圏，リージョナル，ナショナル，スーパーナショナルのそれぞれのレベルでのそれ），市民社会におけるさまざまな組織形態（商工会議所，組合，教会，教育研究機関，コミュニティ・グループ，NGO，等々），私的利益集団（企業および個人単位のそれ），この三者を結合させて，何らかのタイプの都市開発や地域開発を促進し管理する都市統治のあり方のことである。」（ハーヴェイ・前掲書（注(10)）172 頁）。

12 「ネットワーク社会」における「都市コモンズ」について

のため，ある地区の再開発が当該地区のジェントリフィケーションと，その反射としての他地区への貧困層・ホームレスの移動＝排除をもたらすように，ある問題を都市コモンズ≒街区レベルで克服しても，それは他の街区に問題を外部化するだけか，あるいは，市町村レベル，都道府県レベル，地方（道州）レベル，国家レベル……と高階化するだけの可能性がある。ある層における局所解が同じ層の他地域，さらには上位の層への問題の先送りになるからである。そして各層において，それぞれの単位は他の単位との競争関係に立たされている。運輸・通信・情報条件の変化により，競争相手はローカルな範囲を超えて今や世界大に拡大していると言える。外資系の巨大ショッピングモールの誘致を隣接する市町村が争うような事態が起きている。そのような構造において，貧困層の包摂は競争上は不利な条件になる[34]。

　つまり，選択・離脱・移動の自由が格段に高まった現代の都市社会においては，水平的ネットワークによる調整というのが，ネオリベラリズム的な自由競争における勝ち抜けゲームによる階層化された「自生的秩序」に堕す可能性があるということをふまえる必要がある。各所でそうしたゲームが繰り返されることによる，コモンズ（共同体）の階層化が進みかねない。すなわち，逃げ道を確保しながら環境を維持するコモンズと，退路を断たれて環境悪化のスパイラルに落ち込むコモンズとに分節化し，その格差は拡大する。逃げ道のある共同性は，まさに「共的」協働をすることで相対的弱者・外部者・無産者を排除する（それがアイデンティティの基盤であり，協働の動機付けをなす）。セグリゲーション，階層化がコモンズ的協働の結果として生み出される。他方，劣悪な条件の地域への固着を余儀なくされる弱者は，（環境悪化にも拘わらず）ある土地にコミットし続けるということが，消極的選択化しつつある。固着を余儀なくされた弱者のコモンズは防御のコモンズであり，最低限の生活水準を維持するための苦闘を強いられるだろう（財政再建団体，荒廃地区，被災地などに共

---

(34)　米国では，貧困層と重なりあう層として有色人種（とりわけアフリカン・アメリカン）が，共同体からの排除の対象となりがちであることはよく知られている。不動産売却や賃貸の拒絶などが（規約や契約条件を通じて）しばしば行われる。逆に，白人居住区域に有色人種が引っ越してくるという情報を流していわゆる white flight を誘発し，不動産を安く買い取る悪徳商法（「ブロックバスティング」）が一部不動産業者によって依然として使われていたりもする。このような私人による racial segregation と法規制との複雑なイタチごっこの歴史については，Richard R. W. Brooks & Carol M. Rose, *Saving the Neighborhood: Racially Restrictive Covenants, Law, and Social Norms*, Harvard University Press, 2013 が詳しい。

第2部　都市法の現代的諸相

通する問題である）。場合によっては，固着を自己正当化し相互に強要するために「郷土愛」「地元愛」イデオロギーが動員されることもあるかもしれない。それもまた「コモンズ」「まちづくり」の一面である。

　以上，要するに，現代の日本において，都市コモンズは，グローバル化する資本主義経済，自由競争，流動化する社会構造の荒波の中で，等身大の公共性を復活させ商業主義や搾取や排除の防波堤となる万能のオルタナティブであるとは言い切れず，むしろ，コモンズ的管理（統治）を動機づけるロック的私的支配への要求は，多層的なアクターの各層における競争と連動しながら，多層的自己セグリゲーション，すなわち階層分離の空間配置の再生産に繋がる側面を多分に持っているということである。注意しなければならないのは，コミュニティ論，まちづくり論，共同利益論，都市コモンズ論，現代総有論等々，いずれも同じ問題を抱えているということである。多少意匠を変化させたぐらいでは，資本主義，私的所有，商品経済というコンテクストにおいてコモンズ的協働を促進し評価することに必然的に伴うジレンマを回避することはできないと思われる。

13 計画の合理性と事業の公共性
——《計画による公共性》論から見た土地収用法と都市計画法——

興津　征雄

I　はじめに

1　二つの公共性

　都市において道路・鉄道・公園などの公共施設を整備するために，すなわち公共事業を実施するために，公権力が私有財産に負担を課すこと（最も強度のものは収用）の根拠となる公益ないし公共性[1]には，大雑把にいえば二つの意味内容が存することがつとに指摘されている。

　一つは，伝統的な公用負担法理が前提とする公益・公共性である。雄川一郎の分析によれば，伝統的な公用負担法制においては，「或る特定の事業のためにたまたま必要な負担を課するという意味において，誰に対してどの事業のためにどのような負担が課されるかということは全く偶然的に定められることになっていた」[2]。いわば，"個別的・偶然的公共性"である。このような制度のもとでは，公益・公共性は，個別の事業ごとに，公益と私益とのアドホックな利益衡量によって判定されざるをえず[3]，現代的な大規模な公共事業の実施に直面すると，「制度本来の目的たる公益と私益との合理的な調整を実現するという機能を十分に果たし得なくなって」[4]くる。「制度の客観化と体系化」，換言すれば「土地利用計画の確立」が指向されるゆえんである[5]。

　そこで，都市計画法を始めとする計画法制において，計画の合理性が公益・公共性を基礎づけるというもう一つの考え方が登場することになる。「計画による公共性」[6]として定式化された公共性観である。その主唱者である遠藤博

---

(1)　本稿では，公益と公共性の語を互換的に用いる。

(2)　雄川一郎「公用負担法理の動向と土地利用計画」[1967 年]『行政の法理』（有斐閣，1986 年）533-551 頁，534 頁。

(3)　土地収用における公益・公共性の判定方法については，後述 II 1 参照。

(4)　雄川・前掲注(2)536 頁。

(5)　雄川・前掲注(2)538 頁・542 頁。

(6)　「計画による公共性」というフレーズは，むしろその批判者である藤田宙靖によって用いられたものであり（藤田宙靖「公共用地の強制的取得と現代公法——関連諸利益の

第2部　都市法の現代的諸相

也によれば，「権利自由を制約する根拠となる行政作用の公共性の内容が法律上には具体的に，また抽象的にも一義的には与えられていない場合に，これを担保するものは何かといえば，それは計画の合理性であるといわなくてはならない」[7]。このような計画の合理性に担保された公共性を，"客観的・体系的公共性"と呼ぶことができる。

　遠藤のこの問題提起を手がかりとして，ドイツ法を素材とする比較法研究を物した角松生史は，二つの公共性（公益）観の対立を，「収用法上の公益」と「計画法上の公益」の対比の検討を通じて，「対立的公益観」と「調整的公益観」の緊張関係として描き出した[8]。角松の研究によれば，収用を正当化する「収用法上の公益」とは，収用目的と財産権との二元的対立とを前提とし，後者を犠牲にしてもなお前者を達成すべきかどうかが比例原則に基づいて衡量される「対立的公益観」に基礎を置く[9]。それに対し，「計画法上の公益」とは，建設管理計画（Bauleitplan）[10]によって土地の建設利用のあり方を定める際に，公的・私的諸利害を適正に衡量・調整した結果として得られる公益であり，

取扱い方を中心として──」[1983年]『西ドイツの土地法と日本の土地法』（創文社，1988年）158-184頁，172頁（「計画による公共性の担保」）・174頁（「「計画による公共性」論」）），主唱者である遠藤博也の著作においてこの表現が用いられた例は，管見の限り見出しえなかった。遠藤は，「計画に乗ることによって公共性が担保される」（遠藤博也「土地収用と公共性」[1990年]『行政過程論・計画行政法』（信山社，2011年）393-403頁，397頁），「事業の公共性とは計画の合理性であ」る（同「土地所有権の社会的制約」[1971年]同書205-227頁，214頁），「計画による行政」（同「計画における整合性と実効性──法制度・行政法学からのアプローチ──」[1979年]同書299-312頁，299頁）などの表現を用いている。

(7)　遠藤博也『計画行政法』（学陽書房，1976年）50頁。

(8)　角松生史「『計画による公共性』・再考──ドイツ建設法における『計画附随的収用』──」三辺夏雄ほか編『原田尚彦先生古稀記念　法治国家と行政訴訟』（有斐閣，2004年）513-549頁（引用は526頁・545頁註(52)）。ドイツ法に関する本稿の理解は，ほぼこの角松論文の紹介するところに負っている。

(9)　角松・前掲注(8)528頁参照。なお，角松は，ここで，「衡量要素」としての公益（比較衡量の天秤の一方の皿に財産権を，他方の皿に収用目的を乗せるときの，収用目的そのもの）と，「衡量の結果」としての公益（収用目的と財産権とを衡量した結果，前者が優位することを示す表現）との差異に注意を促している。「対立的公益観」という形容は，衡量要素としての公益理解に基づくものである（542頁および545頁註(51)）。

(10)　建設管理計画とは，土地の建設利用およびその他の利用を準備・誘導する計画であり，広域の土地利用準備計画（Flächennutzungsplan）と，狭域かつ具体的な地区詳細計画（Bebauungsplan）の2段階から構成される。参照，ヴィンフリート・ブローム＝大橋洋一『都市計画法の比較研究』（日本評論社，1995年）59頁。

13 計画の合理性と事業の公共性

「調整的公益観」に基礎づけられる[11]。そして，建設法典85条1項1号に基づく計画附随的収用[12]については，ドイツ連邦憲法裁判所は，後者をもって前者に代替させることを認めていない，すなわち，収用法上の公益の有無は，市町村による計画策定段階では考慮されず，後続する収用手続において収用行政庁（州）によって判断されるものとみなされている，と説くのである[13]。

角松の分析が本稿の観点からして興味深いのは，同じく計画附随的収用の例として挙げられる連邦遠距離道路法に基づく部門計画の確定手続[14]について，建設法典85条1項1号のケースとは異なる評価が示されていることである。すなわち，部門計画の確定手続においては，計画段階で将来の収用を見込んだ判断がされるため，後行の手続において収用の許容性が問題となることはないとされる[15]。角松は，これについて，次のように述べる。

「連邦遠距離道路の建設という「事業類型」の公共性は法律自体が定めるところであり，計画確定手続によって創出されるものではない。［…］これに対し，建設法典85条1項1号の場合，鉄道・道路のような具体的事業と収用との関連はもはや希薄であり，また，法律の規定や事業認定ではなく，住民参加の下に多元的な利害調整の結果として策定される地区詳細計画それ自体が収用法上の公共性の具体的内容を創出しているかに条文上見える。だとすれば，「計画による公共性」は新たな段階に達していることになろう。」[16]（圏点引用者）

すなわち，角松においては，収用目的（上の引用文でいえば「「事業類型」の公共性」[17]）が計画外在的に法律により与件として与えられている場合（連邦遠距離道路法の場合）には，具体的な収用の許容性判断が計画の形式で行われ

---

(11) 角松・前掲注(8)527-528頁参照。

(12) 「地区詳細計画の指定に従って，土地を利用し，またはかかる利用を準備すること」（同号）を目的とする収用。角松・前掲注(8)519頁，E・シュミット－アスマン／大橋洋一訳「計画と収用（下）」自治研究64巻7号（1988年）44-58頁，52頁。

(13) 角松・前掲注(8)528-529頁。それに対する学説の異論につき，529-530頁・535頁参照。

(14) 角松・前掲注(8)520-521頁，シュミット－アスマン・前掲注(12)48-52頁。

(15) 角松・前掲注(8)528頁。地区詳細計画との対比を含め，山田洋「計画・収用・環境——ドイツにおける高圧送電線をめぐって——」[2003年]『道路環境の計画法理論』（信山社出版，2004年）203-229頁，210-211頁も参照。

(16) 角松・前掲注(8)521頁。この後に，「しかし，ドイツ連邦憲法裁判所はこのような「新たな段階」への展開に必ずしも積極的ではない」と続く（前掲注(13)に対応する本文を参照）。

(17) 後掲注(22)に対応する本文を参照。

第2部　都市法の現代的諸相

たとしても，「計画による公共性」を「新たな段階」で語りうるものではなく，なお従前の収用法理の範疇を超え出るわけではない，という評価が存することを読み取れる[18]。日本において「計画による公共性」の適用例とされた「公共的私用収用」[19]について，その収用適格性が法律で明定されているために，「法律の留保の観点からはむしろ問題が少な」く，「実定法制度それ自体を根拠づける説明概念として「計画」が持ち出された」[20]と説かれたり，「わがくにの都市計画法制には，現在，計画の実現それ自身を収用目的として掲げる制度はなく，収用法制は事業中心の構造を基本的に維持しているため，ドイツの計画附随的収用をめぐる議論が直ちに解釈論的な有用性をもつことはない」[21]という認識が示されたりするのも，そのゆえであろう。

2　本稿の課題

本稿筆者は，角松によるドイツ法の分析および評価の当否を論評する能力も資格も有さないが，ドイツにおける計画附随的収用制度の内在的検討を旨とする研究において，前述のような「新たな段階」に入ったかどうかを補助線として引くことは，有効な視角設定であるように思える。しかし，問題を日本の状況に当てはめてみたとき，個別的・偶然的公共性と体系的・客観的公共性，対立的公益観と調整的公益観，収用法上の公益と計画法上の公益，そして計画による公共性という問題群において，なお論ずべき課題が残っているのではないか，というのが本稿の問題意識である。具体的には，次のようなことである。

角松は，岩橋健定にならって，公用収用における公共性の判断を，①その事業の類型が公共性を有するものであるか（事業類型の公共性），②具体的にその事業が公共性を有するものであるか（個別事業の公共性），③その事業の有する公共性が対象となる土地を収用することを基礎づけるか（即地的公共性）の3

---

(18)　直接にはブロームの見解の紹介の形をとるが，収用目的の「与件性」につき，角松・前掲注(8)538頁参照。

(19)　工業団地造成事業・新住宅市街地開発事業のように，収用対象地が最終的に私的利用に供されるタイプの収用。角松・前掲注(8)515頁参照。このタイプの収用を素材に，《計画による公共性》論を批判的に検討するものとして，安本典夫「市街地再開発事業「民営化」の法的検討——再開発会社制度に即して——」立命館法学286号（2002年6号）729-764頁，744-748頁。

(20)　角松・前掲注(8)543頁。

(21)　角松・前掲注(8)544頁。

13 計画の合理性と事業の公共性

段階に分節する[22]。このうち,「新たな段階」に入ったかどうかのメルクマールが,①のレベルの公共性判断に置かれていることは,前記1の引用文からしても明らかであろう。すなわち,建設法典85条1項1号による計画附随的収用がドイツで問題とされるのは,収用目的は法律で定められなければならないという意味での法律の留保に抵触する可能性があるからである[23]。それに対し,日本では,①のレベルの公共性判断は,法律上収用適格事業の制限列挙主義が採られているため(土地収用法3条・4条参照)[24],「計画による公共性」が援用されたとしても,それにより法定外の収用目的を創造することは認められず,せいぜい「実定法制度それ自体を根拠づける説明概念」にとどまることとなろう。

しかし,②および③のレベルの判断は,様相が異なる。これらのレベルにおける公共性は,土地収用法上は事業認定(同法16条・20条)において判断されることになるが,都市計画事業(都市計画法69条により収用適格事業に該当する)については,事業の認可(同法59条)[25]をもって事業認定に代えるものとされており(同法70条1項),いわば都市計画への適合性(同法61条1号)をもって②③の公共性に代替させる立法政策が採られている[26]からである。ここに,(都市)計画による公共性の「創造的具体化」[27]を見出すことは――ドイツにおけるのとはやや意味が異なるかもしれないが――不可能ではないように思われる。

そこで,本稿では,収用を伴う事業の公共性判断のあり方を分析することを通じて,収用法的な思考と計画法的な思考の対抗と分節の構造を明らかにする

---

(22)　角松・前掲注(8)517頁,岩橋健定「公害民事訴訟における『公共性』の意義」碓井光明ほか編『金子宏先生古稀祝賀　公法学の法と政策(下)』(有斐閣,2000年)179-204頁,194頁。

(23)　角松・前掲注(8)534-535頁。

(24)　参照,小澤道一『逐条解説土地収用法(上)〔第3次改訂版〕』(ぎょうせい,2012年)76頁。

(25)　国の機関が施行者となる場合には認可ではなく承認(都計59条3項)となるが,本稿では特に区別する必要がない限りまとめて認可と呼ぶ。

(26)　「都市計画事業については,都市計画決定から都市計画事業の認可または承認に至る一連の手続が法の規定に従い適法に行われているものであれば,当然当該事業は,土地収用法20条各号の要件を満たすものとする立法政策を採った」(東京地判平成6・4・14行裁例集45巻4号977頁,1032頁〔環状6号線訴訟第一審〕)。参照,碓井光明『都市行政法精義Ⅰ』(信山社,2013年)276-277頁。

(27)　角松・前掲注(8)544頁。

第2部　都市法の現代的諸相

ことにしたい。以下では，まず，土地収用法に基づく事業認定と，都市計画法に基づく都市計画事業認可とに関する裁判例（特に取消訴訟の原告適格に関するもの）を取り上げ，それぞれにおける公益・公共性の判断構造がどのように異なるかを分析し，収用法と計画法の対抗図式を描く（Ⅱ）。次に，それぞれにおける公益・公共性の判断構造の差異の意義が相対化している局面に着目し，収用法と計画法とを完全に切り離すのではなく，連続的に捉えつつも，しかし区別の意義を明確に意識するという意味での分節の可能性を探る（Ⅲ）。本稿の検討は，基本的には現行制度と判例を前提とした実定法の分析であるが，最後に，こうした議論の理論的課題を指摘する（Ⅳ）。

Ⅱ　対　　抗

　土地収用法に基づく事業認定における公共性判断と，都市計画法に基づく都市計画事業認可における公共性判断とがどのように異なるかを例証するために，ここでは，起業地ないし事業地の周辺住民（起業地・事業地内の不動産に権利を有さない者）が提起した取消訴訟の原告適格に関する裁判例を取り上げて，両者を比較する。周知のとおり，都市計画事業認可の取消訴訟については，最大判平成17・12・7〔小田急訴訟〕[28]（以下「小田急判決」という）が，周辺住民の原告適格を肯定したのに対し，事業認定の取消訴訟については，あくまでも下級審裁判例においてではあるが，小田急判決の前後を通じて周辺住民の原告適格が否定され続けている。その理由は，公共性の判断構造の違いにあるのではないかというのが，本稿の仮説である。

1　事業認定——《収用法上の公益》思考[29]

(1)　公益と私益の比較衡量

　従来の下級審裁判例は，起業地内の不動産に権利を有さないが，事業認定により自然環境・生活環境・健康などの利益が侵害されると主張する周辺住民について，ほぼ一貫して，取消訴訟の原告適格を否定してきた[30]。その理由づ

---

(28)　最大判平成17・12・7民集59巻10号2645頁。

(29)　この項目は，本稿筆者が2011年10月29日に行政判例研究会（於第一法規(株)）で行った東京地判平成22・9・1（後掲注(36)）に関する評釈報告（未公刊）の内容を流用している。

(30)　参照，小澤道一『逐条解説土地収用法(下)〔第3次改訂版〕』（ぎょうせい，2012年）733-734頁，秋山義昭「事業認定の取消しを求める周辺住民の原告適格」商学討究

13 計画の合理性と事業の公共性

けを分析すると，次のようになる。

　ここでいう周辺住民のように，係争処分の法的効果を直接に受けない者すなわち処分の第三者の原告適格は，処分に関する法規範により保護されている原告の個別的利益が当該処分により侵害される（おそれのある）場合に，認められる。言い換えれば，行政庁が処分を行うに際して，原告の主張する利益を原告に対する関係で保護する義務を，処分に関する法規範に基づいて負っていると解釈できることが必要である[31]。事業認定の場合には，その要件を規定した土地収用法 20 条各号，とりわけ対立する利益の比較衡量によって判断される同条 3 号の規定によって[32]，周辺住民の主張する利益が保護されているかどうかがポイントとなる。

　土地収用法 20 条 3 号（「事業計画が土地の適正且つ合理的な利用に寄与するものであること」）の要件は，「その土地がその事業の用に供されることによつて得らるべき公共の利益と，その土地がその事業の用に供されることによつて失なわれる利益（この利益は私的なもののみならず，時としては公共の利益をも含むものである。）とを比較衡量した結果前者が後者に優越すると認められる場合に存在する」[33]との解釈が，実務上および学説上確立している[34]。この定式は，得られる利益と失われる利益の比較衡量という形をとるが，得られる公益から失われる公益を差し引いた結果として残る公益が，なお失われる私益を上回る場合に要件の充足が認められるということであるから，公益と私益の比較衡量と言い換えることができる[35]。

　この解釈によれば，周辺住民の主張しうる自然環境・生活環境・健康などの

　（小樽商大）53 巻 4 号（2003 年）33-38 頁，由喜門眞治「事業認定取消訴訟の原告適格について」『水野武夫先生古稀記念論文集　行政と国民の権利』（法律文化社，2011 年）76-94 頁，安本典夫『都市法概説〔第 2 版〕』（法律文化社，2013 年）190 頁。

(31)　取消訴訟の原告適格の判断枠組みに関する本稿筆者の理解は，興津征雄「競争秩序と事業者の利益——JASRAC 事件審決取消訴訟の原告適格論と独禁法のエンフォースメント——」民商法雑誌 150 巻 4=5 号（2014 年）533-586 頁を参照。後掲注(49)も参照。

(32)　土地収用法 20 条 4 号（「土地を収用し，又は使用する公益上の必要があるものであること」）の要件認定においても公益判断がなされるが，事業の具体的公共性は 3 号のもとで判断されるというのが一般的な解釈である（山田洋「土地収用と事業の公共性」髙木光＝宇賀克也編『行政法の争点（新・法律学の争点シリーズ）』（有斐閣，2014 年）264-265 頁，265 頁，小澤・前掲注(24)362 頁）。

(33)　東京高判昭和 48・7・13 行裁例集 24 巻 6・7 号 533 頁，558-559 頁〔日光太郎杉〕。

(34)　小澤・前掲注(24)342 頁。

(35)　石井忠雄「事業認定」中野哲弘＝飯村敏明編『裁判実務大系 29　公用負担・建築基準関係訴訟法』（青林書院，2000 年）283-297 頁，287 頁。

293

第 2 部　都市法の現代的諸相

利益が，少なくとも比較衡量の天秤の一方の皿に乗ってくることは，否定でき
ないであろう。例えば，東京地判平成 22・9・1〔圏央道高尾山トンネル等〕[36]
は，土地収用法 20 条 3 号の要件を充たしているか否かを判断する際に考慮さ
れる諸事情の中に，「当該起業地の属する地域や場合によっては周辺等も含ん
だ広範囲な地域の都市環境，居住環境等の種々の社会的な利益も含まれると解
するのが相当」[37]と判示し，周辺住民の主張する利益のうち少なくとも一部を
考慮することは，事業認定の要件に含まれるとした。

　しかし，こうした利益が原告に対する関係で（原告のために）保護されてい
るかについては，裁判例は否定的である。例えば，上記東京地判は，上の引用
部分に続けて，「このような社会的な利益は，当該起業地の属する地域の住民
全般，ひいては社会全体が享受する内容及び性質のものであって，既に述べた
同法 1 条の規定の定める同法の目的等を併せ考慮すれば，[…]同法 20 条 3 号
の規定は，公益的見地から一般的にこのような社会的な利益を保護しようとす
るものと解するのが相当」[38]と述べて，土地収用法 20 条 3 号は，周辺住民の
主張する利益を原告のために保護しているわけではないと判示した。これが，
周辺住民の原告適格が否定される論拠である。

(2)　利益の性質

　もっとも，周辺住民が主張しうる利益は，その性質に応じて，大きく 2 つの
種類がありうることに留意しなければならない。

　実は，(1)で引用した東京地判の事案では，原告らは，「これまで八王子城跡
や高尾山及びその周辺の貴重な自然環境，歴史環境，文化環境に親しみ，余暇
活動や研究の対象とするなどしてこれを享受してきた」者であって，原告適格
の根拠として，「自然環境，歴史環境，文化環境を享受する利益」を主張して
いた[39]。こうした利益は，その性質上，「個々人に帰属させることが不可能な
いし困難という意味で不可分な」[40]利益であって，文化財を享受する利益の個
別性を否定した最高裁判例[41]を前提とする限り，原告の個別的利益としての
保護を認めることはもとより難しかったといえよう。

---

(36)　東京地判平成 22・9・1 判例時報 2107 号 22 頁。
(37)　判例時報 2107 号 49 頁。
(38)　判例時報 2107 号 49 頁。
(39)　判例時報 2107 号 82 頁。
(40)　山本隆司『判例から探究する行政法』（有斐閣，2012 年）450 頁。同書 433 頁も参照。
(41)　最判平成元・6・20 判例時報 1334 号 201 頁〔伊場遺跡〕。

294

それに対し，周辺住民は，健康利益のように性質上個別化可能な利益が，事業によって生じる騒音・振動・大気汚染等により侵害される（おそれがある）と主張することも考えられる。しかし，裁判例は，このような利益を主張する者についても原告適格を否定している[42]。そうだとすれば，こうした判断は，利益の性質に着目したものではなく，土地収用（法）における比較衡量の構造から導かれるものと見るべきではないだろうか。以下敷衍する。

(3) 比較衡量の構造＝対立的公益観

原告適格が認められるための要件を保護範囲要件と個別保護要件とに分節して捉える学説[43]にならうと，前掲東京地判平成22・9・1をはじめとする諸判決が，周辺住民の原告適格を否定した理由は，そのいずれの要件を否定したことによるのか，必ずしも明らかではない。(2)で述べたとおり，利益の性質に着目すると個別保護要件を否定したようにも思えるが[44]，それだけでは説明できない要素がなお残る。

そこで，従前の裁判例の多くが，土地収用法が，憲法29条3項を根拠とする公共の利益のための公用収用と，私有財産の保障との調整を目的とする法律である（同法1条参照）旨を指摘していること[45]に注目しよう。つまり，同法は，私有財産を収用して実施される事業そのものの合理性を規制・規律することには関心を有しておらず，あくまでも当該事業が私有財産を犠牲にして実施されるに値するものであるか，当該事業により犠牲にされた私有財産を上回る公共の利益がもたらされるか，という点にのみ関心を有しているということが

---

(42) 東京地判平成17・5・31訟務月報53巻7号1937頁〔圏央道八王子ジャンクション等〕，およびその控訴審である東京高判平成20・6・19平成17（行コ）187号（裁判所ウェブサイト）。上告審である最決平成21・11・13平成20（行ツ）363号・平成20（行ヒ）420号（LEX/DB25471732）は，上告不受理とした。ただし，第一審は，「本件事業認定によって生ずるおそれのある健康被害は，例えば違法な原子炉設置許可によって生ずるかもしれない災害のように極めて大規模かつ深刻であって直接的なものであるとはいえないし，違法な開発許可によって当該開発区域のがけ下の住民に及ぶかもしれないがけ崩れの被害のように直接的，個別的，かつ深刻なものということもできない」（2023頁）と述べており，あくまでも利益の性質に着目しているとも読みうる。

(43) 小早川光郎「抗告訴訟と法律上の利益・覚え書き」西谷剛ほか編『成田頼明先生古稀記念　政策実現と行政法』（有斐閣，1998年）43-55頁，47頁，同『行政法講義（下Ⅲ）』（弘文堂，2007年）257頁。

(44) 由喜門・前掲注(30)81頁。

(45) 例えば判例時報2107号49頁参照。

第 2 部　都市法の現代的諸相

できる[46]。同法に基づく事業認定の要件もこのような観点から解釈されるので，土地収用法 20 条 3 号の要件が，事業により得られる公共の利益と失われる利益との比較衡量によって判断されるというのも当然のことであり[47]，そこで失われる利益として衡量の秤に乗せられるものの中に，私的な利益のみならず公共の利益も含まれるというのは，事業によってもたらされる利益がトータルでプラスといえなければ私有財産の剥奪が憲法上正当化されるための「公共のため」の要件を充たさないからであろう。つまり，この比較衡量は，あくまでも，財産を収用される当該私人のために行なわれるものであって，事業によって波及的な影響を受ける周辺住民や環境利益の享受者のために行なわれるのではない。したがって，土地収用法 20 条 3 号のもとで考慮される利益に，事業によって失われる都市環境や居住環境などの利益が含まれるとしても，これはそれらを現に享受している者のために考慮されるのではない，というのが土地収用法の建前だということになる[48]。

　仮に以上の土地収用法の理解が正鵠を得ているとすると（そうでない理解の可能性は，後述Ⅲ 2 で検討する），周辺住民の利益保護は，土地収用法の事業認定に関する規定の目的には含まれないということになる。これを保護範囲要件の問題とするか，個別保護要件の問題とするかは，用語の定義の問題なのでここでは措くが[49]，少なくとも，事業認定を行う行政庁は，周辺住民の主張す

---

(46)　高木光「行政処分における考慮事項」曹時 62 巻 8 号（2010 年）2055-2079 頁，2074 頁も，土地収用法 20 条 3 号の要件判断においては，「『みだりに土地所有権等を剥奪しないよう慎重な考慮をすべき義務』（＝「侵害」を必要最小限度のものにとどめる義務）が行政庁に課せられて」おり，これが比例原則型の比較衡量を行う根拠になっていると指摘する。

(47)　判例時報 2107 号 52-53 頁。前述(1)参照。

(48)　小澤・前掲注(30)735 頁。

(49)　ある利益が小早川説（前掲注(43)）のいう意味での保護範囲に入るかどうかは，当該立法の目的を考慮して判断する方法と，当該利益が当該立法による利害調整の範囲に含まれているかどうかにより判断する方法とが考えられる。小早川・前掲注(43)『行政法講義（下Ⅲ）』258-259 頁は，前者の方法を示唆するが，そこで挙げられた例（新規参入事業者に営業許可が与えられた場合の既存事業者の利益，ある事業施設に対する規制がそこで生産される商品の質についての規制である場合の周辺の生活環境上の利益）は，いずれも，立法の目的の観点からも，利害調整の範囲の観点からも，説明できる。多くの場合，両者の方法による判断は一致すると考えられるが，本文の事業認定の例のように齟齬するケースもある。本稿筆者は，一段階目では，法規範の目的を考慮せず，当該利益が処分に関する法規範（処分規範）により顧慮されているかどうか，処分規範の関心の外にあるといえないかどうかのみを指標とし，二段階目で初めて当該法規範の目的を考慮し，当該利益が処分規範の保護目的に含まれるか（行政庁が当該利益を原告のた

13 計画の合理性と事業の公共性

る利益を周辺住民のために保護する義務を負っておらず，したがって，行政庁が事業によって得られる利益と失われる利益の衡量を誤ったとしても，それは周辺住民との関係で義務違反（周辺住民の側からすれば保護法益の侵害）を構成するものではなく，周辺住民はその衡量の誤りを追及することについて法律上の利益を有しない，と評価されることになる[50]。

その反面で，こうした利益衡量が被収用者の私有財産の保障との調整のために要請されるものであるとすれば，被収用者が，その衡量の誤り（たとえ公益に関するものであるにせよ）を，「自己の法律上の利益に関係の」ある違法として事業認定の取消訴訟において主張しうることも当然だということになろう（行訴 10 条 1 項参照）[51]。なぜなら，不十分な収用目的（公益）のために自己の財産権が収用されない利益を保護することが，公用収用制度の目的であり存在意義だからである[52]。

ここには，対立する公益と私益とを比例原則（過剰禁止原則）により衡量し，目的＝手段コントロールのもとに置く[53]という《収用法上の公益》思考，あるいは対立的公益観を看て取ることができるように思われる[54]。

めに保護する義務を負っていることが処分規範の解釈により導けるか）を指標とするのが，明快ではないかと考えている（詳細は，興津・前掲注(31)540-562 頁参照）。この考え方によれば，事業認定における周辺住民は，下級審裁判例の解釈を前提とする限り，一段階目はクリアするが，二段階目をクリアできないということになる。

(50)　福井秀夫ほか『新行政事件訴訟法──逐条解説と Q&A──』（新日本法規，2004 年）288 頁［福井］も，土地収用手続が用地取得に特化した法手続であることを指摘し，「改正法［2004 年の行訴法改正］を前提としても土地収用法による事業認定処分について周辺住民等の原告適格を認めることには困難がある」とする。

(51)　小澤・前掲注(24)346 頁，同・前掲注(30)736 頁，司法研修所編『改訂　行政事件訴訟の一般的問題に関する実務的研究』（法曹会，2000 年）191 頁。小早川・前掲注(43)『行政法講義(下Ⅲ)』259 頁も参照。

(52)　亘理格『公益と行政裁量──行政訴訟の日仏比較』（弘文堂，2002 年）285 頁は，「私人の権利利益（「自己の法律上の利益」）との間で行われる利益衡量の他方の要素とされる公益あるいはかかる利益衡量の結果として導き出される公益というのは，利益衡量を媒介として私的権利利益と密接な関係に置かれているという点を重視すべき」とする。また，角松生史「都市空間管理をめぐる私益と公益の交錯の一側面──行訴法 10 条 1 項『自己の法律上の利益に関係のない違法』をめぐって──」社会科学研究（東京大学）61巻 3=4 号（2010 年）139-159 頁，156 頁は，「［土地］所有者は，いわゆる「負の公共性」の主張も含めて，公共性の存在を争うことができる」とする。

(53)　参照，角松・前掲注(8)528 頁・542 頁。

(54)　従前の裁判例も，おおむねこのような思考を採っていると見ることができる。例えば，東京地判昭和 59・7・6 判時 1125 号 25 頁〔新東京国際空港訴訟〕は，「［土地収用］法の規定する土地収用手続は公共の利益となる事業の遂行による公共の利益の増進と起

第2部　都市法の現代的諸相

2　都市計画事業認可——《計画法上の公益》思考

(1)　多種多様な利益の考慮・衡量

　土地収用法に基づく事業認定と異なり，都市計画法に基づく都市計画事業認可は，少なくとも文理上は，公益と私益，または得られる利益と失われる利益の単純な比較衡量によって要件が判断されるわけではない。認可の主たる基準は，事業の内容が都市計画に適合していることであり（都市計画法61条1号），都市計画は，同法13条の基準に従い，多種多様な要素を考慮・衡量して定められなければならない。

　土地収用法に基づく事業認定との対比が有効な例としては，道路・鉄道などの都市（計画）施設（同法4条5項・6項・11条）の整備に関する都市計画事業があるが，都市施設について，同法13条1項11号は，「都市施設は，土地利用，交通等の現状及び将来の見通しを勘案して，適切な規模で必要な位置に配置することにより，円滑な都市活動を確保し，良好な都市環境を保持するように定めること」と規定し，抽象的にではあるけれども複雑で多様な要素を考慮すべきことを定めている。あえて具体的にいうと，当該都市施設に関する自然的および社会的条件ならびに人口・土地利用・交通量その他諸般の事情を総合的に考慮することが求められ，その中には土地利用や交通等の現状および将来の見通しをも含むから，都市工学や都市経済学などの専門的な知見を踏まえて行う必要があり，また，将来にわたる都市のあり方をどのように構想していくかという政策的・政治的な見地からの判断も不可欠となろう。

　小田急訴訟の本案に関する最判平成18・11・2[55]は，こうした規定を受けて，「都市施設の規模，配置等に関する事項を定めるに当たっては，当該都市施設に関する諸般の事情を総合的に考慮した上で，政策的，技術的な見地から判断することが不可欠であるといわざるを得ない」とし，「行政庁の広範な裁量」を認めている。

(2)　侵害の程度・態様

　取消訴訟の原告適格についていえば，前掲最大判17・12・7〔小田急訴訟〕は，都市計画の基準として以上に加えて公害防止計画との適合性が求められて

　　業地内の土地等の所有者及び関係人の私有財産の保護との調整を図る制度であるから，
　　同法が法的保護の対象としている個人的利益は，専ら起業地内の土地等の所有者及び関
　　係人の財産権ないし財産的利益であると解される」（74頁）とする。
(55)　最判平成18・11・2民集60巻9号3249頁（引用は3259頁）。

いること（都計 13 条 1 項柱書）に着目し，周辺住民の健康・生活環境上の利益
が個別的に保護されているとして，事業の実施によって生じる騒音・振動等に
より健康または生活環境に係る著しい被害を直接的に受けるおそれのある者に，
原告適格を認めた。

　最高裁は，判決理由において，居住地が事業地に接近するにつれて被害の程
度が増大すること，被害を反復・継続して受けた場合には著しい被害にも至り
かねないことを指摘しており[56]，こうした被害の程度・態様（行訴 9 条 2 項参
照）を，原告適格を肯定する基礎としているように読める[57]。しかし，これ
だけでは，先に見た事業認定により侵害される利益（1(2)）との差を有意に説
明できない。やはり，事業認定についてそうであったように，都市計画に関す
る実体法が命ずる利益の考慮の仕方・構造が，結論を支えているように思われ
る。

(3) 考慮・衡量の構造＝調整的公益観

　先に，土地収用法に基づく事業認定は，私有財産保護のための制度であって，
事業の合理性を規制する制度ではないと解されていると指摘した（1(3)）。都市
計画事業認可も，事業認定に代わる効果が認められ収用裁決の基礎となる以上，
私有財産保護目的は確かに認められる[58]。しかし，都市計画事業認可および
その前提となる都市計画決定に際して行われる公益判断は，土地収用法に基づ
く事業認定のように対立する利益（公益と私益）を比例原則により衡量すると
いう図式ではなく，都市空間のあり方に関する多種多様な要素を複雑に組み合
わせて考慮・衡量する形で行われる（前述(1)）。その考慮・衡量には，当該都
市計画事業を行うことが，「都市の健全な発展と秩序ある整備」（都市計画法 1
条）に適うかどうか，端的にいえば当該事業が都市空間の利用にとって合理的
であるかどうかという観点を当然に含むものと解される。そうであるとすれば，
都市計画決定および都市計画事業認可に際して，行政庁は，周辺住民の主張す
る健康・生活環境上の利益を，その住民をも含む都市空間の享受者のために，
考慮・衡量する義務を負っているというべきであろう。ここには，土地収用法
に見られた対立的公益観に対抗する，調整的公益観を見出すことが可能であ

(56)　民集 59 巻 10 号 2658 頁。
(57)　森英明〔判解〕『最高裁判所判例解説民事篇　平成 17 年度(下)』（法曹会，2008
　　年）898-938 頁，919 頁参照。
(58)　その点が正面に現れたケースにつき，後述Ⅲ 1 参照。

第2部　都市法の現代的諸相

る[59]。

　なお，小田急判決によって判例変更された最判平成11・11・25〔環状6号線訴訟〕[60]（以下「環状6号線判決」という）は，周辺住民の都市計画事業認可取消訴訟の原告適格を否定していたが，この判決について，保護範囲要件ではなく個別保護要件を否定したものであるとする評価がある[61]。しかし，先に述べたように，学説上の保護範囲要件と個別保護要件とを区別する指標は必ずしも明快ではないため[62]，環状6号線判決において原告適格が否定された理由（ひいては小田急判決はいかなる点において環状6号線判決を変更したのか）を，規範の保護目的という観点から分析しておく必要がある。

　環状6号線判決においても，周辺住民らの主張する健康・生活環境上の利益[63]が，都市計画事業認可およびその前提となる都市計画決定をするに際して，利害調整の対象となる利益に含まれることは否定できないと思われる。同判決は，都市計画法の関係規定を解釈して，「健康で文化的な都市生活［…］を確保する」ことを，「都市計画施設の整備に関する事業の認可等を規制すること」の目的に挙げているからである。しかし，このような目的は「公益的見地」ないし「公益的観点」に仕えるものであって，周辺住民の利益を主観的に保護することを目的とするものではない，とする。その理由を最高裁は明言していないが，推測すると，都市計画法は健康・生活環境上の利益について，確かにそれを「健康で文化的な都市生活」の確保のための一要素に位置づけてはいるが，健康・生活環境上の利益をどの程度の重みで考慮・衡量すべきかについての具体化された基準を示しておらず，したがって，考慮・衡量の誤りが個々の原告との関係で保護義務違反と評価しうるような関係が見出しにくいことに求められよう。これに対し，小田急判決は，都市計画と公害防止計画との

---

(59)　小田急判決における藤田宙靖補足意見の次のような指摘は，《収用法上の公益》思考と《計画法上の公益》思考との対比を明瞭に示す。「ここでいう［都市計画の策定および事業認可において保護される］「公益一般」とは，例えば土地収用の場合などのように，「私益」と対立する「公益」なのではなく，「個々の利益の集合体ないし総合体」としての「集団的利益」なのであるから，そこに「個人的利益」が内含されていることは，むしろ当然のこと」（民集59巻10号2663頁），と。

(60)　最判平成11・11・25判例時報1698号66頁。

(61)　山本・前掲注(40)433頁。

(62)　前掲注(49)。

(63)　「事業地付近の住民の大気汚染による健康被害若しくは地盤沈下の被害を受けないという利益又はこれらの住民の良好な生活環境を享受するという利益」（第一審判決・東京地判平成6・4・14行裁集45巻4号977頁，1027頁）。

適合性要件が都市計画決定権者に課す義務の程度・内容を，環状6号線判決よりも強く読むことにより，その義務違反が個々の住民のとの関係でも保護義務違反を構成すると解釈したものと思われる[64]。

いずれにしても，以上の議論から読み取れるのは，都市計画事業認可およびその前提となる都市計画決定に際して行われる公益判断は，土地収用法に基づく事業認定のように対立する利益（公益と私益）を比例原則により衡量するという図式ではなく，都市空間のあり方に関する多種多様な要素を複雑に組み合わせて考慮・衡量する形で行われるということである。ここに見られる《計画法上の公益》思考は，調整的公益観に根差すものであり，それを客観化・体系化する役割が都市計画に求められるということができる。

Ⅲ　分　節

以上のような《収用法上の公益》思考と《計画法上の公益》思考との対抗図式は，しかし，日本においては現実から乖離しているのではないかという疑問がある。土地収用法に基づく事業認定と，都市計画法に基づく都市計画事業認可とが，機能的にはほとんど差がなく，そこで判断される公益の内容が接近しており，事業を行うためにいずれの制度を使うかも起業者ないし事業施行者（以下まとめて「起業者」という）の選択に委ねられているという実態があるからである。

こうした問題は，解釈論上は，裁量統制と原告適格の2点において現れているようである。これらの検討を通じて，収用法と計画法とを，連続的に捉えつつも，両者の区別の意義をなお維持するという，分節の構造を示すことにしたい。

---

(64)　山本・前掲注(40)434-435頁における，環状6号線判決と小田急判決との対比を参照（環状6号線判決では「都市計画法が大気汚染防止などに係る環境利益を，独立の（構成）要件を定めて他の利益から区別して保護しておらず，あくまで多様な利益を総合的に考慮・衡量して計画を形成する際の一つの考慮要素として保護している（にすぎない）」のに対し，小田急判決では「都市計画決定に当たっては，著しい公害を防止する利益を常に重要なものとして考慮・衡量しなければなら」ず，「その意味で，著しい公害を防止する利益が，都市計画に当たり衡量の対象となる他の利益よりも実体法上優遇されることになる」）。

第2部　都市法の現代的諸相

1　接近と区別——裁量統制

(1)　《計画法上の公益》思考の不在？

　事業認定と都市計画事業認可の接近に関しては，次のような指摘がある。
「とくに都市施設に関する都市計画は，もともと一体としての大規模な面的開
発を狙った市街地開発事業とは異なり，定められたそれぞれの都市計画区域内
において必要に応じて整備される個別の都市施設に関するものであって，当該
区域に関して整備されるべき施設の総合計画としての意義をもっていない」[65]。
このような認識が正しいとすれば，都市施設を計画的・段階的に整備するため
に都市計画を策定し，それによって公益判断を客観化・体系化するという《計
画法上の公益》思考はその前提を失い，都市計画事業認可も結局のところは個
別的・偶然的でアドホックな公益判断に陥らざるをえないということになろう。

(2)　《収用法上の公益》思考への一元化？

　こうした実態認識を規範論が受け止めると，むしろ都市計画事業認可の要件
認定をも《収用法上の公益》思考で行うべきだという解釈論が生ずることにも
なる。例えば，前田雅子は，「多様な利害を調整すべき狭義の土地利用計画と
異なり，個別具体の事業計画として位置づけられる都市施設整備計画について
は，土地収用法20条に基づく事業認定のように，得られるべき利益（事業目
的）と衡量のうえで失われる利益（区域内の土地所有権等）の考慮要請が問題と
なろう」[66]と指摘している。

　この指摘は，都市施設の配置について，民有地に代えて公有地を利用するこ
とが可能である場合には，それが都市計画決定の考慮要素になるとした最判平
成18・9・4〔林試の森訴訟〕[67]に関連して述べられたものである。この事案は，
「実質的には極めて限定された地域について［の］個人の財産権の侵害の当否
の問題であり，都市計画の政策的な当否の争いという性格が薄かった」[68]と指

---

(65)　村松勲「都市計画と環境アセスメント」東京学芸大学紀要・第3部門（社会科学）
　　51集（2000年）1-15頁，8頁。同旨，前田雅子「公共事業と都市計画——都市施設の整
　　備事業計画を中心として」芝池義一ほか編『まちづくり・環境行政の法的課題』（日本
　　評論社，2007年）99-122頁，99頁。それに対し，生田長人『都市法入門講義』（信山社，
　　2010年）126頁は，「都市全体として適正な配置がなされているか」という観点の重要
　　性を強調する。

(66)　前田・前掲注(65)110頁註（18）（111頁）。

(67)　最判平成18・9・4判例時報1948号26頁。

(68)　谷口豊「裁量行為の審査方法」藤山雅行＝村田斉志編『新・裁判実務大系25　行

302

13 計画の合理性と事業の公共性

摘されているとおり，確かに《収用法上の公益》思考が前面に出やすいもので
あった，とはいえよう。現に，第一審判決は明示的に公用負担法理を援用し，
「公用負担を課するためには，公有に属する財産によっては，行政目的を達す
ることができないことが当然の前提とされるべきものであって」，「財産権を保
障する以上，これに対する侵害が，可能な限り避けられるべきであることは憲
法上の当然の要請である」と判示している[69]。

　しかし，こうした解釈が，仮に《計画法上の公益》判断を《収用法上の公
益》思考に置き換え，後者に一元化する方向を目指すものだとすると，疑問が
ある。なるほど，実態としては，都市計画の合理性が都市計画事業の客観的で
体系的な公共性を担保するという想定は，幻想にすぎないかもしれない。それ
でも，立法上，公共事業の実現のために都市計画事業という制度が用意されて
おり，その要件および手続が土地収用法とは異なるものとして規定されている
ことの意味は，軽視すべきではないと思われる。

⑶ 《計画法上の公益》と《収用法上の公益》の二元論

　最高裁も，おそらくはこうした考察から，公有地の利用可能性を考慮要素の
一つとはしつつも，民有地を都市施設の区域と定めた都市計画決定をそれだけ
で違法とはせずに，「本件民有地及び本件国有地の利用等の現状及び将来の見
通しなどを勘案して」民有地を都市施設の区域とする行政庁の裁量を認めた
（結論は，裁量判断が合理性を欠くものであるかどうかについて審理させるため，差
戻し）。比例原則による公益と私益の衡量によるのではなく，《計画法上の公
益》思考の中に私権保護の観点を盛り込んだ解釈ではないかと思われる[70]。

　政争訟〔改訂版〕』（青林書院，2012年）311-324頁，319頁。前田雅子〔判批〕判評
　582号＝判時1978号（2007年）164-167頁，165頁も同様の認識を示す。両者を引用す
　る仲野武志「法治国原理の進化と退化？──行政法における違法概念の諸相」長谷部恭
　男編『岩波講座現代法の動態1　法の生成／創設』（岩波書店，2014年）145-167頁，
　163頁註（51）も参照。

(69)　東京地判平成14・8・27判例時報1835号52頁，65頁。「都市計画決定の際には，
　土地収用法上の事業認定を受けるために必要な要件と同等の要件を充足していることが
　必要である」（同頁）とも述べる。

(70)　山本・前掲注(40)269頁は，「古典的な比例原則よりも多種の因子の複雑な衡量が要
　請され，行政裁量の制約も古典的な比例原則ほど厳しくなくなる」とする。角松生史
　「日本行政法における比例原則の機能に関する覚え書き──裁量統制との関係を中心に
　──」政策科学（立命館大学）21巻4号（2014年）191-200頁，195頁は，「比例原則を
　語りうるような特定の利益の重みづけも行わなかった」とする。

303

第 2 部　都市法の現代的諸相

　このような解釈が，都市施設の整備に関する総合的な考慮・衡量（調整的公益観）を経たうえで，なお，財産権の剥奪に関しては公益と私益の比較衡量（対立的公益観）をも重視するという趣旨であれば，《計画法上の公益》と《収用法上の公益》とを二元的に観念するドイツ連邦憲法裁判所の立場[71]に近くなり，収用に対する私権の保護を強化するという観点からすると，ありうる主張であろう。いずれにしても，実態としての両者の接近は，規範としての区別の意義を否定しないのである。

2　分離と接合——原告適格

(1)　起業者にとっての互換性，住民にとっての偶然性

　都市計画区域内においても，都市施設は必ずしも都市計画に定められなければならないわけではないので（都市計画法 13 条 1 項 11 号後段と建築基準法 51 条が例外），その整備は都市計画事業としてではなく，任意買収によりまたは土地収用法に基づいて用地を取得して行うこともできる。また，都市施設の整備が都市計画に定められている場合でも，事業地の先買い（都市計画法 67 条）など都市計画法上の特典を享受する必要がなければ[72]，起業者はこれを都市計画事業として施行するのではなく，土地収用法に基づく事業認定を申請して収用手続を発動することができる。

　つまり，事業認定と都市計画事業認可のいずれの制度を利用するかは，起業者の選択に委ねられており，多くの場合，両制度は互換的に用いられている。したがって，「一都市の都市計画や都市づくりにおかまいなしに，全国的な大規模な幹線鉄道・道路等の計画が立てられ，しかも，それぞれの関係省庁や公社・公団等が，独自に計画を立てて，てんでバラバラに事業が進められている」という状況が現出し，「昔も今も，都市計画とは，公共土木事業計画であり，総合的計画を欠いた個別事業の集積である」と揶揄されることになる[73]。

　このように，事業認定と都市計画事業認可とは，起業者にとっては互換性を

---

(71)　前掲注(13)に対応する本文。

(72)　五十嵐敬喜「行政改革と都市計画——公共事業を中心にして——」原田純孝編『日本の都市法 I　構造と展開』（東京大学出版会，2001 年）395-423 頁，406 頁は，都市計画決定をすることによるメリットとして，①建築制限，②収用権及び公用換地権，③先買権，④買取請求権，⑤受益者負担金等を挙げるが，これらは道路や河川に関する種々の個別事業法の中でほぼ自己完結的に規定されていて，ほとんど都市計画決定を必要としないと述べる。

(73)　遠藤博也『都市計画法 50 講〔改訂版〕』（有斐閣，1980 年）59 頁。

304

有するといえるが，起業地・事業地の周辺住民にとっては，いずれの手続が発動されるかは偶然的な事情にすぎないにもかかわらず，後者が用いられた場合には取消訴訟の原告適格が認められる可能性があるのに，前者が用いられた場合にはその可能性がまったく否定されてしまうという齟齬が生じることになる[74]。こうした齟齬を解消するための解釈論の可能性としては，取消訴訟の原告適格に関する一般的な判断枠組みとして，個別保護要件を緩和ないし撤廃するという学説上有力な方向性[75]が考えられる。しかし，ここでは，取消訴訟の原告適格の一般論を修正することは避け，個別保護要件を維持するという前提で，実体法の問題として，土地収用制度によって保護される利益の評価を再考してみたい。土地収用法に固有の観点と，都市計画法との連携を探る観点との，2点に分けて述べるが，いずれも《収用法上の公益》思考と《計画法上の公益》思考との接合をさぐる途である。

(2) 事業認定における公益判断の再構成

　事業認定の取消訴訟において周辺住民の原告適格が否定される論拠は，土地収用法が，公共の利益のための公用収用と，私有財産の保障との調整を目的とする法律であり，事業によって失われる都市環境や居住環境などの利益が，周辺住民のために考慮されるわけではない，という解釈にあった（前述I 1(3)）。このような解釈は，比較衡量の天秤の一方の皿に土地所有者（被収用者）の私益を，他方の皿にいわば社会全体の利益として抽象化・無個性化された公益を乗せるというイメージで語ることができる[76]。

　しかし，私益と衡量される公益は，決して中空に浮いたノッペラボーの利益と解すべきではない。ある具体的な事業をめぐって，影響を受けるさまざまな諸利害を総合的に考量した結果として，当該事業を実施すべきだとされたその

---

(74)　由喜門・前掲注(30)82頁，下井康史「公共事業と環境保全」高橋信隆ほか編『環境保全の法と理論』（北海道大学出版会，2014年）373-389頁，377頁。

(75)　中川丈久「取消訴訟の原告適格について——憲法訴訟論とともに」(2)法学教室380号（2012年）97-110頁，105-106頁，同「問題提起——行政法と民事法に集団的利益・集合的利益はどのように存在するのか——」民商法雑誌148巻6号（2013年）492-512頁，498頁，原田大樹「集団的消費者利益の実現と行政法の役割——不法行為法との役割分担を中心として」千葉恵美子ほか編『集団的消費者利益の実現と法の役割』（商事法務，2014年）52-75頁，57頁，同『公共制度設計の基礎理論』（弘文堂，2014年）286頁。

(76)　前掲注(59)で引用した小田急判決の藤田補足意見も参照。

第 2 部　都市法の現代的諸相

結論が，"公益"と表現されているのであり（「衡量の結果」としての公益[77]），それを分解すれば，衡量の対象となった諸々の主体の諸々の利益に還元されるはずである[78]。都市計画決定の場合において，このような多種多様な利益を総合的に考慮・衡量すべきことが法文上義務づけられているのと異なり（前述Ⅱ2(1)(3)），土地収用法にはそのような明文の規定は存しないが，同法 20 条 3 号の要件該当性の判断に際しては，当然そのような考慮・衡量が求められると解される[79]。別の言い方をすれば，事業認定においては，比例原則に基づく比較衡量により《収用法上の公益》判断をする前提として，当該事業を実施することについての《計画法上の公益》判断が潜在的に先行していると解すべきであり[80]，私有財産保護制度としての性格とともに，事業規制制度としての性格も併有していると理解すべきである[81]。

----

(77)　前掲注(9)参照。

(78)　角松・前掲注(70)197 頁は，「一定の利益をとりあげて他の利益との天秤に載せることが他の種々の利害を見えにくくするおそれにも，当然敏感でなければならない」とする。見上崇洋『地域空間をめぐる住民の利益と法』（有斐閣，2006 年）11 頁も「地域空間を検討対象とした場合，土地に関わって生じる利益を底地支配権としての財産権のみに収斂させることは，地域空間に関連する関係者の権利・利益を捕捉するためには適当ではない」と述べる。

(79)　東京高判平成 18・2・23 判例時報 1950 号 27 頁〔圏央道あきる野 IC〕は，「［土地収用］法 20 条 3 号の要件充足性の判断は，多様な公共の利益と私的な利益の比較衡量を要するものであり，そして，公共の利益及び私的な利益の内容やその価値は多種・多様であり，同質でないものも少なくないから，上記要件充足性の判断，その前提となる諸要素・諸利益の比較衡量等に関しては，性質上必然的に専門技術的，政策的な判断を伴うものであ［る］」(35 頁)として，都市計画決定における公益判断との親近性を示す。由喜門眞冶「事業認定と都市計画事業認可——判断過程合理性審査における考慮要素を中心に——」占部裕典ほか編『解釈法学と政策法学』（勁草書房，2005 年）188-212 頁，203 頁は，「実質的に事業認定と都市計画決定には，［裁量の性質に］それほどの差異はないと考える」とする。

(80)　芝池義一「大規模プロジェクトと計画法」公法研究 53 号（1991 年）174-184 頁，179-181 頁。また，処分性の検討においてであるが，土地区画整理事業や市街地再開発事業の事業計画の決定について，それが「空間利用の態様の決定」（山本・前掲注(40)393 頁）としての性格を持つことに着目し，事業認定にも同様の観点が妥当することを示唆したことがある（興津征雄〔判批〕自治研究 86 巻 6 号（2010 年）145-161 頁，156-157 頁）。山本・前掲注(40)408 頁註(18) は，違法性の承継の検討においてであるが，事業認定を「動的計画の一種と見ることができる」とする。

(81)　藤田宙靖「改正土地収用法をめぐる若干の考察」[2002 年]『行政法の基礎理論（下）』（有斐閣，2005 年）344-366 頁，364 頁は，「土地収用法制度を，単に旧来の意味での「収用」のための要件・手続（そして，損失補償）について定める法に止めるのではなく，より総合的・包括的に，前提となる公共事業の適否をめぐる総合的な利益調整

13 計画の合理性と事業の公共性

　なお，土地収用法には，都市計画法とは異なり，公害防止計画との適合性を要求する明文の規定はない。小田急判決が，都市計画と公害防止計画との適合性要件の解釈を改めることにより周辺住民の原告適格を肯定したことに鑑みると（前述Ⅱ2(3)参照），その射程は，土地収用法に基づく事業認定には（その事業規制制度としての性格を強調しても）及ばないようにも見える。もちろん，小田急判決の内在的な論理構造として，公害防止計画への言及がそれなりの比重を持っていることは事実である。また，判例の射程としては，「当該事案において衡量の対象としなければならない利益であるだけで個別保護要件を肯定するところまで」[82]小田急判決が含意しているとは，直ちにはいえないであろう。しかし，小田急判決で公害防止計画に言及がされたのは，環状6号線判決を否定するために周到な理由づけが選択されたためとも見ることができ，仮にこれがなくても，都市計画決定権者・都市計画事業認可権者は，都市計画施設・都市計画事業から一般的に受忍すべき限度を超える健康被害を発生させないように配慮する義務を負っていると解することにより[83]，同じ結論を導く余地はあったように思われる[84]。

　このようにして《収用法上の公益》思考と《計画法上の公益》思考を接合させることにより，健康利益など性質上個別化可能な利益を主張する周辺住民には，原告適格を肯定する可能性が開かれるのではないかと思われる[85]。

　手続をも踏まえた法制度として改変し成熟させて行くこと」を今後の制度改革の方向性として提示し，土地収用法のほかに「公共事業実施手続法」「公共事業計画策定手続法」等の法制度を整備していく選択肢を提示する。賛同すべき方向性である。また，宇賀克也「平成13年改正・土地収用法における行政手続」［2002年］『行政手続と行政情報化』（有斐閣，2006年）199-228頁，特に200頁も，公共性の決定過程におけるパブリック・インボルブメントの意義を強調する。

(82)　山本・前掲注(40)437頁。

(83)　小田急判決の藤田補足意見における「リスクからの保護義務」の考え方を参照。

(84)　東京地判平成16・4・22判例時報1856号32頁〔圏央道あきる野IC〕は，「［国家賠償法2条1項にいう］公の営造物の管理者には，供用開始後の営造物の利用状況を正しく予測し，当初から［同項にいう供用関連瑕疵のような］瑕疵のない営造物を設置する義務があることを前提としているものと解される」（57頁）と判示している。小田急判決で問題となったのは民営の鉄道であり，公の営造物には当たらないが，本文と同方向の解釈論といえよう。

(85)　中川丈久「取消訴訟の原告適格について——憲法訴訟論とともに」(1)法学教室379号（2012年）67-81頁，76頁は，「［収用対象事業により］便宜を享受する［…］第三者」の原告適格を肯定することを示唆する。

第2部　都市法の現代的諸相

(3)　都市計画との整合性

(2)で述べたように，事業認定それ自体に事業規制的性格を持たせることが難しいとしても，都市計画決定が先行している場合には，事業認定の要件として都市計画との整合性を要求することにより，《計画法上の公益》思考と《収用法上の公益》思考の接合が可能となる。

　具体的には，都市計画に定められた都市施設の整備を，都市計画事業認可ではなく土地収用法に基づく事業認定を受けて実施する場合には，土地収用法20条3号の解釈として，当該都市決定との整合性を要件とする，あるいは，少なくとも重要な考慮要素とするのである[86]。このような解釈を採ると，まず都市計画決定の際に都市の空間利用のあり方の公共性が巨視的・総合的に判断され，次いで収用手続において，公益（収用目的）と私益（財産権）の比例原則による衡量が行われ，私有財産の保護が確保される。周辺住民らの利益は，小田急判決のロジックにより都市計画基準において個別的に保護されると解釈されるので，事業認定取消訴訟の原告適格が認められる[87]。

　また，立法論としては，都市計画の客観化・体系化機能を重視して，都市計画区域においては，都市施設の整備は必ず都市計画に定めたうえで，都市計画事業として施行することを原則とすることが望ましいと思われる。このようにして，《計画法上の公益》と《収用法上の公益》との差異の意義を維持しつつ，両者を連携させた制度設計および運用が可能となろう。

Ⅳ　お わ り に

1　本稿のまとめ

本稿は，以下のことを論じた。

①　土地収用法に基づく事業認定の要件該当性は，公益と私益の比較衡量に

---

(86)　東京地判平成16・4・22（前掲注(84)）は，「都市計画法13条の定める都市計画基準は土地収用法20条3号の定めをより具体的に規定したものともみ得るところであるから，土地収用法に基づく事業認定を申請した事業が都市計画決定を前提とするものである場合においては，当該都市計画決定が都市計画基準に合致するとは認められないときには，特段の事情のない限り，当該事業計画は土地収用法20条3号の要件の該当性も認められないと判断するのが相当である」（56頁）とする。また，由喜門・前掲注(30)83頁は，実際の事業認定の理由において，土地収用法20条3号該当性の根拠として先行する都市計画決定との整合性が挙げられている例を指摘する。

(87)　由喜門・前掲注(30)84頁。

308

より判断されるが，裁判例はこの衡量はあくまでも私有財産を収用される土地所有者のために行なわれるものと見ており，これが起業地の周辺住民について取消訴訟の原告適格を否定する理由となっている。ここに，対立的公益観に基礎づけられた《収用法上の公益》思考を見出すことができる。（Ⅱ1）

② それに対し，都市計画法に基づく都市計画事業認可およびその前提となる都市計画決定は，事業それ自体の合理性を担保するための制度であり，都市計画決定においては，都市空間のあり方に関する多種多様な要素が複雑に組み合わされて考慮・衡量される。この中で性質上個別化可能な利益を有する者に，取消訴訟の原告適格が認められる。ここに，調整的公益観に根差した《計画法上の公益》思考を見出すことができる。（Ⅱ2）

③ ところが，実態としては，都市施設に関する都市計画決定は個別の施設ごと・事業ごとの個別の決定として行われており，公益判断を客観化・体系化するという総合的計画としての性格を失っている。しかし，だからといって，《計画法上の公益》判断を《収用法上の公益》思考に置き換えて一元化してしまうべきではなく，両者を二元的に組み合わせた思考を採ることが望ましい。（Ⅲ1）

④ また別の面では，事業認定と都市計画事業認可のいずれの制度を利用するかが起業者の選択に委ねられており，周辺住民にとっては偶然的な事情で原告適格の有無が左右されるという事態が生じている。これに対処するためには，事業認定に事業規制制度としての性格を持たせるか，先行する都市計画との整合性を事業認定の要件として求めることにより，《計画法上の公益》思考と《収用法上の公益》思考との接合を図ることが望ましい。（Ⅲ2）

本稿の結論は，要するに，《収用法上の公益》思考と《計画法上の公益》思考の区別の意義を意識しつつ，この二つを適切に組み合わせた解釈論・制度論を模索すべきであるということに尽きる。

2 残された課題──《計画による公共性》論の理論的射程

以上のとおり，本稿では，《計画による公共性》論を導きの糸として，《計画法上の公益》思考と《収用法上の公益》思考との対抗と分節につき，日本の実定法制度に即した考察を行った。しかし，《計画による公共性》論は，理論的に突き詰めると，現在の行政法学ないし公法学の基本的な思考の前提を根本か

第2部　都市法の現代的諸相

ら揺るがしかねない潜勢力を有しているにもかかわらず，本稿ではそうした点にまったく言及できなかった。そこで，最後に，《計画による公共性》論の秘める理論的可能性と課題とを指摘して，本稿を閉じることにしたい。

　《計画による公共性》論を先導した遠藤博也の議論[88]は，やはり彼自身が主唱者の一人であった行政過程論[89]と密接に結びついている。遠藤の行政過程論および計画行政論は，関係社会集団や利害関係人の利害調整を経て初めて公益・公共性が創出されるという考え方であり，「何が公共性であるかは，古典的な権力分立のモデルに従って立法権である議会の決するところであって，法律による行政の原理によって法律の根拠にもとづき法律の要件に従って行われるべき行政作用については，公共性を論ずる余地がない」という伝統的行政法学の前提を厳しく批判するものである[90]。これに対する理論的課題としては，次の2点を指摘することができる。

　第一に，行政過程におけるさまざまな利害の調整の過程から公益・公共性が創出されるという見方は，本稿で論じた《計画法上の公益》思考に適合的である。しかし，遠藤自身認めるとおり，何が公共的であり何が公益に適うかの判断は，伝統的に立法者の任務と考えられており，それが法律による行政の原理を基礎づけていた（原告適格の判断枠組みもこれに基づいていた）。こうした前提を正面から否定することは，伝統的な法治主義の立場から，「わが国行政法学がその出発点として来た行政の法律適合性の要請を基本的に離脱しよう，という方向への展開可能性が秘められている」[91]という痛烈な反批判を受けること

---

(88)　前掲注(6)(7)およびそれに対応する本文を参照。

(89)　一口に行政過程論といっても，その内容は論者ごとに多様であり，特に，遠藤と並ぶ行政過程論の提唱者と目されている塩野宏の行政過程論は，本文で述べる遠藤の行政過程論とはかなり性格を異にする。乱暴にまとめれば，塩野の行政過程論の意義は，行政過程における法律関係の展開手段・政策の実現手段として用いられる多様な行為の類型に着目し，旧来の行政行為論を改鋳して，これを行為形式論へと組み直したことにある。塩野は，遠藤とは異なり，行政過程に参加する諸々の主体間の利害調整を経て公益・公共性が創出されるという考え方には，与していない。参照，塩野宏「行政過程総説」[1984年]『行政過程とその統制』（有斐閣，1989年）3-34頁，同『行政法Ⅰ　行政法総論〔第6版〕』（有斐閣，2015年）96-101頁。塩野と遠藤を含む行政過程論を論者ごとに比較分析したものとして，西鳥羽和明「行政過程論と行政手法論」(1)近大法学35巻1=2号（1987年）1-29頁，(2)35巻3=4号（1988年）89-109頁が有益である。

(90)　遠藤博也「行政過程論の意義」[1977年]『行政過程論・計画行政法』（信山社，2011年）109-139頁，118頁。

(91)　藤田宙靖『行政法総論』（青林書院，2013年）137頁。藤田はまた，《計画による公共性》論についても，「行政活動における計画の隆盛が「法律による行政の原理」を基

310

13 計画の合理性と事業の公共性

となる。遠藤流の行政過程論および《計画による公共性》論は，こうした批判に応答する必要がある。

第二に，行政過程における公益・公共性の創出の前提として，さまざまな利害を有する主体が行政過程に参加して自らの利益を主張するという手続過程の像が語られる[92]。本稿では原告適格以外の問題は論じることができなかったが，いうまでもなく参加も都市法・計画法の重要トピックであり，一般的には多様な主体が利害調整の過程に参加してくることは望ましいものとして受け取られているように思える。しかし，前述のように国家の立法者による公益・公共性判断の独占に代えて，関係者による利害調整によって公益・公共性を決定することを認めると，それは民主主義または国民主権原理との間に緊張関係をもたらしかねない[93]。もちろん，参加が行政過程の民主化を促進し，民主主義の見地から参加が積極的に要請されるとする民主主義観も有力ではある[94]。しかし，伝統的に公法学が前提としてきた民主主義は，公権力の正統性が国民全体に由来することを要求し，社会の中の部分秩序や特殊利益に決定権を委ねることを峻拒する思考ではなかっただろうか[95]。そうであれば，一定の地域における都市空間の利用のあり方を，その地域における利害関係者の参加（の

軸とする伝統的な行政法理論の枠組みそのものに対し問題を投げ掛けるものとして把握される向きがあることが注目される（計画のこのような把え方をする代表例として，参照，遠藤『計画行政法』）」（330頁）という指摘をしている。《計画による公共性》論は，「どのように民主的な手続によってもなお奪われ得ない個人の自由としての基本的人権」の保障の観点と，諸利益の比較衡量における「基本的な［実体的］規準」の必要性の観点とが，欠如しているか少なくとも薄弱であるとする，藤田・前掲注(6)175-176頁も参照。

(92)　遠藤・前掲注(7)202頁。

(93)　「むしろ代表民主政という従来の決定システムでは「何かうまくいっていない」と感じてそれを相対化しようとする場面でこそ，我々は「参加」という言葉を使う」（角松生史「都市計画の構造転換と市民参加」新世代法政策学研究（北海道大学）15号（2012年）1-29頁，11頁）。

(94)　例えば，人見剛「都市住民の参加と自律」［1997年］『分権改革と自治体法理』（敬文堂，2005年）202-226頁，213-217頁，大田直史「まちづくりと住民参加」芝池ほか編前掲注(65)書154-170頁，158-159頁。

(95)　ドイツの公法学者ベッケンフェルデの所説に，こうした思考が明瞭に見られる。参照，林知更「憲法原理としての民主政──ドイツにおける展開を手がかりに」長谷部恭男ほか編『高橋和之先生古稀記念 現代立憲主義の諸相(上)』（有斐閣，2013年）3-36頁，9-10頁。それに対し，絶対主義＝一元主義的な民主政論への対抗学説として，多元主義的民主政論の学説史的意義を重視するものとして，石川健治「憲法学における一者と多者」公法研究65号（2003年）127-140頁，133頁。

第 2 部　都市法の現代的諸相

み）によって決定することが，国家レベルでの民主主義と両立しうる，という
ことが説明されなければならないだろう[96]。

　もっとも，以上の課題はいずれも，国家という単位で公益・公共性を考える
ことをやめた瞬間に，雲散霧消するかもしれない。むしろ，遠藤理論はこの方
向性を志向しているようにも見える。遠藤によれば，公益・公共性の実現を任
務とする行政作用もまた，国家のみがその担い手となるものではない。むしろ，
歴史的には，行政とは国家より先に社会に偏在していた「社会管理機能」であ
り，近代国家の成立によりこれが国家の手に集中したものに過ぎない[97]。現
代においてもなお，国家が吸収し尽くさなかった一種の部分社会における社会
管理機能も残されているし[98]，法律に基づいて国家が行っているかに見える
行政作用も，その実態は前述のように関係者の利害調整と妥協の結果に過ぎな
いことも多い[99]。このように，行政を社会管理機能と捉え直すことによって，
当該機能を担当すべき行政の組織のあり方を——自治・自律に委ねる部分や，
今日流にいえば公私協働[100]をも含めて——再検討する契機となる[101]。そこに
おいて観念される公益・公共性は，もはや国家レベルのものではありえず，部
分秩序ごと・機能領域ごとに分化されたものとなり[102]，法秩序ですらも，第

---

(96)　興津征雄「行政過程の正統性と民主主義——参加・責任・利益——」『小早川光郎先
　　　生古稀記念 現代行政法の構造と展開』有斐閣（近刊）掲載予定で論じている。
(97)　遠藤博也『行政法Ⅱ（各論）』（青林書院，1977 年）8-9 頁。
(98)　遠藤博也「行政法学の方法と対象について——制度内在的論理の限界——」［1977
　　　年］『行政法学の方法と対象』（信山社，2011 年）5-43 頁，7 頁。
(99)　遠藤・前掲注(97)16 頁。
(100)　今日，社会管理機能という概念を用いて民間委託や公私協働を説明しようとする
　　　ものに，原田大樹『自主規制の公法学的研究』（有斐閣，2007 年）268 頁，山本隆司「日
　　　本における公私協働」稲葉馨＝亘理格編『藤田宙靖博士東北大学退職記念 行政法の思
　　　考様式』（青林書院，2008 年）171-232 頁，173 頁。
(101)　遠藤・前掲注(90)121-122 頁。
(102)　このような公共性の多元性・重層性をむしろ肯定的に評価するものとして，佐藤
　　　岩夫「土地利用の公共性をめぐる手続問題と多元性問題——法社会学からのアプロー
　　　チ——」藤田宙靖ほか編『土地利用規制立法に見られる公共性』（土地総合研究所，2002
　　　年）154-163 頁。また，「全国的普遍的公共性」（「大公共」）に対する「地域に限定され
　　　た公共性」（「小公共」）の優越を説くものとして，生田・前掲注(65)243-245 頁。公法
　　　学において，そのような多元的・重層的に構想された公共性の受け皿となることが期待
　　　されうるのは，地方公共団体であるが，それを扱うには国家という統治体における自
　　　治・分権の一般的位置づけ（参照，樋口陽一編『ホーンブック憲法〔改訂版〕』（北樹出
　　　版，2000 年）第 6 章，特に 279-297 頁〔渡辺康行〕，斎藤誠「憲法と地方自治——分権
　　　と自己決定の位置づけ」［2000 年］『現代地方自治の法的基層』（有斐閣，2012 年）

312

一次的にはそのような部分単位ごとに成立することとなるだろう[103]。《計画による公共性》論は，そこまでの選択を迫っていることを，われわれは知るべきである。

※本稿は，JSPS 科研費（課題番号：21243007, 26380035, 15H03304, 15H01925, 16H03543）による研究成果である。

61-73頁，石川健治「自治と民主」ジュリスト 1203 号（2001 年）61-66 頁，木下昌彦「民主的実験としての地方分権——現代社会における統治機構の新たな展望」佐々木弘通＝宍戸常寿編『現代社会と憲法学』（弘文堂，2015 年）171-193 頁など）を避けて通ることができないので，本稿ではこれ以上論及できない。都市法における問題の概観として，野呂充「地方分権とまちづくり」芝池ほか編前掲注(65)書 39-53 頁，また特に条例論に関連して，角松生史「自治立法による土地利用規制の再検討——メニュー主義と「認知的・試行的先導性」——」原田純孝編『日本の都市法Ⅱ　諸相と動態』（東京大学出版会，2001 年）321-350 頁参照。

(103)　石川健治「空間と財産——対照報告——」公法研究 59 号（1997 年）305-312 頁，309 頁は，都市の空間秩序の形成に参与する主体として，「国民一般」という均質な身分に代えて，「都市民」という身分を観念する。都市法の領域でこのような構想を全面的に展開したのは，磯部力であろう。参照，磯部力「「都市法学」への試み」成田頼明ほか編『雄川一郎先生献呈論集 行政法の諸問題(下)』（有斐閣，1990 年）1-36 頁。

14 行政決定の技術性と政治性に関する試論

野 田　崇

I　はじめに

1　選択と集中

　2016 年 2 月 26 日に公表された 2015 年度国勢調査の結果速報によれば，1920 年に調査が始まって以来はじめて人口が減少した。10 年前の 2005 年調査に比べると，94 万 7 人減少（0.7％減）の 1 億 2711 万人であったという[(1)]。都市計画中央審議会[(2)]が日本の都市の現状について，「人口，産業が都市へ集中し，都市が拡大する都市化社会」から，「都市化が落ち着いて産業，文化等の活動が年を共有の場として展開する成熟した都市型社会」への変化を宣言したのは 1997 年であった。ここでは，日本の都市法が対応すべき課題の歴史的変化が言われていた。すなわち，都市化時代には，人口増大とその都市部への集中による都市の膨張を方向付け，開発意欲を秩序付けることが都市法の課題であり[(3)]，都市に居住する人口が増大してゆくことを前提に，公共施設の整備に合わせて都市を拡大させてゆくことが目指された。また，人口が増大し，都市が拡大してゆく時代には，道路や空港，ダム，さらに大規模住宅団地や工業団地の開発にはそれ自体公共性ないし必要性があることはある程度まで所与とすることが可能であり，それに対して住民の私的権利利益や，それと重なることもある居住環境，自然環境，文化，景観等をいかにして保護するかが課題であったといえるだろう。しかし，1990 年代以降は，都市拡大のプロセスが基本的には終わりを告げたことを前提に，都市の維持管理，質の向上が課題とされるようになった。そして今や，人口減少と都市の縮退を明確に意識した都市政策論が打ち出されるに至った。社会資本整備審議会都市計画・歴史的風土分

---

(1)　総務省サイト http://www.stat.go.jp/data/kokusei/2015/kekka/pdf/youyaku.pdf
(2)　都市計画中央審議会基本政策部会中間とりまとめ「今後の都市政策のあり方について」（http://www.mlit.go.jp/crd/city/singikai/sn03.html）
(3)　安本典夫「『都市再生』法制における行政手法の展開」大阪学院大学法学研究 42 巻 1 号（2015 年）1，18 頁。

第2部　都市法の現代的諸相

科会都市計画部会「都市政策の基本的な課題と方向検討小委員会報告」（2009年）[4]は，人口減少時代を迎えた日本の今後の都市政策の理念として，「豊かで活力ある持続可能な都市」（7頁——報告書頁数，以下同じ）を挙げ，それを目指した政策転換の視点の一つとして，「多様な主体の参加と実践」を挙げている（9頁以下）。そしてこの視点において，市町村と住民の協働によるまちづくり方針の策定という，「下から」の取り組みの重要性が述べられると同時に，広域的課題における市町村間の役割分担と連携の重要性，さらに大都市圏における「広域的・国家的な視点からの対応」を検討すべきことが述べられている（12頁）。今後の都市政策の方向としては，「エコ・コンパクトシティ＝集約的都市構造」を目指すべきことが言われており（14頁），そのために，「『選択と集中』により，拠点的市街地の再構築とともに，それを支える都市基盤の整備や連携させる都市交通システムの構築に優先的に取り組む」（15頁）べきことが指摘されている[5]。

　ここには，日本の都市の抱える課題が劇的に変化したことが現れているが，それと同時に，住民ないし市民のコンセンサス（同意）が目指される局面が変化したことが見て取れる。すなわち，かつての住民参加論が念頭に置いていたのは，例えば地域の現状を大きく変更するようなマンション開発案件に住民の意見を反映させるであるとか，大規模なインフラ事業であればそこから生じ得る生活環境への何らかの影響について，それを低減させる措置や代償的な措置について合意を得る，といった事柄であったと思われる。いわば，不利益の発生可能性を端緒とする参加である。そこでは，主として事業から生じる不利益の配分が問題となる。

　それに対して人口減少と都市の縮退が現実のものとなる状況のもとでは，以上に加えて，財源をはじめとする希少な資源の投入の優先度に関するコンセンサスが必要となる。従来のように，開発事業による生活環境の激変ないし悪化への住民の反対ないし抵抗が主題化されるのではなく，都市が縮退してゆくなか，いわば「どこ選ぶか」が争点となる。「選択と集中」が直ちに「地方切り捨て」を意味するものではないとしても，ある場所への公共投資が，他の場所へは今後投資しないという決断を含み得ることは否定できないだろう[6]。ここ

---

(4)　http://www.mlit.go.jp/common/000043480.pdf

(5)　2015年8月に閣議決定された国土形成計画（全国計画）も，社会資本整備について「選択と集中」の徹底を掲げている（47頁）。

(6)　安本・前掲注(3)7頁は，多面的な自主的地域づくりの促進が求められているので

316

で言われている「選択と集中」は，個別の都市に着目すると，従来から続いてきた郊外部への土地利用の拡散を防止し，既成市街地への土地利用の集中を促すことを意味する（コンパクトシティ）。住民参加を通じた，都市の将来に関するビジョンの共有は，そのために必要となる。ここで念頭に置かれるのは，個々の市町村内での「選択と集中」である。それに対して，首都圏をはじめとする，複数の都府県にまたがる大都市圏においては，都府県を超える調整が求められると同時に，「国家的な視点」の存在も指摘されている。換言すると，個々の都市内での郊外から市街地中心部への「集中」とは異なる次元で，やはり「選択と集中」が行われることとなる。だとすると，かつて以上に，「そこへ公共投資を行うメリット」が厳しく問われることとなろう。より一般的に言えば，拡大の時代には，過剰な開発圧力を抑制し，秩序付けることが問題であったとすれば，今後は希少な財源，人口をどこへ配分するかを決定しなければならなくなるのである。

2 事業のメリット

ここで問題となるメリットとは，一都市における，あるいは一都市の範囲を超えた広域における「選択と集中」を正当化するようなメリットのことであり，個々人に帰属するのではないという意味で公共の利益である。もっとも，行政活動は定義上，公共の利益，すなわち公益の実現を目的としたものであり[7]，その意味では，都市拡大時代であろうと都市縮退時代であろうと，行政の課題は不変である。その意味では，都市縮退時代の行政活動だからといって，その性質が以前と比べて変化するわけではない。すなわち，都市政策ないし国土政策において追求されるべき公益は法律中には抽象的にしか定められておらず，個々の場合に追及されるべき公益の内容は広く行政の判断に委ねられているが，その際には何らかの方法で個々的に公益が発見されなければならない。行政決定への（民主的）参加は，この文脈で問題となる[8][9]。そして，人口減少，都

あって，それとは別の次元で選択されるのではないとしている。都市を人口減少時代に適合させることが必要であるとしても，現存している市街地や集落が「上から」選別されるのではないという意味で，正当な指摘である。本稿が念頭においているのは，インフラの整備および維持管理における優先度決定である。

(7) 芝池義一『行政法読本〔第4版〕』（有斐閣，2016年）3頁。

(8) 芝池義一「行政法における公益・第三者利益」行政法の争点〔第3版〕（2004年）12頁以下。

(9) より一般的には，公的な決定に民主政な正当化根拠を与え，それを通じて，その

第 2 部　都市法の現代的諸相

市縮退時代の都市空間の利用に関する行政決定に焦点を合わせた場合には，個々の事業について，それを行うことのメリットが従来にも増して問われることになるであろう[10]。もっとも，公共的な事業のメリットを巡る従来の法学的議論の焦点は，事業によって得られる利益の内容や性質というよりも，事業の消極的影響を被る付近住民の原告適格や，裁量審査の方法論（判断過程の統制）のような，事業のデメリットを念頭においたものであったといえる。それに対して，従来から事業によって得られる利益の有無や程度が問われる典型的な場として，土地収用法に基づく事業認定がある。

　事業認定においては，当該事業から生じるメリットとデメリットが比較されるが，その際には通例は代替案の検討も行われる[11]。しかしその代替案の検討は，一定の事業の実施を前提に複数の案を立てて費用対効果など一定の基準を用いて比較する（例，西大津バイパス訴訟[12]）といったものであろう。それに対して人口減少と都市縮退の時代に不可避とされる「選択と集中」においては，上記委員会報告が「今後，限られた財源を拠点的市街地の再構築等へ優先的に配分していくには，都市全体にとって，その重要性・優先度が高いことにコンセンサスを得ることが不可欠であり」（15 頁）としていることからもわかる通り，公共投資を行う場所が（したがって行わない場所も）選別される。その過程で，「その場所」をなぜ選ぶのかが問われることとなろう。そうすると，メリットといっても，事業認定において問題となる事業メリットと，都市縮退時代における「選択と集中」において考慮されるメリットとは，その意味が異なると思われる。しかし，都市縮退の時代に公共投資を選択的に集中させる際には，その投資の有意味性が問われることとなるのであり，それを判断するためには，個々の事業が施行されることによって得られる利益の如何が前提とな

　　　ような決定に同意しない者に対してまで決定の拘束性を及ぼしてゆくための条件（正統性：井上達夫「立法の哲学としての法哲学」日本法哲学会（編）『立法の法哲学——立法学の再定位——』（有斐閣，2015 年）106，110 頁）を作り出してゆくことが求められる。行政決定は民主的なものでなければならず，かつ，それに反対する者に対してもその受忍を求めることが可能となるような条件を満たしている必要がある。

(10)　古典的な収用事例において，当該事業に収用を正当化するほどの必要性ないし公共性があることがいわば自明視されていたことについて，岩橋健定「公害民事訴訟における『公共性』の意義」碓井光明他（編）『公法学の法と政策（下）』（有斐閣，2000 年）179，193 頁。

(11)　参照，小澤道一『逐条解説土地収用法(上)［第 3 次改定版］』（ぎょうせい，2012年）351 頁以下。

(12)　大津地判昭和 58 年 11 月 28 日行裁例集 34 巻 11 号 2002 頁。

るだろう。

そこで以下では，ある程度裁判例の蓄積がある，土地収用法に基づく事業認定を取り上げ，そこで「当該土地がその事業の用に供されることによって得られるべき公共の利益」としてどのような利益が認定されているのかに着目し，「選択と集中」の時代における決定のあり方についての示唆を得ることを目指したい。

II 事業によって得られる利益

1 土地収用における「公共性」

日本国憲法 29 条 3 項によれば，「私有財産は，正当な補償の下に，これを公共のために用ひることができる。」そのため，土地収用を行うためには，事業に公共性が認められなければならない（憲法 29 条 3 項）。ここでいう公共性は，①事業類型の公共性，②その事業の具体的公共性，③その事業の即地的公共性の三段階の判断に整理されている[13]。これらのうち，①の判断は土地収用法 3 条各号への該当性の判断であり，②および③の判断は，土地収用法 20 条各号の判断である[14]。

他方で，都市計画法に基づく都市計画事業認可に土地収用法上の事業認定と同等の効果が与えられていることなどを念頭において，遠藤博也は，「権利自由を制約する根拠となる行政作用の公共性の内容が法律上には具体的に，また抽象的にも一義的には与えられていない場合に，これを担保するものは何かといえば，それは計画の合理性であるといわなくてはならない。」[15]と述べた。「計画による公共性」として知られるこの議論は，市街地開発事業（都計法 12 条）のうち新住宅市街地開発事業や工業団地造成事業のように，最終的には私人の利益となるような事業や，都市施設（都計法 11 条）のうち流通業務団地や一団地の住宅施設のように，その事業に公共性のあることが必ずしも自明であるとは言えない[16]事業の収用適格性を説明する文脈でのものであり，上記の公共性判断の階層に位置付けるとしたら，①にかかわる議論である。

---

(13) 岩橋・前掲注(10)194 頁。角松生史「『計画による公共性』・再考」三辺夏雄他（編）『法治国家と行政訴訟』（有斐閣，2004 年）513，517 頁。

(14) 岩橋，前掲注(10)。

(15) 遠藤博也『計画行政法』（学陽書房，1976 年）50 頁。

(16) 参照，藤田宙靖「公共用地の強制的取得と現代公法」（初出 1983 年）同『西ドイツの土地法と日本の土地法』（創文社，1988 年）158，171 頁以下。

第2部　都市法の現代的諸相

　ただ、「計画による公共性」の議論は、そもそも土地収用をしてまで実現すべき事業類型なのか、という上記①のレベルにはとどまらない。というのも、これらの都市計画事業認可は、当該事業が都市計画に適合していることを要件の一つとしている（都計法61条1号）結果として、それら事業は、都計法2条、13条および各事業法の定める要件を満たしていることになり、事業としての即地的合理性までもが担保されることとなるからである。

　例えば、新住宅市街地開発事業に関する都市計画において定められる施行区域（新住宅市街地開発法3条柱書）は、「住宅の需要に応ずるに足りる適当な宅地が著しく不足し、又は著しく不足するおそれがある市街地の周辺の区域で、良好な住宅市街地として一体的に開発される自然的及び社会的条件を備えていること。」（同法2条の2第1号）、「当該区域内において建築物の敷地として利用されている土地が極めて少ないこと。」（同第2号）、「一以上の住区（…）を形成することができ、かつ、住宅の需要に応じた適正な規模の区域であること。」（同第3号）、「当該区域が都市計画法第八条第一項第一号の第一種低層住居専用地域、第二種低層住居専用地域、第一種中高層住居専用地域、第二種中高層住居専用地域、第一種住居地域、第二種住居地域、準住居地域又は準工業地域及び近隣商業地域又は商業地域内にあつて、その大部分が第一種低層住居専用地域、第二種低層住居専用地域、第一種中高層住居専用地域又は第二種中高層住居専用地域内にあること。」（同第4号）という要件を満たしていなければならない。これら要件を満たした都市計画に位置付けられていることをもって、新住宅市街地開発事業はその事業類型としての収用適格性（上記①）を承認されることになる。

　しかし、「住宅の需要に応ずるに足りる適当な宅地が著しく不足し、又は著しく不足するおそれがある市街地の周辺の区域」に立地し、かつ当該施行区域が「住宅の需要に応じた適正な規模の区域」であることが事業施行の要件とされることで、個々の事業が現に存在する住宅需要を満足するに過不足のない内容・規模であることが求められており、この判断は同時に、上記②の意味での公共性判断にかかわるものであるといえる。さらに、「一体的に開発される自然的社会的条件」の具備が求められ、かつ用途地域に関する要件が課せられていることにより、開発予定地の周辺地域との利害調整も行われることになる。このようにみると、新住宅市街地開発事業は、それが都市計画に位置付けられることを通じて、事業それ自体の公共性が確保されることになるのみならず、都市計画に位置付けられることを通じて、即地的公共性（上記③）をも備える

320

ことになる。だからこそ，都市計画事業が都市計画に適合しているなどの要件を満たしているとして認可を受け，それが告示された場合には，土地収用法に基づく事業認定の告示と見なされるのである（都計法70条1項）。

このようにみると，土地収用を正当化する「計画による公共性」とは，上記の①から③までを貫く議論といえるのではないか。また，市街地開発事業などの公共性が「計画の一環」として認められる以上，計画内容の合理性が同時に求められ，例えば住宅需要のないところで住宅団地を建設する計画に合理性はないだろう[17]。

2　計画による公共性

本節では，上で取り上げた新住宅市街地開発事業において土地収用を正当化する公共性のあり方についてさらに検討を加える。

新住宅市街地開発事業では，開発した土地は分譲される[18]ので，収用した土地が最終的には他の私人に譲渡されることとなる。これは，鉄道や道路のように完成後永続的に公益的な機能を果たす古典的な収用対象事業とは異なるので，なぜそのような目的のために他人の土地を剥奪しうるのかが問われる。その点を，宅地のひっ迫という社会的必要性と，事業施行区域の特定および造成宅地の利用・処分規制とから正当化しようとするのが立案関係者の見解であった。

建設省の担当者は，首都圏市街地開発区域整備法に基づく工業団地整備事業（都計法12条1項3号により，都市計画事業たる市街地開発事業に位置付けられ，事業認可が土地収用法以上の事業認定とみなされる）については，それが首都圏整備計画の一環として実施され[19]，「首都圏の既成市街地における工業等の制限と相俟って首都圏のマスタープランの実現のために市街地開発区域の中核として工業団地を造成すること」[20]を目的としていることで，収用が正当化されると見ていた。それに対して新住宅市街地開発事業の目的は住宅用地の取得難の解消と宅地価格の安定化，および自己完結的な住宅地の建設であることから，

---

(17)　参照，遠藤博也「土地収用と公共性」行政法の争点〔新版〕（1990年）264頁，山田洋「土地収用と事業の公共性」行政法の争点（2014年）264頁。

(18)　新住宅市街地開発法23条1項は，事業による造成地を，原則として，居住目的での購入を希望する，耐火支払い能力のある者に譲渡すべきことを定めている。

(19)　升本達夫「新住宅市街地開発法について」法律時報35巻10号（1963年）21，27頁。

(20)　志村清一「宅地制度審議会の答申について」ジュリスト272号（1963年）36，37頁。

第2部　都市法の現代的諸相

工業団地とは別の正当化を要するとする[21]。つまり，工業団地との比較においては，住宅に対する社会的要請の満足自体に公共性を認めうるものの，分譲後は私的所有地となるため，何がしかの限定が必要であると考えられたのであった[22]。

工業団地の立地が首都圏整備計画への位置づけで担保され，造成後の工業利用も確保されることと比較すると，新住宅市街地開発事業にはこの二点に不足があると考えられた[23]。そこで，まず事業地域の特定が行われた[24]。新住宅市街地開発法3条（現2条の2）各号の要件は，この要請を満たすために置かれたものである。事業地域は都市計画として決定されるが，その理由は，この事業が都市の発展形態に重要な影響を与えるものであり，都市全体の開発整備の計画との調整を図り，その一環として定められる必要があると考えられたからであった[25]。加えて，造成宅地の処分の方法が制限された（新住宅市街地建設法21条以下）[26]。分譲された土地の用途を自宅の建設等に限定し，譲受人がそれに違反した場合の買戻権を規定した（同法33条）。さらに，一定期限内の住宅建設義務（同法31条），相当の期間内の転売禁止（同法32条）が定められた。

以上によれば，まずは私人への譲渡を前提とした収用権を正当化するために区域の特定が必要であると考えられ，要件化された。これ自体は計画ではなく，要件充足の有無が問題となるに過ぎない。それが都市計画に定められるのは，都市全体との調整を確保するためであった。つまり，「計画それ自体から公共性が生まれる」という発想ではなかったものと思われる[27]。しかし，我妻栄によれば，「その計画をそっちのけにして，宅地だけを考えると，公共性は弱くなる。取得した私人にそう簡単に転売させないとか，家屋をつくる義務を課すということだけでは，すこぶる弱い。」[28]

---

(21)　志村・前掲注(20)。

(22)　「座談会　宅地開発の現状とその対策」ジュリスト272号（1963年）10，24頁〔小林忠雄発言〕。

(23)　升本・前掲注(19)27頁。

(24)　志村・前掲注(20)37頁。

(25)　升本・前掲注(19)23頁。

(26)　志村・前掲注(20)37頁。

(27)　参照，角松・前掲注(13)(2004年) 513，543頁。

(28)　前掲注(22)座談会32頁〔我妻発言〕。

そこで，計画それ自体に意義を認める議論[29]が，すでに昭和 38 年の新住宅市街地開発法制定時点で行われていた。我妻は，住宅市街地建設のための土地収用は，土地取得時点では公共性を認めうるとしても，最終的に私人の所有となるのだから公共性は消滅するという批判には理由があると見る。そのうえで，新住宅市街地開発事業をより大きな文脈に置くことで，いわばより高い次元での公共性を承認することが可能になると主張している。「だからその難点を突破するには，全体の大きな計画を立てる必要がある。すばらしい大きな計画の下に，ここに工業地帯を持っていくのだ，ここからこっちには鉄道をひくんだ，ここには高速道路をつくるんだという全体の計画の中で，ここに健全な町をつくるんだとすれば，たとい一つ一つの土地を個人に譲るにしても，全体としての公共性はやはり維持されているといえるような気がする。」「自由放任の結果無秩序になった国土の利用を合理的な計画に基づいて整備する，というなら，たといその中に私有権にまかされる部分があるとしても，事業そのものの公共性は失われないといえる。」[30] また遠藤は，都市計画事業として収用が行われる場合全般について，それら事業の公共性を個々の事業に見出すのではなく，全体としての都市計画に組み込まれた結果である都市計画事業としての公共性として把握すべきことを言っている[31]。

ここでは，広域的な土地利用調整の結果として，一定の場所が住宅地として位置付けられれば，それを実現するための事業に関する土地収用の公共性を承認することができる，と主張されている。立案関係者は，転売規制や住宅建築義務を課すことでもって，さらに都市計画に定めることで都市全体の調整を行うことによって公共性を担保しようとしているが，それとは質的に異なる公共性を言っているようにも見える。それによれば事業それ自体の公共性に加えて，さらにはヨリ本質的に重要な要素として，広域的な土地利用計画の実現としての公共性があり，それが収用を正当化することになるのである。

「権利自由を制約する根拠となる行政作用の公共性の内容が法律上には具体的に，また抽象的にも一義的には与えられていない場合に，これを担保するものは何かといえば，それは計画の合理性であるといわなくてはならない。」と

---

(29) 「計画による公共性」論には，計画適合性が事業内容・事業目的の実体的適性性を意味する論理と，計画適合性それ自体が事業の公共性を正当化するという論理の二つの方向性があったことについて，参照，藤田・前掲注(16)172 頁以下。

(30) 前掲注(22)座談会 32 頁〔我妻発言〕。

(31) 遠藤博也「土地所有権の社会的制約」（初出 1971 年）同『行政過程論・計画行政法』（信山社，2011 年）205，214 頁。

第2部　都市法の現代的諸相

いう，遠藤博也の有名な定式[32]は，このような状況を背景としている。遠藤は，ここで取り上げた新住宅市街地開発事業や工業団地造成事業，流通業務団地造成事業，市街地再開発事業などについて，それらは工業都市や住宅都市という「街づくり」を目的としたもので，道路や公園等も含まれるが造成後は多くの土地が私用に帰することを指摘しつつ，「わが実定法は，工業都市や住宅都市づくり一般について収用を認めているわけでもなければ，いわんや工場敷地や宅地のために一般的に収用を認めているわけでは決してない。」[33]という。では，新住宅市街地開発事業などは一般の宅地造成と何が異なるのか。「これらの公共性は，個々施設の公共性によってでもなければ，事業をそれ自体として眺めた場合の公共性でもなく，全体としての都市計画の中で，都市機能の分散等による都市機能の維持増進とか，住宅問題，交通問題への寄与とか，全体としての都市問題解決の一環として位置づけられることによって根拠づけられる。」[34]

　ここでは，おそらくは高度成長時代の宅地の逼迫を背景として，広域的な土地利用計画を通じた土地利用の合理化が土地収用の正当化事由として考えられている。雄川一郎によれば，土地が極端に希少な財になってしまったために，通常の取引ベースでの土地買収可能性を前提にした土地収用制度が機能しなくなったので，伝統的な収用制度観を離れ，私益と公益を調整して土地を有効に使用するための制度として土地収用制度を理解しなおす必要があるとされる[35]。ここで雄川が言っているのは，「個別的・偶発的」な侵害としての収用観から，土地利用計画に根拠づけられた土地利用調整のための手段としての収用への転換である。土地という希少な財を最も合理的，有効に利用するという目的が収用を正当化し，その目的の具体的内容を示すのが土地利用計画であることになる[36]。

　そして，新住宅市街地開発事業や工業団地造成事業の公共性をこのように捉えるのであれば，同様のことは道路や鉄道など古典的な収用適格事業にも妥当するだろう[37]。すなわち，道路や鉄道などについても，それが広域的な計画

---

(32)　遠藤・前掲注(15)50頁。

(33)　遠藤・前掲注(15)46頁。

(34)　遠藤・前掲注(15)50頁。

(35)　前掲注(22)座談会25頁〔雄川発言〕。

(36)　雄川一郎「公用負担法理の動向と土地利用計画」（初出1967年）同『行政の法理』（有斐閣，1986年）533，540頁以下。

(37)　遠藤博也「『公共性』概念の検討」（初出1974年）前掲注(33)書229，238頁。

324

に位置付けられていることを通じて生じる公共性を考えることができるのではないか，と思われるのである。以上の分析を踏まえて，次に，裁判例を検討する。

Ⅲ　事業による公益の諸相

1　収用裁判例

事業認定の際には，事業類型該当性（土地収用法 20 条 1 号），人的要件（同 2 号）と並んで，事業計画が土地の適正且つ合理的な利用に寄与するものであること（同 3 号），土地を収用し，又は使用する公益上の必要があるものであること（同 4 号）の二要件の充足性が判断される。この 3 号と 4 号の関係は必ずしも明らかではないが，事業の具体的な公共性は 3 号の問題ととらえるのが一般的である[38][39]。3 号の解釈を確立した日光太郎杉事件控訴審判決（東京高判昭和 48 年 7 月 13 日行集 24 巻 6・7 号 533 頁）によれば，この要件は，その土地がその事業の用に供されることによって得られるべき公共の利益と，その土地がその事業の用に供されることによって失われる私益及び公益とを比較衡量し，前者が後者に優越する場合に満たされる。この前者，すなわち事業によって得られる公共の利益に関する判断が上記の公共性判断の②に相当し，前者が後者に優越するとの判断が③に相当するだろう。本稿の問題関心からは，裁判例において，事業によって得られるべき公共の利益がどのように説明されているのかが注目される。そこで，事業認定の適法性が争われた裁判例のうち日光太郎杉事件控訴審判決以降のものであって，その点に関してある程度の判示がされたものを挙げる。

大津地判昭和 58 年 11 月 28 日行裁例集 34 巻 11 号 2002 頁（西大津バイパス訴訟）[40] は，慢性的な渋滞の発生と交通事故の多発を理由として西大津バイパスの建設が地元から要望されていたこと，幾つかの事業案が検討され棄却された後に選択されたのが本件事業であったことを認定し，「本件事業計画が達成

---

(38)　山田・前掲注(17)265 頁，小澤・前掲注(11)362 頁。

(39)　事業それ自体の具体的な公共性の有無の判断を 4 号に位置付ける裁判例もある。東京地判昭和 59 年 7 月 6 日行裁例集 35 巻 7 号 846 頁（成田空港訴訟第一審判決），東京地判平成 2 年 4 月 13 日判自 74 号 63 頁（半蔵門線訴訟）。また，秋田地判平成 8 年 8 月 9 日判自 164 号 76 頁（秋田道訴訟），名古屋地判平成 14 年 3 月 27 日裁判所ウェブサイト（地下鉄名城線訴訟）は 3 号および 4 号の判断を明示的には区別していない。

(40)　本判決は 3 号を羈束的判断とし，4 号に裁量性を見出している点が特徴的である。

第2部　都市法の現代的諸相

されることによって得られる公共の利益は甚だ大きい」ものとした。本件道路は広域的な計画に位置付けられていたものではなく，琵琶湖西岸の渋滞解消を目的とした検討の中で採用されたものである。

　東京地判昭和59年7月6日行裁例集35巻7号846頁（成田空港訴訟）は，当時の航空運送の急激な発展と羽田空港の離着陸処理能力からみて「本件各処分当時本件空港建設の必要性が顕著に認められたことは明らか」であるとした。また本件空港の位置は空港法4条2項に基づく政令で定められるが，本判決は「当該土地を当該事業の用に供することが適していなければ」，土地収用法20条3号の要件を欠くことになるとした上で，「事業認定庁が審査する過程で関係資料等から当然考慮することが可能」な代替案を含めて主として技術面から立地適性を審査した。

　金沢地判昭和61年12月12日判自29号65頁（能登海浜道路訴訟）では主として複数のルート案からの選択が争われた。道路事業の公益性としては，具体的な道路状況を踏まえたうえで交通事故の危険性と渋滞の低減，地域較差是正が挙げられたが，そもそも本件事業の公益性は争われていなかった。

　東京地判平成2年4月13日判自74号63頁（半蔵門線訴訟）も，すでに挙げた成田空港訴訟判決と同様に，3号要件の審査においては立地適性を審査し，4点にわたる地下鉄事業それ自体の必要性ないし公共性は4号要件に位置付け審理している。まず「都心への輸送力増強」と「銀座線の混雑緩和」に関しては，現状での輸送力不足と混雑状況を具体的に認定し，この点での事業の必要性を肯定した。また，都心三区への事業所の集中の結果，都心部では社会資本の不足が生じており，そのような状況に対応して昭和48年に策定された渋谷区長期基本計画において渋谷を副都心として育成することが目指されているところ，「渋谷と都心を結び，その間の人，物の流れに寄与する地下鉄11号線〔半蔵門線——筆者注〕の建設がこのような副都心を形成してゆく上で重要な役割を果たすことは明らか」として，この面からの事業の必要性も肯定した[41]。

　水戸地判平成3年9月17日判自93号86頁（鹿島地区県道改築訴訟）は混雑している現道の拡幅事業にかかるものであるが，本件道路の道路構造令上の位置づけと計画交通量から，道路構造令上定められた車線数，車線幅員，歩道幅員を特定し，その実現をもって事業の公共性を認めた。主に計画交通量の設定

————————————
(41)　さらに，千代田区基本計画（昭和55年策定）に掲げられた皇居西側地域再開発にも当該事業が資することが認められた。

14 行政決定の技術性と政治性に関する試論

の合理性が争われた。

東京地判平成5年11月29日判自125号65頁（保倉川訴訟）は，3号要件の判断においては本件河川改修工事による水害の危険の低減と，本件事業により失われる地権者の土地所有権とを一般的に比較するにとどめ，事業の具体的な必要性については4号要件の枠内で検討している。主に計画高水流量の設定の合理性を問題にし，それを肯定して事業の公共性を認めた。

名古屋地判平成7年12月15日判自152号101頁（特高送電線訴訟）は，中部地方における電力需要の増加予想を背景として現状の変電所数と送電体制では供給能力に不安があることから，本件特高送電線を新設する必要性が認められた。

秋田地判平成8年8月9日判自164号76頁（秋田道訴訟）は事業認定庁が代替案審査を行わなかった事例において主として本件高速道路のルートの適切性が争われた事例である。事業の背景として秋田県内の自動車輸送需要の増加，秋田市周辺での幹線道路の交通混雑が挙げられているが，主な事業効果としては，全国高速道路網に組み込まれることによる輸送時間の短縮，工場立地条件の改善などの経済効果が挙げられている。

札幌地判平成9年3月27日判時1598号33頁（二風谷ダム訴訟）では，ダムの設置目的が主として工業用水確保であるか，治水であるかが争われたが，裁判所は本件ダムが主として治水目的であるとしたうえで，沙流川流域の洪水の実態を踏まえて，ダムによる洪水調節の必要性を認めた。その際，基本高水流量など数値データへも言及しているが，それらの合理性について特に論じていない。また，夏季における河口閉塞の実態を指摘し，流水維持のためのダムの必要性も認めた。

名古屋地判平成14年3月27日裁判所ウェブサイト（地下鉄名城線訴訟）においては，大規模な団地建設や大学の立地による交通需要の増加と慢性的な交通渋滞を背景として，本事業により輸送需要の鉄道への転換が進み，交通渋滞が緩和されることが主要な事業効果として挙げられている。

岐阜地判平成15年12月26日判時1858号19頁（徳山ダム訴訟第一審判決）においては，ダムの機能のうち特に都市用水の確保が争われ，主としてダムの必要性を根拠づける水需要予測の合理性が審査された。

岡山地判平成16年3月16日判自265号74頁（西播特高送電線訴訟）では，

327

第 2 部　都市法の現代的諸相

代替案審査のあり方が主要な争点であったが[42]，事業によって得られる利益としては，「500kV 基幹送電線が環状に接続され，西播東岡山線の重潮流による供給支障を防ぎ，広域的な電力の安定供給体制の確立が図られる」ことが挙げられている。

東京地判平成 16 年 4 月 22 日判時 1856 号 32 頁（圏央道あきる野 IC 訴訟第一審判決）は，本件事業の効果として主張されている都心部およびインターチェンジ周辺での渋滞緩和効果のうち，前者については具体的な根拠が欠けているとして，また後者についても交通センサスの数値を引用しつつ，結論的には具体的な論証に欠けるものとして退けた。

岡山地判平成 17 年 7 月 27 日訟月 52 巻 10 号 3133 頁（苫田ダム訴訟）は，ダム建設によって得られる公共の利益として治水と利水を挙げるが，前者については吉井川水系工事実施基本計画[43]に基づく治水計画において前提とされた基本高水流量と本件ダムへの配分量が合理的であることが認められた。後者については，本件ダムの都市用水供給面での役割を定めた県水利基本計画における水道用水需要予測の合理性が審査され，不合理であったとはいえないとした。

東京高判平成 18 年 2 月 23 日判時 1950 号 27 頁（圏央道あきる野 IC 訴訟控訴審判決）[44]も第一審と同様に圏央道全体の効果と本件事業の起業地周辺での効果を区別して検討している。前者について，裁判所は圏央道が首都圏整備計画（昭和 57 年，平成 8 年），第四次全国総合開発計画（昭和 62 年），第 5 次全国総合開発計画（平成 10 年）などにおいて，多極分散型国土の形成や東京圏におけ

---

(42)　原告は，一つの鉄塔についてそれを 25 メートル西側に移動させる代替案を含めて事業認定庁は審査すべきであったと主張していた。この点につき裁判所は，「複数の事業適地が存在しうる場合に，事業認定庁が独自の案に基づき全ての適地と申請に係る起業地との優劣関係を判定することまで要求されているものではなく，事業認定の審査に当たり，事業認定申請書等から代替案のあることが判明しており，かつ，これが申請に係る事業計画案よりも明らかに合理的かつ適正で，事業認定庁の判断が社会通念上著しく不相当であると認められる場合に，裁量の逸脱又は濫用があり違法であるとされるにとどまる」として，原告の主張を退けた。

(43)　平成 9 年法律第 69 号による河川法改正により，それまでの工事実施基本計画に代えて河川整備基本方針（河川法 16 条）と河川整備計画（河川法 16 条の 2）を策定すべきこととされた。

(44)　第一審判決においては，起業地内の土地に所有権などの権利を有していた者の原告適格は承認されたが，周辺住民については，最判平成 11 年 11 月 25 日判決判時 1698 号 66 頁などを引用して原告適格が否定された。事業認定等を取消した第一審判決に対して国側が控訴したが，原告側は，周辺住民の原告適格を否定した部分に対して付帯控訴を行わなかったため，控訴審では周辺住民の原告適格については判断されていない。

328

るネットワーク型地域構造への転換等の目的に資するものとして位置付けられ
ていることを指摘した上で，「圏央道の整備は，前記の全国総合開発計画や首
都圏整備計画等が基本的な目標として掲げた，首都圏が，都心部への一極依存
構造からネットワーク型の地域構造への転換を図り，都心部の交通渋滞を緩和
するとともに，圏央道の近傍に位置する広域連携拠点都市間で相互に補完，触
発しあいながら交流する多極分散型の国土を形成するという公共の利益」を認
めた。それに対して起業地周辺の渋滞緩和効果については交通センサスの数値
データを用いた具体的な認定が行われている。

東京高判平成 20 年 3 月 31 日判自 305 号 95 頁（日ノ出町一廃最終処分場訴
訟）では，一般廃棄物の発生状況と既存の最終処分場の残容量から，新たな最
終処分場を設置する必要性が肯定された。

静岡地判平成 22 年 3 月 18 日訟月 58 巻 11 号 3765 頁（静岡空港訴訟）におい
ては，当該空港が，平成 10 年策定の全国総合開発計画に定められた国内航空
ネットワークの利便性という利益に資することは認められたが，それはあくま
でも抽象的利益であるとされ，具体的には需要予測の合理性が争われた。

東京地判平成 22 年 9 月 1 日判時 2107 号 22 頁（圏央道高尾山トンネル訴訟）
においては，圏央道の建設による都心部の交通混雑緩和が当該土地を事業の用
に供することで得られる公共の利益として挙げられているが，その効果は交通
センサスの数値を用いて論証されている。また費用便益分析の合理性も争われ
たが，不合理とは言えないとされた。

大阪地判平成 22 年 10 月 15 日訟月 59 巻 9 号 2441 頁（第二京阪道路訴訟）に
おいては，事業効果として，京都大阪間の交通容量の絶対的不足による慢性的
渋滞の緩和，滋賀以東と大阪南部を結ぶ新たな高速自動車交通ネットワークの
形成により広域的な利便性の向上と産業活性化に寄与することが挙げられてい
る。本判決においてはさらに，本件道路が平成 10 年策定の全国総合開発計画，
第 5 次近畿圏基本整備計画（平成 12 年），大阪府交通道路マスタープラン（平
成 16 年）に位置付けられていることにも言及されているが，特に意味は与え
られていないように見える。

東京地判平成 25 年 9 月 17 日判タ 1407 号 254 頁（新石垣空港訴訟）は，旧石
垣空港には，容量不足と安全性への不安，近隣住民の騒音被害といった問題が
あったことを指摘したうえで，新空港がそれら課題の解消に資するとの事業認
定庁の判断を是認した。

第2部　都市法の現代的諸相

2　公益の諸相

以上，悉皆的ではないが事業を実施することにより得られる公共の利益がどのように説明されているかに着目して20件の裁判例を紹介した。そこで説明されている事業利益は，利益をどこに見出すかによって，おおざっぱに三分類することができる。

① 現に存在するインフラ不足への対応

インフラが不足している状態の解消が，事業によって得られる公共の利益であるとされるタイプの事業である。たとえば，恒常的な交通渋滞の存在は道路容量の不足を意味する。この解消に事業の利益が見いだされたものとして，西大津バイパス訴訟，能登海浜道路訴訟，圏央道高尾山トンネル訴訟，第二京阪道路訴訟を挙げることができる。圏央道あきる野IC訴訟第一審判決は，この意味での事業の公共性が争われ，否定された事例である。地下鉄名城線訴訟は道路に関する訴訟ではないが，地下鉄建設により道路に集中していた旅客運送が分散される点に事業の公共性が見出されていたので，この類型に含めることができるだろう。類似のものとして，現空港の離発着能力不足に対応するための新空港建設が争われたのが，成田空港訴訟および新石垣空港訴訟である。水害発生のおそれの存在，すなわち治水能力不足を解消する点に事業の公共性が見いだされたのが，二風谷ダム訴訟である。特高送電線訴訟は，電力需要の増加傾向を背景として現状の変送電体制に不足が認められた事例である。日ノ出町一廃最終処分場訴訟では埋立処分という処理方法の是非が原告側から争われているが，裁判所は当該施設が既存施設の代替的性格を持つことから，事業から得られる公共の利益を認めている。この類型の事業においては，道路であれば路線の位置，一定の場所へのインフラ立地の案件であれば立地の適性が主な争点になる。したがって，代替案審査のあり方が問題となるだろう。それに対して，当該事業の必要性それ自体は，原告側から主張されることはあるにしても，主要な争点にはならないように思われる。

② 計画量の充足

次に，当該事業が将来的な需要予測に基づくインフラ整備である点に，事業によって得られる公共の利益が見いだされる事例群がある。徳山ダム訴訟では，ダムの主要な設置目的である都市用水の確保について，その根拠となる，水資源開発促進法に基づく水資源開発基本計画において前提とされている水需要予測の合理性が問題とされた。また道路建設であれば，計画交通量の合理性が（鹿島地区県道改築訴訟），空港建設であれば需要予測の合理性が（静岡空港訴

14 行政決定の技術性と政治性に関する試論

訟）争われる。苫田ダム訴訟では，河川管理の基本となる河川法上の工事実施基本計画[45]で前提とされた基本高水の合理性が，また河川改修工事が争われた保倉川訴訟では工事実施基本計画に定められた計画高水流量[46]の合理性が問題となった。①はすでにインフラ不足が生じている場合に，現に存在している欠乏を埋める意味合いが強く，インフラ不足の存在そのものはいわば事実問題である。それに対してここで問題となる将来の需要予測においては，いわば将来へ向けた供給計画を実現する点に，事業から得られる公共の利益が見いだされる。したがって，主として供給計画の基礎となる需要予測の技術的合理性[47]が問われることになる。

③　構想の実現

この類型に分類しうるのは，半蔵門線訴訟，秋田道訴訟，圏央道あきる野IC訴訟控訴審判決である。いずれの事業も，交通渋滞や洪水の危険の存在といったインフラ不足状態を解消するためのものではなく（または，少なくともそれが第一の目的ではなく），また，将来の需要予測という専門技術的根拠に基づく供給計画を実現するためのものでもない。半蔵門線訴訟においては，銀座線の混雑緩和（インフラ不足への対応），首都圏西南部から都心部への輸送需要増大予測への対応（計画量の充足）と並んで，渋谷副都心の形成という渋谷区基本計画にも位置付けられた都市政策上の目標実現への寄与が，事業のもたらす公共の利益として挙げられている。また秋田道訴訟においては，元来は秋田市内の交通渋滞解消のために都市計画決定されていた外環状道路が，後に高速道路として整備されることとなった。そしておそらくはその結果，事業によってもたらされる公共の利益として，「秋田県が全国高速道路網に組み込まれる」ことによる「走行経費の節減，輸送時間の短縮等の直接効果」だけではなく，「流通機構の改善合理化，宅配供給権の拡大及び工場立地条件の改善等の

---

(45)　平成9年法律第69号による河川法改正後は，従来の工事実施基本計画に代えて，河川整備基本方針（河川法16条）および河川整備計画（河川法16条の2）を策定することとされた。

(46)　基本高水とは，「洪水防御に関する計画の基本となる洪水」をいい（河川法施行令10条の2第2号イ），基本高水において洪水氾濫が起きないように河川改修が行われ，ダムが整備される。基本高水のピーク流量からダムへ配分した後の河道の最大流量を計画高水流量という。参照，河川法研究会（編著）『逐条解説河川法解説〔改訂版〕』（大成出版社，2006年）81頁。

(47)　西播特高送電線訴訟は，現存する特高送電線網の技術的問題を解消し，電力の安定供給体制を確立する点に，事業から得られる公共の利益が見いだされた事例である。

第2部　都市法の現代的諸相

間接効果」も挙げられている。他方で，現存する国道の混雑緩和は副次的効果とされるにとどまっている。注目されるのは，ここで言われている事業効果は，②におけるような具体的な供給計画の達成ではなく，政策目標の達成に資するという意味での効果であり，しかもそこで挙げられた「間接効果」は，問題の高速道路を建設すれば必ず生じると言い得るほどには因果関係がはっきりしていないと思われることである。いわば，抽象的な事業効果であると言えよう。

このような，因果関係不明確な抽象的な利益の事業効果としての承認は，圏央道あきる野 IC 控訴審判決においてはさらにはっきりする。あきる野 IC 訴訟においては第一審判決も控訴審判決も，事業によって得られる公共の利益を，起業地周辺（八王子市）で生じる利益と，首都圏全体で生じる広域的利益とに分けて審査している。第一審判決[48]は，いずれについても渋滞緩和効果が期待されるか否かを技術的に検討し，否定した。第一審判決は，道路事業によって得られる公共の利益を利便性の向上と交通渋滞の緩和に見出し，それらの評価にあっては合理的な算定根拠を用いるべきことを指摘する。被告側が主張していた，圏央道の開通による「都心部の通過交通の解消」については，「具体的な根拠に基づかないものであり，真摯な検討を行っていない」として否定した。また，八王子市内を通過し常時渋滞している国道 16 号線および 411 号線の渋滞緩和効果については，「このような特殊な地理的要因（八王子市内の道路事情——筆者注）に基づく混雑を解消する方策については，当該部分の交通の流れを具体的に分析し，それに応じたものとする必要があり，単純にかなり離れた場所に並行する道路の建設を続けることで解消しうるいか否かは明らかでないと言わざるを得ない。そのうえ，そのような路線自体に有用性があったとしても，それが有料道路である場合には，有効に機能するか否かには疑問がある。」として同様に否定した。第一審判決は，主張されている事業効果をいわば技術的に検討し，被告側の主張には専門技術的な根拠が欠けていることを理由にそれを否定したものといえる。それに対して控訴審判決は，広域的利益について興味深い認定を行っている。項を改めて詳しく検討することとする。

---

(48)　なお本判決は，設置される営造物に瑕疵がないことを事業認定の前提とし，瑕疵がある場合には，そもそも土地収用法 20 条 3 号の該当性を判断するまでもなく当該事業認定は違法であるとした。本判決は騒音と大気汚染の二点から圏央道を瑕疵ある営造物であり本件事業認定は違法であるとした。土地収用法 20 条 3 号該当性は「念のため」に検討されている。

3 構想実現の公益

圏央道（首都圏中央連絡自動車道）とは，東京都心から 40km ないし 60km 圏に位置する諸都市を相互に連絡し，地域経済の活性化を目指すと同時に，東名，中央，関越，東北など各自動車道を相互に連絡することで東京都心部への通過交通の流入を減少させ，東京都心部の渋滞を緩和させることを目的として建設が進められている高速自動車国道である。

控訴審判決は，土地収用法 20 条 3 号については第一審判決と同様の解釈に立ちつつ，事業によって得られる公共の利益について，全く異なる判断方法をとっている。控訴審判決は，圏央道の建設が広域総合計画に位置付けられていたことに詳細に言及している。圏央道は，まず，国土総合開発法（平成 11 年法律 160 号による改正前のもの。以下同じ。）に基づいて策定される全国総合開発計画（以下「全総」という。）に位置づけられていた。第 4 次全総（昭和 62 年 6 月 30 日閣議決定）においては「多極分散型の国土」形成の一環として関東地方における「環状方向の連携の強化を図り，核都市等の育成に資する」ために，また第五次全総（平成 10 年 3 月 31 日閣議決定）においては「地域の自立を促進し，人々が自らの暮らす地域に誇りの持てる状況を創出」するための施策として，関東地域については「東京都区部への一極依存構造を是正し，ネットワーク型の地域構造への転換を進める」観点から，「業務機能を始めとする諸機能の集積の核として，業務核都市等の育成，整備を推進」するために整備することとされていた。さらに，首都圏整備法（平成 11 年法律 160 号による改正前のもの。以下同じ。）に基づいて策定される首都圏整備計画[49]においても，圏央道は，整備されるべき交通体系の中に位置付けられていた。すなわち，昭和 56 年 6 月に策定された首都圏整備計画は，「東京大都市圏における多核多圏型の地域構造の形成を図るため，放射方向と環状方向の幹線道路網を構成する」ことを

---

[49] 昭和 31 年の首都圏整備法制定時から平成 17 年法律 89 号による同法改正まで，首都圏整備計画は基本計画，整備計画および事業計画からなるものとされていた（改正前 21 条 1 項）。本文にいう「首都圏整備計画」とは，ここでいう整備計画であり，本文にいう「首都圏基本計画」とは，ここでいう基本計画である。基本計画の内容は，「首都圏内の事項規模，土地利用その他整備計画の基本となるべき事項」であった（同 2 項）。それに対して整備計画は，首都圏における宅地の整備や道路，鉄道，飛行場，港湾，公園，緑地，上下水道，河川，学校など，都市基盤となる施設の「根幹となるべきもの」を定めることとされていた（同 3 項）。事業計画は，毎年度の事業に関する計画であった（同 4 項）。平成 17 年改正により，基本計画と整備計画が「首都圏整備計画」として一本化され，事業計画は廃止された。

第2部　都市法の現代的諸相

目的として圏央道等の整備を位置付け，また，昭和61年6月の第四次首都圏基本計画は「沿道における新市街地の形成」に配慮しつつ圏央道の整備を図ることとしていた。さらに，平成8年8月の首都圏整備計画は「国際的，全国的な政治，経済，文化等の中心としてふさわしい地域構造を形成する」ことを目標として，また，平成11年3月の第五次首都圏基本計画は「東京中心部と社会経済的に一体である近郊地域において，業務，商業，文化，居住等の諸機能がバランスよく配置された自律性の高い地域形成を推進する」ことを目標として，それぞれ圏央道を含む首都圏道路網の整備を計画中に位置付けていた。そのほか，東京都が平成13年4月に公表した「首都圏メガロポリス構想」においても，圏央道が首都高速中央環状線，東京外郭環状道路と並ぶ首都圏三環状道路の一つして整備目標に挙げられていた。控訴審判決は，道路交通センサスを援用して，圏央道の整備による都心部への流入交通量削減効果を指摘しつつも，主には以上のような上位諸計画および構想へ圏央道が位置づけられていることを以て，次のように本件道路事業の公共性を肯定するのである[50]。「圏央道の整備は，前記の全国総合開発計画や首都圏整備計画等が基本的な目標として掲げた，首都圏が，都心部への一極依存構造からネットワーク型の地域構造への転換を図り，都心部の交通渋滞を緩和するとともに，圏央道の近傍に位置する広域連携拠点都市間で相互に補完，触発しあいながら交流する多極分散型の国土を形成するという公共の利益に資するものであると認められる。」[51]

　本件道路事業の公共性に関する第一審判決と控訴審判決の審査方法の違いは明らかであろう。第一審判決は，本件事業から生じうる公共の利益として都心部の渋滞緩和効果，起業地近傍での渋滞緩和効果を挙げ，前者については被告側の主張立証が不十分であるとして，また後者については自ら詳細に検討して否定した。それに対して，被告国側が事業の効果として主張した，広域的利便性の向上や多極分散型国土構造への転換といった論点には言及していない[52]。

---

(50)　さらに本件事業が「首都圏中央連絡道路」としての都市計画決定を経ていることをも指摘しているが，本件事業は都市計画事業として実施されているのではなく，土地収用法に基づく事業認定を経て実施されているので，都市計画への位置付けは事業の公共性を根拠づける事実の一つであるに過ぎない。

(51)　なお本件は上告されたが，平成19年4月13日に上告棄却および上告受理申立不受理の決定がなされたという。

(52)　本件第一審判決は，事業認定庁の裁量の根拠を事業認定の専門技術性にではなく，利益衡量の政策的判断性に見出しており，裁量の根拠論からみて興味深い。また，代替案審査については，「代替案の検討を行わなくとも，当該事業計画の合理性が優に認め

334

つまり，本件事業の政策論レベルの意義ではなく，現実に生じると期待できる事業効果を問題にし，それを否定したものといえよう。

それに対して控訴審判決は，事業の公共性を主として上位計画との適合性に求めている。つまり，全国総合開発計画や首都圏整備計画で挙げられた政策目標の実現に資するものとして圏央道が位置づけられている以上，圏央道にはそのような意味での公共性が認められる，という思考である。ここでいわれている本件事業を通じて得られる公益とは，具体的な渋滞緩和効果などではなく，あるいはそれだけではなく，上位計画に示された政策目標の実現手段としての位置付けが与えられていることそれ自体なのではないか，と考えることができよう。

Ⅳ　行政決定の政治的側面

1　空間利用計画における政治性

事業によってもたらされる公共の利益を，その事業がどのような要請に対応するものであるかという観点から，インフラ不足への対応，計画量の充足，構想の実現に分類した場合，既にみたように，前二者においては主としてその専門技術的な合理性が問われるのに対して，構想の実現についてはそれ自体が公共の利益として承認された，というのがあきる野 IC 訴訟控訴審判決であった。同判決における，事業によってもたらされる公共の利益の以上のような把握の仕方は，人口減少と都市縮退の時代における「選択と集中」のあり方に一定の示唆を与えるように思われる。すなわち，第一審判決は事業によってもたらされる公共の利益を，渋滞緩和効果という，もっぱら専門技術的知見に基づいて評価されるべき基準で測ったのに対して，控訴審判決は，広域的総合計画への位置づけという，一種の政策的ないし政治的な決定に，その点の評価に関する意義を認めたのではないか，ということである。

あきる野 IC 訴訟においては，全国総合開発計画および首都圏整備計画が問題となっていた。これら計画はそれぞれ法律に基づいて策定されている。しか

られるといえるだけの事情があればともかく，そうした事情が存在しないにもかかわらず，代替案の検討を何ら行わずに事業認定がなされた場合は，不十分な審査態度であって，事業認定庁に与えられた裁量を逸脱する疑いを生じさせる。」とし，本件においては代替案審査が全く行われていないことから，事業の合理性はこの点からも裏付けられないとした。いずれもさらに検討すべき論点であるが，本稿では触れることができない。

第 2 部　都市法の現代的諸相

し，前者の根拠法たる国土総合開発法は，「国土の自然的条件を考慮して，経済，社会，文化等に関する施策の総合的見地から，国土を総合的に利用し，開発し，及び保全し，並びに産業立地の適正化を図」るという法律目的（1 条），5 項目の計画内容（2 条 1 項），および最低限度の策定手続（全国総合開発計画については昭和 27 年法律 217 号による改正後の 7 条）について規定を置くのみであり，計画が具体的に保護ないし実現すべき利益，計画策定の際に考慮すべき事項などが具体的に示されているわけではない。首都圏整備法も，「わが国の政治，経済，文化等の中心としてふさわしい首都圏の建設」という目的を掲げたうえで（1 条），首都圏整備計画の内容（21 条），最低限度の手続既定（22 条）を置くのみである。いずれの法律においても，具体的にどのような国土ないし首都圏を創造すべきであるかは法律中には定められておらず，計画を通じて明らかにされることになる。

　一般に，空間利用に関わる計画にあっては，それが開発計画であれ土地利用計画[53]であれ，実現されるべき具体的公益が何であるかは，その計画策定の根拠法律においてではなく，個々の計画によって定められることになる。その際には，様々な公的および私的利益が調査収集され，比較衡量されることになるが，「この間の利害対立や紛争は，必ずしも権利利益の侵害という局面にとどまらず客観的公益が何であるかを巡って生ずる。司法審査が権利保護の観点にとどまるとすれば，計画をめぐる紛争に全面的に応えることができない。そのため，権利保護から一旦離れた客観的公益については裁判所が判断することは，困難であり，適当でもないからここに行政庁の裁量を認める理由がある」[54]とされる。この裁量は，専門技術的裁量と政策的ないし政治的裁量の種別[55]に当てはめるならば，政策的政治的裁量の要素が強いであろう[56]。他方で，

---

(53)　それぞれの計画類型については，西谷剛『実定行政計画法』（有斐閣，2003 年）55 頁以下を参照。

(54)　西谷・前掲注(53)書 50 頁以下。

(55)　芝池義一『行政法総論講義〔第 4 版補訂版〕』（有斐閣，2006 年）73 頁，曽和俊文『行政法総論を学ぶ』（有斐閣，2014 年）185 頁以下。

(56)　あきる野 IC 訴訟第一審判決は，事業認定の際に事業認定庁に認められる裁量の実質的根拠について次のように述べている。「法 20 条 3 号の判断に当たり事業認定庁に認められる裁量とは，事業認定庁の有する専門技術的知識に由来するものではなく，得られる価値と失われる価値との比較衡量をするに当たり，性質上そのままでの比較対象〔ママ〕が困難な複数の価値について，事業認定庁における政策的判断としてそのいずれを優先させるかという意味においての裁量であり，事業認定庁の政策的判断能力に由来するものと解される。」

336

14 行政決定の技術性と政治性に関する試論

目標となる国土像を定め，政府の行う事業の量や配置を定めるという，国土総合開発計画や首都圏整備計画は，社会の諸利益・諸要求を統合するものであるが，その際には優先順位の決定や選別が行われざるを得ない[57]。例えば高速道路などの広域的インフラの路線はもちろん，初めに述べた「選択と集中」は，文字通り優先順位を決定し，選別する行為である。そしてその行為は，政治の機能であるということができる[58]。つまり，法律が計画策定権者に与えた判断の余地の趣旨，ないしは司法審査が制限される根拠としては，それが政策的ないし政治的判断を含むからであり，その政治的判断の内容は，優先順位の決定による選別である，ということになる。ただし，優先順位を決定する場合にも，それはもっぱら政治的決断にかかるのではなく，まずは事実関係の調査と評価，それらに基づく予測などによる専門技術的判断が行われるべきであり，それらを踏まえて政治的判断が行われる，と考えるべきであろう。つまり，空間利用に関わる計画であっても，政治的判断と専門技術的判断の双方の性格を兼ね備えており，ただ計画の範囲や対象によって両者の何れが主となるかが変わってくるのではないかと思われる[59]。

　以上の議論を，すでに検討した公益の類型に当てはめると，計画量の充足にあって問題となっているのは専門技術的判断であり，そのため計画量の合理性が主要な争点となったものと思われる。それに対して構想の実現が事業のもたらす公共の利益であるとされる場合，問題となるのは構想である。そしてこの構想は，目指すべき将来像であり，将来へ向けた形成目標[60]であることを考

---

(57)　手島孝『ネオ行政国家論』（木鐸社，1991 年）113 頁。

(58)　西尾勝『行政学の基礎概念』（東京大学出版会，1990 年）211 頁。

(59)　専門技術的判断と政治的判断は，相互排他的に区別されるのではない。例えば原子炉設置許可のような専門技術的な判断であっても，政治的価値判断が含まれうる。論者によれば，原発訴訟にあって問題となるのは，社会的に受け入れ可能なリスクの範囲であり（阿部泰隆『行政の法システム（下）〔新版〕』（有斐閣，1997 年）659 頁），その判断は，国民に対して直接に責任を負う政治が選択するものである（原田尚彦『行政法要論〔全訂 7 版（補訂 2 版）〕』（学陽書房，2012 年）150 頁）。つまり，原子炉の安全性の判断は，専門技術的な判断であると同時に，現代の大規模科学技術に対して 100% の安全性は要求し得ないとの認識の下でどの程度のリスクであれば社会的に許容されるのか，という一つの政治的決断をも含んでいる（原田尚彦「東海原発訴訟第一審判決の意味」ジュリスト 843 号（1985 年）72，76 頁以下，阿部泰隆「原発訴訟をめぐる法律問題（三・完）」法律時報 1163 号（1985 年）182，189 頁以下，高橋利文「伊方・福島第二原発訴訟最高裁判決」ジュリスト 1017 号（1993 年）48，55 頁）。

(60)　「政治的形成」と「専門技術的判断」という性格付けは，Michael Fehling, Verwaltung zwischen Unparteilichkeit und Gestaltungsaufgabe, 2001, S. 93 ff. を参考に

第 2 部　都市法の現代的諸相

えると，専門技術的知見に根拠づけられている必要はあるとしても，また専門技術的見地からみて不合理な選択は許容されないとしても，基本的には政治的選択の問題なのではないかと思われる。

2　政治的正当性の調達

　問題は，あきる野 IC 訴訟控訴審判決におけるように，構想実現それ自体を事業がもたらす公共の利益であると解することが仮に許されるとした場合に，当該構想はどのようなものであるべきなのか，ということである。専門技術的判断であれば，専門技術的見地からの合理性が求められるが，政策的ないし政治的判断については，それが客観的にみて明白に合理性を欠くような場合を除けば，その当否の判断基準それ自体も民主的に決定されるべきもの，と言わざるを得ないだろう[61]。とすると，政策的ないし政治的判断についてはその政治的正当性が問題となる。民主政国家の行政活動が政治的正当性を備えるためには，まずはいわゆる民主的正統性[62]が求められる。ごく単純に言えば，決定に関与する者は，国であれば，内閣を通じて国会に対して責任を負う大臣によって任命され，またはその受任者によって任命されていなければならず，かつ大臣ないしその受任者による監督を通じて国会に対して（間接的にではあれ）責任を負わなければならない。さらに，その活動内容は，法律に基づくなど，何らかの意味で国民の意思に従ったものでなければならない。

　あきる野 IC 訴訟で事業によってもたらされる公共の利益の根拠となった計画についてこの点を見てみる。全国総合開発計画は内閣総理大臣により作成され公表される（昭和 27 年法律 217 号による改正後の国土総合開発法（以下同じ。）7 条）。内閣総理大臣は計画を作成する際，関係各行政機関の長の意見を聞き，国土総合開発審議会（昭和 53 年法律 55 号による改正後は国土審議会）の調査審

　　した。専門性と政治性の区別については，さらに，大屋雄裕「政策の影響範囲と条例制定権の関係」全国知事会調査研究報告書（2014 年）26 頁以下を参照。

(61)　もちろん，具体の事業が周辺住民等の権利利益を損なうものであってはならないが，それは，事業それ自体の公共性とは異なる段階での判断である。また，事業によってもたらされる公共の利益が広域的総合計画への位置づけを根拠に承認されたとしても，事業によって失われる利益との比較衡量により，即地的公共性が結果的に否定されることはあり得る。

(62)　ドイツ公法学に由来するこの概念については，参照，毛利透「民主主義と行政組織のヒエラルヒー」（初出 2003 年）『統治構造の憲法論』（岩波書店，2014 年）313，317 頁以下，321 頁以下，野田崇「市民参加の『民主化機能』について」法と政治 60 巻 3 号（2009 年）505，553 頁以下。

議を経ることとされており，審議会委員は内閣総理大臣により任命される。審議会委員 45 名のうち 15 名は各議院から指名された国会議員であり，地方公共団体の長が 3 名，学識経験者が 15 名以内，12 名以内が関係行政機関の職員とされていた（同 6 条）。また，首都圏整備計画は，首都圏整備法制定当初（昭和 31 年法律 83 号）は，国家行政組織法 3 条に基づいて設置され，国務大臣を委員長とし，委員長および 4 名の委員からなる首都圏整備委員会が，関係行政機関の長，関係都県及び国土開発審議会とほぼ同様の構成をとる首都圏整備審議会の意見をきいて決定することとされていた（同 22 条）が，昭和 49 年法律 98 号による同法改正により首都圏整備委員会が廃止され，首都圏整備計画は内閣総理大臣が同様の手続を経て決定することとされた。いずれの計画も法律に基づいて策定されている。また策定権者は，国会により指名されている点で高度の民主政的正統性を帯びた内閣総理大臣である。策定に関与する審議会は主務大臣の指揮監督下に置かれてはいないが，決定内容に対する事実上の影響力を持ちうることは否定できないとしても，決定権限を有しているのではない。したがって，上記両計画の民主政的正統性は確保されているといえる。しかし，あきる野 IC 訴訟控訴審判決におけるように，当該事業が計画に位置付けられていることが，当該事業がもたらす公共の利益として土地収用を正当化する機能を果たす場合，計画は個別の市民の権利に対して侵害的に機能していることになる。そうすると，しばしば指摘されるように，このような意味での民主政的正統性は多分に形式的であり，個別の市民との関係での正当化は必ずしも十分ではないのではないか，とも思われる。

　では，このような計画の，個々の市民との関係での政治的正当性はいかにして調達されるのか。ここで体系的な検討を加えることはできず，何点かの指摘にとどめざるを得ない。一般に，個々の市民の権利利益に影響を与える行政決定を当該市民との関係で正当化する仕組みとしてまず挙げられるのは，参加手続であろう。これは，行政手続法において不利益処分について定められているのみならず，都市計画についても公聴会（都計法 16 条），公告縦覧・意見書提出手続（都計法 17 条）[63] として定められるなど，すでに一般化していると思われる。しかし，国土総合開発法は，参加手続としてはすでに述べたように関係行政機関の長の意見聴取および審議会の調査審議のみを定め，市民参加の機会を設けていなかった。それに対して国土総合開発法の改正法である国土形成計

---

(63)　地区計画についてはさらに土地所有者等に対して条例の定める意見聴取手続が行われる（都計法 16 条 2 項）。

第 2 部　都市法の現代的諸相

画法（平成 17 年法律 89 号）6 条 5 項は，環境大臣その他関係行政機関の長への協議と都道府県および指定都市の意見聴取を行うこと，国土審議会の調査審議を経ることと並んで，「国民の意見を反映させるために必要な措置」を取るべきこと定めており，国土形成計画の原案についてパブリックコメントが行われた[64]。もっとも，パブリックコメントは基本的には情報収集手段であると考えられ[65]，個別論点について行政側が回答することを通じて一定の説明責任が果たされる[66]としても，個々の市民との関係で当該行政決定を正当化するものとはいえない。そこで，「国民の意見」を反映させることに加えて，直接に権利侵害を受け得る者に特別の参加機会を与えるべきかが問題となる。

　まず，よりよい決定を行うために十分な情報収集を行うことは必須であり，審議会の調査審議もそのための仕組みの一つであると考えられる。そうであるとすると，審議会は関係する諸利益や専門知識がバンランスよく取り入れられるように構成されるべきであり，また，国会議員を委員とする趣旨が計画の民主政的正統性確保であれば，むしろ計画案について国会の議決を経ることとすべきではないかと思われる。さらに，大規模事業の路線や立地の概要を定める際には，関係する地域住民には十分な周知を行ったうえで，特に意見を募る手続が行われることが望ましい。関係地方公共団体に対する意見聴取は，部分的にそのような機能をも果たすだろう。しかし，全体的には，本件事業について一定の政治的正当性を肯定することができるのではないかと思われる。すなわち，国土開発計画や首都圏整備計画のような広域にわたる総合計画においては，個別の事業の路線や立地が具体的に決定されているわけではなく，その意味で個々の市民の権利利益への影響の有無も未確定である。また，あきる野 IC 訴訟控訴審判決の論理に従っても，計画への事業の位置づけは，事業がもたらす公共の利益の根拠となるにとどまる点で，市民の権利利益への影響は間接的である。さらに，実際に事業認定が行われるか否かは，事業によって失われる利益との比較衡量による。そして事業認定に対しては，少なくとも，その土地を収用されることとなる者は取消訴訟を提起することができる。もちろん，大規模事業の可否や路線ないし立地の概要が政治的に決定されると，後の事業認定

---

(64)　http://www.mlit.go.jp/report/press/kokudoseisaku03_hh_000077.html.

(65)　豊島明子「パブリック・コメントの意義と課題」室井力（編）『住民参加のシステム改革』（日本評論社，2003 年）177 頁。

(66)　角松生史「行政のアカウンタビリティの展開」泉水文雄／角松生史（監修）『法政策学の試み──法政策研究 13 集』（信山社，2012 年）3，12 頁。

の段階では，少なくともそういった事業を行うことそれ自体と路線ないし立地の概要は事実上所与とされ，それと対立する諸利益と比較衡量されることになる。このような状況は，事業それ自体に反対する者にとっては不公正に映る可能性もある[67]。しかし上記の事情を踏まえると，少なくとも全国規模ないし圏域規模の構想を描く総合的な計画については，個々の利害関係人ないし広い意味で影響を受ける人的集団の権利利益や関心を直接に反映させるための手続を導入することよりも，政治的な責任性[68]を確保することが求められるのではないかと思われる。

V　お わ り に

　本稿は，人口減少と都市縮退の時代の「選択と集中」を方向付ける決定のあり方を探ることを目的としていた。いうまでもなく，一都市内部での，その都市のあり方は，住民自身により決定されるべき事柄であろう[69]。しかし本稿が注目したのは，都市内部での，いわば狭域レベルでの「選択と集中」のあり方ではなく，全国レベルないし圏域レベルでのそれであった。

　本稿で中心的に検討した圏央道あきる野IC訴訟は事業認定の取消訴訟であるが，事業認定取消訴訟においては，当該事業によってもたらされる公共の利益が問われる。その点で，一般に「選択と集中」を根拠づける，「そこに集中させる理由」がどのように認められるかを考える上での参考になるものと思われる。あきる野IC訴訟控訴審判決は，事業が全国総合開発計画に描かれた構想の実現に資するものであること自体を，事業によってもたらされる公共の利益であるとした。収用法においてこのような評価が正当であるかは一つの問題であろうが，少なくとも全国規模ないし圏域規模の構想は，利害関係人や地域住民が密接に関わりつつ作り上げられてゆくというよりも，主として代表民主政の回路から生み出されるものであることを示唆しているようにも思われる。民間の開発圧力を誘導しつつ，開発利益を吸収して公共投資を行うことが都市

---

(67)　上位計画から下位計画へ事業が段階的に具体化されてれゆく場合，後の段階で事業の可否や立地ないし路線の概要など事業の基幹的項目はもはや変更できなくなる。このことが，市民に強い不満を生じさせることがある。参照，野田崇「大規模施設設置手続と市民──シュツットガルト21を巡る議論──(1)・(2・完)」法と政治65巻2号（2014年）1頁以下，65巻3号（2014年）47頁以下。

(68)　参照，待鳥聡史『代議制民主主義』（中央公論新社，2015年）250頁以下。

(69)　参照，安本・前掲注(3)19頁。

第2部　都市法の現代的諸相

政策の課題であった拡大の時代とは異なり，真に選別を行わざるを得なくなる
とすれば，その際には個別の事情や利害からは距離を置いた決定レベルが必要
となる。その決定の政治的正当性は代表民主政を通じて調達され，また代表制
における責任の論理を通じて是正される。すなわち，政治的決定の正当性につ
いての説明が要求され，それに対する評価は選挙で示されることになる。それ
に対して市民の具体的な権利利益は，構想実現のための個々の行為の段階で考
慮され，またそれに対する訴訟を通じて保護されることとなろう。都市の将来
像を定める際の住民の参加や協働は不可欠であるが，特に全国規模ないし圏域
規模の構想は，政治過程において形成され以後のより狭域の構想を枠づけてゆ
く，と考えることもできるのではないかと思われる。

15 フランスの首都圏整備計画に関する考察
―――グラン・パリ構想の背景と展開―――

鳥海　基樹

I　研究の背景と意義及び方法論

　本論は，わが国の首都圏や大都市圏整備に関する以下 3 点の背景を問題意識としている。

　①　まず，わが国の首都圏整備計画は 1956 年の首都圏整備法に基づき，時代々々の要請に基づき数次の計画が立案されてきたが，いずれも東京への一極集中の解消が目論まれ，その国際競争力の強化等の問題が等閑視されてきた問題がある。その無策の状況下で 2020 年の五輪開催が決まり，それに向けた提案が多く提示されているが，かかる近視眼的思考で首都改造を考究するのは無理で，その後を見据え，さらに文化や連帯等，東京の弱点とされる点も踏まえた中期計画が必要ではないのか。

　②　次に，大都市圏のガヴァナンスの問題がある。大阪都や中京都等の構想が提示されているが，二重行政の無駄削減という論点が前面に出て，行政区画再編後の物的環境像は明確にされていない。しかし，これは問題の立て方が逆で，理路としてはまず行政区画不問で都市像や生活像を考究し，それに最適なガヴァナンスを後置するのが合理的ではないのか。

　③　さらに，ミクロなプロジェクトの統制の問題がある。規制緩和を活用した点的な開発事業群，さらには基礎自治体による面的都市計画群によるマクロな尺度での合成の誤謬に関しては検証が充分とは言えまい。さらに，リニア新幹線計画では田町操車場跡地周辺に始発駅を建設予定だが，そこは東京が誇る地下鉄網との接続がないに等しい等，かかる具合に，民間活力の活用と同時に，そもそも首都圏や大都市圏の将来像に関する公的提示が不可欠ではないか。

　本論は以上の問題への示唆を得るため，グラン・パリ（Grand Paris）構想[1]として進められているフランスの首都圏整備計画を，ガヴァナンスや都市計画理論の変容も含め分析することを目的とする。

---

(1)　この熟語は「大きな賭け（grand pari）」と「偉大なパリ（grand Pairs）」とを同時に表現している。

第2部　都市法の現代的諸相

Ⅱ　首都圏整備構想の背景

　フランスには首都圏整備計画や首都圏を定義する行政区画は存在してこな
かった。実質的にはイル・ドゥ・フランス地方圏（以下 RIF と略す）全体を覆
う RIF 指導スキーム（以下 SDRIF と略す）が首都圏整備計画の役割を果たして
きた。

　とはいえ，今日の首都圏整備論議の端緒は，2007 年 5 月に就任したニコラ・
サルコジ大統領による同年 6 月 26 日の国主導の計画への意思表明である[2]。
では，その課題とは何かだが，公文書等による明確な整理はなく，時期や状況
で変化するそれを「カメレオン的」とする指摘もある[3]。以下ではそれを 6 点
に整理する。

　①　国際競争力の低下[4]

　RIF は本土人口の約 2 割で国内総生産の約 3 割を産出するが，1995 年と
2002 年の間の経済成長率はロンドンの 8％に対し 2.4％であり[5]，貿易収支は
1997 年の約 238 億ユーロの黒字に対し 2008 年は約 568 億ユーロの赤字であっ
た。また，2005 年 7 月の 2012 年開催のオリンピック誘致競争でのロンドンに
対する敗北は，国際競争力の低下を再認識させた[6]。さらに，パリ一極集中を
非難したところで地方振興が推進される訳ではないことも理解されつつあ
る[7]。

　②　雇用創出

　失業率は常時 10％前後であり，その持続的解消が必要である。実際，上述
の大統領演説は欧州諸都市の港湾整備による雇用発生や RIF の社会基盤整備

---

(2)　Présidence de la République, *Discours de M. le Président de la République –
　　Inauguration du Satellite nº 3 Roissy Charles-de-Gaulle*, 26 juin 2007. 無論，GILLI et
　　OFFNER（2008），p.45，が指摘するように，国の介入の必要性は 2006 年に国土整備・
　　競争力強化省際委員会（DIACT）が報告をする等していた。サルコジ演説はその執行
　　を明示したことで論議を呼び起こす契機となった。

(3)　ORFEUIL et WIEL（2012），p.102.

(4)　MARCOU Gérard, «Quel Grand Paris demain?», dans *Actualité Juridique –Droit
　　Administratif*, nº 27, 3 août 2009, pp.1468-1473, p.1468.

(5)　DAVEZZIE Laurent, «Emploi et accessibilité», dans OFFNER（sous la direction
　　de）（2007），pp.47-52, p.47.

(6)　SUBRA（2009），pp.56-57.

(7)　Présidence de la République, *Le Grand Paris – Dossier de presse*, 29 avril 2009, p.1.

による雇用創出に言及している[8]。また，2009 年 4 月 29 日の大統領府報道資料でも今後 15 年間で 80 万から 100 万の雇用創出が謳われた。後述の環状鉄道建設では正規雇用換算で車両製造等だけでも 8 年間で 5,000 人分が発生するとされている[9]。

③ 雇用の郊外移転への対応

パリ市は 1977 年から 2006 年の間に正規雇用換算で 18％減を記録した一方，周辺 3 県（Petite Couronne）は同 20％増，その外周 4 県（Grande Couronne）は同 67％増となっている[10]。その結果，RIF に於ける移動の 70％は郊外間となり，80％は自動車である[11]。また，1999 年の統計だが，パリ市は RIF の雇用の 3 割を有するが，約 3 割の市民が市外の職場に通勤する[12]。これは公共交通網の不均衡にも起因するため，適切な交通体系構築が不可欠になっている[13]。

④ 住宅問題

首都圏では慢性的な住宅問題があり，供給量不足と需給不均衡という 2 側面がある。前者から概観すると，RIF では 1999 年から 2005 年の間に人口が年間 1.1％増加しているが住宅供給は 0.6％の増加に留まり，2005 年現在で 16 万戸の住宅が不足していた[14]。後者は一部地域への社会住宅の集中を意味し，2005 年の郊外暴動の原因となった[15]。しかも，それを自治体の開発戦略が惹起している点が問題視されている。例えば，セーヌ・サン・ドゥニ県では業務地区整備が進み第 3 次産業の雇用創出が見られるが，その伝統的居住者は単純労働者層で，職住近接や失業率改善に直結していない[16]。また，価格の低い不動産は高価なそれに対し価格上昇率が大きく，低所得者程住宅問題が深刻化

---

(8)　Présidence de la République, *Discours de M. le Président..., op.cit.*.

(9)　VIENNET Robert, «Grand Paris – Les transports vont dessiner le nouveau visage de l'Ile-de-France», dans *Transport public*, n° 1114, 2011, pp.18-22, p.22.

(10)　MOT Alexandre, «Comment se porte l'économie du centre de l'agglomération parisienne? – Principaux indicateurs économiques pour Paris-petite couronne et recompositions géographiques de l'emploi», dans *Les Cahiers du CROCIS*, n° 30, novembre 2008, p.26.

(11)　HUCHON Jean-Paul, «Grand Paris : le défi de la coopération Etat-Région», dans (collectif) (2011), pp.6-8, p.7.

(12)　GILLI et OFFNER (2008), p.69.

(13)　PITRON Emmanuel, «Repenser le Lien du transport à la ville», dans (collectif) (2011), pp.61-62, p.61.

(14)　GILLI et OFFNER (2008), pp.73-75.

(15)　GILLI et OFFNER (2008), p.42.

(16)　GILLI et OFFNER (2008), p.71.

第 2 部　都市法の現代的諸相

している[17]。

⑤　都市計画の策定単位と実体的都市域の齟齬[18]

RIF は 2009 年 1 月 1 日現在で人口 111,728,240 人，面積 12,011km^2 だが基礎自治体数は 1301 であり，基礎自治体平均で人口約 8 万 6 千人，面積約 9km^2 となる。パリ市を除くと人口 10 万人以上のものは一市で，千以上の自治体が人口 1 万人以下である。パリ市と隣接自治体で明らかな様に，実体的都市域は基礎自治体の境界と無差別である。例えば，2007 年パリ市はフリー・サーヴィス自転車（VLS）であるヴェリブ（Vélib'）を導入したが貸借は市内に限定されていた。これに関し，パリ周辺自治体は不満を表明していた[19]。

⑥　ポスト京都議定書時代の新たな都市計画の模索

上述の大統領演説にこの視点はなく，同年 9 月発表及び国際諮問の準備会合中に文化省が提案した[20]。その背景には，京都議定書が 2012 年に満了し，その後の環境政策のイニシアティヴをフランスが取る構想が存在し，さらにそれは既に環境グルネル会議とその後の一連の立法によりサルコジ政権の主要課題に挙げられていた[21]。

Ⅲ　行政区画再編論議とパリ首都圏の都市計画の展開

パリ首都圏を巡る議論は，解決すべき問題の序列にこそ利害関係者間で差異があるが，対処方策としてガヴァナンス整序と首都圏整備計画策定がある点は共通している。そこでまず前者を概観する。

---

(17)　例えば，JUILLARD Claire, «Répondre l'enjeu de mobilité résidentielle : l'autre pari du Grand Paris», dans *L'Observateur de l'immobilier du Crédit foncier*, n° 85, avril 2013, pp.43-58, p.56 に拠れば，1998 年と 2007 年のパリ市内の賃貸住宅の 1㎡当たりの価格を比較すると，価格上位 10％の不動産の価格上昇率が 135％であったのに対し，下位 10％のそれは 220％であった。

(18)　フランス全般の状況として，鳥海基樹「フランスの都市計画の広域化と地方分権 ――機能不全，策定組織，補完措置を軸に」新世代法政策学研究 7 号（2010 年）249-289 頁を参照のこと。

(19)　«La Banlieue privée de Vélib'», dans *Libération*, 17 juillet 2007.

(20)　LENGEREAU Eric, «Les Inventions d'une consultation hors normes», dans *Urbanisme*, n° 368 : «Le grand Pari(s)», pp.39-43, p.41.

(21)　環境グルネル会議とは 2007 年秋に開催された環境に関わる利害関係者の集団討論会で，翌年にそれを承けた 2 法が制定された。その都市計画に対する影響に関しては，BORLOO (2010) et JEGOUZO (2011) を参照のこと。

1 各主体の動きと提案

① パリ市の動き

自治体間協力は 1977 年からの保守系市政下では実施されなかった[22]。2001年に革新系のベルトラン・ドラノエが市長に就任してイル・ドゥ・フランス地方自治体協力担当助役が設置され[23]，2002 年から 2 年間で隣接全 29 基礎自治体との覚書きの交換に至った[24]。それらの一定の進展後の 2006 年 6 月に第 1回メトロポール会議が開催され，後述のパリ・メトロポールの母体となる。ただ，それら自治体間協力では，国際競争力の担保といった国政レヴェルの課題や社会住宅建設といった広域調整案件の考察はされてこなかった。

② RIF の動き

RIF は 2007 年 10 月 25 日に「メトロポールのためのシナリオ群：パリ＝イル・ドゥ・フランスの明日」特別委員会を設置し，2008 年 3 月に報告書が提出された[25]。骨子は，県合併や新自治体の創設ではなく，現行自治体が参加する討論基盤構築の必要性である。

③ 国の動き

大統領は，グラン・パリ構想提示と同時に地方自治体の態様の検討も指示した。まず，2008 年 4 月にパリ市及び周辺 3 県の合併による新自治体の設置の他，首都圏の競争力強化のためのガヴァナンスに関する報告書が提出された[26]。次に，2008 年 10 月に大統領直属組織として地方団体改革審議会が設置され，翌年 3 月に報告書を提出した[27]。首都圏に関しては，2014 年までのパリ市及び周辺 3 県の合併により既存の地方自治体とは異なる新自治体・グラン・パリ大都市共同体の設置を答申した。本答申では，都市計画，交通，或いは住宅といった権限が大都市共同体に吸収されるとしている。

---

(22)　SUBRA Philippe, «Le Grand Paris, stratégies urbaines et rivalités géopolitiques», dans *Hérodote*, n° 135, 2009, pp.49-79, p.57.

(23)　SAUVAGE Pascale, *Delanoë en son royaume – L'héritage Chirac*, Paris, Hachette, 2002, p.236.

(24)　RONAI Simon, «Paris-banlieues: défiances et quiproquos», dans OFFNER (sous la direction de) (2007), pp.17-22, p.21.

(25)　PLANCHOU (2008).

(26)　DALLIER (2008).

(27)　Comité pour la réforme des collectivités locales, *Il est temps de décider*, rapport au président de la République, 5 mars, 2009, pp.108-113.

第 2 部　都市法の現代的諸相

2　合併方式の断念

上記③で提案された合併方式は，現在では殆ど完全に選択肢から外れた。その理由は時事的なものと原則的なものに分けられる。

時事的理由としては，2008 年の統一地方選挙でパリ市は革新系市政の継続となった点がある。新自治体掌握にはパリ市議会での多数派形成が必須だが保守系はそれに失敗した。また，保守地盤の強固なオー・ドゥ・セーヌ県の保守派も，パリ市を革新系に握られれば新自治体で少数派となるため当初から合併に否定的であった[28]。

原則的理由としては，地方議員は保革を問わず分権された権限の返上に忌避感が強い点がある[29]。これは RIF に関しても同様で，首都圏整備の権限移譲への警戒感が強い[30]。さらに，とりわけ税収の豊かな基礎自治体，即ち保守地盤の強固な自治体は税の平準化や社会住宅増設を課され得る行政システムに反発が強い[31]。

以上の帰結として合併は敬遠され，問題は自治体の重畳自体ではなくその責務の明確化と補完性原理の徹底で，要諦はガヴァメントではなくガヴァナンスであると考えられるに至っている[32]。

大統領自身，2008 年のパリ市長選挙後は合併への関心を失い，2009 年 4 月29 日の演説で断念を表明した[33]。また，そもそも大統領はこの時期には首都

---

(28)　SUBRA *op.cit.*, p.64.

(29)　*ibidem*, p.65.

(30)　HUCHON Jean-Paul, «Renforcer l'Agglomération francilienne», dans OFFNER (sous la direction de) (2007), pp.94-96, p.94.

(31)　DESJARDINS Xavier, «La Bataille du Grand Paris», dans *Information géographique*, nº 4, décembre 2010, pp.29-46, pp.35-36.

(32)　BELLIOT Marcel, « "Région Ile-de-France": les enjeux masques du SDRIF», dans *Urbanisme*, nº 345, novembre-décembre 2005, pp.18-19, pp.18-19; MARCOU Gérard, «Des Territoires de projets pour engager le renouvellement urbain», dans OFFNER (sous la direction de) (2007), pp.73-76, p.74; GILLI et OFFNER (2008), p.17+p.50; LACAZE Jean-Paul, «Paris – Le Havre, le fait du prince? – Le projet de Grand Paris, entre rêve et réalité», dans *Futuribles*, nº 357, novembre 2009, pp.51-64, p.64; APPIA David, «Un puissant Facteur d'attractivité», dans (collectif) (2011), pp.45-46, p.46.

(33)　SUBRA, *op.cit.*, p.71. ただ，大統領は 2010 年 3 月にパリ・メトロポールは将来の首都圏議会の前身形態で，究極にはロンドンやニュー・ヨークの様な一体的地方団体創設に至るべきだとしている ((anonyme), «Entretien exclusif avec Nicolas Sarkozy, président de la République», dans *Architecture d'aujourd'hui*, nº 376 : «Le Grand Paris, Acte II», mars 2010, pp.42-58, p.54)。

348

15 フランスの首都圏整備計画に関する考察

圏整備への関心を喪失していた[34]。

3　パリ首都圏の都市計画[35]

　パリ市の境界は1860年の隣接基礎自治体の合併以降不変であるため，市域を越えた構想が官民双方で策定されてきた。グラン・パリの議論が勃興した際の首都圏整備計画は1994年のSDRIFだが，その改定は10年が目処で，1995年2月4日の国土の整備及び開発に関する第95-115号基本法律が地方圏に策定権限を分権[36]していたため2004年に改定が着手され，2007年2月15日にRIF議会が素案決定をしていた。しかし同年6月の大統領演説と同時に国と経済界が反対を表明し，都市計画の実務家や研究者も不備を指摘した。それらを以下に整理する[37]。

①　成長戦略の欠如と均衡ある発展という図式への批判

　RIF商工業会議所は業務核・デファンス地区の位置付けの低さと成長戦略の欠如を指摘する[38]。オー・ドゥ・セーヌ県は均衡ある発展という発想自体が時代遅れだとする[39]。国は2006年7月に『パリ西方業務地区再始動プラン』を承認したが，それらが勘案されていないとする[40]。その結果，政府はSDRIFの国内総生産の伸び率想定が年間2%なのは過小であると批判する[41]。

---

(34)　SUBRA (2009), p.99 + p.122 + p.155.

(35)　以降の記述は主に，PINON Pierre, «De la Croissance de Paris aux schémas directeurs de l'Ile-de-France», dans (catalogue de l'exposition) (2009), pp.12-17 を参照した。

(36)　ただし，施行には国の承認が必要である。また，2006年からイル・ドゥ・フランス交通組合 (STIF) 理事会に国が代表を送り込まなくなり，完全にRIF議会の管轄下に入ったことも分権に関する重要な変化である。

(37)　GILLI Frédéric, «Le Grand Paris : comment transformer une capitale industrielle en métropole post-Kyoto?», dans *Regard sur l'actualité*, nᵒ 359, mars 2010, pp.66-77, pp.69-70.

(38)　CHAIX Philippe, «La Défense dans la compétition des villes-mondes», dans (collectif) (2011), pp.48-50. p.48 に拠れば，RIFは国内総生産の35%を形成し，その32%はデファンス地区での経済活動に拠るものである。

(39)　WIEL (2008), p.151.

(40)　同プラン立案時のデファンス地域整備公施設法人 (EPAD) 理事長が後のサルコジ大統領で，その不勘案は政治的にも問題があった

(41)　SUBRA (2009), p.103. とはいえ，SUBRA (2012), p.107 に拠れば，2%の経済成長率達成のためには3万人の移民労働者の受け入れが必要となる。

349

第2部　都市法の現代的諸相

②　国際化への取り組みの批判

もともと RIF の国際化は不充分との批判があった[42]。これは空間計画としての SDRIF にも看取され，例えば，空港管制は SDRIF の権限外としながらも，シャルル・ドゥ＝ゴール空港に関しては騒音被害軽減のため離着陸抑制を国に要求している。これは空港の機能強化という国際的命題に反する。また，経済成長には質の高い労働力の吸引が不可欠だが，SDRIF にはその視点が欠落している[43]。

③　都市計画的批判

SDRIF は農地・緑地保全を課せても土地の高度利用は基礎自治体権限と考えられるため，戦略的機能誘導が困難という内在的な制度的問題がある。また，SDRIF 素案の規制では経済成長を許容する開発ができない。交通計画の点でも，公共交通への過信，即ち，道路整備軽視と自動車社会からの移行方法の考察の欠如が指摘できる。

国は上記に対し，2006 年 9 月の SDRIF の合意形成開始直前に国の代理官である RIF 長官（préfet de région）に国益事業（OIN）の展開を一方的に発表させ，地方圏と姿勢の違いを鮮明にしていた[44]。

以上の指摘により承認に遅延が生じる間に，都市計画関連諸法の制定や改定により合致すべき上位計画が増設され，SDRIF 案はさらに法的に不安定となった。例えば，環境グルネル法制が定めた地方圏空間整備・開発スキーム（SRADDT），地方圏気候・大気・エネルギー・スキーム（SRCAE），地方圏生態学的連続性スキーム（SRCE）との合致義務が発生し，原案では事実上失効の状態となった。

そこで，2011 年 8 月 24 日の政令で，SDRIF は 2013 年末までの改定完了が課されたが，2012 年の中央の政権交代による国と RIF の政権の同系化等から，後述するグラン・パリ法の内容を反映した形での承認が，RIF 議会に於いては

---

(42)　LEFEVRE Christian, *Gouverner les métropoles*, Paris, LGDJ, 2009, p.103.

(43)　ASCHER François, «Quelle politique de développement durable?», dans OFFNER（sous la direction de）(2007), pp.39-44, p.40.

(44)　FOUCHIER Vincent, «Quel rôle pour l'Etat?», dans OFFNER（sous la direction de）(2007), pp.63-65, p.65. 国益事業とは，国務院の議を経た政令（décret en Conseil d'Etat）で創設され（都市計画法典法律編第 121-2 条），基礎自治体または基礎自治体間協力公施設法人が策定する法定都市計画を無効化する。その中では協議整備区域（ZAC）創設や建設許可の権限が国の代理官である県地方長官（préfet de département）に返還される。

350

2013 年 10 月 18 日，閣議に於いては同年 12 月 27 日になされた。ただ，以下に述べる様々なプロジェクトや地方団体の再編から，その不安定性が懸念されてもいる。

4　グラン・パリ大都市圏共同体の創設へ

　上述の通り，パリ市と周辺 3 県による合併は断念されたが，首都圏の国際競争力や社会的連帯の強化のためのガヴァナンス整序は必要性を増加させている。そこで政府が 2013 年に提出し，2014 年冒頭に制定されたのが 2014 年 1 月 27 日の広域公共活動の近代化及び大都市圏の承認に関する第 2014-58 号法律で，その第 10 条から第 19 条が本件に関わる。ただ，結果として設置されるグラン・パリ大都市圏共同体（Métropole du Grand Paris）には複数の疑義が呈されている[45]。

　当初案では，既存の基礎自治体間協力公施設法人（以下 EPCI と略す）群を原則として人口 300,000 万人を下限に再編し，人口集積地の尺度でそれらが連合した大都市圏を形成するはずであった。つまり，30 程度の広域共同体が形成され，その傘となる形で大都市圏が構築されたはずであった。その場合，都市計画の権限は広域共同体に残るはずであった。

　しかし，それが先議に附された上院で反対に遭い，国民議会の段階では，既存の基礎自治体間協力公施設法人を全面的に解消し，大都市圏の規模もパリ市と周辺 3 県（123 基礎自治体），さらには参画を希望する隣接基礎自治体（47 基礎自治体）に限定された。人口にしても 660 万人の規模で，換言すると共通の利害を有するにもかかわらず，人口集積地の 500 万人は除外されてしまう。そのため，イル・ドゥ・フランス地方圏の 70％の基礎自治体の首長は法案に反対している［図 1］。

　また，権限を俯瞰しても，大都市圏は国の将来に関わる案件から，近隣整備の問題まで対応しなければならない。当初の哲学は広域な戦略形成であったのに，移行期間中に限定されるものと考えられるものの，清掃のような些事まで大都市圏が担当しなければならない。財政に関しても，例えば現行では基礎自治体や EPCI に税率決定権がある租税の調整等，解決すべき問題は少なくない[46]。

---

(45)　ジェラール・ラコスト（鳥海基樹訳）「グラン・パリ大都市圏共同体──統合か連合か」『日仏首都圏整備比較研究会』（財団法人大林財団助成），2014 年 3 月 10 日，於都市計画協会。

(46)　CHAUVEL Jean-Pierre et MUNCK Jeanne, «Le Métropole du Grand Paris», dans

第 2 部　都市法の現代的諸相

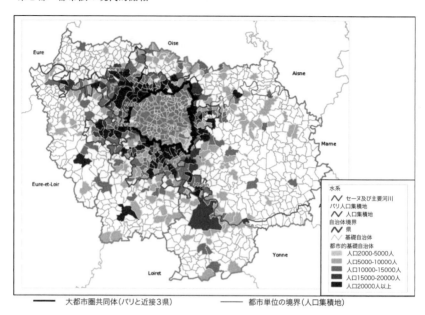

図1　グラン・パリ大都市圏共同体の区画は実態的都市圏である人口集積地よりも狭く，少なからぬ疑義が呈されている

　いずれにせよ，グラン・パリ大都市圏共同体の設置は確定事項で，まず，2015年12月31日で全ての基礎自治体間協力公施設法人が全面解消され，2016年1月1日にグラン・パリ大都市圏共同体が創設された。しかし，首は小規模自治体の市長で，当然先頭に立つべきアンヌ・イダルゴ・パリ市長等の大規模自治体の首長は静観を決め込んでいる。つまり，自らガヴァナンスの及ぶ領域には無利無害と見ている。ともあれ，同年6月30日までに詳細を確定し，必要な政府委任法令等が公布され，2017年12月31日で移行期間が終了となり，2018年1月1日にグラン・パリ大都市圏共同体に完全移行する。

Ⅳ　国際諮問とグラン・パリ国際アトリエ（AIGP）の設置

1　国際諮問

　本諮問は文化省が提案したもので[47]，大統領も首都圏整備に関する提案を

　Note rapide de l'IAU-IdF, n° 657, juin 2014, p.6.
（47）　LENGEREAU, *op.cit.*, p.39.

352

収集すると同時に，世論喚起と地方議員との合意形成を狙った[48]。課題は
「ポスト京都の21世紀のメトロポール」及び「パリ人口集中地区の将来予想」
であった。

　しかし，本諮問は実質的に以降の議論に活用されずじまいとなっている[49]。
本諮問に関しては，専門家の間でも賛否両論がある。

　肯定的見地としては，本諮問はSDRIFの補完的意義を有したとする点[50]や，
中長期的・広域的な物的環境計画で規定不可能な案件を行政区画不問で提示す
る方法として諮問は有効である点[51]がある。

　他方，否定的見地としては，建築家の美しいプレゼンテーションが地域間の
否定的差異を不可視にした点等がある[52]。諮問の未活用に対しても，2011年
10月10日の『ル・パリジャン』紙では，ジャン・ヌーヴェル等の諮問参加建
築家が批判し，政治家としても，パリ市イル・ドゥ・フランス地方自治体協力
担当助役が，国実施の国際諮問の成果を国が取り入れないことに疑義を呈して
いる[53]。

2　グラン・パリ国際アトリエ

　文化省はグラン・パリ構想への関与の継続のため，諮問参加建築家を中心と
したシンクタンクを公益団体（GIP[54]）として，2009年12月15日にグラン・
パリ・アトリエの名称で設置した。2011年11月にグラン・パリ国際アトリエ
に変更している。とはいえ，常勤職員は4名で，寧ろ議論や研究の基盤として
の位置付けとなろう。運営企画を審議するパイロット委員会は主に議員と官僚
で構成されているが，学術委員会は学識経験者や国際諮問に参加した10グ
ループの他，サスキア・サッセンやピーター・ホールなど外国人委員も含む

---

(48)　SUBRA, «Le Grand Paris...», *op.cit.*, pp.62-63.

(49)　DESJARDINS, *op.cit.*, p.31.

(50)　WIEL Marc, «Priorité à l'aménagement», dans *Urbanisme*, n° 368 : «Le grand Pari
　　(s)», pp.70-71 p.70; SUBRA (2012), p.181.

(51)　AUDOUIN Jean, «A quoi sert les grandes consultations?», dans *Traits urbains*, n°
　　50, novembre 2011, pp.38-41, p.38.

(52)　BELLIOT Marcel, «Le Grand Paris des illusions», dans *Urbanisme*, n° 368 : «Le
　　grand Pari(s)», pp.64-65.

(53)　MOUTARD Nathalie, «Un Projet de transport ouvre la voie au Grand Paris»,
　　dans *MTPB*, n° 5525, 16 octobre 2009, pp.34-35, p.35.

(54)　公益団体とは公法に従う法人を指すが，一般的に小規模で柔軟な管理規則を持つも
　　のとされている。

第2部　都市法の現代的諸相

23名が委員となっており，国際諮問の成果も活用し建築・都市計画的アプローチの提案を継続するとしている。

V　グラン・パリ法とその産物

1　首都圏開発閣外大臣の創設

サルコジ大統領は，国主導で首都圏整備を推進するため2008年3月18日に首都圏開発閣外大臣を設置した。同月のパリ市議会選挙で保守系が市政掌握に失敗したため大統領が首都圏整備の権限把握を狙った[55]。大臣は2004年に首相に対し『成長の経済システムを目指して』[56]との報告を提出したクリスチャン・ブランである。

ブランは2009年4月に構想概要を公表したが，2010年5月に『21世紀のグラン・パリ』との一般書を出版しており，以下ではそれを基に構想を概観する。まず，「水・空気・木陰」「美・広域・衛生」「国際的首都，知と創造の首都，生活術の首都」という3理念を掲げられ[57]，その達成のためデファンス（業務核），プレイエル（業務・創造都市），ブルジェ（航空産業拠点），或いはサクレー平原（フランス版シリコン・ヴァレー）等の7成長戦略クラスターとそれを連絡する大8の字（Grand Huit）と名付けられた130kmの拠点間環状鉄道を計画している。同構想は，均衡ある発展は均質的発展ではなく個性的に協争（co-pétition）する1994年のSDRIFが断絶した拠点開発型計画に回帰した[58]。とりわけサクレー平原の整備構想は力点が置かれ，2008年10月に大臣自らがそれを提示している。

ただ，前述の国際諮問の成果や地方議員の意向はほぼ反映されていない点に加え，以下の3点の批判がある[59]。

・国内総生産ベースの経済成長率が今後20年間，最低でも3-4%台で推移しないと計画が見込む規模の土地利用圧力が形成されない。

・環状鉄道は計画されたが末端交通の考察がなく，このままでは自動車依存

---

(55)　SUBRA, «Le Grand Paris...», *op. cit.*, p.65.

(56)　BLANC Christian, *Pour un écosystème de la croissance*, rapport au Premier Ministre, mai 2004, p.81 ただし，後の首都圏開発閣外大臣としての主張と相違し，本報告書では地方圏に成長政策の権限を附与すべきだとしている。

(57)　BLANC (2010), p.135.

(58)　GILLI, «Le Grand Paris... », *op. cit.*, p.70.

(59)　*ibidem*, pp.71-73.

となる。また，既存交通網との結節や相互運用が困難である。

・地方分権の進展に反して国が介入することへの忌避感を克服できていない。

さて，2010年6月3日にはグラン・パリ法が成立したものの，ブランの2010年8月の辞任後は専任大臣は設置されず，農村空間・国土整備大臣や都市大臣，そして2012年5月の政権交代後も国土・住宅平等大臣の所管となっている。

2　グラン・パリ法

以上の国主導の首都圏整備計画に根拠法として制定されたのが2010年6月3日のグラン・パリに関する第2010-597号法律である。目的を記述する第1条に続く構成は以下の通りである。

・第1編（第2～6条）グラン・パリの公共交通網の策定及び施行手段
・第2編（第7～14条）公施設法人「グラン・パリ会社」
・第3編（第15～20条）グラン・パリの公共交通網の実現及び管理
・第4編（第21～22条）地域開発及び空間整備プロジェクト
・第5編（第23～24条）住宅関連規定
・第6編（第25～36条）サクレー平原に於ける科学・技術拠点創設関連規定

本法の特徴として，以上の構想の執行機関として国の出先機関としての地方圏庁（préfecture de la région）に重要な役割が割り当てられている点がある。同長官は，後述するグラン・パリ会社（以下 SGP と略す）やサクレー公社等の理事会法定構成員であり，さらに地域開発契約（以下 CDT と略す）という特区型拠点整備の契約の国側の代表となる等，他の主体に比較して大きな権限が附与されている[60]。

3　グラン・パリ法の産物

① 　グラン・パリ・エクスプレスとグラン・パリ会社

環状鉄道の必要性はほぼ全ての主体から認知されているが，その路線計画に関しては国と地方圏の見解が別れた。国は上述の成長拠点間の迅速な移動のための路線を提案した一方，RIF は郊外住民のための密な駅配置を主張した［表1・図2］。

---

(60)　GODRON Jacques（sous la direction de），«La Réforme territoriale en questions»，cahier détaché n° 2, dans *MTPB*, n° 5614, p.25.

第 2 部　都市法の現代的諸相

表 1　環状鉄道に関する地方圏と国の計画案

主体	RIF	国
名称	アークエクスプレス	メトロ・グラン・パリ
理念	孤立住宅地への公共交通提供（＝連帯重視）	成長戦略拠点の交流手段提供（＝成長重視）
形態	東西南北の 4 つの弧（arc）から構成され，内 2 弧を優先的に建設	パリを貫通する中心南北線の東側に 1 重，西側に 2 重の環状線
延長	60km	新規建設線 130km（既存線 30km）
駅数	約 40 駅（1～1.5km 間隔）	約 40 駅
建設費	南弧 28～31 億／北弧 20～23 億ユーロ	全体で 214～235 億ユーロ
提案の経緯	・SDRIF 改定作業の中で郊外・郊外間の公共交通整備の必要性を確認 ・2006 年 12 月：SDRIF 案公表時に素案が提示され詳細な検討が進行 ・2007 年 3 月 23 日：2007-2013 国・地方圏プロジェクト契約として 2,550 万ユーロの調査費確定 ・2007 年 12 月 7 日：RIF 議長が最終案提示	・2008 年 9 月 25 日：首都圏開発大臣が国民議会でアークエクスプレス案に反対を表明 ・2009 年 4 月 29 日：大統領及び首都圏開発大臣が路線案提示 ・2009 年 6 月 5 日：国民議会議員ジル・カレがグラン・パリ交通基盤構想の財政報告書を提出

図 2　地方圏と国による環状鉄道案の模式比較。地方圏案は第 2 段階の路線に未確定区間が多いという地政学上の弱点があった

15 フランスの首都圏整備計画に関する考察

RIF 案は 2007 年 3 月に国と調査費契約がなされる等，国との同意案件であった[61]。しかし，翌年国から拒絶され首都圏開発大臣が 2009 年 4 月に独自案を発表した。2010 年の地方圏選挙のため国と RIF の妥協は双方に下策で[62]，同選挙でもねじれが存続したため未調整のまま同年 5 月 20 日に国会両院同数委員会が公開討論全国審議会（CNDP）の国民公聴会[63]の同時開催を決定した。その結果，同年 6 月のグラン・パリ法でも路線は明示されなかった。

対して国提案は，旅客数予想が充分に科学的ではないとする議論があった[64]。また，保守系のフランス企業連合 RIF 支部も RIF 案の完全無視の否定を提言していたし[65]，国会の同一政党内でも予算の見通しに関して意見の相違があった[66]。

結局，両論併記の国民公聴会が 2010 年 9 月 1 日から 2011 年 1 月 31 日の予定で開催され，最終日直前の 1 月 26 日に国と RIF がグラン・パリ・エクスプレス（Grand Paris Express）敷設で合意した[67]。そして，7 月には建設管理組織として SGP が，政令により資本金約 40 億ユーロで創設された。SGP は起債の他，土地先買・収用により駅周辺整備も実施可能である等の権限が附与された[68]。当初は国の代表者で監査委員会の過半を占有予定だったが，最終的

---

(61)　ORFEUIL et WIEL（2012），p.50.

(62)　GRASSART Pascal, «Région capitale – la bataille des grands projets», dans *Ville, rail et transports*, nº 470, 22 avril 2009, pp.32-35, p.35.

(63)　1995 年 2 月 2 日の環境保護強化に関する第 95-101 号法律（通称バルニエ法）により環境法典法律編第 121-1 条で規定された独立行政法人であり，3 億ユーロ以上または 40km 以上のインフラの建設の際に必須とされる。

(64)　DESJARDINS, *op.cit.*, p.39.

(65)　(anonyme), «Le Medef vole au secours d'Arc Express», dans *Ville, rail et transports*, nº 496, 19 mai 2010, p.10.

(66)　DUMONT François, «Le Grand Paris part en vrille», dans *Ville, rail et transports*, nº 494, 21 avril 2010, pp.20-22.

(67)　SUBRA（2012），pp.205-206，に拠れば，この唐突な合意の背景には，RIF 議会議長の政治疑惑の追及停止という政治的取引があった。

(68)　都市先買権は長期整備区域（ZAD）（都市計画法典法律編第 212-1 条）内で設定可能であったが，地方分権で法定都市計画を整備済み基礎自治体または基礎自治体間協力公施設法人が行使可能となっている。また，公益事由収用とは民法典第 545 条に明記された公益による所有権制限が根拠で，公益宣言を使えるのは国の他，地方団体，空間整備混成経済会社（SEMA），応能家賃住宅（HLM）供給非営利社団等に限られている。環境評価の後，県地方長官が公開意見聴取を実施し，それが肯定的である場合，国務院の議を経た政令で宣言され，その後に所有権の移転と補償交渉を行う。

第2部　都市法の現代的諸相

に地方圏や県等の地方団体の参画で均衡が図られた[69]。

　また，2011年8月24日に，総延長約155km，57駅，建設費325億ユーロのグラン・パリの公共交通網の全体スキーム承認に関する政令が出された。これにより，例えばこれまで公共交通への接続の劣悪さ故に職場へのアクセシビリティが低かった地域の雇用の改善が見込まれる[70]。また，上記政令により既存路線の改良も承認された。例えば，地下鉄14番線延伸による鉄道網整備はパリの南部に展開するサクレー平原を始めとする研究機関集積の移動環境整備にも貢献する[71]。

　かくの如く決定した計画だが，依然として批判がある。

　まず，計画自体に関する疑義がある。安価な高速移動手段の提供は寧ろ職住の距離を拡大するとの指摘や[72]，地下鉄駅が都市の核になるのは困難との意見がある。対してSGPは，複合機能化や既存の都市開発事業との組み合わせによりその懸念はないとする[73]。

　次に，路線網や運行予定に関する疑義がある。2009年に提出された報告書自体さえ，拠点よりも職住間の交通の充実を唱えていたし[74]，拠点間交通はそれらが補完的かつ比較的近距離に所在する場合のみ有効だとする指摘もある[75]。他にも，地下鉄の現行タイヤ式狭軌車両と新線部分の広軌車両の齟齬

---

(69)　SUBRA, «Le Grand Paris...», *op.cit.*, p.77.

(70)　BEAUCIRE Francis et DREVELLE Matthieu, ««Grand Paris Express» : un projet au service de la réduction des inégalités d'accessibilité entre l'Ouest et l'Est de la région urbaine de Paris ?», dans *Revue d'économie régionale et urbaine*, n° 3, 2013, pp.439-462, p.459. ただし，L'HORTY Yannick et SARI Florent, « Le Grand Paris de l'emploi : l'extension des infrastructure de transport peut-elle avoir des effets positifs sur le chômage local ?», dans *Revue d'économie régionale et urbaine*, n° 3, 2013, pp.463-491, p.485 が示すように，最も失業率が高いセーヌ・サン・ドゥニ県の一部に雇用に関する便益が行き渡らない反面，現在企業幹部等として雇用されている者は，さらに雇用先の選択肢が拡大する等，効果には地理的・階層的不均衡がある。

(71)　(collectif), «Ligne 14 – Un projet qui nous rapproche – Forum RATP du 26 avril 2011», dans *Transport public*, supplément au n° 1114, juin 2011, p.6.

(72)　WIEL Marc, «Le grand Paris ou le retour de l'Etat», dans (collectif) (2011), pp23-25, p.23.

(73)　SANTINI André, «Un Chantier exaltant», dans *Urbanisme*, n° 382: «Les gares du Grand Paris Express», janvier-février 2012, pp.44-47, p.46; VERNET Valérie, «De la Station à la gare de métro», dans *idem*, pp.58-60, p.58.

(74)　ORFEUIL et WIEL (2012), pp.60-61.

(75)　NAVARRE Danièle, «Investissement – La bataille des rocades ferrées au cœur de la région Capitale», dans *Ville, rail et transports*, n° 496, 2010, pp.30-31, p.31

も無視できない[76]。

最後に，建設費や建設予定に関する懸念である。SGP は起債も可能だが，フランス経済の現状は低利起債を許容可能ではない[77]。また，開発利益課税も 2009 年の報告書でさえ楽観的と処断している[78]。実際，SGP は 2011 年 6 月に事前確定的資金調達は困難との見方を示している[79]。また，鉄道建設では実際の費用が初期見通しから 40-70％増となることもあり[80]，予定遅滞のみならず，そもそも全線建設を疑問視する論者もある[81]。全線開通後も二次交通と駅周辺の整備負担は各自治体の負担となる[82]。

さらに，本事業の目的のひとつは景気対策だが，SGP 提示の年間 4 万人分の雇用創出は，諸研究機関想定の 1 万 4 千人との隔たりが大きい[83]。

また，最初の工事区間は，2012 年 10 月 24 日に環境アセスメントが不充分であるとの判断を受け，建設に着手できない状態にある[84]。工事は順次着工され，2018 年から一部で供用開始で 2025 年に全線完成予定だが，現状では遅延が見込まれている[85]。

---

(76)　VIENNET, *op.cit.*, p.22.

(77)　他方で，GUYOT Etienne (entretien avec), «Nous sommes partis pour un an d'études d'avant-projet», dans *MTPB*, nº 5733, 11 octobre 2013, pp.26-28, p.27 に拠れば，2014 年度からそれまで都市再生に割り当てられてきた予算が環状鉄道建設に振り替えられる等の点から，予算確保は可能との見方もある。

(78)　ORFEUIL et WIEL (2012), pp.72-73.

(79)　THINUS Elise, VATOV Marie-Christine et TRAN Magali, «Grand Paris – Petit consensus», dans *Traits urbains*, nº 49, 2011, pp.16-29, p.26.

(80)　ORFEUIL Jean-Pierre, «Le Grand Paris, ambitions et intendance», dans *Urbanisme*, nº 386, juillet-août 2012, pp.4-5, p.5.

(81)　SUBRA, «Le Grand Paris…», *op.cit.*, p.73.

(82)　WIEL (2010), p.192.

(83)　ORFEUIL et WIEL (2012), pp.86-87.

(84)　Autorité environnementale, *Avis délibéré de l'Autorité environnementale sur le tronçon T0 (Pont de Sèvres – Noisy Champs) du Grand Paris Express*, 24 octobre 2012. ただし，そこでの問題は環境破壊自体ではなくアセスメントの不充分さで，それが克服されれば肯定意見が出されるものとされている。

(85)　BERTHIER Isabelle, «Grand Paris Express, une ceinture à double boucle», dans *Diagonal*, nº 186, pp.54-58, p.54. ところで，MOUTARD Nathalie et BROUCK Thaïs, «Grand Paris Express: enfin une bonne nouvelle!», dans *MTPB*, nº 5703, 15 mars 2013, pp.10-12, p.10 に拠れば，2012 年の政権交代後の新内閣は，完成年次を 2040 年に延期することを検討している。また，CARASSO Jorge, «Grand Paris – Quelles opportunités d'achat ?», dans *Le Particulier immobilier*, nº 298, juin 2013, pp.13-18, pp.16-17 に拠れば，着工の不透明性に加え完成までに数十年を要することから，投資家も土地の先買い

第 2 部　都市法の現代的諸相

②　社会住宅建設

新 SDRIF 案は年間 6 万戸の社会住宅供給目標を設定していた。対してグラン・パリ法は 7 万戸の目標を掲げ，それを今後 25 年間継続するとしている。中でも 1 万戸はブラン構想の戦略クラスターに建設される。そのため国は以下の措置を取るものとしている。

①　都市計画法緩和で建設可能用地の上積み
②　ハイパー・マーケット等の駐車場の上部空間活用のための規制緩和
③　低度利用地約 20,000ha を活用（内 7,000ha は SDRIF 改定作業で同定済み）
④　2016 年までに公有地活用により 50,000 戸分の建設可能用地を提供
⑤　住宅建設に必要な都市施設整備への補助金の充実

しかし，①②③を基礎自治体が受け入れる保証はない。そのこともあり実現は困難との見方が大勢で，さらに以下の批判がある。

まず，例えば，RIF 議会議長は，まずは各基礎自治体での社会住宅比率を 20％以上とする規定遵守を課すべきで，40％の基礎自治体が違約金でそれを逃れている状況改善こそ急務であるとする。

次に，一部自治体への集中の抑制のためにも，広域でそれを決定できる組織を必要とする立場もある[86]。例えば，2008 年の RIF 議会報告書は，イル・ドゥ・フランス住宅組合の設置を提案し[87]，パリ市長も 2012 年 2 月 6 日の市議会で，首都圏住宅機構創設により地理的な供給適正化を提言する。そして，RIF 議会とパリ市は，2012 年 3 月 1 日に地方圏レヴェルでの住宅供給統括組織の創設に合意している。また，交通整備による需給均衡化の意見もある[88]。

③　地域開発契約（CDT）

フランスに於いては国と地方圏による契約方式による空間整備の経験があったが[89]，グラン・パリ法で制定され，2011 年 6 月 24 日の政令で詳細が定められたのが CDT で，契約後 15 年間の当該地域の都市計画を具体的に定める。CDT は少なくとも 2 基礎自治体が，経済発展，住宅供給，持続的都市整備，移動，都市施設，または環境の重複可で 6 テーマの少なくともひとつを扱う戦

等に消極的で，地価高騰等も観測されていないのが現状である。

(86)　SUBRA (2009), p.79.

(87)　SUBRA (2012), pp.187-188.

(88)　DAVEZZIE Laurent, «Emploi et accessibilité», dans OFFNER (sous la direction de) (2007), pp.47-52, p.51.

(89)　ALBERTINI Jean-Benoît et al., *Le Contrat de projets Etat-Régions*, Paris, La Documentation française, 2007, p.6.

360

略的クラスターである。例えば，既に映像産業等が 400 社立地し，国全体の映像の 80％が制作されるプレーヌ・コミューヌは創造クラスターとされ，競争力強化のための集積が企画される[90]。

CDT の都市計画的特徴は以下の 3 点に要約できる[91]。

・CDT の当事者となれば先買権を行使可能になる。
・基礎自治体の都市計画である SCOT や PLU は CDT に従属する 。また，SDRIF の適用を除外される
・契約内容の履行に官民パートナーシップを利用可能である。

CDT の関与自治体の多くは事前に EPCI を創設し計画を策定してきた[92]［表 2・図 3[93]］。

グラン・パリ法はサクレー平原の CDT に関しては 2011 年中，他のそれは 2013 年 2 月までの公開意見聴取係属を課したが，サクレー平原のそれは 2012 年 1 月 13 日に地域開発スキームをパリ・サクレー公施設法人が策定して CDT の基礎文書とし，今後詳細計画を策定するという次善策が採られた。また，複数の CDT が方針のみを示す枠組み合意（accord cadre）という方式を採用した。これは，RIF 地方長官が法改正よりも契約内容の柔軟化で対応した結果である[94]。

ところで，CDT という特区方式にも賛否両論がある。肯定的見解としては，SDRIF の適用除外による自治体の自律性回復がある[95]。また，2014 年 7 月現在で複数自治体に跨がる協議整備区域（ZAC）は，全体の 267 件に対して 36 件のみで，CDT 方式を通じ都市圏の実態により適合した再開発計画が立案さ

---

(90) (anonyme), «Grand Paris – Plaine commune, futur pôle de la création», dans *MTPB*, n° 5579, 29 octobre 2010, p.55.

(91) GOURVES Renaud, «Réglementation – La petite révolution juridique du «Grand Paris»», dans *MTPB*, n° 5622, 26 août 2011, pp.32-33.

(92) (anonyme), «Les Interco élargies feront-elles le Grand Paris?», dans *Traits urbains*, n° 37, mars 2010, pp.37-38; RONAI Simon, «La Montée en puissance de l'intercommunalité dans la métropole parisienne, Oui, mais de quelle intercommunalité parle-t-on?», dans *Les Cahiers de la métropole*, 2011, pp.91-97, pp.94-95.

(93) 表・図共に IAU-IdF の資料に基づくが，表 20-22 番は，SNASLI Julie, «CDT : le Grand Paris en 22 dimensions», dans *Traits urbains*, n° 65, décembre 2013/janvier 2014, pp.18-31 に基づいている。

(94) KIDERMANS Marion, «Grand Paris – Des contrats territoriaux dans le sillage du «supermétro»», dans *Gazette des communes*, n° 2093, 19 septembre 2011, pp.34-36, p.35.

(95) KIDERMANS, *op.cit.*, p.36.

第2部　都市法の現代的諸相

れる可能性もある[96]。他方，否定的見解としては，SDRIF が制御不能の CDT の合成の誤謬や[97]，契約が国と当該自治体間のみで地方圏や県の意向が反映されていない点がある[98]。

また，当初は 8-10 件程度の予定が 22 件にまで増えた CDT はばらまきにならないかという疑問や[99]，施設計画に関しても，既存施設との競合蓋然性や過剰規模の問題が指摘されている[100]。パリ市内を含む領域には一件も設定されていない疑義も呈されている[101]。

表 2　CDT 一覧

（AC：枠組み合意，C：基礎自治体，CA：人口集積地共同体，CC：基礎自治体共同体，SAN：新都市組合，TGV：新幹線）［人口は 2009 年現在のものの概数］

n°	名称	構成	人口	計画内容
1	パリ・サクレー	49C 2CA 1CC	658000	高等教育機関・研究機関の集積及びそれに附随する住宅・都市施設整備
2	プレーヌ・コミューヌ＝サン・トゥーアン市 AC	9C 1CA	390000	創造産業クラスター，鉄道による都市分断の解消，2015 年から毎年 4200 戸の住宅整備
3	ヴァル・ドゥ・フランス＝ゴネス AC	5C（+1 協力 C）1CA	165600	2025 年までに 30000 件の雇用創出，公共交通網整備，2030 年までに 14000 戸の住宅整備
4	グラン・ザルドワンヌ＝グラン・パリ AC	3C 1CA	167000	公共交通・生活環境改善，生化学産業集積による経済開発，今後 15 年間，毎年 1390 戸の住宅整備
5	ビエーヴル科学渓谷 AC	9C 2CA	237000	健康・バイオテクノロジー研究機関集積の他，2013-2020 年に毎年 1700 戸の住宅供給

---

(96)　DUGUET Anca, «L'Aménagement dans la MGP: projets, outils, acteurs», dans *Note rapide de l'IAU-IdF*, n° 658, juillet 2014, p.2.

(97)　MOUTARD, *op.cit.*, p.35.

(98)　これに対しては，CANEPA Daniel, «Grand Paris : «Signer tous les contrats de développement territoriaux avant fin 2012»», dans *Gazette des communes*, n° 2089, 22 aôut 2011, p.13, のように，一自治体の反対が事業全般を停止させる危険性の回避策として肯定的に捉えるべきだとする意見もある。

(99)　MOUTARD Nathalie, GILLETTE Aline et VERAN Cécile, «Dossier Grand Paris», dans *MTPB*, n° 5636, 2 décembre 2011, pp.31-42, p.42 ; SNASLI, *op.cit.*, p.19.

(100)　DUGUET Anca, «Les CDT à l'heure du Grand Paris: une dynamique en marche», dans *Note rapide de l'IAU-IdF*, n° 650, mars 2014, p.6.

(101)　GILLI, «Le Grand Paris…», *op.cit.*, p.70.

15 フランスの首都圏整備計画に関する考察

6	ロワシー=テール・ドゥ・フランス経済拠点 AC	6C 1CA 1CC	108600	空港及び運輸関係機関集積[102]
7	東部セーヌ=サン・ドゥニ AC	5C 2CA	230000	ヴィラ・メディチ文化センターの創設など文化による困窮地域再生
8	ブルジェ都市圏拠点 AC	6C 2CA	178500	航空機製造業及び航空貨物関連作業集積，高速道路等大規模都市基盤で分断された都市空間の再構造化
9	グラン・パリ西部セーヌ AC	7C 1CA	300000	情報・メディア・通信産業集積及びセガン島の文化開発，年間 2000 戸の住宅整備
10	ブークル・ドゥ・ラ・マルヌ AC	4C 1CA	135613	隣接するデカルト都市の補完として，エコ・モビリティやエコ建設の技術開発の実験場的位置付け
11	セナール AC	12C 2SAN	115000	流通・配送産業集積及び TGV 新駅建設による交通改善と年間 1050 戸の住宅建設及び附随する都市施設整備
12	デファンス西地区	6C 2CA	370000	TGV ノルマンディ線新駅整備，国際業務拠点に相応しい都市基盤構築，年間 3650 戸の住宅整備
13	セーヌ=デファンス AC	6C 2CA	370000	グラン・パリ・エクスプレスの 2 新駅周辺への業務集積
14	コンフリュアンス・セーヌ=オワーズ	28C 2CA	375000	TGV ノルマンディ線及びセーヌの舟運の推進及びそのための経済拠点・研究拠点整備
15	グラン・ドルリー	14C 3CA	249000	オルリー空港やランジス市場他の既存流通施設の労働者のための年間 2600 戸の住宅整備，公共交通網整備
16	デカルト拠点	2C	87200	デカルト都市への持続的開発関連研究機関の集積及びそのための年間 900 戸の住宅整備
17	北デカルト	2C 1CA	65000	環状鉄道，地方圏高速鉄道 E 線及び TGV の結節点構築・周辺整備，年間 489 戸の住宅建設
18	マルヌ=ボワ間パリ東部	6C 1CA	210000	業務機能及び宿泊機能集積，国際会議施設建設，年間 1370 戸の住宅整備
19	ブークル北セーヌ	5C	260000	セーヌの舟運推進のためのジュヌヴィエーヴ自治港整備，年間 2500 戸の住宅整備
20	ヴェルサイユ・グラン・パリ	未確定	未確定	環状鉄道駅を中心としたサクレー学園都市のための住宅整備
21	東部アンサンブル	9C	400000	バイオ・情報産業等の集積による今後 15 年での 50000 件の雇用創出
22	メニル=アムロ	未確定	未確定	ロワシー空港集積に関連した整備

---

(102) BLANC (2010), p.198, が指摘するように，ロワシー空港の産業集積は，RIF に於いてデファンスに次いで多い 28 万人の雇用を創出している。

第 2 部　都市法の現代的諸相

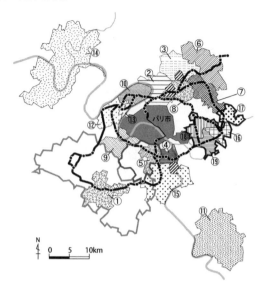

図 3　CDT 配置図（囲み数字は表 2 最左列の番号に対応［ただし，20-21 は場所未確定につき未記載］実線はグラン・パリ・エクスプレスの路線で，黒丸は駅予定地。太線の斜線部は 2 件の CDT の重合する基礎自治体）

④　サクレー平原公施設法人

本法人設置には以下の 2 点の背景がある。まず，研究機関がパリ市内に充分な面積の敷地確保が困難である点がある。実際，既にサクレー平原には官民合わせて 23,500 人の研究関連人材の集積がある。次に，政府による研究・開発支援である。RIF の人口 1 人当たりの特許出願数は欧州の都市で 21 位，国内総生産に対する研究・開発投資額も 18 位に留まっていた[103]。

ブラン首都圏開発大臣は，既に 2006 年にサクレー平原を欧州のシリコン・ヴァレーとし 10 万人の雇用発生を提案していた[104]。そして，2009 年 3 月 3 日の政令で国益事業認定を受けた開発推進を可能とし，翌年 8 月 3 日にサクレー平原公施設法人を設置した。

同法人は 49 基礎自治体，人口 65 万人，7,700ha を対象化可能なもので，以下の 5 点を任務とする。

・離陸地点にあるテクノロジーの創造と開発を推進する。

---

(103)　GILLI et OFFNER（2008），pp.77-78.
(104)　ORFEUIL et WIEL（2012），pp.58-59.

364

15 フランスの首都圏整備計画に関する考察

・イノヴェーションを促進する。

・研究活動及び高等教育を支援する。

・国土整備の一貫性と質を保証する。

・クラスターのイメージをフランス及び外国に喧伝する。

ただ，米国のシリコン・ヴァレーは交通至便だから世界の頭脳が集まる訳ではないという批判がある[105]。そのため，研究開発推進のための政策が複数打ち出されている。既に，2010年9月24日に大統領がパリ＝サクレー・キャンパス構想起工式に出席し，キャンパス計画に8.5億ユーロやイノヴェーション推進に10億ユーロ等の投資を宣言した。2012年5月の政権交代後も，同年10月には新首相自らがサクレー平原開発の推進を表明している[106]。2015年までに研究者11,000人を新規集積させる数値目標を掲げ[107]，2035年には4万人になると想定している。他方，現在63%が自動車で移動しており，公共交通手段整備を最優先課題のひとつとなっている[108]。

Ⅵ　グラン・パリ構想の副産物

1　パリ・メトロポール

上述の様にパリ及び周辺3県の合併構想は頓挫した。そこでパリ市は2006年6月から不定期開催してきたメトロポール会議を基盤に，2009年2月に54基礎自治体，15EPCI，5県（県としてのパリを含む）及び地方圏による「議員達のアゴラ」を標榜するパリ・メトロポール設置した。2012年12月31日現在，149基礎自治体，45EPCI，8県，1地方圏が加盟し，面積で2,546km^2，人口で930万人を擁し，人口集積地の88%を覆っている。2011年の予算は200万ユーロであった[109]。

2006年当初の準備委員会に保守系の参加はなかったが[110]，2008年3月か

---

(105)　WIEL (2010), p.191.

(106)　LOUBIERE Antoine, «Paris Saclay : comment rejoindre le top 10 mondial?», dans *Urbanisme*, hors série n° 43, novembre 2012, pp.32-33.

(107)　(anonyme), «Le grand Défi du Grand Paris», dans *Journal des communes*, n° 2161, mars-avril 2012, pp.28-29, p.28.

(108)　PARACCHINI Andrea, «Un Jour dans le sillon du Grand Paris Express», dans *Territoires*, n° 518, mai 2011, pp.36-39, p.36.

(109)　Paris Métropole, *Rapport d'activités 2011*, p.14.

(110)　DESJARDINS, *op.cit.*, p.41.

365

第2部 都市法の現代的諸相

ら保守地盤の強固なオー・ドゥ・セーヌ県の保守系議員も参加し，政見の左右を問わず多くの自治体が参加する基盤となった。

保守系自治体の加盟増加もあり，グラン・パリ法でも環状鉄道関連政策の法定諮問組織との位置付けを獲得し，AIGP や SGP でも法定理事席を確保している。シンクタンクとして RIF のそれであるイル・ドゥ・フランス空間整備・都市計画研究所（以下 IAU-IdF と略す）とパリ市のそれであるパリ都市計画アトリエ（以下 APUR と略す）という都市計画関連機関と並び，パリ商工会議所（CCIP）という経済機関を組み込んだ点が特徴的である[111]。

パリ・メトロポールに関しても，賛否両論がある。肯定的には，首都圏整備の一貫性は合併でなく自治体間の意見交換を通じても達成可能との意見がある[112]。パリ・メトロポールが 2011 年 12 月に開催した国際研究会でも，ガヴァナンスに関する循環的議論よりも官民の意見調整や文化政策の重要性が論じられている[113]。否定的には，首都圏整備には国の主導性が不可欠との指摘もある[114]。社会住宅の配置と建設数に関しても，解決すべき問題ではなく審判すべき紛争になってしまい結論が出ないとする意見もある[115]。

また，上述の通り，2016 年にはグラン・パリ大都市圏共同体の設置が決定しており，その共存方法も課題である[116]。

2 セーヌ・ゲートウェイ構想[117]

以上の論議では首都圏の定義は広義でも地方圏とされているが，上記国際諮問で建築家・アントワンヌ・グランバックはそれを物流拠点を包含するものと

---

(111) LEFEVRE Christian, «Gouvernance francilienne dans le domaine économique», dans *Les Cahiers*, Paris, IAU Ile-de-France, nº 160: «Gouvernance(s) et ingénieries métropolitaines», octobre 2011, pp.19-21, p.21.

(112) MANSAT Pierre, «Partenariat et reconnaissance de la diversité», OFFNER (sous la direction de) (2007), pp.99-101, p.100.

(113) (collectif) (2012).

(114) QUINCEROT Richard, «Nouvelle gouvernance – Paris Métropole: Entre débat local et enjeu national», dans *Urbanisme*, hors série nº 42, 2012, pp.16-19, p.19.

(115) LACOSTE Gérard, «Paris Métropole, nouvel acteur au cœur de la gouvernance», dans *Les Cahiers*, Paris, IAU Ile-de-France, nº 160: «Gouvernance(s) et ingénieries métropolitaines», octobre 2011, pp.73-77, p.76-77.

(116) GILLI (2014), p.277.

(117) 鳥海基樹「『ル・アーヴル港湾 2000』から『グラン・パリ』へ」『2011 年日本建築学会大会学術講演梗概集 F-1 分冊』（2011 年）717-718 頁も参照のこと。

366

15 フランスの首都圏整備計画に関する考察

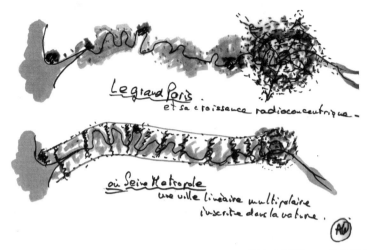

図4 グランバックによるセーヌを介したリニア型首都圏構造への転換構想

し、セーヌ川が大西洋に注ぐル・アーヴルまで延長すべきだとした[118]。同案は内陸首都への海洋港湾機能の附与に加え、パリ一極集中型からセーヌを介したリニア型首都圏構造への転換という新機軸を含む点でも評価された［図4］。

大統領自身グランバック案を最有効と回顧し[119]、経済界等からも高評価を得た。2010年には経済学者・ジャック・アタリがグランバックの他に経済学者等と『パリと海——セーヌは重要＝首都である』を刊行している[120]。アタリは、本計画が実現しなければ、ロンドン＝ブリュッセル＝フランクフルト＝ミラノに欧州の軸が固定すると警告する[121]。

2011年3月にセーヌ渓谷開発総監は、セーヌの舟運よりもパリとル・アーヴルを連結するTGV建設を最優先すると述べる[122]。その計画では中国・ブ

---

(118) GRUMBACH & Associé (2009).
(119) (anonyme), «Entretien exclusif avec Nicolas Sarkozy...», *op.cit.*, p.48.
(120) ATTALI (sous la direction de) (2010), p.9. 因みに、仏語のcapitalは男性名詞で資本、女性名詞で首都、形容詞で重要という意味で、本書の副題はセーヌが首都である同時に重要であるという重層的意味を表象している。
(121) ATTALI Jacques, «Un regard géostratégique», dans *Les Cahiers*, Paris, IAU Ile-de-France, n° 153: «Le Bassin parisien, une méga-région?», 2010, pp.6-9, p.6.
(122) (anonyme), «Vallée de la Seine: vers un développement cohérent», dans *Inter région*, n° 298, pp.22-23, p.22.

第2部 都市法の現代的諸相

ラジル・韓国の首都とその港湾整備の進展が参照されている[123]。また，2011年5月には6都市計画機構（AU）が，文化や景観等も含めた多角的考究の結果として港湾の強化・改善に加え，舟運・流通道路基盤整備やTGV新線建設等が提案されている[124]。グラン・パリ・エクスプレスやCDTとの連関も考慮され，TGVノルマンディ新線はデファンスに直接乗り入れる[125]。国際的にも，2011年に経済協力開発機構（OECD）が，港湾だけではなく後背地の整備も不可欠である点を強調した提言をまとめている[126]。舟運自体に加え，河川港での鉄道や道路輸送との多機能結節点の整備も不可欠である[127]。

　他方，批判もある。かつては商取引自体が港湾都市に於いてなされたため首都との緊密な連携やその首都化が必要であったが，通信環境の変化でそれが不要となった今日に，かかる構想を提示するのは「権力者の専断（fait du prince）」であるとする意見等である[128]。

Ⅶ　結　　論

　冒頭に示した問題意識に基づきフランスに於ける首都圏整備計画に関し以上の考察を行った。それを時系列にまとめたものを図5に示す。その上で，それらから以下の示唆を得た。

① 　プロジェクト・合意形成先行方式へ

　首都圏整備の進行方法にはプロジェクト先行，行政区画再編先行，合意形成先行の各方式があるが[129]，今次の首都圏整備構想では行政区画再編は実施されず，主要プロジェクトとしての環状鉄道建設，拠点開発，或いは社会住宅整

---

(123)　DUMONT François, «TGV Paris – Normandie – L'appel du large», dans *Ville, rail et transports*, n° 496, 19 mai 2010, pp.54-57, p.57.

(124)　Coopération des agences d'urbanisme (APUR / AUCAME / AUDAS / AURBSE / AURH / IAU-IdF), *Axe Seine – Une vision partagée*, novembre 2012, pp.46-47.

(125)　CHAIX Philippe, «Grand Paris – La Défense change d'échelle», dans (collectif) (2011), pp.63-65, p.65.

(126)　MERK Oraf et al., *Compétitivité des villes portuaires: Le cas de l'Axe Seine (Le Havre, Rouen, Paris, Caen) – France*, Paris, OECD, 2011.

(127)　FREMONT Antoine, «Quel rôle pour le fleuve dans le Grand Paris des marchandises ?», dans *L'Espace géographique*, n° 3, 2012, pp.236-251, p.250.

(128)　LACAZE Jean-Paul, «Le Fait du prince», dans *Urbanisme*, n° 368 : «Le grand Pari(s)», pp.68-69.

(129)　MARCOU, «Quel Grand Paris demain?», *op.cit.*, pp.1468-1473.

368

15 フランスの首都圏整備計画に関する考察

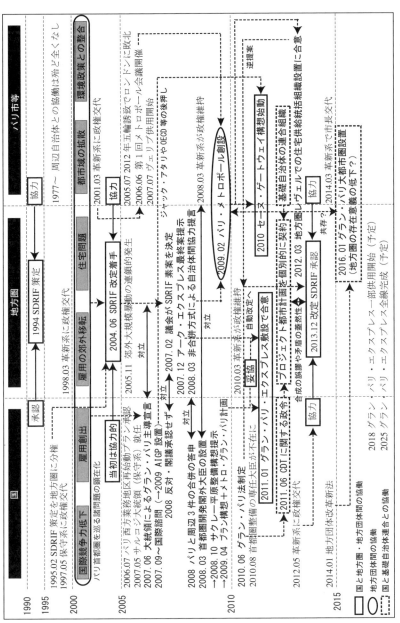

図 5 フランスの近年の首都圏整備を巡る諸主体間の関係と産物・副産物（ゴシック体は本論で論述した事項）

第2部 都市法の現代的諸相

備等が立ち上がり，合意形成機関としてパリ・メトロポールが残る現実的アプローチに拠ることとなった。

② 「変容，適応，循環の都市計画」へ

国際諮問に於ける提案群は，「生産と拡張の都市計画の終焉」に対し，縮退やコンパクトの概念ではなく「変容，適応，循環の都市計画」を対置している[130]。これは諮問内容だけではなく，クラスター方式のCDT，首都圏の概念を拡張したセーヌ・ゲートウェイ構想，さらには環境配慮型の公共交通整備といった実施内容にも言えよう。また，集約型都市構造は語感は良いが，既存の拡散市街地は，仮に直ぐに建築制限を課しても既存不適格状態で今後半世紀程度は存続する。その変容や適応の方策こそが問われている。

③ プロジェクト都市計画へ

CDTはプロジェクト都市計画（urbanisme de projet）と称される[131]。規制緩和型の都市計画ではあるが，民間開発を容易化する我国の特区と異なり，地方団体の意思が優位に反映される整備拠点と言え，規制ではなくプロジェクトを主軸として戦略的都市整備を推進する仕組みである[132]。そもそもプロジェクトを先行させ，それに最適なガヴァナンスを探求するのは欧州では一般的になりつつある[133]。固定的行政区画の枠組み内での規制型都市計画が時代遅れになり，プロジェクトを先発させ後発的にガヴァナンスや規則を考案する局面に入ったと認識されている[134]。実現前提の具体的プロジェクトなくしては都市計画とは言えず，スキーム型の都市計画の無力が処断されている[135]。EPCI

---

(130) (collectif), «Vers un Urbanisme de mutation, d'adaptation, de recyclage – La fin de l'urbanisme de production et d'extension», dans APUR (2009), pp.34-47.

(131) CANEPA Daniel, «Les Contrats de développement territorial… nouvel outil de planification urbaine?», dans (collectif) (2011), pp.18-19 ; idem, «Construire le Grand Paris», dans La Lettre du préfet de la région d'Ile-de-France, préfet de Paris, n° 184, 1er trimestre 2012, pp.I-IV, p.II.

(132) LUBAC Jean-Christophe, «Un nouveau Contrat pour le Grand Paris», dans Gazette des communes, n° 2037, 5 juillet 2010, pp.48-50.

(133) PINSON Gilles, Gouverner la ville par projet – Urbanisme et gouvernance des villes européennes, Paris, Presse de la fondation nationale des sciences politiques, 2009, pp.16-18.

(134) ROL-TANGUY Francis, «La Crise du modèle français de planification», dans Urbanisme, n° 368 : «Le grand Pari(s)», pp.62-63, p.62.

(135) PANERAI (2008), p.214 ; BOUYSSOU Fernand, «Plan d'urbanisme ou projet d'urbanisme ? – La planification urbaine à bout de souffle», dans Actualité Juridique – Droit Administratif, n° 26, 22 juillet 2013, pp.1493-1496, p.1496.

370

結成を促進した1999年7月12日の自治体間協力の強化と簡易化に関する第99-586号法律（通称シュヴェーヌマン法）自体，その構成区画決定方式には言及がなく，プロジェクトを基礎にそれを決定することを想定したと考えられている[136]。グランバックによるセーヌ・ゲートウェイ構想は，行政区画不問でプロジェクト都市計画を先行させる典型例と言える。さらに，短期的なプロジェクトを超え，民間活力の入退出の自由度を向上させるプロセスや戦略の公的構築の必要性も高まっている[137]。その際も，行政区画は後置的となろう。

　他方で，欠点も指摘されている。各論に関するそれは上記の事項分析に織り込んだが，総括としては以下のものが挙げられる。

❶ 問題の多様性と考察の不充分さ

首都圏整備に関しては多様な問題があり，これまでの議論でも考察が不充分な点が多数ある。例えば，自動車や自動二輪車の位置付けの問題がある[138]。そもそも，近年の都市計画法制自体，自動車の問題を充分に考察していなかった[139]。また，廃棄物処理，上下水道，電力供給等の基盤整備計画も不可欠である[140]。さらに，都市に存在するのは成長拠点だけではない。例えば，農地の扱いは開発拠点型構想では扱えず，SDRIFに依存する[141]。しかし，SDRIF案の中でも農地は多面的機能として言及される程度である[142]。また，大企業中心の計画の中で，中小企業の存続も考察が充分とは言えない[143]。

❷ ガヴァナンス

ガヴァナンスを巡る議論は，行政区画再編という意味では合併の断念，さらにはグラン・パリ大都市圏共同体の設置となったが，都市計画というそれでは

---

(136)　WIEL（2010），pp.56-57.

(137)　BARAUD-SERFATY Isabelle, «Le Grand Paris, laboratoire pour une coproduction public-privé innovante», dans *L'Observateur de l'immobilier du Crédit foncier*, n° 85, avril 2013, pp.20-42, p.29.

(138)　ORFEUIL et WIEL（2012），pp.150-153.

(139)　WIEL（2010），p.62.

(140)　VATOV Marie-Christine, «Le Grand Paris des services urbains», dans *Traits urbains*, n° 56, septembre 2012, pp.18-59, p.19.

(141)　HILLAIRET Christophe, «Prendre en compte l'agriculture en tant qu'activité économique», dans *Urbanisme*, hors série n° 41, décembre 2011, p.22.

(142)　BREDIF Hervé et PUPIN Vincent, «Réévaluer la place de l'agriculture à l'heure du Grand Paris», dans *Annales de géographie*, n° 683, janvier-février 2012, pp.43-65, p.50.

(143)　BARAUD-SERFATY, *op.cit.*, p.32.

第 2 部　都市法の現代的諸相

解決に至っていない。

　まず，CDT や OIN 等の国主導の特区手法の運用である。CDT への批判は既述したが，デファンス地区やサクレー平原の OIN に関しても，国の特区型都市計画は時代遅れとのそれがある[144]。また，PLU や SCOT のそれへの従属はそれらの改定を意味し，最近それらの策定・改定・修正を実施した自治体には負担となる[145]。CDT の合成の誤謬の問題は既述の通りで，これは OIN にも言える。

　次に，行政区画には様々な選択肢があるものの，いずれにせよ諸主体の合意形成により全体の整合性を保証する総合計画は不可欠である[146]。また，プロジェクト都市計画の優位は土地利用計画の不要は意味しない。長期性や広域性を，総花的ではなく時間軸を明示した柔軟な内容で活用する計画技術が不可欠になる[147]。これは本稿に対して重要な課題となろう。

　また，それらの議論・考察・提案機関として，パリ・メトロポールと AIGP が併置状態にある上，それらの提案の取捨や集約，さらには施行方法は未確定である。2014 年 1 月 27 日の広域公共活動の近代化及び大都市圏の承認に関する第 2014-58 号法律による大都市圏（métropole）は，依然として地方団体ではなく EPCI であり，国際競争等の点で真価を発揮できるのか，疑問視する研究者もいる[148]また，そもそも上記の法律は EPCI の形式を増加させただけで，細分化した基礎自治体に問題は手付かずであるとの批判もある。

【略号一覧】
・AC: Accord Cadre
・AIGP: Atelier International du Grand Paris
・APUR: Atelier Parisien d'URbanisme
・AU: Agence d'Urbanisme
・C: Commune

---

(144)　WIEL (2010), p.209.

(145)　LEBRETON Jean-Pierre, «Grand Paris et règle d'urbanisme», dans *Droit de l'aménagement / de l'urbanisme / de l'habitat*, nº 16, 2012, pp.53-68, pp.66-67.

(146)　LAJUDIE Benoît et RENAUDIE Olivier, «Analyse- Gouvernance du Grand Paris: quels schémas institutionnels?», dans *La note de veille*, nº 168, pp.1-8, pp.7-8.

(147)　MASBOUNGI et MANGIN (2009), pp.26-28.

(148)　MARCOVICI Emilie, «De la Métropole de 2010 aux métropoles de 2014 – La difficile définition du rôle et du statut des grandes aires urbaines», dans *Actualité Juridique –Droit Administratif*, nº 8, 3 mars 2014, pp.435-443, p.441.

372

- CA: Communauté d'Agglomération
- CC: Communauté de Communes
- CCIP: Chambre de Commerce et d'Industrie de Paris
- CDT: Contrat de Développement du Territoire
- CNDP: Commission Nationale du Débat Public
- DIACT: Délégation Interministérielle à l'Aménagement et à la Compétitivité des Territoires
- EPAD: Etablissement Public pour l'Aménagement de la région de la Défense
- EPCI: Etablissement Public de Coopération Intercommunale
- FNAU: Fédération Nationale des Agences d'Urbanisme
- GIP: Groupement d'Intérêt Public
- HLM: Habitation à Loyer Modéré
- IAU–IdF: Institut d'Aménagement et d'Urbanisme – Ile-de-France
- MTPB: Moniteur des Travaux Publics et du Bâtiment
- OECD: Organisation for Economic Co-operation and Development
- OIN: Opération d'Intérêt National
- PLU: Plan Local d'Urbanisme
- RIF: Région Ile-de-France
- SAN: Syndicat d'Agglomération Nouvelle
- SCOT: Schéma de COhérence Territoriale
- SDRIF: Schéma Directeur de la Région Ile-de-France
- SEMA: Société d'Economie Mixte pour l'Aménagement
- SGP: Société du Grand Paris
- SRADDT: Schéma Régional d'Aménagement et de Développement Durable du Territoire
- SRCAE: Schéma Régional du Climat, de l'Air et de l'Energie
- SRCE: Schéma Régional des Continuités Ecologiques
- STIF: Syndicat des Transports d'Ile-de-France
- TGV: Train à Grande Vitesse
- VLS: Vélo en Libre Service
- ZAC: Zone d'Aménagement Concerté
- ZAD: Zone d'Aménagement Différé

【参考文献】

1) PLANLAS DESCOURS Jean-Pierre（sous la direction de）: *Territoires partagés – L'archipel métropolitain*, Paris, Picard, 2002
2) OFFNER Jean-Marc（sous la direction de）: *Problèmes politiques et sociaux*, n° 942 : «Le Grand Paris», novembre 2007

第 2 部　都市法の現代的諸相

3)　PLANCHOU Jean-Pierre : *Rapport de la commission pour la métropole Paris-Ile-de-France demain*, 31 mars 2008.

4)　DALLIER Philippe : *Rapport d'information fait au nom de l'Observatoire de la décentralisation sur les perspectives d'évolution institutionnelle du Grand Paris*, Sénat, 8 avril 2008

5)　GILLI Frédéric et OFFNER Jean-Marc : *Paris, métropole hors les murs – Aménager et gouverner un Grand Paris*, Paris, Presse de la fondation nationale des sciences politiques, 2008

6)　PANERAI Philippe : *Paris métropole – Formes et échelles du Grand-Paris*, Paris, Editions de la Villette, 2008

7)　(catalogue de l'exposition) : *Le Grand Pari(s) – Consultation internationale sur l'avenir de la métropole parisienne*, hors série *Le Moniteur AMC*, Paris, Le Moniteur, avril 2009

8)　APUR : *Paris Projet*, n° 39: «Une petite synthèse du Grand Pari(s) de l'agglomération parisienne», 2009

9)　MASBOUNGI Ariella et MANGIN David : *Agir sur les grands territoires*, Paris, Le Moniteur, 2009

10)　GRUMBACH Antoine & Associé : *Seine Métropole Paris Rouen Le Havre – Le diagnostic prospectif de l'agglomération parisienne*, Paris, Archibook, 2009

11)　SUBRA Philippe : *Le Grand Paris*, Paris, Armand Colin, 2009

12)　WIEL Marc : *Le Grand Paris – Premier conflit né de la décentralisation*, Paris, L'Harmattan, 2010

13)　BLANC Christian : *Le Grand Paris du XXIe siècle*, Paris, Le Cherche Midi, 2010

14)　ATTALI Jacques (sous la direction de) : *Paris et la mer – La Seine est Capitale*, Paris, Fayard, 2010

15)　APUR : *Paris Projet*, n° 40: «Paris, métropole sur Seine», 2010

16)　BORLOO Jean-Louis (sous la direction de) : *Grenelle 2 – Impacts sur les activités économiques*, Rueil-Malmaison, Lamy, 2010

17)　JEGOUZO Yves, (sous la direction de) : *Le Grenelle II commenté – Impacts de la loi n° 2010-788 d'engagement national pour l'environnement sur le droit de l'urbanisme*, Paris, Le Moniteur, 2011

18)　(collectif) : *L'ENA hors les murs*, n° 410 : «Le Grand Paris», avril 2011

19)　(collectif) : «Paris, métropoles – Le défi de la gouvernance», séminaire international les 1er et 2 décembre 2011, dans *Gazette des communes*, cahier détaché au n° 2127, 21 mais 2012, 31p

20)　SUBRA Philippe : *Le Grand Paris – Géopolitique d'une ville mondiale*, Paris, Armand Colin, 2012

15 フランスの首都圏整備計画に関する考察

21) ORFEUIL Jean-Pierre et WIEL Marc : *Grand Paris – Sortir des illusions, approfondir les ambitions*, Paris, Scrineo, 2012
22) GILLI Frédéric : *Grand Paris – L'émergence d'une métropole*, Paris, Presse de la fondation nationale des sciences politiques, 2014

【図版出典】
・図1・3：IAU-IdF 恵贈資料を著者が合成して作成
・図2：2010 年 5 月 21 日のル・フィガロ紙（*Le Figaro*）掲載図面の凡例・地名・施設名を著者が翻訳
・図4：GRUMBACH Antoine & Associé（2009），p.54.
・図5：著者作成

16 フランス都市法におけるソーシャル・ミックスと所有権

齋藤　哲志

I　は じ め に

　ある市街地の「再生」が語られるとき，その中心的課題のひとつとして，住民の属性の多様性の確保が挙げられることがある。これを実現する諸政策には，「ソーシャル・ミックス」ないし「社会的混合」の語が充てられる。

　わが国におけるソーシャル・ミックス論は，住宅・都市政策のレベルでの少子高齢化対策という性格を帯びている[1]。とりわけ，いわゆるニュータウンにおいて，元来の住民の年齢構成の偏りが，高所得者の流出，新規居住者数の減少により，取り残される住民の属性の画一化（高齢・低所得）として問題化することが指摘される[2]。これにより，コミュニティ活動が阻害されるなど，生活空間の機能不全が生ずる[3]。この問題に対処すべく，当該地域の核を成す集合住宅の建て替えを機縁に，居住圏としての魅力を高める都市再生事業を実施し，より若い世代の新たな住民を呼び込むことで，属性の多様化が図られる[4]。

　しかし，人口減少が現在のペースで進み，今後，一層多くの外国人の受入れを要するならば，ソーシャル・ミックス論は新たな局面を迎えるであろう。すなわち，出自やアイデンティティを異にする人々の包摂のあり方が課題となる。実際，移民の存在を当然の所与とする欧米諸国のソーシャル・ミックス論は，当該社会の既存構成員と新規参入者との間に存する社会・経済的格差について，

---

(1)　たとえば，参照，国土交通省総合政策局・国道交通省関東地方整備局『高齢社会における持続可能な地域づくりに関する調査報告書』（平成 17 年度国土施策創発調査，平成 18 年 3 月）。

(2)　参照，竹中英紀「ニュータウンにおける住宅階層問題の構造」『都市の社会的世界──倉沢進先生退官記念論集──』（UTP 政策センター，1998）247 頁以下；平山洋介『都市の条件──住まい，人生，社会持続──』（NTT 出版，2011）。

(3)　石原香五／高田光雄「ソーシャルミックスの視点から見たニュータウンのコミュニケーションバリアーに関する研究──明石舞子団地居住者ヒアリング調査を通して──」一般社団法人日本建築学会『学術講演梗概集 E-2, 建築計画 II』（2002）225 頁以下。

(4)　具体例について，参照，国土交通政策研究所『居住者の多様性を考慮した居住環境に関する研究』国道交通政策研究 94 号（2010）。

第 2 部　都市法の現代的諸相

それが空間的に固定化されてしまうこと（ségrégation）を回避または解消するべく展開されてきた。

　本稿が対象とするフランスにおいても，移民に代表される社会的弱者が劣悪な生活空間に集住する事態を如何にして解消するかという観点から，《mixité sociale》が語られている。なかでも，戦後フランスにおける住宅政策の中心的役割を担ってきた「社会住宅（logements sociaux）」[5]に焦点が当てられる。1950 年代後半から急ピッチで整備された大規模社会住宅団地（grand ensemble）では，所得を蓄えた住民が戸建住宅や都市中心の民間賃貸住宅を求めて当該地区を離れ，従来は制度の恩恵に与りえなかった移民労働者等の新たな住民によって代替される現象がみられた[6]。「住宅への権利（droit au logement）」が政策目標として重きをなしたことも背景を成す[7]。この基本権の保障は，個人の出自に対して中立的であるが[8]，実際には，移民の社会的包摂のためのスローガンとして機能した。社会住宅団地は，結果として，エスニック・マイノリティの集住の場となり，貧困の再生産，治安の悪化などによって，地域全体が荒廃するに至る。こうした「問題市街区域（zone urbaine sensible, ZUS）」[9]は，フランスの大都市郊外の風景を特徴づけ続けている。

---

(5)　後述の数値目標にかかわる建築住居法典 L. 302-5 条での定義によれば，主要なものは，⑴適正賃料住宅組織（organismes d'habitation à loyer modéré（HLM））が保有・管理する住宅，⑵HLM 組織以外の主体が保有・管理する住宅のうち個人向け住宅補助（aide personnalisée au logement, APL）を受けた賃借人が居住する住宅，⑶同じく APL を受けた賃借人が居住する介護住宅，から成る。第一の類型が典型的である。また，「HLM 組織」は総称であり，同法典 L. 411-2 条によれば，(a)住宅供給公営団体（offices publics de l'habita, OPH），(b)HLM 運営株式会社（sociétés anonymes d'HLM, SA-HLM），(c)HLM 供給協同組合（SA coopératives de production d'HLM），(d)HLM 公益協同組合（SA coopératives d'intérêt collectif d'HLM），(e)HLM 財団（fondations d'HLM）に区分される。

(6)　檜谷美恵子「地域空間化するフランスの住宅政策とそのガバナンス」立命館大学政策科学 15 巻 3 号（2008）149 頁以下，特に 153 頁。なお参照，荒又美陽「パリ移民地区の再開発と「社会的混合」──グット・ドール地区の形成と変容──」恵泉女学園大学紀要 25 号（2013）37 頁以下。

(7)　Noémie HOUARD, Droit au logement et mixité. Les contradictions du logement social, L'Harmattan, 2009.

(8)　Jean-Philippe BROUANT, Mixité sociale, droit au logement et communautarisme, in GRIDAUH, Droit de l'Aménagement, de l'Urbaniseme et de l'Habitat 2002, Le Moniteur, p. 159 et s.

(9)　都市振興協定の実施に関する 1996 年 11 月 14 日の法律第 987 号（Loi relative à la mise en œuvre du pacte de relance pour la ville）。

378

16 フランス都市法におけるソーシャル・ミックスと所有権

　以上を背景として展開されるソーシャル・ミックス政策には，二つの方向性がみられる。第一に，既存の社会住宅団地の改善を軸とする都市再整備事業（rénovation urbaine, renouvellement urbain）が展開されている。「都市への権利（droit à la ville）」が語られ，居住圏としての魅力の再醸成を目指して，商業施設や公共交通網などの一体的整備が進められる[10]。もっとも，ここでのソーシャル・ミックスは，中間階層の帰還によって実現されるべきものである以上，既存住民から居住の場を奪うものとして告発されうる[11]。

　こうした施策とは正反対に，社会住宅をきらう富裕層の居住地域にこれを増設することがソーシャル・ミックス政策の第二の課題となる。具体的には，基礎自治体（市町村）（commune）を名宛人として，一定数の社会住宅供給を義務付けることがなされた[12]。その嚆矢は，1991 年の立法（都市の方向付けに関する 1991 年 7 月 13 日の法律第 662 号（Loi d'orientation pour la ville））［以下「1991 年 LOV 法」］にみられる。そこでは，人口 200,000 以上の都市圏を構成する基礎自治体が，都市圏全体の総住宅戸数のうち社会住宅の比率を 20% 以上とする義務を負った。しかし，この段階では，社会住宅の均衡配置（répartition équilibrée）は，都市圏単位で達成されるべきものとされ，既に社会住宅を多く受け入れている基礎自治体が引き続きこれを増設することで足りた。また，義務違反に対するサンクションも存在していなかった。

　義務の内容を強化しつつ制裁措置を規定したのは，2000 年の立法（都市の連帯と刷新に関する 2000 年 12 月 13 日の法律第 1208 号（Loi relative à la solidarité et au renouvellement urbains））［以下「2000 年 SRU 法」］である。同法 55 条（建築居住法典 L. 302-5 条）は，人口 15,000 以上の基礎自治体を 1 つ以上含む人口 50,000 以上の都市圏について，これを構成する人口 3,500 以上の基礎自治体（イル＝ド＝フランス地域圏では人口 1,500 以上の基礎自治体）を名宛人として，当該自治体における主たる住宅（résidences principales）に対する社会住宅の比

---

(10)　詳細について，参照，檜谷・前掲注(6)149 頁以下。なお参照，森千香子「貧困地区再開発と〈ソーシャル・ミックス〉──パリ郊外の団地地域再生事業と地域住民への影響──」理論と動態 7 号（2014）57 頁以下。

(11)　ジャック・ドンズロ（宇城輝人訳）『都市が壊れるとき──郊外の危機に対応できるのはどのような政治か──』（人文書院，2012），特に 135 頁以下。

(12)　以下について，参照，寺尾仁「フランスにおける都市再生政策の論理の対抗──ソーシャル・ミックスの実現を中心に──」原田純孝／大村謙二郎編『現代都市法の新展開──持続可能な都市発展と住民参加──ドイツ・フランス』（東京大学社会科学研究所研究シリーズ No.16, 2004）131 頁以下。

第 2 部　都市法の現代的諸相

率を 20% 以上とするよう義務づけた。目標数値は，現在では 25% にまで高められている[13]。この義務を満たさない基礎自治体は，一種の課徴金として，国庫に対して一定金額を拠出しなければならない。しかし，しばしば指摘されるように，富裕層の居住地域である基礎自治体は，これを支払ってでも義務の履行を拒もうとするため，趨勢を変えるまでには至っていない[14]。

　とはいえ，2000 年 SRU 法の画期性は，社会住宅の均衡配置の対象を基礎自治体単位としたことに存する。用地取得が容易な地域に社会住宅を建設すれば，郊外問題を新たに発生させる。課徴金の支払いを免れようとする自治体は，都市中心に社会住宅を創設し，ソーシャル・ミックスを実現するよう迫られている。

　これらの諸問題については，わが国でも，社会学や都市工学の分野を中心に先行研究が一定の蓄積をみている。しかしながら，社会住宅の供給が過小な自治体が数値目標を達成すべくその増大を図るための具体的手法には，必ずしも十全の注意が払われていない。本稿は，2000 年 SRU 法およびその後の立法がソーシャル・ミックスの実現のために活用した都市計画の古典的手法を採り上げる。「ソーシャル・ミックスという公益上の要請は所有権の制限を正当化しうるか否か」との問いが立てられる。

II　ソーシャル・ミックス地役の制度

1　用 地 指 定

(1)　2000 年 SRU 法によって増補を受けた都市計画法典 L. 121-1 条［現 L. 101-2 条[15]］は，各種の都市計画文書（「広域整合スキーム（schéma de cohérence territoriale, SCOT）」，「都市計画ローカルプラン（plan local d'urbanisme, PLU）」，

---

(13)　住宅のための公有地の活用と社会住宅供給義務の強化に関する 2013 年 1 月 18 日の法律第 61 号（Loi relative à la mobilisation du foncier public en faveur du logement et au renforcement des obligations de production de logement social）。

(14)　近時の社会住宅供給数の推移について，参照，森千香子「「排除の空間」におけるソーシャル・ミックス政策の帰結——パリ郊外都市再生事業の事例から——」中野裕二／森千香子／エレン・ルバイ／浪岡新太郎／園山大祐編『排外主義を問いなおす——フランスにおける排除・差別・参加——』（勁草書房，2015）63 頁以下，特に 73 頁。

(15)　都市計画法典は，2015 年 9 月 23 日のオルドナンス第 1174 号によって条文番号が一新された（施行日は 2016 年 1 月 1 日）が，脚注で引用する文献が同オルドナンス以前のものであることに鑑み，旧条文番号で記述する。その上で，煩雑ではあるが，新条文番号を［現○○条］と並記する。

380

「基礎自治体土地利用図（carte communale）」[16]）が追求すべき目的を列挙する。従来の都市計画法にはみられない項目を数多く取り込むが[17]，同条2号［現L. 101-2条3号］は，「都市部・農村部の機能の多様性」と並んで「住宅環境におけるソーシャル・ミックス（mixité sociale dans l'habitat）」を掲げる[18]。

住宅政策の都市計画法への組み込みは，その実効性の拡充を目的とする。住宅政策文書である「居住ローカルプラン（plan local de l'habitat, PLH）」[19]に関しては，1991年LOV法以降，ソーシャル・ミックスへの配慮が義務的記載事項とされている。しかし，PLHは私人に対する強制手段を備えていない[20]。そのために，古くからそうした手段を備えた都市計画文書を活用することが得策と考えられた[21]。事実，上記各文書のうち，基礎自治体またはその連合体である自治体間協力公施設法人（établissement public de coopération intercommunale, EPCI）[22]が策定するPLUに実現手法が用意される。それが，

(16)　現在の条文では「都市計画分野での諸公共団体の行為文書」と総称されている。各計画文書の詳細，および，それらの間の関連づけについて，参照，内海麻利「日仏の地区詳細計画の意義と実態（第1回〜第4回）」土地総合研究22巻2号87頁以下，3号62頁以下，4号107頁以下，23巻1号76頁以下（2014-2015）；亘理格／ジャン＝フランソワ・ストゥルイユ「フランスの土地法及び都市計画法に関する研究講演会」土地総合研究20巻2号（2012）135頁以下。

(17)　ノルベール・フルキエ（津田智成訳）「SRU法以降のフランス都市計画法をいかに性格づけるか」北大法学論集64巻3号（2013）291頁以下，特に302頁以下。V. aussi Pierre SOLER-COUTEAUX, François LLORENS et Nadine LAVIELLE, *Droit et financement du logement social*, Le Moniteur, 2012, p. 135.

(18)　「（都市計画文書は以下の目的を追求する。）2° 都市部ならびに農村部の機能の多様性，および，住宅環境におけるソーシャル・ミックス。（この目的のために，都市計画）文書は，居住の諸形態，経済・観光・スポーツ・文化・公益活動の諸形態，ならびに，公的施設・商業施設の諸形態の総体に関する現在および将来の需要について，区別を設けることなく，それらを十分に満足させうる建築および改修の諸要件を定める。その際，とくに，雇用，居住，商業ならびにサーヴィスに関する均衡ある地理的配置，エネルギー効率の改善，電気通信によるコミュニケーションの発展，自動車による移動の必要性の削減，および，個人所有の自動車利用に代替する交通手段の発展を考慮しなければならない。」

(19)　檜谷・前掲注(6)158頁以下。PLHと各種の都市計画文書との関係づけについては，本稿の直接の課題ではないため，これを扱わない。詳細について，V. SOLER-COUTEAUX, LLORENS et LAVIELLE, *supra* note (17), p. 137 et s.

(20)　Françoise ZITOUNI, Servitude de logement, *in Les Cahiers du GRIDAUH*, n° 23, 2012, *La dimension juridique de l'écriture du plan local d'urbanisme*, p. 646 et s., spéc., p. 646.

(21)　SOLER-COUTEAUX, LLORENS et LAVIELLE, *supra* note (17), p. 137.

(22)　EPCIがSCOTに加えてPLUの策定権限を有することについて，参照，内海・前

381

第 2 部　都市法の現代的諸相

「都市計画地役 (servitudes d'urbanisme)」の一類型としての「用地指定 (emplacement réservé)」である。

　(2)　前提の確認を兼ねて，訳語について注記する。ここで「地役」の語を充てた《servitude》は，元来は民法上の地役（権）と同一の概念である[23]。もっとも，民法典自体が特別法上の地役を予定している（640 条，650 条）。行政法規を根拠とする地役は，公用地役 (servitude d'utilité publique) ないし行政地役 (servitude administrative) と総称され，都市計画地役はその重要な一部を成す。民法上の地役は，要役地 (fond dominant) と承役地 (fond servant) の両者を特定しなければならないが，公用地役は特定の土地の便益の増進・改善を目的するものではなく，要役地を前提としない。したがって，両者間の類比は必ずしも大きな意義を有さないため[24]，日本法上の等価概念である「都市計画制限」の語を充てることもできるが，語の同一性を尊重して「地役」の語を維持する。

　他方，《emplacement réservé》[25]は，日本法に即していえば[26]，ゾーニングを通じた計画制限である「用途地域指定」ではなく，公道などの都市施設の設置を目的として特定の土地に課される計画制限に相当する。ただし，本稿が対象とするソーシャル・ミックスのための《emplacement réservé》については，対象区画を指定して土地利用を一定の方向に誘導する類型が存在し，用途

　　　掲注(16)「(第 1 回) フランスの都市計画法の特徴と計画制度の動態」89 頁。

(23)　見上崇洋『行政計画の法的統制』(信山社，1996) 147 頁以下（第 2 部第 2 章）[初出「フランスにおける都市計画法の成立に関する一考察(1)(2)」法学論叢 102 巻 2 号 (1977)，103 巻 4 号 (1978)]，特に 156-157 頁。

(24)　民法上の地役との詳細な比較として，V. Éric MEILLER, *La notion de servitude*, thèse Lyon III, préf de F. Zénati-Castaing, L.G.D.J., 2012, spéc., n° 307, p. 521-525.

(25)　都市再整備事業に関して，その効率的な実施のために（とりわけ地価の高騰を見越して），具体的な都市計画の策定に先んじて収用または先買権を通じて取得される「保留地 (réserve foncière)」とは区別される。すなわち，保留地は自治体が自らのイニシアチヴで所有権を取得してこれを形成するのに対して，用地指定では，後述するように，指定を受けた所有権者が，自治体による取得を請求するか，目的を遵守しつつ自ら土地を利用するか，いずれかを選択することができる。もっとも，のちにみるように，判例において，両概念はしばしば混同されている。保留地について，参照，原田純孝／広渡清吾／吉田克己／戒能通厚／渡辺俊一編『現代の都市法——ドイツ・フランス・イギリス・アメリカ』(東大出版会，1993) 225-226 頁[第 2 部・フランス「III. 公共団体による「土地活動」——公的土地取得——」(鎌田薫執筆)]；Yvez JÉGOUZO (dir.), *Droit de l'urbanisme. Dictionnaire pratique*, 2ᵉ éd., 2013, Le Moniteur, p. 885-886 (par Philippe BENOIT-CATTIN).

(26)　生田長人『都市法入門講義』(信山社，2010) の整理に依拠する。

382

地域指定に近似する。日本法上のいずれかに過度に引き付けてイメージが限定されることを避けるべく，中立的な訳語として，計画制限のメカニズムを指す場合は「用地指定」，その対象を指す場合は「被指定用地」ないし「被指定区画」を採用する。

(3) 2000年SRU法によって拡充された都市計画法典L. 123-2条［現L. 151-41条］は，既存市街化区域（zones urbaines, zones U）を対象としてPLUが設定しうる地役を列挙する[27]。そのb号［現L. 151-41条4号］に，「PLUが定める住宅計画（programme du logement）をソーシャル・ミックスに関する諸目的を尊重しつつ実現するため」の用地指定が謳われる［以下「b号地役」とする］。

用地指定は，土地の強制取得を実現する収用（expropriation）や先買権（droit de préemption），あるいは，将来の計画実現の妨げとならないよう設定される建築禁止地役（servitude d'inconstructibilité, ou *non aedificandi*）とは異なり，所有権者に対して計画目的に沿った土地利用を促すものである[28]。被指定用地においては，目的に反する建築は許可[29]されない。裏を返せば，目的に適うものであれば許可を受けることができる[30]。特定建築の強制[31]といえる。新規建築に限らず，既存建築物における用途変更のための工事なども対象

---

(27) L. 123-2条［2000年SRU法～2006年ENL法］PLUは，既存市街化区域において，以下の地役を設定することができる。

a) 特定の正当化理由がある場合に限り，PLUが画定する界域（périmètre）において，また，基礎自治体による一体的整備計画の承認以前の最大5年間，（PLUの）規則（règlement）が定める制限値を超える面積を有する建築または（工作物の）設置を禁ずる地役。ただし，制限内で行われる既存建築の【適正化，用途変更，改修または（＊都市計画および住宅環境に関する2003年7月2日の法律第590号により追加）】拡張を目的とする工事は許可される。

b) PLUが定める住宅計画をソーシャル・ミックスに関する諸目的を尊重しつつ実現するために用地を指定する地役。

c) 公道，公的工作物，公益施設，または，設置・変更が予定された緑地について，対象となる土地を画定しつつ，それらの配置および内容を指定する地役。

(28) Rozen Noguellou, Les emplacements réservés dans les plans locaux d'urbanisme, *in Long cours, Mélanges en l'honneur de Pierre Bon,* Dalloz, 2014, p. 1015 et s., spéc., p. 1015.

(29) 建築許可制度全般について，参照，服部麻理子「フランスの建築許可制度にみる裁量統制のあり方」一橋法学10巻3号（2011）285頁以下。

(30) Jean-Bernard Auby, Hugues Périnet-Marquet et Noguellou, *Droit de l'urbanisme et de la construction,* 9e éd., Montchrestin, 2012, no 446, p. 226.

(31) Noguellou, *supra* note（28），p. 1020.

第2部　都市法の現代的諸相

とされうる(32)。用地指定の期間は限定されない(33)。被指定用地は，PLU の附属地図（documents géographiques）に明示される（R. 123-12 条［現 R. 151-34 条，現 R. 151-38 条]）。

　ｂ号地役の目的は，社会住宅建設に限られない。社会住宅を既に多く抱える地域では，中間住宅（logement intermédiaire）や高級住宅（logement de standing）を目的としてもよい(34)。既述のとおり，ソーシャル・ミックスは，当該地域の特性次第で異なる方向の下に具現化される。社会住宅に目的を絞らない「住宅計画」の概念は，地域の事情に応じた機動的な対応を可能とする。

　(4)　その後，2006 年の住宅政策立法（住宅のための国家の義務負担に関する 2006 年 7 月 13 日の法律第 872 号（Loi portant engagement national pour le logement)）［以下 2006 年 ENL 法］は，新たな手段を提供した。都市計画法典 L. 123-2 条(35) に ｄ号［現在廃止。後述参照］が追加され，ソーシャル・ミックスの実現のために，「区画（secteurs）」を特定し，その内部で住宅建設が企図される場合，特定カテゴリーの賃貸住宅を一定比率以上設けるよう求めうることとされた［以下「ｄ号地役」とする］。また，同法は，ｂ号地役，ｄ号地役のいずれについても，既存市街化区域ばかりでなく，新規市街化区域（zones à urbaniser, zones AU）にも設定しうるものとした。

　もっとも，ｄ号地役は，ｂ号地役とは似て非なる「ヴァリアント」(36)である。被指定区画において，所有権者が「住宅（建設）計画（programme du

----

(32)　大臣答弁による。V. Rép. minist. n° 264, JO de l'Assemblée nationale du 2 avr. 2003, *RDI* 2003, p. 341. 条文が，住宅の建設（"construction"）ではなく，住宅計画の実現（"réalisation"）の語を用いていることが論拠となる。V. SOLER-COUTEAUX, LLORENS et LAVIELLE, *supra* note (17), p. 147. なお，地役の対抗力は，当該地役を設定する PLU の作成・変更の時点を基準として発生するため，既存の建築を地役に適合させる義務は課されない。すなわち，所有権者は，建築許可を申請する場合に限って，地役の対抗を受ける。

(33)　NOGUELLOU, *supra* note (28), p. 1018 ; AUBY, PÉRINET-MARQUET et NOGUELLOU, *supra* note (30), n° 447, p. 226.

(34)　ZITOUNI, *supra* note (20), p. 646.

(35)　L. 123-2 条［2006 年 ENL 法〜2009 年 MOLLE 法（後述）] PLU は，既存市街化区域または新規市街化区域において，以下の地役を設定することができる。【＊ａ〜ｃは修正なし】
　　d)　住宅計画の実現にあたって，当該計画の一定の割合が，（PLU の）規則がソーシャル・ミックスに関する諸目的を尊重しつつ定める特定カテゴリーの賃貸住宅に割り当てられるべき区画を特定する地役。

(36)　ZITOUNI, *supra* note (20), p. 648.

384

logement)」[37]を実現しようとする場合にのみ制限が課される。b号地役が住宅以外の用途を禁ずるのに対して，d号地役は，商店舗やオフィスなど他の用途を許容する[38]。後者は，「部分的用地指定 (emplacements partiellement réservés)」とも表現される[39]。

　この新たな地役はのちに紆余曲折をたどるが，その要因を明らかにするには，用地指定を受けた所有権者に認められる対抗手段を検討する必要がある。

2　委付権

　(1)　ソーシャル・ミックス地役によって土地利用を制限される所有権者は，「委付権（droit de délaissement）」[40]を享受し，この権利を基に土地の買取を請求することができる[41]。

　まず，都市計画法典の構成を整理しよう。PLU は多くの地役を設定しうるが，その強度には濃淡がある。2000年 SRU 法当時は，第一に，L. 123-1条5項が地役を列挙していた。その後，2010年の立法（環境のための国の義務負担に関する2010年7月12日の法律第788号（Loi portant engagement national pour l'environnement［通称「グルネルⅡ法」]）によって条文が整理され，法典中に散在していた複数の地役が L. 123-1-5条以下に再編された［現在では，L. 151-1条以下が PLU の内容を定めるが，旧 L. 123-1-5条所定の地役は設定目的に応じてそれぞれ異なる条文に規定されている]。第二に，L. 123-1-5条とは別に，上述の L. 123-2条が置かれる。

　この書き分けは，所有権の保障の程度に依存する。すなわち，前者の L. 123-1条5項→L. 123-1-5条所定の地役については委付権が認められず，後者の L. 123-2条所定のそれには認められる[42]。よって，本稿の検討対象である

---

(37)　b号とd号とでは《programme du logement》の意味内容が異なることに注意。b号では PLU が定める住宅計画を指すのに対して，d号では所有権者が企図するそれを指す。

(38)　Carole Chevilley-Hiver, La mixité sociale dans les plans locaux d'urbanisme, *AJDA* 2013, p. 207 et s., spéc., p. 208.

(39)　Fernand Bouyssou, Le plan local d'urbanisme après la loi ENL, *Construction-Urbanisme* Oct. 2006, étude 13, spéc., nᵒ 19.

(40)　日本法に即して「買取請求権」の訳語を充てることもできるが，原語のニュアンスを維持する。

(41)　Jégouzo, Vers l'indemnisation des servitudes d'urbanisme ?, *AJDA* 2006, p. 625.「裏返しの収用（expropriation inversée）」と表現する。

(42)　以上は PLU 上の地役にのみかかわるが，ほかにも，協議整備区域（zone

385

第 2 部　都市法の現代的諸相

ソーシャル・ミックス地役を受けた所有権者は委付権を保障されることになる。根拠規定は L. 123-17 条 2 項[43][現 L. 152-2 条]である。

　(2)　委付権行使の手続の詳細は，L. 230-1 条以下に定められる。L. 123-2 条に基づいて用地指定を受けた所有権者は，土地の所在地の基礎自治体を相手方として，当該土地を取得するよう請求することができる（L. 230-1 条 2 項[現条文同じ]）[44]。条文は，基礎自治体を「取得について遅滞に附する（mise en demeure）」という表現を用いる。

　計画主体[45]は，請求を受領してから 1 年の期間内に取得の諾否を決する（L. 230-3 条 1 項[現条文同じ]）。この猶予期間の趣旨は，当事者間での合意形成を促すことにある。計画主体は，場合により，都市計画文書を修正して，地役それ自体を削除することもできる[46]。期間内に不動産の取得が合意された場合，

---

　　d'aménagement concerté, ZAC）に指定され先買権の対象とされた場合（L. 311-2 条[現条文同じ]），計画決定以前にその予定対象地域での建築許可猶予決定（décision de sursis à statuer）が下された場合（L. 111-11 条[現 L. 424-1 条]）にも委付権が認められる。L. 230-1 条を参照。収用法上の委付権がこれらの範型を成す（公用収用法典 L. 11-7 条[2014 年 11 月 6 日のオルドナンス第 1345 条により条文番号が変更され，現 L. 241-1 条]）。なお，協議整備区域の制度については，参照，原田／広渡／吉田／戒能／渡辺編・前掲注(25)182-183 頁[第 2 部・フランス「I. 総論── 都市法の理論と歴史的展開」[吉田克己執筆]]および 238-244 頁[「IV. 都市整備のシステム」[鈴木隆執筆]]。

(43)　L. 123-17 条　① PLU によって公的工作物，公道，公益施設もしくは緑地のために（用地）指定を受けた既建築地または未建築地の所有権者は，当該 PLU が第三者対抗力を得た時点から，自らに対する建築許可猶予決定の効力が存続している場合であっても，当該土地の（用地）指定から受益する公共団体または公役務に対して，L. 230-1 条以下に定められる要件および期限にしたがって，当該土地の取得を進めるよう請求することができる。

　　② L. 123-2 条に定められた地役のうちのいずれかが設定されたときは，対象とされた土地の所有権者は，L. 230-1 条以下に定められる要件および期限にしたがって，当該土地の取得を進めることについて基礎自治体を遅滞に附すことができる。

(44)　地方公共団体（基礎自治体・EPCI）または問題とされた公役務の運営主体は付遅滞がなされた旨を公示する。請求者以外の利害関係者は，この公示から 2 ヶ月以内に申し出なければ補償を受ける権利を失う（L. 230-1 条 3 項[現条文同じ]）。

(45)　請求を受けた基礎自治体の長と計画主体とが同一であるとは限らない。基礎自治体ではなく，EPCI などが計画主体である場合は，当該計画主体に請求が移送される（明示的ではないが，L. 230-1 条 1 項が予定）。

(46)　Soler-Couteaux, Llorens et Lavielle, *supra* note (17), p. 148. ここで提起されるのは，地役の撤回がいつの時点まで可能か，という問題である。V. Bouyssou et Pierre Galan, France : La non-indemnisation des servitudes d'urbanisme, *Droit et Ville,* n° 48, 1999, p. 113 et s., spéc., p. 130. 他の用地指定についてではあるが，次のような判決がある。Cass. 3e civ., 14 juin 1989, *Bull. civ.* III, n° 139, *AJDA* 1989, p. 727, note. Aubry.（都

386

16 フランス都市法におけるソーシャル・ミックスと所有権

附遅滞から2年以内に代金が弁済され，所有権移転が完了する（L. 230-3条2項［現条文同じ］）。

　他方，1年以内に合意に至らなかった場合は，所有権者または計画主体は，3ヶ月以内に収用裁判官（juge de l'expropriation）［大審裁判所］に訴えを提起することができる。収用裁判官は，所有権移転を宣言し，代金の支払いを命ずる（L. 230-3条3項［現条文同じ］）。代金額は，収用の場合と同一の態様で決定される。すなわち，当該地役が設定されたことによる価額の減少はなかったものとみなされ，また，代金額が代替地取得費用に満たない場合は超過分が補償される（再取得補償（indemnité de remploi））。

　これに対して，上記の1年の期間経過後，さらに3ヶ月の間，訴えが提起されなかった場合は[47]，地役は対抗力を失い，所有権者は完全な所有権を回復する（L. 230-4条［現条文同じ］）。

　(3)　2006年ENL法によるd号地役については，制限の程度が低いことに対応して，委付権の効力も減じられている。以下の4点にb号地役との差異がみられる。

　第一に，収用裁判官に対する訴えの提起は，計画主体のみに認められ，所有権者はこれを行うことができない。第二に，収用裁判官は代金のみの弁済を命ずるものとされる。再取得補償等の追加の補償は否定される。第三に，計画主体は，収用裁判官の決定ののち，なお2ヶ月の間，土地の取得を取り止めることができる（以上，L. 230-3条4項）。第四に，地役の対抗力の喪失に期間が付される。収用裁判官への訴え提起の有無にかかわらず，計画主体が取得を見送ってから2年間に限って，建築許可申請に対する対抗力が否定される。よって，2年後にd号地役は再び効力を生ずる（L. 230-4-1条）。

　　市施設向け用地指定の事案。収用裁判官への訴え提起ののちに計画主体が土地占用プラン（plan d'occupation du sol, POS）［＊PLUの前身］を修正し，用地指定を撤回したため，被指定用地の所有権者による買取請求は不受理とされた。受理の可否は収用裁判官による判決の日付において用地指定が効力を有していたか否かに依存するとする。）；Cass. 3ᵉ civ., 17 juill. 1997, *Bull. civ.* III, n° 171. （事案は同様。判決の日付以前に用地指定を撤回する旨の議決がなされたが，POSの修正議決まではなされていないかった。POS上では用地指定が存続しているとして，所有権移転を認めた原判決を肯定した。）さらに，公用収用法典上の委付権について，V. Cass. 3ᵉ civ., 13 févr. 2008, *Bull. civ.* III, n° 26. （判決以前に収用決定が撤回された事案。委付権に基づく訴えを不受理とした。）

(47)　ただし，条文上は，3ヶ月の期間以後も訴えの提起は可能であるとされている。しかし，所有権者によるそれに限られ，計画主体からの請求は否定されると解されている。V. p. ex. Soler-Couteaux, Llorens et Lavielle, *supra* note (17), p. 148.

387

第2部　都市法の現代的諸相

いずれも計画主体を優遇するものであるが、背景としてb号地役の不都合を指摘することができる[48]。b号地役の委付権のシステムにおいては、主導権は所有権者が握っており[49]、計画主体は土地を取得するか計画を断念するかの二者択一を強いられる。この意味で、所有権者からの訴えが否定されるd号地役の新設は、ソーシャル・ミックスの実現を幾分なりとも容易にしたものと評価される［ただし、実際の運用について後述参照］。

しかしそもそも、この種の地役について委付権を補償することそれ自体が疑念を抱かせる。都市計画地役には損失補償を要しない、という原則が存在するためである。

III　ソーシャル・ミックス地役と無補償原則

1　委付権による間接補償

(1)　都市計画地役一般について、利用制限によって生じた損失の補償は認められないという原則［以下「都市計画地役無補償原則 (principe de non-indemnisation des servitudes d'urbanisme)」または端的に「無補償原則」とする］が確立されている[50]。委付権による買取請求はこの原則を緩和するものであり[51]、学説上、「間接補償 (indemnisation indirecte)」[52]の一類型として整理される。この意味で、無補償原則は、地役による制限から生ずる負担を、所有権の移転を伴わずに、もっぱら金銭で填補する「直接補償 (indemnisation directe)」[53]

---

(48)　Jean-Pierre LEBRETON, La mobilisation du droit de l'urbanisme pour le logement, *AJDA* 2006, p. 1540 et s., spéc., p. 1543 は、パリ、レンヌからの異議を伝える。

(49)　*loc .cit.*「(…) 自治体が委付の請求を容れないとき、所有権者の求めに応じて地役は侵食を受ける (servitude à éclipse commandée par le propriétaire)」

(50)　V. p. ex. AUBY, Le principe de non-indemnisation des servitudes instituées par application du code de l'urbanisme (article L. 160-5 du Code de l'Urbanisme), *Droit et Ville* n° 10, 1980, p. 170 et s. ; BOUYSSOU et GALAN, *supra* note (46).

(51)　René HOSTIOU, L'indemnisation directe des servitudes d'urbanisme, *Droit et Ville* n° 49, 1999, p. 83 et s. spéc. p. 90.

(52)　JÉGOUZO, L'indemnisation indirecte des servitudes d'urbanisme en Europe, *Droit et Ville* n° 49, 1999, p. 93 et s.

(53)　民法典上の地役であっても、承役地の所有権者に対する補償については、原則として法律の個別の定めが必要とされる。たとえば、法定地役の一種である囲繞地通行権について、承役地の所有権者は要役地の所有権者に対して損害に応じた補償を請求できる（民法典682条）が、通水権については補償規定がない。他方、都市計画地役に該当しない公益地役については、沿岸地域での歩行者の通行権や歴史的建造物指定による利用

の否定を意味するにすぎないことになる[54]。

　しかし，間接補償さえも認められない地役が一般的である以上，ソーシャル・ミックス地役についてはなぜ例外が許容されるのかが問われなけれならない。

　(2)　都市計画地役の無補償原則は，大略以下のような来歴を有する[55]。計画を策定して一体的に都市環境の整備を行うという構想は，1919年の法律（都市の整備・美化・拡大に関する1919年3月14日の法律）に遡るが，この段階では，地役による制限に対して補償を認めない旨の明示の規定は存在していなかった。その後の判例・学説は，補償を原則とするもの，特別の損害がある場合に限るもの，都市計画の実現から要役地の増価（plus-value）が生ずる場合には損失はこれによって填補されると理解するものなど，多岐に分かれた[56]。無補償原則を明示的に規定したのは，ヴィシー政権期の1943年の法律（都市計画に関する1943年6月15日の法律）であった[57]。根拠としては，公法の一般原則である「公の負担の前の平等」（1789年人権宣言13条）が挙げられる[58]。承役地の所有権者は狙い撃ちされたわけではなく，たまたま，地役の対象となる区域に土地を有していたにすぎない。もっとも，計画段階で補償を認めてしまえば財政コストが嵩む，というのが，無補償原則確立の実際上の理由であったとされる[59]。現在でも，この点が第一の（実際上の）正当化理由とされる[60]。

制限など補償規定がある場合が多い。V. SOLER-COUTEAUX et Elise CARPENTIER, *Droit de l'urbanisme*, 5ᵉ éd., HyperCours, Dalloz, 2013, nᵒ 397, p. 252-253.

(54)　なお，当然ながら，地役設定（ないしそれを含む計画文書）が違法と判断され，計画主体のフォートが認定されれば，損害賠償義務が生ずる。V. AUBY, PÉRINET-MARQUET et NOGUELLOU, *supra* note (30), nᵒ 287, p. 133.

(55)　わが国における古典的研究として，参照，見上・前掲注(23)。

(56)　見上・前掲注(23)176頁以下が詳細を極める。

(57)　その原型は，パリの整備計画に関する1935年の立法にみられる。見上・前掲注(23)188-192頁。V. aussi Jean-Pierre DEMOUVEAUX et LEBRETON, *La naissance du droit de l'urbanisme, 1919-1935*, Les éditions de Journaux officiels, 2007, p. 368-369.

(58)　V. p. ex. AUBY, *supra* note (50), p. 187. また，見上・前掲注(23)202-203頁が引用するDE LAUBADÈRE の学説を参照。例外的に「特別の犠牲」を生ずる場合にのみ補償を要するとする。もっとも，かつては，同一の原則が一般的な補償を導く論拠ともされていたと指摘される（同184頁）。

(59)　見上・前掲注(23)195-196頁。

(60)　V. p. ex. Henri JACQUOT et François PIRET, *Droit de l'urbanisme*, 6ᵉ éd., Précis, Dalloz, 2008, nᵒ 827, p. 894.

第2部　都市法の現代的諸相

(3)　現行法では，都市計画法典 L. 160-5 条[61]［現 L. 105-1 条］が都市計画地役無補償原則を掲げる。ただし，同条2項は，二つの例外を設けている。第一は，地役が「既得の権利に対する侵害」をもたらす場合である。既に建築許可がされていた場合などを想定した規定であり，国家賠償の一般法からも導かれうる[62]。第二に，地役によって「直接的，現実的かつ確実な損害を惹起する特定の土地の従前の状態からの変更」を要する場合にも補償が義務付けられる。しかし，適用例は皆無に近いとされる。「従前の状態からの変更」は地役の設定から直接的にもたらされなければならないが，消極的制限である地役それ自体は土地の状態を変えるわけではない[63]。

この二つの例外に加えて，判例法上の例外が作出されている。1998 年の国務院判決［以下「1998 年 Bitouzet 判決」][64]によれば，都市計画地役は，それが「追求される一般利益上の目的との比例性を欠く特別かつ法外な負担，(charge spéciale et exorbitante, hors de proportion avec l'objectif d'intérêt général poursuivi)」であるとき，（直接）補償の対象となり，この旨を L. 160-5 条は否定していないとした[65]。もっとも，国務院のレベルでは，この例外的補償が

(61)　L. 160-5 条　①道路，衛生および美観に関して，または，他の目的，特に，土地の利用，建築物の高さ，各所有地における建築面積と非建築面積との比率，一定の区域および一定の沿道地における建築禁止，もしくは，複数区域間での不動産の分布割合のために本法典の適用により設定される地役は，いかなる補償を受ける権利をも生じさせない。

　　②前項の規定にかかわらず，既得の権利に対する侵害，または，直接的，現実的かつ確実な損害を惹起する特定の土地の従前の状態からの変更が地役によって生ずる場合には，補償が義務づけられる。補償の額は，友誼的な合意を欠く場合には，行政裁判所がこれを確定することができる。行政裁判所は，公示された POS，承認された PLU，または，これらに代わる文書の実施によって不動産にもたらされる増価分を考慮しなければならない。

(62)　判例法の詳細について，V. Auby, Périnet-Marquet et Noguellou, *supra* note (30), n° 288, p. 133-134 ; Jacquot et Piret, *supra* note (60), n° 829-831, p. 896-899.

(63)　Jacquot et Piret, *supra* note (60), n° 829, p. 896-897 は，「死文化している」とする。

(64)　CE, 3 juill. 1998, Bitouzet, n° 158592, Rec. p. 288, concl. R. Abraham, *AJDA* 1998, p. 570, chron. F. Raynaud et P. Fombeur. V. aussi Denys de Béchillon, Le Conseil d'État, la Convention européenne des droits de l'homme et la non-indemnisation des servitudes d'urbanisme. À propos de l'arrêt Bitouzet, *RFDA* 1999, p. 841 et s.

(65)　「都市計画法典 L. 160-5 条は，一般的かつ絶対的な原則を定めてはおらず，(…) 二つの例外を付加している。(さらに，) 同条は，自らの財産に地役の設定を受けている所有権者が以下の例外的な場合に補償を求めることを妨げない。すなわち，地役が設定されかつ実施される条件並びに状況の総体，および，地役の内容から，当該所有権者が，特別かつ法外であり，追求される一般利益上の目的との比例性を欠くような負担を引き

390

16 フランス都市法におけるソーシャル・ミックスと所有権

実際に認められた事例は存在しない[66]。

1998 年 Bitouzet 判決は，無補償原則を再考したものというよりは，ヨーロッパ人権裁判所［以下「CEDH」］の判例法の展開を受けて，都市計画法典 L. 160-5 条に条約適合性をまとわせるための便法であったとも指摘される[67]。CEDH は，1980 年代に，ヨーロッパ人権条約附属第 1 議定書 1 条[68]を基に，財産権と都市計画上の利用制限との間の比例性審査を開始していた[69]。

(4) CEDH の判例法は，委付権による間接補償をも射程に収めるに至る。1996 年の判決［以下「1996 年 Phocas 判決」］は[70]，フランスを被告とする事件

受けている場合である。以上の条件の下では，都市計画法典 L. 160-5 条が人権および基本的自由の保障に関するヨーロッパ条約附属議定書 1 条の規定に適合しない，との申立人の主張は根拠を欠く。」なお，原告は，POS［＊現在の PLU に相当］において自らの土地が建築禁止区画の指定を受けたにもかかわらず補償が得られないことを不服としていたが，上述のような過度の負担であったことは立証されていないとして申立を棄却されている。

(66) Jacquot et Piret, *supra* note (60), n° 832, p. 900. 否定例として，p. ex. CE, 2 juill. 1999, Mme Valentini, et autres n° 176894, Rec. table, p. 1006.（刑事施設の新設に際して設定された隣接地の植栽・建築制限について）; CE 27 juin 2007, Mielle, n° 280693, Rec. table, p. 848. ; CE, 13 nov. 2009, SNC Domaine de Sausset-les-Pins et SCP Laureau-Jannerot, n° 309093, Rec. table, p. 742（いずれも海岸部の建築禁止地役について）. 補償を認めた事実審判決として，p. ex. CAA Marseille, 7 nov. 2007, n° 06MA00200.

(67) en ce sens, Hostiou, *supra* note (51), p. 91.

(68) ［仏語正文より］① すべての自然人または法人は，その財産の尊重を求める権利（droit au respect de ses biens）を有する。なんぴとも，公益上の理由によって，かつ，法律および国際法上の一般原則によって規定された条件においてでなければ，所有権（財産権）（sa propriété）を奪われえない。
　　② 前項の規定は，一般利益に適合的な仕方で財産の利用を規制するために，または，税，その他の負担金もしくはその他の罰金の支払いを確保するために必要と判断する法律を施行する（締約）国の権利を侵害しない。

(69) CEDH, 24 sept. 1981, Sporong et Lönnroth c/ Suède, n° 7151/75, 7152/75. 邦語評釈として，中島徹「本件判批（73 未執行の土地収用と財産権）」戸波江二／北村泰三／建石真公子／小畑郁／江島晶子編『ヨーロッパ人権裁判所の判例』（信山社，2008）444 頁以下。V. aussi CEDH, 27 oct. 1994, Katte Klitsch de la Grange c/ Italie, n° 12539/86.

(70) CEDH, 23 avr. 1996, Phocas c/ France n° 17869/91.（2 裁判官の反対意見が付されている。本件原告は，1960 年に策定された道路整備計画により自ら土地が収用の対象になると考え，そこで営んでいた商店を他所に移転した。しかし計画の進捗がないため，商店の旧所在地上に住宅の建設を企図し，建設許可を 3 度に亘って申請したが，いずれも許可猶予決定を受けた。最終的にこれが（黙示の許可決定として）得られたのは 1978 年であった。その間，委付権も行使されたが（1970 年），合意は得られなかった。ここで収用裁判官への訴え提起は可能であったものの，出訴期間が徒過してしまう。最後の点の評価が法廷意見と反対意見とを分けている。前者は期間の徒過を原告に帰責す

391

第 2 部　都市法の現代的諸相

において，設定から 27 年間存続する建築禁止地役について，従来の用途での土地利用は否定されていないこと，および，委付権が保障されていることを理由に，所有権への介入（ingérence）と公益との間に「まったき均衡（juste équilibre）」が保たれているとした。委付権による間接補償は，都市計画による財産権侵害を治癒し，直接補償の否定を導きうる事由として援用されていることになる[71]。

ソーシャル・ミックス以外の目的からなされる用地指定，具体的には都市施設向けの用地指定について，同じく委付権を重視して条約違反はないとした国務院判決がある[72]。さらに，近時，憲法院は，合憲性の優先問題（question prioritaire de constitutionnalité, QPC）が提起された場面で，同様の用地指定を

────────

　　る。これに対して後者は，交渉継続を匂わせるかのような計画主体の回答が原告の躊躇を生んだと評価し，原告には帰責性がないものとしている。）

[71]　Comp., Noguellou, *supra* note（28），p. 1025. 本件事案における用地指定が長期間に亘っていたことを強調し，前注（69）の Sporong et Lönnroth c/ Suède との齟齬を示唆する。実際，同判決の事案では，収用許可決定によって建築が制限されてから 20 年以上を経て収用許可が撤回されていた。この長期利用制限が，公益と所有権への介入との均衡の欠如をもたらす「特別かつ法外の負担」であったと評価されている。建築禁止地役が 27 年間存続していた本件でも，例外的な直接補償がもたらされえたとすれば，委付権による間接補償は直接補償を代替する，という整理が可能となる。しかし著者は，「所有権者は，とりわけ，しばしば未決定の状態にある公的計画の場合は，自らの財産が失われるリスクを冒すことを望まない場合もありうる。そもそも，委付権を実際に行使したとしても非常に限定的な保護が得られるにすぎないことが強調されてきた」と述べて判決を批判している。その上で，委付権が認められる用地指定についてであっても 1998 年 Bitouzet 判決の準則に基づいて直接補償を認めた事実審判決（前注（66）のマルセイユ行政控訴院判決）を引く。国務院レベルではこの例外は条約違反を回避するための理論的なものでしかないことを指摘しつつも，長期に亘る用地指定については（間接補償が認められるとしても）均衡の欠如が生ずるのではないかと疑問を呈している。さらに，再取得権について，後注（74）参照。

[72]　V. CE, 19 déc. 2007, Mme Geoffroy, n° 297148, Rec. table, p. 634.（L.123-1 条 c 号の地役について）; CE, 11 juill. 2011, Société du parc d'activités de Blotzheim. n° 317272, Rec. table, p. 930.（L. 111-11 条について）後者の判決では，無補償原則それ自体すなわち L. 160-5 条についても判断が示されている。すなわち，1998 年 Bitouzet 判決の準則を援用しつつ，人権条約違反はないとした。なお，国務院は，同条についての QPC を憲法院に移送しない旨の判決を下している。CE, 16 juill. 2010, n° 339342, SCA de Château de l'Arc et SCI des Hameaux de Château de l'Arc, inédit. *RJEP* janv. 2011, p. 28, concl. J. Boucher（論告は法廷意見とは異なり移送を主張）. V. aussi, Jérôme Tremeau, La QPC et le droit de l'urbanisme : les questions résolues, *in Les Cahiers du GRIDAUH*, n° 22, 2011, *La question prioritaire de constitutionnalité et l'aménagement du territoire*, p. 19 et s., spéc., p. 27-30.

16 フランス都市法におけるソーシャル・ミックスと所有権

合憲とした[73]。所有権の保障は委付権の肯定のみで十分であるとする[74]。

　⑸　以上の諸判決は，公共施設向けの伝統的な用地指定にかかわるが，ソーシャル・ミックスのための用地指定についても，CEDH の 1996 年 Phocas 判決の影響を指摘することができる。実際，憲法院は，2000 年 SRU 法の事前審査に際して，委付権を援用しながら，ソーシャル・ミックス地役に関する L. 123-2 条（当時）を合憲としていた[75]。

---

(73)　C. const. déc. nᵒ 2013-325 QPC du 21 juin 2013, Rec. p. 847.（都市施設のための用地指定に関する旧 L. 123-9 条（当時 L. 123-2 条 c 号，L. 123-17 条 1 項）について合憲とした。委付権に基づく買取請求は所有権者のイニシアチブによるため強制取得を意味せず，1789 年人権宣言 17 条の射程外であるとする。他方で，委付権が保障されている点を強調し，同 2 条にも反しないとした。）なお，公用制限に関する憲法判断の構造は以下のとおり。⑴所有権の強制取得の場合には 17 条にしたがって公益性の有無・適切かつ事前の補償の有無が審査される。公用収用を典型とする。⑵強制取得に該当しない場合は，2 条を根拠として，所有権の行使に対する制限と追求される公益上の目的との間での比例性審査がなされる。公用地役を典型とする。以上について，事前審査の枠組みの下での先例として，V. C. const. déc. nᵒ 89-267 DC du 22 janv. 1990, Rec. p. 27. QPC に対する判決として，V. aussi C. const. déc., nᵒ 2011-182 QPC du 14 oct. 2011, Rec. p. 505.（森林火災の延焼を防ぐための地役（建築線の設定）について規定する森林法典 L. 321-5-1 条（当時）の合憲性が争われた事案。2 条の下での比例性審査を行うが，公益性の高さ，および，直接補償と委付権の双方が認められていることを理由に，違憲主張を排斥した。なお，判決は，結論において同条を違憲無効とするが，公衆意見聴取（enquête publique）を必須とせず，森林から 6m を超える建築線を設ける場合にのみこれを要求している点で，十分な手続保障を欠く，との理由に基づく。）

(74)　本判決での直接の争点は，所有権者の再取得権（droit de rétrocession）が保障されていないことが 1789 年人権宣言 2 条に反するか否か，という点であった。用地指定がなされ，買取請求が肯定されると，いかなる限定も付されない所有権が現出するため，計画自体が頓挫した場合，転売が容易になる（あるいは，事後に計画文書を変更して地役だけを外して転売する，という詐害的な事例もあると指摘される）。これに対抗するために，公用収用の場合と同じく，所有権者に再取得権が認められるべきである，との主張がなされたが，憲法院はこれを要しないと判断した。批判として，V. Noguellou, *supra* note (28), p.1022 et s.; Pierre Delvolvé, La question prioritaire de constitutionnalité et le droit de propriété, *in Mélanges Bon, supra* note (28), p. 145 et s., spéc., p. 164-165.

(75)　C. const. déc. nᵒ 2000-436 DC du 7 déc. 2000, Rec. p. 176. 判決理由 18 段「ソーシャル・ミックスへの配慮に応える住宅計画の実現のための用地指定は，公益上の目的を追求するものである。(…) 対象となる所有権者は，都市計画法典新 L. 123-17 条 2 項の適用によって，L. 230-1 条以下に規定された要件と期間において，自らの土地の取得手続を進めるよう基礎自治体を遅滞に附すことができる。したがって，異議の対象とされたこれらの地役によってもたらされる所有権行使の諸条件の制限は，所有権が変性を受けるほど重大なものではなかった。したがって立法者は，公的負担の前の平等の原則を明

393

第2部　都市法の現代的諸相

その後，事実審レベルにおいて，人権条約への適合性を肯定する判決が蓄積されている。たとえば，ボルドー行政控訴院は[76]，都市中心部において14戸の社会住宅建設を求めるb号地役について，用地指定は法律に拠りかつ公益を目的とすること，および，承役地の所有権者は委付権を行使しうることを理由として，人権条約に反しないとする。パリ行政控訴院も同様の理解に立つ[77]。延床面積の50%[78]を社会住宅に供するよう求めるb号地役につき，委付権の保障を論拠として，所有権に対する過度の侵害はないとした。人権条約は明示的には援用されていないものの，実質的には条約適合性が審査されている[79]。

(6)　以上より，判例の傾向は，「委付権の存在は土地の利用制限の正当化を容易にする」という命題として整理することができる。また，各種の都市計画地役の間には所有権制限の程度に関してグラデーションがあり，制限の程度が高ければ委付権が補償される，という前提を置きうるならば，ソーシャル・ミックス地役もまたそうした地役として整理されることになる[80]。

ここで，L. 123-2条が規定する他の地役との比較を試みよう[81]。a号の地役は，特定の整備計画について，最大5年間，建築面積を制限するにすぎない。しかも広く例外が認められる。一見して所有権の侵害の程度は低いが，整備計画が認可されれば収用に至る可能性は高い。他方，c号の地役は，ソーシャル・ミックス地役の創設以前からの典型的な用地指定であるが，都市施設（公道・公的工作物・公益施設・緑地・環境維持に必要な施設）を目的とし，建築禁

　　白に廃棄することはなかった。」

(76)　CAA Bordeaux, 12 nov. 2009, n° 08BX03233. 都市計画法典の法条それ自体の人権条約適合性ではなく，具体的な地役設定行為のそれについて判断している。

(77)　CAA Paris, 12 févr. 2009, n° 07PA03886.

(78)　さらに高い比率が求められることもある。V. CAA Bordeaux, 26 nov. 2009, n° 08BX00396.（延べ床面積の80%を社会住宅に供するよう求めるb号地役。PLU変更決議の取消請求に対して，PLU作成者は当該地域の《faible constructibilité》（＝新規建設の余地が限られていること）を考慮に入れることができるとした。請求棄却。）

(79)　なお，本判決は取消を認めたが，本件のPLUと上位の計画文書との適合性の欠如を理由とする。事案は，旧Auteuil駅付近の区域にかかわるが，旧駅施設を歴史的建造物として指定し周辺を緑地帯として保存する旨の文書（持続的発展に配慮した整備計画（projet d'aménagement et de développement durable, PADD）と，住宅建設に関する用地指定とは両立しないものとされた。

(80)　en ce sens, V. Francis HAUMONT, La servitude de logement social plus lourde que celle d'environnement ?, *AJDA* 2006, p. 1129.

(81)　以下について，前注(27)の条文を参照。

394

止[82]をその効果とする。ここでは，そもそも用地として指定された土地が計画主体以外に売却されることは考えられない[83]。よって，所有権の侵害の程度は高い。これに対して，b号・d号のソーシャル・ミックス地役は，建築それ自体を禁止するものではなかった。

他方，都市計画法の外に目を向ければ，建築を禁止し，事実上の売却不能をもたらしながら，間接補償さえ認められない公用地役が多数存在する。たとえば，環境保全を目的とする地役（servitude environnementale）が挙げられる[84]。

一見して所有権の制限の程度の低いソーシャル・ミックス地役について，それを課された所有権者を厚く保護することは，他の地役との関係で，均衡を失しているようにもみえる。たしかに社会住宅の過少供給地域では，それを内包する集合住宅の価値は目減りするであろう。しかし，社会住宅を受入れる所有権者には，容積率の緩和の特典が与えられ[85]，所有権者自身が社会住宅とし

(82) ただし，建築禁止を内容とするか否かについて議論がある。V. Noguellou, *supra* note (28), p. 1019-1020. 都市計画法典の法律篇には明記されていないが，命令篇において，指定された用地での期間限定建築許可（permis de construire à titre précaire）が認められている（R. 433-1 条［現条文同じ］）。この建築許可は，一定の期間の経過ののちに建築物の収去を要求するものであり，当該期間内であれば目的に反した建築が可能である。ここから翻って，目的に適った建築であっても，所有権者は正式の建築許可を得られない，と解されることになる。とはいえ，公道等の施設を私人自らが建設することは考えられず，実際のところは将来のいずれかの時点で自治体が当該土地を取得することが予定されている。

(83) Jégouzo, *supra* note (41), p. 625.

(84) 憲法院で争われた地役として，環境法典 L. 562-2 条の地役がある。C. const. déc., n° 2014-411 QPC du 9 sept. 2014, Rec. p. 390.（当該地役は「予見可能な自然災害リスク防止プラン（plan de prévention des risques naturels prévisibles, PPRNP）」に記載されるもので，被害拡大を予防するために，区画を特定して建築を禁ずる。さらに，緊急性が高い場合は，地方議会によるプラン策定決議の以前であっても，地方長官（préfet）は，関係基礎自治体の長（maires）の諮問を経て地役を対抗可能とするアレテ（arrêté）を発することができる。しかし，条文上，直接補償も委付権も認められていない。憲法院は，一方で，この地役の目的は公的安全（sécurité publique）に存するとして公益性を強調し，他方で，1998 年 Bitouzet 判決の文言を用いて「追求される目的との比例性を欠いた特別かつ法外な負担」であった場合の補償を立法者は排除していないとして，1789 年人権宣言 2 条に反するとの主張を排斥した。なお，本件 QPC は基礎自治体（Tarascon 市）によって提起されたもので，アレテ（2003 年のローヌ川流域での浸水被害を受けて発せられたもの）への不服申立に対する地方長官の棄却決定の取消訴訟を機縁とする。そのため，上記の所有権制限に関する点は必ずしも主たる争点とはいえない。）

(85) Soler-Couteaux, Llorens et Lavielle, *supra* note (17), p. 149 . V. aussi Tremeau, L'urbanisme au service du logement, *AJDA* 2009, p. 1291 et s, spéc., p. 1293.

第2部 都市法の現代的諸相

て賃貸しない場合でも，建物の完成後に区分所有権を HLM 組織に売却することができる[86]。

(7) 以上の推論は，次の二つの解釈を導くであろう。第一に，所有権の制限の程度の低いソーシャル・ミックス地役に対する委付権の保障は，無補償原則撤回への一里塚であって，「所有権保護主義的 (propriétariste)」な動向の一環と位置付けられうる[87]。しかし，無補償原則の背景に財政上の要請があったことに鑑みれば，著しいコスト増を来し，効率的な都市計画法制の終焉を意味しうる[88]。

第二に，委付権をもってしなければ，所有権者はソーシャル・ミックスを受入れない，との立法者の見立てを想定することもできる。2006 年 ENL 法に関するニュアンスを帯びた以下の指摘に顕著である。

　「法的にもっともらしい唯一の説明は以下のようなものであろう。所有権者にとって，計画文書において自分の土地が一定比率の社会住宅を実現するよう義務づけられるよりも，環境の保全を目的とする建築禁止の地役を受ける方がましであろう，と立法者の目には映ったのである。もし本当にそうであったとすれば，社会住宅およびその居住者に対するフランスの立法者の敬意 (estime) を雄弁に物語るであろう！」[89]。[傍点筆者]

　しかしながら，ソーシャル・ミックス地役への委付権の保障は，その後の立法，また，実際の運用によって，事実上否定されることとなった。

2 原則への回帰

(1) 2006 年 ENL 法が簡易な手段として新設した L. 123-2 条の d 号地役は，2009 年の立法（住宅および排除との戦いのための動員に関する 2009 年 3 月 25 日の法律第 323 号（La loi de mobilisation pour le logement et la lutte contre l'exclusion））

---

(86)　Zitouni, *supra* note (20), p. 649.

(87)　フルキエ・前掲注(17)302 頁。

(88)　Jégouzo, *supra* note (41), p. 625.「立法者が駆け出した方向性に鑑みると，以下のような問いを発しなければならない。近い将来 (demain)，都市計画地役が創設されれば常に委付権をも創設してこれを填補しなければならないのではないか。さらに，その先の将来 (après demain) には，都市計画地役の補償の原則 (principe d'indemnisation) が確立され，CEDH の判例法が求める以上の帰結が生ずるのではないか。このような犠牲を払いながら都市計画をうまく進めようとしても，それは容易なことではないであろう！」［傍点筆者］

(89)　Haumont, *supra* note (80), p. 1129.

［以下「2009 年 MOLLE 法」］によって，その仕組みを改められた。

同法は，L. 123-2 条から d 号を削除し，L. 123-1-5 条 16 号［2014 年 10 月 13 日の法律第 1170 号により同条 II 項 4 号，現 L. 151-15 条］にこれを規定し直す。この操作は，単なる条文の位置の修正ではない。既述のとおり，L. 123-1-5 条［2000 年 SRU 法当時は L. 123-1 条 5 項］は，委付権の保障のない地役を列挙する規定である。したがって，旧 d 号地役は，L. 160-5 条の無補償原則に服する地役へと回収されたことになる。

この改正は，立法過程での議員修正に因る[90]。修正提案では，委付権が存在するために自治体は d 号地役の設定に躊躇している旨が述べられている。

なお，2009 年 MOLLE 法は，L. 123-1-5 条 15 号［現 L. 151-14 条］に新たな地役を付加している。PLU は，既存市街化区域および新規市街化区域中に区画を設け，そこでの住宅計画について，「PLU が定める最低限度の規模（taille minimale）を備えた住宅を一定比率備える」よう義務づけることができる。この新たな地役は，賃貸住宅一般の狭小化を防ぐことにあるが[91]，社会住宅を対象とすることもできる[92]。この地役についても，所有権者は委付権を享受しない。

(2) 2009 年 MOLLE 法による軌道修正は，ソーシャル・ミックス地役の実際の運用を背景としていた。以下の裁判例によって例解しよう。事案は，ナント都市圏に属するラ＝シャペル＝スュル＝エルドル（La Chapelle-sur-Erdre）市の PLU[93]にかかわる。ナント市の北に隣接する同市は中間層・富裕層の居住地域となっている。したがって，ここでのソーシャル・ミックス地役は，社

---

(90)　右派 UMP の Dominique Braye 議員（Yvelines 市選出）による修正提案（元老院第一読会にて）。

(91)　Zitouni, *supra* note (20), p. 650 ; Soler-Couteaux et Carpentier, *supra* note (53), nº 294, p. 201. 背景として，都市計画および居住環境に関する 2003 年 7 月 2 日の法律（通称「ロビアン（Robien）法」）および 2006 年 ENL 法が，賃貸住宅一般について，その供給増を目的として，これを対象とする投資につき租税上の優遇措置（参照，租税一般法典 31 条 h 号・l 号）を設けたことがある。その結果，不動産開発業者が，少額多数の投資を呼び込むため，各戸の専有面積を小さくする，という副作用が生じたとされる。

(92)　Zitouni, *loc. cit.*

(93)　ナント都市圏の各自治体の PLU は以下 web ページから参照可能（2016 年 4 月 8 日最終確認）。http://www.nantesmetropole.fr/pratique/urbanisme/le-plan-local-d-urbanisme-de-nantes-metropole-30020.kjsp 以下の地役について，http://plu.nantesmetropole.fr/LaChapellesurErdre/PDF/5-2-2-1_Liste_des_servitudes_pour_mixite_sociale.pdf その附属地図について，http://plu.nantesmetropole.fr/LaChapellesurErdre/PDF/5-2-2-2_Secteurs_application_L_123.pdf

第2部　都市法の現代的諸相

会住宅の供給増大を図るものとなる。

　同市の PLU が設定する地役は，対象区画での集合住宅建設について，建物全体の延床面積（構造部分を除く純床面積（surface hors œuvre net, SHON））および戸数を指定し，そのうち 25% を社会住宅に充てるべきものとしていた。当該区画内にある原告所有の 2,431m^2 の土地では，延床面積 3,200m^2，43 戸の住宅を最低限必要とし，うち 800m^2，11 戸を社会住宅としなければならないものとされた。原告がこの地役の違法性を主張し，PLU 策定に関する議会議決（2007 年 10 月 26 日付け）の取消を請求した。

　一審のナント行政裁判所（2010 年 10 月 12 日判決）は，b 号地役によっては，（建物全体の）延床面積・戸数の指定は認められないとして，議決のうち本件地役にかかる部分を取消した。この判決には，PLU による地役は「住宅用建物の内部構成（agencement intérieur）を詳細に指定することはできない」とする判例法理[94]の影響が指摘される[95]。

　被告（ナント都市圏）の控訴に対してナント行政控訴院（2011 年 7 月 15 日判決）[96]は，L. 123-2 条 b 号の規定は「社会的性格を有する住宅の実現に充てられるべき一定比率の延床面積を指定することを可能とするが，この規定が，PLU 策定者に対して，PLU が定義する住宅計画の枠内において，建物全体の延床面積の最低限度，および，当該地役の設定を受けた土地の上に建築されるべき住宅戸数の最低限度を規定することを禁ずるものとはみなされえない」と判示し，一審判決を取消した。また，原告は本件地役の人権条約適合性をも争っていたが，委付権が認められていることを理由に退けられている。

　原告の破毀申立に対して国務院（2013 年 6 月 26 日判決）[97]は，次のように述べてこれを棄却した。「都市計画法典の当該条文（L. 123-2 条 b 号：筆者注）は，PLU の策定者に対して，第一に，既存市街化区域または新規市街化区域にお

---

(94)　CE, 9 juill. 1997, n° 146061, Commune de Mégève, Rec. table, p. 303；CE, 11 déc. 1998, n° 155143, Commune de Bartenheim, Rec. table, p. 1120.

(95)　Degommier, obs. sous CAA Nantes, 15 juill. 2011, *infra* note（96）; Vandermeeren, obs. sous CE, 26 juin 2013, *infa* note（97）.

(96)　CAA Nantes, 15 juill. 2011, n° 10NT02554, *AJDA* 2011, p. 2125, obs. S. Degommier, *RDI* 2011, p. 582, obs. P. Soler-Couteaux.

(97)　CE, 26 juin 2013, n° 353408, Nicolas, Rec. table, p. 875, *JCP A* 2014, 2172, chron. n° 2, R. Vandermeeren, *RTDI* n° 4 - 2013, p. 19, comm. J.-F. Struillou, *Construction-Urbanisme,* 2013, comm. 112, note P. Cornille, *RDI* 2013, p. 490, obs. P. Soler-Couteaux. 管見のかぎり，ソーシャル・ミックス地役に関する最初の国務院判決である。

398

いて，（…）ソーシャル・ミックスへの配慮に応える住宅計画を定義する権限を，第二に，これらの区域において，当該計画の実施を可能とするために保留地（réserves foncières）[98]を設定する権限を授権するものである。PLU は，以上の目的のために土地に制限を課すことができる。とりわけ，（…）当該計画が定める住宅の実現に充てられる延床面積の最低限度，および，建築される住宅の最低戸数を定めることができる。他方，所有権者は，都市計画法典 L. 123-17 条に規定された委付権を行使することができる」。

(3)　一連の判決は，b 号地役の枠組みにおいて，住宅全体の延床面積・戸数の指定が可能か，という論点にかかわるにすぎず，d 号地役については何も述べていない[99]。しかし，事案から重要な示唆が得られる。すなわち，取消請求の対象であったラ＝シャペル＝スュル＝エルドル市の PLU から，b 号地役を通じても，d 号地役と同様に，一定比率の社会住宅を求めえたことがわかる[100]。

2006 年法 ENL 法での d 号の追加は，この運用を追認するものということもできる[101]。しかしこの段階では，b 号地役に比して限定されたものとはいえ，d 号地役についても，所有権者に委付権が保障されていた。まさしくこの点が，2009 年 MOLLE 法の登場を促していた。すると，こののちには，社会住宅の受け入れのために用いられる地役は，b 号地役ではなく，委付権が保障されなくなった旧 d 号地役となることが予想される[102]。実際，ラ＝シャペル＝スュ

(98)　《emplacement réservé》を指すと考えざるをえない。《réserve foncière》について前注(25)。

(99)　なお，原告は，本件地役を理由とする建築許可申請拒否決定についても，その取消を請求していた。V. CAA Nantes, 26 juill. 2013, n° 12NT01151. 原告は本件地役が d 号地役であったと主張したが排斥されている。主張の趣旨は定かではないが，後注(102)の推論を前提としている可能性がある。

(100)　Degommier, obs. sous CAA Nantes, 15 juill. 2011, *supra* note (96)は，d 号地役との混同を指摘していた。

(101)　en ce sens, Bouyssou, *supra* note (39), n° 17.

(102)　ただし，d 号地役では延床面積の指定までは認められない可能性もある。Soler-Couteaux, obs. sous CE, 26 juin 2013, *supra* note (97), p. 491 はこの旨を示唆する。もっとも，同じく 2009 年 MOLLE 法が認めた上述の住宅面積に下限を課す地役を同時に用いれば，少なくとも社会住宅部分については，b 号地役によるのと変わらない帰結を導くことができるであろう。以上の推論が正しければ，この地役も委付権の保障を要しないのであるから，b 号地役の死文化がより強く予想される。実際，近時の下級審判決にみられる事案では，b 号地役ではなく，旧 d 号地役＝ L. 123-1-5 条 16 号地役が用いられている。p. ex. CAA Marseille, 6 juin 2014, n° 12MA00211. （社会住宅の比率（30～

第 2 部　都市法の現代的諸相

ル＝エルドル市の PLU における参照条文は，L. 123-1-5 条 16 号＝旧 L. 123-2 条 d 号に変更されている[103]。

　繰り返しになるが，旧 d 号地役については，住宅を建設する場合に限って制限が発動されるのであり，所有権者には，他の用途の建築を行いうる点で自由な権利行使の余地が残される。とはいえ，当該土地が住宅地に存し，他の用途に対する需要がないのであれば，所有権者は，事実上，社会住宅を内包した建築を実現するよう強いられるであろう。この場合にも委付権が否定されるのであるから，結果として，ソーシャル・ミックスという公益目的が優先され，所有権の保護の程度は減殺されるに至った，と評価することができる。

Ⅳ　補　　論

　(1)　上記のラ＝シャペル＝スュル＝エルドル市の PLU から導かれる含意を補論として敷衍しておきたい。そこでは，元来の道具立てである b 号地役が，条文を一読したところとは異なり，ある土地の上に建設される住宅全体を社会住宅とするものとしては用いられていなかった。この運用には，ソーシャル・ミックスは，同一建物内に民間賃貸住宅ないし分譲住宅と社会住宅とを並存させる方がよりよく実現される，との評価を窺わせる。

　こうした評価は，ソーシャル・ミックスのために考案された他の手法によっても裏付けられる。旧 d 号地役を創設した 2006 年 ENL 法は，私法上のメカニズムの活用を標榜していた。「用益権の合意の枠内での賃貸借（bail dans le cadre d'une convetion d'usufruit）」（建築住居法典 L. 253-1 条以下），通称「社会住宅賃貸向け用益権（usufruit locatif social）」[以下「ULS」]である。

　(2)　用益権の設定[104]は，所有権に含まれる使用（usus），収益（fructus），処分（abusus）のうち前 2 者を分肢し（démembrer），所有権者以外の者に帰属さ

50%）のみ指定）；CAA Bordeaux, 24 févr. 2015, nº 13BX00184.（区分所有権成立以前に 1,500m² 超の土地についての住宅建築計画，10 戸以上から成る集合住宅建築計画，または，延床面積 1,000m² 以上の住宅建築計画について，33％以上の社会住宅を求める地役。）

(103)　前注(93)の附属地図の表題部分を参照。なお，PLU のうち本件地役に関する部分は，2010 年 4 月 9 日および 2013 年 10 月 14 日の日付で変更された旨の記載がある。いずれも 2009 年 MOLLE 法の施行後の日付である。

(104)　用益権に関する以下の説明について，参照，拙稿「用益権の法的性質——終身性と分肢権性——」日仏法学 28 号（2015）43 頁以下。

400

16 フランス都市法におけるソーシャル・ミックスと所有権

せる法技術である。すなわち，使用権能と収益権能は用益権者（usufruitier）が，処分権能は虚有権者（nu-propriétaire）が，それぞれ物権としてこれらを有する。用益権は，原則として終身的な権利であり，期間を付して設定されたか否かにかかわらず，用益権者が自然人である場合は，この者の死亡によって消滅する（民法典617条1号および判例）。これに対して，用益権者が法人である場合は，最長30年に亘って用益権の存続が確保される（同619条）。ULSについては，まさにこの終身性を回避する観点から，用益権者となりうる者が法人に限定される（建築住居法典 L. 253-1条［以下 L. で始まる条文はすべて同法典]）。用益権の存続期間は最低15年以上と法定される（同条。なお，L. 253-1条以下は原則として強行規定である）。

さらに，ULSの目的は限定され，賃貸借に用いられなければならないとされている（L. 253-1条）。用益権者＝賃貸人としては，条文上の限定はないものの，HLM組織が想定される。事実，ULSの用益権者は，用益権の取得について社会住宅賃貸向け貸付（prêts locatifs sociaux）を得るものとされる（L. 253-2条1項，R. 331-1条I項5号）[105]。また，用益権者から賃借する者は，個人住宅手当の受給権を有することが前提とされている（L. 253-2条2項）。以上より，用益権者たるHLM組織は，用益権の対象となった不動産を社会住宅として賃貸することが予定されているといえる。

他方，虚有権者として想定されるのは一般私人であるが，この者は，用益権の消滅後に使用収益権能を取り戻し，完全な所有権を得ることになる。この帰結を確保するために，ULSに依拠した賃貸借については，その終了に関して，民法典が用意する一般法の修正が施されている。民法典では，用益権者による期間9年を超える賃貸借は，用益権終了後も虚有権者を賃貸人として存続するものとされる（595条）。これに対して，ULSが設定された場合，その終了時に賃貸借も自動的に終了する（L. 253-4条）。これは，賃借人に原則として更新権を保障する居住用賃貸借の一般法（1989年7月6日の法律第462号）の修正でもある。

その一方で，賃貸借の存続が否定されることに対応して，賃借人を保護するために，賃貸借の当事者ではない[106]虚有権者に，一定の義務が課される。す

---

(105) 2009年3月20日の法律第314号により貸付の対象が拡大されている。

(106) Gwénaëlle DURAND-PASQUIER, L'usufruit locatif social : une technique de création de logements sociaux rapide mais temporaire, *Construction-Urbanisme* 2012, Alerte 81, spéc., n° 1.

なわち，用益権の終了＝賃貸借の終了の6ヶ月前までに，虚有権者は，賃借人に対して解約告知をするか[107]，所有権者として新たな賃貸借契約を申込むか[108]，あるいは，用益権の合意を更新するか[109]，いずれかを選択しなければならない（L. 253-5条）[110]。賃貸借の終了が確定した場合は，用益権者＝賃貸人が，終了の3ヶ月前までに他の賃貸住宅を提供する義務を負う（L. 253-6条Ⅱ項）。

　（3）　この新たな仕組みは，必ずしも大々的な成功を収めているとはいえないものの[111]，一種の不動産投資商品としての利用が図られている[112]。具体的には，不動産が譲渡される際，その用益権を HLM 組織に，虚有権を私人に別々に売却することが想定される。その価額は，法定の比率によれば，前者が完全な所有権の価額の46%，後者が54%とされる[113]。これにより，期間は限定されるとはいえ，HLM 組織は所有権の取得に比して購入価格を低く抑える

----

(107)　賃貸人以外の第三者が解約告知権を有することに注意。この特異性について，V. Frédéric PLANCKEEL, La combinaison de l'usufruit et du bail, *RTD civ.*, 2009, p. 639 et s., spéc., nº 12.

(108)　当初の賃貸借は用益権の合意とともに終了することが前提となるため，旧契約の更新とはみなされない。V. Annabelle PANDO, Usufruit locatif social : le législateur sécurise l'intérêt fiscal du nu-propriétaire, *Les Petites affiches*, 6 mars 2009, p. 4 et s., spéc., p. 4.

(109)　最後の選択肢は，住宅へのアクセスおよび都市計画の刷新のための 2014 年 3 月 24 日の法律第 366 号（Loi pour l'accès du logement et un urbanisme rénové ［以下「2014 年 ALUR 法」］）によって追加された。ただし，条文中の「更新（renouveler）」の語は，当初の用益権の合意期間（たとえば最短の 15 年）が再び進行することを意味しうる。しかし，これでは虚有権者による完全な所有権の取得が過度に先送りされるため，ULS の制度趣旨に反する。そのため，文言にかかわらず，期間は新たに合意される必要があると指摘される。V. Laetitia TRANCHANT, Bail à réhabilitation, usufruit locatif social, multipropriété, *RDI* 2014, p. 276 et s., spéc., p. 279.

(110)　この義務の履行を確保するために，用益権者＝賃貸人は，虚有権者に対して，終了の 1 年前までに当該義務の存在を確認しなければならない（L. 253-6 条Ⅰ項）。

(111)　2011 年のデータであるが，ULS を用いた社会住宅は約 1200 戸供給されたとされる。参照，Le Figaro web 版，2012 年 2 月 7 日付け記事 http://www.lefigaro.fr/immobilier/2012/02/06/05002-20120206ARTFIG00570-une-nouvelle-formule-pour-construire-plus-de-hlm.php

(112)　SOLER-COUTEAUX, LLORENS et LAVIELLE, *supra* note (17), p. 191. ULS の商品化の先駆けである不動産コンサルタント PERL 社（Pierre Épargne Retraite Logement）HP を参照。http://www.perl.fr/usufruit-locatif-social-comment-ca-marche

(113)　不動産の登録免許税の課税額確定のための評価基準による（租税一般法典 669 条Ⅱ項）。計算方法について拙稿・前掲注(104)62-63 頁。

402

ことができる。他方，虚有権者は，用益権消滅時に，追加の代金を支払うことなく，また，不動産移転にかかる租税を負担することなく[114]，所有権者として当該住宅を売却するか，あるいは，自らそこに居住するか，選択することができる。後者が選択される場合，虚有権の購入は，引退後の住宅への先行投資を意味しうる。

　以上のスキームの典型的な対象は，集合住宅内の特定個室の区分所有権であるとされる[115]。実際の運用を調査する必要はあるものの，当該集合住宅が都市中心に所在するならば，その内部に社会住宅を混在させることが可能となる。都市計画法上の強制的手法と対比される誘導的な手法[116]として参照に値しよう。

V　結　　び

　本稿は，ソーシャル・ミックスの実現，とりわけ社会住宅の供給増大を目的とする法的手法について検討した。フランスの立法者は，都市計画法に活路を

---

(114)　この点について，拙稿・前掲注(104)62頁。さらに多くの租税負担の軽減が認められる。たとえば，虚有権は連帯資産税（impôt de solidarité sur la fortune, ISF）の課税対象には含まれない（租税一般法典 885条の G）。

(115)　Durand-Pasquier, *supra* note (106), n° 1. 前注(112)の PERL 社の実務を念頭に，新規に建設される集合住宅が売り出される場面を典型として叙述している（それ故，各戸に設定された ULS が特定の時点で一斉に終了してしまうことをデメリットとして懸念する（n° 2））が，既存の区分所有権について用益権と虚有権とを異なる買主に譲渡することも可能である。実際，そうした用いられた方を念頭において，2014年 ALUR 法は，区分所有権者から成る管理組合の運営に関して，用益権者＝HLM 組織と虚有権者との間の議決権の分配態様を整序する規定を新設している（L. 253-1-1 条）。詳細について，Tranchant, *supra* note (109), p. 279.

(116)　ULS と近似する手法として，「改修負担つき賃貸借（bail à réhabilitation）」（建築住居法典 L. 252-1 条以下）を挙げることができる。住宅への権利の実現のための 1990年 5月 31日の法律第 449号による。管理が不十分な不動産について，HLM 組織が賃借人となり，修繕・管理の義務を負う。12年を下限とする長期の賃貸借であり，その間HLM 組織は物権を享受し，社会住宅として賃貸借する。ここでの貸借権の物権化は，HLM 組織による賃貸借が転貸借ではないこと，したがって所有権者の同意を要しないことを意味する。他方，所有権者は，契約終了後に良好な状態の不動産を得ることができる。このメリットを確保するべく，社会住宅の賃借人の更新権が否定されるため，ULS に基づく賃貸借の場合と同様の仕方で賃借人の保護が図られる。なお，2014年ALUR 法は，改修負担つき賃貸借についても，区分所有権を対象とした活用を意図した規定を付加している。V. Tranchant, *supra* note (109), p. 279.

第2部　都市法の現代的諸相

見出したものの，所有権者の抵抗を見越したが故に，また，所有権を基本権の
ひとつとして厚く保障する判例法の展開を意識したが故に，手法の実効性を自
ら限定してしまった（2000年SRU法）。しかし，その後，立法者は，一層簡易
な実現手法を考案し（2006年ENL法），さらに所有権の保障の程度を減ずる決
断をなすに至る（2009年MOLLE法）。もっとも，CEDH・憲法院・国務院の
いずれもが，委付権の存在を比例性審査の重要な要素としていたことに立ち戻
るならば，以上の立法者の判断は覆されうることに注意する必要がある。極め
て凡庸ではあるが，ソーシャル・ミックスの都市法への組込みが期待された成
果をもたらすか否かは，この分野の永遠の障壁である所有権に左右されること
が確認される。

　他方，根本的な問題が指摘されなければならない。都市計画地役を通じて
（または，ULSを通じて）都市中心に社会住宅を点在させれば，見かけ上ソー
シャル・ミックスは実現される。しかしその居住者にとって，同一階層に属す
る他の居住者との間に形成されるコミュニティが，人的ネットワークの組成や
相互扶助の面で重要性を帯びる場合もある。社会住宅のばら撒きは，その機会
を失わせる点で批判される[117]。はたして都市法は，こうした批判に応答しう
るであろうか。「ソーシャル・ミックスの現場には，膨大な工程が残されたま
まである（La mixité sociale reste un vaste chantier）」[118]。

---

(117)　ドンズロ・前掲注(11)127頁以下。都市再整備事業に即してこの旨を論ずるものと
　　して，参照，森・前掲注(10)63頁以下。
(118)　CHEVILLEY-HIVER, *supra* note (38), p. 214.

17 フランスにおける地方公共団体とグリーン成長
—— エネルギー問題を例に —— [i]

ジャン‐フィリップ・ブルアン

興津　征雄 (訳)

I　はじめに

　2005年のスターン報告[1][ii]以来，国際社会は，経済成長の将来が「グリーン成長」にかかっているということについて，合意がある。グリーン成長戦略の実行は，先進工業国の経済を再び活性化し，環境親和的で競争力のあるエネルギーの開発を可能にし，世界各国に対して気候変動に対抗する手段を与えるはずである。

　グリーン成長とは，環境を尊重した経済発展の仕方である。環境保護活動 [éco-activités]（水の浄化，廃棄物のリサイクルおよびエネルギー利用，景勝地の保全，再生可能エネルギーの利用など）にかかわるのはもちろんであるが，それ以外にも，交通・農業・建築などの伝統的な政策部門にも関係する。

　グリーン成長を推進するのに必要な諸要素の中で，エネルギーは，最も重要なものの一つである。というのも，エネルギーは，持続可能な発展の三つの柱が同時にかかわる領域だからである。まず，エネルギーを制御することは，建設会社および暖房会社に特化した雇用を創出することで，地方の発展の一要因となりうる。次に，エネルギー効率を高めることは，エネルギー費用の未払い [impayés énergétiques] がフランスで増大している（約4500万ユーロ）ことを考えると，社会的結合 [cohésion sociale] の達成にも無関係ではない。つまり，エネルギー費用の削減は，社会的結合に対して直接影響を与える可能性がある。最後に，エネルギーを制御することは，気候変動対策そしてより一般的には大気汚染対策に大きく寄与するものである。

　それでは，エネルギーの節約および再生可能エネルギーの産出に関する領域で，地方公共団体はどのような権限を有し地位を占めるのだろうか。

　権限の詳細を検討する前に，二つの前提的事情について述べておこう。

【原注】

(1)　N. Stern, Rapport sur l'économie du changement climatique, 2006.

第2部　都市法の現代的諸相

　第一に，地方公共団体は非常に不均一の状態にあるということである。エネルギー資源は国土の中にバラバラに散らばっており，各地域がそれぞれ同等の生産能力を持つというわけではない。原子力発電所を建設するには流水が必要であるし[2]，水力発電は高低差のある地形が，木材を切り出すには森林が，生物燃料を産出するには農地がなくてはならない。

　こうしたエネルギー資源の偏在は，法文にも反映されている。例えば，EU指令 2009/28 は，再生可能エネルギーの産出に関して，各国に拘束力のある目標を課しているが，この目標は，再生可能資源から生産されるエネルギーの現在の水準と，現存するエネルギーの束とを含めて，各構成国の当初の状況および潜在能力に関する不均衡を考慮したうえで定められている。国内レベルでは，太陽光発電［énergie photovoltaïque］に関する国家的補助を定めた法令が，南仏諸州をあまりにも利することのないように，州ごとに異なる電気買取価格を定めている。

　第二に，伝統的には，フランスの第一次的なエネルギーは中央政府により選定された立地において産出されている。第二次世界大戦の直後には，いくつかの大企業が生産手段と技術的能力を電力に集中させていた。すべての人々に，経済的および社会的に受容可能な条件で電力を使用させたいという政治的欲求と，全国土におけるエネルギー供給を永続的に安定させたいという配慮とが合わさって，1946 年 4 月 8 日の法律（第 46-628 号）すなわち「電気・ガス国有化法」が制定されることになった。この法律の第 1 条は，電力の発電・送電・供給・輸出入は国有化されると定めており，「国有電力企業」の管理は，エネルギー担当大臣の監督を受ける「フランス電力（EDF）」という商工業的の公施設法人に委ねられ，電力部門の全活動は独占権［droits exclusifs］により覆われるようになった。こうした独占が認められているために，フランスでは政府によって原子力の優位というエネルギー政策の選択が容易になされ，エネルギー資源の多様性を欠くことになっている。もっとも，こうした現状にも一定の利点は認められる。特に，電気料金の均一化が達成されていることであり，社会連帯の名分のもとで，一定の地域におけるエネルギー供給の立ち遅れが解消された。

---

(2)　発電所が一定の地域に集中しているのは，全発電量の 75%を賄う原子力発電所の立地によるところが大きい。原子力発電には冷却水が必要であるから，原子力発電所は河川の流水か沿岸部に建設されることになる。かくして，フランス本土の原子力発電所の7 割が，5 つの州に集中している。

406

再生可能エネルギーの促進は，分散型電源[iii]モデル［modèle de production décentralisé］を推し進めるに至っている。この点を明らかにするために，2009年4月23日の再生可能資源から産出されるエネルギーの利用の促進に関するEU指令2009/28の規定を見てみよう。この指令は，再生可能エネルギーを利用する分散型電源技術［technologies décentralisées］の実証フェーズと商業化フェーズ［phases de démonstration et de commercialisation］の支援を促すものである。分散型電源モデルは，いくつもの長所を持っているとみなされている。まず，エネルギーそのものとしては，供給の安定・送電距離の短縮・送電ロスの削減などを長所として挙げることができる。次に，経済的な面では，電源が地方に分散されることにより，地方公共団体にとっては新たな財源の確保と雇用の創出というメリットがある。

したがって，エネルギーという側面を通じた地方公共団体のグリーン成長への寄与は，いくつかの困難を生じさせる。フランスの実定法の状況を示すためには，まず，再生可能エネルギーの産出とエネルギー消費の制御において地方公共団体が直接に行動することを可能にする手段［dispositifs］がどのようなものかを描くことが必要である。次に，この領域において私人を誘導しまたは強制する間接的な介入の手段について述べることにする。

II　地方公共団体の直接行動

2009年4月23日に，ヨーロッパ連合の諸機関は，「気候・エネルギー立法パッケージ［paquet législatif climat-énergie］」を採択した。これは，EU構成国に対し，「3つの20」と呼ばれるひとまとまりの達成目標を課すものである。すなわち，ヨーロッパ連合は2020年までに，

・温室効果ガスの排出を20％削減すること
・エネルギー効率を20％改善すること
・最終エネルギー消費の少なくとも20％を再生可能エネルギー源とすること

を達成しなければならない。

2009年8月3日の法律（第2009-967号）（いわゆるグルネルI法）第2条はこれらの達成目標を法律レベルに組み込み，2010年7月12日の環境のための国家の約束に関する法律はこれらの達成目標の実現を果たすための手段を与えるものとみなされている。

407

第 2 部 都市法の現代的諸相

地方公共団体は，こうした政策にどのように関与するのだろうか？

1 再生可能エネルギーの発展

1946 年の国有化法は，地方公共団体に一定のエネルギー産出特権の余地を認めた。特に，地方公共団体は，その固有の需要を充たすために，大臣の認可を得ることおよび EDF との協定を締結することを条件に，発電施設の建設をすることがずっと可能であった。この法律はまた，市街地で収集されたごみの焼却熱を利用することもできると規定していた。1980 年 7 月 15 日の法律は，これらの［地方公共団体のエネルギー政策への］介入の可能性を，地域熱供給網［réseau de chaleur］へのエネルギー供給のために，地方公共団体の監督下で設置された施設にも拡張した。また，当該地方公共団体の領域を通過する水流の水力を利用している市町村または県は，発電装置の出力が 8000 キロボルトアンペアを超えない場合，発電設備を直接または間接に開発することができる。

以上のようなさまざまな適用除外措置［dérogations］に加えて，2000 年 2 月 10 日の法律は，市町村およびその組合［intercommunalités］に対し，やはり大臣の認可を条件として，その他の再生可能エネルギーを利用する施設および家庭ゴミ等をエネルギー源として利用する施設を，整備し，開発し，あるいは［第三者をして］整備させ，開発させることを認めている。そして，2010 年 7 月の環境のための国家の約束に関する法律は，この権能を州および県にも拡張している。

したがって，今やすべての地方公共団体が，再生可能資源を用いて発電をする権限を有するようになっている。そのように産出されたエネルギーは，自己消費に充てられるか，もしくはこちらのほうが実際には多いケースだが，市場で売却することができる。というのは，2000 年 2 月 10 日の法律以来，EDF は再生可能エネルギーを法定の価格表（エネルギー法典 L314-1 条）により買い取る義務を負っているからである[3]。この政策を実現するための資金調達は，

---

(3) この制度は，風力および太陽エネルギーの急速な発展に鑑みて，いくつかの発展を見ている。投機バブルの存在を懸念する者もおり，そのため政府は購入価格表を凍結することにした。また，海洋風力の発展のために，地上風力の開発は抑えられた。新たな多数派は，この選択を見直すことを望んでいる。とりわけ，「環境親和的移行のためのロードマップ［feuille de route pour la transition écologique］」は，太陽光発電板の構成要素の起源に応じて［en fonction de l'origine des composants des panneaux photovoltaïque］割戻し［bonnification］を受けられることを定めている。

408

補償［compensation］の方法により，消費者によって担保される。

　しかし，法文はこの点について一定の曖昧さを示していることを指摘しなければならない。というのは，法律の文言によれば，買取義務の特典は「当該地方公共団体の権限に属する公役務の任務のために供用された設備と関連があり，当該地方公共団体の領域内に設置された」施設に限られるからである（88条）。法案理由説明書によれば，これは，地方公共団体のプロジェクトに対する支援を，その施設に付属する発電設備に限定する趣旨である。例えば，体育館に設置された太陽光発電板は対象になるが，大規模な太陽光発電場・風力発電場［champs solaire ou éolien］は対象にならない。こうした限定は，いくつもの解釈問題を惹起している。

　再生可能エネルギーの発展は，当該エネルギーの輸送および配分の問題をも提起している。発電施設の数が増えると，送電網への接続が困難になる。再生可能エネルギーは，発電の不安定化という問題をも惹起する。それは断続的で分散化されたエネルギーであり，古典的な発電方法よりも投資の必要が高いのである[4]。送電網への接続の問題と，予測される工事および投資の問題とは，それゆえ根本的であり，そのため，発電にかかる費用を合理化し共通化しようとする意向が生じる。公的送電網は市町村の所有に属する。理論的には，送電という公役務を組織化する権限を担うのは，市町村である。しかし，送電網の管理は法定の条件明細書［cahiers des charges］に基づき EDF に義務的に委託されることになっている。にもかかわらず，新しい送電網の設置と拡張を担うのは，市町村とその組合なのである。

2　エネルギーの節約［sobriété énergétique］

　地方公共団体は，自らのエネルギー消費について慎重でなくてはならない。毎年，全市町村は約 21 億ユーロのエネルギーを使用している。わかりやすくいうと，エネルギー消費は，市町村の総賃金を除いた運営予算の約 10％を占めている。その内訳は，建物に使用されるエネルギーが全体の 4 分の 3 で最も多く，次いで公共照明が 18％，市町村の乗り物が 7％である。

　節約策がとられれば，それは人々の行動を改めるものであったり技術を改善するものであったりするのだが，最大で 30％のエネルギーを節約することが

---

(4)　興味深いことに，ドイツでは，再生可能エネルギーの発展に関連する送電網の集密化は全国的および全州的協働および送電網の管理の集中化を余儀なくさせるという。統計分析センター［Centre d'analyse stratégique］のノート 281 号（2012 年 9 月）参照。

第 2 部 都市法の現代的諸相

できる。

地方公共団体は，そのためにさまざまな手段を講じることが求められている。まず，環境のための国家の約束に関する 2010 年 7 月 12 日の法律は，環境法典を改正し，人口 5 万人以上の地方公共団体に対し，温室効果ガスの排出バランスシート［bilan］を作成することを義務づけた。その作成を容易にするために，エネルギー供給者は当該地方公共団体に必要なデータを提供すべきものとされた（地方公共団体一般法典 L2224-31 条参照）。このバランスシートは，公開されるものとされ，「当該法人の活動に必要な電気・熱・蒸気の消費に結びついた」温室効果ガスの「間接的排出」を明らかにすべきものとされた（環境法典 R229-47 条）。

このバランスシートの利点は，地方公共団体にとって，その権限のみならずその資産についてももたらされるものである。

このバランスシートに基づいて，人口 5 万人以上の地方公共団体およびその組合は，地域気候・エネルギー計画を採択し，エネルギーに関する当該団体の達成目標の目録を作成し，一定数の行動計画をリスト化しなければならない。当該計画においては，とりわけ，「エネルギー効率を改善し，再生可能エネルギーの産出を増やすために実現すべき行動計画」定めることとされた（環境法典 L229-26 条）。

他方また，こうした行動を通じて，地方公共団体は「エネルギー節約証明書」［certificats d'économie d'énergie］（環境法典 L221-1 条参照）という仕組みを用いることができる。というのは，法律はこの仕組みを地方公共団体，その組合，その公施設法人のために規定しているが，それは，エネルギーの節約の実現を可能にする行動が，それらの資産に関し，およびそれらの権限の範囲内で行われるものだからだである。この証明書は，エネルギー大臣により発行され，譲渡可能な流通性財産とされる。それは，エネルギー節約義務を負う事業者（燃料やエネルギーの販売者など）の関心を引きうるものである。

Ⅲ　地方公共団体の間接行動

1　誘導的手法

ずいぶん前から，公共政策は，持続可能な発展という教えに全アクターが従うように奨励することで，教育手法［pédagogie］として振る舞うことができている。例えば，1983 年 6 月 2 日の法律はすでに，その第 3 条において，「州

410

は，単独でまたは契約を締結することにより，住宅の改良，ならびに技術革新，エネルギー節約および再生可能エネルギー利用に対する支援のための施策を行うことができる」などと定めていた（建築法典 L312-5-2c 条）。

地方公共団体は，この領域において，特有の責任を有する。2005 年 7 月 13 日の法律附則において定められたエネルギー政策の方向性は，地方公共団体の役務によるエネルギー消費の削減を目指す施策のほかに，権限を有する地方公共団体が，都市計画文書または地方税によって，住宅および公共交通機関の近隣路線を比較的密集させて設け，制御を失ったスプロール現象を避けるための都市計画政策を定めることを指摘している。最後には，地方公共団体は，都市移動計画のおかげで交通機関に関連するエネルギー消費の削減のために働きかけることができ，再生可能エネルギーの促進を援助することができるのである。

2005 年 7 月 13 日の法律は，より適切な段階での権限行使を可能にするために，地方公共団体の組合により行使される「エネルギー制御行動支援」権限を設けている。

この支援施策は，さまざまな形態をとる。

この施策は，まず，一定の補助金の獲得がエネルギー消費に関する受益者の行動により条件づけられるという形で，実現される[5]。街区，市町村またはその組合の段階で，市町村は建物の保温改善プログラムの作業を実行することができる。市町村は，現存する第 3 期の住宅または建物の所有者に対し，新築住宅と同様のエネルギー性能を現存資産も享受できるように，その資金による保温改修プログラムの実行を提案する。同じく補助金に関し，地方公共団体は，とりわけ仮の占有［précarité］の状況において，消費者に援助を与えることができる。「断熱防寒，保温制御または供給エネルギー消費制御工事の全部または一部を負担することによって，あるいは低燃費の家庭用設備を買い取ることによって。この援助は，受益者との協定の目的となる」（地方公共団体一般法典 L2224-34 条）。

税制面においては，介入の領域はずっと狭い。地方公共団体は，再生可能エネルギーの産出者に対して課される税を調整したり免除したりする権限を有さ

---

(5)　現在審議中の議員提出法案は，「節度あるエネルギーシステムへの移行」を準備しようとするものである。この法案は，個人によるエネルギーの浪費に不利益を課すという「割引・割増」［bonus-malus］制度を導入しようとする。法案は，この制度の導入に加えて，住宅の断熱防寒工事のために消費者に補助を与えることを任務とする，住宅エネルギー性能公役務の創設も定めている。

411

第 2 部　都市法の現代的諸相

ない。しかし，再生可能エネルギーを利用する住宅に対する免除措置をとることはできる。こうした措置はもちろん再生可能エネルギーの利用を促進する方向に働くのだが，減免分が国家により財政的に補填されるわけではないので，地方公共団体が減免を積極的に活用しようという熱意が一定程度抑制される可能性はある。

　都市計画の領域では，エネルギー政策の達成目標の実現に寄与しようとする建築主は，容積率の緩和措置を受けることができる。2010 年 7 月 12 日の法律は，地方公共団体に対し，「再生可能エネルギーの産出または廃熱利用［récupération］のための高性能設備により，高度ないし持続的なエネルギー性能の基準に適合する建造物」に，最大 30％までの容積率の緩和を付与する権限を認めた。この規定は，断熱防寒工事および再生可能エネルギーの利用設備の設置工事に必要な容積および面積が居住空間を制限することのないようにし，当該工事の実現を促進するために設けられたものである。当該規定は，市町村議会の議決を経て市町村で適用されるようになるが，性能の基準および関連設備については，市町村ではなく，政令により政府が定め，全国一律に適用される。

　最後に，地方公共団体は一定数の設備を設置することによっても，行動することができる。例えば，地方公共団体は，「充電式の電気自動車またはハイブリッド自動車の利用に必要な基盤的充電設備の供給が領域内においてまったくないか，不十分であるか，不適切である限り，当該基盤的の設備を設置し管理することができる」（地方公共団体一般法典 L2224-37 条）。

2　強制的手法

2 種類の義務づけ手法を指摘することができる。

　第一に，地方公共団体が，再生可能エネルギーまたは廃熱利用エネルギーの利用が 50％以上に及ぶ熱・空調供給網を有している場合には，当該団体は，新築または重要な改修工事の対象となる建物のあらゆる設備を，当該供給網に義務的に接続しなければならない地域を定めることができる（エネルギー法典 L712-1 条以下参照）。

　第二に，環境グルネルの際に取り交わされた議論では，エネルギー領域における都市計画の重要性が強調された。したがって，地方公共団体は，土地占用規制文書，地域都市計画プラン（PLU）などを通して，必要な権限を行使することができる。

412

今や，環境のための国家の約束に関する 2010 年 7 月 12 日の法律は，なかでも，「エネルギー制御と再生可能資源によるエネルギー産出」を都市計画文書において目標として定めている。

それゆえ，エネルギーは，社会的混合，生物多様性の保全ないしリスクの予防と同等に，「都市計画理由［motif d'urbanisme］」の規約に加わっており，グルネルII法は，都市計画文書の制定権者にこうした関心事を盛り込むことを義務づけている。法案の影響評価では，さらに，こうした考え方を確立するために，「都市計画文書の制定権者に情報を与えるために，考えうる都市計画上のさまざまな立場についてのエネルギー評価方法」を整備し，普及させることが必要となると指摘されていた。伝統的なやり方では，建築主は国レベルで定められたエネルギー性能基準を遵守することが義務づけられる。地方公共団体は，建築・住宅法典で規律されるこれらの基準の設定と適用に関し，何らの影響力も行使しえない。しかし，法令によれば，地方公共団体は国レベルで定められた規制を超えて上乗せ規制を定めることができる。現に，2010 年 7 月 12 日の法律第 19 条は，地域都市計画プラン（PLU）に定められる規制において，「とりわけ PLU が市街化を許した区域において，建築，工事，設置および整備に際し，当該 PLU の定める加重されたエネルギー上および環境上の性能を遵守することを義務づける」ことができると規定している。

立法者は，エネルギー性能に関し，地方公共団体の規範制定権者が国の命令制定権者よりも高い要求をすることを許容したように思える。このような許容は，どのようにして発現されるのだろうか？地方公共団体の機関に対し，実体的（例えば農業用の建造物にも保温規制を適用することにより，該当する建造物および建物の適用領域を拡大する）または時間的（規制の適用を前倒しする）に，国の規制の適用領域を多様化させる能力を認めることになるのだろうか？あるいは，国の基準を補完し強化し，例えば「内包エネルギー［énergie grise］」——建造物の資材の製造および輸送に必要なエネルギー——を考慮に入れて，PLUにおいて建造物の新たな保温特性を定めることになるのか？

結論として，地方公共団体は，再生可能エネルギーの流通化に大きな役割を果たしており，グリーン成長の牽引車といえる。それでも，地方公共団体の介入の余地は，強度に集権化されたエネルギーモデルの遺産がなおフランスのシステムにのしかかっているために，——法的平面においては——なお限定的である。

413

第 2 部　都市法の現代的諸相

【訳注】

※本文中，〔　〕で括った部分は，訳者による挿入または原語の付記である。

(i)　原題は "Collectivités territoriales et croissance verte en France : l'exemple de l'énergie". グリーン成長（croissance verte（仏），green growth（英））とは，環境保護と経済成長とを両立させる考え方であり，国連環境計画（UNEP）や経済協力開発機構（OECD）などの国際機関において成長戦略として採択されているほか，日本政府の政策（例：環境省「「グリーン成長の実現」と「再生可能エネルギーの飛躍的導入」に向けたイニシアティブ」（2012 年 8 月，http://www.env.go.jp/annai/kaiken/h24/s0831.html）など）にも採用されている。詳しくは，粟生木千佳「グリーン経済／グリーン成長とは何か──指標開発の国際的潮流」馬奈木俊介＝地球環境戦略研究機関編『グリーン成長の経済学──持続可能社会の新しい経済指標』（昭和堂，2013 年）1-22 頁参照。

(ii)　スターン報告，または気候変動の経済学に関するスターン報告（Stern Review on the Economics of Climate Change）とは，英国政府からの依頼を受けて経済学者ニコラス・スターン（Nicolas Stern）が 2006 年 10 月に発表した報告書であり，気候変動（地球温暖化）のリスクに対して早期かつ強力な対策の必要性を指摘するものである。その概要の日本語訳は，http://www.env.go.jp/press/file_view.php?serial=9176&hou_id=8046 で参照可能。

(iii)　分散型電源とは，電力会社による大規模集中発電に対して，需要地に隣接して分散配置される小規模な発電設備全般のことをいう。

〔後記〕訳稿脱稿後，著者であるジャン‐フィリップ・ブルアン氏の突然の訃報に接した。心よりご冥福をお祈り申し上げる。（訳者）

À la mémoire du regretté Monsieur Jean-Philippe Brouant.

Y. O.

18 ドイツの都市計画契約
―― 公民連携時代の都市計画を考える[1]

大村　謙二郎

I　はじめに

　本稿は，ドイツの都市計画契約についてその背景や枠組み，課題について報告することを目的としている。

　近年の日本の都市計画を巡る社会経済的環境は大きく変化している。例えば，人口の少子高齢化，産業構造の転換，中心市街地の活性化，民間セクターによる大規模都市開発プロジェクト推進など，各種メディアでも頻繁に取り上げられている。

　また，地球環境問題の深刻化，東日本大震災と福島原発の事故を踏まえて，再生エネルギーの活用，気候変動に対応した都市づくり，安全，安心な都市づくり，集約型都市構造への転換が主張されるようになってきている。

　日本の状況を批判的にとらえ，持続可能な都市・地域発展の在り方を示す上で，比較的な視点が必要不可欠であると考えている。これは国内外での歴史的，通時的な比較，諸外国との同時代の共時的比較と大別できるが，筆者は後者の立場でドイツとの比較研究を行っている。

　ドイツと日本は非常に似かよった戦後の都市発展をしてきている。両国とも第2次大戦で多くの都市が壊滅的打撃を受け，産業基盤の喪失，深刻な住宅難の下で戦後のスタートに立った。両国とも公共セクターが中心となって，国土の復興，都市の再生を行ってきたといえる。その点では両国とも高度成長期までは強い公共セクターが前面にたっての都市計画であったといえよう。

　その場合，日本は中央集権的な都市計画でようやく最近になって，分権型都市計画が緒に就いた段階といえよう。西ドイツの場合は，連邦，州政府の支援や関与があったが基礎自治体としての市町村の計画権限が強く，自治体主導の都市計画が発展してきたといえる。

　ドイツといっても，戦後の復興の過程，都市計画に対する国の関与が東西ド

---

(1)　本稿は，2009年9月12日に北海道大学で行った筆者の講演を基にし，加筆及び修正を行った。

第2部 都市法の現代的諸相

イツで大きく異なっている。西ドイツに関しては，戦後の廃墟の中からの奇跡
的な経済復興を行い，高度経済成長へつながっていった。大都市では拡散的な
市街地が形成されてきた。しかし，右肩上がりの成長を前提とした都市発展も
2度の石油危機に象徴されるように，1970年代にはいると曲がり角にはいり，
環境問題への関心や歴史的ストックの見直し，保全活動につながってきた。

　一方で，1989年のベルリンの壁の崩壊，1990年のドイツ再統一は，西側に
吸収合併された旧東ドイツ地域を中心に，新たな復興需要，成長需要が爆発的
に増大するという，「成長多幸症」と呼ばれる一種のバブルを生みだした。公
共セクターの財政難にあって，民間の経済力，機動性，活力に大きな期待が高
まった時期である。本稿の主題である都市計画契約 Städtebauliche Verträge
も近年の都市計画の変化の潮流下で誕生した制度と言えよう。以下，都市計画
契約の制度的特徴，具体的な事例，制度の運用上の課題を述べ，最後に日本へ
の示唆を含めたまとめをおこなう。

II　都市計画契約の誕生背景

　都市計画契約は，ドイツの都市計画の基本法といえる建設法典に1998年の
改定時に組み込まれた制度である。もっとも，都市計画の現場レベルでは旧西
独時代の戦後復興から高度成長期にかけて，日本における宅地開発指導要綱と
同じように郊外部での住宅地開発を典型に関連公共施設整備の負担を開発事業
者に求める仕組みが存在していた。60年代，70年代の開発ブームにあって，
自治体の側が過剰な施設整備負担を要求することなどがあり，そのあり方が検
討されていた経緯がある。

　80年代にはいり，旧西ドイツでは成長の波も収束し，都市計画の基調は既
成市街地の再整備，新規郊外開発の抑制，廃止という方向に移ってきた。これ
がドイツ再統一に伴い状況がおおきく変化した。急速に都市・地域の復興，再
生やインフラ整備が求められた旧東ドイツ地域の自治体では，自治体の専門家
不足，行財政難の中で，民間の活力を導入する形で開発にあたっての各種能力
や費用負担などを民間に求める仕組みが，段階的に制度化された経緯がある。

　東ドイツは1989年のベルリンの壁の崩壊まで40年間，西側社会と違った社
会体制を敷いてきた。都市計画の分野でも完全に中央集権型で，自治体の計画
高権や住民参加などはほとんど認められていなかった。また，東ドイツは社会
主義国家の中では優等生という位置づけであったが，これも西側社会では経済

416

的な競争力は持ち合わせていないことが明白となった。壁が崩壊し，東側の基盤整備を西側のレベルに合わせるために，大量の公的資金が投入された[2]。西側の民間デベロッパーも新たな投資機会が広がったとして，政府の税制面での軽減措置もあり，東側に流れ込んできた。

しかし，指令型計画行政に慣れていた東側の市町村には専門知識を持って都市計画を担う自治体職員は育っておらず，また財政面でも求められる大規模な都市開発プロジェクトを賄うだけの余裕はなかった。西ドイツの自治体が行っていたような，自立的に都市計画を自己の権限，財源で策定し，基盤整備も主導的に自己の財源で行うということは，統一直後の旧東独の市町村では無理なことであった。

このような背景から，民間活力を活かしたプランニングを行うためにまずは試験的に東側で都市計画契約制度的な手法が導入されることになった。逆に西側でも 1980 年代の後半から規制緩和や民営化，自治体の財政難という日本と共通する課題を抱えるようになってきた。そのため，西側でも都市計画，あるいは都市開発を進めるに際して民間の財源を活用したいという要望が強まってきた。このような東西からの社会的要請が，1998 年の連邦建設法典の 11 条「都市計画契約」の制定につながった。

III　都市計画契約の対象と契約の4タイプ

建設法典第 11 条が都市計画契約について規定している。これによれば，市町村は必要に応じて都市計画契約を締結することが出来るというもので，都市計画契約の対象として次の5つを示している。ただし，解説書によれば[3]，この例示は網羅的なものでなく，事実，都市計画実務においては他の形の契約内容を含むものがあるとのことだ。

第1が都市計画契約を自治体と結ぶ契約パートナーが自分の費用で都市計画的施策の準備あるいは実施のための契約内容である。これには土地所有関係等の整理，土壌浄化やその他の準備的措置，連邦法や州法で負担が求められてい

---

(2)　再統一後のドイツの都市計画制度の変化については，Gaentzsch Gunter，大村謙二郎［訳］「ドイツにおける最近の都市計画法制の展開」自治研 80 巻 6 号（2004 年）56-72 頁を参照のこと。

(3)　Birk, Hans-Jörg: Städtebauliche Verträge, 5.Aufl., 2013，2013 年の建設法典の改正で，従来の第 124 条に規定されていた地区基盤整備契約 Erschließungsvertrag は第 11 条に統合されることになった。

第2部　都市法の現代的諸相

る基盤施設や必ずしも法律上は負担がもめられているわけではない基盤施設の整備措置，都市計画上のプランの策定や必要な場合の環境アセスメント報告の策定等が契約対象に含まれている。なお，法律で規定されている計画策定手続きに対する自治体の責任はかわることはない。

第2が自治体の都市計画と連携した目標の推進と実現のための契約内容である。とりわけ，市街地開発に対するミチゲーションの観点から，環境保全に配慮した土地利用，建築文化的公益の配慮，特別な住宅問題をかかえる住民階層グループの住宅需要に対応すること，及び地域住民の住宅需要に対応することが契約対象に含まれる。

第3が費用，諸経費の引き受けを契約内容とすることである。ここでいう費用等とは自治体が都市計画的な施策を実施するにあたって生じる，あるいは生じた費用であって，なおかつ計画されている開発プロジェクト（Vorhaben）の前提あるいはそれに密接な関連をもつ費用である。さらにこれに含まれるものとして土地の手当てがある。

第4が自治体の都市計画目標に適合した形で次のようなエネルギー施設の設置や利用を契約内容とすることである。たとえば，再生エネルギーによる電力，熱，冷房，熱電併給施設の集中型設置や分散型設置があげられる。

第5が自治体の都市計画目標に適合する形で，建築物のエネルギー関連の質を高める要求事項を契約内容にすることである。

契約内容が全体の状況から判断して適切であること，つまり，自治体の側が持つ計画高権を乱用して，契約パートナーに過大な要求をしてはならないこと，プロジェクトと関連しない施設の整備費用負担を契約パートナーに求めることは許されないこととしている（第11条第2項）。

法令に他の規定がない限り，都市計画契約は文書の形で交わされることとしている。

建設法典の第11条の規定は都市計画契約について，想定される内容を例示したものであり，他の内容を含む形の都市計画契約の締結を排除しているものではない。

筆者らの現地ヒヤリング調査[4]によれば，実務的には，都市計画契約は大別して次の4タイプが存在している。

---

(4)　2008年12月に行っている。特に都市計画契約法制，実務に詳しいベルリンのDifu（ドイツ都市学研究所）のDr. Arno Bunzel（12月8日にヒヤリング）からは貴重な話，資料提供を受けた。

418

第一が，都市計画的施策の準備と実施についての契約である。これは，デベロッパーサイドの負担で，将来のその地区の土地利用計画やインフラ施設の計画，あるいは事業実施（道路整備，宅地の区画割り，植栽など）の費用負担などが取り決められるタイプである。これにより，デベロッパーは計画実施期間の見通しや，開発権の担保というメリットを受けることになり，自治体の側は基盤整備費用の削減というメリットを受けることになる。

第二が，市町村の都市計画目標実現，推進のための契約である。ドイツの自治体は総じて財政難に落ち込んでおり都市計画で掲げた目標を自主的に実現することが困難となっている。自治体側が契約相手に対してアフォーダブル住宅の建設や基盤整備の実施などを求め，開発計画案に自治体側の要望を組み込んでより充実化するために締結するタイプである。

第三が，関連施設整備負担に関する契約である。例えば，開発行為に関連して必要となる保育園やスポーツ施設等の費用負担をどのように公民で分担するかが都市計画契約という形で決められる。このタイプの契約は，旧西独時代に市町村が住宅地開発にあたって，開発事業者に対して求めていた関連地区基盤整備負担を都市計画契約で締結し，負担関係を明確にするという意味を持っている。

第四が，気候変動に対処するための契約である。近年，ドイツでも地球規模の環境問題，気候変動に対応するために，ソーラー発電やコージェネレーションシステムを積極的に取り入れようとしている。このような地球環境問題に貢献するような施設整備を都市開発プロジェクトに組み込むことも契約の対象となる。

また，広義には建設法典の 12 条の VE プラン（プロジェクト型 B プラン及び実施契約）もこの都市計画契約の一種と考えられている。このプロジェクト型 B プランというのは日本の都市計画提案制度に通じるものがあり，単純化すれば民間側の発意に応じて B プランを策定し，その代わり必要なインフラ整備の費用負担や期日を契約として決める制度といえる[5]。あるいは，区画整理や再開発事業，都市改造事業の委託契約も広い意味では都市計画契約といえる[6]。

---

(5) 日本とドイツ，イギリスの都市計画提案制度の比較的研究に関しては，安藤準也 ＝ 大村謙二郎 ＝ 中井検裕「ドイツ，イギリスとの比較による日本のプロジェクト型都市計画提案の審査手続きに関する考察――効果的な都市再生特別地区の運用・活用に向けて」都市計画論文集 38 巻 3 号（2003 年）337-342 頁を参照のこと。

(6) 都市改造事業に関する政策的意図や事例に関しては，大村謙二郎 ＝ 有田智一「需要縮小時代のドイツにおける都市住宅再生――都市改造プログラムを中心に」都市住宅学

第2部　都市法の現代的諸相

プロジェクトBプランについては後ほど詳しく論じる。

IV　都市計画契約の性格と公民連携の形

　都市計画契約を結ぶパートナーは，基本的に公共セクターである自治体と民間開発業者のケースが多いが，投資家や土地所有者などの地権者の場合もある。いずれにしても，契約は文書の形で締結する。

　契約の法的な性格に関しては，一般的には都市計画契約は公法的な性格を持っているといわれているが，実は資金負担などに関しては私法的（民法的）な性格も持っているということが我々の調査研究から明らかになっている。民間事業者等の側の財務状況，経営判断に関わる資金提供，費用負担などの問題は，公開できない内容であり，この部分は行政側でも一部のものだけが情報を持ち，議会などでは公開されないことが多いようである。したがって，この部分の行政側と民間のやり取りの経緯などは情報公開の対象とはならい。

　都市計画契約の契約内容については①公益性，②公共性，③適切性の三点を備えていることが重要だとみなされている。

　PPP公民連携と一言でいっても，自治体の立場や都市開発プロジェクトの重要性などによって様々なパターンが考えられる。

　例えば，ミュンヒェンやハンブルグ，シュツットガルトなどブームタウンと呼ばれる成長力のある都市では，民間開発事業者，企業などの投資意欲，開発意欲が高く，自治体の側が希望する都市計画的目標を条件に付けるなど，主導的にプロジェクトを誘導することが可能である。この場合は，デベロッパーは計画策定手続きを短縮化し，出来る限り迅速にプロジェクトの実現を図ることで投資費用をできる限り早く回収し，利益を得たいとの思惑が強く，自治体側の条件を受け入れる形で都市計画契約を結ぶことになる。

　逆に，ルール地域や旧東独の衰退地域などの財政難にあえぎ，なかなか，開発需要が期待できない地域では，自治体の立場は弱く，プロジェクト誘致のために民間側に有利な条件を提示する必要に迫られている。こういった場合，自治体の側が開発権——ドイツで自治体が権限を持っているBプランの策定を通じて，はじめて，ある地区での開発する権利が創出，確定される——を民間デベロッパーや投資家と取引して売却しているのではとの批判が出ることにな

　49号（2005年）40-53頁を参照のこと。

る。

V 自治体側のリスク管理

　自治体側にとっては，公民連携を巡るリスクを軽減するために建築義務Bauverpflichtungを契約内容に盛り込むことが多い。この建築義務というのは，適切な期間内にBプランで規定されている土地（建物）利用を実現させることを意味している。これによって，自治体側は都市計画的目標（例：住宅の緊急需要に的確に対応すること，基盤整備の投資効果を上げるために早期の土地利用の実現を図ること等）の実現を担保しようとしている。教科書的にはこの建築義務は公民が適切な時期に策定することになっているが，実態は異なるようである。どちらかというと，開発プロジェクトの計画案の内容も民間側が提案して，それに対して公共サイドが助言や調整をする形になっている。

　また，リスクという意味では契約事項が不履行，あるいは開発プロジェクトが途中で頓挫した場合の対処が重要になる。

　例えば建設法典12条のプロジェクトBプランと連動した実施契約に関連して，一定期間内にこのプロジェクト型Bプラン，あるいはプロジェクトおよび基盤整備プランが実施，実現されなかった場合には，これに関連する条例は廃棄（ドイツのBプランは最終的に議会の議決を経て，形式上は1件ごと条例となる）される。

　このような条例廃棄に対しては，開発者側からの補償請求は認められないという形が基本になっている。ただし，現場では条例を廃棄するよりも，市町村が土地を買い戻して開発を継続する，再度新たなデベロッパーを呼び込むことが行われているようである。リスク軽減の観点からは，契約違約金などの制裁措置を契約の中に盛り込むということも考えられる。しかし，これは理論上では可能であるが，現地の実務担当者や研究者にヒヤリングした限りでは，強制力の問題やパートナーとの信頼関係から，実際にはほとんど行われていないようである。

　プロジェクトBプランの策定手続きにはいる前に，事業予定者，投資家等がどの程度，資力，実施力があるか，過去の実績などが調査され，綿密な事前調整を行うなどのリスク軽減策が自治体の側で必要となる。

第2部　都市法の現代的諸相

Ⅵ　契約締結後の障害と契約の適正化

　契約関係における障害は契約の各段階（契約締結前，契約締結後，あるいは計画法の効力が発効する前，発効後など）で起こりえる。その中でも，よく生じる問題は契約締結後と言われている。

　典型例として社会経済環境の変化による，民間投資家の財政破綻問題がある。同様に，建築権（開発権）Baurecht が B プランの策定を通じて実現されても，民間投資家が望んだ形で創出されなかった場合（例えば，計画当初はオフィスのみの開発であったが，これに商業施設を加えたいケース）に，コンフリクトが生じる。これを防ぐためには，第一に契約実施に際して契約義務事項を詳細に定義し具体化すること，第二に契約実施上の障害発生に際して個別事例の特性に応じた契約上の合意を行う旨をあらかじめ契約条項に盛り込むことの二点が重要とみなされている。

　具体的な都市計画契約に即してみれば，計画が執行，破綻した場合における契約上の適正化措置，契約解除条項が存在している。例えば，仮に B プランが某月某日までに発効しない場合，あるいはこの時点までに建設法典 33 条（計画策定期間中における計画許可の条項）によるプロジェクト開発案の許可が認可されない場合，投資家・デベロッパーは契約解除を申し出る権利を有している。

　このような契約解除の場合，投資家サイドはこの間の支出に対する返還要求の権利を放棄することになっている。

　この他にも，B プランがこの契約の第 XX 号に基礎をおく内容，条件と大きく変更が生じる場合は，変化した状況にあわせて，契約内容を適正化する可能性も残されている。

　もう一つは，計画の失効，あるいは大幅な変更に際しての費用問題についての規定及び補償要求排除に関する規定である。投資家は，B プラン策定手続き中に生じた計画策定費用（必要な専門家の鑑定費用も含む）は負担する義務を負うことになる。計画策定費用の負担＝引き受け義務条項は，市町村により策定されている都市計画目標が実現されない時，あるいはこの契約の第 XX 号に記載されている条件と大幅に異なる形でしか展開されない時でも適用される。このようなケースで生じる損害補償請求権については，投資家には与えられていない。しかし，市町村が客観的な根拠，権利がないのにもかかわらず，計画策

422

定手続きを取りやめた場合には，この補償請求の放棄は適用されず，市町村は発生した計画費用を負担することになっている。

Ⅶ　プロジェクト型Bプランと実施契約

　既述のように，建設法典の12条にはプロジェクトBプランと実施契約が制度化されている。前者のプロジェクトBプランに関しては，その記載事項は建築利用令の規定内容と異なることも可能である。なお，12条の規定の表題は開発・地区基盤整備プラン Vorhaben- und Erschließungsplan となっているが，ケルン市の解説によれば，VEプランは実施されるプロジェクト案及び地区基盤整備措置を含むプランを示すものであり，自治体が議会で条例の形で策定するプロジェクトBプランの構成要素という位置づけになり，その意味ではプロジェクトBプランがより包括的な計画概念といえる。

　プロジェクトBプランの策定には，具体的なプロジェクトとの関連性やプロジェクト主体の役割が明確であることが前提条件とされている。通常のBプランと違い，プロジェクトBプランの場合はその策定，計画内容の主導権は開発者側にある。もちろん，形式的には最終的な計画策定権限は自治他の側にあるのであるが，計画内容については民間の意向が相当程度反映されることになる。さらに開発者は，ある一定期間内にプランの実施についてその実施義務を負うとともに，計画費用，地区基盤整備費用の一定部分，あるいは全てについて負担することを，Bプランに関する決議が完了する前に契約（実施契約）の形で締結することになっている。ここでの自治体側の役割は，開発者の法的条件や経済性を含めて，このプランの実施が可能かどうか審査することになる。

　実施契約には，必須事項として，一定期間内にプロジェクト案を実施する義務，一定期間内に地区基盤整備を実施する義務，ある一定割合，あるいは全ての計画費用，地区基盤整備費用を負担する義務が記載さる。

　実施義務については計画図に関連づけられることが通常であるが，詳細な具体的内容までBプランに書き込むことは行われないのが通例である。これについては，契約事項の中に盛り込まれることになる（例：住宅の配置，全体の建物の中で各種建築・土地利用の配分，デザイン的要求事項など）。

　どの程度具体的に計画プロジェクト内容を決めておき，実施契約に記すかについては，一定の柔軟性を確保することが認められている。ただし用途や目的

第2部　都市法の現代的諸相

が異なる，老人向けの住宅と飲食店の双方が立地可能なような裁量性は許されていない。

ケルン市ではプロジェクトBプランついての解説書を刊行している[7]。これによりながら，実務に即したプロジェクトBプランの特色を記しておこう。

プロジェクトBプランの策定手続きは通常Bプランと異なる特別な手続きがあるわけではなく，計画内容についての市民参加手続きも同様であるが，策定の期間が通常よりも短縮化される傾向にある。これは民間の開発事業者が可能な作業手続きを自分で行うことによって，自治体行政の側の人的作業が軽減されることにも起因している。プロジェクトBプラン及びあわせて締結される都市計画契約も含めて，その利点は次のようなものである。

① プロジェクトに投資するもの，開発事業者の考え，要望が法の枠組みの中で，可能な限り盛り込まれることになる。プロジェクト内容に民間の意向が十分に反映されることになり，事業者，投資家にとっては採算性の見通しが得られやすくなる。

② 開発事業者等は計画策定費用，基盤整備費用などをすべて，あるいは相当の部分を引き受けることになるが，財政難にある自治体の財政制約に左右されることなく，計画，事業を円滑に遂行することが可能となる。

③ VEプラン地区外の個別の敷地を必要に応じてプロジェクトBプランの計画区域内に組み込むことが可能（建設法典12条4項）で，プロジェクトを柔軟に実施することが可能となる。

④ プロジェクトBプランの場合は，建築利用令が規定する用途区分にとらわれることなく，独自の用途などを指定することが可能で，民間の自由な発想，考えを盛り込むことが可能である。

⑤ プロジェクトの実施が開発事業者に委ねられた場合，プロジェクト実施期間中のマネジメントは開発事業者が独自の工夫，裁量でおこなえる。一方で自治体のマネジメントコストの削減につながる。

以上，挙げられている利点はケルン市サイドから見たものであり民間側の利点を強調したものになっているが，ケルン市にとっては人的負担の軽減などの経済的利益の他に自治体が実現したい都市計画目標を民間開発事業者との協議の中で，プロジェクトBプラン及び都市計画契約に盛り込むことが可能となる利点が大きいといえよう。

---

(7) Stadt Köln, Der vorhabenbezogene Bebauungsplan, 6. Aufl., 2007.

プロジェクトBプランの策定手続きにはいるにあたっての必要条件は次のようになっている。

自治体にとって，プロジェクトBプランを策定する計画的必要性を有していることである。民間事業者が土地を取得して，開発を進めたいと思っていても，その場所で開発を進める都市計画的必要性，条件が整っていると自治体の側で判断しなければ，プロジェクトBプラン策定にはいることは出来ない。

開発事業者は自治体と合意した，VEプランを提示することが必要である。このことは，プロジェクトBプラン策定前に，事前に相当綿密に自治体行政部局と開発事業者等が協議，合意形成を図っていることが前提条件といえよう。VEプラン提示に際しては，計画プロジェクトの理由書，施設配置図，土地利用計画図，計画措置，基盤整備措置の計画等が必要とされている。

開発事業者はプロジェクト実施，基盤整備措置実施の資格，能力を有していることが不可欠で，財政的裏付けとして，ケルン市の要請に応じて，銀行からの証明を提出すること，また，開発事業区域内の土地を手当てしていること，土地所有者であることが望ましいとされている。

開発事業者はプロジェクトBプランが条例として決議される前に，決められた期間内にプロジェクトを実施し，計画策定及び基盤整備の費用を一部，ないし全部負担する旨を記した実施契約を策定することが義務づけられている。

以上のような開発事業者の資料，条件提示を受けて，ケルン市の側ではプロジェクトBプランの法的条件がちゃんと備わっているか，プロジェクト案がFプランと適合しているか，その他の市の都市計画的目標設定，コンセプトと一致，調和しているかを審査する。また，プロジェクト内容が関連する関係部局の考え，計画等と一致しているか，大まかな行政内調整を行う。

プロジェクトBプラン策定手続き中に開発事業者，投資家は協力することが求められる。通常のBプラン手続きと同じように開催される，関連公共機関参加手続き，市民参加手続きにおいて提出された意見，異議申し立てに対して，開発事業者も応答することが求められるし，計画策定作業，環境影響評価書作成について，協力，費用負担することが求められる。専門家の鑑定が必要になったときは，開発事業者の負担で鑑定が行われる。

計画策定費用の負担については都市計画契約の枠組みの中で，ケルン市とプロジェクト開発事業者との間で計画策定協定 Planungsvereinbarung が交わされる。

プロジェクトBプランの計画内容等については民間事業者の意向が相当反

第 2 部　都市法の現代的諸相

映されることになるが，自治体の計画策定権限 Planungshoheit は保持されることになっており，事業者は策定の要望を出すことは出来ても請求権はない。策定手続きの開始は行政及び議会の義務的裁量に属するといわれている。ケルン市においても期間内にプロジェクトの実施，実現がなされない場合，市はプロジェクト B プランを廃棄することが出来る。

　一方で迅速で円滑なプロジェクト実現のために，プロジェクト B プランの策定と並行して，建築許可当局と協働して，建築許可の手続きを行うことは可能としている。

Ⅷ　ハンブルク・アルトナにおける都市計画契約の事例紹介

　ハンブルクはドイツ第 2 の大都市で人口は約 175 万人（2013 年末現在）を数えている。ハンザ都市の歴史を持ち，都市でありながら州の権能を持つ，都市州である。周辺地域を含めて，ドイツ国内の 11 のヨーロッパ大都市圏の一つである。ロッテルダムに次ぐ，第二の規模の港湾を抱え，産業集積地として発展する成長都市の一つであり，先進的な都市政策を展開している。

　ハンブルクではここ十数年来，都心に近接するウォーターフロント開発としてハーフェン・シティプロジェクトという，ハンブルクの都市構造に大きな影響を与えるプロジェクトが展開されてきている。これは，ハンブルク都心に近接した港湾地区，倉庫業地区であったが，産業構造の転換，港湾機能の他の場所への展開により，土地利用転換が求められていた地区である。157ha に広がる巨大なエリアであり，ヨーロッパ最大級のインナーシティのウォーターフロント開発である。全体プロジェクトの完了はまだであるが，いくつかの地区では建物，施設の整備が進み，新たな地区の活動が展開されている。

　ハーフェン・シティプロジェクトに次いで，第 2 の大型都市再生プロジェクトとして展開されようとしているのがミッテ・アルトナ Mitte Altona 地区のプロジェクトと都市計画契約である。

　ここで紹介する理由は，最近（2013 年 12 月），市がこの地区の再生プロジェクトを推進するにあたって，地権者であり，開発事業者である民間セクターと都市計画契約を結ぶことになった最近の事例として注目されるからである。ハンブルク市は情報公開に熱心で，都市計画契約やこの地区の開発計画について，インターネット上で多くの資料を公開している。以下，インターネットで得ら

れた情報[8]を基に記述する。

　ミッテ・アルトナ地区は，もともともとは独立市であったハンブルク西部に位置するアルトナ地区に位置し，アルトナ・アルトシュタット都心地区に近接している地区である。この地区はアルトナ駅の鉄道用地，かつての貨物駅用地，Sバーンの駅などの鉄道関連用地が存在していた。またこの地区内にはかつての路面電車の車両基地があり，ビール醸造所の敷地の一部やポストの敷地もあるなど，総じて，産業・流通系の土地利用であった。長距離鉄道の移設も検討されており，この用地を含むとミッテ・アルトナ地区での開発可能用地は75ヘクタールにのぼる。南北方向に最大で1200メートル，東西方向に最大で600メートルの拡がりの地区である。

　ミッテ・アルトナ地区の開発・整備区域は75haと広大であり，長距離鉄道の移設は最終的に確定しいるわけではなく，段階的に整備が進むことになっている。

　通常のBプランの策定，手続きなどの権限は行政区であるアルトナ区に属するのが通例であるが，ミッテ・アルトナの開発・整備はハンブルク市全体の都市構造に大きな影響を与える戦略プロジェクトであるとことで，この地区の計画策定手続きは市の都市開発・環境省 Behörde für Stadtentwicklung und Umwelt（BSU）が直轄で行うことになった。

　正式の計画及び策定経緯は次のようになっている。

・準備調査：2007年12月，ハンブルク行政府 Senat（市長及び各省大臣で構成される Senat）は建設法典の規定する都市開発措置を行うために準備調査を行う手続きにはいることを決議した。調査エリアは当面の開発が考えられる29haではなく，全体の75haのエリアである。

・都市計画ランドスケープコンペ：2010年10月，ハンブルク都市開発・環境省 BSU は地権者と協働で，準備調査地区の一部区域（第一期の開発が進められる予定の13haと16haの2つの区域）に対しての都市計画ランドスケープコンペの結果を公表。

・マスタープラン：2012年9月，市議会はミッテ・アルトナ地区のマスタープランを決議。これは2010年10月の都市計画ランドスケープコンペ勝者の案をベースにして策定されたもので，次のステップの計画，たとえばBプランやオープンスペース計画等のベースになる計画である。

---

(8)　http://www.hamburg.de/staedtebaulicher-vertrag/（2014年3月28日閲覧）なお，関連情報がPDFファイル形式で多数存在し，入手閲覧可能となっている。

第2部　都市法の現代的諸相

・Bプラン策定手続きと機能別計画：2012年5月，開発地区の正式の開発
　手続きにはいることがSenatによって決議され，Bプランの策定検討に入
　ることになった。先に述べたように，通常ならば，Bプランの策定，建築
　監視はアルトナ行政区の責任であるが，ハンブルク市の行政が直轄でこの
　任に当たることになった。しかし，一方で，すべての計画手続き，許可手
　続きにアルトナ区も参画するように，いわゆる「連携手続き」が導入され
　ることになった。マスタープランが決議されたことによって，これをベー
　スにして，次のステップのBプランの策定手続きにはいるが，ハンブル
　ク市ではこれと並んで，個別重要テーマでより詳細な検討を行う，いわゆ
　る機能計画Funktonsplanの策定を行う。機能計画としてはアーバンデザ
　イン的要素を含む詳細な都市計画，オープンスペース計画，交通計画，環
　境テーマ計画等があげられる。
・この他に，2013年夏にBプランの策定と並行して，市民参加の下で行わ
　れた第一開発整備区域での公園・オープンスペースコンペや，長距離鉄道
　を現在のアルトナ駅からの移設に関する部門計画の計画確定手続きなどが
　行われている。

　都市計画契約については，いつから協議が開始されていたかについては明記
されていないが，上記の都市計画ランドケープコンペに地権者が関わっている
ことや，ハンブルク市が準備調査に入ったのが2007年12月とするならば，少
なくとも，この前後する時期から市行政と地権者（開発者）との間で協議が進
められていたと推察される。Bプラン，機能計画等については，その計画内容
や策定費用については，都市計画契約の契約者である民間事業者がハンブルク
市と協議を行い，費用負担をしているものと想定される。

　また，ハンブルク市はミッテ・アルトナのプロジェクトが今後のハンブルク
の発展，成長にとってきわめて重要なプロジェクトと認識し，市民への情報公
開，参画を促すために，さまざまな催し，企画を展開している。市民との対話，
フォーラム，ワークショップという形で2010年5月25日を第1回として，
2014年の1月14日までに，都合34回にわたって，広い意味での参加・合意
形成のプログラムを展開しており，その中にはコンペへの参加企画も含まれて
いる。これらの催しには都市計画契約のパートナーである地権者＝開発者も参
加し，応分の事務分担，費用分担を行っていると考えられる。

　ハンブルク市は2013年12月13日に，ミッテ・アルトナの第1期開発地区

の開発・整備に関する都市計画契約[9]について合意に達したとの発表を行った。

市が公表しているこの地区のまちづくりマガジン[10]にこの都市計画契約の背景，内容について記載されているのでこれを基に記していこう。

ハンブルク市の認識ではミッテ・アルトナ地区の計画手続きは複雑なものであった。その大きな要因として，ハンブルク市は開発地域には一片の土地も所有していないことがあげられる。かつてのアルトナ貨物駅地区にあたる第一開発地区の地権者は次の3者である。いずれも不動産関連会社であり，第1はaurelis，第2はハンブルクに本拠をおきドイツ全土で大型ショッピングセンター等の開発を展開している都市開発デベロッパーのECEの関連会社であるPANTA69，第3がECEを含む4者からなる土地所有シンジケートであるPANTA112である。

第2期開発予定地は長距離鉄道駅アルトナの敷地であり，現在の土地所有者はドイツ鉄道DBである。DBは鉄道駅アルトナの移設についてはまだ最終的な結論を出しておらず，この第2期開発予定地については都市計画契約の対象地とはなっていない。

ハンブルク市の立場は，たとえ開発予定地に土地所有権を有していなくても，この地区の開発整備は市にとって戦略的に重要であるとの認識である。そこで，ハンブルク市は建設法典第165条を適用して都市計画開発措置の対象地区に指定するとのアクションをとった。この地区指定を根拠として，ハンブルク市は市の目指す都市計画目標を実現するために，土地所有者に対して影響力を行使し，公的介入をすることが可能となった。こういった，都市計画制度上の特別都市計画地区の指定を背景として，ハンブルク市は土地所有者に対して，市が目指す都市計画目標の実現に協力する用意があるかの協議を行ってきた。

一連のハンブルク市の行動は，ある意味では強い公的介入の可能性を圧力材料としてハンブルク市が民間セクターに協力・協働を求めてきたといえる。もし，土地所有者が市への協力を拒否した場合，市は開発地区の土地をすべて強制的に購入できる法的根拠を持っていた。

---

(9)　署名はなされていないが都市計画契約の最終版がPDFファイルの形で公表されている。http://www.hamburg.de/contentblob/4242298/data/staedtebaulicher-vertrag-mitte-altona.pdf 全体で19章，41ページにわたる長大なものであり，さらに，付属参考資料が24件もある（これもネット上で公開）。注目されるのは負担する費用等については，公開されないのが通例だがハンブルク市ではこれも公開している。

(10)　Mitte Altona Aktuell, #9/ Januar 2014 http://www.hamburg.de/contentblob/4261056/data/zeitung-mitte-altona-aktuell-januar-2014.pdf

第2部　都市法の現代的諸相

　以上の背景にはハンブルク市は成長都市であり，市の財政力も強く，いざという場合は公共セクター単独でも都市計画的事業，開発を行う準備があったと解することも出来よう。

　事実，2013年12月13日付けの都市計画契約（案）においては，この契約は，都市計画開発地区の指定を回避する目的で締結されるものであることが，第2章の規定で示されている。

　都市計画契約（案）に盛り込まれている，両者の合意事項は次の通りである。

●費 用 分 担

　費用分担について，これが最も大きな論点であり，その調整，合意には時間を要したものである。このプロジェクトの予測されている総費用は74.54百万ユーロであり，その過半の費用は地権者である3社の開発者が負担することとなった。その根拠は，地権者は広大な遊休地，空閑地が都心近接の好立地の建築可能な土地Baulandに転換されることにより，莫大な開発利益を得るからというものである。土地利用転換による開発利益として想定される47.85百万ユーロについては地権者がこの地区の開発・整備のために投下することとなった。残りの26.69百万ユーロは，ハンブルク市が負担することになった。プロジェクト費用が増大することのリスクはそれぞれの事業，施策の責任を負う者が負担することとなっている。

　ある事業，施策についての費用分担の形式は，①地権者がすべて負担する形式，②地権者と市で分担する形式，③市が負担する形式，の3つのタイプがある。

　市が費用負担するのは土地権利関係整理の費用，すなわち敷地関係整序と新たな街区敷地形状の創出と公共交通へのアクセスの確保の費用である。プロジェクト地区外の基盤整備，下水道整備等についてはハンブルク市が費用の大半を負担し，一部，地権者に負担を求めている。

　両者で応分に費用分担されるのは公園整備，Bプランの策定，モビリティコンセプトの策定についてである。

　プロジェクト地区内部の基盤整備関係の費用は地権者がすべて負担することとなっている。基盤整備で重要なのは新たな土地環境の創出のための費用であり，かつての鉄道用地の解体整理，土壌汚染対策，建物撤去，地下駐車場整備のための土木作業などの費用があげられる。さらに地権者は保育園の建設費用，外構部分，遊び場の整備費用を負担することとなっている。地区マネジメント

430

18 ドイツの都市計画契約

組織の立ち上げ，運営も地権者の任務となっている。

●住宅建設と建築共同組織

第1期開発地区では約1600戸の住宅建設が見込まれており，これによって，ミッテ・アルトナ地区は社会的にバランスのとれた地区になることが企図されている。そこで，地権者＝開発者は3分の1混合原則に従うこととなっている。すなわち，供給される住戸の3分の1は公的助成を受けた住宅に，3分の1は自由市場型の住宅（賃貸）に，3分の1は持ち家分譲住宅に，という配分で住宅建設が進められるという原則だ。

公的助成を受ける住宅のための土地は，公益的な住宅供給会社に売却されることになる。また，地区内の住宅用地の敷地の20％は市の公共公益的関与を確保するために建築共同組織にリザーブされる。ハンブルク市はいったん，地権者から土地をいったん取得し，さらに公的助成を受ける住宅のための建築共同組織，持ち家住宅建設のための建築共同組織にこの土地が再譲渡されることになる。

建築街区を建築敷地に再区分することは，民間開発者の仕事であるが，都市計画契約では，分節型の敷地形状構造を保持する旨の規定を置いている。大街区型の単調な敷地形状を避けるとの配慮だ。

さらに，都市計画契約の規定では，地権者が住宅建物の建設にあたって，数多くの建築家が参加する建築コンペを行うことを義務づけている。各建築街区が個性ある，多様な建築デザインの街並みを形成することを狙っている。

●産 業 構 造

開発地区の西側にかつての貨物ホールをストック転用する形で中小企業向けの産業施設（床面積1800m²）が確保される。この地区で操業していた中小企業に優先的に入居できるように配慮し，また地区の産業構造を維持発展させるために，当初3年間の床賃料は1平方米あたり4から8ユーロの範囲で設定されることになる。

●社会的包摂 Inklusion のための施策

ハンブルク市と地権者＝開発者とは協力してさまざまなバリアフリーや社会的包摂，統合のための施策を展開することで合意している。両者は施設床面積の5-10％は社会的統合プロジェクトに当てることで合意している。高齢者の

431

第2部　都市法の現代的諸相

ための住宅，住宅困窮者のための住宅，障害者（精神的な障害者も含む）のための住宅等があげられている。

　また，地区内での建築開始の段階から，10年間の期間，地区マネジメントの組織を設置し，運営することを地権者＝開発者は引き受けることが規定されている。地区マネジメント組織は居住者の地区活動やコミュニティ形成を支援することとされている。

●社会インフラ

　都市計画契約（案）では300人の幼児，児童のために複数の保育施設の建設を予定している。250児童のための3箇所の保育施設は地権者＝開発者によって建設，整備されることになっている。他の保育施設は建築共同組織プロジェクトの枠組みで建設，整備されることになっている。さらに，この地区では新たな地区学校 Stadtteilschule[11] の設置が計画されている。

●モビリティコンセプト

　ミッテ・アルトナ地区では自動車交通，交通抑制型居住を都市計画目標としている。将来のこの地区の居住者が脱自動車型居住をしやすいようにいろいろな仕組みが必要で，そのために市はモビリティコンセプトの策定を地権者＝開発者と協議して都市計画契約の内容に盛り込んだ。地権者＝開発者は地区マネジメントの枠組みで，居住者のモビリティを高めるための支援をすることが求められている。

　自動車交通を抑制するためにプロジェクト地区全体で，1戸当たり平均0.4台以下の駐車場に制限することとしている。すなわち，10世帯で4台分の地下駐車場を設置することを意味している。さらに，場所によってはより少ない，駐車場設置ですませるために，建築共同組織の建築街区では戸当たり0.2台の駐車場整備としている。

　さらに，駐車場スペースには各種の車のタイプを備えた15台分のカーシェアリング場所を用意することにしている。

　自転車交通を推進するために，地権者＝開発者は2箇所の新たな都市自転車ステーションの敷地を提供することが義務づけられている。ハンブルク市も自

---

(11)　2010年のハンブルク市の学校制度改革で設けられることになった新たな学校制度。ドイツで唯一，Realschule, Hauptschule 及び Gesamtschule に代替する学校システムで，ハンブルクでは国際化時代に対応した学校システムとして導入したもの。

転車ネットワークを改善し，鉄道駅，バス停留所とのアクセス改善を進めることとしている。

●エネルギー供給等

　気候変動対応とエネルギー節約のために，この地区の整備にあたってはさまざまな革新的な技術，工夫によってエネルギー節約を達成することを計画している。暖房エネルギーの最低50%は再生エネルギーでまかなうこととしている。また，エネルギー節約型建物，住宅の設計に際して，騒音への対策も十分行うことを明記している。

　以上は，ハンブルクの都市計画契約の最新の事例であり，これを一般化するのは無理があるが，それでも，今後のPPP型都市開発，都市計画を進めていく上で示唆的な点が含まれている。

　第1は，市と民間事業者が対等な立場で協議を繰り返しながら，双方にとって長期的に利益となるような合意事項を都市計画契約の形でとりまとめている点である。このベースにあるのは，ある土地の利用構造を転換して開発を進めることについて，土地所有者が単独で自由に行うことは認められておらず，最終的には議会の議決によって法的拘束力を持つBプランが策定されることになって，その土地の開発権，建築権が認められる仕組みが存在することである。

　ただし，既述のごとく，自治体の側が一方的に公権力を使って都市計画を策定することはありえない状況になってきている。とりわけ，EUレベルでもドイツレベルでも都市の発展を巡って，競争が激しい中で，民間の投資活動を引き寄せ，都市経済の発展を目指すことがきわめて重要になってきており，民間の経済力，アイディアを引き出すことが現代ドイツの都市開発のプロトタイプとなっている。

　また，一方でPPPの中には，単なる民間企業としてのプライベートセクターだけでなく，都市環境，都市の文化や歴史に強い関心を有する市民セクターも重要なアクターとして認識されており，ハンブルクの場合も，ミッテ・アルトナ地区の計画内容，開発のあり方について，さまざまなチャンネルを使って情報公開，市民参加の機会を提供している。

　そういった意味で，ハンブルクの場合は経済的な費用分担においてはシビアな議論が展開されるが，公民連携してより良い都市空間を作り，長期的な観点からの地区の整備を進める点での共通の理解が進んでいるといえる。まさに協働の都市開発理念に対する共通感覚が都市計画契約の背後にあるといえる。

第2部　都市法の現代的諸相

　第2に通常の都市計画契約と異なり，両者の費用分担やなぜ費用分担を求めるかについての情報が一般に公開されている点も今後の都市開発を考えていく上で示唆的である。とりわけ注目されるのは，ハンブルク市にとってミッテ・アルトナプロジェクトは，場合によってはこの地区の開発に対して，公的な資金を投入して開発を進める必要があるほどの都市計画上重要な戦略プロジェクトであり，この地区の土地利用転換プロジェクトによって生まれる莫大な開発利益を地権者にすべて帰属させるのではなく，開発利益をハンブルク市の都市計画目標に合致し，それを実現するように公益的に還元させる形で応分のプロジェクト費用分担を求めた点である。

　しかも，」これらの内容が都市計画契約の内容として一般の市民にも情報開示されていることは重要である。こういったハンブルクの方式が今後のドイツの都市開発，都市計画契約によい意味での大きな影響を与えるのではないかと考えられる。

　第3に注目されるのは，この都市計画契約では契約を成案とする前から，ハンブルク市と地権者＝開発者のあいだ協力関係が構築され，さらに今後の開発プロセス，プロジェクト完成後の地区マネジメントまでといった，長期的な関係でプロジェクトの成立，発展，維持管理を含んでいる点である。したがって，都市計画契約の締結という，一時点でこの契約を捉えるのではなく，計画・開発整備プロセスマネジメントといった文脈で都市計画契約を捉えることも重要であろう。

IX　実施契約に基づく地区基盤整備の方法

　建設法典12条で規定する実施契約では，VEプランの計画内容に対応した形で地区基盤施設の整備も記載される。これは，建設法典124条の規定する地区基盤施設整備契約が対象とするものに一致している。場合によっては，自治体が自前で地区基盤施設の整備の全て，あるいは一部を行い，その費用を開発者に負担させることを契約内容に盛り込むことも可能である。

　大規模プロジェクトでは，一度にプロジェクトを実現するのは難しいので，実施契約を段階ごとに分けて締結するというのも可能になっている。例えば，ハンブルク市ではハーフェンシティーと呼ばれる港湾地区の大規模な用途転換が行われているが，このような非常に巨大なプロジェクトの場合には，第1期，第2期などに分けて，段階ごとに何を実現化するかを決めておくことは実際に

434

行われている。

　実施期間については，地区基盤施設整備とプロジェクトとは区別して扱われている。この実施期間の構成や考え方は公民両方の契約者双方に委ねられているが，実務上非常に重要なのはプロジェクトの財源確保及び実現の前提になる建築許可，あるいは開発権が認められ交付される時期だといわれている。

　工事期間に関しては，ある程度一定の不確定要素を加味して余裕を持たすというのが通常である。実施や実現義務が意味を持たないような形での期限延長は，認められていない。

　実施契約の策定手続きに関しては，実施契約は通常のBプランと異なって必ずしも公開縦覧の手続きを必要としていない。ただし，プロジェクトの実施に様々な利害が関わる場合（汚染土壌の浄化，幹線道路等の騒音防止を目的とした施設建設，自然景観の侵害や代償措置など）には，広く意見を聞くことが行われている。

　ドイツではBプランの策定時に，Bプランの中身に関する理由書が添付されるが，基本的には実施契約自身はその構成要素ではないという形になっている。これも，もし公民双方が了解した場合にはBプランの理由書の付属文書の形で，実施契約内容が公開される可能性もある。

　これ以外にもBプランは，通常は上位の機関の許可を必要としないが，場合によってはBプランと合わせて実施契約も上位機関の審査の対象となり，実施契約に不備がある場合はBプランも許可されないということが可能性としてはありうるとのことだ。

X　都市計画契約を巡る3つの論点

　これまで我々の調査研究から都市計画契約を巡る論点は，以下の3点であるといえる。

　第一は，整備した後のインフラの維持管理問題である。都市計画契約の枠組みでは民間側にインフラ整備の費用負担を求めることは頻繁に行われている。しかし，その後のインフラの維持管理・運営については公的セクターの責任・負担で行うこととなっている。つまり，ここでは長期的にみた場合のプロジェクトの持続可能性の問題が浮かび上がってくる。ただし，アトリウムなどの半公共空間で民間の所有に帰する空間については，公的利用権（通行権）などを担保しながら，民間の責任で維持管理を行わせることはあるとのことだ。

第2部　都市法の現代的諸相

　第二は，議会との関係である。都市計画契約の具体的内容は，一般的には市議会で扱われることはない。行政執行部が詳細な契約内容を詰めて契約案を作成し，議会には必要に応じてその概要，方向性を示し承認を得る程度である。議会が関与するのは，少数のアクターによる秘密的な会議の場である。従って，都市計画契約の微妙な内容（特に資金負担など）は個人情報保護の観点から公開の対象とはならない。都市計画契約の内容を巡って訴訟はこれまで起こっていないことであるが，ブラックボックスのような決定過程に対する透明性の問題があることが指摘できよう。

　第三は，契約内容の柔軟性や段階的更新の論点である。都市計画契約には，自然環境や生態系の保護などの目標値や，これに関連した公民の役割分担を契約に盛り込むことが可能で，これはポジティブな面が多いといえよう。また，大規模プロジェクトの場合は，当然，その実現までは期間も長期にわたり，関係者も多くなるのでプロジェクトの進度に応じた段階的な契約を結ばれることになる。つまり，当初の枠組み契約では大まかなプロジェクトの目標や費用などが示され，その後の開発の進展に合わせて，例えば，基盤施設，インフラ整備の費用分担，実施時期などの契約を結んでいくことになる。このような仕組みは社会経済環境に柔軟に対応できるといえ，肯定的に評価できよう。

XI　日本への示唆——まとめにかえて

　ドイツの事例から日本での都市計画分野の公民連携を批判的にみると，まず公民協働型都市計画の透明性や対等性は確保されてきたかという問題を指摘できよう。

　日本では，高度成長期の緊急避難的な対応というので宅地開発指導要綱による基盤整備が行われてきたが，必ずしも明確なルールがあったわけではなかった。

　また，代表的な日本のボーナス型都市計画として総合設計制度や特定街区などがあるが，これもある意味では恣意的で，創出される公開空地の価値を考慮に入れず，事前確定的に全国画一的に運用されてきた。

　公開空地が創出される場所や，その位置，形状，さらには周辺のオープンスペースの整備状況はどの程度かによって，公開空地の意義は本来異なるはずであり，その計画貢献の度合いによって，ボーナスが付与されるのが筋であろうが，なかなか，計画裁量的な運用が困難となってきている。計画裁量が密室で

436

おこなわれるとしたら，それは大きな問題である。どのような理由，根拠に基づき特例的な扱いをするかが透明性を確保したうえで示されれば，より実りゆたかなプロジェクトが実現されるのではないだろうか。

地区計画に関しても，1987年の再開発地区計画によって緩和型，民活型地区計画が登場し，それ以降は多様な地区計画が生まれてきており，本来の趣旨から大きく変容した制度になってきた。たとえば，再開発地区計画における協議制度もどちらかというと「あうんの呼吸」が前提で進められてきたといえる。小泉政権下の「都市再生」については，都市構造全体に影響を及ぼすようなプロジェクトであっても，少数のアクターで決められ，計画，プロジェクト内容が決定した段階で発表されるのが通例で，市民的関与や専門的な評価が限定的といえよう。

次に，自治体の役割及び職員のスキルの問題がある。ドイツやヨーロッパの都市計画では，公共セクターが開発権を付与するという意識がコモンセンスとしてあり，広く民間セクター，市民セクターにおいてこの考えは共有されている。基本的に中小の自治体であっても都市計画に携わる職員の計画能力は総じて高い。

ドイツの場合，行政職員の高い専門能力に支えられ，民間の開発事業者と対等に，自治体が目指す都市計画の公益を主張する形で協議を行い，計画合意につながっているといえよう。その背景には，専門的な教育だけでなく，幅広い公募制度など人材の流動性が担保されていることも大きな影響を及ぼしている[12]。

これに対して，日本では公民連携ではなく官民連携という言い方よくなされることに象徴されるようにイコールパートナーシップの意識は希薄に思われる。最近は，少しずつ改善されつつあるのかもしれないが，自治体都市計画を担う専門的能力，技術を持った職員の人材交流も乏しい。

公共セクター，民間セクターいずれにあっても，都市計画，まちづくりに関わりを持つ人材が育ち，専門的知見，技術に裏打ちされた形で都市開発やまちづくりについての議論が展開されること，それらの過程，成果が市民社会にオープンにされ，市民の積極的な参加がインスパイアされることが今後の大きな課題といえよう。

---

(12)　ドイツの自治体の都市計画プランナーに関しては，大村謙二郎＝有田智一＝小俣元美「ドイツにおける自治体都市計画プランナーの職能形成に関する調査」都市計画論文集38巻3号（2003年）343-348頁を参照のこと。

第2部 都市法の現代的諸相

【参考文献】

Albrecht(2008): Neue Instrument der Innenstadtentwicklung

Baugesetzbuch, 45. Auflage, 2014, Beck Texte im dtv

Bunzel/Coulmas/Schmidt-Eichstaedt(2007):Städtebauliche Verträge-ein Handbuch

Burmeister, Thomas: Der städtebauliche Vertrag als rechtliches Instrument der Kooperation mit Privaten bei der Baulandentwicklung und –erschließung, Berlin 2003

Deutscher Städte- und Gemeindeverband(1999):Baulandmobilisierung und städtebauliche Verträge

Friedrich Ebert Stiftung(1999): Verträge im Städtebaurecht

Stadt Hannover (2000?): Nachhaltige ökologische Stadtplanung 2. Planungsinstrumente

Krautzberger(2007):Städtebauliche Verträge in der praktischer Bewährung

VHW Seminare(2007): Aktuelle Fragen zum Städtebaulichen Vertrag

Schmidt-Eichstaedt(2005):Städtebaurecht, 4.Aufl.

19 価値ある都市景観の民事法による保護？
―― 個別的法益・集合的法益の保護について ――

アレクサンダー・ポイケルト*
秋山　靖浩／野田　崇（訳）

I　はじめに

2006年に日本の最高裁判所は，以下の写真の下部に見える建築物群に関して決定を行った。

＊フランクフルト大学教授，法学博士。ゲーテ大学フランクフルト・アム・マイン法学系及びエクセレントクラスタ「規範秩序の形成」，民法及び経済法（特に国際無体財産法）講座教授。
a.peukert@jur.uni-frankfurt.de。本稿は，筆者が 2014 年 2 月 26 日に科研研究グループ「ネットワーク社会における都市空間のガバナンス――新たな実定法パラダイムの構築」（研究代表，吉田克己教授）の招聘に応じて，早稲田大学にて行った講演に基づいている。講演旅行の準備と実現に当たって様々な助力をいただいた秋山靖浩教授，角松生史教授，根本尚徳教授に感謝する。

第 2 部　都市法の現代的諸相

　この建物は，この場所に妥当している建設法に一致して建設された。ところ
が，近隣住民，写真中の建物上方に写っている学校に現在所属し，および過去
に所属していた者，ならびに関心を有する第三者は，この巨大住宅が，保護に
値する国立の一体的地域像の維持について彼らが有する，不法行為法上保護さ
れた利益を損なっていると主張した。最高裁判所は，良好な景観に近接する地
域内に居住し，その恵沢を日常的に享受している者がそのような「良好な」景
観の維持に対する不法行為法上保護された利益を有することを認めはした。し
かし裁判所は，高さ 20 メートルを超える部分についての建物の撤去，および
損害賠償の支払いを求める原告の請求を，一切の事情を考慮したうえで退け
た[1]。

　本稿は，ドイツの民事法および環境法の見地から，この判決についての見解
を述べるものである。客観的に「良好な」都市景観の維持に対する私的利益が
不法行為法上保護されているか否かという問いは，ドイツの民事裁判所が
──知られている限り──従来取り組んだことのないものである。このことの
理由は，日本の人口密集地域と比較して当地ではなお，生活上の価値のある都
市環境に対する感度が著しいものとはなっていないからかもしれない。しかし，
都市化の進展とともに，欧州においても，審美的に感銘を与え歴史的ないし文
化的特徴を持つ都市景観に対する需要が増してゆく[2]。そして実際に，都市の
持続性の促進は，2020 年までの期間における EU の一般的環境行動プログラ
ムの優先的目標の一つとなった。特に，都市内の自然空間が保護され，景観造
形上の構想が実現されるべきこととされている[3]。生活上の価値のある都市空
間に対する意識が増してゆくとともに，当地においても，良好と捉えられてい
る都市景観の維持もしくは改変を巡る紛争が激しくなってゆくものと思われる。

───────────

(1)　平成 17 年 (受) 第 364 号，民集 60 巻 3 号 948 頁。以下の説明は，この判決の英訳版
　　に依拠している (http://www.courts.go.jp/english/judgments/text/2006.03.30-2005.-
　　Ju-.No..364.html)。この判決と事件の経緯については，参照，Narufumi Kadomatsu,
　　The Rise and Fall of the 'Relationship of Reciprocal Interchangeability' Theory in
　　Japan -- Productivity of Misinterpretation?, Kobe University Law Review, No. 43
　　(2010.3), pp. 1-15.

(2)　Trapp, Baukultur als Bestandteil nachhaltiger städtebaulicher Entwicklung, JZ
　　2013, 540 f.

(3)　Beschluss Nr. 1386/2013/EU des Europäischen Parlaments und des Rates v.
　　20.11.2013 über ein allgemeines Umweltaktionsprogramm der Union für die Zeit bis
　　2020 „Gut leben innerhalb der Belastbarkeitsgrenzen unseres Planeten", ABl. EU L
　　354/171 v. 28.12.2013, Nr. 92; さらに参照，Kloepfer, Umweltrecht, 3. A. 2004, § 19 Rn. 18.

440

19 価値ある都市景観の民事法による保護？

民法は利益衝突を一般的に，したがって「都市景観」という財についても，個人の権利義務を巡る個々の私法上の主体間の紛争として考察し，構成する[4]。民事法の主要な整序手段［Ordnungsinstrument］は，個々人が対立する利害に抗して実現することのできる個人的法的地位なのである。それゆえ国立事件は，民事法の見地からは次のような問い，すなわち，どのような私法上の主体がいかなる範囲で，客観的に価値ある都市景観に対する民事訴訟上実現しうる権利，ないし少なくとも不法行為法上保護される利益を有しているのかという問いを提起する。換言すると，他のすべての第三者との関係でその財の利用について決定できるのは誰か，したがってその財が誰に帰属するのかが検討されるべきである[5]。国立事件では，一方で原告である近隣住民と関心を持つその他の者，他方で被告である，係争建物の過去および現在の所有者並びに建設会社の間には契約上の合意が存在していないので，帰属規範は，法典に規定された排他的権利または法定債務関係，ここでは特に不法行為法からのみ生じ得る[6]。

II　隣人の土地所有権

1　土地所有権の内容

その際第一に考慮されるのは，近隣住民の土地所有権である。もっとも，この所有権は土地の上空と地下のみに及ぶ。ここから導かれるのは，土地の境界線内で行われる利用は，隣接地に対する所有権法上レレバントな「作用［Einwirkung］」ではない，ということである。有体物に対する所有権は，経済学において「競合的」と呼ばれるような作用を通じてのみ侵害される。競合的な利用とは，その利用によって当該財がもはや以前と同様には利用され得なくなったために，他者にとっての当該財の利用価値を低減させるようなものである。例えば，土地の境界を越えた建設，他人の土地への物品の堆積，他人の

---

(4)　Diederichsen, Verhandlungen des 56. Deutschen Juristentages, Band II, 1986, L 48; Rödl, Gerechtigkeit unter freien Gleichen, Habilitationsschrift Frankfurt a.M., 2014; 異なる見解として，Godt, Haftung für ökologische Schäden, 1997, 117 ff.（生態学上の市場経済を制御する手段としての民法）.

(5)　このような問題設定に批判的であると同時に，環境被害の民事法的解決を支持する見解として，Godt (Fn. 4), 138 f.

(6)　このようなアプローチについては，参照，Güterzuordnung als Rechtsprinzip, 2008, 1 ff.

441

第2部　都市法の現代的諸相

土地への立ち入り，または土地の境界線を越えたガスや騒音といったイミッシオーンの侵入が，その例である。なぜなら，それらの作用を通じて，所有者による当該土地の同時並行的な利用が侵害されるからである[7]。

それに対して，自己の土地をその空間的境界内で利用しているに過ぎない者は，所有権法上レレバントな態様では隣人を妨害していない。それゆえ，民法典の成立史と一致するが，日照や通風及び水の侵奪や眺望の妨害といったいわゆる消極的及び観念的侵害は，所有権侵害とは解されない。それらすべての場合に，当該隣接地において境界線を越えた積極的な競合的利用が行われていない[8]。換言すると，物的所有権は，自然景観ないし都市景観への美しい眺望を土地所有者に個別排他的には帰属させていないのである[9]。

既にそれゆえに，種の多様性や審美的感銘を与える都市景観といった集合的環境媒体 [kollektive Umweltmedien] の保護を，影響を受ける近隣住民の土地所有権に依拠させることは誤りなのである。なぜなら，無主の野生動物や，ある場所への，またはある場所からの眺めは，既に所有権の内容からして，個々の所有者には帰属しないからである。さらに，後に再び指摘するように，自然や景観は集合的法益であって，それをいわば細分化して近隣住民に配分したとしたら，その性質を誤るか，あるいは歪曲することになる。その場合，近隣住民に配分される権利は対等なのだから，解決不能の紛争が生じるであろう。なぜ，景観を維持したいというある所有者の希望が，住宅や風力発電機を建設したいという隣人の希望に対して劣後することになるのか，という問題である。土地所有権は，この紛争の解決に何ももたらさない。

ドイツ民法典は各々の土地所有権をそれ自体として考察している，ということを心にとめておくべきである。他人の危険な施設や他の建物の倒壊，または他の土地の掘削を通じて自己の土地利用に対し具体的な侵害が迫ってきている場合[10]を除いて，誰もがその所有権の境界内部では好きに振る舞うことができる，たとえば15階の建物を建てることができるのである。所有権は並立 [Nebeneinander] を生じさせるのであって，共同性 [Miteinander] を作り出すのではない。

---

(7)　Entscheidungen des Königlichen Ober-Tribunals Bd. 23 (1852), 252, 260; Peukert (Fn. 6), 213 ff.

(8)　RGZ 98, 15, 16 f.; BGHZ 51, 396 ff.; BGH JZ 1970, 782 ff.; BGH NJW 1975, 170 ff.

(9)　それに対して，ドイツ民法典906条の審美的インミッシオーンへの拡張を支持する見解として，z.B. Diederichsen (Fn. 4), L 54.

(10)　参照，§§ 907-909 BGB.

2 相隣共同体関係

　もっとも，工業化と都市化の進展とともに，このような孤立的考察が狭すぎることがますます明らかになってきた。なぜなら，土地は空間中にばらばらに漂っているのではなく，隣の土地と直接に接しているのであって，その所有者は同じ支配権能を有しているからである。すべての所有者が隣人を顧慮することなくその所有権を好き勝手に行使することができるとしたら，深刻かつ解決不能の利益対立が生じるであろう(11)。この点を考慮して，すでにプロイセン大審院が 1852 年に次のように判示している。「所有者の使用権の排他性と任意性は，他の所有者に対して同様に認められている排他性と任意性にその必然的限界を見出す」(12)。1882 年，ライヒ裁判所は，フランクフルト旧市街にある印刷所の経営者に対して，営業法上の許可を有していたにもかかわらず，夜間操業の停止を命じた。なぜなら，隣の住宅が騒音のために居住不能になっていたからである。裁判所によれば，私人の土地は互いに並んでいるので，各所有者は，それぞれの土地を使用するにあたって隣の土地の使用可能性を顧慮する必要がある。「なぜなら，国家という法共同体において，ある者の所有権は，他の者の所有権と同様の，承認請求権を有しているからである」(13)。1883 年に，ライヒ裁判所はバーデンで適用されていたフランス民法について同様の結論に達した。「土地所有者はすべて，その所有権の行使について同等の絶対的権利を有しているので，隣り合う者は，一方が受忍可能なことを受忍し，もう一方が，許されないような態様で他人の所有権に影響を与えるような行為を自己の土地において行わないことにより，相互に顧慮すべきである。」(14)

　これらの諸原則は，ドイツ民法典の施行後は，ライヒ裁判所および連邦通常裁判所により，「相隣共同体関係［das nachbarliche Gemeinschaftsverhältniss］」の名の下に，確立された判例として引き継がれた。それによれば，隣地住民の権利義務は主としてドイツ民法典および公法で法典化された相隣法から生じる。例えば騒音が詳細に規律されるようになった。それら諸規定の総体が，憲法上保障された土地所有権の内容を定義しているのである。しかし，隣り合う者が有する同一内容の所有権的権能には，さらに，一般原則である信義則（ドイツ

---

(11)　v. Jhering, Zur Lehre von den Beschränkungen des Grundeigenthümers im Interesse der Nachbarn, JherJb 6 (1863), 6, 83 f., 94-96.

(12)　Entscheidungen des Königlichen Ober-Tribunals Bd. 23 (1852), 252, 259.

(13)　RGZ 6, 217, 220.

(14)　RGZ 11, 341, 343.

第 2 部　都市法の現代的諸相

民法典 242 条）が適用される。隣り合う者には，信義則から，相互の顧慮義務
が生じる。それによってはじめて，原理的には常に孤立的な所有権的地位から，
隣り合っているという社会的事実関係を反映した民法上の法律関係が生じるの
である。しかし，判例法上承認された相隣共同体関係が独立した受忍義務や請
求権の根拠となりうるのは，もっぱら例外的な場合，すなわち，対立する諸利
益を，相隣法に関する法律の規律を超えてより衡平に調整することが緊急に要
請されていると思われる場合だけである[15]。

　既に述べたように本来は所有権侵害に当たらないような消極的イミッシオー
ンも，そのような例外事例に関わっている。例えば，連邦通常裁判所は 1984
年に，高層建築物の所有者に対して，その所有権への制限として，当該高層建
築物による電波障害のために自己の土地においてラジオを受信できない隣人に，
自前のアンテナを高層建築物の上に設置することを認めるか，あるいは高層建
築物のアンテナへの接続を認めるよう義務付けた[16]。1988 年のある判決でフ
ランクフルト高等裁判所は，斜面地に建っているバンガローの所有者に対し，
斜面の谷側隣接地に建っている住宅の屋根上に，原告の居室の窓から数メー
ターしか離さずに設置された堅牢なアマチュア無線設備の撤去を求める請求権
を与えた。それによれば，すべての住宅が谷への眺望を享受できるようにとの
構想の下で一体的に建設された住宅地で土地を購入した者は，相隣共同体関係
を考慮すると，当該住宅地の構想と隣人の審美的利益を破壊するように振る
舞ってはならない。アンテナ設備は公法上適法であり，また被告となったバン
ガロー購入者は，他の当初からの所有者とは異なり，土地購入契約の締結に際
して屋根へのアンテナ不設置義務を負っていなかったという事情があるとして
も，この顧慮義務は妥当する，とされた[17]。もっとも，これらの判決が全く
の例外であるにとどまることが強調されねばならない。醜い，または普通では
ないと感じられるが，建設法および相隣法上は許容されている塀，ガレージお
よび屋根に対する訴訟の大半は退けられているのである[18]。

　相隣共同体関係という法制度は一方で，国立判決のもう一つの解釈可能性を
開く。なぜなら，ドイツ法によっても隣人は次のように主張し得るかもしれな

---

(15)　BGH NJW 1958, 1580, 1581 f.; BGH NJW 1965, 389 f.; BGH NJW 1991, 1671, 1672 f.;
　　　最近では，BGH NZM 2012, 735 Rn. 19 ff., jeweils m.w.N.

(16)　BGHZ 88, 344 ff.; BGH NJW 1991, 1671 f.

(17)　OLG Frankfurt am Main NJW-RR 1989, 464 f.

(18)　例えば参照，BGH NJW 1992, 2569 f.; BGH NJW 2001, 3119, 3121; OLGR Celle 2000,
　　　292 ff.

いからである。すなわち，新たな建物は，それが公法上は適法であるにもかかわらず，個別事例における一切の事情を衡量すると期待不可能なほどに隣人の利益を侵害しているが故に，顧慮要請に違反している，との主張である。もっとも，そのような例外を承認することについてドイツの裁判所が抑制的であること[19]から，そのような訴訟は結論的に退けられるであろうと推測される。

　他方で，相隣共同体関係はいずれにせよ，具体的に主張された請求権も，また日本の最高裁が選択した根拠づけも支えない。なぜなら，この法制度は結局，争っている隣人の所有権に根差しているからである[20]。連邦通常裁判所の見解によればこの法制度は，法定債務関係とも，まして契約に基づく債務関係とも等置され得るものではない。むしろ判例は個々の場合に，関係する所有権的地位の内容を修正することによって，法律上は規律されていない，原理的に対等な隣人間の利益対立を適切に調整している[21]。したがって，相隣共同体関係を援用することができるのは物権的権利者のみであって，国立事件において出訴した近隣の学校の元生徒や教員のようなその他の者はそれを援用することができないのである[22]。

　さらに，ドイツ法は相隣法上の無過失での補償請求権を認めている。しかし，この請求権は，例外的に受忍すべき所有権制限に対する隣人のための埋め合わせとして働くに過ぎないものである[23]。国立事件で原告が主張した非財産的損害は，いかなる場合にも主張され得ない[24]。

　しかしとりわけ，価値ある都市景観の維持に対する利益のような，集合財とそれに向けられた一般的利益を保護することは，相隣共同体関係の趣旨目的ではない。角松教授によって正当に批判された，相隣共同体関係を日本法へ持ち込む際の誤解[25]は，民事裁判所によるこの諸原則の適用というよりは——本来は民法上の法制度だから——[26]，むしろ次のような根拠のない想定にある。す

---

(19)　例えば参照，BGH NJW 1992, 2569 f.; OLG Celle OLGR Celle 2000, 292 ff.

(20)　民事法上の権利保護のこのような限定と，公法上の環境保護の形成の関連については，Kloepfer (Fn. 3), §2 Rn. 14.

(21)　BGH NJW 1965, 389, 390 f.; BGH NJW 1991, 1671, 1672 f.; Deneke, Das nachbarschaftliche Gemeinschaftsverhältnis, 1987, 73 ff.

(22)　参照，Fritzsche, in: Beck'scher Online-Kommentar BGB, Edition 31, Stand 1.5.2014, §903 Rn. 35.

(23)　BGH NJW 1991, 1671, 1672 f.

(24)　参照，§253 BGB.

(25)　Kadomatsu (Fn. 1), 7 ff.

(26)　建設法及び土地法における，民事法上の相隣共同体関係の借用については，

第2部　都市法の現代的諸相

なわち，隣り合う土地所有者間の運命共同体関係における相互の顧慮要請から，景観に対する個別的保護に値する利益が導かれる，という想定に誤解がある[27]。

相隣共同体関係の保護機能がなお個人主義的であること，すなわちそれが隣人の所有権から生じていることから，ドイツの裁判所も日本の民事裁判所も，建設利用されていない地域の自然景観に対する保護された利益を承認しない理由が説明される。すなわち，自然景観は所有者の権能の行使から生まれたものではないからである。したがって，隣接住民の所有権ですら，そのような自然的状態への相互顧慮義務を生じさせはしない。

相隣共同体関係を，自然と景観の保全に対する一般的利益を保護するために用いたドイツの裁判所の唯一の判例は，1937年のライヒ裁判所の判断であるが，これは明らかに国家社会主義的思想に刻印されている[28]。その事件では，以前は農業が中心であったルール地方の一農民が，押し寄せてくる重工業が大気と水を強く汚染しているために，家畜数に被害を受け，その事業から得られる利益が減少した，と主張した。ライヒ裁判所は農民に対し原則として割合的補償を認めた。なぜなら，産業が近隣の農業の機能を停止させることが許されるとすると，それは「国民共同体」の思想に反するからであった[29]。その際，ライヒ裁判所は明示的に，個別の関係土地を度外視して，一般的に存在している地域の「生活関係」を措定し，それについて「正しい」法が見いだされるべきとした[30]。

この判断も古典的な所有者個人の利益と原告の財産的損害に関わっているという点は措くとして，連邦通常裁判所の後の判例は，隣り合う所有者相互の顧

BVerwG NJW 1974, 1260, 1261 f.

(27)　参照，最判平成18年3月30日民集60巻3号948頁（「これも，良好な景観が有する価値を保護することを目的とするものである。そうすると，良好な景観に近接する地域内に居住し，その恵沢を日常的に享受している者は，良好な景観が有する客観的な価値の侵害に対して密接な利害関係を有するものというべきであり，これらの者が有する良好な景観の恵沢を享受する利益（以下「景観利益」という。）は，法律上保護に値するものと解するのが相当である。」）。これによれば，最高裁は，価値ある都市景観の保護必要性から利害関係人の個人的請求権を導いているのではなく，「そうすると」というレトリックを用いてそのように主張しているに過ぎない。

(28)　RGZ 154, 161 ff. – Gutenhoffnungshüttefall; この点についてさらに，Deneke（Fn. 21），37 ff.

(29)　RGZ 154, 161, 165.

(30)　RGZ 154, 161, 166.

慮要請という意味での，相隣共同体関係の個人主義的解釈に回帰した[31]。

　したがって，中間的結論として次のように言うことができる。隣人の土地所有権も，すべての所有者が負っている，隣人の利益を顧慮する義務も，審美的，歴史的あるいは文化的に価値ある都市景観に対する個人の法的地位のための確たる根拠を与えはしない。

Ⅲ　不法行為法上の請求権

1　ドイツの不法行為法の基本的特徴

　もっとも，日本の最高裁はいずれにせよ，以上のような法的根拠ではなく，日本の不法行為法の一般条項に依拠していた。それによれば，「良好な」都市景観に対する「権利」は存在しないが，日本民法709条にいう法律上保護される利益が存在するというのである[32]。問われるのは，この見解がドイツの不法行為法の見地から説得力あるものであるかどうかである。

　その点で予め言っておくべきなのは，ドイツの不法行為法はフランス法や日本法とは異なり，「大きな」一般条項を知らないということである。むしろ法制定当時の立法者は，場合分けされた規律を通じて不法行為責任を予測可能にし，同時に限定することを意図していたのである。不法行為法に必要な柔軟性は，三つの「小さな」一般条項で保障することを意図していた。すなわち，ドイツ民法典823条1項に基づく「その他の権利」の保護，他者の保護を目的とした法規への違反に対する責任（ドイツ民法典823条2項），および故意の良俗違反の加害に対する責任（ドイツ民法典826条）である[33]。

　価値ある都市景観への個人的な法的地位がドイツ法で承認されるとしたら，それはこれらの規定に基づいて，ということになるだろう。その場合，法効果は，第一には，過去に発生した財産的損害を填補するための損害賠償請求権，ということだろう。加えて，急迫もしくは継続している客観的に違法な不法行為の差止めないし除去を求める，いわゆる準ネガトリア的防御請求権があるだろう。この請求権は，損害の予防は事後的な損害の填補よりも良いものであるという一般的法原理に基づいており，不法行為法のすべての要件に及ぶ[34]。

---

(31)　上記注15。

(32)　参照，最判平成18年3月30日民集60巻3号948頁。

(33)　(Fn. 6), 243 ff.

(34)　Peukert (Fn. 6), 289 ff.

第2部 都市法の現代的諸相

したがって，価値ある都市景観に対する不法行為法上保護される利益が仮に肯定され，国立の新建築物がその利益を侵害していたとしたら，その継続的侵害は，被告の過失要件を問題にすることなく，原告が実際に主張した除去請求権を通じて終了していただろう。

2 景観：ドイツ民法典823条1項にいう「その他の権利」に当たるか？

ドイツ民法典823条1項によれば，一定の法益の違法有責な侵害は，損害賠償を義務付ける。そのような法益に含まれるのは，生命，身体，健康，身体的な行動の自由および所有権である。これらの個人的法益の侵害は，環境保護のために特別法上定められた危険責任の要件においても前提とされている[35]。例えば，環境責任法と遺伝子工学法が，産業施設や遺伝子を組み替えられた生物の性質から生じる環境影響に対する無過失責任を予定しているのは，それを通じて死亡や身体・健康侵害，または物の毀損が生じた場合に限られる[36]。水管理法による責任は純粋財産損害に及ぶが，水質の不利益的変化を前提としている[37]。

これらの要件のいずれも，国立事件では問題にならない。自然景観および都市景観は，不法行為法で明示的に列挙され，その侵害が不法行為責任を生じさせるような法益には含まれないのである。

もっとも，客観的に保護に値する都市景観に対する「その他の権利」は認められるかもしれない。ただ，知られている限りでは，そのような法的見解を自己の見解としてドイツの裁判所において主張した原告は今までおらず，まして裁判所がそのように判断したこともない。

環境保護法の初期には，様々な方法で，古典的不法行為法をその目的のために道具化することが試みられた。たとえばForkelは1968年に所有権法上はレレバントでない消極的観念的イミッシオーンの影響を受ける隣人は，一般的人格権を援用してそれを防御し得る，との見解を主張した[38]。さらにKöndgenは1983年に，環境保護における徹底的な打開を不法行為法に期待した。彼は次のような見解を唱えた。すなわち，きれいな大気や水，静寂さといった環境

---

(35) Wagner, Die gemeinschaftsrechtliche Umwelthaftung aus der Sicht des Zivilrechts, VersR 2005, 177.

(36) 参照，§§1 Umwelthaftungsgesetz, 32 Abs. 1 Gentechnikgesetz.

(37) §89 Wasserhaushaltsgesetz. Überblick zum Umweltprivatrecht bei Kloepfer (Fn. 3), §6.

(38) Forkel, Immissionsschutz und Persönlichkeitsrecht, 1968.

財は，その社会的明白性［Evidenz］に基づいてドイツ民法典823条1項の意味での「その他の権利」に当たる。環境汚染と騒音が個人の財産的損害にまで至った場合，すべての人が共有するそれら公共財の侵害は，個別的に主張され得る，と[39]。

　Forkelが当初から個人の侵害のみを視野に入れていたこと[40]，またKöndgenが景観の不法行為的保護を，それが十分な個人の損害を欠いているが故に明確に否定していたこと[41]を措くとしても，両見解は正当にも一般に否定された。一般的には，裁判所が環境財の分配と配分について過剰な負担を負わされる点が批判された。不法行為法による環境の保護は社会的に，ましてや法的にも明白ではなく，輪郭がはっきりしていない。なぜ，ある場合には環境保全の利益が優先され，別の場合にはその利用と改変への利益が優先されるのかを予見可能な形で決定するための基準が欠けている，といった批判である[42]。

　ドグマーティッシュな観点からは以下のことが補足されるべきである。ドイツ民法典823条1項の文言と成立史からは，一方で限定列挙された生存にかかわる法益と，他方で財産権及び「その他の権利」とが区別されるべきである，ということである。すなわち，「その他の権利」として問題になるのは，物的所有権を範型とする排他的権利である。そのためドイツ民法典823条1項は，その種の権利の内容を示さないままそれに言及しているのに対して，生存にかかわる保護法益については限定列挙しているのである。したがって，法秩序が個々人にそのような排他的な権能を与えているか否かは，不法行為法からは回答されない。結果責任モデル［das Modell der Erfolgshaftung］に基づいて保護を与えることができるほどに，一義的に定義される保護領域を備えた権利であることが，要求されている。結局，保護される法益の内容は，それが侵害されたということのみによって，違法性を徴表する不法の批判［Unrechtsvorwurf］が根拠づけられるほどに，明確に定義されるものでなければならない。それに対して，財・利益の包括的な衡量を行った後に初めてそれが侵害されたことが認定されうるような法的地位は，権利や「その他の権利」の概念には含まれな

(39)　Köndgen, Überlegungen zur Fortbildung des Umwelthaftpflichtrechts, UPR 1983, 345, 348 ff.

(40)　Forkel (Fn. 38), 92 f.

(41)　Köndgen (Fn. 39), 350.

(42)　特に，Medicus, Zivilrecht und Umweltschutz, Juristenzeitung 1986, 778 ff.; Diederichsen (Fn. 4), L 72 ff.

第 2 部　都市法の現代的諸相

いのである[43]。

　もちろん，20 世紀のドイツの判例は，まさにそのような開かれた不法行
為要件を「その他の権利」として承認してきた。もっとも有名な諸事例は，
一般的人格権，および設立されかつ稼働中の営業上の権利に関わるものであ
る。それらは取引可能ではなく，また結果不法モデル［das Modell des
Erfolgsunrechts］に従うものでもない。むしろ個々の場合に，一切の個別事
情を考慮しつつ違法性を積極的に認定することが必要となる。そのため，これ
らの権利は適切にも，権利ではなく「枠的権利［Rahmenrechte］」と表現さ
れている[44]。

　このドグマーティッシュな構造は，日本の最高裁が国立事件で，価値ある都
市景観に対する法的に保護される個人的利益の侵害について展開した諸前提に
対応するものである[45]。しかし，ドイツの判例が人格および設立された営業
に対する枠的権利を承認するために依拠した法的根拠は，日本の最高裁が国立
判決で援用した諸法律とはカテゴリカルに区別される[46]。日本の最高裁は都
市景観への不法行為法上保護される利益を根拠づけるために法律の規定に依拠
したが，それら規定は，現在および将来の住民がその景観の恵沢を共同の財と
して維持するために，価値ある景観を保護している。日本の最高裁によれば，
そのような良好な景観の近くに居住し，それを日常的に享受している者は，そ
れに対する権利は持たないものの，民法上保護される利益を持っている，とい
うのである[47]。

　それに対して，一般的人格権や営業に対する枠的権利といった法源は，その
ような集合財ないし公共財に関わってはいない。むしろそれら法源は，個人の
自由権的基本権を侵害から防御することを目的としている。例えば一般的人格
権は，個人の人格の自由な発展を保護している。営業上の権利［das Recht
am Unternehmen］は自由な経済活動を保障し，家族法の文脈における法的地
位は，第三者との関係において，自由な自己実現という非財産的権利の核心領
域を婚姻において，また子どものために，死者のために保護し，労働法におい

---

(43)　これら全てについて詳しくは，Peukert（Fn. 6），240 ff.

(44)　Peukert（Fn. 6），254 ff. m.w.N.

(45)　参照，OGH Minshu Vol. 60, No. 4, unter 4.

(46)　異なる見解として，Godt（Fn. 4），150 f.（人格および営業の保護は環境という保護
　　法益にまで拡張可能）.

(47)　参照，最判平成 18 年 3 月 30 日民集 60 巻 3 号 948 頁。

450

ては団結の自由が保護されている⁽⁴⁸⁾。つまり，法の継続的形成によって発展してきた責任要件は，私法関係における基本権の実現なのである。原告である基本権主体は，その基本権を行使する際に他者によって妨害された，と主張する。これらの，肖像，氏名及び営業といった法益を邪魔されずに行使することに対する個人的利益は，私人による侵害に対して必要と思われる他の方法での保護が存在しない場合に，法の継続的形成によって保護される⁽⁴⁹⁾。

　ここから，相隣共同体関係との類似性が明らかになる。これら法制度の趣旨目的は，個人的な利益対立の調整である。相隣共同体関係においては相互に対等な所有者間の利益が調整されるのに対して，不文の「その他の権利」も同様に対等な行為自由間を調整している。この強度に二面的なコンセプト⁽⁵⁰⁾には，例えば公共の道路の自由使用はなじまないのであり，したがって「その他の権利」としても承認されなかったのである⁽⁵¹⁾。

　後で示すように，ドイツ法は一般に，環境やそのうちの都市景観のような集合的法益に対する，個別的に実現可能な利益というものを知らない。このことはまさに基本法にも妥当する。法の継続的形成によって承認されてきた「その他の権利」は，基本法の価値秩序に依拠しているのである。例えば連邦行政裁判所は既に 1970 年代半ばに，いわゆる環境基本権［das Grundrecht auf saubere Umwelt］から，一定の環境保護措置——本件では樹木の伐採への反対——を求める個別的に出訴可能な請求権を導くことを拒否した。なぜなら，そのような出訴権は，ドイツ法にとっては無縁の，不適法な民衆訴訟に帰するからである⁽⁵²⁾。1994 年に基本法に取り入れられた国家目的規定である 20a 条によれば，国家は将来世代への責任においても，生存の自然的基盤と動物を，合憲的秩序の枠内でとりわけ裁判を通じて保護するが，この規定は主観法的な請求権の要件を含んではいない⁽⁵³⁾。

　したがって，既に憲法レベルで，一方で個人の基本権保護，他方で公共財［Gemeingut］たる環境の保護との間には，法的に架橋不能の溝が横たわっている。前者の法的地位は法の継続形成を通じて個人の請求権にまで至ることもあるが，後者の法益は第一には国家の諸制度を通じて，公法の枠内で保護され

---

(48)　Peukert (Fn. 6), 254 ff.

(49)　Peukert (Fn. 6), 796 ff.

(50)　参照，Weinrib, The idea of private law, 1995.

(51)　BGHZ 23, 157, 170; BGHZ 86, 152, 156.

(52)　BVerwG NJW 1975, 2355.

(53)　BVerwG NVwZ 1998, 1080 ff.

第 2 部　都市法の現代的諸相

るのである。

　ドイツ民法典 823 条 1 項についてこのことが結論的に意味しているのは，景観のような集合的環境媒体［kollektive Umweltmedien］は，個人主義的に構成された不法行為法を通じて，偶発的かつ反射的に保護されるのみである，ということである。環境への作用が身体ないし財産の侵害にまで至った場合にのみ，当該作用の差止めまたは金銭的な補償が認められるのである。景観は，それ自体としては保護を享受しない[54]。

3　ドイツ民法典 823 条 2 項による保護法規違反

　以上の議論によって，ドイツの不法行為法の二番目の「小さな一般条項」，すなわちドイツ民法典 823 条 2 項についての結論が既に示されている。しかしこの規律は，主観的な排他的権利が存在している必要がない点で，「その他の権利」を超えている。むしろ不法行為責任が法律違反と結び付けられている。権利者の不法行為法上の損害賠償請求権と防御請求権は，所有権やその他の権利の場合とは異なり，権利を実現するものではなく，客観法違反に基づいている。そのため，そのような法律上の利益保護ないし財の保護を権利と同様のものと読み替えることもできないのである[55]。

　ここでも再び，国立判決との類似性があるように思われる。なぜなら，日本の最高裁も，近隣住民の保護される個人的利益を，既に述べたように，価値ある都市景観の客観法上の保護から導いたからである。

　さて，ドイツ公法にも，自然景観や都市空間の保護を目的とした多くの規定が存在する。例えば連邦自然保護法 1 条では，日本の景観法 2 条 1 項と全く同様に次のように述べられている。「自然と景観は……それ自体の価値に基づき，また人間の生存と健康の基盤として，将来世代に対する責任においても，居住地域および非居住地域において保護されなければならない。」自然と景観の多様性，個性および美しさ並びにその保養上の価値を永続的に保護するために，とりわけ自然景観および歴史的に発生した文化的景観が，その文化遺産，建築遺産および土地遺産とともに，醜悪化，乱開発およびその他の破壊から守られ

---

(54)　参照，Seibt, Zivilrechtlicher Ausgleich und ökologischer Schaden, 1994, 12 ff.; Spindler, in: Beck'scher Online-Kommentar BGB, Edition 30, Stand 1.11.2013, § 823 Rn. 568 f.

(55)　権利と，法律による財および利益保護のこのようなドグマーテッィシュな差違については，Peukert (Fn. 6), 54 ff.

452

19 価値ある都市景観の民事法による保護？

なければならない。すべての人は，諸事情に照らし回避できない程度を超えて
自然および景観が破壊されることのないように行動すべきであるとされる[56]。

　建設法もこの観点を考慮している。たとえば，ゲマインデが策定する建設管
理計画は，「社会的，経済的及び環境保護上の諸要請を将来世代への責任にお
いても相互に調和させるような都市建設上の持続的発展と，公共の福祉に奉仕
する社会的正義に適った土地利用を保障するものとする」とされている。建設
管理計画は，人間にふさわしい環境を確保し，都市建設上の姿と地区像・地方
像［das Orts- und Landschaftsbild］を建設文化として保全し，発展させるべ
きものとされている[57]。

　国立事件のようにＢプラン（地区詳細計画）が存在していない場合であって
も，連担建設地区での建設事業は，建設法典34条１項２文により「地区像」
を損なってはならない。それによれば，建設事業は，それが審美的観点からみ
て，公共にとってのある程度の価値，特別の性質，ある程度の特異性を示して
いるような地区像にネガティヴに作用する場合には，管轄行政庁により禁じら
れなければならない[58]。日本の最高裁は明らかに，大学通りにそのような性
質を認めている。

　しかし，特に価値のある地区像を損なっているが故に建設事業が客観的に違
法であるという事情からは，近隣住民の公権も，また民法上の権利や不法行為
法上保護される利益も導かれず，ましてや地区のすべての住民の権利・利益な
ど導かれない。

　このことは第一に公法に妥当する。行政裁判所に適法に出訴するために，原
告は「自己の権利」が損なわれたことを主張しなければならない[59]。した
がって，行政訴訟法は原則として個人的権利保護の付与を目的としているので
あって，個人に公益の代弁者の役割を与えてはいない。保護規範理論によれば，
原告は，少なくとも自己の保護をも目的とした公法規定への違反だけを主張す
ることができる。他人の土地で行われる建設事業に対する第三者の権利保護に
ついては，個々の事案において，違反された規範が原告の公権を生じさせるも

---

(56)　§§1 f. Bundesnaturschutzgesetz（BNatSchG）.

(57)　§1 Abs. 5 Baugesetzbuch（BauGB）. 建設文化の概念については，Trapp（Fn. 2），
　　540 ff.

(58)　BVerwG NVwZ 2000, 1169, 1170. この種の，また「建築文化的」観点が実務におい
　　て重視されていないことについては，Trapp（Fn. 2），546 f.

(59)　§§42 Abs. 1, 47 Abs. 2 S. 1, 113 Abs. 1 S. 1, Abs. 5 Verwaltungsgerichtsordnung
　　（VwGO）.

453

第2部 都市法の現代的諸相

のであるか否かが審理される[60]。

Bプランが存在している場合，違反された計画上の定めが隣人保護の効果を持っているか否かの問題になる。これが肯定されるのは，計画上の定めが都市建設上の考慮を超えて次のことに向けられている場合，すなわち，私的利益を調整し，関係土地所有者相互を交換関係（「建設及び土地法上の運命共同体」）へ結び付けることに向けられている場合である。ある土地の所有者は，例えば建設利用の種類の点で公法上の制限に服しているために，またその限りで，建設意図を持つ隣人に対しても，当該制限の順守を求めることができる[61]。

地区内にBプランが存在しない場合であってもなお，建設事業は，当該の建設利用，建築方法および建蔽される敷地の種類と規模からみて，周囲の性質に適合していなければならない。つまり，ドイツ法によれば，Bプランの不存在は，建築自由が原則としてその場を支配していることを意味しないのである。行政裁判所は，建設管理計画が存在しなくても周囲に適合していることを求める法律上の要請に，連邦行政裁判所が1974年に民法から公法へ取り入れた近隣者間の一般的顧慮要請の実現を見出した[62]。隣人はこれに基づいて，その土地を圧倒するような，または囲い込むような効果を持つ，期待不可能かつ顧慮に欠ける建設事業に対して防御することができる[63]。この行政法上の個人的権利救済は，民事法上の制度である相隣共同体関係に並ぶものである。いずれの法源も，隣人に対し，建設管理計画が存在していなくても，少なくとも顧慮に欠ける建築自由の行使に対する個人的権利救済を与えるものである。しかし眺望可能性が失われることは，民法の物権法および相隣法におけると同様に，そのような救済を与えるに十分ではない[64]。

---

(60) 一般的には，Groß, Die Klagebefugnis als gesetzliches Regulativ des Kontrollzugangs, Die Verwaltung 2010, 349 ff. さらに，Dürr, Nachbarschutz im öffentlichen Baurecht, KommJur 2005, 201 ff.; Kloepfer (Fn. 3), §8 Rn. 19 ff.

(61) 参照，§30 BauGB und Tophoven, in: Beck'scher Online-Kommentar BauGB, Edition 24, Stand 1.11.2013, §30 Rn. 54.

(62) 上記注 26

(63) BVerwGE 55, 369 ff.; OVG Saarlouis BeckRS 2010, 49531; Spannowsky, in: Beck'scher Online-Kommentar BauGB, Edition 24, Stand 1.11.2013, §34 Rn. 91; Dürr (Fn. 60), 201, 207 f. m.w.N.

(64) BVerwG NVwZ 1994, 686, 688 (「これまで通りの眺望が維持されること，および，土地をのぞき見ることのできるような施設が建たないことは，建築許可によって作り出された機会であり，その機会が頓挫しても法的地位の剥奪とは評価されない。」）; VGH Kassel BeckRS 2004, 24110; OVG Saarlouis BeckRS 2010, 49531.

454

19 価値ある都市景観の民事法による保護？

　まして況や，隣人が，許可を受けた建設事業が価値ある地区像を損なうという主張に依拠することはできないことに争いはない[65]。なぜなら，その場合，隣人間の建設法上及び土地法上の運命共同体を超えて，都市建設上の観点が前面に出てくるからである。近隣での建設事業に反対する隣人の公権は，結局は，隣人同士が相互に顧慮しなければならないところの土地所有権を根拠としている。そのため，相隣公法においても，所有者と物権保有者のみが，原告適格を有するのである[66]。

　しかし隣人の個人的権利は，将来世代をも益するような集合的法益である「地区像」からは区別されなければならない。都市景観の，況や自然景観の擁護と構築は，その各部分の集積以上のものである。ある「良好な」景観がすべての現在および将来の人間にもたらす審美的その他の恵沢のうち，この余剰部分は，ある隣接住民の個別の土地や個人的努力に帰せられ得るものではない。そのため，自身の主観的見地から，集合的状態［kollektiver Zustand］の維持や変更について決定することが許されていると主張し得る個人は存在しないのである。

　集合財の規制は，個人的利益をもっては根拠づけられ得ない。したがって集合財は，個人的利益に依拠することもできないのである。

　前述の，公法上の個人的権利保護の限界は，同じように，ドイツ民法典823条2項に基づく不法行為法上の請求権にも妥当する。なぜなら，同規定に基づく不法行為法上の責任は，他者の保護を目的とした法規に違反した者のみに関わるからである。そのような保護法規が存在するのは──公法上の保護規範理論と同じく──，関係する規範がその目的内容からみて，第一にはそれが公共の利益を念頭に置いているとしても，少なくとも個々人や個々の人的集団の一定の法益侵害からの保護にも資すべきこととされている場合のみである。加えて，個別的な損害賠償請求権の創設が有意義であり，かつ責任法の体系全体からみて支持できると解される場合でなければならない[67]。

　それによれば，公法上の建設法規定がドイツ民法典823条2項の意味での保護法規に当たるのは，それが隣人保護的性格を有し，かつ公権を生み出す場合

---

(65)　参照，Sarnighausen, Zur Schutzwürdigkeit im Baunachbarrecht, NVwZ 1996, 110, 111; Dürr（Fn. 60）, 201, 202.

(66)　参照，Siegmund, in: Beck'scher Online-Kommentar BauGB, Edition 24, Stand 1.11.2013, §31 Rn. 72 ff. m.w.N.

(67)　この点については，Spindler, in: Beck'scher Online-Kommentar BGB, Edition 30, Stand 1.11.2013, §823 Rn. 146 m.w.N. のみ参照

第2部　都市法の現代的諸相

のみである(68)。したがって，その限りで相隣公法と相隣私法は一致している(69)。どちらの規律も，結局は土地所有権の保護に基づいている。都市景観の保全の観点での個人的権利保護を，それらの規律はもたらさない。

　総じていえば，不法行為法の第二の一般条項も，ドイツの法秩序は「個人的権利保護を採用するとの体系的決定」を行った，との連邦憲法裁判所の言明(70)を確認している。このことは，「何人も公権力によりその権利を損なわれた」場合にのみ実効的権利保護を予定している基本法19条4項にも表現されている。

4　ドイツ民法典826条による故意の良俗違反の加害

　この中間的結論に鑑みると，まだ検討していない不法行為法の第三の小さな一般条項，すなわち故意の良俗違反の加害に対する責任については手短に済ませることができる。

　なるほどドイツ民法典826条は特定の法益の侵害を要件としていない。また「良俗」という要件メルクマールも，裁判所に，社会の支配的規範意識の変化に柔軟に対応する可能性を与えている(71)。しかしこの規定は，価値ある都市景観の侵害に反対する請求権を導く根拠たり得ない。

　第一に，被告がその所有権的権能を，原告を害するために意図的に濫用したということは通例は証明可能ではない(72)。第二にこの規範は，人に一定の財または利益を配分することを目的としていない。むしろ，万人が有する一般的行為自由が，最低限の行為要求［Verhaltensanforderung］を守るために制限されるのである。主たる目的は，衝突する対等の行為自由間の調整である(73)。第三にこの規定は，不法行為法のすべての規範と同様に，個人に財産的損害が生じていることを要求している。しかし，そのような損害は，地区像への侵害の場合には認定し得ない。なぜなら，その集合的法益は個人レベルでは清算さ

---

(68)　Spindler, in: Beck'scher Online-Kommentar BGB, Edition 30, Stand 1.11.2013, §823 Rn. 173 f.

(69)　建設許可と隣人の私法上の防御請求権の関係の詳細については例えば，Burzynska, in: Große-Suchsdorf, Niedersächsische Bauordnung, 9. Aufl. 2013, §68 Rn. 141 ff. m. w.N.

(70)　BVerfG NVwZ 2009, 240, 242.

(71)　詳細には，Peukert (Fn. 6), 237 ff.

(72)　例えば参照，RGZ 98, 15, 17 f.

(73)　Peukert (Fn. 6), 284 ff.

19 価値ある都市景観の民事法による保護？

れないからである[74]。そのため国立事件の原告は，精神的損害の賠償を求めたのであった。しかしドイツ民法典253条によれば，そのような正当な賠償は身体，健康，人身の自由，および性的自己決定の侵害のほか，法律で定められた場合にのみ請求することができる。したがって，ドイツ民法典826条と損害法は，不法行為法全体が個人主義的に構想されていることを証明しているのである。

IV　私的な財貨秩序の多様性

　もっとも，なお次のような法原則，すなわち，良好な地区像を持った地域の住民に対して，その同意によってのみ現状が変更され得るとの内容の個人的法的地位を裁判所が承認し得るという法原則が存在するかどうかを検討することができるかもしれない。私の教授資格論文「法原理としての財貨帰属」において私はそのような意味で，人間の需要を満たしそれゆえに財産的価値が認められる財貨は，それを自らの労働または寄与に基づいて生み出した者に帰属させられるという，疑いもなく強い力を持つ規範に取り組んだ[75]。

　さて，しばしば平均を上回るような土地価格および賃貸価格から読み取られ得るように，価値ある都市景観は人間の需要を満たすので，価値あるものである。しかしそのような景観は，近隣住民が自らの労働ないし寄与により生み出したものではない。むしろその景観は，計画されざる発展，または集合的活動の結果である。したがって，そのような集合財は個人にではなく，全体に帰属する[76]。すでにそれゆえに，将来の都市像について一人で決定することを主張し得る個人は存在しない[77]。

　加えて，個人的に作り出された財産的価値ですら，法典化された所有権秩序を超えた不文の排他的権利の承認を正当化しない。なぜなら，財の割り当てに関するそのような法原理は，排他的権利の承認が法律によって意図的かつ個別

---

(74)　Meyer-Abich, Der Schutz der Natur – eine Aufgabe des Zivilrechts?, ZRP 1999, 428, 431（自然の経済的評価は倫理的に支持し得ない）; Seibt（Fn. 54），216 ff.; 結論的に同旨，Köndgen（Fn. 39），350.

(75)　Peukert（Fn. 6），730 ff.

(76)　将来世代を含む。参照，Meyer-Abich（Fn. 74），428 ff.; Seibt（Fn. 54），155 ff. 環境保護の人間中心的な正当化と自然中心的な正当化との争いについて，Kloepfer（Fn. 3），§ 19 Rn. 19 ff. m.w.N.

(77)　結論的に同旨，Seibt（Fn. 54），52; Godt（Fn. 4），150（公共財は私有化し得ない）.

457

第2部　都市法の現代的諸相

的に行われていることと矛盾するからである[78]。これによって常に生じてくる，私的所有権秩序および財貨秩序の「隙間」については，様々な理由が存在している。

たとえば人体の組織および臓器のようないくつかの財は，一般的に取引可能性を排除されている[79]。臓器については，任意に処分し得る所有権は存在すべきではない。なぜなら，倫理上の理由から，市場が存在すべきではないからである。

基本的アイディア［grundlegende Ideen］，発見ないし作品，発明などのような，公表された私的知識［privates Wissen］であって，その無体財産法上の保護期間が経過したものは，行政情報と同様に何人にも帰属しない。何人も，このパブリックドメインたる知識［gemeinfreie Wissen］を法律の枠内でいかなる目的のためにも利用することが許されている[80]。

この何人も等しく有する自由を貫徹するために，何人も，客観的に不法に登録された特許やその他の営業上の保護権に対して異議申立てや無効確認訴訟を提起し，また行政情報へのアクセスを請求する権能を与えられている[81]。これは，ドイツ私法で承認されている唯一の民集訴訟なのである[82]。しかしこの民衆訴訟出訴権は，景観のような環境媒体には，様々な理由から転用され得ない。

一方で，パブリックドメインは対等の消極的自由という法原理に基づいている[83]。それは，万人にとっての個人的利益に当たる。すでにそのために，私的知識および行政情報に対するパブリックドメインという構成は，自然景観や都市景観のような純然たる集合財にはなじまないのである。他方で，知識と，景観のような環境媒体とでは，利用上の特徴に根本的な相違を示している。知識ないし情報は，その利用において競合しないような公共財である。景観やきれいな大気・水は，その利用が競合的である集合的環境財である。一例を挙げると，モーツァルトのオペラや一まとまりの行政文書は，同時にフランクフルト・アム・マインと東京で，互いに邪魔されることなく上演され，または印刷され得る。しかしある景観は，そこに建物が建てられると，すべての人に不利

---

(78)　Peukert (Fn. 6), 739 ff.

(79)　参照，§§ 17 f. Transplantationsgesetz.

(80)　この点について，Peukert, Die Gemeinfreiheit, 2012, 49 f.

(81)　Peukert (Fn. 80), 141 ff.

(82)　Diederichsen (Fn. 4), L 55 f.; Kloepfer (Fn. 3), § 8 Rn. 17.

(83)　Peukert (Fn. 80), 36 f.

458

益になるように，場合によっては終局的に損なわれるのである[84]。

　ここから，これらの財の取り扱いについての相異なる基本規範が導かれる。パブリックドメインたる知識の利用に関しては，万人が自ら決定することができる。つまり，それは誰にも帰属しない。何人も，特別法上の民衆訴訟出訴権に基づいて，権限なき私的占有に対抗して知識の自由使用可能性を守ることができる。それに対して，集合財の利用に関しては，すべての利害関係人が共同で決定する。集合財は，それぞれの場合に画定されるべき集合体の構成員全員に帰属するのである[85]。

　したがって，結論として次のように言うことができる。すなわち，最高裁の国立判決は，ドイツの民事法の観点からは，説得力を持ち得ない。少なくとも，ドイツの不法行為法のような分化した不法行為法は，価値ある都市景観に対する個人の法的地位を承認するための根拠を提供しない。この法益の集合的性格は，たとえある個人が周辺住民として，都市像の改変により日常的にその幸福感を損なわれていると主張し得る場合であっても，個人に対して拒否権を与えることに全面的に反対する。むしろ集合的環境媒体は，相変わらず，せいぜい反射的かつある程度は偶然的にのみ，民法を通じて保護されるのである。つまり，その毀損が同時にある人の健康や財産といった個人的法益を侵害し，かつ被害者がそれに対して出訴する場合である[86]。個人的法益の保護が反射的に，例えばきれいな水の保護に一定の貢献をなし得るのに対して，このような間接的保護ですら，自然景観および都市景観については存在しない。なぜなら，景観の一部分の保護——たとえば眺望や景色の保護——を通じて，景観全体の保全に貢献するような個人的法的地位は存在しないからである。

V　価値ある都市景観の公法上の保護

　しかしこのことは言うまでもなく，法秩序が環境や価値ある都市景観のような集合財を保護していないことを意味するものではない。ただ，特に景観のような集合財の保護は，ドイツでは民事法にとって馴染みの領土ではなく，公法

（84）　この差違について詳細は，Peukert, (Fn. 6), 104 ff.

（85）　私的な財の秩序の三つのコンセプトについては，Peukert (Fn. 80), 49 f.

（86）　基本的には，v. Jhering, Die Reflexwirkungen oder die Rückwirkung rechtlicher Thatsachen auf dritte Personen, JherJb 10 (1871), 245 ff.; さらに H.P. Westermann, Drittinteressen und öffentliches Wohl als Elemente der Bewertung privater Rechtsverhältnisse, AcP 208 (2008), 141, 146.

第2部　都市法の現代的諸相

の領土なのである。卓越した自然景観を保護するための最初の公法規律——ボン近郊の Drachenfels——以来,「環境法上の大きな取組」は常に「民事法を素通り」した[87]。既に引用した,連邦自然保護法と建設法典に定められた,自然景観と都市内の地区像を保護するための実体法上の諸原則がそれを証明している。

　なお明らかにされるべきは,それらの法律によれば景観保護の遂行は誰の責任なのかである。個々の市民は,価値ある景観を守るために,公権も民法上の法的地位も用いることができないので,地区像や自然景観を保護するための法律上の準則を順守させることは,まず第一には,計画決定および許可決定の権限を有する高権主体の責務とされる。

　しかし,まさに環境上の利害について,以前から国家による法の実現の不足が批判されてきた。とりわけ,行政庁,特にゲマインデが,経済的利益を考慮して——工場立地や風力発電所の設置が考えられる——,環境保護や特に景観保護を容易に軽視する,と主張されている[88]。そのため,代表ルールや手続ルールが議論され,実施されたが,それらはいわば,純粋な公法と純粋な私法の中間に存在している。国家のみが環境保護を管轄しているのではなく,また個々の市民のみが管轄しているのでもない。このようなハイブリッド型解決の背景に存在している思想は,景観を含めた環境の保全は,国家がその自己保存と組織に対して有する利益のみに関わるものではなく,また,私的利益のみに関わるものでもない,というものである。したがって,国家機関と並んで市民社会のアクターをも取り込むような解決が適当である[89]。

　ここで,とりわけ利他主義的な団体訴訟という手段が論じられる[90]。2002年以来,連邦自然保護法も,承認された自然保護団体が,第一に,自然および景観にとってレレバントな一定の計画策定に参加する権能を有することを定め

---

(87)　Diederichsen (Fn. 4), L 97;さらに,H. Westermann, Die Funktion des Nachbarrechts, FS Larenz, 1973, 1003, 1021; Mayer-Maly, Raumordnung und Privatrecht, 1973, 7;環境保護および景観保護の歴史について,Kloepfer (Fn. 3), §2 Rn. 13 ff.

(88)　参照,Seibt (Fn. 54), 181 ff.; Godt (Fn. 4), 37 ff.

(89)　E. Rehbinder, Umweltrecht, RabelsZ 40 (1976), 364, 404 ff.; Seibt (Fn. 54), 155 ff.; Kloepfer (Fn. 3), §6 Rn. 11 ff., §8.

(90)　参照,E. Rehbinder, Grundfragen des Umweltrechts, ZRP 1970, 250, 255; Kloepfer (Fn. 3), §8 Rn. 33 ff.

460

19 価値ある都市景観の民事法による保護？

ている[91]。第二に，そのような団体は——「自らの権利が損なわれていなくても」——，たとえばある自然保護地域への侵害が環境保護法令に反していることを主張するために行政裁判所へ出訴する権能を与えられている[92]。団体訴訟の可能性は，2006年に環境・法的救済法によって拡充された。それによれば，承認された自然保護団体は，とりわけ，事業の許容性に関する環境適合性審査の結論について司法審査を求めることができる[93]。

さらに，自然および自然景観への侵害を回避する，場合によっては修復する公法上の義務が存在する[94]。そのための措置は，責任を有する加害者の費用でもって，管轄行政庁により命じられるが，その際，行政庁は損なわれた自然財の受託者として機能する。2007年に施行された環境損害法はさらに，自然保護団体，それどころか初めて個々の「利害関係人［Betroffene］」が，行政庁に対し修復義務の履行を要求しうることを定めた。すなわち，自然保護団体および利害関係人が，一定の種，自然的生存空間，地下水および土壌へのいわゆる環境被害の発生が確実であることを示した場合には，行政庁は行動しなければならない。この作為義務は，団体ないし個々の利害関係人により，行政裁判所において強制され得る[95]。もっとも，誰がある環境損害と十分な程度に「関わっている」かは，なお明らかにされるべき問いである。一方で，環境損害法は環境責任法とは異なり，一定の種と生存空間に対するいわゆるエコロジー上の損害の回避と修復のみに仕えるものであって，個人の権利と財産的利益の保護に役立つものではない。それに対応して，環境損害法の基礎となった欧州共同体指令2004/35は，全く一般的に，「環境関連的決定手続に対する十分な利益」で足りるものとしている[96]。他方で，環境損害法政府提案理由書によれば，「利害関係人」とされるのは，行政手続法の一般原則に従い，環境被害を通じて自己の権利ないし法的に保護された利益に影響を受ける者に限ら

---

(91) §63 BNatSchG.

(92) §64 BNatSchG.

(93) §2 Umwelt-Rechtsbehelfsgesetz (UmwRG)；さらに，Schlacke, Zur fortschreitenden Europäisierung des (Umwelt-) Rechtsschutzes Schutznormdoktrin und Verfahrensfehlerlehre erneut unter Anpassungsdruck, NVwZ 2014, 11 ff.

(94) §§13 ff. BNatSchG, 5 Umweltschadensgesetz (USchadG).

(95) §§2 Nr. 1, 10, 11 II USchadG; Wagner, Das neue Umweltschadensgesetz, VersR 2008, 565 f.

(96) Art. 12 I lit. b Richtlinie 2004/35/EG v. 21.4.2004 über Umwelthaftung zur Vermeidung und Sanierung von Umweltschäden, ABl. EU Nr. L 143/56.

第2部 都市法の現代的諸相

れる[97]。このように,「利害関係人」という概念に,個人的利益と集合的利益の法論理的架橋がそもそも可能であるのか,またどのようにしてなされ得るのか,という原理的な問いが集約されているのである。

しかし,国立判決にとって,また一般に都市建設にとって,この環境法の発展はいずれにせよ重要ではない。なぜなら,自然保護団体や個々の利害関係人の出訴権は元来,価値ある都市景観(地区像)への客観的に違法な侵害には適用されないからである[98]。したがって,現行法によれば,そのような集合的環境財を守る権限を有しているのは,依然として高権主体のみであり,すなわち,一方では建設管理計画策定におけるゲマインデであり,他方では個々の建設事業に対しては建設許可行政庁なのである。

VI 概観:価値ある都市景観の個別的保護か, 私的高権的[privat-hoheitlich]保護かの立法論

したがって最後に問われるべきことは,高権主体のみによる地域像の保護を,立法を通じて,私的アクターの参加権と出訴権で補うべきか否かである。たとえば,ある事業が価値ある都市景観を損なうおそれがある場合には,建設許可に対する利他主義的な団体訴訟や,それどころか関係近隣住民による訴訟が許容され得るかもしれない。しかし,そのような出訴権は私法の見地からも公法の見地からも説得的ではない。

1 私法の構造と正義

第一に,都市景観を保護する私法上の権限付与に関しては,二面的かつ個人主義的に構成された私法に対する批判者も,次のことを説明しなければならない。すなわち,なぜ個々の原告が集合財の利用に関して決定する権限を与えられるべきであるのか,またなぜ,環境媒体の唯一正しい利用についてのその個人の考えが優先されるべきであるのかである[99]。自然と景観に対して個人的権利が認められ,それが二面的民事訴訟で審理されれば,訴訟に参加していない第三者との関係でも,解決不能な紛争に至るだろう。集合財を個々人の立場

---

(97) Bundestags-Drucksache 16/3806, 25.

(98) § 2 Nr. 1 USchadG.

(99) Seibt (Fn. 54), 155 ff., はそこで,個人被害者・環境団体・行政庁が諸権限を複合的に合有するというコンセプト[eine komplexe Gesamthandskonzeption]を展開する。

462

から考察し，規整することは，その個人超越的性格に矛盾し，それを崩壊させる危険をはらんでいる[100]。そのため，種の保護が「民事法の思考の範疇の外部」にある[101]のは，私法および訴訟法の二面的個人主義的構造のみに原因があるのではない。種の保護および景観保護は，集合的な関心事であって，特にそれに関わった個人の，または関わらなかった個人の関心事ではないのである[102]。

　同時に，私法は，利益対立を個別的利害を巡る二面的紛争に縮減することにより，原則として私的自治により形成される分散的な法関係の叢をある程度予見可能な方法で制度化し，個別的正義を作り出し得なければならない[103]。集合財に対する純然たる公益を私法の課題であるとする者は，開かれた社会における私法のこの規制力と，最終的には同権的自由と同権的所有権［rechtsgleiche Freiheit und rechtsgleiches Eigentum］という私法の基本規範を危険に晒すことになる。

2　競争法と環境法の違い

　集合的環境財の保護と，競争法および資本市場法の諸規律を通じた制度としての競争もしくは市場の保護とは類似する，との指摘がしばしば見られるようになってきたが，それは以上の評価を何ら変更するものではない。2012 年に出版された教授資格論文「私法を通じた規範の実現」において Dörte Poelzig は，競争法および資本市場法における団体および個人の出訴権が，競争を機能させるために市場行動規範［Marktverhaltensnorm］を実現するための手段として把握され得ることを示した[104]。しかし，環境も私人によって私法上の請求権でもって民事訴訟において保障されるべき制度と考えられ得るか否かという，彼女によって提起された問い[105]は，否定されねばならない。

　まず，制度的に解釈されている経済法上の多くの規律や出訴権は，個人の権

---

(100)　Seibt (Fn. 54), 52.

(101)　Diederichsen (Fn. 4), L 50; 景観保護に関してはさらに，Köndgen (Fn. 39), 350.

(102)　Kloepfer (Fn. 3), §6 Rn. 10.H.P. Westermann (Fn. 86), 148; 基本的には，Weinrib (Fn. 50)；環境法の視点から賛成するものとして，Kloepfer (Fn. 3), §6 Rn. 10.Kloepfer (Fn. 3), §6 Rn. 10.

(103)　H.P. Westermann (Fn. 86), 148; 基本的には，Weinrib (Fn. 50)；環境法の視点から賛成するものとして，Kloepfer (Fn. 3), §6 Rn. 10.Kloepfer (Fn. 3), §6 Rn. 10.

(104)　Poelzig, Normdurchsetzung durch Privatrecht, 2012, passim und 559 ff.

(105)　Poelzig (Fn. 104), 597 f.

第2部　都市法の現代的諸相

利と損害に結び付けられており，そのため疑いもなく，私法の個人主義的コンセプトに位置づけられる。このことはとりわけ，いわゆる分散した多数の損害の処理に妥当する。たとえば消費者保護法における団体訴訟は，広く分散した消費者の契約上の権利の実現に奉仕する。競争法および資本市場法上の損害賠償請求権は，個人的な財産損害を前提としているのであるが，集合財の毀損もしくは環境被害にあっては，それは問題となっていない[106]。

　以上の説明によって同時に，なぜ，団体，競業者[107]およびカルテル法違反行為の「利害関係人」[108]に与えられた競争法上の差止請求権が，個人から抽象化された集合的法益の受託者性の現れとして解釈され得ないのかが示唆される。なぜなら，競争法上の出訴権の糸口と出発点は，競業者個人の競争自由と，消費者の取引上の決定自由の侵害であるにとどまるからである[109]。典型的にはそれを通じて，さもなくばなされなかった出費という形での財産的損害に至るのであり，競業者[110]や「利害関係人」[111]はそれを個人的損害として主張し得るのである。競争違反の行為による反射的な利得は，団体およびカルテル行政庁により，公行政主体のために没収され得る[112]。それに対応して，不正競争防止法は1条1文で出発点として，「競業者，消費者およびその他の市場参加者は，不正な取引行為から保護される」と定めている。なるほどこの個人的保護は，不正競争防止法1条2文によれば，結局は「同時に」，ゆがみのない競争に対する公共の利益にも資する。しかし，個人超越的制度としての競争は，それ自体のために保護されているのではない。競争は公共の利益のために資源の効率的配置をもたらすべきものであり，まさにそれと「同時に」，市場参加者個人の行為自由を制度化し，調和させるのである。整序メカニズムとしての，規制的制度としての，および公共財としての競争は，個人の競争自由を前提としている。「ゆがみのない競争」という制度の維持に対して個人の自由が有す

---

(106)　この点について，Wagner, Kollektiver Rechtsschutz – Regelungsbedarf bei Massen- und Streuschäden, in: Casper u.a., Auf dem Weg zu einer europäischen Sammelklage?, 2009, 41, 49 ff.（個々の法主体や法主体の集団に帰属しない集合財の損害と，その対極にある分散的損害および大量損害）.

(107)　§ 8 III Gesetz gegen den unlauteren Wettbewerb（UWG）.

(108)　§ 33 I Gesetz gegen Wettbewerbsbeschränkungen（GWB）.

(109)　参照，Peukert, in: Teplitzky/Peifer/Leistner, Großkommentar UWG, 2. Aufl. 2014, § 1 Rn. 76 ff., 322 ff.

(110)　§ 9 UWG.

(111)　§ 33 III GWB.

(112)　§§ 10 UWG, 34 f. GWB.

19 価値ある都市景観の民事法による保護？

る利益と，公共の利益とは，競争秩序の規範的個人主義において分かちがたく結びつきあっているのである[113]。

　自然環境および価値ある都市景観の保護には，以上のすべてが当てはまらない。自然環境および価値ある都市景観はそれ自体のために，またすべての現在および将来の人間の生命と健康の基盤として保護される[114]。それらは，そもそも人間の手になるものでないか，あるいは，多くの人間による多かれ少なかれ偶然的な共同作業の結果である。それらは静止状態の中に具現されているのであるが，その状態は，それが都市景観である場合であっても，決して規範的個人主義を通じて生じたものである必要はなく，特別の，場合によっては前近代的な共同体意識の産物でもあり得る。そのような集合財の規制を，経済競争の規制と同様に構想するのであれば，これらすべての特徴が正解されないことになる。

3　都市景観に関する決定を行うための正当なフォーラムとしての ゲマインデ

　最後に，民事法による環境保護および景観保護の提案はすべて，正統性の欠如に悩むことになる。その主張者は，立法府や行政府の決定に対する不信感を共有している。彼らは，立法府や行政府が特に経済的利害に支配されているものと見ている。それゆえ，真に有効な環境保護は利他的動機に基づく市民社会のアクターに対して，民事裁判所との共演の下でのみ期待されうる，というのである。環境保護の「社会的明白性」に鑑みると，かのアクターは関連法律の準則をも超えて行けると考えているのであろう[115]。

　しかし，法律および法に拘束された裁判所は，この決して他意がないとは言えない法政策上のアジェンダのための権限と正統性を欠いている。最高裁は，ともかくも許可されたしその他の点でも違法ではない国立の建物の一部除却の訴えを結論的に退けたが，最高裁のこの判断には，以上のような弱点の認識も働いたのかもしれない[116]。反対に，環境と景観の保護に対する利益と，建設を意図する所有者の対立的利益，さらに関心を持つゲマインデが経済的繁栄に

---

(113)　Peukert, in: Teplitzky/Peifer/Leistner (Fn. 109), §1 Rn. 83 ff.

(114)　参照，§1 I BNatSchG.

(115)　上記注 88 および 89，並びに Köndgen (Fn. 39), 348 ff.（もっとも，景観保護と種の保護を明示的に除外している，同論文 350 頁）.

(116)　上記注 1

第 2 部　都市法の現代的諸相

対して有する利益との調整が，主には景観計画および建設管理計画を通じて行われることは正当である。

第一に，それらに関する手続は二面的な民事訴訟とは異なり，すべてのレレバントな利害を衡量に流入させることに適している。特に B プランは縦覧に付され，関係する公衆には意見表明の機会が与えられる[117]。第二に，ゲマインデの建設管理計画は民事判決と比較してより大きな民主的正統性を有している[118]。このことも，国立事件を裏付けるものであるように思われる。なぜなら，当該地区の都市建設上の特質を保全するために建設事業を当初から阻止するような保全条例［Erhaltungssatzung］を適時に制定するべきではなかったか，という点に関する重大な政治的争いが明らかに存在していたからである[119]。後に出訴することになる者がそのような政治的攻撃に失敗していたとしたら，彼はこの民主政治的敗北を，それに続いて個人的法的地位を援用して取り戻すことはできない。なぜなら，民事裁判所は条例や行政行為が確定的に取り消され，または重大な瑕疵を帯びているために当然無効となるのでない限り，それら条例や行政行為の合法化効果に拘束されるからである[120]。

それとは反対に，ゲマインデはその区域の地域像の保全や改変についての生来の決定主体である。ゲマインデは，地域的事務を法律の範囲内で整序し管理する憲法上保障された権利を有する本来的な地域団体である[121]。ゲマインデは国家と民主政的生活との基盤をなし，市民によって選出された機関による自由な自治においてその住民の公共善を促進する[122]。したがって，市民の代表としてのゲマインデは，そもそも地区像のようなローカルな集合財に関する法拘束的決定を行うために到達すべき最高度の民主的正統性を備えているのである。建設法典 2 条 1 項 1 文においてゲマインデの計画高権が明示的に確認されたことは，都市景観はすべての住民に共通に「帰属している」との認識に対応している。将来の地区像に関する決定を行う，この集合的権限は，ゲマインデ議会議員の選挙において行使され，それに引き続きゲマインデの機関により行

---

(117)　参照，§§ 2 ff. BauGB.

(118)　国土整備の民主化の必要性については，auch Mayer-Maly (Fn. 87), 26 ff.

(119)　参照，Kadomatsu (Fn. 1) und § 172 I 1 Nr. 1 BauGB.

(120)　Burzynska, in: Große-Suchsdorf (Fn. 69), § 68 Rn. 141 ff. m.w.N.

(121)　Art. 28 II 1 Grundgesetz.

(122)　参照，§§ 1 Hessische Gemeindeordnung, 1 Gemeindeordnung für den Freistaat Sachsen, Art. 1 Gemeindeordnung für den Freistaat Bayern.

466

19 価値ある都市景観の民事法による保護？

使される[123]。

　したがって，そもそも都市景観について個人的法的地位を承認したいのであれば，それはこの民主的決定プロセスの強化においてである。たとえば立法論として次のようなことも考えられるかもしれない。すなわち，建設事業が価値ある地区像に大きく作用する可能性があるときであって，かつ，ゲマインデが建設を可能とするＢプラン（またはそれを阻止する保全条例）を制定していなかった場合に，団体やそれどころかすべての近隣住民は，計画が策定されていない市街地での事業許可に対する延期効を伴う不服申立［aufschiebende Einrede］を提起し得る，といったことである。建設管理計画や都市建設条例の制定を求める個人的請求権がこれによって創設されることにはならないであろうが[124]，ゲマインデのすべての市民に関わるものでありながら，その代表機関，すなわちゲマインデ議会が検討していないような建設許可を阻止するための手段が作り出されることにはなるだろう。国立事件で日本の最高裁により承認された，価値ある都市景観に対する法的地位は，このような，民主的決定プロセスをある程度強いる一時的な抗弁を超えるものであり，それゆえ公法の観点からみても説得力を持ちえないのである。

---

(123)　環境紛争の適切なプロセス化という重要な問いについては，auch Godt (Fn. 4)，137-139.

(124)　参照，§1 III BauGB.

総合叢書
15

都市空間のガバナンスと法

2016(平成 28)年 10 月 25 日 　第 1 版第 1 刷発行

著　者　　吉田克己・角松生史

発行者　　今井　貴・稲葉文子
発行所　　株式会社 信 山 社

〒113-0033 東京都文京区本郷6-2-9-102
Tel 03-3818-1019　Fax 03-3818-0344
henshu@shinzansha.co.jp
笠間才木支店編集部 〒309-1611 茨城県笠間市笠間515-3
Tel 0296-71-9081　Fax 0296-71-9082
笠間来栖支店編集部 〒309-1625 茨城県笠間市来栖2345-1
Tel 0296-71-0215　Fax 0296-72-5410
出版契約 2016-5465-5-01011　Printed in Japan

ⓒ編著者, 2016　印刷・製本／ワイズ書籍(M)・牧製本
ISBN978-4-7972-5465-5 C3332 ￥8000E 分類 324.000-a-0015
5465-01011:p496 012-040-0150〈禁無断複写〉

JCOPY 〈(社)出版者著作権管理機構 委託出版物〉
本書の無断複写は著作権法上での例外を除き禁じられています。複写される場合は,
そのつど事前に, (社)出版者著作権管理機構(電話03-3513-6969, FAX03-3513-6979,
e-mail: info@jcopy.or.jp)の許諾を得てください。

● 判例プラクティスシリーズ ●

判例プラクティス憲法〔増補版〕

憲法判例研究会 編

淺野博宣・尾形健・小島慎司・宍戸常寿・曽我部真裕・中林暁生・山本龍彦

判例プラクティス民法Ⅰ〔総則・物権〕
判例プラクティス民法Ⅱ〔債権〕
判例プラクティス民法Ⅲ〔親族・相続〕

松本恒雄・潮見佳男 編

判例プラクティス刑法Ⅰ〔総論〕

成瀬幸典・安田拓人 編

判例プラクティス刑法Ⅱ〔各論〕

成瀬幸典・安田拓人・島田聡一郎 編

システム複合時代の法

グンター・トイブナー 著　瀬川信久 編・尾﨑一郎、毛利康俊ほか

2016.10 最新刊

契約結合としてのネットワーク

ヴァーチャル空間の企業，フランチャイズ，ジャスト・イン・タイムの社会科学的，および，法的研究

グンター・トイブナー 著　藤原正則 訳

信山社

法律学の森シリーズ
変化の激しい時代に向けた独創的体系書

大村敦志　フランス民法
潮見佳男　債権総論Ⅰ〔第2版〕
潮見佳男　債権総論Ⅱ〔第3版〕
小野秀誠　債権総論
潮見佳男　契約各論Ⅰ
潮見佳男　契約各論Ⅱ（続刊）
潮見佳男　不法行為法Ⅰ〔第2版〕
潮見佳男　不法行為法Ⅱ〔第2版〕
藤原正則　不当利得法
青竹正一　新会社法〔第4版〕
泉田栄一　会社法論
小宮文人　イギリス労働法
新　正幸　憲法訴訟論〔第2版〕
髙　翔龍　韓国法〔第3版〕
豊永晋輔　原子力損害賠償法

大村敦志 解題

穂積重遠 法教育著作集
われらの法　〔全3巻〕

来栖三郎著作集　〔全3巻〕

我妻洋・唄孝一 編

我妻栄先生の人と足跡

信山社

◆ 学術世界の未来を拓く研究雑誌 ◆

2016年最新刊 **民法研究** 第2集 大村敦志 責任編集

〔第1号〕中田裕康・大村敦志・道垣内弘人・河上正二・松岡久和・沖野眞已

憲法研究　　樋口陽一 責任編集　（近刊）

行政法研究　　宇賀克也 責任編集

民法研究　　広中俊雄 責任編集

消費者法研究　　河上正二 責任編集

環境法研究　　大塚 直 責任編集

社会保障法研究　　岩村正彦・菊池馨実 責任編集

医事法研究　　甲斐克則 責任編集　（近刊）

法と哲学　　井上達夫 責任編集

法と社会研究　　太田勝造・佐藤岩夫 責任編集

国際法研究　　岩沢雄司・中谷和弘 責任編集

ジェンダー法研究　　浅倉むつ子 責任編集

ＥＵ法研究　　中西優美子 責任編集

信山社